交通运输企业安全生产标准化考评丛书

道路运输企业安全生产标准化考评指南

交通运输部安全监督司 编

人民交通出版社

内 容 提 要

本书为道路运输企业安全生产标准化考评指南，其主要内容包括：综合法律法规，安全管理内涵与基本方法，专业法律法规，道路运输企业安全管理概述，人员，装备设施，作业现场，预防预控方法与应对措施，事故调查与处理，考评执业规范，道路运输企业安全生产标准化达标考评指标，考评流程与监督管理，现场考评，后期监督与管理。

本书适合道路运输企业安全生产管理人员学习参考，也可供道路运输企业安全生产标准化考评员学习使用。

图书在版编目(CIP)数据

道路运输企业安全生产标准化考评指南 / 交通运输部安全监督司编. --北京：人民交通出版社，2012.8

ISBN 978-7-114-10033-8

Ⅰ. ①道… Ⅱ. ①交… Ⅲ. ①公路运输企业－企业管理－安全生产－指南 Ⅳ. ①U492.8-62

中国版本图书馆 CIP 数据核字(2012)第 199596 号

DaoluYunshu Qiye Anquan Shengchan Biaozhunhua Kaoping Zhinan

书　　名：道路运输企业安全生产标准化考评指南
著 作 者：交通运输部安全监督司
责任编辑：林宇峰
出版发行：人民交通出版社
地　　址：(100011) 北京市朝阳区安定门外外馆斜街 3 号
网　　址：http://www.ccpress.com.cn
销售电话：(010) 85285969，85285966
总 经 销：北京金飞图书发行中心
经　　销：各地新华书店
印　　刷：北京鑫正大印刷有限公司
开　　本：787 × 1092　1/16
印　　张：27.25
字　　数：698 千
版　　次：2012 年 8 月　第 1 版
印　　次：2014 年 5 月　第 6 次印刷
书　　号：ISBN 978-7-114-10033-8
定　　价：80.00 元

序 XU

近年来，党和国家越来越重视安全生产工作，把安全生产置于前所未有的高度。交通运输作为国民经济和社会发展的基础和先导性行业，其安全生产是我国安全生产的重要组成部分，直接关系到人民群众生命财产安全，关系到改革发展稳定大局，关系到党和政府形象及声誉。

交通运输部一直高度重视安全生产工作，坚决贯彻党和国家关于安全生产一系列决策部署，坚持科学发展安全发展，坚持以人为本，坚持把安全生产工作放在首位，并作为推进现代交通运输事业发展的重要前提。

企业安全生产标准化是通过建立安全生产责任制，规范生产行为，健全长效管理机制，使各生产环节中的人、机、物、环处于良好状态，并持续改进，从而不断提升企业本质安全生产水平。

为更好地指导和推动全国交通运输企业安全生产标准化建设工作，按照国务院相关部署，交通运输部相继出台了交通运输企业安全生产标准化建设实施方案、考评管理办法、考评发证实施办法、考评机构管理实施办法和考评员管理实施办法，制定了达标考评指标。并组织有关单位和专家编写了交通运输企业安全生产标准化考评丛书。该丛书共 13 册，主要供各级交通运输主管部门、交通运输企业、考评机构和考评员学习使用。

希望全国交通运输系统各部门、各单位和从事安全生产标准化考评工作的人员按照交通运输部的统一部署，把加强企业安全生产标准化建设工作作为当前和今后一个时期的重要工作任务，抓好抓细抓实、抓出成效，进一步推进交通运输安全生产持续稳定好转。

交通运输部部长 李盛霖

2012 年 7 月 27 日

交通运输企业安全生产标准化考评丛书

本书编写组

张　建　曹桂平　付少艾　刘根卫　田红林　宋宏图　石先平
胡树江　宋佳森　秦介飞　胡万成　石俊杰　刘纯锋　陈佳元
黄华清　汝　雷　贺英杰　杨云超　朱　焱　陈选清　柴　丹
初　旗　戴广超　汪　彤　张　赫　吕良海　代宝乾　褚冠全
谢昱姝　秦　妍　宋冰雪

鸣　谢

北京市交通委员会

湖北省交通运输厅

重庆市交通委员会

江苏省交通运输厅

山西省交通运输厅

福建省交通运输厅

江西省交通运输厅

河南省交通运输厅

长江航务管理局

交通运输部水运科学研究院

中国船级社

中国交通建设集团

中远集团

中国外运长航集团

中国交通企业管理协会

北京交运安全卫生技术咨询中心

目　录 MULU

上篇　基础知识

中篇　专业知识

下篇　考 评 知 识

上篇　基 础 知 识

第一章　概　　述

第一节　企业安全生产标准化的背景与意义

企业安全生产标准化就是依据国家、行业的法律、法规、规程、规章和标准，制定本企业安全生产方面的规章、制度、规程、标准、办法，使企业的各项活动、工序及各个环节、岗位都规范化、制度化、标准化、科学化和法制化。安全生产标准化包括企业安全管理标准化、安全技术标准化、安全装备标准化、现场（环境）安全标准化和岗位作业安全标准化五大方面，重点是把握企业安全管理标准化、现场安全管理标准化和岗位作业安全标准化。

一、企业安全生产标准化建设的背景

安全生产事关人民群众生命财产安全，事关改革开放、经济发展和社会稳定大局，事关党和政府的形象和声誉。党中央、国务院一直高度重视安全生产工作，新中国成立后，特别是改革开放以来，采取了一系列重大举措加强安全生产工作，颁布实施了《中华人民共和国安全生产法》（2002 年颁布）等法律法规，明确了安全生产责任，初步建立了安全生产监管体系，对重点行业和领域集中开展了安全生产专项整治，我国安全生产状况持续稳定好转。

早在新中国成立初期，我国就开始了安全生产标准化的研究和建设工作。2004 年，国务院发布《关于进一步加强安全生产工作的决定》（国发〔2004〕2 号），提出“在全国所有的工矿、商贸、交通、建筑施工等企业普遍开展安全质量标准化活动”。为了贯彻落实国发〔2004〕2 号文件，国家安全生产监督管理总局下发了相关指导文件，并陆续在煤矿、金属非金属矿山、危险化学品、烟花爆竹、冶金、机械等行业开展了安全生产标准化创建活动，有效地提升了企业的安全生产管理水平。

与此同时，组织和制度建设也在同步进行。国家安全生产监督管理局于 2004 年在政策法规司设立了标准处。在国家质量监督检验检疫总局、国家标准化管理委员会的大力支持下，多年来安全生产标准一直没有代号的难题终于得以解决，安全生产标准化的领域逐步确定，为安全生产标准化工作的开展打下了良好基础。安全生产各领域都开展了卓有成效的工作，制定了大量的安全生产标准，在保障生产经营单位安全生产中发挥了重要作用，也为政府部门进行安全生产监督监察提供了重要的技术依据。

在国家标准化管理委员会的领导和支持下，经过国务院各有关部门、协会以及各标准化技术委员会的共同努力，我国制定了一大批安全生产国家标准和行业标准，基本涵盖了各有关生产领域和作业场所。安全生产作为“十一五”期间国家标准化工作的重点领域，纳入了国家《标准化“十一五”发展规划》和《安全生产“十一五”规划》。为了进一步加强安全生产标准化工作，国家标准化管理委员会会同国家安全生产监督管理总局组织编制了《全国安全生产 2007—2010 年标准化发展规划》（后根据安全工作实际需要更名为《2008—2010 年全

国安全生产(主要工业领域)标准化发展规划》)。

到了2010年,全国生产安全事故逐年下降,安全生产状况总体稳定、趋于好转,但生产安全形势依然十分严峻,事故总量仍然很大,非法、违法生产现象严重,重特大事故多发频发,给人民群众生命财产安全造成重大损失。同时,暴露出一些企业重生产轻安全、安全管理薄弱、主体责任不落实,一些地方和部门安全监管不到位等突出问题。

为进一步加强安全生产工作,全面提高企业安全生产水平,2010年国务院印发了《国务院关于进一步加强企业安全生产工作的通知》(国发〔2010〕23号),其中要求"全面开展安全达标,深入开展以岗位达标、专业达标和企业达标为内容的安全生产标准化建设,凡在规定时间内未实现达标的企业要依法暂扣其生产许可证、安全生产许可证,责令停产整顿;对整改逾期未达标的,地方政府要依法予以关闭。"同时,要求"安全生产监管监察部门、负有安全生产监管职责的有关部门和行业管理部门要按职责分工,对当地企业包括中央、省属企业实行严格的安全生产监督检查和管理,组织对企业安全生产状况进行安全标准化分级考核评价,评价结果向社会公开,并向银行业、证券业、保险业、担保业等主管部门通报,作为企业信用评级的重要参考依据。"同年,国家安全生产监督管理总局发布了行业标准《企业安全生产标准化基本规范》(AQ/T 9006—2010),在形式要求、基本内容、考评办法等方面进一步规范了企业安全生产标准化工作。

2011年5月,国务院安全生产委员会发布了《关于深入开展企业安全生产标准化建设的指导意见》(安委〔2011〕4号),阐明了深入开展企业安全生产标准化建设的重要意义,提出了总体要求、目标任务、实施方法和工作要求。

为贯彻落实《国务院关于进一步加强企业安全生产工作的通知》(国发〔2010〕23号)精神和《国务院安委会关于深入开展企业安全生产标准化建设的指导意见》(安委〔2011〕4号)的总体要求,全面推进交通运输企业安全生产标准化建设工作,2011年7月,交通运输部印发了《交通运输企业安全生产标准化建设实施方案》,明确了交通运输企业安全生产标准化建设的指导思想、工作目标,确定了实施范围、管理分工和工作内容,提出了具体工作要求。

2011年11月,国务院出台了《关于坚持科学发展安全发展促进安全生产形势持续稳定好转的意见》(国发〔2011〕40号),明确要求"推进安全生产标准化建设。在工矿商贸和交通运输行业领域普遍开展岗位达标、专业达标和企业达标建设,对在规定期限内未实现达标的企业,要依据有关规定暂扣其生产许可证、安全生产许可证,责令停产整顿;对整改逾期仍未达标的,要依法予以关闭。加强安全标准化分级考核评价,将评价结果向银行、证券、保险、担保等主管部门通报,作为企业信用评级的重要参考依据。"

为规范交通运输企业安全生产标准化考评及其管理行为,2012年4月,交通运输部印发了《交通运输企业安全生产标准化考评管理办法》,对交通运输企业安全生产标准化达标等级分类、形式、考评机构与考评员条件、考评、发证、换证等做了规定;同时,印发了《交通运输企业安全生产标准化达标考评指标》,给出了5大类、共计16类企业的考评指标。另外,交通运输部还制定了《交通运输企业安全生产标准化考评发证实施办法》《交通运输企业安全生产标准化考评机构管理实施办法》《交通运输企业安全生产标准化考评员管理实施办法》等。至此,企业安全生产标准化建设及达标考评工作在交通运输领域全面展开。

二、交通运输行业安全生产标准化的现状及存在的问题

据统计，现行的企业安全生产国家标准有近1500项，内容涉及许多行业。除国家标准外，还有数千项有关安全生产的行业标准，其中涉及交通运输安全方面的标准有50多项，针对交通运输基础设施、交通运输工具、交通运输驾驶和操作人员、交通运输环境与条件、交通运输营运管理等多个领域。

交通运输安全法律法规的贯彻实施迫切需要交通运输安全生产标准作为支撑。交通运输安全法律法规多为原则性规定，要付诸实施，必须有更为具体、更为详尽的技术性标准和规程予以支持。交通运输安全生产标准具有交通运输安全技术性法律规定的作用，是交通运输安全法律规定的延伸。交通运输安全评价需要以交通运输标准作为依据。认定交通运输企业是否具备安全条件，交通运输产品设备等是否符合安全要求，也需要交通运输标准规范和技术规程为依据。交通运输安全标准是交通运输市场准入的必要条件。标准化是交通运输社会化和国际化的要求，是社会生产力发展水平的反映。

在党和政府有关部门的支持和领导下，我国交通运输企业安全生产标准化工作取得了很大的成绩，在规范交通运输生产经营单位安全生产和安全生产监管监察中发挥了重要作用，但是仍然存在如下一些问题：

(1)交通运输安全生产标准的种类太过庞杂、系统性差，缺少部分安全生产标准，如缺少安全监管监察部门装备配备标准、安全生产应急救援装备配备标准等，而且很多标准与其他行业的安全生产标准体系之间存在着内容重复、交叉等问题。

(2)部分交通运输安全生产标准老化、内容过时。目前，我国仍存在部分标龄超过5年，甚至10年以上未修订的安全生产标准。

(3)国际化程度低，在交通运输安全生产标准中，采用国际标准和国外发达国家标准的比例较低。

(4)交通运输安全生产标准化体系、方法和技术等基础理论研究不足，在标准制定之前没有进行足够的、系统的研究。许多标准的体系混乱，方法也欠科学，缺乏逻辑性，技术上也不太成熟，导致实施起来有困难。

三、企业安全生产标准化建设的重要意义

企业安全生产标准化建设对于进一步规范我国企业安全生产行为，改善安全生产条件，强化安全基础管理，有效防范和坚决遏制重特大事故的发生，具有十分重要的意义。

(1)落实企业安全生产主体责任的必要途径。国家有关安全生产法律法规和规定明确要求，要严格企业安全管理制度，全面开展安全达标工作。企业是安全生产的责任主体，也是安全生产标准化建设的主体，要通过加强企业每个岗位和环节的安全生产标准化建设，不断提高安全管理水平，促进企业安全生产主体责任落实到位。

(2)强化企业安全生产基础工作的长效制度。安全生产标准化建设涵盖了增强人员安全素质、提高装备设施水平、改善作业环境、强化岗位责任落实等各个方面，是一项长期的、基础性的系统工程，有利于全面促进企业提高安全生产保障水平。

(3)政府实施安全生产分类指导、分级监管的重要依据。实施安全生产标准化建设考

评，将企业划分为不同等级，能够客观真实地反映出各地区企业安全生产状况和不同安全生产水平的企业数量，为加强安全监管提供有效的基础数据。

(4)有效防范事故发生的重要手段。深入开展安全生产标准化建设，能够进一步规范从业人员的安全行为，提高机械化和信息化水平，促进现场各类隐患的排查治理，推进安全生产长效机制建设，有效防范和坚决遏制事故发生，促进全国安全生产状况持续稳定好转。

第二节　企业安全生产标准化的工作原理

一、企业安全生产标准化的内涵

标准化是指通过制定、实施国家及行业等标准，来规范各种生产行为，以获得最佳生产秩序和社会效益的过程。它是一个有目的的过程，是现代化大生产的必要条件。

安全生产标准化是指通过建立安全生产责任制，制定安全管理制度和操作规程，排查治理隐患和监控重大危险源，建立预防机制，规范生产行为，使各生产环节符合有关安全生产法律法规和标准规范的要求，人、机、物、环境处于良好的生产状态，并持续改进，不断加强企业安全生产规范化建设。它涵盖了企业安全生产工作的全局，是企业开展安全生产工作的基本要求和衡量尺度，也是企业加强安全管理的重要方法和手段。

安全生产标准化的目的是严格落实企业安全生产责任制，加强安全科学管理，实现企业安全管理的规范化。加强安全教育培训，强化安全意识、技术操作和防范技能，杜绝“三违”。加大安全投入，提高专业技术装备水平，深化隐患排查治理，改进现场作业条件。通过安全生产标准化建设，实现岗位达标、专业达标和企业达标，实现各行业(领域)企业的安全生产水平明显提高，安全管理和事故防范能力明显增强的目的。

企业开展安全生产标准化工作，遵循“安全第一、预防为主、综合治理”的方针，以隐患排查治理为基础，提高安全生产水平，减少事故发生，保障人身安全、健康，保证生产经营活动的顺利进行。

企业安全生产标准化工作采用“策划、实施、检查、改进”动态循环的模式，依据相关要求，结合自身特点，建立并保持安全生产标准化系统；通过自我检查、自我纠正和自我完善，建立安全绩效持续改进的安全生产长效机制。

企业安全生产标准化工作实行企业自主评定、外部考评的方式组织实施。

二、企业安全生产标准化的基本原理

企业安全生产标准化是科学系统的目标管理模式和管理体系建设模式，它要求生产经营单位分析生产安全风险，建立预防机制，健全科学的安全生产责任制、管理制度和操作规程；各生产环节和相关岗位的安全工作符合法律法规、规章规程和标准，并持续改进，控制生产安全风险，始终处于安全生产的良好状态。从安全生产标准化建设内容上看，它是具有战略性系统整合能力的动态管理过程，是全面开发企业安全管理潜能、提高企业安全管理水平、促进企业建立安全生产长效机制的有效途径。

企业安全生产标准化管理工作包括四大基本原理：

1. 明确目标,整合企业资源

要搞好企业安全生产标准化管理工作,首先要确定目标和理念,整合企业资源,将企业安全生产提升到战略高度。

1)安全管理理念是企业安全生产标准化的最终目标

安全管理理念是安全生产标准化的最终目标,是站在健康和环境的高度,超出企业追求利益最大化的角度,抛开了企业作为个体的角度,将企业个体放大到整体的层面上来谋划和设计。实际上,这个终极目标也是一个企业发展壮大,或者说是企业能长久生存的至高法则。

安全生产标准化体系的建设,是以突出"安全第一、预防为主、综合治理"的方针和以人为本为宗旨,注重科学性、规范性和系统性,立足危害辨识、风险评价和隐患治理,风险管理和预防事故发生的思想,充分体现安全与效益、安全与健康、安全与环境之间的内在联系,并与生产经营单位其他方面的基础管理有机结合,是长远性战略意义的安全管理理念,通过制定、传达、评审、修订、识别、提升、跟踪和沟通等方式,使组织战略逐步得以定位和实现。它要求企业以发挥协同效应为原则,梳理部门职能和关键岗位职责,设立安全管理方针和目标,建立起安全生产标准化管理体系。

2)安全生产标准化管理的优势是整合企业资源

安全生产标准化与传统的安全管理本质的差别在于各自与战略的关系。传统的安全管理是一个相对独立的系统,通常与组织战略、组织文化、管理者的承诺和支持等相脱离。但这些组织中的背景因素,对于成功实施安全管理的影响越来越大,安全管理必须能够衔接组织战略和企业日常管理工作。安全生产标准化系统能够完成这一任务,并且能够将企业所有的资源整合起来,做到有的放矢、齐心协力,实现安全与效益、安全与健康、安全与环境的和谐统一,为企业发展壮大保驾护航。

2. 动态循环,推行全程沟通

安全生产标准化体系是由若干个元素组成,这些元素又划分为若干个子元素;它是根据系统原理和持续改进的要求而进行的动态管理。

1)安全生产标准化体系是一个动态循环的管理系统

安全生产标准化体系是由若干个元素组成,这些元素又划分为若干子元素,是根据系统原理和持续改进的要求,引用管理学中的一个通用模型 PDCA(Plan-Do-Check-Action,即计划、执行、检查、处置)循环进行动态的循环管理。动态循环管理的理念使安全生产标准化系统蕴涵着不竭的动力。

PDCA 循环,可以使我们的思想方法和工作步骤更加条理化、系统化、图像化和科学化,是质量管理的基本方法;它既适用于整个工程项目,也适用于整个企业及内部科室、工段、班组和个人。安全标准化各子元素的策划、执行、符合、绩效四个方面都有自己的 PDCA 循环,层层循环,形成大环套小环、小环又套更小的环的模式。大环是小环的母体和依据,小环是大环的分解和保证。各子元素的小环都围绕着上层元素的要求朝着同一方向转动,通过循环把企业安全生产管理的各项工作有机地联系起来,彼此协同和促进。

2)安全生产标准化体系是一个全程沟通的管理系统

安全生产标准化的科学性体现在:它建立了一个高效的沟通平台,沟通贯穿整个安全生产标准化管理系统，且形成闭环，问题能够有条理、按程序地解决。该机制传达信息及时，能有效落实法律法规、制度、标准；信息的及时传达和管理的高效、通畅，使生产过程各种风险得到有效的掌控。安全生产标准化体系的沟通系统能充分发挥员工的聪明才智，员工们能主动参与管理，积极提出意见和建议。

3. 科学评价，发挥员工潜能

1）安全生产标准化体系的全面评价功能，为企业安全管理精细化提供了条件

安全标准化的全面评价功能，塑造了企业员工的精神面貌。安全生产标准化评定的实质是对企业安全管理的全面评价，涵盖企业所有生产经营活动和人员。该标准化作为评价体系，为全面、准确、真实地认识安全现状提供了有效方法，为发现和解决问题打下了良好基础。该评价方法改变了传统安全管理中模糊定性认识的评价方法，引入了新的准确定量认识的评价方法，全面掌握了企业的安全现状，使安全管理工作尽快转移到以危险预防、预控为中心的现代化安全管理轨道上来，实现对危险的有效控制和安全管理的持续改进，企业在人、机、物、环境等环节处于良好的运行状态，为企业安全管理精细化打下坚实的基础。

2）实施安全生产标准化体系使员工潜能得到充分释放

通过安全标准化体系的有效运行，开展全面的安全评价，职工的潜能被激发出来。安全标准化体系对员工的培训不生硬，员工不是填鸭式的被动接受，而是人性化、自愿的接受，并积极主动地参与管理，使员工安全意识和素质得到提高。

4. 全员参与，全面提升安全生产目标

安全标准化全员参与的要求，体现了该标准化建设过程中员工素质的提升是跨越式的，安全绩效是显著的。安全标准化是一个系统工程，从管理层到普通员工，两者在安全标准化运行过程中均有不可替代的作用。标准化的建设工作不是一蹴而就的，要长期不懈努力。从安全目标和方针的建立到生产工艺环节、从高层管理到基层员工，都是安全生产标准化工作的在控对象。方针和目标的变化、生产工艺的变化、法律法规的变化、制度的变化、规程的变化等，都需要企业员工了解和掌握。在系统运行过程中，能有效检索出薄弱环节，发现问题能及时修正，保证全体员工能力的有效提升。安全标准化的良好运行，能确保企业员工每天做好每一件事，能真正达到全员、全过程、全方位的安全管理要求，形成横向到边、纵向到底的安全管理状态。

三、交通运输企业安全生产标准化的内容和程序

根据2012年交通运输部印发的《交通运输企业安全生产标准化考评管理办法》《交通运输企业安全生产标准化达标考评指标》《交通运输企业安全生产标准化考评发证实施办法》《交通运输企业安全生产标准化考评机构管理实施办法》《交通运输企业安全生产标准化考评员管理实施办法》等相关规定，达标考评指标共有5大类、16个交通运输业被纳入安全生产标准化考评工作。

交通运输企业安全生产标准化达标等级由高到低分为一级、二级、三级（除城市轨道交通企业外）；交通运输部负责一级达标企业的考评工作；省级交通运输主管部门和长江航务管理局、珠江航务管理局负责二、三级达标企业的考评工作；主管机关或其认定的考评机构负责对交通运输企业实施考评；考评机构资质类别分为道路运输、水路运输、港口码头、城市

客运、交通运输工程建设5类，资质分为一、二、三级；考评员专业类型分为道路运输、水路运输、港口码头、城市客运、交通运输工程建设5大类。交通运输企业安全生产标准化考评的基本程序是：企业自评、企业提出申请、主管机关指定考评机构受理、考评机构核查、考评机构考评（或告知核查未通过）、考评机构提出整改意见、企业整改（或提出复核申请，主管机关组织复核）、考评机构核实、主管机关公示企业达标等级、发证（或核查）。

第三节 交通运输企业安全生产标准化的工作任务

为贯彻落实《国务院关于进一步加强企业安全生产工作的通知》（国发〔2010〕23号）的精神和《国务院安委会关于深入开展企业安全生产标准化建设的指导意见》（安委〔2011〕4号）的总体要求，全面推进交通运输企业安全生产标准化建设工作，2011年以来，交通运输部出台了《交通运输企业安全生产标准化建设实施方案》等一系列文件，对交通运输企业安全生产标准化建设的指导思想和工作目标、实施范围、管理分工、主要内容、工作任务以及工作要求等作了具体规定。

一、指导思想和工作目标

交通运输企业安全生产标准化建设的指导思想是：以科学发展观为统领，坚持“安全第一、预防为主、综合治理”的方针，牢固树立以人为本、安全发展的理念，全面贯彻国发〔2010〕23号和安委〔2011〕4号文件精神，以落实企业安全生产主体责任为主线，以强化安全生产“双基”（基层、基础）为重点，通过开展企业安全生产标准化建设，全面提升交通运输企业安全生产水平，为构建便捷、安全、经济、高效的综合运输体系、发展现代交通运输业提供可靠的安全保障。

交通运输企业安全生产标准化建设的工作目标：

（1）企业安全生产水平明显提升。通过开展交通运输企业安全生产标准化建设，体制机制不断完善，主体责任进一步落实，员工素质稳步提高，科技装备水平和管理能力明显提升，突出问题有效解决，企业安全生产形势持续稳定好转。

（2）各类事故明显下降。重大以上事故明显下降，到2015年，营运车辆万车死亡事故件数和死亡人数平均每年下降3%；运输船舶百万吨港口吞吐量水上交通事故件数和死亡人数平均每年下降5%；城市客运百万车公里死亡事故件数和死亡人数平均每年下降1%；公路水运工程建设百亿元投资死亡事故件数和死亡人数平均每年下降1%。

（3）推进企业全面达标。交通运输企业全面开展安全生产标准化建设工作，实现企业安全管理标准化、作业现场标准化和操作过程标准化。力争使从事客运、危险化学品和烟花爆竹等重点运输企业在2013年底前达标，其他交通运输企业在2015年之前达标。

二、实施范围和管理分工

实施范围。具有独立法人资格，具体从事公路水路运输、城市客运和公路水运工程施工等生产经营建设活动的交通运输企业。

管理分工。交通运输企业安全生产标准化达标分一级、二级、三级，其中一级最高，三级最低。交通运输部负责一级企业的达标评审管理，省级交通运输主管部门和长江航务管理局、珠江航务管理局负责二级、三级企业的达标评审管理。

三、工作任务

交通运输企业安全生产标准化建设的工作任务是根据交通运输部关于企业达标的目标安排，在2015年以前对全国交通运输企业进行分批、分类达标考评，并做好以后的考评工作。

1. 主管机关的工作任务

交通运输部主管全国交通运输企业安全生产标准化工作并负责一级达标企业的考评工作；省级交通运输主管部门负责本管辖范围内交通运输企业安全生产标准化工作和二、三级达标企业的考评工作；长江航务管理局、珠江航务管理局分别负责长江干线、西江干线跨省航运企业安全生产标准化工作和二、三级达标企业的考评工作。主管机关负责对考评机构的认可、资质证书的发放和监督管理；负责考评员适任条件的审核、考试发证、注册登记等管理工作，并建立档案；负责指定企业申请受理考评机构，对企业提出的复核申请及时组织复核，向社会公示考评结果，并核查公示期间的实名举报，达标证书发放。

2. 考评机构的工作任务

按照考评管理的有关办法和程序，对申请达标的企业核查、考评，对考评员进行管理，建立考评员档案，将考评员有关材料报主管机关，进行年度考评工作总结并报主管机关。

3. 考评员的工作任务

按照考评管理的有关办法和程序，在主管机关和考评机构的统一管理下，对申请达标企业进行考评，并自觉接受主管机关、考评机构的监督管理，年度继续教育时间不少于8学时。

4. 水路运输企业的工作任务

按照主管机关的有关要求，深入开展企业安全生产标准化建设，并按照考评管理的有关办法和程序，申请达标等级。

四、主要内容

(1)制定工作方案。各部门、各单位要根据本方案的内容和要求，结合本地区、本单位实际情况，制定实施方案，明确目标、任务、责任，确定标准化示范企业名单，确保标准化建设有计划、有步骤的顺利开展。

(2)建立相关制度和标准。根据国家和交通运输安全生产相关法律法规、标准和规范，制定交通运输企业安全生产标准化达标管理办法、评级程序和达标标准，明确工作流程，细化安全生产达标标准。

(3)确定考评机构和考评员。一级安全生产标准化企业的考评机构由交通运输部确定；二级、三级安全生产标准化企业的考评机构由省级交通运输主管部门、长江航务管理局、珠江航务管理局确定，并报交通运输部备案，确定的考评机构应向社会公布。考评一级企业的考评员资质由交通运输部认可，评审二级、三级企业的考评员资质由省级交通运输主管部门、长江航务管理局、珠江航务管理局确定，并报交通运输部备案。

(4)示范推广。交通运输部确定于2012年内在公路水路运输、城市客运和公路水运工程施工企业各选择 1 至 2 家作为示范，以总结经验、深入推广。省级交通运输管理部门和长江航务管理、珠江航务管理局也应结合实际，做好示范推广工作。

五、工作要求

(1)加强组织领导。交通运输部安全委员会负责全国交通运输企业安全生产标准化建设工作的组织领导，交通运输部安全委员会办公室具体负责日常工作。各部门、各单位要结合实际，明确相应的组织领导机构，认真制定工作方案，合理确定阶段目标，分阶段、分步骤实施。2011 年和 2012 年重点抓好政策法规、考评管理办法和达标考评指标(即达标考评标准)的制定及宣传推广等工作。2013 年底前完成客运、危险化学品和烟花爆竹等重点运输企业达标评级工作，其他交通运输企业成熟一批、评审一批，确保 2015 年底以前达标。

(2)加强工作指导。各部门、各单位要按照方案要求，指导和督促企业、评审单位积极开展安全生产标准化建设和评审工作，按期完成工作任务，确保工作质量。要实行分类指导，加强对评审单位和评审人员的专题培训，研究解决安全生产标准化建设工作中的新问题；要开展示范推广，发挥榜样作用，创新体制机制，加强经验交流，以点带面、推动企业全面达标，为企业安全生产标准化建设提供有效的指导服务。

(3)加强跟踪管理。各部门、各单位要加强跟踪和监督检查，不断巩固建设成果，坚持与时俱进、突出建设重点、解决突出问题，做到持续改进和升级，切实提高企业安全生产标准化建设水平。要将安全达标与行政许可、日常安全监管工作有机结合起来，凡不符合安全生产条件的企业，一律不得批准从事交通运输生产经营建设活动；凡在规定的时间内仍不能达标的企业，一律依法停业整顿直至吊扣或注销经营许可证，并在媒体公开曝光。要加强相关立法工作，以法律手段督促达标；完善考核制度，落实工作责任，以行政手段推进达标；建立有效的激励机制，激发企业自觉性，以经济手段引导企业达标。要建立安全生产标准化建设工作信息化管理平台，加强对工作进度的实时管理，及时掌握动态信息，提高工作效率和服务水平。

(4)加大宣传力度。各部门、各单位要采取多种形式，大力开展安全生产标准化建设宣传教育活动，充分利用各种媒体，及时广泛宣传工作进展情况和好的经验做法，为企业安全生产标准化建设工作营造良好的氛围。凡经考评达标的企业，要向社会公告，通过加大正面宣传力度，带动其他企业做好安全生产达标工作。

第二章　综合法律法规

第一节　企业安全生产标准化法律法规体系架构

一、企业安全生产标准化的概念

企业安全生产标准化是指通过建立安全生产责任制，制定安全管理制度和操作规程，排查治理隐患和监控重大危险源，建立预防机制，规范生产行为，使各生产环节符合有关安全生产法律法规和标准规范的要求，人员、设备、设施、环境等处于良好的生产状态，并持续改进，不断加强企业安全生产规范化建设。

企业安全生产标准化建设体现了“安全第一、预防为主、综合治理”的方针和“以人为本”的科学发展观，强调企业安全生产工作的科学化、规范化、系统化和法制化，强化风险管理和过程控制，注重绩效管理和持续改进，符合安全管理的基本规律，代表了现代企业安全管理的发展方向，是先进的安全管理思想与我国传统安全管理方法、企业具体实际的有机结合，能有效提高企业安全生产水平，从而推动我国安全生产状况的根本好转。

企业安全生产标准化主要内容包括：企业安全生产标准化的目标、组织机构和职责、安全生产投入、法律法规与安全管理制度、教育培训、生产设备设施、作业安全、隐患排查和治理、重大危险源监控、职业健康、应急救援、事故报告和调查处理、绩效评定和持续改进 13 个方面。

二、企业安全生产管理的组织领导

交通运输企业安全生产管理体制是由交通运输部安全生产委员会统一领导、交通运输部安全监督司具体实施的组织形式。

为加强对交通运输企业安全生产工作的统一领导，促进安全生产形势的稳定好转，保护国家财产和人民生命安全，交通运输部成立了交通运输安全生产委员会。同时，办公室设立交通运输部安全监督司作为安委会的日常办事机构。

为贯彻落实《国务院关于进一步加强企业安全生产工作的通知》(国发〔2010〕23 号)精神和《国务院安委会关于深入开展企业安全生产标准化建设的指导意见》(安委〔2011〕4 号)的总体要求，全面推进交通运输企业安全生产标准化建设工作，交通运输部制定了《交通运输企业安全生产标准化建设实施方案》，并发布了一系列交通运输企业安全生产标准化建设和考评的文件。具体内容见第四章。

三、企业安全生产标准化法律法规体系

“法”是特殊的社会规范，一般是指广义的法，即法的整体。在我国，安全生产管理的法

律法规的整体主要由法律、法规和国家行政机关颁布的规章制度所构成，一般称为群法。安全生产管理法律法规是在国家安全生产方面的法律、法规。国家行政机关颁布规章以及纳入估计法律、法规要强制执行的各种法律法规的集合。

我国的企业安全生产标准化法律法规体系大致分为五个方面。

(1)全国人民代表大会及其常务委员会颁布的法律。

(2)国务院颁布的行政法规及国务院文件。

(3)地方人民代表大会及其常务委员会颁布的法规。

(4)国家有关部委颁布的规章。

(5)各安全生产标准化技术委员会公布的标准规范。

下面是一些与企业安全及安全生产标准化有关的重要法律法规列表，见表2-1。

国家有关安全生产的重要法律法规列表　　表2-1

法律法规名称	颁布机关	颁布时间
《中华人民共和国刑法》	全国人大	1979年通过，1997年修订
《中华人民共和国刑法修正案(八)》	全国人大常委会	2011年通过
《中华人民共和国突发事件应对法》	全国人大常委会	2007年通过
《中华人民共和国消防法》	全国人大常委会	1998年通过，2008年修订
《中华人民共和国安全生产法》	全国人大常委会	2002年通过
《中华人民共和国海上交通安全法》	全国人大常委会	1983年通过
《中华人民共和国道路交通安全法》	全国人大常委会	2003年通过，2011年修订
《中华人民共和国港口法》	全国人大常委会	2003年通过
《中华人民共和国海洋环境保护法》	全国人大常委会	1982年通过，1999年修订
《中华人民共和国职业病防治法》	全国人大常委会	2001年通过
《中华人民共和国劳动法》	全国人大常委会	1994年通过
《中华人民共和国标准化法》	全国人大常委会	1988年通过
《中华人民共和国内河交通安全管理条例》	国务院	2002年通过
《中华人民共和国道路交通安全法实施条例》	国务院	2004年通过
《中华人民共和国道路运输条例》	国务院	2004年通过
《中华人民共和国渔港水域交通安全管理条例》	国务院	1989年通过
《生产安全事故报告和调查处理条例》	国务院	2007年通过
《危险化学品安全管理条例》	国务院	2011年通过
《烟花爆竹安全管理条例》	国务院	2006年通过
《易制毒化学品管理条例》	国务院	2005年通过
《中华人民共和国标准化法实施条例》	国务院	1990年通过
《关于特大安全事故行政责任追究的规定》	国务院	2001年通过
《关于进一步加强安全生产工作的决定》	国务院	国发〔2004〕2号
《关于进一步加强企业安全生产工作的通知》	国务院	国发〔2010〕23号
《关于坚持科学发展安全发展促进安全生产形势持续稳定好转的意见》	国务院	国发〔2011〕40号

第二节　企业安全生产标准化主要法律法规的基本内容

一、《中华人民共和国刑法》中有关安全生产的内容

《中华人民共和国刑法》(以下简称《刑法》)于1979年7月1日第五届全国人民代表大会第二次会议通过,1997年3月14日第八届全国人民代表大会第五次会议修订。修订后的《刑法》自1997年10月1日起施行。

《刑法》的任务是用刑罚同一切犯罪行为作斗争,以保卫国家安全,保卫人民民主专政的政权和社会主义制度,保护国有财产和劳动群众集体所有的财产,保护公民私人所有的财产,保护公民的人身权利、民主权利和其他权利,维护社会秩序、经济秩序,保证社会主义建设事业的顺利进行。

《刑法》中有关安全生产的内容主要体现在以下几个条款中:

第一百二十五条　非法制造、买卖、运输、邮寄、储存枪支、弹药、爆炸物的,处三年以上十年以下有期徒刑;情节严重的,处十年以上有期徒刑、无期徒刑或者死刑。

非法买卖、运输核材料的,依照前款的规定处罚。

单位犯前两款罪的,对单位判处罚金,并对其直接负责的主管人员和其他直接责任人员,依照第一款的规定处罚。

第一百三十一条　航空人员违反规章制度,致使发生重大飞行事故,造成严重后果的,处三年以下有期徒刑或者拘役;造成飞机坠毁或者人员死亡的,处三年以上七年以下有期徒刑。

第一百三十二条　铁路职工违反规章制度,致使发生铁路运营安全事故,造成严重后果的,处三年以下有期徒刑或者拘役;造成特别严重后果的,处三年以上七年以下有期徒刑。

第一百三十三条　违反交通运输管理法规,因而发生重大事故,致人重伤、死亡或者使公私财产遭受重大损失的,处三年以下有期徒刑或者拘役;交通运输肇事后逃逸或者有其他特别恶劣情节的,处三年以上七年以下有期徒刑;因逃逸致人死亡的,处七年以上有期徒刑。

第一百三十四条　工厂、矿山、林场、建筑企业或者其他企业、事业单位的职工,由于不服管理、违反规章制度,或者强令工人违章冒险作业,因而发生重大伤亡事故或者造成其他严重后果的,处三年以下有期徒刑或者拘役;情节特别恶劣的,处三年以上七年以下有期徒刑。

第一百三十五条　工厂、矿山、林场、建筑企业或者其他企业、事业单位的劳动安全设施不符合国家规定,经有关部门或者单位职工提出后,对事故隐患仍不采取措施,因而发生重大伤亡事故或者造成其他严重后果的,对直接责任人员,处三年以下有期徒刑或者拘役;情节特别恶劣的,处三年以上七年以下有期徒刑。

第一百三十六条　违反爆炸性、易燃性、放射性、毒害性、腐蚀性物品的管理规定,在生产、储存、运输、使用中发生重大事故,造成严重后果的,处三年以下有期徒刑或者拘役;后果特别严重的,处三年以上七年以下有期徒刑。

第一百三十七条　建设单位、设计单位、施工单位、工程监理单位违反国家规定,降低工

程质量标准,造成重大安全事故的,对直接责任人员,处五年以下有期徒刑或者拘役,并处罚金;后果特别严重的,处五年以上十年以下有期徒刑,并处罚金。

第三百九十七条 国家机关工作人员滥用职权或者玩忽职守,致使公共财产、国家和人民利益遭受重大损失的,处三年以下有期徒刑或者拘役;情节特别严重的,处三年以上七年以下有期徒刑。本法另有规定的,依照规定。

国家机关工作人员徇私舞弊,犯前款罪的,处五年以下有期徒刑或者拘役;情节特别严重的,处五年以上十年以下有期徒刑。本法另有规定的,依照规定。

《刑法》自 1997 年 10 月 1 日起施行后至 2011 年 2 月 25 日,全国人民代表大会常务委员会通过了八个《修正案》,其中《中华人民共和国刑法修正案(六)》(2006 年 6 月 29 日第十届全国人民代表大会常务委员会第二十二次会议通过)涉及安全生产的内容有如下条款:

(1)将刑法第一百三十四条修改为:在生产、作业中违反有关安全管理的规定,因而发生重大伤亡事故或者造成其他严重后果的,处三年以下有期徒刑或者拘役;情节特别恶劣的,处三年以上七年以下有期徒刑。

强令他人违章冒险作业,因而发生重大伤亡事故或者造成其他严重后果的,处五年以下有期徒刑或者拘役;情节特别恶劣的,处五年以上有期徒刑。

(2)将刑法第一百三十五条修改为:安全生产设施或者安全生产条件不符合国家规定,因而发生重大伤亡事故或者造成其他严重后果的,对直接负责的主管人员和其他直接责任人员,处三年以下有期徒刑或者拘役;情节特别恶劣的,处三年以上七年以下有期徒刑。

二、《中华人民共和国安全生产法》的基本内容

我国安全生产管理在法律层面主要依据的是《中华人民共和国安全生产法》(以下简称《安全生产法》),这是我国企业安全生产方面的综合性法律。《安全生产法》由中华人民共和国第九届全国人民代表大会常务委员会第二十八次会议于 2002 年 6 月 29 日通过,自 2002 年 11 月 1 日起施行。

1.《安全生产法》的立法背景与意义

1)《安全生产法》的立法背景

安全生产,事关人民群众生命财产安全、国民经济持续快速健康发展和社会稳定大局。《中华人民共和国安全生产法》自提出立法建议到出台,经历了 21 年的历程。《安全生产法》的公布施行,是我国安全生产法制进程中新的里程碑,它标志着我国安全生产法制建设进入了一个新的阶段。

改革开放以来,在党中央、国务院的领导下,我国的安全生产状况逐步好转。但安全生产形势依然严峻,重大、特大事故连续发生。为了加强安全生产监督管理,遏制事故的发生,保障人民生命安全和减少财产损失,保证社会主义现代化建设的顺利进行,党中央、国务院坚持安全第一的方针,采取了安全生产专项整治特别是加强法制等重大举措,为实现安全生产的稳定好转创造了更好的法制环境。

为了加强安全生产监督管理,确立安全生产的基本管理制度和要求,规定针对性、可操作性较强的具体措施,加大对违法犯罪行为的处罚力度,防止和减少生产安全事故的发生,保障人民群众生命财产安全,促进经济发展和保障社会稳定,因而迫切需要制定一部综合性

的、适用范围宽的《安全生产法》。《安全生产法》正是在这种背景和条件下出台的。

2)《安全生产法》的意义

《安全生产法》作为我国安全生产的综合性法律,具有丰富的法律内涵和规范作用。《安全生产法》贯穿了"三个代表"、与时俱进和安全责任重于泰山的重要思想,反映了党和政府重视人权的社会主义本质,总结了我国安全生产正反两方面的经验,体现了依法治国的基本方略。各级领导干部、生产经营单位及其从业人员,要从讲政治、保稳定、促发展的高度,学习宣传和贯彻《安全生产法》,深刻领会其立法宗旨和精神实质。《安全生产法》的通过实施,对全面加强我国安全生产法制建设,激发全社会对公民生命权的珍视和保护,提高全民族的安全法律意识,规范生产经营单位的安全生产,强化安全生产监督管理,遏制重大、特大事故发生,促进经济发展和保持社会稳定都具有重大的现实意义,必将产生深远的历史影响。

《安全生产法》是我国第一部全面规范安全生产的专门法律,是我国安全生产法律体系的主体法。《安全生产法》贯彻实施的意义如下:

(1)有利于全面加强我国安全生产法律法规体系建设。

(2)有利于保障人民群众生命安全;重视和保护人的生命权,是制定《安全生产法》的根本出发点和落脚点。

(3)有利于依法规范生产经营单位的安全生产工作。

(4)有利于各级人民政府加强对安全生产工作的领导。

(5)有利于安全生产监管部门和有关部门依法行政,加强监督管理。

(6)有利于提高从业人员的安全素质。

(7)有利于增强全体公民的安全法律意识。

(8)有利于制裁各种安全违法行为。

2.《安全生产法》的主要内容

《安全生产法》由七个部分组成:第一章,总则;第二章,生产经营单位的安全生产保障;第三章,从业人员的权利和义务;第四章,安全生产的监督管理;第五章,生产安全事故的应急救援与调查处理;第六章,法律责任;第七章,附则。

(1)立法目的:为了加强安全生产监督管理,防止和减少生产安全事故,保障人民群众生命和财产安全,促进经济发展。适用范围:在中华人民共和国领域内从事生产经营活动的单位(以下统称生产经营单位)的安全生产,适用本法;有关法律、行政法规对消防安全和道路交通安全、铁路交通安全、水上交通安全、民用航空安全另有规定的,适用其规定。

(2)生产经营的目标:安全生产管理,坚持安全第一、预防为主的方针。生产经营单位必须遵守本法和其他有关安全生产的法律、法规,加强安全生产管理,建立、健全安全生产责任制度,完善安全生产条件,确保安全生产。

(3)从业人员的权利和义务:生产经营单位的从业人员有依法获得安全生产保障的权利,并应当依法履行安全生产方面的义务。

(4)安全生产的监督管理:工会依法组织职工参加本单位安全生产工作的民主管理和民主监督,维护职工在安全生产方面的合法权益。国务院和地方各级人民政府应当加强对安全生产工作的领导,支持、督促各有关部门依法履行安全生产监督管理职责。县级以上人民政府对安全生产监督管理中存在的重大问题应当及时予以协调、解决。国务院负责安全生产监督管理的部门依照本法，对全国安全生产工作实施综合监督管理；县级以上地方各级人民政府负责安全生产监督管理的部门依照本法，对本行政区域内安全生产工作实施综合监督管理。国务院有关部门依照本法和其他有关法律、行政法规的规定，在各自的职责范围内对有关的安全生产工作实施监督管理；县级以上地方各级人民政府有关部门依照本法和其他有关法律、法规的规定，在各自的职责范围内对有关的安全生产工作实施监督管理。国务院有关部委应当按照保障安全生产的要求，依法及时制定有关的国家标准或者行业标准，并根据科技进步和经济发展适时修订。生产经营单位必须执行依法制定的保障安全生产的国家标准或者行业标准。各级人民政府及其有关部门应当采取多种形式，加强对有关安全生产的法律、法规和安全生产知识的宣传，提高职工的安全生产意识。依法设立的为安全生产提供技术服务的中介机构，依照法律、行政法规和执业准则，接受生产经营单位的委托，为其安全生产工作提供技术服务。

(5)安全事故的调查处理：县级以上地方各级人民政府应当组织有关部门制定本行政区域内特大生产安全事故应急救援预案，建立应急救援体系，配备必要的救援人员，以及救援器材。发生安全事故后，应及时上报，保留证据，不得隐瞒。负责安全生产监督的部门得到上报后，应按照国家规定处理，不得谎报、瞒报。任何单位接到协助安全生产事故的通知时，应提供一切便利条件，立即赶到现场实施事故抢救。调查结果应以尊重事实、尊重科学为原则，及时准确查明原因。有过失者，依法追究法律责任。任何单位和个人不得阻挠和干涉对事故的依法调查处理。县级以上负责安全生产的部门应定期分析统计安全事故的情况，并向社会公布。

(6)法律责任：国家实行生产安全事故责任追究制度，依照本法和有关法律、法规的规定，追究生产安全事故责任人员的法律责任。国家鼓励和支持安全生产科学技术研究和安全生产先进技术的推广应用，提高安全生产水平。国家对在改善安全生产条件、防止生产安全事故、参加抢险救护等方面取得显著成绩的单位和个人，给予奖励。

三、《中华人民共和国突发事件应对法》的基本内容

1.《突发事件应对法》的立法过程与重要意义

1)《突发事件应对法》的立法过程

近年来，我国重大突发事件频繁发生。各级人民政府在积极应对突发事件的过程中总结出了丰富经验，得到了许多教训。2003 年，抗击“非典”的过程给了各级人民政府许多重要启示，其中重要的一点就是要依靠法制应对突发事件。自 2003 年 5 月起，国务院有关部委成立了法律起草领导小组，着手《突发事件应对法》的研究起草工作。法律起草小组重点研究了美、俄、德、意、日等十多个国家应对突发事件的法制制度，深入全国各地开展调研，举办了多次学术研讨会，对法制基本结构和内容进行了深入研究。《突发事件应对法》草案广泛征求了全国人大、全国政协有关单位、有关社会团体、各省(自治区、直辖市)人民政府、国务院各部委，以及各方面专家学者的意见。国务院第 83 次、第 138 次常务会议，十届全国人大常委会第二十二次、第二十八次、第二十九次会议，多次深入讨论和审议《突发事件应对法》草案，对法律草案进行了大量修改和完善。因此，《突发事件应对法》的立法过程体现了党和政府对突发事件应对工作的高度重视，体现了各级各部门对突发事件应对工作规律性

的认识，很好地保证了这部法律的权威性、实用性和科学性。

2）《突发事件应对法》的重要意义

突发事件应急管理是一项内容庞杂、情况多变，涉及各方面利益又需要各方面参与，理论性和实践性都很强的工作，必须在法律上对这项工作的各个方面、各个环节进行严格规范。据统计，在《突发事件应对法》出台前，全国已经制定涉及突发事件应对的法律35件、行政法规37件、部门规章55件。而制定和实施《突发事件应对法》，是国务院进一步加强应急管理法制建设的又一重要举措，使我国基本形成了以《突发事件应对法》为核心，以相关法律、法规和规章为基础，门类齐全、覆盖面广的应急管理法律体系。《突发事件应对法》的核心作用主要体现在以下几个方面：

（1）《突发事件应对法》是我国应急管理长期实践的高度总结。《突发事件应对法》提炼了近几年应急管理实践创新和理论创新的最新成果，很好地贯彻了科学发展观的基本内涵和根本要求。

（2）《突发事件应对法》确立了我国应急管理的基本制度。《突发事件应对法》从法律层面明确了我国统一领导、综合协调、分类管理、分级负责、属地为主的应急管理体制，以制度的形式建立了预防与应急准备、监测与预警、应急处置与救援等方面的机制，促进了党委领导下的行政领导责任制的进一步落实，从而在法律上确立了应急管理工作的基本制度。

（3）《突发事件应对法》是规范各方应对突发事件行为的基本法律。《突发事件应对法》既明确了政府在应急管理工作中的主体地位和作用，也规定了社会、公民参与突发事件应对活动的责任、权利和义务，形成了政府主导、社会支持、公众参与的应急管理工作基本格局。

（4）《突发事件应对法》是推动应急体系建设的强大动力。《突发事件应对法》对应急救援队伍、应急基础设施、物资储备、科技保障能力等应急体系的建设工作作出了明确规定，这必将有力地推动各级人民政府应急体系建设。

2.《突发事件应对法》的主要内容

1）《突发事件应对法》的立法宗旨和适用范围

根据《突发事件应对法》第一条规定，该法的立法宗旨是预防和减少突发事件的发生，控制、减轻和消除突发事件引起的严重社会危害，规范突发事件应对活动，保护人民生命财产安全，维护国家安全、公共安全、环境安全和社会秩序。这充分体现了我国宪法确立的“国家尊重和保障人权”的人权原则，反映了贯彻科学发展观、推进构建社会主义和谐社会的必然要求。

根据《突发事件应对法》第二条规定，该法的适应范围是突发事件的预防与应急准备、监测与预警、应急处置与救援、事后恢复与重建等应对活动。也就是把应对突发事件的事前、事中、事后的全过程活动纳入该法的调整范围之内。

2）突发事件的内涵及其分类分级

根据《突发事件应对法》第三条规定，突发事件是指突然发生，造成或者可能造成严重社会危害，需要采取应急处置措施予以应对的自然灾害、事故灾难、公共卫生事件和社会安全事件。这一概念具有几个核心要素：一是突发事件具有明显的公共性或社会性，即属于公共危机；二是突发事件具有突发性和紧迫性；三是突发事件具有危害性和破坏性；四是突发事件必须借助于公权力（即政府权力）的介入，运用社会人力、物力才能解决。

突发事件按照其性质、过程和发生机理的不同，可以分为自然灾害、事故灾难、公共卫生事件和社会安全事件。自然灾害主要包括水旱灾害、气象灾害、地震灾害、地质灾害、海洋灾害、生物灾害和森林草原火灾等；事故灾难主要包括工矿商贸等企业的各类安全事故、交通运输事故，公共设施和设备事故，环境污染和生态破坏事件等；公共卫生事件主要包括传染病疫情、群体性不明原因疾病、食品安全和职业危害、动物疫情，以及其他严重影响公众健康和生命安全的事件；社会安全事件主要包括严重危害社会治安秩序的突发事件。按照突发事件的社会危害程度、影响范围，以及性质、可控性、行业特点等因素，原则上将各类突发事件分为特别重大、重大、较大和一般四个等级。突发事件的分级标准由国务院或国务院确定的部门制定。

3）建立健全突发事件应急预案体系

根据《突发事件应对法》第十七条和第十八条规定，国家建立健全突发事件应急预案体系。

国务院制定国家突发事件总体应急预案，组织制定国家突发事件专项应急预案；国务院有关部门根据各自的职责和国务院相关应急预案，制定国家突发事件部门应急预案。

地方各级人民政府和县级以上地方各级人民政府有关部门根据有关法律、法规、规章、上级人民政府及其有关部门的应急预案以及本地区的实际情况，制定相应的突发事件应急预案。

应急预案制定机关应当根据实际需要和情势变化，适时修订应急预案。应急预案的制定、修订程序由国务院规定。

应急预案应当根据本法和其他有关法律、法规的规定，针对突发事件的性质、特点和可能造成的社会危害，具体规定突发事件应急管理工作的组织指挥体系与职责和突发事件的预防与预警机制、处置程序、应急保障措施以及事后恢复与重建措施等内容。

4）建立全国统一的突发事件信息系统和监测预警制度

按照《突发事件应对法》，突发事件监测与预警工作主要包括建立突发事件信息系统、突发事件监测制度、突发事件预警制度三个方面内容。

《突发事件应对法》规定，县级以上人民政府及其有关部门应当根据突发事件的类型和特点，建立完善监测网络，划分监测区域，确定监测站点，明确监测项目，安排必要装备，配备专门人员，对可能发生的突发事件进行密切监测。

县级以上地方各级人民政府应当建立本地区统一的突发事件信息系统，汇集、储存、分析、传输突发事件信息。县级以上人民政府及其有关部门、专业机构应当在当地居民委员会、村民委员会和有关单位建立专、兼职信息报告员制度，多种途径收集突发事件信息。

获悉突发事件信息的公民、法人或者其他组织，应当立即向当地人民政府及有关主管部门或者指定的专业机构报告。有关单位和人员报送、报告突发事件信息，应当做到及时、客观、真实，不得迟报、谎报、瞒报、漏报。地方各级人民政府应当及时汇总分析突发事件信息，会商、评估突发事件状态和影响，并按照规定向上级人民政府报送突发事件信息，并实时预警。

《突发事件应对法》规定，可以预警的突发事件的预警级别，按照突发事件的紧急程度、发展势态和可能造成的危害程度分为一级、二级、三级和四级，分别用红色、橙色、黄色和蓝色标示，一级为最高级别。预警级别的划分标准由国务院或国务院确定的部门制定。

可以预警的突发事件即将发生或发生概率较大时，县级以上地方各级人民政府应当根据权限和程度，发布相应级别的警报，决定并宣布有关地区进入预警期，同时向上一级人民政府报告。

发布三级、四级警报，宣布进入预警期后，县级以上地方各级人民政府应当根据情况采取相应措施：

(1)启动应急预案。

(2)加强有关突发事件监测、预报和信息收集、报告工作。

(3)组织有关方面对突发事件信息进行分析评估，预测其发生概率、影响范围与强度。

(4)定时向社会发布与公众有关的突发事件预测信息和评估情况。

(5)向社会发布咨询电话和相关警示，宣传相关防灾、避灾常识。

发布一级、二级警报，宣布进入预警期后，县级以上地方各级人民政府除采取以上措施外，还可根据情况采取以下相应措施：

(1)责令应急救援队伍及相关人员进入待命状态，做好应急救援和处置准备。

(2)调集应急救援、处置所需物资，准备应急设施和避难场所。

(3)加强对重点单位、重要部位和重要基础设施的安全保卫，维护社会治安秩序。

(4)采取必要措施，确保城市交通、通信等生命线工程安全和正常运行。

(5)及时发布防灾、避灾的警示、劝告。

(6)转移、疏散危险地区人员和重要财产。

(7)关闭易受突发事件危害的场所，控制或限制公共场所活动。

5)单位和个人违反《突发事件应对法》应负的法律责任

《突发事件应对法》规定，有关单位凡未按规定及时消除已发现的可能引发突发事件的隐患，未采取预防措施，导致发生严重突发事件的；未做好应急设备、设施日常维护、检测工作，导致发生严重突发事件或突发事件危害扩大的；不及时组织开展应急救援工作，造成严重后果的，由所在地负责应对突发事件的人民政府责令停产停业，暂扣或者吊销许可证或者营业执照，并处五万元以上二十万元以下的罚款，构成违反治安管理行为的，由公安机关依法给予处罚。

编造并传播有关突发事件事态发展或者应急处置工作的虚假信息，或者明知是突发事件虚假信息仍然传播的，责令改正，并给予警告；造成严重后果的，依法暂停其业务活动或者吊销其执业许可证；是国家工作人员的，要依法对其给予处分；构成违反治安管理行为的，由公安机关依法给予处罚。

单位或个人不服从所在地人民政府及其有关部门发布的决定、命令或者不配合其依法采取的措施，构成违反治安管理行为的，由公安机关依法给予处罚。单位或个人违反《突发事件应对法》规定，导致突发事件发生或者危害扩大，给他人人身、财产造成损害的，应当依法承担民事责任。

四、《中华人民共和国消防法》的基本内容

1.《消防法》的立法背景与意义

《中华人民共和国消防法》(以下简称《消防法》)由中华人民共和国第十一届全国人民

代表大会常务委员会第五次会议于 2008 年 10 月 28 日修订通过，自 2009 年 5 月 1 日起施行。

《消防法》自 1998 年 9 月 1 日施行以来，有力地推动了我国消防法治建设、社会化消防管理、公共消防设施建设以及消防监督执法规范化、提升政府应急救援能力、火灾隐患整改等方面的工作，对预防和减少火灾危害，保护人身、财产安全，维护公共安全，发挥了重要作用。

近年来，随着我国经济社会的发展和政府职能的转变，特别是在贯彻落实党的十七大精神的新阶段，面临着社会和广大人民群众对消防安全的新需求、新期待，面对着以人为本、保障和改善民生、强化社会管理和公共服务的新要求，原有《消防法》的一些规定已经难以适应新时期消防工作的需要。其主要表现在：

(1)对消防工作责任主体规定不够全面，责任不够完善和清晰，制约和影响了消防工作责任制的落实，不适应消防工作社会化的需要。

(2)对消防监督管理制度的设置不适应形势需要，计划经济时期包揽式管理的色彩较浓，公安机关消防机构监督职责与有关责任主体的消防安全职责不明晰，不能适应转变政府职能的要求。

(3)缺乏运用市场机制和经济手段防范火灾风险的规定，不利于发挥市场主体在保障消防安全方面的作用。

(4)对违反消防法规危害公共安全的行为规定不全，处罚力度不够，缺乏必要的强制措施，不能有效消除和制止违反消防法规的行为和严重危及公共安全的火灾隐患。

《消防法》的修订和重新颁布实施，有利于保障消防工作与经济建设和社会发展相适应，不断提高社会公共消防安全水平；有利于全面落实消防安全责任制，建立健全社会化的消防工作网络；有利于加强和改革消防工作制度，有效预防火灾和减少火灾危害；有利于推进利用市场机制和经济手段防范火灾风险，切实发挥市场主体在保障消防安全方面的作用；有利于加强应急救援工作，推进消防力量建设，提升火灾扑救和应急救援能力；有利于完善消防执法监督工作机制，促进公正、严格、文明、高效执法。

《消防法》是预防火灾和减少火灾危害，加强应急救援工作，维护公共安全的重要法律。《消防法》的修订和颁布实施，对加强我国消防法制建设，推进消防事业科学发展，维护公共安全，促进社会和谐，具有十分重要的意义。

2.《消防法》的主要内容

《消防法》共七章七十四条，包括总则、火灾预防、消防组织、灭火救援、监督检查、法律责任、附则等内容。

与企业安全生产有关的内容节选如下：

第二条　消防工作贯彻预防为主、防消结合的方针，按照政府统一领导、部门依法监管、单位全面负责、公民积极参与的原则，实行消防安全责任制，建立健全社会化的消防工作网络。

第十六条　机关、团体、企业、事业等单位应当履行下列消防安全职责：(一)落实消防安全责任制，制定本单位的消防安全制度、消防安全操作规程，制定灭火和应急疏散预案；(二)按照国家标准、行业标准配置消防设施、器材，设置消防安全标志，并定期组织检验、维修，确保完好有效;(三)对建筑消防设施每年至少进行一次全面检测,确保完好有效,检测记录应当完整准确,存档备查;(四)保障疏散通道、安全出口、消防车通道畅通,保证防火防烟分区、防火间距符合消防技术标准;(五)组织防火检查,及时消除火灾隐患;(六)组织进行有针对性的消防演练;(七)法律、法规规定的其他消防安全职责。

单位的主要负责人是本单位的消防安全责任人。

消防安全重点单位除应当履行本法第十六条规定的职责外,还应当履行下列消防安全职责:(一)确定消防安全管理人,组织实施本单位的消防安全管理工作;(二)建立消防档案,确定消防安全重点部位,设置防火标志,实行严格管理;(三)实行每日防火巡查,并建立巡查记录;(四)对职工进行岗前消防安全培训,定期组织消防安全培训和消防演练。

第十九条　生产、储存、经营易燃易爆危险品的场所不得与居住场所设置在同一建筑物内,并应当与居住场所保持安全距离。

生产、储存、经营其他物品的场所与居住场所设置在同一建筑物内的,应当符合国家工程建设消防技术标准。

第二十二条　生产、储存、装卸易燃易爆危险品的工厂、仓库和专用车站、码头的设置,应当符合消防技术标准。易燃易爆气体和液体的充装站、供应站、调压站,应当设置在符合消防安全要求的位置,并符合防火防爆要求。

第二十三条　生产、储存、运输、销售、使用、销毁易燃易爆危险品,必须执行消防技术标准和管理规定。

进入生产、储存易燃易爆危险品的场所,必须执行消防安全规定。禁止非法携带易燃易爆危险品进入公共场所或者乘坐公共交通工具。

储存可燃物资仓库的管理,必须执行消防技术标准和管理规定。

五、《生产安全事故报告和调查处理条例》的基本内容

《生产安全事故报告和调查处理条例》于2007年3月28日国务院第172次常务会议通过,自2007年6月1日起施行(中华人民共和国国务院令第493号)。主要内容如下:

为了规范生产安全事故的报告和调查处理,落实生产安全事故责任追究制度,防止和减少生产安全事故,根据《中华人民共和国安全生产法》和有关法律,制定本条例。

生产经营活动中发生的造成人身伤亡或者直接经济损失的生产安全事故的报告和调查处理,适用本条例;环境污染事故、核设施事故、国防科研生产事故的报告和调查处理不适用本条例。

1. 生产安全事故等级划分

根据生产安全事故(以下简称事故)造成的人员伤亡或者直接经济损失,事故一般分为以下等级:

(1)特别重大事故,是指造成30人以上死亡,或者100人以上重伤(包括急性工业中毒,下同),或者1亿元以上直接经济损失的事故。

(2)重大事故,是指造成10人以上30人以下死亡,或者50人以上100人以下重伤,或者5000万元以上1亿元以下直接经济损失的事故。

(3)较大事故,是指造成3人以上10人以下死亡,或者10人以上50人以下重伤,或者

1000 万元以上 5000 万元以下直接经济损失的事故。

(4)一般事故,是指造成 3 人以下死亡,或者 10 人以下重伤,或者 1000 万元以下直接经济损失的事故。

国务院安全生产监督管理部门可以会同国务院有关部门,制定事故等级划分的补充性规定。

2. 事故报告

事故发生后,事故现场有关人员应当立即向本单位负责人报告;单位负责人接到报告后,应当于 1 小时内向事故发生地县级以上人民政府安全生产监督管理部门和负有安全生产监督管理职责的有关部门报告。

情况紧急时,事故现场有关人员可以直接向事故发生地县级以上人民政府安全生产监督管理部门和负有安全生产监督管理职责的有关部门报告。

安全生产监督管理部门和负有安全生产监督管理职责的有关部门接到事故报告后,应当依照下列规定上报事故情况,并通知公安机关、劳动保障行政部门、工会和人民检察院。

(1)特别重大事故、重大事故逐级上报至国务院安全生产监督管理部门和负有安全生产监督管理职责的有关部门。

(2)较大事故逐级上报至省、自治区、直辖市人民政府安全生产监督管理部门和负有安全生产监督管理职责的有关部门。

(3)一般事故上报至设区的市级人民政府安全生产监督管理部门和负有安全生产监督管理职责的有关部门。

安全生产监督管理部门和负有安全生产监督管理职责的有关部门依照前款规定上报事故情况,应当同时报告本级人民政府。国务院安全生产监督管理部门和负有安全生产监督管理职责的有关部门以及省级人民政府接到发生特别重大事故、重大事故的报告后,应当立即报告国务院。

必要时,安全生产监督管理部门和负有安全生产监督管理职责的有关部门可以越级上报事故情况。

3. 事故报告时效

单位负责人接到报告后,应当于 1 小时内向事故发生地县级以上人民政府安全生产监督管理部门和负有安全生产监督管理职责的有关部门报告。

安全生产监督管理部门和负有安全生产监督管理职责的有关部门逐级上报事故情况,每级上报的时间不得超过 2 小时。

事故报告后出现新情况时,应当及时补报。自事故发生之日 30 日内,事故造成的伤亡人数发生变化的,应当及时补报。道路交通事故、火灾事故自发生之日起 7 日内,事故造成的伤亡人数发生变化的,应当及时补报。

4. 事故调查

(1)特别重大事故由国务院或者国务院授权有关部门组织事故调查组进行调查。

(2)重大事故、较大事故、一般事故分别由事故发生地省级人民政府、设区的市级人民政府、县级人民政府负责调查。省级人民政府、设区的市级人民政府、县级人民政府可以直接组织事故调查组进行调查,也出可以授权或者委托有关部门组织事故调查组进行调查。

(3)未造成人员伤亡的一般事故,县级人民政府也可以委托事故发生单位组织事故调查组进行调查。

(4)上级人民政府认为必要时,可以调查由下级人民政府负责调查的事故。根据事故的具体情况,事故调查组由有关人民政府、安全生产监督管理部门、负有安全生产监督管理职责的有关部门、监察机关、公安机关以及工会派人组成,并应当邀请人民检察院派人参加。

5. 事故处理

重大事故、较大事故、一般事故,负责事故调查的人民政府应当自收到事故调查报告之日起15日内作出批复;特别重大事故,30日内作出批复,特殊情况下,批复时间可以适当延长,但延长的时间最长不超过30日。

有关机关应当按照人民政府的批复,依照法律、行政法规规定的权限和程序,对事故发生单位和有关人员进行行政处罚,对负有事故责任的国家工作人员进行处分。

事故发生单位应当按照负责事故调查的人民政府的批复,对本单位负有事故责任的人员进行处理。

负有事故责任的人员涉嫌犯罪的,依法追究刑事责任。

6. 法律责任

(1)根据违规行为,对事故发生单位主要负责人、直接负责的主管人员和其他直接责任人员处上一年年收入的30%至100%的罚款。

(2)事故发生单位对事故发生负有责任的,依照下列规定处以罚款:

①发生一般事故的,处10万元以上20万元以下的罚款。

②发生较大事故的,处20万元以上50万元以下的罚款。

③发生重大事故的,处50万元以上200万元以下的罚款。

④发生特别重大事故的,处200万元以上500万元以下的罚款。

同时,《生产安全事故报告和调查处理条例》还对其他违规行为规定了处罚。

六、《危险化学品安全管理条例》的基本内容

《危险化学品安全管理条例》(中华人民共和国国务院令第591号)经2011年2月16日国务院第144次常务会议修订通过,修订后的自2011年12月1日起施行。

这次对原《危险化学品安全管理条例》的修订,是一次比较全面的修改,对危险化学品安全管理各个环节的制度和措施,都做了相应的补充、修改和完善,篇幅由原来的七章七十四条,修改为八章一百零二条。修改的内容很丰富,既有填补空白、堵塞漏洞的新增制度和措施,也有对原有规定的调整和完善。主要包括以下8个方面:

(1)在行政法规层面明确了安监部门在危险化学品安全监督管理方面的职责。按照原条例规定,国务院经济贸易综合管理部门(原国家经贸委),负责危险化学品安全监督管理综合工作,地方政府经济贸易管理部门或者负责危险化学品安全监督管理综合工作的部门承担危险化学品监督管理的相关职责。根据安全生产监管体制以及国务院机构改革后有关部门职责分工的变化,上述职责已经转到了安监部门,新条例将原条例中所有的经济贸易综合管理部门、经济贸易管理部门、负责危险化学品安全监督管理综合工作的部门等称呼,统一

改成“安全生产监督管理部门”，从行政法规层面明确了安监部门的监督管理职责。

(2)建立了统一的危险化学品目录的确定和调整机制。原条例中是没有“危险化学品目录”这个概念，危险化学品被分成两部分：一部分是列入《危险货物品名表》(GB 12268—2005)的危险化学品，另一部分则是剧毒化学品和没有列入《危险货物品名表》的其他危险化学品，其目录由国务院经济贸易综合管理部门会同国务院公安、环保、卫生、质检、交通部门确定并公布。《危险货物品名表》是从运输安全角度着眼的，而危险化学品安全管理则涉及生产、储存、经营、运输等多个环节，因此危险化学品与危险货物的范围并不完全一致，新条例明确提出了“危险化学品目录”的概念，建立了统一的危险化学品目录确定、调整机制，明确规定：危险化学品目录，由国务院安全生产监督管理部门会同国务院工信、公安、环保、卫生、质检、交通、铁路、民航、农业部门，根据化学品危险特性的鉴别和分类标准确定、公布，并适时调整。

(3)将危险化学品生产、储存企业设立审批制度，修改为危险化学品生产、储存建设项目安全条件审查制度。原条例对设立危险化学品生产企业、储存企业实行审批制度，并规定由省级人民政府或者设区的市级人民政府负责审批，目的是严格危险化学品生产企业、储存企业的市场准入，从源头上保证危险化学品生产、储存安全。实际上，从源头上保证危险化学品生产、储存安全，关键不在于对危险化学品生产企业、储存企业的设立进行审批，而在于严格把住生产、储存危险化学品的建设项目的安全条件。新条例把危险化学品生产、储存企业设立审批制度改成了生产、储存危险化学品的建设项目安全条件审查制度，规定新建、改建、扩建、生产、储存危险化学品的建设项目，应当由安全生产监督管理部门进行安全条件审查，同时对安全条件审查的实施程序作了明确规定。

(4)调整了原条例关于生产、储存、使用危险化学品的单位应当对本单位的生产、储存装置定期进行安全评价的规定。生产、储存过程中的安全评价，对于保证危险化学品单位持续具备相应的安全条件非常重要。为了使安全评价制度更具有针对性，新条例对安全评价制度作了较大程度的调整完善。首先，安全评价的对象不再局限于“本单位的生产、储存装置”，而是调整为“本单位的安全生产条件”，使安全评价的对象更加全面；其次，是将安全评价制度适用的主体范围限定为生产、储存危险化学品的企业，以及使用危险化学品从事生产的企业，对企业以外的储存、使用危险化学品的单位，包括教学科研医疗单位等，不再要求进行安全评价，这样更加符合实际情况。再次，是明确规定安全评价需要由具备国家规定的资质条件的机构承担，进一步规范了安全评价活动，有利于安全评价的客观、公正、权威。最后，是将安全评价的周期统一确定为 3 年，有利于减轻企业负担，也与《安全生产许可证条例》的有关规定相衔接。

(5)进一步强化了危险化学品使用的安全管理，确立了危险化学品安全使用许可制度。原条例对危险化学品生产、储存的安全管理制度和措施，规定得比较全面，也比较具体，对危险化学品使用的安全管理制度，则规定得相对薄弱一些。近年来的实践证明，使用危险化学品特别是使用危险化学品从事生产，在危险程度上并不亚于生产危险化学品，由此引发的事故也比较多，使用危险化学品成了危险化学品安全管理中的薄弱环节。所以，新条例对“使用安全”单设一章作了规定，突出和强调危险化学品使用的安全管理。更为重要的是，新条例确立了危险化学品安全使用许可制度，从源头上保障使用危险化学品从事生产的企业的安全条件。这是条例修改中新增加的唯一一项行政许可。新条例对安全使用许可证制度的适用范围从两个方面作了限制：一是企业性质的限制，即必须是使用危险化学品从事生产的化工企业。二是使用量的限制，使用量必须达到规定的数量标准。同时具有这两种情形的企业，才需要取得危险化学品安全使用许可证。

(6)进一步完善了危险化学品经营安全的制度措施。这次修改条例主要从进一步完善的角度，对有关危险化学品经营安全的规定作了相应调整。其中，比较重要的有三点：

①明确把危险化学品仓储经营纳入了危险化学品经营的范围。

②进一步严格市场准入，在危险化学品经营企业应当具备的条件中，增加了必须有专职安全管理人员、有应急救援预案和应急救援器材设备两项条件，进一步加强了危险化学品经营企业的安全保障。

③为方便企业办事，适当下放了危险化学品经营许可证的审批权限，将发证机关由原来的“省级政府经济贸易管理部门”和“设区的市级政府负责危化品监管综合部门”，分别下放到“设区的市级政府安全生产监督管理部门”和“县级政府安全生产监督管理部门”，并明确规定了审批的时限。同时，为减少环节，避免对同一个企业重复许可，减轻企业负担，新条例还明确规定，依法取得危险化学品安全生产许可证、危险化学品安全使用许可证、危险化学品经营许可证、民用爆炸物品生产许可证的企业，可以直接凭相应的许可证件购买剧毒化学品、易制爆危险化学品。

(7)调整完善了危险化学品内河运输安全的管理制度。新条例既没有绝对禁止通过内河运输危险化学品，也没有明确放开内河运输危险化学品，而是建立了一个科学合理并且较为严密的机制，规定由交通运输部、环境保护部、工业和信息化部、安全监管总局四个部门，根据危险化学品的危险特性、对人体和水环境的危害程度以及消除危害后果的难易程度等因素，规定禁止通过内河运输的剧毒化学品以及其他危险化学品的范围。这个机制既能满足保障人民生命健康和内河水环境安全的需要，也能顾及到企业生产经营的实际需要。对于允许通过内河运输的危险化学品，新条例还从运输企业的资质条件，运输船舶和专用码头、泊位的安全条件，各类危险化学品的运输方式、包装规范和安全防护措施，运输危险化学品的船舶的警示标志悬挂和进出港管理等，补充规定了相关的安全保障措施，以从制度上确保通过内河运输危险化学品的安全。

(8)进一步完善了危险化学品登记制度。危险化学品登记是一项基础性、长远性的工作，这项制度虽然不是一线的监管制度，但对于强化危险化学品安全管理的基础，提升危险化学品安全管理的层次和水平，具有不可或缺的重要作用。危险化学品登记工作已经开展了几年时间，取得明显成效，但仍需要进一步加强和规范。新条例对危险化学品登记制度作了进一步完善。主要有三点：

①原条例规定需要办理危险化学品登记的主体范围是危险化学品生产企业、储存企业以及使用剧毒化学品和数量构成重大危险源的其他危险化学品的单位。考虑到危险化学品登记属于产品信息登记，为了使登记范围既全面、没有遗漏，又避免重复登记，给企业带来不必要的负担，新条例一方面增加规定危险化学品进口企业需要办理危险化学品登记，同时不再规定危险化学品储存企业以及使用剧毒化学品和数量构成重大危险源的其他危险化学品的单位办理危险化学品登记。

②原条例没有规定危险化学品登记的具体内容，新条例增加规定了危险化学品登记的具体内容，包括危险化学品的分类和标签信息，物理、化学性质，主要用途，危险特性以及储存、使用、运输的安全要求和出现危险情况时的应急处置措施等，进一步规范危险化学品登记。

③新条例明确规定对同一企业生产、进口的同一品种的危险化学品，不进行重复登记，避免给企业造成不必要的负担。同时，为保证实现危险化学品登记的目的，新条例又增加规定，危险化学品生产企业、进口企业发现其生产、进口的危险化学品有新的危险特性时，应当及时办理登记内容变更手续，从而将危险化学品登记变成一项动态性的制度。

第三节 企业安全生产标准化相关规定

一、国务院关于进一步加强企业安全生产工作的通知

近年来，全国生产安全事故逐年下降，安全生产状况总体稳定、趋于好转，但形势依然十分严峻，事故总量仍然很大，非法违法生产现象严重，重特大事故多发频发，给人民群众生命财产安全造成重大损失，暴露出一些企业重生产轻安全、安全管理薄弱、主体责任不落实，一些地方和部门安全监管不到位等突出问题。为进一步加强安全生产工作，全面提高企业安全生产水平，国务院于 2010 年出台了《关于进一步加强企业安全生产工作的通知》（国发〔2010〕23 号），要求各地区、各部门和各有关单位要做好对加强企业安全生产工作的组织实施，制定部署本地区本行业贯彻落实本通知要求的具体措施，加强监督检查和指导，及时研究、协调解决贯彻实施中出现的突出问题。国务院安全生产委员会办公室和国务院有关部门要加强工作督查，及时掌握各地区、各部门和本行业（领域）工作进展情况，确保各项规定、措施执行落实到位。省级人民政府和国务院有关部门要将加强企业安全生产工作情况，并及时报送国务院安全生产委员会办公室。

《关于进一步加强企业安全生产工作的通知》内容如下：

（一）总体要求

（1）工作要求。深入贯彻落实科学发展观，坚持以人为本，牢固树立安全发展的理念，切实转变经济发展方式，调整产业结构，提高经济发展的质量和效益，把经济发展建立在安全生产有可靠保障的基础上；坚持“安全第一、预防为主、综合治理”的方针，全面加强企业安全管理，健全规章制度，完善安全标准，提高企业技术水平，夯实安全生产基础；坚持依法依规生产经营，切实加强安全监管，强化企业安全生产主体责任落实和责任追究，促进我国安全生产形势实现根本好转。

（2）主要任务。以煤矿、非煤矿山、交通运输、建筑施工、危险化学品、烟花爆竹、民用爆炸物品、冶金等行业（领域）为重点，全面加强企业安全生产工作。要通过更加严格的目标考核和责任追究，采取更加有效的管理手段和政策措施，集中整治非法违法生产行为，坚决遏制重特大事故发生；要尽快建成完善的国家安全生产应急救援体系，在高危行业强制推行一批安全适用的技术装备和防护设施，最大限度减少事故造成的损失；要建立更加完善的技术标准体系，促进企业安全生产技术装备全面达到国家和行业标准，实现我国安全生产技术水

平的提高;要进一步调整产业结构,积极推进重点行业的企业重组和矿产资源开发整合,彻底淘汰安全性能低下、危及安全生产的落后产能;以更加有力的政策引导,形成安全生产长效机制。

(二)严格企业安全管理

(3)进一步规范企业生产经营行为。企业要健全完善严格的安全生产规章制度,坚持不安全不生产。加强对生产现场监督检查,严格查处违章指挥、违规作业、违反劳动纪律的“三违”行为。凡超能力、超强度、超定员组织生产的,要责令停产停工整顿,并对企业和企业主要负责人依法给予规定上限的经济处罚。对以整合、技改名义违规组织生产,以及规定期限内未实施改造或故意拖延工期的矿井,由地方政府依法予以关闭。要加强对境外中资企业安全生产工作的指导和管理,严格落实境内投资主体和派出企业的安全生产监督责任。

(4)及时排查治理安全隐患。企业要经常性开展安全隐患排查,并切实做到整改措施、责任、资金、时限和预案“五到位”。建立以安全生产专业人员为主导的隐患整改效果评价制度,确保整改到位。对隐患整改不力造成事故的,要依法追究企业和企业相关负责人的责任。对停产整改逾期未完成的不得复产。

(5)强化生产过程管理的领导责任。企业主要负责人和领导班子成员要轮流现场带班。煤矿、非煤矿山要有矿领导带班并与工人同时下井、同时升井,对无企业负责人带班下井或该带班而未带班的,对有关责任人按擅离职守处理,同时给予规定上限的经济处罚。发生事故而没有领导现场带班的,对企业给予规定上限的经济处罚,并依法从重追究企业主要负责人的责任。

(6)强化职工安全培训。企业主要负责人和安全生产管理人员、特殊工种人员一律严格考核,按国家有关规定持职业资格证书上岗;职工必须全部经过培训合格后上岗。企业用工要严格依照劳动合同法与职工签订劳动合同。凡存在不经培训上岗、无证上岗的企业,依法停产整顿。没有对井下作业人员进行安全培训教育,或存在特种作业人员无证上岗的企业,情节严重的要依法予以关闭。

(7)全面开展安全达标。深入开展以岗位达标、专业达标和企业达标为内容的安全生产标准化建设,凡在规定时间内未实现达标的企业要依法暂扣其生产许可证、安全生产许可证,责令停产整顿;对整改逾期未达标的,地方政府要依法予以关闭。

(三)建设坚实的技术保障体系

(8)加强企业生产技术管理。强化企业技术管理机构的安全职能,按规定配备安全技术人员,切实落实企业负责人安全生产技术管理负责制,强化企业主要技术负责人技术决策和指挥权。因安全生产技术问题不解决产生重大隐患的,要对企业主要负责人、主要技术负责人和有关人员给予处罚;发生事故的,依法追究责任。

(9)强制推行先进适用的技术装备。煤矿、非煤矿山要制定和实施生产技术装备标准,安装监测监控系统、井下人员定位系统、紧急避险系统、压风自救系统、供水施救系统和通信联络系统等技术装备,并于3年之内完成。逾期未安装的,依法暂扣安全生产许可证、生产许可证。运输危险化学品、烟花爆竹、民用爆炸物品的道路专用车辆,旅游包车和三类以上的班线客车要安装使用具有行驶记录功能的卫星定位装置,于2年之内全部完成;鼓励有条件的渔船安装防撞自动识别系统,在大型尾矿库安装全过程在线监控系统,大型起重机械要安装安全监控管理系统;积极推进信息化建设,努力提高企业安全防护水平。

(10)加快安全生产技术研发。企业在年度财务预算中必须确定必要的安全投入。国家鼓励企业开展安全科技研发,加快安全生产关键技术装备的换代升级。进一步落实《国家中长期科学和技术发展规划纲要(2006—2020 年)》等,加大对高危行业安全技术、装备、工艺和产品研发的支持力度,引导高危行业提高机械化、自动化生产水平,合理确定生产一线用工。"十二五"期间要继续组织研发一批提升我国重点行业领域安全生产保障能力的关键技术和装备项目。

(四)实施更加有力的监督管理

(11)进一步加大安全监管力度。强化安全生产监管部门对安全生产的综合监管,全面落实公安、交通、国土资源、建设、工商、质检等部门的安全生产监督管理及工业主管部门的安全生产指导职责,形成安全生产综合监管与行业监管指导相结合的工作机制,加强协作,形成合力。在各级政府统一领导下,严厉打击非法违法生产、经营、建设等影响安全生产的行为,安全生产综合监管和行业管理部门要会同司法机关联合执法,以强有力措施查处、取缔非法企业。对重大安全隐患治理实行逐级挂牌督办、公告制度,重大隐患治理由省级安全生产监管部门或行业主管部门挂牌督办,国家相关部门加强督促检查。对拒不执行监管监察指令的企业,要依法依规从重处罚。进一步加强监管力量建设,提高监管人员专业素质和技术装备水平,强化基层站点监管能力,加强对企业安全生产的现场监管和技术指导。

(12)强化企业安全生产属地管理。安全生产监管监察部门、负有安全生产监管职责的有关部门和行业管理部门要按职责分工,对当地企业包括中央、省属企业实行严格的安全生产监督检查和管理,组织对企业安全生产状况进行安全标准化分级考核评价,评价结果向社会公开,并向银行业、证券业、保险业、担保业等主管部门通报,作为企业信用评级的重要参考依据。

(13)加强建设项目安全管理。强化项目安全设施核准审批,加强建设项目的日常安全监管,严格落实审批、监管的责任。企业新建、改建、扩建工程项目的安全设施,要包括安全监控设施和防瓦斯等有害气体、防尘、排水、防火、防爆等设施,并与主体工程同时设计、同时施工、同时投入生产和使用。安全设施与建设项目主体工程未做到同时设计的一律不予审批,未做到同时施工的责令立即停止施工,未同时投入使用的不得颁发安全生产许可证,并视情节追究有关单位负责人的责任。严格落实建设、设计、施工、监理、监管等各方安全责任。对项目建设生产经营单位存在违法分包、转包等行为的,立即依法停工停产整顿,并追究项目业主、承包方等各方责任。

(14)加强社会监督和舆论监督。要充分发挥工会、共青团、妇联组织的作用,依法维护和落实企业职工对安全生产的参与权与监督权,鼓励职工监督举报各类安全隐患,对举报者予以奖励。有关部门和地方要进一步畅通安全生产的社会监督渠道,设立举报箱,公布举报电话,接受人民群众的公开监督。要发挥新闻媒体的舆论监督,对舆论反映的客观问题要深查原因,切实整改。

(五)建设更加高效的应急救援体系

(15)加快国家安全生产应急救援基地建设。按行业类型和区域分布,依托大型企业,在中央预算内基建投资支持下,先期抓紧建设 7 个国家矿山应急救援队,配备性能可靠、机动性强的装备和设备，保障必要的运行维护费用。推进公路交通、铁路运输、水上搜救、船舶溢油、油气田、危险化学品等行业（领域）国家救援基地和队伍建设。鼓励和支持各地区、各部门、各行业依托大型企业和专业救援力量，加强服务周边的区域性应急救援能力建设。

（16）建立完善企业安全生产预警机制。企业要建立完善安全生产动态监控及预警预报体系，每月进行一次安全生产风险分析。发现事故征兆要立即发布预警信息，落实防范和应急处置措施。对重大危险源和重大隐患要报当地安全生产监管监察部门、负有安全生产监管职责的有关部门和行业管理部门备案。涉及国家秘密的，按有关规定执行。

（17）完善企业应急预案。企业应急预案要与当地政府应急预案保持衔接，并定期进行演练。赋予企业生产现场带班人员、班组长和调度人员在遇到险情时第一时间下达停产撤人命令的直接决策权和指挥权。因撤离不及时导致人身伤亡事故的，要从重追究相关人员的法律责任。

（六）严格行业安全准入

（18）加快完善安全生产技术标准。各行业管理部门和负有安全生产监管职责的有关部门要根据行业技术进步和产业升级的要求，加快制定修订生产、安全技术标准，制定和实施高危行业从业人员资格标准。对实施许可证管理制度的危险性作业要制定落实专项安全技术作业规程和岗位安全操作规程。

（19）严格安全生产准入前置条件。把符合安全生产标准作为高危行业企业准入的前置条件，实行严格的安全标准核准制度。矿山建设项目和用于生产、储存危险物品的建设项目，应当分别按照国家有关规定进行安全条件论证和安全评价，严把安全生产准入关。凡不符合安全生产条件违规建设的，要立即停止建设，情节严重的由本级人民政府或主管部门实施关闭取缔。降低标准造成隐患的，要追究相关人员和负责人的责任。

（20）发挥安全生产专业服务机构的作用。依托科研院所，结合事业单位改制，推动安全生产评价、技术支持、安全培训、技术改造等服务性机构的规范发展。制定完善安全生产专业服务机构管理办法，保证专业服务机构从业行为的专业性、独立性和客观性。专业服务机构对相关评价、鉴定结论承担法律责任，对违法违规、弄虚作假的，要依法依规从严追究相关人员和机构的法律责任，并降低或取消相关资质。

（七）加强政策引导

（21）制定促进安全技术装备发展的产业政策。要鼓励和引导企业研发、采用先进适用的安全技术和产品，鼓励安全生产适用技术和新装备、新工艺、新标准的推广应用。把安全检测监控、安全避险、安全保护、个人防护、灾害监控、特种安全设施及应急救援等安全生产专用设备的研发制造，作为安全产业加以培育，纳入国家振兴装备制造业的政策支持范畴。大力发展安全装备融资租赁业务，促进高危行业企业加快提升安全装备水平。

（22）加大安全专项投入。切实做好尾矿库治理、扶持煤矿安全技改建设、瓦斯防治和小煤矿整顿关闭等各类中央资金的安排使用，落实地方和企业配套资金。加强对高危行业企业安全生产费用提取和使用管理的监督检查，进一步完善高危行业企业安全生产费用财务管理制度，研究提高安全生产费用提取下限标准，适当扩大适用范围。依法加强道路交通事故社会救助基金制度建设，加快建立完善水上搜救奖励与补偿机制。高危行业企业探索实行全员安全风险抵押金制度。完善落实工伤保险制度，积极稳妥推行安全生产责任保险制度。

(23)提高工伤事故死亡职工一次性赔偿标准。从2011年1月1日起,依照《工伤保险条例》的规定,对因生产安全事故造成的职工死亡,其一次性工亡补助金标准调整为按全国上一年度城镇居民人均可支配收入的20倍计算,发放给工亡职工近亲属。同时,依法确保工亡职工一次性丧葬补助金、供养亲属抚恤金的发放。

(24)鼓励扩大专业技术和技能人才培养。进一步落实完善校企合作办学、对口单招、订单式培养等政策,鼓励高等院校、职业学校逐年扩大采矿、机电、地质、通风、安全等相关专业人才的招生培养规模,加快培养高危行业专业人才和生产一线急需技能型人才。

(八)更加注重经济发展方式转变

(25)制定落实安全生产规划。各地区、各有关部门要把安全生产纳入经济社会发展的总体布局,在制定国家、地区发展规划时,要同步明确安全生产目标和专项规划。企业要把安全生产工作的各项要求落实在企业发展和日常工作之中,在制定企业发展规划和年度生产经营计划中要突出安全生产,确保安全投入和各项安全措施到位。

(26)强制淘汰落后技术产品。不符合有关安全标准、安全性能低下、职业危害严重、危及安全生产的落后技术、工艺和装备要列入国家产业结构调整指导目录,予以强制性淘汰。各省级人民政府也要制定本地区相应的目录和措施,支持有效消除重大安全隐患的技术改造和搬迁项目,遏制安全水平低、保障能力差的项目建设和延续。对存在落后技术装备、构成重大安全隐患的企业,要予以公布,责令限期整改,逾期未整改的依法予以关闭。

(27)加快产业重组步伐。要充分发挥产业政策导向和市场机制的作用,加大对相关高危行业企业重组力度,进一步整合或淘汰浪费资源、安全保障低的落后产能,提高安全基础保障能力。

(九)实行更加严格的考核和责任追究

(28)严格落实安全目标考核。对各地区、各有关部门和企业完成年度生产安全事故控制指标情况进行严格考核,并建立激励约束机制。加大重特大事故的考核权重,发生特别重大生产安全事故的,要根据情节轻重,追究地市级分管领导或主要领导的责任;后果特别严重、影响特别恶劣的,要按规定追究省部级相关领导的责任。加强安全生产基础工作考核,加快推进安全生产长效机制建设,坚决遏制重特大事故的发生。

(29)加大对事故企业负责人的责任追究力度。企业发生重大生产安全责任事故,追究事故企业主要负责人责任;触犯法律的,依法追究事故企业主要负责人或企业实际控制人的法律责任。发生特别重大事故,除追究企业主要负责人和实际控制人责任外,还要追究上级企业主要负责人的责任;触犯法律的,依法追究企业主要负责人、企业实际控制人和上级企业负责人的法律责任。对重大、特别重大生产安全责任事故负有主要责任的企业,其主要负责人终身不得担任本行业企业的矿长(厂长、经理)。对非法违法生产造成人员伤亡的,以及瞒报事故、事故后逃逸等情节特别恶劣的,要依法从重处罚。

(30)加大对事故企业的处罚力度。对于发生重大、特别重大生产安全责任事故或一年内发生2次以上较大生产安全责任事故并负主要责任的企业,以及存在重大隐患整改不力的企业,由省级及以上安全监管监察部门会同有关行业主管部门向社会公告,并向投资、国土资源、建设、银行、证券等主管部门通报,一年内严格限制新增的项目核准、用地审批、证券融资等,并作为银行贷款等的重要参考依据。

(31)对打击非法生产不力的地方实行严格的责任追究。在所辖区域对群众举报、上级督办、日常检查发现的非法生产企业(单位)没有采取有效措施予以查处,致使非法生产企业(单位)存在的,对县(市、区)、乡(镇)人民政府主要领导以及相关责任人,根据情节轻重,给予降级、撤职或者开除的行政处分,涉嫌犯罪的,依法追究刑事责任。国家另有规定的,从其规定。

(32)建立事故查处督办制度。依法严格事故查处,对事故查处实行地方各级安全生产委员会层层挂牌督办,重大事故查处实行国务院安全生产委员会挂牌督办。事故查处结案后,要及时予以公告,接受社会监督。

二、国务院安委会关于深入开展企业安全生产标准化建设的指导意见

为深入贯彻落实《国务院关于进一步加强企业安全生产工作的通知》(国发〔2010〕23号,以下简称《国务院通知》)和《国务院办公厅关于继续深化“安全生产年”活动的通知》(国办发〔2011〕14号,以下简称《国办通知》)精神,全面推进企业安全生产标准化建设,进一步规范企业安全生产行为,改善安全生产条件,强化安全基础管理,有效防范和坚决遏制重特大事故发生,经报国务院领导同志同意,国务院安全生产委员会于2011年出台了《关于深入开展企业安全生产标准化建设的指导意见》(安委〔2011〕4号)。

《关于深入开展企业安全生产标准化建设的指导意见》内容如下:

1. 充分认识深入开展企业安全生产标准化建设的重要意义

(1)落实企业安全生产主体责任的必要途径。国家有关安全生产法律法规和规定明确要求,要严格企业安全管理,全面开展安全达标。企业是安全生产的责任主体,也是安全生产标准化建设的主体,要通过加强企业每个岗位和环节的安全生产标准化建设,不断提高安全管理水平,促进企业安全生产主体责任落实到位。

(2)强化企业安全生产基础工作的长效制度。安全生产标准化建设涵盖了增强人员安全素质、提高装备设施水平、改善作业环境、强化岗位责任落实等各个方面,是一项长期的、基础性的系统工程,有利于全面促进企业提高安全生产保障水平。

(3)政府实施安全生产分类指导、分级监管的重要依据。实施安全生产标准化建设考评,将企业划分为不同等级,能够客观真实地反映出各地区企业安全生产状况和不同安全生产水平的企业数量,为加强安全监管提供有效的基础数据。

(4)有效防范事故发生的重要手段。深入开展安全生产标准化建设,能够进一步规范从业人员的安全行为,提高机械化和信息化水平,促进现场各类隐患的排查治理,推进安全生产长效机制建设,有效防范和坚决遏制事故发生,促进全国安全生产状况持续稳定好转。

各地区、各有关部门和企业要把深入开展企业安全生产标准化建设的思想行动统一到《国务院通知》的规定要求上来,充分认识深入开展安全生产标准化建设对加强安全生产工作的重要意义,切实增强推动企业安全生产标准化建设的自觉性和主动性,确保取得实效。

2. 总体要求和目标任务

(1)总体要求。深入贯彻落实科学发展观,坚持“安全第一、预防为主、综合治理”的方针,牢固树立以人为本、安全发展理念,全面落实《国务院通知》和《国办通知》精神,按照《企

业安全生产标准化基本规范》(AQ/T 9006—2010,以下简称《基本规范》)和相关规定,制定完善安全生产标准和制度规范。严格落实企业安全生产责任制,加强安全科学管理,实现企业安全管理的规范化。加强安全教育培训,强化安全意识、技术操作和防范技能,杜绝"三违"。加大安全投入,提高专业技术装备水平,深化隐患排查治理,改进现场作业条件。通过安全生产标准化建设,实现岗位达标、专业达标和企业达标,各行业(领域)企业的安全生产水平明显提高,安全管理和事故防范能力明显增强。

(2)目标任务。在工矿商贸和交通运输行业(领域)深入开展安全生产标准化建设,重点突出煤矿、非煤矿山、交通运输、建筑施工、危险化学品、烟花爆竹、民用爆炸物品、冶金等行业(领域)。其中,煤矿要在2011年底前,危险化学品、烟花爆竹企业要在2012年底前,非煤矿山和冶金、机械等工贸行业(领域)规模以上企业要在2013年底前,冶金、机械等工贸行业(领域)规模以下企业要在2015年前实现达标。要建立健全各行业(领域)企业安全生产标准化评定标准和考评体系;进一步加强企业安全生产规范化管理,推进全员、全方位、全过程安全管理;加强安全生产科技装备,提高安全保障能力;严格把关,分行业(领域)开展达标考评验收;不断完善工作机制,将安全生产标准化建设纳入企业生产经营全过程,促进安全生产标准化建设的动态化、规范化和制度化,有效提高企业本质安全水平。

3. 实施方法

(1)打基础,建章立制。按照《基本规范》要求,将企业安全生产标准化等级规范为一、二、三级。各地区、各有关部门要分行业(领域)制定安全生产标准化建设实施方案,完善达标标准和考评办法,并于2011年5月底以前将本地区、本行业(领域)安全生产标准化建设实施方案报国务院安委会办公室。企业要从组织机构、安全投入、规章制度、教育培训、装备设施、现场管理、隐患排查治理、重大危险源监控、职业健康、应急管理以及事故报告、绩效评定等方面,严格对应评定标准要求,建立完善安全生产标准化建设实施方案。

(2)重建设,严加整改。企业要对照规定要求,深入开展自检自查,建立企业达标建设基础档案,加强动态管理,分类指导,严抓整改。对评为安全生产标准化一级的企业要重点抓巩固、二级企业着力抓提升、三级企业督促抓改进,对不达标的企业要限期抓整顿。各地区和有关部门要加强对安全生产标准化建设工作的指导和督促检查,对问题集中、整改难度大的企业,要组织专业技术人员进行"会诊",提出具体办法和措施,集中力量,重点解决;要督促企业做到隐患排查治理的措施、责任、资金、时限和预案"五到位",对存在重大隐患的企业,要责令停产整顿,并跟踪督办。对发生较大以上生产安全事故、存在非法违法生产经营建设行为、重大隐患限期整顿仍达不到安全要求,以及未按规定要求开展安全生产标准化建设且在规定限期内未及时整改的,取消其安全生产标准化达标参评资格。

(3)抓达标,严格考评。各地区、各有关部门要加强对企业安全生产标准化建设的督促检查,严格组织开展达标考评。对安全生产标准化一级企业的评审、公告、授牌等有关事项,由国家有关部门或授权单位组织实施;二级、三级企业的评审、公告、授牌等具体办法,由省级有关部门制定。各地区、各有关部门在企业安全生产标准化创建中不得收取费用。要严格达标等级考评,明确企业的专业达标最低等级为企业达标等级,有一个专业不达标则该企业不达标。

各地区、各有关部门要结合本地区、本行业(领域)企业的实际情况,对安全生产标准化

建设工作作出具体安排，积极推进，成熟一批、考评一批、公告一批、授牌一批。对在规定时间内经整改仍不具备最低安全生产标准化等级的企业，地方政府要依法责令其停产整改直至依法关闭。各地区、各有关部门要将考评结果汇总后报送国务院安委会办公室备案，国务院安委会办公室将适时组织抽检。

4. 工作要求

(1)加强领导，落实责任。按照属地管理和"谁主管、谁负责"的原则，企业安全生产标准化建设工作由地方各级人民政府统一领导，明确相关部门负责组织实施。国家有关部门负责指导和推动本行业(领域)企业安全生产标准化建设，制定实施方案和达标细则。企业是安全生产标准化建设工作的责任主体，要坚持高标准、严要求，全面落实安全生产法律法规和标准规范，加大投入，规范管理，加快实现企业高标准达标。

(2)分类指导，重点推进。对于尚未制定企业安全生产标准化评定标准和考评办法的行业(领域)，要抓紧制定；已经制定的，要按照《基本规范》和相关规定进行修改完善，规范已达标企业的等级认定。要针对不同行业(领域)的特点，加强工作指导，把影响安全生产的重大隐患排查治理、重大危险源监控、安全生产系统改造、产业技术升级、应急能力提升、消防安全保障等作为重点，在达标建设过程中切实做到"六个结合"，即与深入开展执法行动相结合，依法严厉打击各类非法违法生产经营建设行为；与安全专项整治相结合，深化重点行业(领域)隐患排查治理；与推进落实企业安全生产主体责任相结合，强化安全生产基层和基础建设；与促进提高安全生产保障能力相结合，着力提高先进安全技术装备和物联网技术应用等信息化水平；与加强职业安全健康工作相结合，改善从业人员的作业环境和条件；与完善安全生产应急救援体系相结合，加快救援基地和相关专业队伍标准化建设，切实提高实战救援能力。

(3)严抓整改，规范管理。严格安全生产行政许可制度，促进隐患整改。对达标的企业，要深入分析二级与一级、三级与二级之间的差距，找准薄弱点，完善工作措施，推进达标升级；对未达标的企业，要盯住抓紧，督促加强整改，限期达标。通过安全生产标准化建设，实现"四个一批"：对在规定期限内仍达不到最低标准、不具备安全生产条件、不符合国家产业政策、破坏环境、浪费资源，以及发生各类非法违法生产经营建设行为的企业，要依法关闭取缔一批；对在规定时间内未实现达标的，要依法暂扣其生产许可证、安全生产许可证，责令停产整顿一批；对具备基本达标条件，但安全技术装备相对落后的，要促进达标升级，改造提升一批；对在本行业(领域)具有示范带动作用的企业，要加大支持力度，巩固发展一批。

(4)创新机制，注重实效。各地区、各有关部门要加强协调联动，建立推进安全生产标准化建设工作机制，及时发现解决建设过程中出现的突出矛盾和问题，对重大问题要组织相关部门开展联合执法，切实把安全生产标准化建设工作作为促进落实和完善安全生产法规规章、推广应用先进技术装备、强化先进安全理念、提高企业安全管理水平的重要途径，作为落实安全生产企业主体责任、部门监管责任、属地管理责任的重要手段，作为调整产业结构、加快转变经济发展方式的重要方式，扎实推进。要把安全生产标准化建设纳入安全生产"十二五"规划及有关行业(领域)发展规划。要积极研究采取相关激励政策措施，将达标结果向银行、证券、保险、担保等主管部门通报，作为企业绩效考核、信用评级、投融资和评先推优等的重要参考依据，促进提高达标建设的质量和水平。

(5)严格监督,加强宣传。各地区、各有关部门要分行业(领域)、分阶段组织实施,加强对安全生产标准化建设工作的督促检查,严格对有关评审和咨询单位进行规范管理。要深入基层、企业,加强对重点地区和重点企业的专题服务指导。加强安全专题教育,提高企业安全管理人员和从业人员的技能素质。充分利用各类舆论媒体,积极宣传安全生产标准化建设的重要意义和具体标准要求,营造安全生产标准化建设的浓厚社会氛围。国务院安委会办公室以及各地区、各有关部门要建立公告制度,定期发布安全生产标准化建设进展情况和达标企业、关闭取缔企业名单;及时总结推广有关地区、有关部门和企业的经验做法,培育典型,示范引导,推进安全生产标准化建设工作广泛深入、扎实有效开展。

第四节 交通运输部《安全生产“十二五”规划》的基本思路

一、概述

“十一五”时期是我国国民经济快速发展,也是交通运输大建设、大发展的重要时期,交通运输企业安全生产和应急工作成绩显著。“十一五”期间,我国交通运输企业安全生产工作成绩显著,法制和预案体系基本形成,体制机制逐步建立,人员队伍初具规模,装备设施建设明显加强,安全生产形势保持了总体稳定,为我国交通运输快速、健康发展提供了坚强保障。“十二五”时期是全面建设小康社会的关键时期,是深化改革开放、加快转变经济发展方式的攻坚时期,交通运输发展仍处于重要战略机遇期和科学发展的关键时期。

交通运输安全生产和应急体系是我国安全生产和应急体系重要的组成部分,是推动现代交通业发展的重要保障。随着我国经济社会的快速发展,公众对安全和应急的关注度和要求越来越高。为了进一步加强交通运输行业的安全生产和应急工作,建设畅通高效、安全绿色交通运输体系,切实保障人民群众出行安全,转变交通运输发展方式,促进国家经济社会又好又快发展,交通运输部制定印发了《交通运输安全生产和应急体系“十二五”发展规划》,该规划是《交通运输“十二五”发展规划》的重要组成部分,明确了未来五年交通运输安全生产和应急发展的指导思想、基本原则、发展目标和主要任务,并从指导“十二五”交通运输行业安全生产和应急体系发展的角度,对法规和预案体系建设、体制机制建设、信息化建设、基础设施安全保障能力建设、装备设施建设、安全生产与应急队伍建设六个方面进行了规划。

二、交通运输安全生产和应急工作总体情况

在“十一五”期间,我国交通运输的大建设大发展取得了不平凡的成就,公路水路完成固定资产投资4.7万亿元,是“十五”的2倍多;新增公路63.9万公里,沿海港口新增通过能力30亿吨,内河新增及改善航道里程4181公里,分别是“十一五”规划目标的1.7倍、1.4倍和1.1倍。这些成绩的取得得益于安全与应急的坚强保障。

交通运输安全生产和应急体系是我国安全生产和应急体系重要的组成部分,是推动现代交通业发展的重要保障。随着我国经济社会的快速发展,公众对安全和应急的关注度和

要求越来越高。交通运输部安全生产和应急工作主要涉及水路、公路交通运输、城市客运、工程建设的安全生产和应急等方面。当前，交通运输部安全生产工作格局是由安全监督司综合管理，各业务司局根据职责分工合作。

（一）"十一五"期间交通运输安全生产形势具体情况

"十一五"期末与"十一五"初期相比，全国水上交通运输事故件数和死亡人数分别下降42.7%和30.5%，百万吨吞吐量死亡率下降68.9%。五年来，水上共成功救助101812人，搜救成功率96.3%。全国道路运输和交通运输工程建设领域安全生产形势保持了总体稳定。

"十一五"期间，我们主要做好了四个方面的工作：

(1)法规和预案体系基本形成。制定并颁布了《防治船舶污染海洋管理条例》《道路旅客运输及客运站管理规定》《道路危险货物运输管理规定》《国内水路运输经营资质管理规定》《老旧运输船舶管理规定》等法规和规章，出台了公路水运工程建设、养护和质量监管等一系列标准规范，修订并完善了公路、水路、海上搜救等应急预案。地方各级交通运输部门也加强了法规建设，颁布了公路桥梁养护、航道航标、渡船渡口管理、建设工程安全监管等管理规定。

(2)体制机制逐步建立。各级交通运输管理部门成立了专门负责安全生产监督和应急管理的机构，进一步加强了与外交、公安、农业、国土、水利、安监、环保等部门在安全应急工作中的协调联动。海事、救捞、搜救体制不断推进，进一步完善了国家海上搜救部际联席会议制度下的协调机制。2009年，经国务院和中央军委批准，军队和武警交通部队正式纳入国家交通运输应急救援力量体系。

(3)人员队伍初具规模。交通运输部直属海事系统共有25000多人，直属救捞系统共有8000多人，直属航道部门15000多人，直属航运公安2700多人。各级交通运输主管部门配备了专职安全和应急管理人员，各级公路和港航管理部门初步建立了专兼职安全生产监管与应急队伍，全国已初步建立了一支年龄结构合理、专业结构基本配套、以技术骨干为主的交通运输建设安全管理和监理专业队伍，部分交通运输企业建立了专兼职安全管理队伍。

(4)装备设施建设明显加强。"十一五"期间，直属系统共增加各类监管救助船舶400余艘、直升机12架、基地58处，在沿海和长江干线建设了船舶溢油应急设备库15个，已建成38个重点水域船舶交通管理系统(VTS)，沿海近岸和长江干线通信系统和船舶自动识别系统(AIS)基本实现连续覆盖，海事卫星地面站和搜救卫星任务中心已改造升级，立体监管救助体系初步形成。地方各级交通运输主管部门也加强了安全设施装备的建设，全国长途客车、旅游包车和危险化学品运输车辆基本安装了自动行车记录仪，内河通航水域建设了一定数量的监管救助船艇和基地，航道应急疏通工程船舶和备用航标。运输企业也加大了相关安全生产和设施装备的投入。

（二）"十二五"期间交通运输安全生产与应急工作面临的新挑战

"十二五"时期，我国经济社会发展既面临着难得的发展机遇，也面临着诸多风险挑战，各类不确定因素将对我国经济社会发展产生深刻影响，交通运输安全生产和应急工作将主要面临四个方面的新挑战。

(1)我国经济社会和现代交通业的发展对交通运输安全生产和应急工作提出了新要求。"十二五"时期，我国将以科学发展为主题，以加快转变经济发展方式为主线，以调整结构为主攻方向，加快改革开放和现代化建设，全面建设小康社会，这对建设安全、畅通、便捷、绿色的现代交通运输业提出更高要求。而且，随着综合交通运输体系建设的加快推进，不同运输方式将进一步有效衔接，交通运输安全生产和应急工作跨行业、跨地域、相互交叉的特征更加明显。这就要求交通运输安全生产和应急工作必须适应时代发展需要，进一步拓宽安全监管覆盖面，实现由单一监管到综合监管的转变，建立交通运输安全监管全天候、全方位、全过程无缝衔接的新模式，进一步提升应对各类突发事件的能力，建立健全反应快捷、处置高效的应急保障体系。

(2)体制改革对交通运输安全生产和应急工作提出了新要求。随着大部制改革的深入推进，交通运输部新增了城市客运(含公交车、轨道交通、出租车)的运营管理职责。预计到2015年，我国城镇化率将达53%以上，城市客运量迅猛增加，特别是到2015年，我国25个大中型城市将拥有72条地铁线路，城市轨道交通系统运行环境封闭、人员密集、疏散通道狭窄，运营安全防范和应急救援困难，安全保障压力越来越大。这就要求交通运输安全工作必须认真履行新的职能，借鉴国内外成功经验，加强对新领域运营安全监管的研究，不断提高安全保障能力。

(3)交通运输的快速发展对交通运输安全监管和应急工作提出了新挑战。"十二五"时期是交通运输大建设大发展的重要时期。"十二五"期间，交通运输基础设施建设规模大、项目多、任务重、战线长，且建设项目中的山区公路、桥隧工程比例高、分布广、情况复杂，农村公路建设规模大、差异性大，港口工程远海孤岛分布多，处在生产安全事故的易发期和多发期。这些都给"十二五"时期的交通运输安全生产和应急工作带来巨大压力和挑战。

(4)非传统安全压力对交通运输安全生产和应急工作提出了新挑战。近年来，气候变化异常，极端自然灾害频繁，给交通运输安全生产带来了极大影响。我国正处于社会转型期，影响经济安全和社会稳定的因素很多，恐怖袭击、人为破坏、公共安全等突发事件时有发生，而目前安全和应急保障的基础比较薄弱，防范和抵御非传统安全的能力比较脆弱，道路、桥梁等交通基础设施老化现象严重，各类灾害引起的次生灾害的影响大，面临着许多潜在风险和现实威胁。此外，人民的物质和文化需求不断扩大，社会交流更加频繁，各种大型公共活动越来越多，人们的安全权利意识越来越强，更加追求安全稳定、高质量的现代生活，交通运输安全已成为社会公众共同关心的重要内容，交通运输安全生产和应急工作责任越来越大。

(三)"十二五"期间交通运输安全生产和应急工作的总体目标

"十二五"期间，交通运输安全生产和应急工作要坚持以人为本、全面落实科学发展观，贯彻"安全第一、预防为主、综合治理"的方针，围绕建设安全、畅通、便捷、绿色现代交通运输业的目标，以提高安全监管和应急能力为重点，构建组织健全、职责明确、覆盖全面、装备精良、监管有力、反应快捷、运转高效的交通运输安全生产和应急体系，不断提高保障人民群众安全出行和经济社会安全发展的能力。

"十二五"期间，交通运输安全生产和应急工作的总体目标是：到2015年，交通运输安全生产和应急法制更加完善，体制机制更加健全，装备手段更加先进，队伍素质整体提高，安全形势总体稳定，应急能力显著增强，基本建成适应现代交通运输业发展需要的安全生产和应急体系。

(1)公路交通运输方面要实现:营运车辆万车死亡事故件数和死亡人数平均每年下降3%;一般灾害情况下公路抢通时间不超过24小时;12小时内可集结车辆200辆以上;国省干线公路重点路段运行监测覆盖率达到60%以上。

(2)水路交通运输方面要实现:运输船舶百万吨港口吞吐量水上交通事故件数和死亡人数平均每年下降5%,较大以上事故件数每年下降3%,特别重大事故实行零控制;24小时内可调集电煤船舶运力沿海100万载重吨、长江干线30万载重吨以上;内河航道抢通应急到达时间不超过1小时;沿海船舶整体打捞能力由目前的5万吨提高到8万吨以上,水下探摸打捞深度由目前的200米提升到300米;沿海通航水域一次船舶溢油清除控制能力由200吨提高到500吨,重点水域一次船舶溢油清除控制能力达到1000吨;人命救助成功率大于93%。

(3)城市客运方面:百万车公里死亡事故件数和死亡人数平均每年下降1%。

(4)工程建设方面:百亿元投资死亡事故件数和死亡人数平均每年下降1%;工程抢险救援应急联动时间不超过120分钟。

(四)"十二五"交通运输安全生产和应急工作的对策措施

(1)将安全生产和应急体系建设内容纳入相关规划和建设工程。各级交通运输主管部门要将安全生产和应急信息平台以及装备设施建设等作为强制性建设项目,纳入规划年度实施计划,加快相关工程的立项、投资和建设,并与公路、水路交通其他专项建设规划和建设工程相衔接,同步规划设计、同步建设施工、同步验收运行,保证规划的实施。各地方交通运输主管部门应根据规划的要求,制定本地规划,做好与区域规划、部门规划的衔接,并逐条细化、逐年落实安全生产与应急具体建设任务。

(2)加大安全生产和应急体系建设投入。各级政府、交通运输主管部门、交通运输企业应加大对安全生产和应急体系建设的投入,将交通运输安全生产和应急工程建设投入纳入交通运输基础设施建设总体和年度预算;将安全生产和应急方面的运行维护、科学研究、宣传教育、培训演练、应急补偿等资金纳入各级政府财政预算和企业的专项支出。按照事权划分原则,交通运输安全生产和应急工程建设项目由中央、地方和企业分别承担,并积极引导社会资金投入。

(3)加大安全生产和应急工作的政策支持力度。各级政府和交通运输主管部门应加大对安全生产和应急的立法支持,切实加快相关法律立法进程;在职责配置、机构设置、人员编制、工作条件等方面给予充分支持,进一步建立健全组织机构,提高管理效能;强化队伍的培训和演练,加强人才队伍的培养和选拔,提高队伍的整体素质,并建立相应的激励约束机制,充分调动从业人员的工作积极性。

(4)加强安全生产和应急方面的科学研究。要加强交通运输行业安全生产和应急管理科研,鼓励有关交通院校设立安全生产和应急相关学科。加大对交通运输生产和应急管理理论和关键技术研究开发力度,重点支持相关标准规范的制定、修订和防灾抗灾、应急抢险的科学研究。积极鼓励和支持研究、开发交通运输安全生产和应急领域的新产品、新工艺和新技术,实现交通运输安全生产和应急方面核心技术与重大装备研制的突破,促进科研成果的转化和推广应用。

(5)加强组织领导和监督检查。交通运输部和各省级交通运输主管部门应进一步加强对本规划实施的组织领导、监督落实和沟通协调，确保本规划按进度实施，力争早完成、早见效。确保规划所有工程建设项目的落实，加强建设项目全过程有效监管，保证工程建设的规范化和制度化。2015 年前，全面实现和完成各项建设目标和任务；加强对规划执行情况的评估，各省级交通运输主管部门每年要会同有关部门组织一次督促检查。2013 年，交通运输部组织对本规划实施情况进行中期评估。

第三章　安全管理内涵与基本方法

安全管理是管理科学的一个重要分支，它是为实现安全目标而进行的有关决策、计划、组织和控制等方面的活动，主要是运用现代管理原理、方法和手段，在生产过程所有环节和流程，分析和研究各种不安全因素，从技术上、组织上和管理上采取有力的措施，减少和消除各种不安全因素，防止事故的发生。安全管理也是企业生产管理的重要组成部分，其对象是生产体系中一切人、物、环境的状态管理与控制，安全管理是一种动态管理，是一门综合性的系统科学。本章主要对安全管理中的战略管理、目标管理、危机管理、隐患及危险源监控、预案编制及实施管理进行介绍。

第一节　安全管理概述

20 世纪初，现代工业兴起并快速发展，重大生产事故和环境污染相继发生，造成了大量人员伤亡和巨大财产损失，给社会带来了极大危害，使人们不得不在一些企业设置专职安全人员，对工人进行安全教育。20 世纪 30 年代，很多国家设立了安全生产管理的政府机构，发布了劳动安全卫生的法律法规，逐步建立了较完善的安全教育、管理、技术体系，这也是现代安全生产管理雏形。进入 20 世纪 50 年代，经济快速增长，人们的生活水平迅速提高，如何创造就业机会、改进工作条件、公平分配社会财富等问题，引起了越来越多经济学家、管理学家、安全工程专家和安全管理政治家的注意。劳动者强烈要求不仅有工作机会，而且还要有安全健康的工作环境。一些工业化国家，进一步加强了安全生产法律法规体系建设，在安全生产方面投入大量的资金进行科学研究，加强企业安全生产管理的制度化建设，产生了安全生产管理原理、事故致因理论和事故预防原理等风险管理理论，以系统安全理论为核心的现代安全管理方法、模式、思想、理论基本形成。到 20 世纪末，随着现代制造业和航空航天技术的发展，人们对职业安全卫生问题的认识也发生了很大变化，安全生产成本、环境成本等成为产品成本的重要组成部分，职业安全卫生问题成为非官方贸易壁垒的利器。在这种背景下，“持续改进”、“以人为本”的安全健康管理理念逐渐被企业管理者所接受，以职业安全健康管理体系为代表的企业安全生产风险管理思想开始形成，现代安全生产管理的内容更加丰富，现代安全生产管理理论、方法、模式以及相应的标准、规范更成熟。

安全管理的主要目标是减少乃至消除事故，遵循特定的管理原理和原则，内容涵盖事故理论、战略管理、目标管理和危机管理，分别针对安全管理中出现的不同问题采取不同方法进行应对。事故理论分析事故特征和发生机理，找寻事故根源，为事故预防、事故应对提供理论支撑；安全战略管理为组织机构进行合理的安全战略定位及决策提供科学有效的工具；安全目标管理确保组织机构实施安全战略、开展日常安全生产管理，实现安全生产战略目标；危机管理使组织机构面临意外或极端危险情境时，冷静应对、积极行动，有效化解危机。

一、事故理论、应对策略，安全管理的基本原理以及安全管理原则

（一）事故理论、应对策略

1. 事故与事故理论

事故(Accident)是以人体为主，在与能量系统有关的系列上，突然发生的与人的希望和意志相反的事件。事故可能导致人员伤亡、职业病或设备设施等财产损失以及环境污染。事故也可以定义为：个人或集体在时间的进程中，在为了实现某一意图而采取行动的过程中，突然发生了与人的意志相反的情况，迫使这种行动暂时地或永久地停止的事件。美国安全工程师海因里希(Heinrich)认为："事故是非计划的、失去控制的事件"，并根据后果的严重程度把事故分为三个层次，分别是：严重伤害事故、轻微伤害事故和无伤害事故，通过统计指出，三种事故发生的概率存在着一般规律——1∶29∶300。

事故现象是在人们的行动过程中发生的，如以人为中心来考察事故后果，大致有如下两种情况：伤亡事故(Injury)，一般事故(Incident)。

1)伤亡事故

伤亡事故，简称伤害，是个人或集体在行动过程中接触了与周围条件有关的外来能量，该能量若作用于人体，致使人体生理机能部分或全部丧失。这种事故的后果，严重时会决定一个人一生的命运，所以习惯称为不幸事故。人体本身就是一个能量体系，它把能量吸收在人体的生理机构中，并通过自身的新陈代谢消耗能量以进行各种活动，当人的行动超出了正常状态，且与生产设备的能量流动发生接触、碰撞以致遭受打击而蒙受伤害。这时也就妨碍了行动的正常进行。在生产区域中发生的和生产有关的伤亡事故，叫工伤事故。

2)一般事故

指人身没有受到伤害或受伤轻微，停工短暂或与人的生理机能障碍无关的事故。由于传给人体的能量很小，尚不足以构成伤害，习惯上称为微伤；另一种是对人身而言的未遂事故，也称为无伤害事故。

事故发生时，其结果到底是伤亡事故，还是一般事故，这完全是一个受偶然性支配的、只有毫厘之差的问题。两者的分界线不明显。把两者分开的可能性，从本质上说是一个偶然性的问题，只能用概率来加以论述。

国内一般把事故分为生产事故和企业职工伤亡事故。生产事故是指生产经营活动(包括与生产经营有关的活动)过程中，突然发生的伤害人身安全和健康或者损坏设备、设施或者造成经济损失，导致原活动暂时中止或永远终止的意外事件。而企业职工伤亡事故在《企业职工伤亡事故报告和处理规定》中将企业职工伤亡事故规定为：企业职工在劳动过程中发生的人身伤害、急性中毒事故。它的发生可能会导致生产、科研活动的暂停或造成财产损失或人身伤亡，形成某种程度的灾害，因此事故与灾害往往连在一起，所以事故也称为事故灾害。

2. 事故的基本特征

通过对各种事故数据的分析，人们意识到事故有其自身特性。了解、把握事故特征对于了解事故、预防事故具有重要意义。从一般意义上来看，事故具备以下特征：

1)事故的因果性

所谓因果性就是某一现象作为另一现象发生的根据的两种现象之关联性。事故的起因

是它和其他事物相联系的一种形式。事故是相互联系的诸原因的结果。事故的这一现象都和其他现象有着直接的或间接的联系。在这一关系上看来是"因"的现象,在另一关系上却会以"果"出现,反之亦然。

因果关系有继承性,或称非单一性,也就是多层次的,即第一阶段的结果往往是第二阶段的原因。

给人造成直接伤害的原因(或物体)是比较容易掌握的,这是由于它所产生的某种后果显而易见。然而,要寻找出究竟为何种原因又是经过何种过程而造成这样的结果,却非易事。因为随着时间的推移,会有种种因素同时存在。并且它们之间尚有某种相互关系,同时还可能由于某种偶然机会而造成了事故后果。因此,在制定预防措施时,应尽最大努力掌握造成事故的直接和间接的原因,深入剖析其根源,防止同类事故重演。

2)事故的偶然性、必然性和规律性

从本质上讲,伤亡事故属于随机事件,其在一定条件下可能发生,也可能不发生。事故的发生包含着诸多偶然因素。事故的偶然性是客观存在的,与我们是否明了现象的原因没有关联。

事故是由于客观某种不安全因素的存在,随时间进程产生某些意外情况而显现出的一种现象。因它或多或少地含有偶然的本质,故不易决定它所有的规律。但在一定范畴内,用一定的科学仪器或手段,却可以找出近似的规律,从外部和表面上的联系,找到内部决定性的主要关系。虽不详尽,却可知其近似规律。如应用偶然性定律,即采用概率论的分析方法,收集尽可能多的事故案例进行统计处理,并应用大数定律❶,找出带根本性的特征。

从偶然性中找出必然性,认识事故发生的规律性,把事故消除在萌芽状态之中,变不安全条件为安全条件,化险为夷。这就是防患未然、预防为主的科学意义。科学的安全管理就是从事故合乎规律的发展过程中去认识它、改造它,实现安全生产。

3)事故的潜在性、再现性和可预测性

在时间的推移中,事故会突然违反人的意愿而发生。时间,实质上是存在于一切过程的始终,是一去不复返的。无论是人的全部活动还是机械作业时的运动,在其所经过的时间内,不安全的因素是潜在的,条件成熟就会显现,决不会脱离时间而存在。事故潜在于"绝对时间"之中;也可以说,事故是潜在于空间之中的。人行动在外界条件的空间中,空间又是"相互外在性"的东西。这一本质一经破坏,在其特有的时间、场所就显现为事故。

事故包含在绝对时间之中,我们不能认识绝对时间,因而也不能认识绝对时间中的某些事故。但是,我们却可能认识在相对时间轨迹上相继展开的相对时间及在其中显现的事故。时间是一去不复返的,完全相同的事件也不会重复显现。只能说,对于类似的事故,阻挡其再现是可能的。

基于人们对过去的事故所积累的经验,把人作为主体,可以在自然的客体中进行预测。人们在进行有目的的活动时,也一定对自己的行动能否达到目的而进行种种预测。这种预测是根据以往积累的经验和知识,通过研究所构思出来的一个模型,即所谓"预测

❶ 有些随机事件无规律可循,但不少却是有规律的,这些"有规律的随机事件"在大量重复出现的条件下,往往呈现几乎必然的统计特性,这个规律就是大数定律。

模型”。若“预测模型”的准确性高，在实际进行中，其活动过程或结果就会接近于预测的模型。但是，如果在未来的时间里出现了与最初设想的初始条件不一致的变化情况，当对这种变化情况应对或控制不当时，活动进程相应发生变化，使外界的能量传递给人体而造成人的伤害或机械的损坏。因此，为防止事故发生，在进行生产活动开始之时，就应正确掌握当时的条件，充分运用已有的经验和知识，及时加以调整，以便将未来时间里的情况预测得更加准确。

但是，事故有其突然性，突然出现在相对时间上的事故，往往难于预测。意想不到的偶然性是存在的。集体劳动中的个人，不常是按照自然环境中的客观规律去干，而是有不少人工环境，这与人们在生活环境中所积累的经验有不同之处，有不少新的经验尚未取得，故也有难于预测之处。另外，人们通过五感（视、听、嗅、味、触）感知外界条件并取得信息，再经大脑综合判断而预测其结果。这种判断也离不开过去的经验。但在自然环境中，经验不起作用的事是存在的。例如，煤矿的瓦斯是无色、无味、无臭的，单凭人的五感是无力预测的，只有用科学仪器来扩大人的五感的灵敏度。所以使用科学仪器和科学方法是提高预测可靠性的重要途径。

3. 事故致因理论

从事故的定义和特性可知，事故是违背人的意愿而发生的意外事件，事故具有明显的因果性和规律性。要想找出事故的根本原因，进而预防和控制事故，就必须在千变万化、各种各样的事故中发现共性的东西，把其抽象出来，即把感性的认识与积累的经验升华到理论的水平，反过来指导实践，并在此基础上，制定出事故控制的最有效的方案。阐明事故为什么会发生，是怎样发生事故的以及如何防止事故发生的理论，被称为事故致因理论，或事故发生及预防理论。

事故致因理论是从大量典型事故的本质原因的分析中所提炼出的事故机理和事故模型。这些机理和模型反映了事故发生的规律性，能够为事故的定性定量分析、预测预防、改进安全管理工作等，从理论上提供科学的、完整的依据。随着科学技术和生产力水平的提升，事故发生的类型、规律不断变化，人们对事故原因的认识也不断深入，先后出现了十几种具有一定代表性的事故致因理论和事故模型，下面对其做简要介绍。

1）海因里希因果连锁论

海因里希因果连锁论又称海因里希模型或多米诺骨牌理论。在该理论中，海因里希借助多米诺骨牌形象地描述了事故的因果连锁关系，即事故的发生是一连串事件按一定顺序互为因果依次发生的结果。如一块骨牌倒下，则将发生连锁反应，使后面的骨牌依次倒下。海因里希模型中的这5块骨牌依次是：

①遗传及社会环境：遗传及社会环境是造成人的缺点的原因。遗传因素可能使人具有鲁莽、固执、粗心等不良性格；社会环境可能妨碍教育，助长不良性格的发展。这是事故因果链上最基本的因素。

②人的缺点：人的缺点是由遗传和社会环境因素所造成，是使人产生不安全行为或使物产生不安全状态的主要原因。这些缺点既包括各类不良性格，也包括缺乏安全生产知识和技能等后天的不足。

③人的不安全行为和物的不安全状态：即造成事故的直接原因。

④事故：即由物体、物质或放射线等，对人体发生作用，使人体受到伤害的、出乎意料的、失去控制的事件。

⑤伤害：直接由于事故而产生的人身伤害。

该理论的积极意义在于，如果移去因果连锁中的任一块骨牌，则连锁被破坏，事故过程即被中止，达到控制事故的目的。海因里希还强调指出，企业安全工作的中心就是要移去中间的骨牌，即防止人的不安全行为和物的不安全状态，从而中断事故的进程，避免伤害的发生。当然，通过改善社会环境，使人具有更为良好的安全意识，加强培训，使人具有较好的安全技能，或者加强应急抢救措施，也都能在不同程度上移去事故连锁中的某一骨牌或增加该骨牌的稳定性，使事故得到预防和控制。

海因里希理论不足之处在于，对事故致因连锁关系描述过于简单化、绝对化，也过多地考虑了人的因素。尽管如此，由于其形象化和在事故致因研究中的先导作用，使其有着重要的历史地位。后来，博德、亚当斯等人都在此基础上进行了进一步的修改和完善，形成了博德事故因果连锁理论、亚当斯事故因果连锁理论、北川彻三事故因果连锁理论等。

2）亚当斯的事故因果连锁论

亚当斯提出了一种与博德事故因果连锁理论类似的因果连锁模型，在该理论中，事故和损失因素与博德理论相似。该模型内容见表 3-1。

亚当斯因果连锁模型 表 3-1

管理体制	管理失误		现场失误	事　故	伤害或损坏
目标组织机能	领导者在下述方面决策错误或没做决策： 政策； 目标； 权威； 责任； 职责； 注意范围； 权限授予	安全技术人员在下述方面管理失误或疏忽： 行为； 责任； 权威； 规则； 指导主动性； 积极性； 业务活动	不安全行为； 不安全状态	伤亡事故； 损坏事故； 无伤害事故	对人； 对物

在该因果连锁理论中，第四、五个因素基本上与博德的事故因果连锁理论相似。这里把事故的直接原因，即人的不安全行为及物的不安全状态称作现场失误。不安全行为和不安全状态是操作者在生产过程中的错误行为及生产条件方面的问题，采用现场失误这一术语，其主要目的在于提醒人们注意不安全行为及不安全状态的性质。

该理论的核心在于，对现场失误的背后原因进行了深入的研究。操作者的不安全行为及生产作业中的不安全状态等现场失误，是由于企业领导者及事故预防工作人员的管理失误造成的。管理人员在管理工作中的差错或疏忽，企业领导人决策错误或没有作出决策等失误，对企业经营管理及事故预防工作具有决定性的影响。管理失误反映了企业管理系统中的问题，它涉及管理体制，即有组织地进行管理工作，确定怎样的管理目标，如何计划、实现确定的目标等方面的问题。管理体制反映了作为决策中心的领导人的信念、目标及规范，它决定各级管理人员安排工作的轻重缓急，工作基准及指导方针等重大问题。

3)博德事故因果连锁理论

博德在海因里希事故因果连锁理论的基础上,提出了现代事故因果连锁理论。博德事故因果连锁理论认为:事故的直接原因是人的不安全行为、物的不安全状态;间接原因包括个人因素及与工作有关的因素。根本原因是管理的缺陷,即管理上存在的问题或缺陷是导致间接原因存在的原因,间接原因的存在又导致直接原因存在,最终导致事故发生。

博德的事故因果连锁过程同样为五个因素,但每个因素的含义与海因里希的都有所不同。

①管理缺陷。对于大多数企业来说,由于各种原因,完全依靠工程技术措施预防事故既不经济也不现实,只能通过完善安全管理工作,并经过较大的努力,才能防止事故的发生。企业管理者必须认识到,只要生产没有实现本质安全化,就有发生事故及伤害的可能性,因此,安全管理是企业管理的重要一环。安全管理系统要随着生产的发展变化而不断调整完善,十全十美的管理系统不可能存在。由于安全管理上的缺陷,致使能够造成事故的其他原因相继出现。

②个人及工作条件的原因。这方面的原因是由于管理缺陷造成的。个人原因包括缺乏安全知识或技能,行为动机不正确,生理或心理有问题等;工作条件原因包括安全操作规程不健全,设备、材料不合适,以及存在温度、湿度、粉尘、气体、噪声、照明、工作场地状况(如打滑的地面、障碍物、不可靠支撑物)等有害作业环境因素。只有找出并控制这些原因,才能有效地防止后续原因的发生,从而防止事故的发生。

③直接原因。人的不安全行为或物的不安全状态是事故的直接原因。这种原因是安全管理中必须重点加以追究的原因。但是,直接原因只是一种表面现象,是深层次原因的表征。在实际工作中,不能停留在这种表面现象上,而要追究其背后隐藏的管理上的缺陷原因,并采取有效的控制措施,从根本上杜绝事故的发生。

④事故。这里的事故被看做是人体或物体与超过其承受阈值的能量接触,或人体与妨碍正常生理活动的物质的接触。因此,防止事故就是防止接触。可以通过对装置、材料、工艺等的改进来防止能量的释放,或者操作者提高识别和回避危险的能力,通过佩戴个人防护用具等来防止接触。

⑤损失。人员伤害及财物损坏统称为损失。人员伤害包括工伤、职业病、精神创伤等。在许多情况下,可以采取恰当的措施使事故造成的损失最大限度地减小。例如,对受伤人员进行迅速正确地抢救,对设备进行抢修以及平时对有关人员进行应急训练等。

博德的事故理论也被称为“4M”理论,因其将事故连锁反应理论中的“深层原因”进一步分析,将其归纳为四大因素,即人的因素(Man)、设备的因素(Machine)、作业环境的因素(Media)、管理的因素(Management)。

4)北川彻三事故因果连锁理论

之前几种事故因果连锁理论(海因里希因果连锁论、亚当斯事故因果连锁、博德事故因果连锁理论、)把考察的范围局限在企业内部。日本的北川彻三认为,工业伤害事故发生的原因是很复杂的,企业是社会的一部分,一个国家、一个地区的政治、经济、文化、科技发展水平等诸多社会因素,对企业内部伤害事故的发生和预防有着重要的影响。北川彻三正是基于这种考虑,对海因里希的理论进行了一定的修正,提出了另一种事故因果连锁理论。该模型见表3-2。

北川彻三事故因果连锁理论 表3-2

基本原因	间接原因	直接原因		
学校教育的原因； 社会的原因； 历史的原因	技术的原因； 教育的原因； 身体的原因； 精神的原因； 管理的原因	不安全行为； 不安全状态	事故	伤害

北川彻三事故因果连锁理论认为：事故的间接原因包括技术、教育、身体、精神上的原因。技术原因指机械、装置、设施的设计、建造、维护有缺陷；教育原因指因教育培训不充分而导致人员缺乏安全知识及操作经验；身体原因指人员的身体状况不佳；精神原因指人员的不良态度、不良性格、不稳定情绪。而事故的根本原因是管理、学校教育、社会和历史的原因。管理原因指领导者不重视，作业标准不明，制度有缺陷，人员安排不当；学校教育原因指教育机构的教育不充分；社会和历史的原因指安全观念落后，法规不全，监管不力。

在北川彻三的因果连锁理论中，基本原因中的各个因素，已经超出了企业安全工作的范围。但是，充分认识这些基本原因因素，对综合利用可能的科学技术、管理手段来改善间接原因因素，从而达到预防伤害事故发生的目的，是十分重要的。

除因果连锁理论外，对于事故致因，人们也提出了其他一些不同角度的模型和观点，如能量意外转移理论❶，基于人体信息处理的人为失误事故模型（威格尔斯沃思模型、瑟利模型、劳伦斯模型等），动态变化理论（扰动起源事故理论、变化—失误理论），轨迹交叉论❷等。不同理论从不同角度对事故致因或事故演变机理进行分析，这对安全生产管理具有一定的指导意义。

（二）安全管理的基本原理

安全管理（Safety Management 或 Security Management）是管理科学的一个重要分支，安全管理是企业生产管理的重要组成部分，是一门综合性的系统科学。安全管理的对象是生产中一切人、物、环境的状态管理与控制，安全管理是一种动态管理。安全管理，主要是组织实施企业安全管理规划、指导、检查和决策，同时，又是保证生产处于最佳安全状态的根本环节。安全管理原理是对管理学基本原理的应用和发展，主要包括系统原理、人本原理、预防原理等。

---

❶ 1961年吉布森（Gibson）提出了事故是一种不正常的或不希望的能量释放，意外释放的各种形式的能量是构成伤害的直接原因。因此，应该通过控制能量，或控制作为能量达及人体媒介的能量载体来预防伤害事故。

在吉布森的研究基础上，1966年美国运输部安全局局长哈登（Haddon）完善了能量意外释放理论，提出"人受伤害的原因只能是某种能量的转移"。并提出了能量逆流使人体受到伤害的分类方法，将伤害分为两类：第一类伤害是由于施加了局部或全身性损伤阈值的能量引起的伤害；第二类伤害是由于影响了局部或全身性能量交换引起的伤害，主要指中毒窒息和冻伤。

❷ 在事故发展进程中，人的因素运动轨迹与物的因素运动轨迹的交点就是事故发生的时间和空间，即人的不安全行为和物的不安全状态发生于同一时间、同一空间，或者说人的不安全行为与物的不安全状态相通，即将在此时间、空间发生事故。

1. 系统原理

系统原理是现代管理学的一个最基本原理，是指人们在管理工作中，运用系统论的观点、理论和方法，对管理活动进行充分的系统分析，以达到管理的优化目标，即用系统论的原理和方法来认识和处理管理中出现的问题。

系统是由相互作用和相互依赖的若干部分组合的，具有特定功能并处于一定环境中的有机整体。任何管理对象都可以看做一个系统，系统可以分为若干个子系统，子系统可以分为若干个要素，即系统是由要素组成的。按照系统论的观点，管理系统具有六个特征，即集合性、相关性、目的性、整体性、层次性和适应性。安全生产管理系统是生产管理的一个子系统，它包括各级安全管理人员、安全防护设备与设施、安全管理规章制度、安全生产操作规范和规程以及安全生产管理信息等。安全贯穿生产活动的方方面面，安全生产管理是全方位、全天候和涉及全体人员的管理。在安全管理活动中，应用系统原理应遵循以下原则：

1）整分合原则

高效的现代安全管理必须整体规划，明确分工，在分工基础上进行有效的综合，这就是整分合原则。

整体规划就是在对系统进行深入、全面分析的基础上，把握系统的全貌及其运动规律，确定整体目标，制定规划与计划及各种具体规范。明确分工就是确定系统的构成，明确各个局部的功能，把整体的目标分解，确定各个局部的目标以及相应的责、权、利，使各局部都明确自己在整体中的地位和作用，从而为实现最佳的整体效应最大限度地发挥作用。有效综合就是对各个局部必须进行强有力的组织管理，在各纵向分工之间建立起紧密的横向联系，使各个局部协调配合，综合平衡地发展，从而保证最佳整体效应的圆满实现。

整体把握、科学分解、组织综合是整分合原则的主要含义。运用整分合原则，要求企业管理者在制定整体目标和宏观决策时，必须将安全生产纳入其中，资金、人员和体系都必须将安全生产作为一项重要内容考虑。

2）反馈原则

反馈控制论和系统论的基本概念之一，是指控制过程中对控制机构的反作用。反馈普遍存在于各种系统之中，也是管理中的一种普遍现象，是管理系统达到预期目标的主要条件。由于负反馈是抵消外界因素的干扰，维持系统的稳定性，因此，为了使系统进行合乎目的的运转，一般均采用负反馈。

成功的高效安全管理，离不开灵活、准确、快速的反馈。企业生产的内部条件和外部环境在不断变化，所以必须及时捕获、反馈各种安全生产信息，及时采取行动。

3）封闭原则

任何一个管理系统的管理手段、管理过程等必须构成一个连续封闭的回路，才能形成有效的管理活动，这就是封闭原则。

封闭就是把管理手段、管理过程等加以分割，使各部分、各环节相对独立，各行其是，充分发挥自己的功能。然而各部分、各环节又互相衔接，互相制约，并且首尾相连，形成一条封闭的管理链。对于企业管理来说，管理系统的组织结构体系必须是封闭的，管理法规的建立和实施也必须封闭。

在企业安全生产中，各管理机构之间、各种管理制度和方法之间，必须具有紧密的联系，形成相互制约的回路，才能使管理活动更为有效。

4）动态相关性原则

构成系统的各个要素是运动和发展的，而且是相互关联的，它们之间既相互联系又相互制约，这就是动态相关性原则。

该原则是指任何企业管理系统的正常运转，不仅要受到系统本身条件的限制和制约，还要受到其他有关系统的影响和制约，并随着时间、地点以及人们的不同努力程度而发生变化。企业管理系统内部各部分的动态相关性是管理系统向前发展的根本原因。所以，要提高安全管理的效果，必须掌握个管理对象要素之间的动态相关特征，充分利用相关因素的作用。

5）弹性原则

在对系统外部环境和内部情况的不确定性给予事先考虑并对未来演变的各种可能性及其概率分布，做较为充分认识、预判的基础上，在制定目标、计划、策略等方面，相适应地留有余地，以增强组织系统的可靠性和管理活动对未来态势的应变能力，这就是弹性原则。

弹性原则对于安全管理具有重要意义。安全管理面对的形势错综复杂，在当下社会转型阶段，事故致因日趋多变，因此安全管理必须尽可能保持良好、积极的弹性。一方面不断推进安全管理科学化、现代化，加强安全分析和危险评价，尽量做到对风险因素的充分识别、应对和控制；另一方面也要采取全方位、多层次的事故预防策略，实现全面、全员及全流程的安全管理。

2. 人本原理

在过去相当长的时间内，人们曾经热衷于片面追求产值和利润，却忽视了创造产值、创造财富的人和使用产品的人。在生产经营实践中，人们越来越认识到，决定一个企业、一个社会发展能力的，主要并不在于机器设备，而在于人们拥有的知识、智慧、才能和技巧。人是社会经济活动的主体，是一切资源中最重要的资源。归根到底，一切经济行为，都是由人来进行的；人没有活力，企业就没有活力和竞争力。组织本身是一个生命体，组织中的每一个人不过是这有机生命体中的一分子，所以，管理不仅要研究每一成员的积极性、创造力和素质，还要研究整个组织的凝聚力与向心力，形成整体的强大合力。从这一本质要求出发，一个有竞争力的现代企业，就应当是齐心合力、配合默契、协同作战的团队。因此，安全管理需要以人为本。人本原理有两层含义：

（1）一切管理活动都是以人为本展开的，人既是管理的主体，又是管理的客体，每个人都处在一定的管理层面上。

（2）管理活动中，管理对象的诸要素和管理系统各环节，都是需要人去掌管、运作、推动和实施。

人本原理的前提是：人不是单纯的“经济人”，而是具有多种需要、复杂的“社会人”。以人为本的原理要求管理者研究人的行为，理解人的各种需要，掌握激励、沟通、领导规律和技巧；关注人、尊重人、激励人，开发利用人的创造力，满足员工合理需要，开发人的潜能，实现人的价值。在安全管理活动中，必须把人的因素放在首位，体现以人为本的指导思想。具体在管理中，人本原理表现为若干原则，即是动力原则、能级原则和激励原则。

①动力原则。推动管理活动的基本力量是人，管理必须有能够激发人的工作能力的动

力,这就是动力原则。对于管理系统,有3种动力,即物质动力、精神动力和信息动力。

②能级原则。现代管理认为,单位和个人都具有一定的能量,并且可按照能量的大小顺序排列,形成管理的能级,就像原子中电子的能级一样。在管理系统中,建立一套合理能级,根据单位和个人能量的大小安排其工作,发挥不同能级的能量,保证结构的稳定性和管理的有效性,这就是能级原则。

③激励原则。管理中的激励就是利用某种外部诱因的刺激,调动人的积极性和创造性。以科学的手段,激发人的内在潜力,使其充分发挥积极性、主动性和创造性,这就是激励原则。人的工作动力来源于内在动力、外部压力和工作吸引力。

人本原理在安全管理中,应体现在对以人为本的安全理念的贯彻上。实现以人为本的安全管理,需要加强企业安全文化建设,严格执行各项安全生产法律法规,使安全生产成为员工的共识和主动需求,同时也要改善生产条件,加大安全投资,以保障以人为本的理念落到实处。

3. 预防原理

安全管理工作应当以预防为主,即通过有效的管理和技术手段,防止人的不安全行为和物的不安全状态出现,从而使事故发生的概率降到最低,这就是预防原理。

预防,其本质是在有可能发生意外人身伤害或健康损害的场合,采取事前的预防措施,防止伤害的发生。预防与善后是安全管理的两种工作方法。善后是针对事故发生以后所采取的措施和进行的处理工作,在这种情况下,无论处理工作如何完善,事故造成的伤害和损失已经发生,这种完善也只能是相对的。显然,预防的工作方法是主动的、积极的,是安全管理应该采取的主要方法。

安全管理以预防为主,其基本出发点源自生产过程中的事故是能够预防的观点。除了自然灾害以外,凡是由于人类自身的活动而造成的危害,总有其产生的因果关系,探索事故的原因,采取有效的对策,原则上讲就能够预防事故的发生。

由于预防是事前的工作,因此正确性和有效性就十分重要。生产系统一般都是较复杂的系统,事故的发生既有物的方面的原因,又有人的方面的原因,事先很难估计充分。有时重点预防的问题没有发生,但未被重视的问题却酿成大祸。为了使预防工作真正起到作用,一方面要重视经验的积累,对既成事故和大量的未遂事故(险肇事故)进行统计分析,从中发现规律,做到有的放矢;另一方面要采用科学的安全分析、评价技术,对生产中人和物的不安全因素及其后果作出准确的判断,从而实施有效的对策,预防事故的发生。应用预防原理应遵循以下原则:

1)偶然损失原则

事故所产生的后果(人员伤亡、健康损害、物质损失等),以及后果的程度如何,都是随机的,是难以预测的。反复发生的同类事故,并不一定产生相同的后果,这就是事故损失的偶然性。

关于人身事故,美国学者海因里希调查指出:对于跌倒这样的事故,如果反复发生,则存在这样的后果,在330次跌倒中,无伤害300次,轻伤29次,重伤1次。这就是著名的海因里希法则,或者称为1:29:300法则。日本学者青岛贤司的调查表明,伤亡事故与无伤亡事故的比例:重型机械和材料工业为1:8;轻工业为1:32。上述比例均是调查统计的结果。实际上，这些比例随事故种类、工作环境和调查方法等的不同而不同。它们的重要意义在于指出事故与伤害后果之间存在着偶然性的概率原则。根据事故损失的偶然性，可得到安全管理上的偶然损失原则：无论事故是否造成了损失，为了防止事故损失的发生，唯一的办法是防止事故再次发生。

2）因果关系原则

因果，即原因和结果。因果关系就是事物之间存在着一事物是另一事物发生的原因这种关系。事故是许多因素互为因果连续发生的最终结果。一个因素是前一因素的结果，而又是后一因素的原因，环环相扣，导致事故的发生。事故的因果关系决定了事故发生的必然性，即事故因素及其因果关系的存在决定了事故或迟或早必然要发生。掌握事故的因果关系，切断事故因素的环链，就消除了事故发生的必然性，就可能防止事故的发生。

事故的必然性中包含着规律性。必然性来自于因果关系，深入调查、了解事故因素的因果关系，就可以发现事故发生的客观规律，从而为防止事故发生提供依据。应用整理统计方法，收集尽可能多的事故案例进行统计分析，就可以从总体上找出带有规律性的问题，为宏观安全决策奠定基础，为改进安全工作指明方向，从而做到"预防为主"，实现安全生产。

从事故的因果关系中认识必然性，发现事故发生的规律性，变不安全条件为安全条件，把事故消灭在早期起因阶段，这就是因果关系原则。

3）3E 原则

造成人的不安全行为和物的不安全状态的主要原因可归结为四个方面：

①技术的原因。其中包括：作业环境不良（照明、温度、湿度、通风、噪声、振动等），物料堆放杂乱，作业空间狭小，设备、工具有缺陷并缺乏保养，防护与报警装置的配备和维护存在技术缺陷。

②教育的原因。其中包括：缺乏安全生产的知识和经验，作业技术、技能不熟练等。

③身体和态度的原因。其中包括：生理状态或健康状态不佳，如听力、视力不良，反应迟钝，疾病、醉酒、疲劳等生理机能障碍；怠慢、反抗、不满等情绪，消极或亢奋的工作态度等。

④管理的原因。其中包括：企业主要领导者对安全不重视，人事配备不完善，操作规程不合适，安全规程缺乏或执行不力等。

针对这四个方面的原因，可以采取三种预防对策，即工程技术（Engineering）对策、教育（Education）对策和法制（Enforcement）对策。这三种对策就是 3E 原则。

技术对策是运用工程技术手段消除生产设施、设备的不安全因素，改善作业环境条件，完善防护与报警装置，实现生产条件的安全和卫生。教育对策是提供各种层次的、各种形式和内容的教育和训练，使职工牢固树立"安全第一"的思想，掌握安全生产所必需的知识和技能。法制对策是利用法律、规程、标准以及规章制度等必要的强制性手段约束人们的行为，从而达到消除不重视安全、违章作业等现象的目的。

在应用 3E 原则时，应该针对人的不安全行为和物的不安全状态的四种原因，综合、灵活地运用这三种对策，不要片面强调其中某一个对策。具体改进的顺序是：首先是工程技术措施，然后是教育训练，最后才是法制。

4）本质安全化原则

本质安全化原则来源于本质安全化理论。该原则的含义是指，如果从一开始和从本质上实现了安全化，就可从根本上消除事故发生的可能性，从而达到预防事故发生的目的。所谓本质上实现安全化（本质安全化）指的是：设备、设施或技术工艺含有内在的能够从根本上防止发生事故的功能，具体地讲，包含两个方面的内容：

①失误—安全功能，指操作者即使操纵失误也不会发生事故和伤害，或者说设备、设施具有自动防止人的不安全行为的功能。

②故障—安全功能，指设备、设施发生故障或损坏时，还能暂时维持正常工作或自动转变为安全状态。

上述两种安全功能应该是设备、设施本身固有的，即在规划设计阶段就被纳入其中，而不是事后补偿的。

本质安全化是安全管理预防原理的根本体现，也是安全管理的最高境界，实际上目前还很难做到，但是我们应该坚持这一原则。

（三）安全管理的基本原则

加强安全管理工作，应当坚持以下六项基本原则：

1. 管生产同时管安全

安全寓于生产之中，并对生产起到促进与保证作用。因此，安全与生产虽有时会出现矛盾，但在安全管理及生产管理的目标、目的上，表现出高度的一致和完全的统一。安全管理是生产管理的重要组成部分，安全与生产在实施过程，两者存在着密切的联系，存在着进行共同管理的基础。国务院在《关于加强企业生产中安全工作的几项规定》中明确指出：各级领导人员在管理生产的同时，必须负责管理安全工作。企业中各有关专职机构，都应该在各自业务范围内，对实现安全生产的要求负责。

管生产同时管安全，不仅是对各级领导人员明确安全管理责任，同时，也向一切与生产有关的机构、人员，明确了业务范围内的安全管理责任。由此可见，一切与生产有关的机构、人员，都必须参与安全管理并在管理中承担责任。认为安全管理只是安全部门的事，是一种片面的、错误的认识。各级人员安全生产责任制度的建立、管理责任的落实，都体现了管生产同时管安全的原则。

2. 坚持安全管理的目的性

安全管理的内容是对生产中的人、物、环境因素状态的管理，有效控制人的不安全行为和物的不安全状态，消除或避免事故。达到保护劳动者的安全与健康的目的。没有明确目的的安全管理是一种盲目行为。盲目的安全管理，充其量只能算作花架子，危险因素依然存在。

3. 必须贯彻预防为主的方针

安全生产的方针是“安全第一、预防为主”。安全第一是从保护生产力的角度和高度，表明在生产范围内安全与生产的关系，肯定安全在生产活动中的位置和重要性。

进行安全管理不是处理事故，而是在生产活动中，针对生产的特点，对生产因素采取管理措施，有效控制不安全因素的发展与扩大，把可能发生的事故消灭在萌芽状态，以保证生产活动中人的安全与健康。

贯彻预防为主，首先要端正对生产中不安全因素的认识，端正消除不安全因素的态度，选准消除不安全因素的时机。在安排与布置生产内容的时候，针对施工生产中可能出现的危险因素,采取措施予以消除是最佳选择。在生产活动过程中,经常检查、及时发现不安全因素,采取措施、明确责任,尽快、坚决地予以消除,这是安全管理应有的鲜明态度。

4. 坚持"四全"动态管理

安全管理不是少数人和安全机构的事,而是一切与生产有关的人共同的事。缺乏全员的参与,安全管理不会有生气、不会出现好的管理效果。当然,这并非否定安全管理第一责任人和安全机构的作用。生产组织者在安全管理中的作用固然重要,全员性参与管理也十分重要。

安全管理涉及生产活动的方方面面,涉及从物料采购到售后服务的全部过程,涉及全部的生产时间,涉及一切变化着的生产因素。因此,生产活动中必须坚持全员、全过程、全方位、全天候的动态安全管理。

只抓住一时一事、一点一滴,简单草率、一阵风式的安全管理,是走过场、形式主义,不是我们提倡的安全管理作风。

5. 安全管理重在控制

进行安全管理的目的是预防、消灭事故,防止或消除事故伤害,保护劳动者的安全与健康。安全管理的四项主要内容,虽然都是为了达到安全管理的目的,但是对生产因素状态的控制,与安全管理目的关系更直接,显得更为突出。因此,对生产中人的不安全行为和物的不安全状态的控制,必须看做是动态安全管理的重点。事故的发生,是由于人的不安全行为运动轨迹与物的不安全状态运动轨迹的交叉。从事故发生的原理也表明,对生产因素状态的控制应该作为安全管理的重点,而不能把约束当做安全管理的重点,这是因为约束缺乏带有强制性的手段。

6. 在管理中发展、提高

安全管理是变化着的生产活动管理,是一种动态过程。这就意味着安全管理本身是不断发展变化的,以适应不断变化的生产特征,消除新的危险因素;更为重要的是,应不间断地分析新情况、摸索新规律,总结管理、控制的措施与经验,指导新的环境、条件下的安全管理,从而使安全管理不断提升到新的水平。

二、安全生产战略管理

战略一词,古代就有,战略原来是军事方面的术语,指的是将帅的智谋、筹划以及军事力量的运用。西方的战略概念起源于古代的战术,原指将帅本身,后来指军事指挥中的活动。英语中,战略一词来源于希腊文"Strategos",其含义是"将军"。当时这个词的意义是指挥军队的克敌制胜艺术和科学。战略一词引入到企业管理中来也只有几十年的时间。在企业管理这个范畴中,究竟什么是战略,目前尚无一个统一的定义。不同的学者与企业管理人员给战略赋予不同的含义。有的认为,战略应该包括目标,即广义的战略;有的则认为,战略不应该包括目标,即主张狭义的战略。企业经营战略一词最早由安索夫在 1976 年出版的《从战略规划到战略管理》中提出:战略是一套指导企业行为的决策准则,贯穿企业活动与产品/市场之间的连线,产品/市场范围、增长向量、竞争优势、协同作用等。钱德勒的定义是:确定企业基本长期目标,选择决策行动路径和为实现这些目标进行的资源的分配。明茨博格提出战略从五个不同方面的定义,即战略是:计划(Plan)、计谋(Ploy)、模式(Pattern)、定位(Position)和观念(Perspective),即5P模型。

企业生产经营过程充满各种大大小小,不同种类的风险,既有来自企业内部环境的,也有来自企业外部的;既有企业发展战略决定主动面对的风险,也有企业无法规避,无法转嫁而不得不被动面对的风险。企业生产经营安全是企业稳定发展的基础。对于安全生产管理部门而言,根本使命在于通过各种管理措施和手段确保国家法律法规和标准规定在企业内得以遵守、实施,监督机构员工做好安全生产工作。随着社会经济进入新的发展阶段,对安全生产要求将更严格,如何在新形势下做好安全生产管理工作成为广大安全生产监督和管理人员必须面对的问题。战略管理与传统安全生产管理相比,视野更宽广,立足点更高,将战略管理导入安全生产管理将拓展安全生产管理理念,使得安全生产管理与机构的总体发展战略高度统一,使机构对安全生产管理的意义更加清晰。

不仅如此,安全战略同样是各类企业整体发展战略的必要组成部分。企业战略管理近期的趋势是强调企业的可持续发展,对企业员工健康和生命安全,对企业财产安全,对利益相关者(产品和劳务的购买者,股东,债权人等)和环境安全的承诺是企业可持续发展的基础条件,也是企业履行社会责任的重要内容。从更大的层面上看,生产安全战略是行业稳定发展和区域经济稳定运行的基础,同时也是行业发展战略和区域发展战略的必要组成部分。

1.安全生产战略管理的特点

企业安全生产战略管理是关系到企业安全长期性,全局性和方向性的重大问题,是企业在复杂多变的风险环境中谋求生存和发展的一种管理方式,同一般的安全生产管理方法相比而言,企业安全生产战略管理具有如下特点:

(1)全局性。企业安全生产战略是全局性的策略,确定企业安全生产战略必须从整个企业的生存和发展来加以考虑,是以企业全局为对象,根据企业经营发展的总体发展需要而制定的。涉及企业生产经营全过程的各种活动,追求的是总体安全效果。全局性表现在两个方面,一方面,企业安全生产战略必须以企业全局分析为基础,既要分析企业内部的目标、条件,又要分析企业外部竞争威胁和机会,还要分析企业内部自身的优势和弱点,把各方面的分析结合起来才能形成制定企业安全生产战略的可靠基础;另一方面,企业安全生产战略必须是针对企业经营中涉及生产安全的全局性问题而提出来的,如果没有全局的思想,也就谈不上企业安全生产战略。

(2)长期性。企业安全生产战略决策者面临的问题并不是企业明天在生产经营安全问题上应该怎么办,而是为了应付不确定的风险环境下,我们今天应该如何做?企业安全生产战略是着眼于未来,是根据过去较长一段时间企业在经营活动中总结出来的安全生产经验和教训,以及市场环境变化的总体趋势,为保障企业未来发展的可持续性而制定的安全生产长期方针和政策。其长期性表现在三个方面:一是安全目标的长期性,二是风险环境的长期性,三是安全措施的长期性。为了企业长远的生存和发展目标,要克服急功近利的短期行为,尤其是在安全目标设置和安全投入方面不能存在短视和侥幸。在长期安全与短期利益发生冲突时,要着眼于企业的未来安全,自觉地放弃无助于企业长远发展,损害企业生产安全的短期做法,而谋求企业安全生产的长期可持续性。

(3)权变性。企业的经济活动就是把现在的资源运用于不确定的未来。经济活动的本

质就是冒险。企业安全生产战略不能消灭风险，也难以把风险降到最小，重要的是要冒该冒之险。成功的安全生产战略具有承受更大风险的能力。所谓权变，是指要对可能发生哪些变化，各种变化将对企业安全生产形势形成何种后果，从而应采取哪些应变的战略方案都要有足够的了解和准备，并要求具备相应的应变能力。安全生产战略制定后不是一成不变的，应根据企业外部环境和内部条件的变化，适时地对其加以调整，以适应变化后的情况，这就是安全生产战略的权变性。

(4)政策性。安全生产战略对企业安全生产各方面的工作具有指导意义。安全生产战略一经制定，企业上下就要为完成这个战略目标而努力。安全生产战略的政策性就是指，一方面企业作为现代社会的经济细胞，企业战略应该同区域安全生产战略和国家总体安全生产战略的要求相适应，不能违反政府相关安全生产法律的规定；另一方面，企业安全生产战略确定后，还要进一步在企业内部通过宣传、培训等方式阐明企业安全生产战略的一系列政策，以保证其能正确无误地加以执行。

(5)有限合理性。从企业总体出发，对安全生产战略进行优化是一个重要原则，但在贯彻中必然涉及诸多复杂因素，其中还会有相当多的因素是不确定的。由于安全生产战略决策受到时间和信息不完备的限制，往往只能在可取得的信息及时间许可的范围内寻求令人满意的方案(可能不是理论上的最优方案)，此外，安全生产战略决策除理性因素外，还要受非理性因素(如组织结构和人的行为因素)的制约。以有限合理性为基础，考虑到非理性的因素，这是一个重要的战略观念。

(6)资源有限性。企业在经营中具有的和可取得的资源(人力、物力、财力)总是有限的。为此，在安全生产战略决策中必须有所取舍，不应贪多求全，应把有限的资源有重点地用在建立一些具有关键作用的安全生产保障能力上，而不应去过度追求建立"100%安全"。把有限的资源用于追求"100%安全"，就可能使安全生产管理和其他生产经营任务产生激烈矛盾。在集中使用资源的诸多重点中，还应进一步分清轻重缓急，对资源的调配使用制定出优先顺序，避免因某些偶然事件的发生而导致偏离企业安全生产的方向与战略部署。

2. 安全生产战略管理的作用

(1)安全生产战略是决定企业经营成败的关键。作为一项十分重大的决策，战略本身直接关系到企业的成败和兴衰，一个企业战略方向选择的正确与否，是决定企业经营成败的关键所在。正如美国未来学家托夫勒所说："如果对将来没有一个长期明确的方向，对本企业的未来形式没有一个实在的指导方针，不管企业的规模多大，地位多稳定，都将在新的革命性的技术和经济的大变革中失去生存条件。"安全生产战略为企业未来的安全生产设定总的方针和任务，对企业持续平稳健康发展具有重要的保障作用。

(2)安全生产战略是编制安全生产工作计划和制定安全生产各项制度措施的依据。从根本上来说，战略本身也是一个属于计划范畴内的概念，但战略作为企业未来发展方向的远景规划，与具体的经营计划有本质区别。一方面，战略具有方向性、长远性和不确定性，因此战略只能是一种概括性、粗线条的长远规划，并且包括许多事先难以确定的因素；而安全生产工作计划具有具体性、稳定性和可操作性，因此必须是一种明确而细致的行动计划，其中所包含的不确定因素相应也少得多。另一方面，安全生产战略作为一种远景规划，最重要的是规定了企业安全生产工作长远发展方向，而安全生产工作计划作为一种执行计划，侧重于各个具体时期内,沿着既定的安全生产战略方向应该达到的目标。

(3)安全生产战略管理有利于企业从社会的角度来审视自身,从而建立起与社会共同发展的和谐关系。安全生产战略管理中规定了企业对员工及环境的安全责任,包括确保各种利益相关者安全的行为准则,规定了安全生产目标和安全生产关键领域,规定了企业在哪些方面应满足社会对企业安全生产经营水平的预期,所以企业安全生产战略的整个过程始终体现着企业在满足社会需求和履行社会责任的基础上,谋求自身和社会共同发展的和谐关系。

3. 安全生产战略管理过程

安全生产管理的战略管理包括四个模块:环境分析、战略的制定、战略的实施以及战略的评估与控制。安全生产战略管理过程基本模块,如图3-1所示。战略的最初阶段是进行环境分析,然后制定合适自己的战略,接下来就是积极推进战略的实施,最后还要对战略的成效进行评估,然后重新回到环境分析部分,对安全生产战略进行调整和控制。很显然,这是一个循环的过程,而且是一种螺旋上升式的前进,这种模式能够保证安全生产战略与整个社会的发展同步。

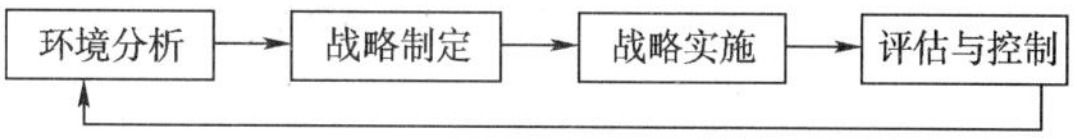

环境分析 → 战略制定 → 战略实施 → 评估与控制

图3-1 安全生产战略管理过程模块

1)安全管理环境分析

环境分析是从外部与内部环境中监测、评估与提取信息,它是安全生产战略管理的关键因素。安全生产战略管理所面对的外部环境包括国家对安全生产总的方针政策,本地安全生产管理部门的具体措施,以及本地安全生产状况等。这里必须明确的是,只有充分了解安全生产的外界环境及其变化和发展趋势后才有可能制定出符合实际的战略目标。

进行安全生产外界环境的分析主要是为了发现机会和威胁。目前,国家对安全生产很重视,如何将安全生产方针政策落实为具体的工作就是安全生产管理部门的重要使命。当然,安全生产管理还要面对各种威胁,安全生产工作本身就存在一些基本理论的不完善,再加上各种事故、突发事件的发生,所以安全生产管理部门所面对的是一个动荡的环境,其中有很多威胁,这也是安全生产管理部门必须明确的。

安全生产管理工作不仅要了解外界的环境,同时也要清楚自身的资源。安全生产战略管理的制定者和执行者如果不了解自身的资源,那么任何的决策都是没有意义的。安全生产管理工作是通过安全生产管理职能部门有限的人力、物力和资金等投入,完成企业和社会对安全生产的工作要求,而且还必须经过不断的努力才能完成安全生产的战略目标。

通过分析自身现有的资源,识别出安全生产管理职能部门的优势和劣势,安全生产管理的战略管理才找到了真正的出发点。强化已有的优势,改进存在的劣势就成为最基本的工作起点。

通过分析外界环境和自身资源,安全生产管理部门必须重新评价安全生产战略目标。这样的方法被称为SWOT分析,它把对安全生产管理部门的优势(Strengths)、劣势(Weakness)、机会(Opportunities)和威胁(Threats)的分析结合在一起,以便安全生产管理部门能够制定出更有效可行的战略管理方案。在制定安全生产战略时,也需要将企业社会责任[1]的要

[1] 企业社会责任(Corporate social responsibility,简称CSR),是指企业在其商业运作中对其利害关系人应负的责任。企业社会责任的概念是基于商业运作必须符合可持续发展的想法,企业除了考虑自身的财政和经营状况外,也要加入其对社会和自然环境所造成的影响的考虑。

求纳入其中，并凸显企业理念中的核心价值观❶。

2）安全生产战略管理制定和实施

安全生产管理战略的制定是综合考虑安全生产管理部门的优势与劣势，为了更有效地把握机会，消除或回避危险，而开展制定的中长期安全生产规划。这个规划主要包括安全生产管理的目标、战略和政策等。

安全生产战略管理总的目标是确保广大企业的人员的安全和健康，同时还要确保国家和企业的财产不受损失。这是一个总体的概念，或者是一个最终的结果。具体的目标就还要加上完成时间、量化的指标等具体内容。

安全生产管理的战略管理简单说就是表明如何达到目标，如何完成使命的综合计划。一般来说，安全生产的战略管理是分层次性的，主要包括国际安全生产管理层次、国家安全生产管理层次和地方安全生产管理层次。

安全生产战略管理的政策是把战略制定与实施连接起来指导决策的指南。安全生产管理部门正是通过一系列的政策来支持安全生产的战略管理目标。

安全生产管理战略的实施是通过安全生产的一系列行动和检查，将安全生产的战略和政策推向行动之中。这个过程涉及安全生产的各个环节，一般是由地方的安全生产管理部门和企业共同完成，更高级别的部门主要是负责评估和控制他们完成的工作。

安全生产管理战略的实施首先需要一个完整的安全生产行动计划，它描述的是安全生产战略的行动步骤，是战略实施的指导。安全生产管理战略的实施还包括各种形式的安全检查。由于安全生产所要处理问题的复杂性，再加上安全生产管理部门人力、物力、财力等的限制，安全生产战略的实施更多地只能是设计制定出标准的检查表进行，而且很多具体的检查和评估要让安全生产中介机构来完成，政府职能部门主要还是从整体上把握和控制。

安全生产战略管理的评估与控制实际上就是将安全生产的实际情况与期望的安全状况进行比较，其实这就是一个反馈与学习的过程。安全生产战略 SWOT 分析及决策过程，如图 3-2 所示。

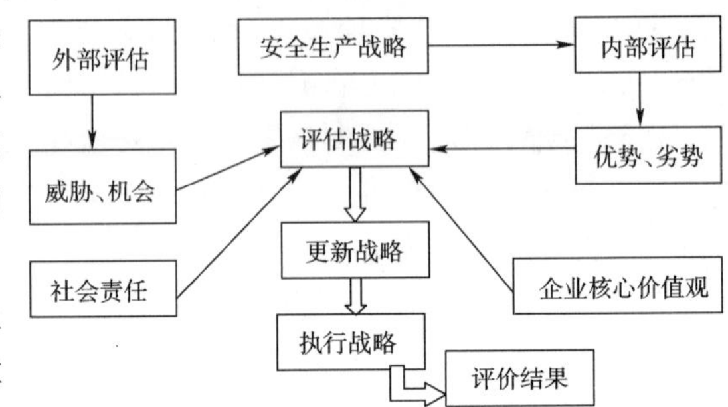

图 3-2　安全生产战略 SWOT 分析及决策过程

4. 安全生产战略管理的基本工具和技术

1）计划工具

安全生产管理需要通过对时间进行科学合理的分配，以达到战略管理所确定的目标。具体的技术包括："甘特图"、计划评审技术等。

"甘特图"是由亨利·甘特在 20 世纪初提出的，其实就是通过纵向的线条表示完成工作

❶ 核心价值观就是指企业在经营过程中坚持不懈，努力使全体员工都必须信奉的信条。这是企业哲学的重要组成部分，它是解决企业在发展中如何处理内外矛盾的一系列准则，如企业对市场、对客户、对员工等的看法或态度，它是企业表明企业如何生存的主张。企业的"核心价值观"是"一个企业本质的和持久的一整套"原则。它既不能被混淆于特定企业文化或经营实务，也不可以向企业的财务收益和短期目标妥协。

的情况。“甘特图”直观地表明了任务计划在什么时候开始,以及目前的进度情况。❶

随着科学技术和生产力的迅速发展,出现了许多庞大而复杂的科研和工程项目,它们工序繁多、协作面广,常常需要动用大量人力、物力、财力。因此,如何合理而有效地把它们组织起来,使之相互协调,在有限资源下,以最短的时间和最低的费用,最好地完成整个项目就成为一个重要问题。

计划评审技术❷就是在这种背景下出现的。这种计划方法是利用网络图来表达项目中各项活动的进度和它们之间的相互关系,并在此基础上,进行网络分析,确定关键活动与关键路线,利用时差不断地调整与优化网络,以求得最短周期。然后,还可将成本与资源问题考虑进去,以求得综合优化的项目计划方案。因为这种方法都是通过网络图和相应的计算来反映整个项目的全貌,所以又叫做“网络计划技术”❸。

2)环境扫描

安全生产管理工作的实践性特别强,不同的社会环境对安全生产管理所提的要求是不同的,所以必须进行全面的环境扫描❹。环境扫描(Environment Scanning)是指浏览大量的信息以察觉正在出现的趋势并形成一套设想。

由于生产过程可能出现的事故具有一个重要特征就是潜在性。在没有发生事故的时候,看上去一切都似乎“风平浪静”,但实际已经存在各种事故隐患,这里的关键问题是,管理者是否能够及时发现问题并进行处理。所以,对于安全生产战略管理过程的环境扫描来说,最重要的问题就是对事故隐患的检查和扫描,这是整个环境扫描的中心环节。由于事故呈现多样性,所以,隐患的形式也是多种多样的,如何发现这些隐患不仅是一个战略问题,同时也是一个现场安全管理的问题,这需要丰富的经验和长期知识的积累。目前,安全生产中最常见的环境扫描手段就是安全检查表,这是最基本的一种系统安全工具。经过环境扫描后,安全生产战略制定者还需要对今后可能出现的问题有一个连贯性的思考,这可以称为设想方案。因为环境扫描只是找到了一些隐患,而且这些隐患暂时不会对生产过程造成危害,但今后如何消除或减弱各个隐患之间的关联以及这些隐患今后的发展趋势,就是安全生产战略制定前必须全面考虑的,否则环境扫描就没有任何作用。

3)安全生产工作的预测

---

❶ 甘特图,也称为条状图(Bar chart)。这是在1917年由亨利·甘特开发的,其内在思想简单,基本是一条线条图,横轴表示时间,纵轴表示活动(项目),线条表示在整个期间上计划和实际的活动完成情况。它直观地表明任务计划在什么时候进行及实际进展与计划要求的对比。管理者由此极为便利地弄清一项任务(项目)还剩下哪些工作要做,并可评估工作是提前还是滞后,抑或正常进行。甘特图事实上仅仅部分地反映了项目管理的三重约束(时间、成本和范围),因为它主要关注进程管理(时间)。

❷ PERT(Program Evaluation and Review Technique)即计划评审技术,最早是由美国海军在计划和控制北极星导弹的研制时发展起来的。PERT技术使研制北极星潜艇的时间缩短了两年。简单地说,PERT是利用网络分析制定计划以及对计划予以评价的技术。它能协调整个计划的各道工序,合理安排人力、物力、时间、资金,加速计划的完成。在计划的编制和分析上,PERT被广泛使用,是管理的重要手段和方法。

❸ 1956年,美国杜邦公司在制定企业不同业务部门的系统规划时,制定了第一套网络计划。这种计划借助于网络表示各项工作与所需要的时间,以及各项工作的相互关系。通过网络分析研究工程费用与工期的相互关系,并找出在编制计划及计划执行过程中的关键路线。

❹ 环境扫描的概念最早是由美国哈佛商学院教授Francis Aguilar在1967年提出的,他认为环境扫描是指获取和利用外部环境中有关事件信息、趋势信息和关系信息的行为,以协助企业的高级管理层制定其未来行动计划。

环境扫描为安全生产工作的预测奠定了良好的基础，安全生产战略制定者从扫描到的大量信息中找出各种隐患信息，然后进行全面的设想，这成为安全生产工作预测的前提，而预测就是对未来可能发生事故的提前预计。安全生产工作需要做大量的事前预防工作，至于工作的最终结果如何，在很大程度上需要科学的预测技术。

选择科学合理的预测技术对安全生产管理工作十分重要。具体说来，安全生产管理工作中的评价审核、安全检查在一定程度上都属于预测工作。选择科学合理的预测技术是安全生产管理工作的重点和难点。从这个角度上说，安全技术和安全管理具有同等的重要性。

安全生产管理工作中的预测技术主要有定量预测和定性预测。定量预测是将一组数学规律运用到环境扫描所获取的信息上，目的是得到今后可能的结果。定性预测主要根据个人的知识和经验对环境扫描所获得的信息进行分析和判断。定性预测一般运用于缺乏或难以获得精确信息的场合。

定量预测技术主要包括时间序列分析和回归预测，它需要数理统计的知识、专业知识以及大量实际数据，而且对于回归分析来说，一般是不能随意外推的。虽然有很多的局限，但定量预测的最大优势就是结果比较客观、直接，对安全生产战略的制定有直接的影响。

定性预测技术主要通过专家或小组的经验和知识来进行判断，其优点是预测速度很快，可以获得多种有价值的观点和意见，适合中长期的预测。其缺点在于可能完全没有发现真正的隐患，最终导致事故发生的时候没有相应的准备。

4）安全生产工作的预算

安全生产工作需要投入各种人力、物力和财力，而且这些投入很难直接变成收入，使公司或企业的利润增加。正因为这样的原因，不少单位的安全生产预算长期不能得到有效的保证，这也是困扰安全生产工作健康发展的重要因素。安全生产战略必须对安全生产工作的预算进行明确和保证，这是开展安全生产工作的基本条件。

目前，安全生产工作中最常见的预算方法是传统预算，也称为增量预算。这种预算方法具有两个显著特征。首先，资金被分配到安全生产部门，然后安全生产部门的管理者再次对有限的资金进行分配；其次，预算资金的增减是根据上一次的预算值作为参考。传统预算的不足在于，安全工作千头万绪，无论什么项目都有充分理由要求给予资金支持，如何确定各项工作的先后顺序是很困难的。安全生产涉及方面多，如果平均分配资金可能导致预算针对性不强，结果就是安全生产问题长期存在而得不到解决；如果资金采取倾斜做法，突出重点领域，可能导致原本不突出的安全隐患可能成为事故的源头，形成资金的浪费和低效率。

安全生产预算关键问题在于采取合理的排序标准，把有限的预算资金依次投入到最需要的地方，减少或消除可能出现的针对性不强或低效率问题。

5）安全生产管理投入产出分析

安全生产管理属于管理过程，为确保安全生产战略目标的实现，构建安全生产管理体系，组织人手，进行相关安全设备采购和安全设施投资，开展安全生产监督检查、宣传、培训及演练，遇到安全生产事故时采取有效应对都需要资源投入。企业内部所掌握的资源是有限的，无论是资金、技术还是人力资源。企业安全生产管理方面的资源投入是为了获得安全保障角度的产出，或者说是安全程度的提高。了解一些安全经济学方面的内容，理解安全投入与安全产出之间的经济关系，有助于企业管理层进行合理的安全生产决策。[1]

(1)安全生产管理经济分析。

安全对企业的生产和经济效益的取得具有确定的作用，安全活动应被看成一种能创造价值的活动，一种能带来经济效益的活动。从理论上讲，安全具有两大经济功能：第一，安全能直接减轻或免除事故或危害事件给人、社会和自然造成的损害，实现保护人类财富，减少无益消耗和损失的功能。第二，安全能保障生产经营劳动条件、服务过程，提升企业信誉，改善企业形象，实现其间接为企业和社会提供价值增值的功能。

第一种功能实际是预防事故及减少损失，可用损失函数 $L(S)$ 来表达：一般情况下，损失幅度将随着安全程度的提高而不断减少。当系统无任何安全性时($S=0$)，从理论上讲，损失趋于无穷大，具体值取决于机会因素；当 S 趋于100%时，损失趋于零。但损失减少的趋势逐渐放缓，呈递减模式。

第二种功能是通过企业内部环境及企业与社会交互界面、过程安全程度的提高来优化企业社会责任的履行绩效，提升利益相关群体对企业的总体评价，从而间接提升企业总体价值，用增值函数 $I(S)$ 来表达：增值函数 $I(S)$ 随安全性 S 的增大而增大，但是其值有限的，最大值取决于社会技术系统特定时期具体特征。同样，增值幅度增加趋势逐渐放缓，呈递减模式。

提高或改变安全性，需要投入，即付出代价或成本。安全性要求越大，需要成本越高。从理论上讲，要达到100%的安全(绝对安全)，所需投入趋于无穷大。由此可有安全的成本函数 $C(S)$。而且，一般情况下，安全投入与安全程度之间并非线性关系，随着安全水平提升，所需的安全投入往往呈递增趋势。安全经济参数曲线图，如图3-3所示。

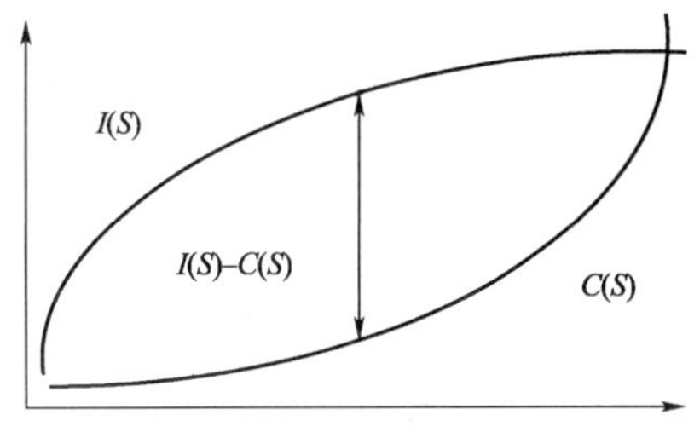

图3-3 安全经济参数曲线图

综合安全投入和安全产出两个方面的变化趋势，可以认为，如果在特定时空条件下，只从经济角度考虑，安全投入存在一个合理区间，以使安全效益为正值，并使安全效益尽可能极大化。

(2)安全成本分析方法。

交通企业尤其是水路运输企业，近10余年来SMS运行的实践证明。安全成本管理已经成为企业进行改进安全质量管理、降低成本、提高效益，特别是衡量安全管理体系有效运行的重要指标。

安全成本是指为了确保安全而发生的费用以及没有达到安全目的所造成的成本。安全成本不同于产品的制造成本，而是为确保安全的成本。一般由以下几个部分构成：

①预防成本，指用于预防产生不符合规定情况或因发生设备故障而停航所需的各项费

---

[1] 安全经济学是研究安全的经济(利益、投资、效益)形式和条件，通过对人类安全活动的合理组织、控制和调整，达到人、技术、环境的最佳安全效益的科学。这一定义具有如下几点内涵。(1)安全经济学的研究对象是安全的经济形式和条件，即通过理论研究和分析，揭示和阐明安全利益、安全投资、安全效益的表达形式和实现条件。(2)安全经济学的目的是实现人、技术、环境三者的最佳安全效益。(3)安全经济学的目标是通过控制和调整人类的安全活动来实现的。

用，包括安全管理体系中，为预防、保证和控制安全质量、开展安全管理所需的费用。

②鉴定成本，指评定产品是否满足安全质量要求所需的费用，包括试验设备校准维护费等。

③内部损失成本，指因不满足规定的安全技术质量要求而支付的费用。

④外部损失成本。一般指修理费用，也包括因 PSC 检查不符而导致的滞港及船期损失等。

一般以为不合格率越低越好，作为考核企业的安全指标，甚至以为不出现一个不符合更好，但实际上，在航运企业经济效益上，不出现不符合不一定是最合理的。如图 3-4 所示，曲线 A 代表内部损失成本 + 外部损失成本。曲线 B 代表预防成本 + 鉴定成本，曲线 C 代表安全总成本。A 与 B 相交点之对应点 D，这便是代表最适宜的安全总成本，则其对应的安全质量最适宜水平 P 应是作为考核企业的安全指标。

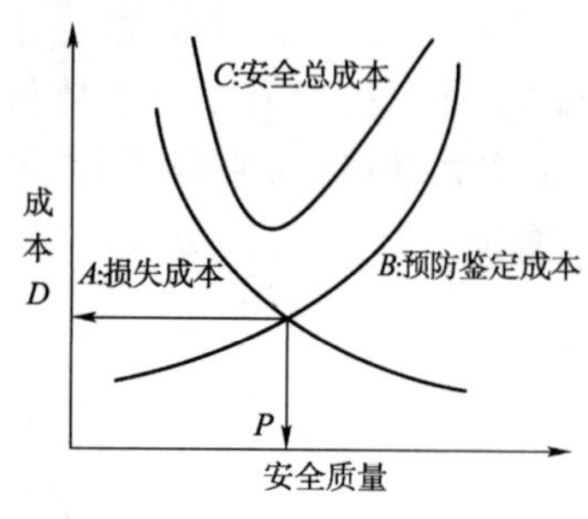

图 3-4　安全成本与安全质量关系图

以某轮大型设备更新为例。按技术规范标准，应该使用的是进口备件，但是为了节省备件成本费用，采用订购国产廉价替代品的方法降低成本。由于忽视了船舶重要备件的不可替代性，备件质量不满足技术规范、工艺的要求，结果导致了设备使用寿命缩短、船员劳动强度增加，给船舶安全和防污染造成危害。再从安全技术、经济性角度分析，由于船舶的外部损失费用、内部损失费用、预防成本和鉴定成本都明显上升。反而增加了安全成本，结果是得不偿失。因此，通过安全管理体系对安全管理活动过程进行控制是十分必要的。为船舶提供合格、持证、健康的船员和提供合格的设备同样重要。它们可以预防由于人为因素造成的事故/险情，也可以预防由于设备质量等客观因素造成的事故和不符合规定情况。安全可以通过硬件投入和规范管理得以保证。对于硬件的投入，主要是增加设备运行的可靠性。随着投入成本的增加，事故发生率成反比地下降。对软件来说，主要是提高安全管理水平。相对而言，以同样的速度用于提高安全管理水平的投入，其事故发生率可以更快的速度下降。这是因为 ISM 规则消除的是事故发生的根本原因。事故发生率下降了，PSC 检查滞留率也会因此而下降，由事故和滞留引起的维修费、船期损失以及导致的名誉损失等将大大得到改善，从而减少了成本，提高了效益。这就是一种辩证的关系。

航运公司应采取确保最适宜的安全成本和 SMS 有效运行的预防措施。例如，为船舶提供合格产品尤为重要。当前，不少航运企业存在这样误区：一是不愿意安全投入。认为安全投入不能增加企业的效益，有钱也不愿花在安全上，造成船舶设备老旧现象严重，即使是一些大型企业也不同程度地存在安全投入欠账较多的问题。二是当安全与效益发生冲突时，效益优先，哪怕是船舶明显有问题，也要多跑一两个航次，结果出现了事故。实际上，安全成本作为生产总成本的一部分，其创造的效益也就包含在企业的生产效益之中。这是安全投入与产出，成本与效益之间的特殊表现形式。

(3)安全投入的优化。

安全活动是以投入一定的人力、物力、财力为前提。把投入安全活动的一切人力、物力和财力的总和称为安全投资，也称为安全资源。因此，在安全活动实践中，安全专职人员的配备,安全与卫生技术措施的投入,安全设施维护、保养及改造的投入,安全教育及培训的花费,个体劳动防护及保健费用,事故援救及预防,事故伤亡人员的救治花费等,都是安全投资。而事故导致的财产损失、劳动力的工作日损失、事故赔偿等,非目的性(提高安全活动效益的目的)的被动和无益的消耗,则不属于安全投资的范畴。

根据不同的目的和用途,可将安全投资分类。如按投资的作用划分,有预防性投资,包括安全措施费、防护用品费、保健费、安全奖金等超前预防性投入;控制性投资,事故营救、职业病诊治、设备(或设施)修复等。按投资的时序划分,有事前投资,指在事故发生前所进行的安全投入;事中投资,指事故发生中的安全消费,如事故或灾害抢险、伤亡营救等事故发生中的投入费用;事后投资,指事故发生后的处理、赔偿、治疗、修复等费用。按投资所形成的技术"产品"划分,有硬件投资;软件投资。按安全工作的专业类型划分,有安全技术投资;工业卫生技术投资;辅助设施投资;宣传教育投资(含奖励经费);防护用品投资;职业病诊治费;保健投资;事故处理费用;修复投资等。

科学地进行安全投资,进行安全投资技术的研究是提高社会或企业有限安全投入效益的重要方面。要研究不同时期、不同行业和不同安全生产水平企业的安全投资强度和结构问题,如研究国家或行业的安全投资指数;预防性投资与事故投资的结构,安全措施经费与个人防护品费用的比例结构,安全技术投资与工业卫生投资的比例结构等。

三、安全生产目标管理

目标管理是以目标为导向,以人为中心,以成果为依据,而使企业和个人取得最佳业绩的现代管理方法。目标管理亦称"成果管理",也称责任制,是指在企业员工的积极参与下,自上而下确定工作目标,并在工作中实行"自我控制",自下而上保证目标实现的一种管理办法。安全目标管理是目标管理在安全管理方面的应用,它是指企业内部各个部门以至每个员工,从上到下围绕企业安全生产总目标,层层展开各自的目标,确定行动计划,安排安全生产工作进度,制定实施有效管控措施,并对安全绩效严格考核的一种管理制度。安全目标管理是参与管理的一种形式,是根据企业安全工作目标来实现企业安全生产的一种科学有效的管理方法。安全目标管理的实施过程可分为四个阶段,即安全管理目标决策、建立安全目标指标体系、安全目标管理的实施、安全绩效的评价与考核。

1. 安全生产管理目标决策

安全生产目标是企业实施安全生产目标管理,控制企业安全生产活动的首要依据。确定企业安全生产目标,实际上是一个完整的决策过程,它包括收集情报信息、拟订目标方案、评估目标方案并选择最优方案等一系列的步骤。

1)决策的依据

①国家有关法律法规及安全技术标准。例如,《中华人民共和国劳动法》《中华人民共和国安全生产法》《中华人民共和国职业病防治法》《危险化学品安全管理条例》等;有关职工安全健康的国际条约和公约,例如,国际劳工组织关于化学品的170号公约,关于建筑安全和健康的167号公约,关于职工安全的155号公约和161号公约,国际劳工组织的职业安全健康管理体系规则(ILO-OSH 2001)等,都是设定安全生产目标的重要参考,国际航运企业在国际市场中营运,对相关国际公约更应加以重视。

②政府及行业主管部门下达的安全生产五年计划、考核指标,尘毒达标等的要求。

③企业安全生产的现状,是指企业生产技术状况,技术装备的安全程度,人员的情况,安全生产管理的薄弱环节,主要危险因素及危险程度,企业改制的有关新情况、新问题等。

④企业中、长期安全规划,同类企业安全情况,行业安全水平,行业标杆企业安全水平等。

⑤工伤事故和职业病统计资料和数据,企业上一年度安全目标的实施情况。

⑥企业的经济条件及技术条件。

2)目标决策的原则

设定安全生产目标应体现先进性、可行性与科学性相结合的原则。目标值定得过低,不经过努力就可达到,则缺乏激励作用,失去了目标管理的意义。目标值定得过高,可望而不可即,作出最大努力也无法达到,就会使人丧失信心、挫伤积极性。要做到先进性和可行性的正确结合,就必须把目标值建立在科学分析论证的基础上,要充分了解自身条件和状况,要对未来作出科学的预测和决策。为此,安全生产目标的制定应遵守以下原则。❶

①符合性。安全生产目标必须符合国家法律法规和安全技术标准的要求。安全生产目标要确保政府和行业上级部门下达的安全生产考核指标能够实现。

②可行性。应该充分认识达到目标的有利条件和充分估计困难,目标水平不宜太低,也不宜太高,要经过一定的努力才能达到。太低,目标无刺激性,职工的潜力不能充分发挥;太高,虽经再三努力却无法实现,只会打击员工的积极性。

③明确性。安全生产目标必须具体化、定量化、数据化,不能模棱两可,目标数目不宜过多,以免努力过于分散,要突出重点、集中明确、有度量性。使目标的预期结果各种指标做到比去年降低,安全系数提高,以利于进行同期比较、检查和评价。

④科学性。目标应具有科学预见性,即目标高度是根据需要与可能这两方面进行平衡确定,既先进又可行。

⑤系统性。目标的制定要考虑系统性,即充分考虑到企业内部上下左右之间内在联系与分工协作的关系,使目标具有可分性,而且能体现系统的组合性,以实现目标的优化。

3)目标决策的过程

确定安全目标实际上是一个完整的决策过程,绝非是指拍板定案的瞬间,而是指制定目标前后所需进行的大量具体工作的过程。包括分析、预测、模拟、论证、定案等一系列步骤,往往是一个反复优化、逐步完善的过程。

目标决策过程中,主要步骤如下:

①掌握情报信息。全面收集、掌握企业的外部资料和内部资料。如国家方针、政策、法规,上级部门下达的安全指标,同行业各企业的安全生产状况;本企业管理水平、人员素质、安全生产的现状及存在的问题,历年的事故统计资料等。

②拟订目标方案。在充分分析及整理情报信息的基础上,提出若干个目标方案。这一工作应注意充分发动群众,找目标、提方案,并及时综合、鉴别。

---

❶ 有管理者认为设定目标应符合SMART原则:明确的(specific)、可测量的(measurable)、行动导向的(action-oriented)、务实的(realistic)、有时间表的(time-related)。

③评估目标方案。即对目标进行可行性论证,这是决策的关键环节。一般采用专家意见与群众讨论相结合的方式,对拟订的多个目标方案逐一就限制因素(如经济条件、技术条件、人员素质、安全水平等)、综合效益、潜在的问题等方面广泛地征集意见,进行研究、分析、评价和估算。

④选择最优方案。在评估目标方案的基础上,用定性分析与定量分析相结合的方法,在众多方案中选出最优者。这一环节中,应全面权衡方案的利弊得失,有时还需要在综合原拟方案的基础上设立新方案。

4)安全生产目标的内容

制定安全生产目标包括确定企业安全生产目标方针、总体目标和制定实现目标的对策措施二个方面。

(1)企业安全生产目标方针。

企业安全目标方针就是用简明扼要且振奋人心的文字、数字对企业安全生产目标所进行的高度概括,它是企业安全生产工作的指南和行动纲领。制定企业的安全生产目标方针一般首先呼应企业的经营方针目标,符合企业实际性和政府及行业上级有关部门的具体要求。

例如,2007 年某航运企业安全生产目标是,不发生责任性重、特大恶性安全事故,不发生职工因工死亡事故。

某工厂安全目标方针是,加强基础抓管理、减少轻伤无死亡、改善条件除隐患、齐心协力展宏图。

(2)总体目标。

总体目标是企业安全生产目标的具体化。它具体地规定了为实现目标方针在各主要方面应达到的要求和水平。只有目标方针而没有总目标,方针就成了一句空话,也只有根据目标方针确定总目标,总目标才能有正确的方向,才能保证方针的实现。目标方针与总体目标是紧密联系、不可分割的。

总体目标由若干目标项所组成,这些目标项应既能全面反映安全工作在各个方面的要求,又能适用于国家的实际情况。

每一个目标项都应规定达到的标准,而达到的标准必须数据化,即一定要有成果的目标标准。因为只有这样才能使员工的行动方向明确具体,在实施过程中便于检查控制,在考核评比时有准确的依据。

一般来说,目标项目可以包括以下几个方面:

①各类企业职工伤亡事故指标。企业职工伤亡事故指标有千人死亡率、千人重伤率、伤害率等。根据行业特点,也可选用以产品、产量计算的死亡率(百万吨死亡率、百万千米事故率等)。

②企业职工伤亡事故造成的经济损失指标。这类指标有千人经济损失率和百万元产值经济损失率。根据企业的实际情况,为了便于统计计算,也可以只考虑直接经济损失,而以直接经济损失作为控制目标。

③尘、毒、噪声、辐射等职工危害作业点合格率。

④日常安全生产管理工作指标。对于安全生产管理的组织机构、安全生产责任制、安全

生产规章制度、安全技术措施计划、安全生产培训、安全生产检查、隐患整改、安全生产档案、安全生产班组建设,以及“三同时”、“五同时”日常安全生产管理工作的各个方面均按设定目标并确定目标数值。

在具体确定安全生产目标值时可以有三种情况。如果只有近几年统计数据(如经济损失率最近几年才比较重视,过去数据比较少,也不准确),可以取其平均值作为初始目标值。对于数据比较齐全的目标项目(如千人死亡率等)可以用统计方法或其他预测方法进行定量的预测。对于日常安全生产管理工作的目标值,可以结合对安全生产工作的考核评价加以确定。也就是说,把对安全生产工作考核评价的指标作为安全生产管理工作的目标值。

(3)确保目标实现的对策措施。

为了保证安全生产目标的实现,在制定目标时必须制定相应的对策措施,作为安全生产目标的不可缺少的组成部分,制定对策措施应该注意重点,针对影响实现目标的关键问题,集中力量加以解决。一般而言,对策措施可以从以下方面加以考虑:组织制度,安全技术,安全教育,安全检查,隐患整改,班组建设,信息管理,竞赛、考核和评价,奖惩等。

制定对策措施要重视研究新的情况。对等措施逐项列出规定的措施内容、完成日期,并落实责任。

2. 安全生产目标的实施

1)目标分解的措施

安全生产目标的分解又称安全生产目标的展开,是安全生产目标的重要环节,目标的展开应遵循以下原则。

①安全生产目标的展开,在指导思想上要以能充分调动全体人员的主观能动性,保证实现总目标为前提。上下级之间、部门之间,必须相互理解,积极支援,一起平等协商,取得平衡,避免相互牵制或脱节。例如,不同的企业、部门,因工作任务、性质、作业条件不同,危险因素的程度会有异,达到目标的难易程度也会有所区别。那么,目标值就应体现差异,与各企业、部门的实际情况一致。同时,每一级在进行安全生产目标展开时,都要核算自己的目标值对上一级目标的保证程度。检查各种标准是否确定在适当的幅度,分析主要措施的可靠性,使每一级目标既具有挑战性,又具有可行性,能够激发各个部门和员工的工作欲望,充分发挥其工作能力,真正发挥目标的激励作用。

②安全生产目标的展开要纵向到底、横向到边,不应遗漏任何部门和个人。且越往下目标措施应越具体,易于实施,责任明确。充分发挥每个人的智慧和力量,去实现每个人最直接的措施和目标。

③目标展开要贯彻责、权、利统一,使方针目标能跟责任、权限、义务等密切结合,各层有各层的自主性。实行责任、权限、义务三等边的原则,这三者大小必须是像正三角形那样三条边相等。

④方针目标展开要结合落实安全生产责任制。在目标展开的同时要逐级签订安全生产责任状,把安全生产目标内容纳入其中,以确保目标的实现。

⑤各企业、部门在制定本单位的方针目标时,必须以总目标为依据,但不能照抄照搬,选择的问题点应是上级方针目标中问题点的展开。

安全生产目标的展开,在方法上应按企业组织结构自上而下层层展开,自下而上层层保证，展开必须纵向到底、横向到边、纵横联系，贯穿整个体系。形成层层互保的安全生产目标体系。制定切实可行的实现目标的措施，是实现安全生产目标的重要保证。企业必须从自身实际出发，对企业现状的有关数据进行充分分析、比较，应用现代管理方法和手段，进行客观的判断与科学的预测，找出影响安全生产目标实现的关键问题点，然后对存在的问题点"一追到底"。是什么性质的问题？是哪个环节的问题？这个问题对安全生产的影响程度等。把问题的现状分析透彻，在此基础上提出解决问题的方法。对应达到的安全标准，负责具体工作的主办、协办单位，完成日期提出明确的要求。使制定的对策措施既科学又可行，为实现安全生产目标提供制度上的保证。

要实现总目标，关键在于科学分解。若目标分解不合适，有的目标完成了，有的目标完不成，就会造成总目标完不成。因为目标分解是"自上而下"，目标的实现则是"自下而上"，从个别目标的达成开始，逐级累积为部门目标与企业总目标的预期成果。目标的分解要做到人尽其才、物尽其用，要根据各部门及各人的具体情况设立分目标。因此，确定分目标时，不能领导说了算，而必须是由分目标执行部门负责人或执行者根据上一级目标及本部门或本人的工作内容、工作能力自己制定，提出具体措施，然后由上一级领导全面考虑，综合协调，最后共同确定分目标。

安全生产目标制定后，目标执行部门的上下级之间应签订安全生产目标责任书。

2）实施目标管理

实施目标应与经济挂钩，每个分目标都要有具体的保证措施、责任承担者及相应的权重系数，一般保证措施由下级站在本部门的立场上，根据本部门的现状，按部门、设备、环境、工种、人员等进行展开，找出实现本部门目标的问题点，然后采取措施制定本部门的活动计划，以确保目标的实现。只有下级的保证措施做好了、分目标实现了，总目标才有可能实现。因此，目标是由上而下的层层分解，保证措施是由下而上的层层保证。

实施目标管理有一整套管理控制方法，其要点是实行自主管理和自主控制，充分放权，使每个人都能发挥自己的积极性、创造性。领导主要起宏观控制作用，注意协调，防止相互干扰。

在目标管理中，上级对下级部门不是监督、干涉，下级部门也不必事事向上级请示，时时汇报工作情况。但是，"放权"不等于撒手不管。上级要对下级目标的实施进度和状况进行管理，定期深入下级部门，了解和检查目标的完成情况，与其交换意见，对其工作进行必要的具体指导。特别是出现与其他部门有联系、易扯皮的问题时，更要发挥领导作用，进行协调，以保证目标管理的顺利实施。另外，在目标管理的实施过程中，下级执行者如遇到自己不能独立解决的、对全过程有影响的问题时，应及时向上级汇报，使上级及时了解情况，尽快帮助解决，保证目标管理实施的连续性。

3. 安全生产管理绩效指标体系与考核

安全绩效是指基于安全生产理念、方针和目标，控制和消除风险取得的可测量结果。企业要保证安全理念、方针得以推行，安全目标得以现实，就必须对各级机构和人员的安全绩效进行适时考核，不断修正实施过程中的偏差，不断总结推广安全生产管理经验，不断激励各级领导干部和员工奋发进取，自觉地搞好安全生产工作。

1）建立安全绩效考核制度必须满足的要求

安全绩效考核制度必须有助于对人们的安全意识和理念的积极强化。对于安全绩效的考核可以产生两方面的效果，其一是有助于让被考核部门和人员了解什么有效、什么无效，从而有助于改进其安全工作过程。其次，有助于保持动机和努力，可以起到鼓舞作用。但并非所有的考核都会产生正面作用[1]，其效果受多个因素影响，如所用指标的类型、衡量指标的特性，以及企业使用这些指标的方式等。因此，一个合理的安全绩效考核制度必须满足以下几方面的要求。

（1）一致性。考核的指标必须与企业安全目标是一致的。如果我们希望通过考核来引导人们的努力，那么对于所选指标的首要要求是它与企业安全目标的一致性。也就是说，我们所建立的考核指标体系必须能够促进企业安全目标的实现。

在现实中，有些企业并没有明确的取得共识的安全理念和方针，因此也谈不上有一套能够反应企业的安全理念、方针和目标的绩效指标。有的企业建立了整体的安全理念和方针，但却不能将其分解为一套协调一致的任务安排和评价指标。下级部门自行建立的安全绩效指标未必与企业的安全理念、方针和目标一致，因而其努力就不可能有整体的安全绩效。也有很多企业虽有明确的安全理念和方针，并分解成了一套协调一致的任务安排和绩效指标，但却未随着时间的变化而变化。安全绩效指标的一致性不是静止不变的，当环境变化时，安全理念、方针和目标都要发生相应变化。因此，必须通过定期的评审来保证安全绩效指标的有效性。

（2）完整性。安全绩效指标必须具有完整性，也就是要能够全面反映出被考核部门和人员的绩效情况。缺乏完整性的指标只能反映被考核部门和人员的安全活动及其影响的局部。而未被衡量的方面往往会受不到重视，从而导致安全管理上的漏洞和隐患，可能影响企业整体目标的实现。

（3）可控性。安全考核指标还必须具有可控性。衡量指标如果只受到被考核部门和人员可控制因素的影响，这个安全绩效指标就是可控的，它对被考核部门和人员的安全绩效的反映就是可靠的。很多情况下，这种理想状况是难以实现的。例如，一个岗位的安全运行状况受该岗位管理和操作人员的影响，但也受到相关联岗位波动的影响，而这种波动是前者所无法控制的。在其他条件相同的情况下，衡量指标受到的“外部”因素影响越大，人们的努力就越容易被这些不可控因素所压倒，这些指标所反映出的绩效状况与被考核对象的努力之间的关联性就会越差。因此，从道理上而言，对被考核部门和人员的考评只应针对他们所能控制的部分。但是，确定绩效的某个方面是否可控并非易事。绩效指标的完整性和可控性之间经常存在着矛盾。不同工作之间的依存度越高，各自的绩效就越是难以衡量。另外，绩效指标数量的增加会降低其边际效益。在有些情况下，过多的指标反而会引起负面的效果。人们只能对有限的信息加以理解和作出反应，从而只会认真对待有限的几个绩效指标。

（4）激励性和时效性。无论任何形式的考核，起到的作用都是外在的激励。通过外部考核激发被考核单位和人员的内在动力，安全绩效考核才更具有意义，因此，一旦被考核部门

[1] 安全绩效考核如果不考虑企业实际状况、安全绩效考核方法的选择以及企业文化特征，安全绩效考核将流于形式，甚至引发员工内部冲突，不仅妨碍安全生产目标完成，而且对企业发展产生阻碍。

和人员作出了预期的行为就应当给予强化。对预期行为的强化,告诉了被考核部门和人员该行为是重要的。中止了对某一行为的强化,会使被考核单位和人员认为该行为已不再重要。良好的强化对于预期行为应当是积极的、具体的,应在行为之后迅速进行。积极的结果应当成为鼓励高绩效的工作环境的组成部分。

根据实施的频次和范围,可将安全绩效考核分为日常考核、季度考核和年度考核。

①日常考核:通过日常监测、观察,对各级组织和人员的安全绩效进行评价,目的在于促进各级组织和员工自我管理。②季度考核:每季度末,对各级组织和员工该季度的安全绩效进行考核。③年度考核:每年底,对各级组织和员工全年的安全绩效进行总体考评。

(5)系统的固有危险性。应考虑被考核部门和员工所管理(控制)对象(装置)的固有危险程度。所管理(控制)对象(装置)固有危险程度大的部门和员工与所管理(控制)对象(装置)固有危险程度小的部门和员工相比,取得相同的控制结果,前者付出的努力需要更大。在确定安全绩效指标时,合理考虑控制对象的固有危险程度,对被考核部门和人员更公平,也更能激发其安全管理热情。

2)安全绩效考核制度实施过程中应注意的问题

在安全绩效考核制度实施过程中,应注意以下几个问题:

(1)正确制定安全绩效考核标准。考核标准是评价安全生产目标执行结果的基本依据,能否制定出符合客观实际的考核标准,是做好安全绩效考核工作的关键。应广泛发动员工,群策群力,做到考核尺度明确具体、项目内容全面正确,且与安全生产目标体系一致,时限要求与目标计划期一致,奖惩规定体现奖优惩劣原则。

(2)做好日常考核记录。日常考核记录是在安全生产目标实施过程中对各部门和个人实施目标情况的文字记载,是正确考核安全绩效的基础性资料。认真做好日常考核记录,才能使负责安全生产目标考核的管理者和有关部门及时正确了解各目标责任者的目标实施情况。

(3)综合采用多种考核办法。每一种安全绩效考核方法都有其优点和局限性,不太可能完全准确地反映集体或个人的工作绩效。需综合运用多种考核方法,做到上级考核与本级考核相结合,自我评价和部门评价相结合,才能达到考核目的,发挥激励作用。

(4)及时实施奖惩。奖励先进、鞭策落后,是调动员工安全生产参与积极性的重要手段。安全绩效考核结果公布后,应立即实施奖惩,做到奖惩兑现。

(5)定期总结。定期公布某个阶段的安全生产目标进展情况,考核绩效,认真总结经验、教训,把合理、可行的措施加以肯定,并规范化、制度化、标准化。定期进行交叉绩效评估,对照自评结果,根据既定目标和对策措施表中所列明须承担的内容进行经验教训总结,查找可能存在的问题,及时采取补救措施。

3)基于"平衡计分卡理论"建立安全绩效考核模式的探讨

"平衡计分卡理论"是近年来企业界非常流行的一种绩效考评模式,其主张任何单一的绩效指标都难以反映出组织的绩效全貌,必须用一套"平衡的"指标体系来要求组织,才能使之健康发展。利用"平衡计分卡理论",建立安全绩效考核模式,得到由6大类别、22个着重方面所构成的一个指标体系(表3-3),这6类要求分为2种类型,第1类称为"结果"型的要求,其余5类为"对策—展开"型的要求。

安全绩效考核指标例表 表3-3

序 号	类 别	着 重 方 面
1	安全目标(50分)	1.1 是否发生工亡事故、重伤事故、重大火灾事故、重大危化品事故、重大特种设备事故、重大交通事故
		1.2 火灾事故直接经济损是否超出企业下达的考核指标
		1.3 设备事故直接经济损失是否超出企业下达的考核指标
		1.4 环境污染事件直接经济损失是否超出企业下达的考核指标
		1.5 轻伤事故(含中毒、窒息)是否超出企业下达的考核指标
		1.6 职业病发生率是否超出企业下达的考核指标
2	安全基础管理(15分)	2.1 层层签订安全目标责任书,严格执行安全生产组织人员保证体系
		2.2 安全台账、记录等基础资料齐全、记录真实完整
		2.3 各种计划、总结、报表上报及时
		2.4 安全教育
3	安全检查和隐患治理(10分)	3.1 按规定的频次和项目要求进行安全检查,发现问题和隐患及时整改,并按要求上报
		3.2 对上级下达的隐患整改项目,落实"五定"责任制,按计划完成治理
		3.3 对暂时不具备整改条件的隐患,制定可靠的监控措施和应急方案
4	现场(作业)安全管理(15分)	4.1 严格执行危险作业许可制度,作业前进行风险分析,制定控制措施
		4.2 作业现场警示标志符合要求,配备了必要的安全防护用品(具)及消防设施与器材
		4.3 严格执行操作规程,不违章作业,不违反安全纪律、工艺纪律、劳动纪律和环保纪律
		4.4 严格进行检修作业前的安全条件确认及作业完成后的安全验收,并做到"工完、料尽、场地清"
5	职业卫生管理(5分)	5.1 做好清洁文明生产,严防"跑、冒、滴、漏",保证岗位职业有害因素监测合格率达100%
		5.2 按要求(组织)参加职业性健康检查
		5.3 按要求对职业卫生设施进行定期检查,落实专人维护保养
6	应急管理(5分)	6.1 建立完善应急指挥与救援系统,明确职责。按照事故处理原则,对事故进行调查处理和总结
		6.2 准备足够适用的应急资源,按要求对安全防护设施及应急设施进行定期检查,落实专人维护保养
		6.3 按要求制定应急预案,定期进行应急培训和演练,并对演练效果进行评价、对预案进行评审和修订
注:总分合计100分		

借助现代信息技术,平衡计分卡将企业的安全绩效状况综合地反映在了一份简单的电子表格上,一目了然;更为重要的是,平衡计分卡中的安全绩效指标来自于企业的安全理念、方针和目标。

平衡计分卡在企业中层层展开,从而能够使得企业的各个部门的安全管理置于企业的安全理念、方针和目标的指导之下。通过这种展开,各部门确立了适应本单位情况的绩效指标。平衡计分卡的展开一般涉及两个相关联的过程,一是直接采用有关整体安全目标的指标和本单位适用的指标；二是重新设计反映本单位特殊需要的指标。平衡计分卡就其概念而言，意味着对于安全理念、方针和目标的分解，它可以一直分解到每个员工头上。

平衡计分卡具体的评分主要依据三个尺度，即安全对策、展开和结果。

所谓“安全对策”就是“应对类别要求的诸方法”。对于安全对策的评估主要从四个方面来进行。

①安全对策相对于要求的适当性。

②安全对策应用的有效性及可重复、协调、一致地应用的程度，体现计划、实施、检查、改进这一循环的程度，基于可靠的信息和数据的程度。

③与企业的安全需要的协调一致性。

④有益的安全创新的变革证据。

“展开”是指“安全对策应用的程度”。对于展开的评估主要从两个方面来进行。

①安全对策在对你的组织相关且重要的类别要求方面的应用。

②所有相关的工作单位对于该安全对策的应用。

“结果”是评价所依据的第三个尺度，它指的是实现表3-3 1.1～1.6中的目的的成果。对于结果的评价主要从四个方面来进行。

①当前安全绩效。

②相对（他人或标杆）的安全绩效。

③安全绩效改进的速率和范围。

④安全绩效指标与基础管理、安全检查与隐患治理、现场（作业）安全、职业卫生、应急管理等方面的绩效要求之间的联系。

四、安全生产危机管理

1. 危机管理的含义

危机管理是企业为应对各种危机情境所进行的规划决策、动态调整、化解处理及员工培训等活动过程，其目的在于消除或降低危机所带来的威胁和损失。通常，可将危机管理分为两大部分：危机爆发前的预计、预防管理和危机爆发后的应急善后管理。危机管理是专门的管理科学，它是为了应对突发的危机事件，抗拒突发的灾难事变，尽量使损害降至最低点而事先建立的防范、处理体系和应对的措施。对一个企业而言，可以称之为企业危机的事项是指当企业面临与社会大众或顾客有密切关系且后果严重的重大事故，而为了应付危机的出现，在企业内预先建立防范和处理这些重大事故的体制和措施，则称为企业的危机管理。

企业安全管理最常见的活动在于对各种风险源或事故征兆进行日常的监控，一方面对风险因素或针对事故征兆（现象）进行纠正活动，防止该风险程度增加或现象的扩展蔓延，逐渐使其恢复到正确状态；另一方面则在日常对策活动中发现难以有效控制的风险源或事故征兆（现象）后，对可能发生的事故状态进行假设与模拟活动，并提出对策方案，为进入“事故危机管理”阶段做好准备。

危机管理是企业日常监控活动无法有效扭转危险状态的发展，企业生产活动陷入危机状态时采取的一种特殊性质的管理，只有在特殊情况下才采用的特别管理方式。它是在企业生产安全管理系统已无法控制事故状态或企业领导层基本丧失指挥能力的情况下，以特别的危机计划、特别领导小组、紧急救援体系等介入企业领导管理过程。一旦危机状态恢复到可控状态,危机管理的任务便告完成,由日常监控环节继续履行预控对策的任务。

预控对策活动中的组织准备与日常监控活动,是执行预控对策任务的主体;危机管理活动,是特殊情况下对“日常监控”活动的一种扩展。日常监控和危机管理工作都要以“组织准备”活动为前提。而组织准备活动,不仅是联结预警分析与预控对策活动的环节,而且也为整个事故预警管理系统提供组织运行规范。

2. 危机的特征

危机是危机管理的对象或所面临的处境。危机具备如下特征:

(1)突发性。危机往往都是不期而至,令人措手不及。危机发生的时候一般是在企业毫无准备的情况下瞬间发生,给企业带来的是混乱和惊恐。

(2)破坏性。危机发生后可能会带来比较严重的物质损失和负面影响,有些危机对企业造成的损失用毁于一旦来形容一点不为过。

(3)不确定性。事件爆发前的征兆一般不是很明显,企业难以作出预测。危机出现与否与出现的时机是无法完全确定的。

(4)急迫性。危机的突发性特征决定了企业对危机作出的反应和处理的时间十分紧迫,任何延迟都会带来更大的损失。危机的迅速发生引起了各大传媒以及社会大众对于这些意外事件的关注,使得企业必须立即进行事件调查与对外说明。

(5)信息资源紧缺性。危机往往突然降临,决策者必须作出快速决策,在时间有限的条件下,混乱和惊恐的心理使得获取相关信息的渠道出现瓶颈现象,决策者很难在众多的信息中发现准确的信息。

(6)舆论关注性。危机事件的爆发能够刺激人们的好奇心理,常常成为人们谈论的热门话题和媒体跟踪报道的内容。企业越是束手无策,危机事件越会增添神秘色彩从而引起各方的关注。

3. 危机管理的原则

企业在经营与发展过程中遇到挫折和危机是正常和难免的,危机是企业生存和发展中的一种普遍现象。那么,如何建立一个有效的危机管理体系,从而能够成功地预防危机、处理危机,甚至反败为胜,使企业在危机中恢复并得到发展,这就需要把握危机管理的一些基本原则。由于不同国家历史文化及企业管理理念的差异,学者和企业管理者对于危机管理的基本原则有不同看法。比较有代表性的有6C原则和6F原则。

(1)危机管理6C原则。

①全面化(Comprehensive)。危机管理的目标不仅仅是“使公司免遭损失”,而是“能在危机中发展”。很多企业将危机管理与业务发展看成是一对相互对立的矛盾,认为危机管理必然阻碍业务发展,业务发展必定排斥危机管理。从而导致危机管理与业务发展被割裂开来,形成“两张皮”。危机管理机构在制定规章制度时,往往不考虑其对业务发展的可能影响;而业务部门在开拓业务时,则是盲目地扩张,根本不顾及危机问题。

全面化可归纳为三个“确保”,即首先应确保企业危机管理目标与业务发展目标相一致;其次,确保企业危机管理能够涵盖所有业务和所有环节中的一切危机,即所有危机都有专门的、对应的岗位来负责;最后,应确保危机管理能够识别企业面临的一切危机。

②价值观的一致性(Consistent values)。危机管理有道亦有术。危机管理的"道"是根植于企业的价值观与社会责任感,是企业得到社会尊敬的根基。危机管理的"术"是危机管理的操作技术与方法,是需要通过学习和训练来掌握的。危机管理之"道"是企业危机之"术"的纲。

③关联化(Correlative)。有效的危机管理体系是一个由不同的子系统组成的有机体系,如信息系统、沟通系统、决策系统、指挥系统、后勤保障系统、财物支持系统等。因此,企业危机管理的有效与否,除了取决于危机管理体系本身,在很大程度上还取决于它所包含的各个子系统是否健全和能否有效运作。任何一个子系统的失灵都有可能导致整个危机管理体系的失效。

④集权化(Centralized)。集权化的实质就是要在企业内部建立起一个职责清晰、权责明确的危机管理机构。因为清晰的职责划分是确保危机管理体系有效运作的前提。同时,企业应确保危机管理机构具有高度权威性,并尽可能不受外部因素的干扰,以保持其客观性和公正性。危机的集权管理有利于从整体上把握企业面临的全部危机,从而将危机策略与经营策略统一起来。但值得注意的是,为了提高危机管理的效率和水平,不同领域的危机应由不同的部门来负责,即危机的分散管理。危机的分散管理有利于各相关部门集中力量将各类危机控制好。但不同的危机管理部门最终都应直接向高层的专门管理人员负责,即实现危机的集中管理。

⑤互通化(Communicating)。从某种意义上讲,危机战略的出台在很大程度上依赖于其所能获得的信息是否充分。而危机战略能否被正确执行则受制于企业内部是否有一个充分的信息沟通渠道。如果信息传达渠道不畅通,执行部门很可能会曲解上层的意图,进而作出与危机战略背道而驰的行为。

有效的信息沟通可以确保所有的工作人员都能充分理解其工作职责与责任,并保证相关信息能够传递给适当的工作人员,从而使危机管理的各个环节正常运行。企业内部信息的顺畅流通在很大程度上取决于企业信息系统是否完善。因此,企业应加强危机管理的信息化建设。以任何理由瞒报、迟报,甚至不报的行为对企业危机管理来说都是致命的。

⑥创新化(Creative)。危机管理既要充分借鉴成功的经验,也要根据危机的实际情况,尤其要借助新技术、新信息和新思维,进行大胆创新。切不可墨守成规、故步自封。

(2)危机管理6F原则。

事先预测原则;迅速反应原则;尊重事实原则;承担责任原则;坦诚沟通原则;灵活变通原则。

①事先预测原则(Forecast)。"防火"胜于"灭火",当危机发生以后,对公众利益的伤害和企业组织形象的损失往往已经造成。这时再尽力去"补救",只是作为"消防员"在挽回损失。因此,对于任何组织和个人,最大限度减少危机损失和影响的做法便是避免危机的发生。在危机事件爆发后,频频露面四处扑火的公众焦点和危急时刻挺身而出力挽狂澜的风云人物,虽然会给人留下深刻的印象,但也只是作为"消防员"在控制事态和避免损失的加剧。而危机管理的真正高手,则是通过事先分析、科学预测,是一个防范"火警"发生的"安全员"。

管理者们应该及早发现危机的端倪,防患未然。在危机应对中,通过科学分析,作出事前预测和判断，从而将事件控制在酝酿、萌芽状态，在不被人察觉中将危机化解。

危机应对的预见性原则首先体现在组织必须对可能发生危机的各个领域和环节作出事先预测和分析，制定全面、可行的危机预案和计划。危机预测原则还体现为危机事件发展前期决策者对态势的把握。在危机发展初期，组织决策者必须要能够准确判断危机发展态势、影响程度和社会公众的反应，从而将危机控制在萌芽期，避免危机的进一步扩大。

②迅速反应原则(Fast)。危机的解决，速度是关键。危机降临时，企业高层管理人员应当保持冷静，采取有效的措施，隔离危机，要在第一时间查出原因，找准危机的根源，以便迅速、快捷地消除公众的疑虑。同时，企业必须以最快的速度启动危机应变计划并立刻制定相应的对策。如果是内因，就要下狠心处置相应的责任人，给舆论和受害者一个合理的交代；如果是外因，要及时调整企业战略目标，重新考虑企业发展方向；在危机发生后，要时刻同新闻媒体保持密切的联系，借助公证、权威性的机构来帮助解决危机，承担起给予公众精神和物质的补偿责任，做好恢复企业名誉的事后管理工作，从而迅速有效地解决企业危机。

③尊重事实原则(Fact)。任何组织在处理危机过程中，都必须坚持实事求是的原则，这是妥善解决危机的最根本原则。犯了错误并不可怕，可怕的是不敢承认错误。从危机公关的角度来说，只有坚持实事求是、不回避问题，勇于承担责任，向公众表现出充分的坦诚，才能获得公众的同情、理解、信任和支持。

对于处在危机风波中的企业来说，最大的致命伤便是失信于民，一旦媒体和公众得知企业在撒谎，新的危机又会马上产生。世上没有不透风的墙，违背事实原则弄虚作假、封锁消息、愚弄公众，往往会产生一系列连锁反应，进一步加重危机的负面作用，以至给组织造成不可挽回的损失。

④承担责任原则(Face)。是否遵循危机管理中的承担责任原则，实质上是考验陷于危机中的企业对于组织利益选择的不同态度。危机发生后，公众关注的焦点往往集中在两个方面：一方面是利益的问题，另一方面则是感情问题。利益是公众关注的焦点。危机事件往往会造成组织利益和公众利益的冲突激化，从危机管理的角度来看，无论谁是谁非，组织应该主动承担责任。

目光短浅的企业，为了保护自身、获取短期利益，在危机管理中往往将公众利益和社会责任束之高阁，最终却为之付出巨大代价。而具有强烈责任感的企业，宁愿以牺牲自身短暂利益为代价换来良好的社会声誉，树立和不断提升组织和品牌形象，从而实现企业发展的可持续性。

⑤坦诚沟通原则（Frank）。危机管理中的坦诚沟通原则是指处于危机中的企业组织要高度重视做好信息的传递发布工作并在组织内外部进行积极、坦诚、有效的沟通公关，充分体现出组织在危机应对中的社会责任感，从而为妥善处理危机创造良好的氛围，达到维护和重树形象的目标。危机处理中，组织遵循坦诚沟通原则，及时向公众发布信息的意义在于：保障社会公众的知情权、体现组织的社会责任感、为危机应对创造良好的外部环境、维护和树立组织的良好形象。

危机沟通包含两个方面：一是危机事件中组织内部的沟通问题，二是组织与社会公众和利益相关者之间的沟通公关。概括来说，企业组织危机沟通的覆盖范围主要有：企业内部管理层和员工、直接消费者及客户、产业链上下游利益相关者、政府权威部门和行业组织、新闻媒体和社会公众五类群体。

⑥灵活变通原则(Flexible)。危机管理,既是一门科学,又是一门艺术。企业危机管理和危机公关,既是关系到组织生存与发展的严肃话题,又给管理者们提供了一个管理智慧和创新才能发挥的广阔空间。事实上,从危机事件爆发前的预防、危机事件发生后的应对和危机后期处理环节,既要遵循一些危机管理的基本程序和规则,又无绝对统一的模式可以照搬。危机管理高手们能结合事态形势的变化、组织自身优弱势、内外部资源条件等进行灵活处理和应对,不仅能力挽狂澜、成功跨越危机,甚至还将危机事件转变成提升企业形象的契机。

4. 危机管理对策

企业在生产经营中面临着多种危机,并且无论哪种危机发生,都有可能给企业带来致命的打击。企业通过危机管理把一些潜在的危机消灭在萌芽状态,把必然发生的危机损失减少到最小限度。虽然危机具有偶然性,但是危机管理并不是无章可循。危机管理对策主要包括如下几个方面:

(1)做好危机预防工作。

危机产生的原因是多种多样的,不排除偶然的原因,多数危机的产生有一个变化的过程。如果企业管理人员有敏锐的洞察力,根据日常收集到的各方面信息,能够及时采取有效的防范措施,完全可以避免危机的发生或使危机造成的损害和影响尽可能减少到最小限度。因此,预防危机是危机管理的首要环节。

①树立强烈的危机意识。企业进行危机管理应该树立一种危机理念,营造一个危机氛围,使企业的员工面对激烈的市场竞争,充满危机感,将危机的预防作为日常工作的组成部分。

②建立预防危机的预警系统。预防危机必须建立高度灵敏、准确的预警系统。信息监测是预警的核心,随时收集各方面的信息,及时加以分析和处理,把隐患消灭在萌芽状态。

③建立危机管理机构。这是企业危机管理有效进行的组织保证,这不仅是处理危机时必不可少的组织环节,而且在日常危机管理中也非常重要的。危机发生之前,企业要做好危机发生时的准备工作,建立起危机管理机构,制定出危机处理工作程序,明确主管领导和成员职责。危机管理机构的具体组织形式,可以是独立的专职机构,也可以是一个跨部门的管理小组,还可以在企业战略管理部门设置专职人员来代替。企业可以根据自身的规模以及可能发生的危机的性质和概率灵活决定。

④制定危机管理计划。企业应该根据可能发生的不同类型的危机制定一整套危机管理计划,明确怎样防止危机爆发,一旦危机爆发,立即作出针对性反应等。事先拟订的危机管理计划应该囊括企业多方面的应酬预案。在计划中,要重点体现危机的传播途径和解决办法。

(2)进行准确的危机确认。

危机管理人员要做好日常的信息收集、分类管理工作,建立起危机防范预警机制。危机管理人员要善于捕捉危机发生前的信息,在出现危机征兆时,尽快确认危机的类型,为有效的危机控制做好前期工作。

(3)危机处理。

危机发生后，危机管理机构快速调查事件原因，弄清事实真相，尽可能把真实的、完整的情况公布于众，各部门保证信息的一致性，避免公众的各种无端猜疑。配合有关调查小组的调查，并做好应对有关部门和媒体的解释工作以及事故善后处理工作。速度是危机控制阶段的关键，决策要快速、行动要果断、力度要到位。

迅速拿出解决方案。企业以最快的速度启动危机处理计划。每次危机各不相同，应该针对具体问题，随时修正和充实危机处理对策。主动、真诚、快速反应、公众利益至上是企业面对危机最好的策略。企业应该掌握宣传报道的主动权，通过召开新闻发布会，向公众告知危机发生的具体情况，企业解决问题的措施等内容，发布的信息应该具体、准确，随时接受媒体和有关公众的询问，以公众利益至上的原则解决问题。还可以利用权威性的机构对解决危机的作用，处理危机时，最好邀请权威人士辅助调查，以赢取公众的信任，这往往对企业危机的处理能够起到决定性的作用。

(4)危机的善后工作。

危机的善后工作主要是消除危机处理后遗留问题和影响。危机发生后，企业形象受到了影响，公众对企业会非常敏感，要靠一系列危机善后管理工作来挽回影响。

①进行危机总结、评估。对危机管理工作进行全面的评价，包括对预警系统的组织和工作程序、危机处理计划、危机决策等各方面的评价，要详尽地列出危机管理工作中存在的各种问题。

②对问题进行整顿。多数危机的爆发与企业管理不善有关，通过总结评估提出改正措施，责成有关部门逐项落实，完善危机管理内容。

③寻找商机。危机给企业创造了另外一种环境，企业管理者要善于利用危机探索经营的新路子，进行重大改革。这样，危机才可能会给企业带来商机。

总之，危机并不等同于企业失败，危机之中往往孕育着转机。危机管理是一门艺术，是企业发展战略中的一项长期规划。企业在不断谋求技术、市场、管理和组织制度等一系列创新的同时，应将危机管理创新放到重要的位置上。一个企业在危机管理上的成就能够显示出它的整体素质和综合实力。成功的企业不仅能够妥善处理危机，而且能够化危机为商机。

第二节　安全隐患排查与治理

近年来，国家出台了一系列关于加强安全生产工作，开展各类事故隐患排查治理政策措施。事故隐患的排查和治理，已经成为提高社会和企业本质安全水平、确保社会经济和谐稳定发展的一项有效措施。随着社会经济快速发展，企业单位迅猛扩张，与此同时，由于人们安全意识淡薄、安全管理制度的缺失、日常监管手段的局限，事故隐患以各种形态大量存在。事故隐患的排查整改显得尤为重要。

一、隐患定义与分类分级

隐患是在某个条件、事物以及事件中所存在的不稳定，并且影响到个人或者他人安全利益的因素，它是一种潜藏着的因素，“隐”字体现了潜藏、隐蔽，而“患”字则体现了祸患，不好的状况。《安全生产事故隐患排查治理暂行规定》将隐患定义为：企业违反安全生产法律、法规、规章、标准、规程和安全生产管理制度的规定，或者因其他因素在生产经营活动中存在可能导致事故发生的物的危险状态、人的不安全行为和管理上的缺陷。将各种“违反”的概念规定为事故隐患，为安全生产管理领域加强对遵守各种规定的“执行力”奠定了坚实的基础。

隐患从性质上分为一般事故隐患和重大事故隐患。

一般事故隐患是指危害和整改难度较小，发现后能够立即整改排除的隐患。

重大事故隐患是指危害和整改难度较大，依照法律、法规规定，应当全部或者局部停产停业，并经过一定时间整改治理方能排除的隐患，或者因外部因素影响，致使企业自身难以排除隐患。这是可能导致重大人身伤亡或者重大经济损失的事故隐患。

重大事故隐患根据作业场所、设备及设施的不安全状态，人的不安全行为和管理上的缺陷，可能导致事故损失的程度分为两级。

(1)特别重大事故隐患是指可能造成死亡 50 人以上或可能直接经济损失 1000 万元以上的事故隐患。

(2)重大事故隐患是指可能造成死亡 10 人以上，或可能造成直接经济损失 500 万元以上的事故隐患。

事故隐患的分级是以隐患的整改、治理和排除的难度及其影响范围为标准的。根据这个分级标准，在企业中，通常将隐患分为班组级、车间级、分厂级直至厂(公司)级，其含义是在相应级别的组织(单位)中能够整改、治理和排除。其中的厂(公司)级隐患中的某些隐患如果属于应当全部或者局部停产停业，并经过一定时间整改治理方能排除的隐患，或者因外部因素影响致使企业自身难以排除的隐患应当列为重大事故隐患。

二、隐患排查及隐患治理

1. 隐患排查及治理的重要性

《安全生产法》第十七条规定，企业主要负责人有“督促、检查本单位的安全生产工作，及时消除生产安全事故隐患”的职责。

《国务院关于进一步加强企业安全生产工作的通知(国发〔2010〕23 号)》(以下简称《通知》)进一步强调了及时排查治理安全隐患的重要性。

《通知》第四条要求：企业要经常性开展安全隐患排查，并切实做到整改措施、责任、资金、时限和预案“五到位”。建立以安全生产专业人员为主导的隐患整改效果评价制度，确保整改到位。对隐患整改不力造成事故的，要依法追究企业和企业相关负责人的责任。对停产整改逾期未完成的不得复产。

《通知》第八条要求：因安全生产技术问题不解决产生重大隐患的，要对企业主要负责人、主要技术负责人和有关人员给予处罚。

《通知》第十四条要求：依法维护和落实企业职工对安全生产的参与权与监督权，鼓励职工监督举报各类安全隐患，对举报者予以奖励。

《通知》第十六条要求：对重大危险源和重大隐患要报当地安全生产监管监察部门、负有安全生产监管职责的有关部门和行业管理部门备案。

《通知》第二十六、三十条要求：对存在落后技术装备、构成重大安全隐患的企业，要予以公布，责令限期整改，逾期未整改的依法予以关闭；存在重大隐患整改不力的企业，由省级及以上安全监管监察部门会同有关行业主管部门向社会公告,并向投资、国土资源、建设、银行、证券等主管部门通报,一年内严格限制新增的项目核准、用地审批、证券融资等,并作为银行贷款等的重要参考依据。

《国务院安委会办公室关于实行安全生产事故隐患排查治理情况月通报的通知(安委办〔2012〕23号)》要求:自2012年7月1日起,对全国安全生产事故隐患排查治理情况实行月通报。月通报主要内容是:每月汇总各地区、各有关部门和单位开展安全生产事故隐患排查治理情况,重点分析开展隐患排查治理企业和单位、一般事故隐患排查治理、重大事故隐患排查治理、重大事故隐患挂牌督办以及落实隐患治理资金等情况,查找存在的问题,提出下一阶段的工作措施。启用安全生产事故隐患排查治理信息统计网上报送系统。

可见,对于企业而言,隐患排查和治理已经成为安全生产管理的核心内容之一,企业隐患治理整改情况也是政府安全生产监督部门关注的焦点之一,企业应从安全生产制度上确保隐患排查治理的经常化,通过安全生产技术创新提高隐患排查治理绩效。

2. 隐患排查治理与安全生产标准化的关系

1)隐患排查治理是安全生产标准化工作的重要组成部分

安全生产标准化工作是我国安全生产领域在当前一段时间内的重点工作,其实施的主要依据是以《企业安全生产标准化基本规范》为主的各行业的安全生产标准化评定标准。[1]在《企业安全生产标准化基本规范》中提出了十三项核心要求,其他行业的相关标准也大体相似。其中,第八项核心要求即为隐患排查和治理,对隐患排查、排查范围与方法、隐患治理和预测预警四个方面作出了原则性规定。

2)隐患排查治理是安全生产标准化有关内容的具体化

隐患排查治理可以成为一个具有依据明确、结构完整、内容充实和可操作性强的独立运行的系统,是安全生产标准化的进一步细化和深化,也为安全生产标准化其他部分的核心要求开创了一个深入和具体化的先例。

3)突出了企业是隐患排查治理工作的责任主体

安全生产标准化工作所涉及的部门和单位比较多,如安全监管部门、评审组织单位、评审单位还有专业技术服务机构等,尽管企业仍是安全生产标准化的责任主体,但还需要其他部门和单位的具体动作和参与才能共同完成此项工作。而隐患排查治理工作则突出了企业的主体责任,自建体系、自查自改以及自己上报等工作均是其职责,还要接受政府有关监管部门的监督管理以及核查,充分体现了"安全生产法"所规定的企业对其安全生产工作负主体责任的精神。

4)隐患排查治理体系有更强的及时性

建立隐患排查治理体系的主要目的是为了更好地促进企业做好隐患排查治理工作,使政府有关监管部门能及时、准确地掌握其安全生产状况。按照《国务院安委会办公室关于实行安全生产事故隐患排查治理情况月通报的通知》要求,隐患排查治理整改情况的评估开始

---

[1] 交通运输部的安全生产标准化工作是在国务院安委会的指导下展开的,《企业安全生产标准化基本规范》作为一个推荐性标准,对于交通运输行业的安全生产标准化工作有一定的参考意义。尤其在隐患排查治理方面,到目前为止,交通运输部并没有制定相关标准、规范或指南,在安全生产标准化推进过程中,考虑交通行业特征,有选择地借鉴《企业安全生产标准化基本规范》的做法是可行的。

按月开展，并及时上报。安全生产标准化工作通常要求企业每年至少进行一次自评，安全生产标准化企业证书和牌匾有效期为3年，到期时企业可按有关规定申请延期，换发证书、牌匾。

3. 隐患排查治理措施与方法

隐患排查是指企业组织安全生产管理人员、工程技术人员和其他相关人员对本单位的事故隐患进行排查的行为。隐患治理就是指消除或控制隐患的活动或过程。

企业是隐患排查工作的责任主体，方法是定期组织安全生产管理人员、工程技术人员和其他相关人员排查本单位的事故隐患，鼓励、发动职工发现事故隐患，鼓励社会公众举报。此项工作通常与企业的各种安全生产检查工作相结合。根据上述要求，隐患排查的过程就是企业定期组织所属人员主动、全面地查找并发现隐患、确定其等级、建立事故隐患信息档案，同时鼓励社会公众举报。

企业对于排查出的事故隐患，应当按照事故隐患的等级进行登记，建立事故隐患信息档案，并按照职责分工实施监控治理。对于一般事故隐患，由于其危害和整改难度较小，发现后应当立即整改排除。对于重大事故隐患，由企业主要负责人组织制定并实施事故隐患治理方案；在事故隐患治理过程中，应采取相应的安全防范措施，防止事故发生。

1)企业隐患排查治理工作的主要内容

企业是隐患排查治理工作的最直接和最重要的主体，是隐患排查治理工作的直接实施者。企业隐患排查治理工作主要包括三个方面：自查隐患、治理隐患和自报隐患。自查是为了发现自身所存在的隐患，保证全面而减少遗漏；治理是为了将自查中发现的隐患控制住，防止引发后果，尽可能从根本上解决问题；自报是为了将自查和治理情况报送政府有关部门，以使其了解企业在排查和治理方面的信息，提供监管和帮助，从企业的外部获得相关的服务。

企业在政府及其部门的统一安排和指导下，确定自身的分类分级的定位，采用其适用的隐患排查治理标准，通过全面准备、制度建设、实施排查、分析改进等步骤形成完整的系统的企业自查机制。

(1)全面准备。为保证隐患自查工作从一开始就能够打下坚实的基础，企业必须做好与之相关的全面准备工作。隐患排查治理是涉及企业所有部门、所有生产流程、所有人员的一项系统工程，如果不做好全面的准备，那么所建立的隐患排查治理机制肯定缺乏系统性并且可操作性差，结果必然是“一阵风”式的开展一次“运动”，不能做到深入和持久地开展自查工作。

(2)制度建设。制度是企业管理的基本依据，需要企业全面掌握法律法规和标准规范以及上级和外部的其他要求，吃透其精神和实质，将其各项具体的规定结合自身的实际情况，通过编制工作将外部的规定转化为企业内部的各项规章制度，再经过全面地执行和落实，变成企业的管理行动。隐患排查治理工作也不例外，也应基本按这一思路展开。

(3)实施排查。排查的实施是一个涉及企业所有管理范围的工作，不能是“一窝蜂”式的运动式排查，需要有计划、按部就班地开展。排查的实施阶段主要工作包括：排查计划、首次会议、实施排查、总结分析、末次会议和隐患治理等。

(4)上报。企业隐患排查治理主管部门将有关排查记录等材料整理后，在企业信息管理部门的配合下，应用隐患排查治理信息管理系统，向上级单位和有关政府监管部门的上报规定的信息。

(5)改进。全面总结分析隐患排查治理工作的情况,重点关注实际工作中的情况与隐患排查治理制度所规定的内容不相符合的地方,对制度文件进行修订,为隐患排查治理工作的常规化奠定基础。

2)隐患的日常自查

企业通过前一阶段的隐患排查治理初期工作已经初步形成了一个隐患排查治理工作框架,但还需要通过更多的日常工作才能建立比较完善、正常运转的隐患排查治理工作的实施机制,以保证此项工作的常态化和持续改进。

(1)组织机构。形成从主要负责人到一线员工的隐患排查治理工作网络,确定各个层级的隐患排查治理职责。

①领导层:主要负责人是隐患排查治理工作的第一责任人,通过安委会、办公会等形式,将隐患排查治理工作纳入到其日常工作的范围中,亲自定期组织和参与检查,及时准确把握情况,发出明确的指令。确定主管负责人,当然常见的就是主管安全生产工作的副职,要在其职责中明确有关隐患排查治理的内容,将有关情况上传下达,做好主要负责人的帮手。其他有关领导也要在各自管辖范围内做好隐患排查治理工作,至少要知道、过问、督促、确认。

②管理层:安全生产管理机构和人员是隐患排查治理工作的骨干力量,编制有关制度、培训各类人员、组织检查排查、下达整改指令、验证整改效果等是主要的工作内容,还要通过监督方式对各级管理人员在隐患排查治理工作方面的履职情况进行了解,纳入考核,避免将隐患排查治理工作只限于安全部门的范围,而是要全力推动全方位和全员化。

③操作层:在责任制和操作规程中明确隐患排查治理是其工作内容的不可或缺的重要组成部分。在日常的各项工作中,要有高度的隐患意识,随时发现和处理各种隐患和事故苗头,自己不能解决的及时上报,并采取临时性的控制措施,并注意做好记录,为统计分析隐患问题留下第一手资料。

(2)规章制度。与隐患排查治理工作相关的内容应包含在安全生产责任制中,并有专门的隐患排查治理制度,还要在操作规程中有所体现。

(3)隐患排查的主体。隐患排查的主体是企业的所有人员,从领导到一线员工直到在企业工作范围内的外部人员。因为隐患的存在是广泛的,而所有人员能够在各自工作岗位上及时发现,才能保证排查的全面性和有效性。所有人员能不能或者会不会隐患排查是有前提的,必须对其进行有针对性和有效果的教育培训,在各种安全生产教育培训工作中要将隐患排查的内容纳入,并根据需要做专门的培训,还要确认培训的效果,以保证所有人员有意识、有能力地开展隐患排查。

隐患排查的主体重点在专业技术人员和班组的一线员工。

3)隐患排查的方式方法

排查隐患前要制定隐患排查方案,明确排查的目的、范围,选择合适的排查和方法。排查方案应根据有关安全生产法律、法规要求;涉及规范、管理标准、技术标准,行业安全生产目标。

隐患排查方式是由其组织方式决定的,主要的隐患排查方式如下:

(1)综合检查,综合性安全检查是以落实岗位安全责任制为重点、各专业共同参与的全面检查。企业至少每年组织检查或抽查一次，基础单位、班组可以增加综合检在的频次。

(2)专业检查。专业性检查主要是对锅炉、压力容器、电器设备、机械设备、安全装备、监测仪器、危险物品等系统分别进行的专业检查，及在开行前、新装置竣工及试运转等时期进行的专项安全检查。

(3)季节性检查。季节性检查是根据各季节特点开展的专项检查。春季安全大检查以防雷、防静电、防解冻跑漏为重点；夏季安全大检查以防暑降温、防食物中毒、防台风、防洪防汛为重点；秋季安全大检查以防火、防冻保温为重点；冬季安全大检查以防火、防爆、防煤气中毒、防冻防滑、防滑为重点。

(4)节假日检查。节假日检查主要是节前对安全、保卫、消防、生产设备、备用设备、应急预案等进行的检查，特别是对节日干部、检维修队伍的值班安排和原辅料、备品备件、应急预案的落实情况等应进行重点检查。

(5)日常检查。日常检查包括班组、岗位员工的交接班检查和班中巡回检查，以及基层单位领导和生产、设备、安全等专业技术人员的经常性检查。各岗位应严格履行日常检查制度，特别应对关键装置要害部位的危险点、源进行重点检查和巡查。

事故隐患排查方法有很多，有群查、点查、循章排查和类比复查等。实际排查中，可以将这几种方法组合运用。

①群查。群查是指调动员工预防事故的积极性和能动性，同心协力查找生产(工作)中的事故隐患，它包括部门、车间、班组内的自查互查、基层工会的监督检查等形式。群查的优点是把排查事故隐患的视线从身边逐步向远处延伸，既要做好自身岗位设备设施以及周边作业环境中事故隐患的排查，又要以此为基本依据，撒开“大网”，把平时那些司空见惯、习以为常的问题都网在其中，逐一排查，防止出现漏洞。

②点查。点查是采取抽样的方式、不定期的“突袭排查”，也可以针对容易形成重大事故隐患的重要部位组织专人进行排查。“点查”能够发现一些平时不容易暴露或预先检查中被“掩饰”的事故隐患，以掌握其真实情况，有利于纠偏和事故隐患的治理；也可以突出重点，强化重要部位的控制和防范。

③循章排查。循章排查是遵循法律、法规、标准、条例和操作规程等规定，排查生产过程中的事故隐患，凡不符合法规、标准规定的，都是事故隐患，都是可能出现事故或导致伤亡，必须立即制止，坚决纠正。“循章排查”能提高企业遵纪守法的自觉性，使排查内容“合规合法”。

④类比复查。类比复查是借鉴事故案例，复查本单位有没有类似情况，确定事故隐患。企业应善于吸取其他单位的事故案例，将导致事故的原因“对号入座”，排查本单位是否存在这类情况，是否构成了事故隐患。同时，企业要“借题发挥”，要及时将事故案例当做一面镜子，衍射到安全生产的其他方面，反复进行排查。

“群查”与“点查”相结合的事故隐患排查方法，既可以扩大排查的面，又能突出排查中的重点：无论是“群查”还是“点查”，都应针对生产工艺和作业方式的实际，编制事故隐患排查标准，其基本内容为：排查时间、排查内容、执行人、信息交流和反馈的方式和程序等。“循章排查”和“类比复查”相结合的事故隐患排查方法，可以提高排查的科技含量和排查的合规性及针对性。

4）隐患排查的范围

交通运输企业营运过程风险种类复杂，既涉及法律风险、市场风险，也较为频繁地受到自然灾害、恶劣天气和人为因素的影响。此外，设备设施的运转状态等也是重要因素。因此，交通运输企业隐患排查范围可以进行如下界定：

（1）经营资质：企业是否取得合法许可证照，经营资质，经营范围是否合法合规。

（2）人员资质及设备设施标准：各级各类从业人员是否取得合法证照及资质，各种设备设施是否符合相关法规、规范及标准要求。

（3）安全生产管理制度合规性：安全生产管理责任制建立与否，安全主体责任是否落实，是否逐级签订责任书，安全生产台账、安全生产费用是否制度化。

（4）挂靠或代管运输设备安全管理：非本企业运输设备安全管理是否落实。

（5）设备设施及作业场所、作业活动安全管理：是否制定、落实设备、设施、作业场所及关键作业活动安全管理制度。

（6）人员安全管理：是否通过培训、教育、检查及奖惩等各项措施落实安全文化建设。

（7）重大危险源管理：是否建立危险源辨识、分级及监控制度，执行是否到位，整改要求是否切实执行。

（8）应急管理：是否针对企业具体情况制定相关预案体系或专项预案，应急人员是否配备并执行应急值班、应急设备、物资是否齐备及状态正常，应急演练是否按期开展等。

（9）事故管理：是否严格执行安全生产事故责任制度。

交通运输企业在进行隐患排查时，应结合企业具体情况，针对企业业务特征，科学合理确定隐患排查项目。下面以一个水路货运企业的隐患排查项目表为例进行说明，见表3-4。

隐患排查项目表 表3-4

隐患排查项目
（1）企业市场准入的资质条件是否合法有效，安全生产规章制度、机构设置、人员、船舶等符合要求；主要管理人员（海务、机务主管）、专职管理人员的资质和配备情况，人证是否相符
（2）企业自查和上级部门的年度核查提出的整改方案是否得到切实执行
（3）企业安全主体责任是否落实，是否逐级签订安全生产责任书
（4）是否按规定提取安全生产经费，专款专用
（5）船舶雾航、避碰等安全制度的建立和落实情况，船舶通信、消防、救生等安全设备维护情况，船舶修理计划制定和落实情况
（6）安全管理体系建立和执行情况，营运船舶的各种证书是否齐全、有效
（7）船舶管理企业对代管船舶实施安全管理情况，是否存在只收取管理费用而未实施安全管理问题
（8）重大危险源监控情况、重大活动安全措施部署和落实情况
（9）安全培训教育和日常安全生产检查开展情况
（10）应急救援物资、设备配备及维护情况，应急救援预案制定及演练情况，应急值班情况
（11）汛期防范措施落实和隐患点除险加固情况，防汛物资配备、应急值班、预防预警机制建立、应急队伍配备等情况

5）隐患治理与持续改进

隐患排查的目的不仅是要发现隐患，更要消除隐患，并不断改进企业安全生产水平。针对隐患排查结果，企业应采取合理的隐患治理措施进行应对。

（1）制定隐患治理方案。制定隐患治理方案主要针对重大事故隐患来讲的。对于一般事故隐患,由企业或部门负责人或者有关人员立即组织整改。对于重大事故隐患,由企业主要负责人组织制定并实施事故隐患治理方案。重大事故隐患治理方案应当包括以下内容:

①治理的目标和任务。

②采取的方法和措施。

③经费和物资的落实。

④负责治理的机构和人员。

⑤治理的时限和要求。

⑥安全措施和应急预案。

(2)采取隐患治理措施。在事故隐患治理过程中,应当采取相应的安全防范措施,防止事故发生。事故隐患排除前或者排除过程中无法保证安全的,应当从危险区域内撤出作业人员,并疏散可能危及的其他人员,设置警戒标志,暂时停产停业或者停止使用;对暂时难以停产或者停止使用的相关生产储存装置、设施、设备,应当加强维护和保养,防止事故发生。

重大事故隐患在治理前应采取临时控制措施并制定应急预案。

一般而言,隐患治理措施应包括:

①工程技术措施。

②管理措施。

③教育措施。

④防护措施和应急措施。

(3)自然灾害或极端环境的预防。对于因自然灾害或极端环境可能导致事故灾难的隐患,应当按照有关法律、法规、标准和本规定的要求排查治理,采取可靠的预防措施,制定应急预案。在接到有关自然灾害或极端环境预报时,应当及时向下属单位发出预警通知;发生自然灾害或极端环境灾害,可能危及企业和人员安全情况时,应当采取撤离人员、停止作业、加强监测等安全措施,并及时向当地人民政府及其有关部门报告。

(4)验证和评估。隐患治理情况验证和评估。治理完成后,应对治理情况进行验证和效果评估,验证治理的措施是否得当,是否达到了预期效果,隐患是否已经消除,是否满足生产安全运行,是否产生新的安全隐患等。

隐患排查治理机制的各个方面都不是一成不变的,也要随着安全生产管理水平的提高而与时俱进,借助安全生产标准化的自评和评审、职业健康安全管理体系的合规性评价、内部审核与认证审核等外力的作用,实现企业在此工作方面的持续改进。另外,隐患排查治理也为整体安全生产管理提供了持续改进的信息资源,通过对隐患排查治理情况的统计、分析,能够为预测预警输入必要的信息,能够为管理的改进提供方向性的资料。这种资源在当前还没有得到充分的认识和重视,应当给予特别的关注。

6)企业隐患排查治理的制度及相关措施

企业应建立完备的隐患排查及治理制度。内容应涉及:事故隐患排查治理的档案台账制度、监控和应急管理制度、挂牌制度、限期整改销号制度、专项资金使用制度、岗位责任制度、统计分析制度、公告公示制度、定期报告和举报奖励等制度,组织事故隐患排查,及时发现并排除从业人员存在的各类违章行为和带病运行的设备、设施及场所的各类事故隐患。具体而言,需要做好以下几个方面的工作:

(1)企业主要负责人对本单位事故隐患排查治理工作全面负责。定期组织安全生产管理人员和其他相关人员排查本单位的事故隐患,并逐级落实从主要负责人到每个从业人员的隐患排查治理的范围和责任,保证不留空当、不留死角。

(2)依照有关法律法规和文件要求,制定具体方案,对安全生产规章制度、落实责任、安全管理体系、资金投入、人员培训、劳动纪律、现场管理、防控手段、事故查处,以及安全生产基本条件、基础设施、技术、作业环境等方面组织自查。

(3)企业接到有关部门下达的责令停产整改指令,必须立即停止经营,由主要负责人组织制定方案,并及时报送有关部门。停产整改方案应确定整改项目、整改目标、整改时限、整改作业范围、从事整改的作业人员,落实整改责任人、资金,还应包括安全技术措施和应急预案,以及职工安全教育和培训等内容。

(4)定期召开例会,企业主要负责人和内设机构负责人参加,通报隐患排查治理工作,研究解决隐患排查工作中存在的问题,安排隐患排查治理阶段性工作;安全生产小组应结合安全生产日常监管工作,组织人员,定期对企业安全生产事故隐患进行检查,发现问题及时依法查处。

(5)对本企业自查和有关部门检查发现的重大事故隐患要予以公示。对本企业存在的重大事故隐患应当在排查或检查发现的 3 日内进行公示。出现重大隐患,应主动接受社会舆论监督,及时公开重大事故隐患的治理情况。

(6)对单位重大事故隐患整改,安全生产小组要落实跟踪督办的内设机构和责任人,督促企业落实各项防范措施,对单位重大事故隐患的治理情况进行跟踪督办。督促整改的责任人应当定期进入作业现场,跟踪检查有关防范和监控措施落实情况,及时掌握重大事故隐患整改进度,督促相关部门按整改方案对重大事故隐患进行治理,彻底消除重大事故隐患。

(7)重大事故隐患整改结束后,整改单位应向督办单位提出复产验收申请。接受申请的部门组织有关人员进行现场核查。

(8)重大事故隐患在整改期限内彻底治理,经有关部门验收合格后,将有关档案整理后归档管理。

(9)应当建立隐患排查治理工作奖惩机制,对未定期排查事故隐患或未及时有效整改事故隐患的部门和个人,实施责任追究;对在隐患排查治理工作中成效突出的部门和个人给予奖励。

第三节　危险源分析与辨识

一、风险与风险管理概述

1. 风险与危险

“风险”一词的由来,最为普遍的一种说法是,在远古时期,以打鱼捕捞为生的渔民们,每次出海前都要祈祷,祈求神灵保佑自己能够平安归来,其中主要的祈祷内容就是让神灵保佑自己在出海时能够风平浪静、满载而归;他们在长期的捕捞实践中,深深体会到“风”给他们带来的无法预测无法确定的危险,他们认识到,在出海捕捞打鱼的生活中,“风”即意味着

“险”，因此有了“风险”一词的由来。比较权威的说法是来源于意大利语的“RISQUE”一词。在早期的运用中，也是被理解为客观的危险，体现为自然现象或者航海遇到礁石、风暴等事件。大约到了19世纪，在英文的使用中，风险一词常常用法文拼写，主要是用于与保险有关的事情上。现代意义上的风险一词，已经大大超越了“遇到危险”的狭义含义。经过两百多年的演化，风险一词越来越被概念化，并随着人类活动的复杂性和深刻性而逐步深化，并被赋予了从哲学、经济学、社会学、统计学甚至文化艺术领域的更广泛更深层次的含义，且与人类的决策和行为后果联系越来越紧密，风险一词也成为人们生活中出现频率很高的词汇。

一般认为，风险是指在某一特定环境下，在某一特定时间段内，某种损失发生的可能性。风险是由风险因素、风险事故和风险损失等要素组成。换句话说，是在某一个特定时间段里，人们所期望达到的目标与实际出现的结果之间产生的距离称之为风险。

就水上运输而言，风险主要有海上风险和外来风险。海上风险包括海上发生的自然灾害和意外事故。自然灾害是指由于自然界的变异引起破坏力量所造成的灾害。海运保险中，自然灾害仅指恶劣气候、雷电、海啸、地震、洪水、火山爆发等人力不可抗拒的灾害。意外事故是指由于意料不到的原因所造成的事故。海运保险中，意外事故仅指搁浅、触礁、沉没、碰撞、火灾、爆炸和失踪等。外来风险其实是指由于外来原因引起的风险。它有一般和特殊之分。比如，在货物运输途中由于遭到偷窃、下雨、短量、渗漏、破碎、受潮、受热、霉变、串味、玷污、破损、生锈、碰损等是一般外来风险。而由于战争、罢工、拒绝交付货物等政治、军事、国家禁令及管制措施所造成的风险与损失是特殊外来风险。

风险与危险两者的相同点都是可能对行为主体发生损害，不同点在于，风险是抽象的概念，由多个因素构成，其结果导致损害，也可能导致获利；但是危险通常指一种具体的概念，其结果导致损害。客观上风险或危险可能给企业或个体带来利益损失，凸显风险管理或危险因素管理的必要性。

2. 风险管理

对于风险管理，不同学者或机构有不同理解。有的认为，风险管理是指通过风险识别、风险估计、风险驾驭、风险监控等一系列活动来防范风险的管理工作。有的则认为，风险管理是指如何在一个肯定有风险的环境里把风险降至最低的管理过程。

风险管理作为企业的一种管理活动，起源于20世纪50年代的美国。当时美国一些大公司发生了重大损失使公司高层决策者开始认识到风险管理的重要性。其中一次是1953年8月12日通用汽车公司在密歇根州的一个汽车变速箱厂因火灾损失了5000万美元，成为美国历史上损失最为严重的15起重大火灾之一。这场大火与50年代其他一些偶发事件一起，推动了美国风险管理活动的兴起。后来，随着经济、社会和技术的迅速发展，人类开始面临越来越多、越来越严重的风险。科学技术的进步在给人类带来巨大利益的同时，也给社会带来了前所未有的风险。1979年3月，美国三里岛核电站的爆炸事故，1984年12月3日，美国联合碳化物公司在印度的一家农药厂发生了毒气泄漏事故，1986前苏联切尔诺贝利核电站发生的核事故等一系列事件，大大推动了风险管理在世界范围内的发展。同时，在美国的商学院里首先出现了一门涉及如何对企业的人员、财产、责任、财务资源等进行保护的新型管理学科，这就是风险管理。目前，风险管理已经发展成企业管理中一个具有相对独立职能的管理领域，在围绕企业的经营和发展目标方面，风险管理和企业的经营管理、战略管理一样具有十分重要的意义。

风险管理目标由两个部分组成:损失发生前的风险管理目标和损失发生后的风险管理目标,前者的目标是避免或减少风险事故形成的机会,包括节约经营成本、减少忧虑心理;后者的目标是努力使损失的标的恢复到损失前的状态,包括维持企业的继续生存、生产服务的持续、稳定的收入、生产的持续增长、社会责任。二者有效结合,构成完整而系统的风险管理目标。

风险管理的基本程序包括风险识别、风险估测、风险评价、风险控制和风险管理效果评价等环节。

(1)风险的识别:是经济单位和个人对所面临的以及潜在的风险加以判断、归类整理,并对风险的性质进行鉴定的过程。风险识别过程的活动是将不确定性转变为明确的风险陈述。

(2)风险估测或风险分析:是指在风险识别的基础上,通过对所收集的大量的详细损失资料加以分析,运用概率论和数理统计,估计和预测风险发生的概率和损失程度。风险估测的内容主要包括损失频率和损失程度两个方面。风险分析过程的活动是将风险陈述转变为按优先顺序排列的风险列表。包括确定风险的驱动因素、分析风险来源、预测风险影响、对风险按照风险影响进行优先排序。

(3)风险管理方法:分为控制法和财务法两大类,前者的目的是降低损失频率和损失程度,重点在于改变引起风险事故和扩大损失的各种条件;后者是事先做好吸纳风险成本的财务安排。

(4)风险管理效果评价:是分析、比较已实施的风险管理方法的结果与预期目标的契合程度,以此来评判管理方案的科学性、适应性和收益性。

对于航运企业而言,重大危险源管理涉及危险源辨识和控制,实质上也属于风险管理。重大危险源属于较为严重的风险因素,需要进行认真应对,以减少损失发生频率和损失程度。

二、重大危险源概念及辨识

20 世纪 80 年代以来,预防重大工业事故已成为各国社会、经济和技术发展的重点研究对象之一,引起了国际社会的广泛重视。美国、澳大利亚、印度、泰国等国家和地区都颁布了一系列有关预防重大工业事故的法规和标准,1993 年,第 80 届国际劳工大会通过了《预防重大工业事故公约》。预防重大工业事故的核心要求是辨识、评价和控制重大危险源或称重大危害设施。中国在改革开放以后,经济发展水平逐步进入中等发达国家行列,伴随生产技术水平的提高,生产过程安全管理的压力也与日俱增。重大危险源管理也开始得到广泛重视。20 世纪 90 年代初,我国开始了重大危险源辨识、评价与控制技术研究,国家"八五"科技攻关计划中列入了"重大危险源评价和宏观控制技术研究"课题,"九五"科技攻关计划中列入了"矿山重大危险源辨识评价技术"课题,"十五"科技攻关计划中研究了"重大危险源安全规划与应急预案编制技术"。通过科技攻关和试点研究,提出了一套适合中国国情的重大事故预防体系思想和重大危险源辨识、评价、控制技术。《安全生产法》第三十三条规定:企业对重大危险源应登记建档,进行定期检测、评估、监控,并制定应急预案,告知从业人员和相关人员在紧急情况下应当采取的应急措施。强调了企业对重大危险源辨识、控制、告知的责任和义务。以此全面推进企业安全生产标准化建设,进一步规范企业安全生产行为,改善安全生产条件,强化安全基础管理,有效防范和坚决遏制重特大事故发生,国务院安委会在《国务院安委会关于深入开展企业安全生产标准化建设的指导意见》(安委〔2011〕4 号)中指出危险源监控属于基础性工作。

在《安全生产法》和《重大危险源辨识》(GB 18218—2000)中,均把重大危险源定义为:长期地或临时地生产、搬运、使用或者储存危险物品,且危险物品的数量等于或者超过临界量的单元(包括场所和设施)。可见重大危险源是生产活动中危险物质或能量超过临界量的设备、设施或场所。重大危险源同重大事故隐患是两个既有联系又有区别的概念,前者强调设备、设施、场所中存在或固有的危险物质(能量)的多少,后者可以认为是出现明显缺陷(人的不安全行为,物的不安全状态或管理上的缺陷)的重大危险源。预防重大生产事故的基础是辨识或确认重大危险源。政府主管部门和权威机构在物质毒性、燃烧、爆炸特性基础上,规定出要重点监控的危险物质及其临界量标准。通过危险物质及其临界量标准,可以确定出要重点监控的设备、设施和场所。国际劳工组织建议:各国应根据具体的特定行业生产情况制定合适的危险物质及其临界量标准。标准的定义应能反映出当地急需解决的问题以及一个国家的行业生产模式,可能需要有一个特指的或是一般类别或是两者兼有的危险物质一览表,并列出每个物质的限额或允许的数量,设施现场的危险物质数量超过这个数量,就可以定为重大危险源。

1. *危险源辨识概述*

危险源管理和风险管理类似,首先需要对危险源进行识别,这涉及危险源识别过程及识别标准,然后进行危险源监控和隐患排查。危险源识别标准是关键,但是不同行业生产过程存在差异,生产设备千差万别,很难有一个具体详细且适用所有行业的危险源识别标准。海上运输或内河运输过去有自己的安全管理体系,体系中并未明确提出重大危险源的概念和标准,因此只能借鉴其他行业的安全生产管理标准化做法进行适当的风险源辨识。

在《重大危险源辨识》(GB 18218—2000)中,重大危险源被定义分为生产场所重大危险源和储存区重大危险源两种,并给出定量标准。对于普通货物运输而言,无法适用。因此,需要对危险源进行重新定义。危险源是指可能导致死亡、伤害、职业病、财产损失、工作环境破坏或上述情况组合形成的根源和状态。危险源不同于隐患,隐患是在一定程度上已经暴露出来、如不及时采取措施就会引发的不安全因素,而危险源是潜在的暂时还没有暴露出来的,应当预料到,需预先采取控制措施,加以预防的不安全因素。对事故隐患的控制管理总是与一定的危险源联系在一起,因为没有危险的隐患也就谈不上要去控制;而对危险源的控制,实际就是消除其存在的事故隐患或防止其出现事故隐患。

危险源存在于确定的系统中,不同的系统范围,危险源的区域也不同。例如,从全国范围来说,对于危险行业(如石油、化工等),具体的一个企业(如炼油厂)就是一个危险源。而从一个企业系统来说,可能某个车间、仓库就是危险源,一个车间系统可能某台设备是危险源。因此,分析危险源应按系统的不同层次来进行。一般来说,危险源可能存在事故隐患,也可能不存在事故隐患,对于存在事故隐患的危险源一定要及时加以整改,否则随时都可能导致事故。

根据上述对危险源的定义，危险源应由三个要素构成：潜在危险性、存在条件和触发因素。危险源的潜在危险性是指一旦触发事故，可能带来的危害程度或损失大小，或者说危险源可能释放的能量强度或危险物质量的大小。危险源的存在条件是指危险源所处的物理、化学状态和约束条件状态。例如，物质的压力、温度、化学稳定性，盛装压力容器的坚固性，周围环境障碍物等情况。触发因素虽然不属于危险源的固有属性，但它是危险源转化为事故的外因，而且每一类型的危险源都有相应的敏感触发因素。如易燃、易爆物质，热能是其敏感的触发因素，又如压力容器，压力升高是其敏感触发因素。因此，一定的危险源总是与相应的触发因素相关联。在触发因素的作用下，危险源转化为危险状态，继而转化为事故。

2. 危险源辨识方法

重大危险源在没有触发之前是潜在的，常不被人们所认识和重视，因此需要通过一定的方法进行辨识。重大危险源辨识的目的就是通过对系统的分析，界定出系统的哪些区域是危险源，其危险的性质、危险程度、存在状况、危险源能量、事故触发因素等。

重大危险源辨识的程序，如图3-5所示。

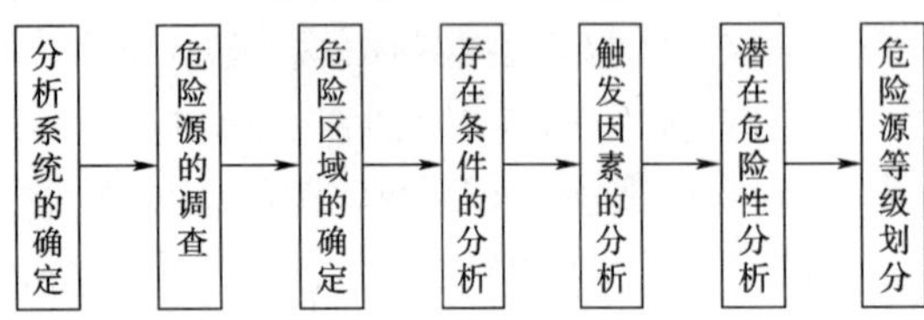

图3-5　危险源辨识程序

一个更为完整的危险源辨识监控流程，如图3-6所示。

1）危险源辨识范围

（1）一般行业的危险源辨识范围。

危险源的辨识范围要考虑各种状态和时态及参照《企业伤亡事故分类》（GB 6441—86）中分为16类危险源和《职业病范围和职业病处理办法的规定》中分为7类的危险源，即物体打击、车辆伤害、机械伤害、起重伤害、触电、淹溺、灼烫、火灾、高处坠落、坍塌、放炮、火药爆炸、化学性爆炸、物理性爆炸、中毒和窒息以及其他伤害。危险源的识别还应包括所有进入作业场所人员的活动、作业场所内的设施，无论是企业内部的还是外部场所提供的设施均应纳入危险源的控制管理，并将已识别的危险源填入危险源调查表。

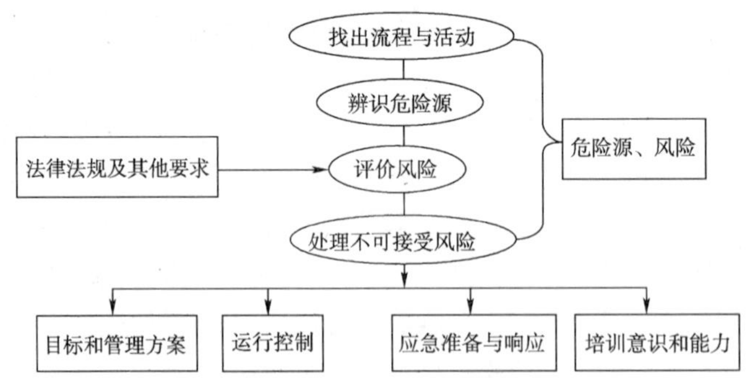

图3-6　危险源辨识监控流程

危险源辨识的范围应覆盖：

①常规和非常规活动。

②所有进入工作场所的人员（包括承包方人员和访问者）的活动。

③人员行为、能力和其他人为因素。

④已识别的源于工作场所外、能够对工作场所内组织控制下的人员的健康安全产生不

利影响的危险源。

⑤在工作场所附近，由组织控制下的工作相关活动所产生的危险源。

⑥由本组织或外界所提供的工作场所的基础设施、设备和材料。

⑦组织及其活动的变更、材料的变更，或计划的变更。

⑧职业健康安全管理体系的更改包括临时性变更等，以及对运行、过程和活动的影响。

⑨所有与风险评价和实施必要控制措施相关的适用法律义务。

⑩对工作区域、过程、装置、机器和(或)设备、操作程序和工作组织的设计，包括其对人的能力的适应性。

(2)交通运输行业的危险源辨识范围。

交通运输行业和其他生产行业在生产过程中存在巨大差异。其他行业的生产作业活动往往发生在一个相对固定的区域范围内，生产设备、设施往往处于固定状态，所处的环境相对静止。而交通运输行业除港站经营外，无论水路、道路还是航空运输，主要生产设备往往处于运动状态，所处的环境不断变化，因而已有的其他行业的危险源辨识范围很难应用于交通运输行业。此外，其他行业危险源辨识较多关注人的健康与安全，交通运输行业由于企业资产主要以运输设备的形态存在，且单价巨大，承担的外部责任较多指向承运的旅客、货物，所利用的设施以及所经过的环境，危险源辨识的重心不仅是人，交通运输企业财产损失及责任同等重要。

从交通运输企业业务分布来看，包括水路运输、道路运输、公共交通、航空运输、港口站场经营、交通基础设施建设等多种类型，很难按照统一的模式来设定危险源辨识范围。但是，无论交通运输企业营运范围属于哪一类，都能以相同的危险源辨识相关理论和原理为指导，开展行之有效的危险源辨识工作。

交通运输行业危险源辨识的相关理论和原理主要有以下几种：

①能量意外释放理论。能量意外释放理论是指人类在生产、生活中不可缺少的各种能量，如因某种原因失去控制，就会发生能量违背人的意愿而意外释放或逸出，使进行中的活动中止而发生事故，导致人员伤害或财产损失。

② 4M 理论。博德对于事故的深层原因进行总结，可归纳 4 个方面：即人的因素(Man)、设备的因素(Machine)、作业环境的因素(Media)、管理的因素(Management)。交通行业一些学者和专家将其应用于具体实践，总结出人—船—环境—管理或人—车—道路—管理的交通事故致因理论。

③人—机—环境系统工程。运用系统科学理论和系统工程方法，正确处理人、机、环境三大要素的关系，深入研究人—机—环境系统最优组合的一门科学，其研究对象为人—机—环境系统。系统中的“人”，是指作为工作主体的人(如操作人员或决策人员)；“机”，是指人所控制的一切对象(如汽车、飞机、生产过程等)的总称；“环境”，是指人、机共处的特定工作条件。系统最优组合的基本目标是“安全、高效、经济”。

基于以上理论，交通行业危险源辨识范围主要涉及两个方面：一是系统中存在的、可能发生意外释放的能量或危险物质(包括各种能量源和能量载体)；二是导致约束 、限制能量措施失效破坏的各种不安全因素(包括人—运输及相关设备—管理—环境)。

第一类危险源在事故时放出的能量是导致人员伤害或财产损失的能量主体,决定事故后果的严重程度,是事故发生的前提;第二类危险源的出现破坏了对第一类危险源的控制,使能量或危险物质意外释放,是第一类危险源导致事故的必要条件。第二类危险源出现的难易程度决定事故发生可能性的大小。第二类危险源是围绕第一类危险源随机出现的人—运输及相关设备—管理—环境方面的问题,其辨识、评价和控制应在第一类危险源辨识、评价和控制的基础上进行;第二类危险源的辨识、评价和控制比第一类危险源辨识、评价和控制更为困难。

需要指出的是,第一类危险源属于各个不同行业带有共性的因素,第二类危险源则与具体行业、具体企业和具体业务的特征紧密联系。因此,交通行业企业危险源辨识范围应着重关注第二类危险源。如高速公路运输企业危险源辨识就应关注:

①人的因素。包含驾驶员、乘客及路人。与驾驶员有关的包括疲劳驾驶,无证驾驶、酒后开车、超速行驶、违章超车及违章装载、车辆间距过近等;乘客携带危险物品;乘车人在高速公路上随意上下车以及行为擅自在高速公路上穿行等。

②车的因素。如轮胎爆裂、发动机故障、发动机过热、电气故障、燃料用尽等。除此之外超载、偏载也是重要因素。

③路的因素。高速公路的线形设计和道路结构。其中,线形设计如道路的曲率半径过小、直线距离过长、视距过小、纵坡过大、平纵线形不协调等都易引发事故。路面的强度稳定性、平整度和抗滑性也是影响高速公路安全原因。

④管理的因素。由于“一路两制”,公安部门和交通部门职责不清,使得管理容易问题。此外,管理硬件设施落后,科学化管理水平低,也是影响高速公路安全的因素。

下面以水路货运企业为例,具体对危险源范围进行描述。水路货运企业危险源的范围主要包括以下几个种类:

①人员类。

a. 技术素质类:主要指从业人员知识水平、专业素质、应变技能等方面的风险源。如船员或其他水上作业人员未按规定持有合格的适任证书/特殊培训证明;超越适任证书/资格证明所载适用范围或航线任职等。

b. 职业道德类:主要指从业人员责任心、遵章守法意识和安全意识等方面的风险源。如船员不遵守航行、避让和信号显示规则;遇有不符合安全开航条件的情况冒险开航;抢航、抢槽等冒险航行行为;违章使用明火作业等不安全行为;未经批准从事“四超半潜”物体运输;未按照规定拖带或者非拖船从事拖带作业;擅自进出港口,强行通过交通管制区、航行条件受限区或禁航区等。

c. 身心素质类:主要指从业人员健康状况、心理素质等方面的风险源。如脾气暴躁、情绪易波动等。

②船舶(设施)类。

a. 船舶(设施)结构类:主要指船舶(设施)结构完好性、水密性、强度、稳性、防火结构等方面的风险源。如船舶已达到国家强制报废年限、安全通道不畅通、载重线未勘划等。

b. 船舶(设施)设备类:主要指船舶(设施)设备配备及维护保养方面的风险源。如消防、救生设施设备配备不足或失效等。

c. 船舶(设施)装载类:主要指货物装卸、积载、绑扎及载运乘客等方面的风险源。如货物不适装、积载不当或未按要求绑扎、超载等。

③环境类。

a. 航道条件类:主要指航道尺度、航标配布、水上水下设施等方面的风险源。如航道弯曲、狭窄,航道宽度、水深不足,航标发生位移、损坏、灭失,水上水下设施或沉船沉物碍航等。

b. 水文条件类:主要指水位、流速、流态等方面的风险源。如水位陡涨陡落,水流流速较大,水流流态紊乱等。

c. 气象条件类:主要指风、雨、雪、雾、霭、雷等方面的风险源。如大风、大雾、大雨、大雪等。

d. 作业条件类:主要指码头设施、作业水域等方面的风险源。如作业灯光未妥善遮蔽、作业场所不符合规范要求、码头前沿水深条件不足等。

e. 通航秩序类:主要指船舶交通流、船舶锚泊、水上水下施工、水上群众性活动等方面的风险源。如船舶航行、停泊秩序混乱,码头超宽靠泊,碍航施工、采砂、捕鱼等。

④管理类。

a. 自身管理类:主要指人员职责、信息传递、应急管理、设备维护等船舶(设施)自身管理方面的风险源。如船上人员职责不明晰,信息传递不畅,设备维护保养制度未落实,未按规定开展应急演习演练,未定期检测关键性设备等。

b. 所有人/经营人管理类:主要指船舶(设施)所有人/经营人在安全责任制、人员配备、管理制度等方面的风险源。如安全责任制未落实、违章指挥调度船舶、未按规定配备安全管理人员及船员、内部安全管理制度不健全等。

c. 外部管理类:主要指政府、海事、渔政、公安等部门履责方面的风险源。如有关管理部门未按规定落实安全管理职责。

在辨识过程中,要考虑三种状态(正常、异常和紧急)和三种时态(过去、现在和将来)。三种时态包括:过去的作业活动、系统或设备等安全控制状态及发生过的人身伤害事故,并延续到现在的;作业活动、系统或设备等现在的安全状态;可以预见的作业活动发生变化、系统、设备等新产生或在维护、改进、报废等活动时产生的安全控制状态。三种状态涉及正常状态,即正常、持续的生产运行;异常状态,即指生产的开车、停车、检修等情况;紧急状态,指发生爆炸、火灾、洪水等重大突发性事件。危险源辨识要包括四个方面:物的不安全状态;人的不安全行动;作业环境因素;安全健康管理因素。

2)危险源辨识方法

危险源辨识的途径主要有:

(1)询问和交流:与作业人员交流,获取信息。

(2)现场观察:通过观察现状,进行辨识。

(3)查阅记录:包括事故、事件、健康安全检查、设备检修记录。

(4)向外部有关机构、上级主管部门咨询。

危险源辨识的方法很多,理论方法主要有系统危险分析、危险评价等方法和技术。表3-5列举了部分系统分析方法的目的、分析结果、所需资料和特点。实际中,可根据生产系统特点选用合适的分析方法。

危险源辨识方法一览表　　表 3-5

安全检查表	目的	主要用于确保有关规定和标准得以实施,某些情况下,将检查表分析方法与其他安全分析方法结合起来去发现只用安全检查表分析可能无法发现的危险
	分析结果	分析人员确定标准的设计或操作以建立安全检查表,然后用它产生一系列基于缺陷或差异的问题,所完成的安全检查表包括对所提问题的回答,分析结果将作出与标准或规程是否一致的结论。此外,安全检查表分析通常提出一系列提高安全性的可靠性的可能途径
	所需资料	一份适当的安全检查表、工程设计程序和操作方法,待分析系统的基本知识
	特点	方法简单,用途广泛,没有任何限制
事故树分析	目的	识别导致(设想)事故的设备故障和人为失误的组合
	分析结果	发现事故发生的基本原因(人、环境和部件等方面)以及相互关系,从而(可定性和定量的)得出系统失败的可能方式和防止事故的可能措施(途径)
	所需资料	详细的装置或系统功能图、工艺图和操作程序,以及各种故障模式和它们的结果;系统培训和富有经验的分析人员
	特点	使用布尔逻辑门产生系统故障模型来描述事故的各种原因及其之间的逻辑关系,简明形象。FTA非常适合高度复杂性的系统
原因后果分析	目的	同时识别潜在事故的原因和后果
	分析结果	描述事故顺序图和对潜在事故的定性说明
	所需资料	可能导致事故故障的工艺过程的波动知识;影响事故后果的安全系统和紧急处理预案资料;产生所有故障的原因
	特点	将FA和ET组合而成的分析方法,可作为一种交流工具;原因—后果图显示事故发展(后果)与它们的基本事件之间的关系

这里介绍的是基本分析法和工作安全分析法。

(1)基本分析法。

对于某项作业活动,依据“作业活动信息”(作业经过的描述),对照危险源分类和事故类型(或职业相关病症的类型),确定本项作业活动中具体的危险源。

(2)工作安全分析法。

①如果某个作业活动可以分解为若干个相连接的作业步骤,对于每个作业步骤,参考危险源类别中前两大类的分类内容,辨识出与此步骤有关的物的不安全状态和人的不安全行为,然后将各步骤中的危险源汇总。将整个作业活动作为一个整体,参考危险源类别中后两大类的分类内容,辨识出与此作业活动有关的作业环境的缺陷和安全健康管理上的缺陷。

将上述辨识出的危险源汇总,汇总合并同类项。

②如果某作业活动不能分解成若干个相连接的作业步骤,就直接参考危险源分类的内容,辨识出与此作业活动有关的物的不安全状态、人的不安全行为、作业环境的缺陷和安全健康管理上的缺陷,确定在此活动中存在的危险源。

一个典型的危险源调查,如表3-6所示。

危险源调查样表

表 3-6

作业活动	考虑方面	危险源	可能导致的事故	时态	状态
船只进港作业	物的不安全状态	通导设备故障	碰撞		
	人的不安全行动	与临船未保持安全间距	触碰		
	作业环境因素	瞬时强侧风	偏离航道搁浅或碰撞		
	安全健康管理因素	高级船员突发急病	船只滞留、船期损失		

在进行危险源评价前，应对危险源辨识的充分性进行确认，确认标准是以下两个：覆盖已发生事故的原因（通过查阅事故档案、资料和员工的回忆，列出所有曾发生过的事故的原因。辨识出危险源应覆盖所有事故的原因，以及同行业企业已发生事故的原因）；覆盖法规要求（将辨识出的危险源与所有适用的法律、法规和其他要求相对照。除辨识出的危险源之外，不应存在其他的违法现象）。

3. 危险源评价方法

危险源评价方法很多，根据企业现状有不同选择。一般可以采取定性法和半定量法（*LEC* 法）相结合的评价方法。

（1）先用定性法评价，满足下列任意一项时，可直接判断为重大风险。

①严重不符合法律法规及其他要求；

②涉及发生过死亡事故、重伤事故、三次及以上轻伤事故的风险，且未采取有效的控制措施；

③相关方合理抱怨或要求。

（2）直接判断无法判断时用半定量法进行评价（*LEC* 法）。

计算公式是：

$$D = L \times E \times C$$

式中：L——发生事故的可能性大小；

E——人体暴露在这种风险环境中的频繁程度；

C——一旦发生事故会造成后果的严重程度；

D——风险性分值。

①参数 L 一般根据发生事故的可能性大小来赋值，分值见表 3-7。

参数 L 赋值表

表 3-7

事故发生的可能性大小	分值	事故发生的可能性大小	分值
完全可以预料	10	很不可能，可以设想	0.5
相当可能	6	极不可能	0.2
可能，但不经常	3	实际不可能	0.1
可能性小，完全意外	1		

②参数 E 一般根据暴露于危险环境的频繁程度来赋值，分值见表 3-8。

参数 *E* 赋值表

表 3-8

频繁程度	分　值	频繁程度	分　值
连续处于危害环境	10	每月几次	2
每天处于危害环境	6	每年几次	1
每周几次	3	几年一次处于危害环境	0.5

注:8 小时不离岗,为“连续处在危险环境中”;8 小时内暴露 1 ~ 几次,为“每天在有危险环境中工作”。

③参数 C 一般根据发生事故可能造成的后果来赋值,分值见表 3-9。

参数 *C* 赋值表

表 3-9

发生事故产生的后果	分　值	发生事故产生的后果	分　值
10 人以上死亡	100	重伤	7
3 ~ 9 人死亡	40	轻伤	3
1 ~ 2 人死亡	15	微伤	1

④根据事故的定义,仅有财产损失列入危害辨识的范围时,按财产损失评价,E 统一取固定值 1。

⑤仅有财产损失评价时,C 的赋值,如表 3-10 所示。

参数 *C* 赋值表

表 3-10

财产损失金额	分 数 值	财产损失金额	分 数 值
100 万元以上	110	> 3 ~ 8 万元	7
> 20 ~ 100 万元	55	> 1 ~ 3 万元	3
> 8 ~ 20 万元	25	1 万元以下	1

当人员伤害与财产损失同时存在时,以人员伤害为主进行评价。

4. 危险源等级的判断

根据经验,危险性分数在 70 以下的因素被认为是低危险性的,一般说来可以被人们所接受,定为 4、5 级。危险性分数为 70 以上,定为 1、2、3 级是不可容许的风险。危险性程度分级分数如表 3-11 所示。

危险源等级分级表

表 3-11

D 值	危险程度	危险源等级	是否重大危险源	应对策略
> 320	极高危险	1	是	极其危险,停止工作
161 ~ 320	高度危险	2	是	高度危险,要立即整改
71 ~ 160	显著危险	3	否	显著的危险,需要整改
20 ~ 70	一般危险	4	否	一般危险,需要注意
<20	稍有危险	5	否	—

对危险源进行等级判定后,对于危险性程度分值大于 70 的危险源应填写《重大危险源清单》。对小于 70 的危险源填写《一般危险源清单》,发放到各相关部门。相应表格可参照

表 3-12 ~ 表 3-14 所示。

安全风险评价样表 表 3-12

序号	危险源名称	可能发生的事故	工序/活动	岗位	主要关键设备	涉及场所	风险评价得分				等级	是否重大危险源
							L	*E*	*C*	*D*		
1	船舶航行	碰撞	—	船舶驾驶人员		航行区域	3	6	70	840	1	是

一般危险源清单 表 3-13

序号	危险源名称	可能发生的事故	作业名称	涉及工序/活动	涉及岗位	控制措施
1	水上作业	人员落水	—	船舶、平台	作业人员	穿好救生衣

重大危险源清单 表 3-14

序号	危险源名称	可能发生的事故	作业名称	涉及工序/活动	涉及岗位	控制措施
1	飓风、突风	船毁人亡	—	船舶	船长、轮机长	制定防飓风、突风应急救援预案
2	船舶航行	碰撞	—	航行区域	船舶驾驶人员	遵章航行，严格管理
3	油污水泄漏	污染海域	—	海域	船长、轮机长	制定供受油及防污染应接预案

同时，对于各种重大危险源应制定管理方案来落实安全技术措施或采取管理措施。管理方案表格可参照表 3-15 所示。

危险源管理方案 表 3-15

<table>
<tr><td rowspan="2">目标</td><td colspan="5">1. 落水和坠落死亡事故为零</td></tr>
<tr><td colspan="5">2. 杜绝人员重伤事故，人员负伤频率小于 0.04%</td></tr>
<tr><td>存在问题
薄弱环节</td><td colspan="5"></td></tr>
<tr><td>序号</td><td>措施内容</td><td>启动时间</td><td>完成时间</td><td>责任部门</td><td>经费预算</td></tr>
<tr><td></td><td></td><td></td><td></td><td></td><td></td></tr>
<tr><td colspan="6">编制： 日期：</td></tr>
<tr><td colspan="6">实施验证：
验证人： 日期：</td></tr>
</table>

对各部门的危险源辨识和评价结果进行确认后应汇总成公司危险源清单，并报公司决策部门批准。此外，随着认识的提高、生产力的发展和危险控制措施的落实，危险源会发生变化，因此，需每年组织各部门对危险源再次采用作业条件危险性评价法（*LEC* 法），进行一次动态辨识和评价，同时修订危险源辨识与评价表、一般危险源清单、重大危险源清单、管理方案。

5. *危险源控制办法*

人的失误、管理上的疏忽、设备状态不良是重大事故发生的主要原因。为了有效控制重大危险源，避免重大货物运输生产事故的发生，必须严格实施危险源管理。危险源的控制可从三方面进行，即技术控制、人行为控制和管理控制。

1）技术控制

即采用技术措施对固有危险源进行控制，主要技术有消除、控制、防护、隔离、监控、保留和转移等。

2）人行为控制

即控制人为失误，减少人不正确行为对危险源的触发作用。人为失误的主要表现形式有操作失误、指挥错误、不正确的判断或缺乏判断、粗心大意、厌烦、懒散、疲劳、紧张、疾病或生理缺陷、错误使用防护用品和防护装置等。人行为控制首先是加强教育培训，做到人的安全化；其次应做到操作安全化。

（1）加强教育培训，做到人的安全化。

危险源控制的各项措施能否得到贯彻执行，执行质量的高低，很大程度上取决于航运公司和作业人员的安全意识和对危险源控制的认识程度及有关的安全知识和操作技能的掌握程度，因此，必须对涉及危险源控制的有关管理和作业人员进行专门的安全教育和培训。培训内容应包括危险源控制管理的意义，本单位（岗位）的主要危险类型，产生危险的主要原因，控制事故发生的主要方法及日常的安全操作要求，应急措施和各种具体的管理要求，通过教育培训使他们提高实行危险源控制管理的自觉性，掌握进行控制管理的方法和技术。

对作业人员的要求是，首先要合理选用作业人员，由于危险源多涉及重要岗位，有的操作管理技术比较复杂，对作业人员的要求较高，因此应选拔那些认真负责、技术高、能力强的人来从事重大危险源相关岗位的作业。其次，应严格培训考核，加强上岗前的教育，从事危险源相关岗位工作的人员要做专门培训，加强技能训练以及提高文化素质，加强法制教育和职业道德教育等。

再次，切实做好作业人员的健康管理，减少职业病的发生率，确保交通运输的生产安全，重点是要严格把好作业人员体检质量关，正确评估其健康体能，加大健康宣教力度，普及基本急救知识，提高作业人员自我保健意识和疾病防范意识，确保生命安全和健康。

（2）操作安全化。

研究企业各项作业性质和操作的运作规律；制定合理的操作内容、形式及频次；运用正确的信息流控制操作设计；运用合理操作力度及方法，以减少疲劳；利用形状、颜色、光线、声响、温度、压力等因素的特点，提高操作的准确性及可靠性。

3）管理控制

可采取以下管理措施，对危险源实行控制。

（1）建立健全危险源管理的规章制度。

危险源确定后，在对危险源进行系统危险性分析的基础上建立健全各项规章制度，包括岗位安全生产责任制、危险源重点控制实施细则、安全操作规程、操作人员培训考核制度、日常管理制度、交接班制度、检查制度、信息反馈制度、危险作业审批制度、异常情况应急措施、考核奖惩制度等。

（2）明确责任，定期检查。

应根据各危险源的等级，分别确定各级负责人，并明确他们应负的具体责任。特别是要明确各级危险源的定期检查责任。除了作业人员必须每天自查外，还要规定各级管理者定期参加检查。对于重点危险源，应做到定期检查。对于低级别的危险源也应制定出详细的检查安排计划。

对危险源的检查要对照检查表逐条逐项，且按规定的方法和标准进行检查，并做记录。如发现隐患，则应按信息反馈制度及时反馈，促使其及时得到消除。凡未按要求履行检查职责而导致事故者，要依法追究其责任。规定各级管理者参加定期检查，有助于增强他们的安全责任感，体现管生产必须管安全的原则。也有助于重大事故隐患的及时发现和得到解决。专职安全技术人员要对各级人员实行检查的情况定期检查、监督并严格进行考评，以实现管理的封闭。

(3)加强危险源的日常管理。

要严格要求作业人员贯彻执行有关危险源日常管理的规章制度。搞好安全值班、交接班，按安全操作规程进行操作；按安全检查表进行日常安全检查；危险作业要经过审批等。所有活动均应按要求认真做好记录。管理者和安全技术部门定期进行严格检查考核，发现问题及时给予指导教育，根据检查考核情况进行奖惩。

(4)抓好信息反馈，及时整改隐患。

要建立健全危险源信息反馈系统，制定信息反馈制度并严格贯彻实施。对检查发现的事故隐患，应根据其性质和严重程度，按照规定分级实行信息反馈和整改，做好记录，发现重大隐患应立即向安全技术部门和行政第一领导报告。信息反馈和整改的责任应落实到人。对信息反馈和隐患整改的情况各级管理者和安全技术部门要进行定期考核和奖惩。安全技术部门要定期收集、处理信息，及时提供给各级管理者研究决策，不断改进危险源的控制管理工作。

(5)搞好危险源控制管理的基础建设工作。

危险源控制管理的基础工作除了建立健全各项规章制度外，还应建立健全危险源的安全档案和设置安全标志牌。应按安全档案管理的有关内容要求建立危险源的档案，并指定人专门保管，定期整理。应在危险源的显著位置悬挂安全标志牌，标明危险等级，注明负责人员，按照国家标准的安全标志表明主要危险，并扼要注明防范措施。

(6)搞好危险源控制管理的考核评价和奖惩。

应对危险源控制管理的各方面工作制定考核标准，并力求量化，划分等级。定期严格考核评价，给予奖惩并与班组升级和评先进结合起来。逐年提高要求，促使危险源控制管理的水平不断提高。

第四节　应急预案与管理

一、应急管理概述

1. 突发事件简介

应急管理的对象是突发事件。广义上，突发事件可被理解为突然发生的事情：第一层的含义是事件发生、发展的速度很快，出乎意料；第二层的含义是事件难以应对，必须采取非常规方法来处理。狭义上,突发事件就是意外地、突然发生的重大或敏感事件,简言之,就是天灾人祸。前者即自然灾害,后者如恐怖事件、社会冲突、丑闻、大量谣言等,也将其称为“危机”。

根据我国2007年11月1日起施行的《中华人民共和国突发事件应对法》的规定,突发事件是指突然发生,造成或者可能造成严重社会危害,需要采取应急处置措施予以应对的自然灾害、事故灾难、公共卫生事件和社会安全事件。

突发公共事件主要分成四类:自然灾害——主要包括水旱灾害、气象灾害、地震灾害、地质灾害、海洋灾害、生物灾害和森林草原火灾等;事故灾难——主要包括工矿商贸等企业的各类安全事故、交通运输事故、公共设施和设备事故、环境污染和生态破坏事件等;公共卫生事件——主要包括传染病疫情、群体性不明原因疾病、食品安全和职业危害、动物疫情以及其他严重影响公众健康和生命安全的事件;社会安全事件——主要包括恐怖袭击事件、经济安全事件、涉外突发事件等。按照各类突发公共事件的性质、严重程度、可控性和影响范围等因素,总体预案将突发公共事件分为四级,即Ⅰ级(特别重大)、Ⅱ级(重大)、Ⅲ级(较大)和Ⅳ级(一般)。

根据《交通运输突发事件应急管理规定》,交通运输突发事件是指突然发生,造成或者可能造成交通运输设施毁损,交通运输中断、阻塞,重大船舶污染及海上溢油应急处置等,需要采取应急处置措施,疏散或者救援人员,提供应急运输保障的自然灾害、事故灾难、公共卫生事件和社会安全事件。《交通运输突发事件应急管理规定》中,交通运输突发事件并未进行分类、分级。

在《水路交通突发事件应急预案》中,水路交通突发事件是指由下列突发事件引发的、造成或可能造成航道或港口出现中断、瘫痪、重大人员伤亡、财产损失、生态环境破坏和严重社会危害,以及由于社会经济异常波动等造成重要物资需要由交通主管部门提供水路应急运输保障的紧急事件。

(1)水路运输事件,主要包括航道堵塞或中断,港口瘫痪受损,港口危险品事故,港口环境污染损害,水运施工建设事故等。

(2)社会安全事件,主要包括恐怖袭击事件,严重破坏基础设施事件,群体性事件,偷渡、走私等涉外事件等。

(3)公共卫生事件,主要包括重大传染病疫情,群体性不明原因疾病,食品安全和职业危害,动物疫情,以及其他严重影响公众健康和生命安全的事件。

(4)自然灾害,主要包括水旱灾害,气象灾害,地震灾害,地质灾害,海洋灾害,生物灾害和森林草原火灾等。

水路交通突发事件按照其性质、严重程度、可控性和影响范围等因素,一般分为四级:Ⅰ级(特别重大)、Ⅱ级(重大)、Ⅲ级(较大)和Ⅳ级(一般)。

2. 应急管理

应急管理是指政府部门及其他机构在突发事件的事前预防、事发应对、事中处置和善后管理过程中,通过建立必要的应对机制,采取一系列必要措施,保障公众生命财产安全;促进社会和谐健康发展的有关活动。危险包括,人的危险、物的危险和责任危险三大类。首先,人的危险可分为生命危险和健康危险;物的危险指威胁财产和火灾、雷电、台风、洪水等事故;责任危险是产生于法律上的损害赔偿责任,一般又称为第三者责任险。其中,危险是由意外事故、意外事故发生的可能性及蕴藏意外事故发生可能性的危险状态构成。

事故应急管理的内涵,包括预防、预备、响应和恢复四个阶段。尽管在实际情况中,这些阶段往往是重叠的,但他们中的每一部分都有自己单独的目标,并且成为下个阶段内容的一部分。

1)应急管理工作的意义

做好应急管理,是航运企业健康成长的一种标志和能力,更是企业承担社会责任的重要表现。同时,政府在水上交通应急管理中,也需要借助航运企业资源,满足应急处置救援要求、物资需求和重建需求,航运企业日益成为政府水上交通应急管理的一支重要力量。对于企业来说,应急管理系统是航运企业发展的必备系统和保障,应急管理要体现长期性、主动性及前瞻性,才能在危急关头发挥最好的作用。前瞻性要求航运企业提前介入,变事后应急为事前预防;主动性是对企业事故发生的可能性、强度、范围作出判断,主动作为;长期性意味着应急准备是一项长期的工作,目前不发生不等于永远没有事故。

应建立健全航运企业内部应急机制。要牢固树立风险意识,做到有备无患。首先要建立企业应急管理组织体系,大型航运企业应成立应急管理机构,配备专职人员,形成总经理全面负责、分管副总具体负责、相关部门具体实施的企业应急管理组织体系。制定企业应急预案,将企业应急管理纳入企业管理的各个环节,形成上下畅通、多方联动、运转高效的企业应急管理机制,使航运企业应急管理工作规范化、制度化。

2)应急管理的原则

国家突发公共事件总体应急预案提出了多项应急管理工作的基本原则,即以人为本,减少危害;居安思危,预防为主;统一领导,分级负责;依法规范,加强管理;快速反应,协调应对;依靠科技,提高素质。

①加强预防。增强忧患意识,高度重视应急管理工作,居安思危,常抓不懈,防患于未然。坚持预防与应急相结合,常态与非常态相结合,作好应对突发事件的思想准备、预案准备、组织准备以及物资准备等。航运企业应重视企业突发事件的预防。预防是突发事件事前、事中、事后应急管理三个阶段的第一道防线,是在事件的潜伏或初现征兆阶段,通过采取有力措施,实施预警预控,防范和阻止突发事件的发生。

②快速反应。突发事件应急处置的各环节都要坚持效率原则,建立健全快速反应机制,及时获取充分而准确的信息,跟踪研判、果断决策、迅速处置,最大限度地减少危害和影响。

③以人为本。把保障人员健康和生命安全作为首要任务。凡是在可能造成人员伤亡的突发事件发生前,要及时采取人员避险措施;突发事件发生后,要优先开展抢救人员的紧急行动;要加强抢险救援人员的安全防护,最大限度地避免和减少突发事件造成的人员伤亡和危害。

④损益合理。处置突发事件所采取的措施应该与突发事件造成的危害的性质、程度、范围和阶段相适应。处置突发事件有多种措施可供选择,应选择对公众利益损害较小的措施。对公众权利与自由的限制,不应超出控制和消除突发事件造成的危害所必要的限度,并应对利益相关者的合法利益所造成的直接损失给予适当的补偿。

⑤资源整合。整合现有突发事件的监测、预测、预警等信息系统,建立网络互联、信息共

享、科学有效的防范体系;整合现有突发事件应急指挥和组织网络,建立统一、科学、高效的指挥体系;整合现有突发事件应急处置资源,建立分工明确、责任落实、常备不懈的保障体系。

⑥依法规范。坚持依法行政,妥善处理应急措施和常规管理的关系,合理把握非常措施的运用范围和实施力度,使应对突发事件的工作规范化、制度化、法制化。

⑦责权一致。实行应急处置工作责任制,依法保障责任单位、责任人员按照有关法律法规、规章以及预案的规定行使权力。在必须立即采取应急处置措施的紧急情况下,有关责任单位、责任人员应视情临机决断,控制事态发展。对不作为、延误时机、组织不力等失职、渎职行为追究责任。

3)应急管理工作的内容

应急管理工作内容概括起来叫做"一案三制"。"一案"是指应急预案,就是根据发生和可能发生的突发事件,事先研究制定的应对计划和方案。应急预案包括各级政府总体预案、专项预案和部门预案,以及基层单位的预案和大型活动的单项预案。"三制"是指应急工作的管理体制、运行机制和法制。

(1)应急管理体制(或称"应急体制")也可称为行政应急管理体制,是行政管理体制的重要组成部分。通常是指应急管理机构的组织形式,也就是综合性应急管理机构、各专项应急管理机构以及各地区、各部门的应急管理机构各自的法律地位、相互间的权力分配关系及其组织形式等。应急管理体制是一个由横向机构和纵向机构、政府机构与社会组织相结合的复杂系统,包括应急管理的领导指挥机构、专项应急指挥机构以及日常办事机构等不同层次。应急管理体制决定了应急管理体系的静态结构,规定了应急管理体系的潜在功能。

(2)应急管理机制可以界定为:突发事件预防与应急准备、监测与预警、应急处置与救援以及善后恢复与重建等全过程中各种制度化、程序化的应急管理方法与措施。从内涵看,应急管理机制是一组以相关法律、法规和部门规章等为基础的政府应急管理工作流程;从外在形式看,应急管理机制体现了政府应急管理的各项具体职能;从功能作用看,应急管理机制侧重在突发事件防范、处置和善后处理的整个过程中,各部门和单位应通过科学地组织和协调各方面的资源和能力,以更好地防范与应对突发事件。总的来看,应急管理机制以应急管理全过程为主线,涵盖事前、事发、事中和事后各个时间段,包括预防与应急准备、监测与预警、应急处置与救援、善后恢复与重建等多个环节。

根据《突发事件应对法》的相关规定,结合应急管理工作流程,可把我国应急管理机制分成如下九大部分:

①预防与应急准备机制。通过预案编制管理、宣传教育、培训演练、应急能力和脆弱性评估等,做好各项基础性、常态性的管理工作,从更基础的层面改善应急管理。

②监测与预警机制。通过危险源监控、风险排查和重大风险隐患治理,尽早发现导致产生突发事件苗头的信息并及时预警,减少事件产生的概率及其可能造成的损失。

③信息报告与通报机制。按照信息先行的要求,建立统一的突发事件信息系统,有效整合现有的信息资源,拓宽信息报送渠道,规范信息传递方式,做好信息备份,实现上下左右互联互通和信息的及时交流。

④应急指挥协调机制。通过信息收集、专家咨询来制定与选择方案,实现科学果断、综

合协调、经济高效的应急决策和处置。

⑤信息发布与舆论引导机制。在第一时间通过主动、及时、准确地向公众发布警告以及有关突发事件和应急管理方面的信息，宣传避免、减轻危害的常识，提高主动引导和把握舆论的能力，增强信息透明度，把握舆论主动权。

⑥社会动员机制。在日常和紧急情况下，动员社会力量进行自救、互救或参与政府应急管理行动。在应急处置过程中，对民众善意疏导、正确激励、有序组织，提高全社会的安全意识和应急技能。

⑦善后恢复与重建机制。积极稳妥地开展生产自救，做好善后处置工作，把损失降到最低，让受灾地区和民众尽快恢复正常的生产、生活和工作秩序，实现常态管理与非常态管理的有机转换。

⑧调查评估和学习机制。遵循公平、公开、公正的原则，引入第三方评估机制，开展应急管理过程、灾后损失和需求等方面的评估，以查找、发现工作中的问题和薄弱环节，提出防范和改进措施，不断完善应急管理工作。

⑨应急保障机制。建立人、财、物等资源清单，明确资源的征用、调用、发放、跟踪等程序，规范管理应急资源在常态和非常态下的分类与分布、生产和储备、监控与储备预警、运输与配送等，实现对应急资源供给和需求的综合协调和与优化配置。

(3)应急管理法制一般分为广义与狭义两种。广义的法制是静态和动态的有机统一。从静态来看，法制是指法律和制度的总称，包括法律规范、法律组织、法律设施等。从动态来看，法制是指各种法律活动的总称，包括法律的制定、实施、监督等。狭义的法制是指建立在民主制度基础上的法律制度和普遍手法，严格依法办事的原则。

(4)应急预案即预先制定的紧急行动方案，指根据国家和地方的法律、法规和各项规章制度，综合本部门、本单位的历史经验、实践积累和当地特殊的地域、政治、民族、民俗等实际情况，针对各种突发事件而事先制定的一套能切实、迅速、有效、有序解决突发事件的行动计划或方案，从而使政府应急管理工作更为程序化、制度化，做到有法可依、有据可查。应急预案要求在辨识和评估潜在的重大危险、事故类型、发生的可能性、发生过程、事故后果及影响严重程度的基础上，对应急管理机构与职责、人员、技术、装备、设施(备)、物资、救援行动及其指挥与协调等预先作出具体安排，用以明确事前、事发、事中、事后各个进程中，谁来做、怎样做、何时做以及相应的资源和策略等。简言之，应急预案是针对可能发生的突发事件，为迅速、有效、有序地开展应急行动，政府组织管理、指挥协调应急资源和应急行动的整体计划和程序规范。应急预案的主要功能是以确定性应对不确定性，针对最坏的情况做最好的打算，化不确定性的突发事件为确定性的常规事件，转应急管理为常规管理。一般说来，一个完善的预案体系应包括预案制定管理、预案评估管理、基于预案的辅助决策技术等。同时，预案的制定应该具有针对性、可行性、及时性和全面性等特点。

根据责任主体的不同，我国的应急预案体系包括国家总体应急预案、专项应急预案、部门应急预案、地方应急预案、企事业单位应急预案以及针对大型聚会/活动的预案六个层次。其中，国家总体应急预案是国家应急管理的行动纲要，也是全国应急预案体系的总纲，为各地区各部门的预案提供了行动准则和基本思路。目前，已完成的国家总体应急预案、25 件专项应急预案、80 件部门应急预案，基本覆盖了经常发生的突发事件的主要方面。此外，目前各省(区、市)也完成了省级总体应急预案编制工作,许多市、区(县)也纷纷制定了应急预案。2006 年 1 月 8 日,国务院发布了《国家突发公共事件总体应急预案》,随后陆续发布了事故灾难类、自然灾害类、突发公共卫生事件类等专项应急预案。按照 2006 年 7 月《国务院关于全面加强应急管理工作的意见》所提出的要求,在"十一五"期间,我国将建成覆盖各地区、各行业、各单位的"横向到边、纵向到底"的应急预案体系。交通运输部陆续制定并发布了《水路交通突发事件应急预案》《公路交通突发事件应急预案》《民用航空器海上遇险应急预案》《公路水运工程生产安全事故应急预案》等专项预案及应急处置管理规定。

3. 应急预案简介及分类

1)应急预案的简介

积极有效应对突发事件有三层含义:一是预防,"凡事预则立,不预则废。"将突发事件消灭在萌芽状态,不让其发生。做好突发事件处置工作的关键和前提是思想认识的水平。二是预警,就是将一切可能导致突发事件的隐患、重大事件一一列出来,确立突发事件发生的指标体系,防止信息不对称现象发生,并将这些方面实施重点监控。在此基础上,建立健全并完善突发事件预警机制,将监督与预防措施结合起来,做到防微杜渐,"防患于未然"。三是预案,突发事件既有人为因素,也有非人为因素(包括不可抗拒的自然因素),从这个意义上说,要想完全避免突发事件是不可能的。因此,必须把防范突发事件的基点放在准备工作上,其中制定应急预案是重中之重的工作。

应急预案指面对突发事件,如自然灾害、重特大事故、环境公害及人为破坏的应急管理、指挥、救援计划等,是针对具体设备、设施、场所和环境,在安全评价的基础上,为降低事故造成的人身、财产与环境损失,就事故发生后的应急救援机构和人员,应急救援的设备、设施、条件和环境,行动的步骤和纲领,控制事故发展的方法和程序等,预先作出的科学而有效的计划和安排。它一般应建立在综合防灾规划上,其几大重要子系统为:完善的应急组织管理指挥系统;强有力的应急工程救援保障体系;综合协调、应对自如的相互支持系统;充分备灾的保障供应体系;体现综合救援的应急队伍等。

2)应急预案的分类

应急预案可以分为企业预案和政府预案,企业预案由企业根据自身情况制定,由企业负责,政府预案由政府组织制定,由相应级别的政府负责。应急预案根据内容也可以分为以下四类:

①应急行动指南或检查表。针对已辨识的危险制定应采取的特定的应急行动。指南简要描述应急行动必须遵从的基本程序,如发生情况向谁报告,报告什么信息,采取哪些应急措施。这种应急预案主要起提示作用,对相关人员要进行培训,有时将这种预案作为其他类型应急预案的补充。

②应急响应预案。针对现场每项设施和场所可能发生的事故情况,编制应急响应预案。应急响应预案要包括所有可能的危险状况,明确有关人员在紧急状况下的职责。这类预案仅说明处理紧急事务必需的行动,不包括事前要求(如培训、演练等)和事后措施。

③互助应急预案。相邻企业为在事故应急处理中共享资源,相互帮助制定的应急预案。这类预案适合于资源有限的中小企业以及高风险的大企业,需要高效的协调管理。

④应急管理预案。应急管理预案是综合性的事故应急预案,这类预案详细描述事故前、

事故过程中和事故后，何人做何事、什么时候做、如何做。这类预案要明确制定每一项职责的具体实施程序。应急管理预案包括事故应急的四个逻辑步骤：预防、预备、响应、恢复。

二、交通运输企业预案编制

各类交通运输企业营运过程中，面对包括自然灾害及意外事故等各种复杂风险状况，随时有可能发生交通运输突发事件，企业层面的交通运输应急能力就显得尤为重要。对于交通运输企业来说，提升应急能力需要做好几个方面的工作，如加强作业过程中的危险源辨识和分析，据此制定事故应急救援预案和措施，强化事故应急管理，使其成为安全生产的最后一道"防火墙"。企业应急能力的一个重要元素是应急预案。如果应急预案形式化，只注重有预案、预案要件齐全，至于预案是否切合本企业实际、是否是从本企业的事故和伤害诊断情况作出、是否具有针对性等不管不问。有些企业的应急预案不是为了事故救援设置，而是为检查准备，这样一来企业应急能力将存在重大缺陷。

交通运输部2011年第9号令公布了《交通运输突发事件应急管理规定》，对于交通运输企业的应急管理工作提出了指导性意见，《交通运输突发事件应急管理规定》中对于交通运输企业预案编制及应急准备工作提出了明确要求。

第七条　交通运输企业应当按照所在地交通运输主管部门制定的交通运输突发事件应急预案，制定本单位交通运输突发事件应急预案。

第八条　应急预案应当根据有关法律、法规的规定，针对交通运输突发事件的性质、特点、社会危害程度以及可能需要提供的交通运输应急保障措施，明确应急管理的组织指挥体系与职责、监测与预警、处置程序、应急保障措施、恢复与重建、培训与演练等具体内容。

第九条　应急预案的制定、修订程序应当符合国家相关规定。应急预案涉及其他相关部门职能的，在制定过程中应当征求各相关部门的意见。

第十一条　公共交通工具、重点港口和场站的经营单位以及储运易燃易爆物品、危险化学品、放射性物品等危险物品的交通运输企业所制定的应急预案，应当向所属地交通运输主管部门备案。

第十二条　应急预案应当根据实际需要、情势变化和演练验证，适时修订。

第十三条　交通运输企业应当按照有关规划和应急预案的要求，根据应急工作的实际需要，建立健全应急装备和应急物资储备、维护、管理和调拨制度，储备必需的应急物资和运力，配备必要的专用应急指挥交通工具和应急通信装备，并确保应急物资装备处于正常使用状态。

第十四条　交通运输企业应当根据实际需要，建立由本单位职工组成的专职或者兼职应急队伍。

第十六条　交通运输企业应当将本单位应急装备、应急物资、运力储备和应急队伍的实时情况及时报所在地交通运输主管部门备案。

第二十条　交通运输企业应当按照交通运输主管部门制定的应急预案的有关要求，制定年度应急培训计划，组织开展应急培训工作。

第二十一条　交通运输企业应当根据本地区、本单位交通运输突发事件的类型和特点，制定应急演练计划，定期组织开展交通运输突发事件应急演练。

第二十三条　交通运输企业应当安排应急专项经费，保障交通运输突发事件应急工作的需要。应急专项资金和经费主要用于应急预案编制及修订、应急培训演练、应急装备和队伍建设、日常应急管理、应急宣传以及应急处置措施等。

三、水路货运企业预案编制

1. 航运企业应急预案编制的必要性

根据经修正的《SOLAS74 公约》第Ⅸ章提到的 ISM 规则第 8 章的强制性要求，1995 年 11 月各缔约国政府大会通过的《SOLAS74 公约》第Ⅲ章第 24-2 条及《MARPOL73/78 公约》附则Ⅰ第 26 条的规定，船上应对各种紧急情况应作出应急计划准备。1998 年 7 月 1 日开始实施的《国际安全管理规则》(ISM CODE)要求为确保海上人命安全，防止人员伤亡，避免对海洋环境造成污染危害、对财产造成损失，每个船舶所有人和船舶管理人都必须按照该规则建立自己的安全管理体系(SMS)，并经海事局或船级社的审核合格，颁发符合证明(DOC)后方可运行，应急预案作为 SMS 的重要内容，不容缺失。中华人民共和国交通部[1]于 2001 年 7 月 12 日发布《中华人民共和国船舶安全营运和防止污染规则》(简称《国内安全管理规则》(NSM))。应急程序、防污染措施包含在 NMS 的体系文件中，且从 2010 年起，国内所有登记船舶都需依据 NSM。

2012 年 1 月 1 日起施行的《交通运输突发事件应急管理规定》中明确指出：交通运输企业应当按照所在地交通运输主管部门制定的交通运输突发事件应急预案，制定本单位交通运输突发事件应急预案。此外，在应急管理和预案方面提出：

(1)交通运输企业所制定的应急预案，应当向所属地交通运输主管部门备案。

(2)根据应急工作的实际需要，建立健全应急装备和应急物资储备、维护、管理和调拨制度，并确保应急物资装备处于正常使用状态。

(3)根据实际需要，建立由本单位职工组成的专职或者兼职应急队伍。

(4)将本单位应急装备、应急物资、运力储备和应急队伍的实时情况及时报所在地交通运输主管部门备案。

(5)制定年度应急培训计划，组织开展应急培训工作。

(6)制定应急演练计划，定期组织开展交通运输突发事件应急演练。

(7)安排应急专项经费，保障交通运输突发事件应急工作的需要。

2. 航运企业应急预案(应急计划)的编制要求

由于船舶营运市场范围和船舶登记注册地的差异，航运企业应急管理工作需要符合不同的安全管理体系，海外营运船舶需符合 ISM 规则，国内营运船舶需符合 NSM 规则，同时，国内营运船舶及相关船公司也要满足安全生产标准化体系的各项要求。以下是不同安全管理体系对于应急预案(应急计划)提出的要求或编制指南。

1) ISM 规则对船舶应急计划的要求

《国际安全管理规则(ISM)》明确每个公司和船舶都应建立、实施保持安全管理体系(SMS)，要求在 SMS 中有描述船上可能的紧急情况和作业的反应程序。因此，统一的整体船上应急计划系统将作为国际安全管理规则的组成部分，形成公司和船舶安全管理体系

[1] 现为交通运输部。

(SMS)的基本组成部分。船上应急计划整体系统的结构包括下列6个模块的内容:

(1)模块Ⅰ:引言(Introduction)。内容包含制定本系统和整体计划的用途,主要目的、最终目标,以及改进要求,为系统的实施提出简单、明确的概念。

(2)模块Ⅱ:规定(Provisions)。在该模块中,应涉及的要素包括:

①报告紧急情况时应遵循的程序。

②识别、描述和对船上潜在的紧急情况反应的程序。

③维护系统和有关计划的程序或活动。

该模块中,应规定船上应急预防准备和反应行动的主要目的是建立该系统并不断得到完善,岸上公司、船上应急计划和反应的协调联系、应急程序的评价、对实施提出适当反馈信息和修改计划的程序,以改进船上的事故预防、准备和措施。

(3)模块Ⅲ:计划、准备和培训(Planning, preparedness and training)。作为最低要求,在本模块中应提供程序、计划或行动进展的信息,目的是:

①使船上人员熟悉系统和计划的规定。

②培训和教育船上新换岗人员关于系统和计划的内容。

③作出日常训练和练习的时间表,使船员能够处理船上可能出现的紧急情况。

④有效地协调船上人员和公司的行动,包括外部应急机构可能提供的帮助。

⑤准备可操作的反馈系统。

本模块应规定,对船上人员进行定期培训和教育,提供信息,以保证船上的每个关键人物都了解计划、执行计划、履行职责、正确报告,制定训练和演习计划及反馈信息,不断改进。

(4)模块Ⅳ:反应行动(Response actions)。船上紧急情况大致可分为4类23种:火灾和海损类、机损和污染类、货物损害类、人身安全类。在该模块中,应指导建立各种应急计划的反应和具体内容,其中包括:

①反应行动的协调。

②对各种可能事故情景的反应程序,包括保护人命、海上环境和财产。

③能通过职务或姓名识别各项反应行动负责的人员。

④用于与外部应急反应专家联络的通信路线。

⑤关于应急反应设备的可用性和所在位置的信息。

⑥船上报告和联络程序。

该模块中,针对船舶在航行、停泊、系泊、锚泊、在港内或干船坞中遇到紧急情况,为保护人员、船舶、海上环境和货物而采取的最佳行动,制定计划应认真考虑,为船上人员提供指南,制定事故发生时能使损害降至最低的程序标准。为使船上人员和岸上人员具有同样的计划,计划中应明确船上人员或岸上人员是否应采取行动。在所有可能发生的情况下,要按照保护人命、海上环境和财产的顺序采取行动。因此,在制定“随后反应”行动的程序时,应充分考虑“初始行动”的程序。

(5)模块Ⅴ:报告程序(Reporting procedures)。对涉及紧急情况或海上污染事故的船舶,必须与船舶的利益联络人和沿岸国或港口联络人保持联系。因此,为了报告紧急情况,应尽一切努力保证有关信息成为系统的组成部分。保证船舶与应急控制中心、公司和国家当局(RCC控制点)建立、保持快速可靠的24小时通信线路。保证电话、电传和传真号码等信息能根据人员变化情况随时更新。报告程序可参照IMO《船上油污应急计划编制指南》等,对报告行动作出充分的计划,其中包括何时报告、如何报告、与谁联系、报告内容等。

(6)模块Ⅵ:附录(Annexes)。除了对紧急情况成功作出反应所要求的资料外,可能还要求有其他一些有利于提高船上人员判定和操作计划能力的规定。

该系统为船上应急计划提供了一个框架结构,把各种不同的计划综合形成一个统一模块式的结构,并且避免计划中某些单元(例如报告)的重复出现。为了使系统和相关计划更适合各公司和船舶的操作使用,必须考虑到船舶类型、构造、货物、设备、配员和航线的差别。

2)《国内安全管理规则》(NSM)对应急准备的要求

《国内安全管理规则》的目标是为了保障水上交通安全、保护水域环境,体现了安全营运与防污染的主题思想,规则的制定是应用了《国际船舶安全营运和防止污染管理规则》(ISM)的原理,是引用国际公约的原理,并结合我国航运与水路交通发展情况而出台的,国内规则基本上全文引用ISM规则的原文,仅做了少量的调整。

对于防污和应急准备,NSM规则要求:体系化文件中应建立船舶安全与防污染监督检查制度,确保对船舶及其设备进行有效的维护和保养。确立根据船舶的种类、航区等因素制定相应的岸基、船岸和船舶应急预案,并定期组织训练演习。航运公司应当建立程序,以标志、描述船上可能出现的紧急情况,并明确对这些紧急情况如何作出反应;公司应当制定应急行动的训练和演习计划;安全管理体系应提供措施,确保公司能在任何时候对其船舶所面临的危险、紧急情况和事故作出反应。最主要的应急准备相关文件是《紧急情况的标明、描述和反应程序》《应急训练和应急计划》。内容主要涵盖船舶紧急情况报告、及时启动反应程序、船岸应急反应部署、应急反应记录、船上日常周期演习训练及船岸联合演习等。

3)《航运企业应急预案编制指南》的要求

《航运企业应急预案编制指南》提出:应急预案体系是航运企业安全管理体系中应急准备的重要部分。建立和不断完善应急预案体系是预防和有效应对突发事件的重要保障,高级领导层的承诺和执行力度是全面做好应急管理工作的基础,全员参与和各级人员的责任心、能力、态度及主观能动性将决定应急预案管理体系有效运行的最终效果。

《航运企业应急预案编制指南》是航运企业(含水上水下施工企业)编制安全生产突发事件应急预案(以下简称应急预案)的指导性文件;明确了应急预案编制的程序、内容和要素,标明了航运企业突发事件的种类、预案类型、应对措施等。适用于在中华人民共和国注册的各类航运企业,包括船舶所有人、船舶管理人、光船租船人及其安全管理体系覆盖的所有船舶。

针对每一类事故灾难的相应措施可能千差万别,但其基本应急模式是一致的,可以由一个综合的标准化应急体系来完成。航运企业可结合本单位的组织结构、管理模式、风险种类、生产规模等特点,以提高可操作性、有效性、适用性为原则,对应急预案指南给出的预案种类、框架结构等要素进行适当调整。应急预案可分为综合应急预案、专项应急预案、现场处置方案。航运企业可根据企业的规模,经营的范围,编制综合应急预案和专项应急预案或现场处置方案。

(1)综合应急预案是企业的整体预案,以岸基支持与集中指挥为主,侧重在应急救援活动的组织协调,从总体上阐述事故的应急方针、政策,明确本企业应急组织结构及相关应急职责，应急行动、措施和保障等基本要求和程序。通过综合应急预案可以清晰地了解企业应急管理体系的概况，是应对各类突发事件的综合性文件，所有企业都应编写。

（2）专项应急预案是针对具体的不同突发事件类别（如海损事件、机损事件、海上污染、航运保卫、灾害性天气、群体事件等）、危险源和应急保障而制定的计划或方案，是综合应急预案的组成部分，要与综合预案相互衔接，应按照综合应急预案的程序和要求组织制定，并作为综合应急预案的附件。专项应急预案应制定明确的救援程序和具体的应急救援措施。以达到最大限度地调动和使用资源，快速、有序地发挥最佳应急救援效果，适用于大型企业或行业集团。

（3）现场处置方案是根据航运企业的经营风险，针对船舶在营运过程中发生或可能发生的各种不同的具体事故或险情制定的应急处置和预防措施。现场处置方案应根据风险评估及危险性控制措施逐一编制，做到具体、简单、针对性强，并通过应急演练，参与应急处置的人员要做到应知应会，熟练掌握，反应迅速、正确处置。适用于直接管理船舶的企业、船舶和现场作业。

在编制指南中，对于不同类型的预案，编制流程提出了基本要求：编制准备、危险源与风险分析、具体编制、评审和发布。

3. 应急预案的结构框架

对于编制的应急预案，只要适合于各企业管理实际状况，能够指导各企业有效开展应急工作，就是好的应急预案。因此，各企业根据各自不同类型、不同规模、不同风险，针对企业实际应急需要和自身管理模式，采取不同的应急预案结构框架。目前，应急预案的结构框架有以下四种形式：

1）1 +4 结构

所谓“1 +4 结构”，就是综合预案 = 基本预案 +（应急功能设置 + 特殊风险管理 + 标准操作程序 + 支持附件）。“基本预案”阐明应急整体框架结构及应急原则；“应急功能设置”描述组织、领导层、部门以及关键人员等的应急职责和要求；“特殊风险”主要描述组织应急面临的各种风险状况及风险管理要求；“标准操作程序”是对“基本预案”的具体扩充，说明各项应急功能的实施细节，强调在应急活动过程中承担应急功能的组织、部门、人员的具体责任和行动；“支持附件”是各类与应急有关的技术资料、数据、信息等。应急预案的以上各部分相互联系、相互作用、相互补充，构成了一个有机整体。

“1 +4 结构”层次清晰，可操作性强，应急内容全面，预案纵横都能有效使用，但相对结构比较复杂，存在部分重复之处。因此，目前在国内只在大中型企业、集团公司以及风险比较大的企业使用。

2）总预案 + 专项预案结构

在“总预案 + 专项预案结构”中，“总预案”就是阐明应急整体框架结构及应急的基本原则；“专项预案”是根据总预案的要求，在危险分析的基础上，根据事故的种类、现场区域位置等因素，确定的子预案，如航运企业的专项预案根据事故种类分为火灾应急专项预案、水上交通事故应急专项预案、防台风应急专项预案等；各运输船舶的专项预案根据事故种类分为搁浅触礁应急专项预案、失去动力应急专项预案、机舱进水应急专项预案、人员落水应急专项预案等。专项预案越到基层越具体，同时必须保证行动与总预案和上级主管部门总预案、专项预案的一致性和有机结合。

这种应急预案的结构、逻辑关系清晰，比较容易把握、操作性较强，针对特定风险或场所的应急程序比较明确。但各专项预案会有重复，因此，大多数风险较大的大中型企业，或不同事故类型应急流程差异较大的大中型企业采用这种结构。目前，航运企业预案编制工作基本上采取此种结构。

3）总预案＋应急程序＋应急行动说明书结构

这种应急预案的结构，由整体到局部，“总预案”概述应急体系框架和应急基本原则，“应急程序”则明确各突发事件的应急流程或各应急部门应急工作流程，而“应急行动说明书”是具体的应急行动指导。

这种应急预案文件结构与企业建立的质量、环境和职业健康安全管理体系的文件结构形式一致，层次清晰，不同层次的人员可以有选择地使用预案文本，可操作性较强。国内大中型企业和风险较大的小型企业目前较多使用此结构。

4）单一的应急预案结构

单一的应急预案是指结合企业的实际情况，将应急预案的应急准备、应急响应、现场恢复等所有内容都融合成一个文本，该文本既阐明了应急框架和原则，又细化到了具体的应急行动。

这种应急预案结构的文本简练、重复性小、操作性比较强，比较适合分公司、大型船队以及风险较小的岸上企业。

各企业还可以采用上述应急预案结构框架中的某两种或两种以上的结构形式，将其融会贯通，联合起来使用。如在“总预案＋专项预案”的结构框架中，可以将“单一的应急预案”的结构融入专项预案，也可以将“总预案＋应急程序＋应急行动说明书”结构中的应急程序和应急行动说明书融入专项预案。

因此，各企业应结合自己生产的实际情况和管理现状，对应急预案的结构框架进行合理设计，使应急预案在实际安全生产过程中得到有效的实施。

4. 应急预案的编制要素

完整的应急预案编制应包括以下一些基本要素，即分为六个一级关键要素，包括方针与原则，应急策划，应急准备，应急响应，现场恢复，预案评审改进。

六个一级要素之间既具有一定的独立性，又紧密联系，从应急方针的策划、准备、响应、恢复到预案的管理与评审改进，形成了一个有机联系并持续改进的应急管理体系。根据一级要素中所包括的任务和功能，应急策划、应急准备和应急响应三个一级关键要素，可进一步划分成若干个二级小要素。所有这些要素构成了重大事故应急预案的核心要素，这些要素是重大事故应急预案编制应当涉及的基本方面。在实际编制时，根据企业的风险和实际情况的需要，也为便于预案内容的组织，可根据企业自身实际，将要素进行合并、增加、重新排列或适当的删减等。编制应急预案必须考虑企业的现状和需求，在事故风险分析的结果上，大量收集和参阅已有的应急资料，以尽可能减少工作环节。完整的应急预案应包括以下六项内容：

1）方针与原则

无论是何级或何类型的应急救援体系，首先必须有明确的方针和原则作为开展应急救援工作的纲领。方针与原则反映了应急救援工作的优先方向、政策、范围和总体目标，应急的策划和准备、应急策略的制定和现场应急救援及恢复，都应当围绕方针和原则开展。

事故应急救援工作是在预防为主的前提下，贯彻统一指挥、分级负责、区域为主、单位自救和社会救援相结合的原则。其中，预防工作是事故应急救援工作的基础，除了平时做好事故的预防工作，避免或减少事故的发生外，还要落实好救援工作的各项准备措施，做到预先有准备，一旦发生事故就能及时实施救援。

2）应急策划

应急预案最重要的特点是要有针对性和可操作性。因而，应急预案的策划，必须明确预案的对象和可用的应急资源情况，即在全面系统地认识和评价所针对的潜在事故类型的基础上，识别出重要的潜在事故及其性质、区域、分布及事故后果，同时，根据危险分析的结果，分析评估企业中应急救援力量和资源情况，为所需的应急资源准备提供建设性意见。在进行应急策划时，应当列出国家、地方相关的法律法规，作为制定预案和应急工作授权的依据。因此，应急策划包括危险分析、应急能力评估（资源分析），以及法律法规要求 3 个二级要素。

3）应急准备

主要针对可能发生的应急事件，应做好的各项准备工作。应急准备能否成功地在应急救援中发挥作用，取决于其准备的充分与否。应急准备基于应急策划的结果，明确所需的应急组织及其职责权限、应急队伍的建设和人员培训、应急物资的准备、预案的演习、公众的应急知识培训和签订必要的互助协议等。

4）应急响应

企业应急响应能力的体现，应包括需要明确并实施在应急救援过程中的核心功能和任务。这些核心功能具有一定的独立性，又互相联系，构成应急响应的有机整体，共同完成应急救援目的。应急响应的核心功能和任务包括接警与通知、指挥与控制、警报和紧急公告、通信、事态监测与评估、警戒与治安、人群疏散与安置、医疗与卫生、公共关系、应急人员安全、消防和抢险、泄漏物控制等。当然，根据企业风险性质的不同，需要的核心应急功能也可有一些差异。

5）现场恢复

现场恢复是事故发生后期的处理。比如泄漏物的污染问题处理、伤员的救助、后期的保险索赔、生产秩序的恢复等一系列问题。

6）预案管理与评审改进

强调在事故后（或演练后），对预案不适宜的部分进行不断修改和完善，使其更加适宜企业的实际应急工作的需要，但预案的修改和更新要有一定的程序和相关评审指标。

四、预案实施与管理

在《交通运输突发事件应急管理规定》中，交通运输部对于企业预案的实施与管理提出了明确意见。包括如下几个方面：

（1）交通运输企业应当组织开展企业内交通运输突发事件危险源辨识、评估工作，采取相应安全防范措施，加强危险源监控与管理，并按规定及时向交通运输主管部门报告。

（2）交通运输企业应当建立应急值班制度，根据交通运输突发事件的种类、特点和实际需要，配备必要值班设施和人员。

(3)交通运输企业应当加强对本单位应急设备、设施、队伍的日常管理，保证应急处置工作及时、有效开展。

(4)交通运输突发事件应急处置过程中，交通运输企业应当接受交通运输主管部门的组织、调度和指挥。

从企业层面来看，交通运输企业应急预案的实施与管理主要涉及以下几个方面的具体工作：

1)建立组织，明确职责

企业应明确本企业应急组织形式，如领导小组、专家小组、现场处置小组等。应指明各级应急指挥机构的构成部门(单位)或人员，并明确每一级机构负责单位或人员和每一具体行动的负责人及替代关系。尽可能以结构图的形式表示出来。

明确应急指挥机构的主要职责，以及总指挥和副总指挥的相应职责。企业视情可建立应急抢险专家库，以便指挥机构在必要时成立专家小组，为现场应急工作提供应急救援建议和技术支持。指挥机构的职责主要包括研究政策、落实措施、批准预案、启动和终止预案、协调和指挥抢险、发布信息和组织演练等。应急指挥机构根据事故类型和应急工作需要，可以设置相应的专项应急处置工作小组，并明确各小组负责人和各小组的工作任务及职责。

2)严密监控，科学预警，及时响应

明确本企业对危险源监测监控的方式、方法，以及采取的预防措施。企业应针对可能发生的各类突发事件，完善预防与预警机制，开展安全风险评估，做到早发现、早报告、早处置并制定有效的预防措施。按职开展安全监督、检查，坚决制止“三违”行为。对可能引发各类突发事件的预测、预警信息要及时上报。明确事故预警的条件、方式、方法和信息的发布程序。企业可通过收集和研究可能导致安全生产突发事件的内部信息和外部信息，及早提示、预警并采取有效的应对措施，以预防事件的发生。

当发生突发事件时，应密切跟踪事态发展，做好应急准备工作，并向有关单位发布预警信息。当事件发展符合本级预案启动条件时，立即发出启动本预案指令，按照预案程序和规定，通知相关机构或部门立即进入应急工作状态。当事态发展认为需要支持时，应及时请求上一级应急救援指挥机构协调和指导。

根据本企业的组织结构、职能分配和所属单位情况，明确已划分各级别突发事件响应程序。包括明确各级别事件应急预案的启动条件、响应的基本原则、突发事件响应等级递进规定和响应过程的联系方式等，以及明确各响应等级的应急指挥、应急行动、资源调配、应急避险等响应程序。在制定响应程序时应当注意，如果超出本级应急处置能力时，要及时请求上一级应急指挥机构启动应急预案实施救援。

3)及时上报，信息通畅

各企业要建立、完善先进的应急通信系统，并做好平时的管理和维护工作，确保应急通信24小时畅通。明确企业24小时应急值守电话、事故信息接收和通报程序。包括公示企业全天候值班电话、明确员工报警的标准、方式、信号、相互认可的报告、报警形式和内容(避免误解)、应急反应人员向外求援的方式以及信息在事发企业与上一级企业和事发企业内部各级应急机构间的传递和处置等；报告内容包括常规信息、事件信息、人员信息、措施信息等。

明确事故发生后向上级主管部门和地方人民政府，以及有关单位报告事故信息的流程、内容和时限。当突发事件发生后，企业在视情启动应急预案的同时，应按照有关规定及时如实向上一级企业和当地政府或主管部门报告，不得迟报、谎报、瞒报和漏报。报告内容主要包括时间、地点、信息来源、事件性质、危害程度、事件发展趋势和已经采取的措施等。

4）合理配员，保障物资及经费

明确各类应急响应的人力资源，包括专业应急队伍、兼职应急队伍的组织与保障方案。企业应按照各行业有关规定配备应急救援队伍，以专职和兼职应急救援队伍为基础，加强应急队伍业务培训和演练，强化全员应急能力建设。加强对外交流和与合作，不断提高本企业应急队伍综合素质。

明确应急救援需要使用的应急物资和装备的类型、数量、性能、存放位置、管理责任人及其联系方式等内容。明确应急专项经费来源、使用范围、数量和监督管理措施，保障应急状态时企业应急经费的及时到位。

5）强化训练，及时更新

明确对本企业人员开展的应急培训计划、方式和要求。企业每年应按照有关规定结合本单位实际情况制定应急培训计划，对全体员工进行应急培训教育（包括应急预防、避险、避灾、自救、互救等有关应急综合素质培训）。应急指挥机构负责制定专职或兼职应急人员培训计划，并列入各级行政管理培训课程计划。如果预案涉及社区和居民，要做好宣传教育和告知等工作。

明确应急演练的规模、方式、频次、范围、内容、组织、评估、总结等内容。企业各级应急指挥机构应结合本单位的实际情况按照国际公约、法规及有关规定，定期或不定期组织应急演习以保证各级应急预案的有效实施，如应规定每年至少进行一次专项应急演练。要做好应急演练的组织、策划、实施工作，并做好演练结束后的总结评估及改进等各项工作。演练的总结和评估要向上一级单位报告。

明确应急预案维护和更新的基本要求，定期进行评审，实现可持续改进。本预案所依据的公约、法律法规、所涉及的机构和人员发生重大改变或在执行中发现存在重大缺陷时，本企业应及时组织修订，定期组织对本预案进行评审。将预案纳入企业的日常管理规章，并接受有关机构的监督、审核和检查，不断自我改进。当本预案有变动时，应重新向上一级单位和主管机构报备。

此外，在应急预案的实施过程中，应明确事故应急救援工作中的奖励和处罚条件及内容。企业突发事件应急处置工作，应实行行政领导负责制和责任追究制。对突发事件应急管理工作中作出突出贡献的先进集体和个人要给予表彰和奖励。对迟报、谎报、瞒报和漏报突发事件重要情况或者应急管理工作中有其他失职、渎职行为的，按照企业有关规定对有关责任人给予行政处分。构成犯罪的移送司法机关依法追究刑事责任。

中篇　专 业 知 识

第四章 专业法律法规

目前,我国还没有一套成形的、专门的道路运输行业安全法规体系,道路运输行业安全管理法规要求都散见于安全生产监管、公安交通管理部门和交通运输管理部门的法律规范中,这也是我国目前安全生产管理实行"政府统一领导、部门依法监管、企业全面负责、群众监督参与、社会广泛支持"的工作格局所决定的。因此,道路运输企业安全生产标准化考评员必须了解和熟悉道路运输行业安全管理的法规体系,只有这样才能把握好安全生产达标标准的制定依据。道路运输安全管理法规体系应该包括综合性安全生产法规及安全标准体系、道路交通安全通用法规及安全标准体系、道路运输行业安全生产专业法规及安全标准体系。下面结合安全生产达标标准,就道路运输行业专业法律规范进行介绍。

第一节 道路运输行业安全生产相关法律法规与规章

道路运输行业安全生产相关的法律规范主要有道路交通安全管理法律规范和道路运输行业管理法律规范。

一、道路交通安全通用法律规范

道路交通安全通用法律规范是道路运输企业从事道路运输生产经营活动应当遵守的基础性法律规范,其重点是对道路运输车辆的标准和驾驶员行为准则的规范。因此,作为道路运输安全生产达标评审人员,有必要了解道路交通安全法律基本常识。

1. 有关道路交通安全的法律

有关道路交通安全的法律主要是《中华人民共和国道路交通安全法》,该法为驾驶员、行人、乘车人以及与道路交通活动相关人员制定了行为准则。针对营运车辆和驾驶员管理,主要有以下三方面规定:

(1)机动车的驾驶培训实行社会化,由交通主管部门对驾驶培训学校、驾驶培训班实行资格管理。驾驶培训学校、驾驶培训班应当严格按照国家有关规定,对学员进行道路交通安全法律、法规、驾驶技能的培训,确保培训质量。任何国家机关以及驾驶培训和考试主管部门不得举办或者参与举办驾驶培训学校、驾驶培训班。

(2)加大营运车辆饮酒、醉酒后驾车的法律处罚力度。对于驾驶公交、出租等营运机动车的,饮酒后驾车,处暂扣三个月机动车驾驶证,并处五百元罚款;醉酒后驾车,由公安机关交管部门约束至酒醒,处十五日以下拘留和暂扣六个月机动车驾驶证,并处两千元罚款。

(3)加大特大交通事故负有主要责任或者全部责任的专业运输单位的管理。对六个月内发生二次以上特大交通事故负有主要责任或者全部责任的专业运输单位,由公安机关交通管理部门责令消除安全隐患,未消除安全隐患的机动车,禁止上道路行驶。

2. 有关道路交通安全管理的法规

与道路运输安全相关的道路交通安全管理的法规主要有《中华人民共和国道路交通安

全法实施条例》《机动车交通事故责任强制保险条例》。

1)《中华人民共和国道路交通安全法实施条例》(以下简称《条例》)

《条例》是国务院制定的全面系统实施《中华人民共和国道路交通安全法》的一部专门行政法规,是规范行人、非机动车、机动车参与交通行为的基本法律规范。

(1)营运车辆需要特别关注的主要事项。

①安全技术检验要求。要求营运载客汽车5年以内每年检验1次;超过5年的,每6个月检验1次;载货汽车和大型、中型非营运载客汽车10年以内每年检验1次;超过10年的,每6个月检验1次。

②推广使用行驶记录仪。即用于公路营运的载客汽车、重型载货汽车、半挂牵引车,应当安装、使用符合国家标准的行驶记录仪。交通警察可以对机动车行驶速度、连续驾驶时间以及其他行驶状态信息进行检查。安装行驶记录仪可以分步实施,实施步骤由国务院机动车产品主管部门会同有关部门规定。

③明确营运车辆荷载要求。《条例》第五十四条规定,机动车载物不得超过机动车行驶证上核定的载质量,装载长度、宽度不得超出车厢,其中重型、中型载货汽车,半挂车载物,高度从地面起不得超过4米,载运集装箱的车辆不得超过4.2米;载客汽车除车身外部的行李架和内置的行李箱外,不得载货。载客汽车行李架载货,从车顶起高度不得超过0.5米,从地面起高度不得超过4米。

④明确机动车牵引挂车要求。《条例》第五十六条规定,载货汽车、半挂牵引车、拖拉机只允许牵引1辆挂车。挂车的灯光信号、制动、连接、安全防护等装置应当符合国家标准;载货汽车所牵引挂车的载质量不得超过载货汽车本身的载质量;小型载客汽车只允许牵引旅居挂车或者总质量700千克以下的挂车。挂车不得载人;大型、中型载客汽车,低速载货汽车,三轮汽车以及其他机动车不得牵引挂车。

(2)营运驾驶员需要特别关注两项要求。

①公路交通安全违法行为累积记分(以下简称记分)制度。《条例》第二十三条规定,公安机关交通管理部门对机动车驾驶人的道路交通安全违法行为除给予行政处罚外,实行道路交通安全违法行为累积记分(以下简称记分)制度,记分周期为12个月。对在一个记分周期内记分达到12分的,由公安机关交通管理部门扣留其机动车驾驶证,该机动车驾驶人应当按照规定参加道路交通安全法律、法规的学习并接受考试。考试合格的,记分予以清除,发还机动车驾驶证;考试不合格的,继续参加学习和考试。

②连续驾驶适度休息制度。《条例》六十二条第七款规定,驾驶机动车不得连续驾驶机动车超过4小时未停车休息或者停车休息时间少于20分钟。

2)《机动车交通事故责任强制保险条例》

作为规范机动车交通事故责任强制保险制度的行政法规,《条例》严格遵守了《道路交通安全法》有关强制保险的规定,贯彻了《道路交通安全法》"以人为本、关爱生命、关注安全、保畅交通"的理念。建立机动车交通事故责任强制保险制度体现了以人为本的人文关怀精神。

《条例》借助机动车交通事故责任强制保险所具有的社会管理效用,履行了政府职责,为有效保护交通事故受害人的人身安全、财产损失,维护社会公共利益提供了法律保障。

《条例》建立“奖优罚劣”的费率浮动机制。被保险机动车没有发生道路交通安全违法行为和道路交通事故时，保险公司应当在下一年度降低其保险费率。在此后的年度内，被保险机动车仍然没有发生道路交通安全违法行为和道路交通事故时，保险公司应当继续降低其保险费率，直至最低标准。被保险机动车发生道路交通安全违法行为或者道路交通事故时，保险公司应当在下一年度提高其保险费率。多次发生道路交通安全违法行为、道路交通事故，或者发生重大道路交通事故时，保险公司应当加大提高其保险费率的幅度。在道路交通事故中被保险人没有过错的，不提高其保险费率。

3. 有关道路交通安全管理的规章

涉及道路交通安全管理的规章主要有公安部出台的《机动车驾驶证申领和使用规定》《机动车登记规定》《交通事故处理程序规定》等部门规章。

二、道路运输行业管理法律规范

目前，我国并没有针对道路运输行业安全生产进行专门立法，所以涉及道路运输经营企业安全基础条件的，主要是道路运输行业管理法律规范。对道路运输行业管理法律规范的掌握是科学把握道路运输经营企业安全生产基础条件的基础。道路运输经营活动作为人类安全生产活动一项重要分支，其安全管理理念、要求及制度措施都还在摸索中前进，因此加强对规范性文件的学习也是有效把握道路运输企业安全生产达标标准的重要参考。

（一）有关道路运输行业管理的法规

有关道路运输行业管理的法规主要有《中华人民共和国道路运输条例》《中华人民共和国公路安全保护条例》。

1.《中华人民共和国道路运输条例》

《中华人民共和国道路运输条例》（以下简称《条例》）2004 年第 405 号国务院令公布，于 2004 年 7 月 1 日起施行。《条例》确立了我国道路运输基本法律制度框架。针对道路运输安全生产问题，《条例》从以下八个方面做了规定：

（1）把安全作为准入的基本条件。

要求从事道路旅客运输经营、道路货物运输、道路危险货物运输有健全的安全生产管理制度。要求道路运输管理机构对拟从事道路旅客运输的企业是否具备安全生产管理制度进行审查。安全生产管理制度是保证运输企业运输生产安全而制定的一种管理制度和行为规范的总称，是关系道路运输安全营运的保障，其内容包括本单位的安全生产责任制，本单位的安全生产和操作的规程，本单位安全生产投入有效实施的制度，本单位安全生产的监督检查制度，本单位的消除生产安全事故隐患的制度等内容。

（2）明确道路运输车辆管理要求。

在道路运输经营的准入条件中规定从事道路运输的车辆应当检测合格。明确规定客运经营者、货运经营者应当加强对车辆的维护和检测，确保车辆符合国家规定的技术标准，不得使用报废的、擅自改装的和其他不符合国家规定的车辆从事道路运输经营，要求“生产（改装）客运车辆、货运车辆的企业按照国家规定标定车辆核定人数或者载质量，从源头杜绝“大吨小标”和“小吨大标”车辆的生产”。

（3）明确道路运输驾驶员的管理要求。

在道路运输经营的准入条件中规定,驾驶员应当符合相关条件,控制不合格的车辆和驾驶员从事道路运输经营;要求客运经营者、货运经营者应当加强对从业人员的安全教育、职业道德教育,确保道路运输安全。在运输生产活动中,道路运输从业人员应当遵守道路运输操作规程,不得违章作业,驾驶员连续驾驶时间不得超过 4 个小时。

(4)明确要求道路客货运输经营者保证运输作业安全。

①道路旅客运输经营者应采取防止发生侵害旅客人身、财产安全的违法行为。《条例》第十六条规定,客运经营者应当为旅客提供良好的乘车环境,保持车辆清洁、卫生,并采取必要的措施防止在运输过程中发生侵害旅客人身、财产安全的违法行为。

②道路货物运输经营者应采取防止货物危害公共安全行为。《条例》第二十七条规定,国家鼓励货运经营者实行封闭式运输,保证环境卫生和货物运输安全。货运经营者应当采取必要措施,防止货物脱落、扬撒等。运输危险货物应当采取必要措施,防止危险货物燃烧、爆炸、辐射、泄漏等。第二十八条规定,运输危险货物应当配备必要的押运人员,保证危险货物处于押运人员的监管之下,并悬挂明显的危险货物运输标志。同时,要求托运危险货物的,应当向货运经营者说明危险货物的品名、性质、应急处置方法等情况,并严格按照国家有关规定包装,设置明显标志。

③道路货物运输经营者不得超员、超载运输。《条例》第三十五条规定,道路运输车辆运输旅客的,不得超过核定的人数,不得违反规定载货;运输货物的车辆,不得运输旅客,运输的货物应当符合核定的载重量,严禁超载;载物的长、宽、高不得违反装载要求。

(5)明确道路运输站(场)经营者对进站经营客货运输车辆安全把关责任要求。

①对客源、货源的安全把关。要求客运站经营者按照车辆核定载客限额售票,并采取措施防止携带危险品的人员进站乘车;要求货运站经营者按照国务院交通主管部门规定的业务操作规程装卸、储存、保管货物。

②对出站车辆进行安全检查。《条例》第四十一条规定,应当对出站的车辆进行安全检查,禁止无证经营的车辆进站从事经营活动,防止超载车辆或者未经安全检查的车辆出站。

(6)明确机动车维修质量管理要求。

规定机动车维修实行竣工出厂合格证制度和质量保证期制度。要求对机动车进行二级维护、总成修理或者整车修理的,应当进行维修质量检验。检验合格的,维修质量检验人员应当签发机动车维修合格证。要求机动车维修实行质量保证期制度。质量保证期内,因维修质量原因造成机动车无法正常使用的,机动车维修经营者应当无偿返修。机动车维修经营者不得使用假冒伪劣配件维修机动车,不得承修已报废的机动车,不得擅自改装机动车。

(7)明确道路客货运经营者建立应急预案和参加社会应急救援的责任。

《条例》要求,客运经营者、货运经营者应当制定有关交通事故、自然灾害以及其他突发事件的道路运输应急预案。应急预案应当包括报告程序、应急指挥、应急车辆和设备的储备以及处置措施等内容。发生交通事故、自然灾害以及其他突发事件时,客运经营者和货运经营者应当服从县级以上人民政府或者有关部门的统一调度、指挥。

(8)推行承运人责任险制度。

《条例》强化了对道路旅客运输和道路危险货物运输的安全风险控制。《条例》第三十六条要求,客运经营者、危险货物运输经营者应当分别为旅客或者危险货物投保承运人责任险。

2.《公路安全保护条例》

2011 年 3 月 7 日，国务院第 593 号令颁布了《公路安全保护条例》，并于 7 月 1 日起施行。《公路安全保护条例》（以下简称《条例》）针对车辆超限运输通过公路、公路桥梁对社会造成的危害性，就源头治理超载超限从三方面进行了规范。

（1）规范车辆的销售及登记管理。

针对部分车辆生产、销售企业为牟取利益专门生产、改装用于超限超载运输的车辆的问题，《条例》明确了车辆生产、销售企业的法律责任，规定车辆生产、销售企业只能生产、销售符合道路车辆外廓尺寸、轴荷及质量限值等国家机动车安全技术标准的车辆；在车辆登记环节，规定对不符合标准的车辆，公安机关不予办理车辆登记。

（2）明确源头治理管理要求。

《公路安全保护条例》第四十一条规定，煤炭、水泥等货物集散地以及货运站等场所的经营人、管理人应当采取有效措施，防止不符合国家有关载运标准的车辆出场（站）。道路运输管理机构应当加强对煤炭、水泥等货物集散地以及货运站等场所的监督检查，制止不符合国家有关载运标准的车辆出场（站）。任何单位和个人不得指使、强令车辆驾驶人超限运输货物，不得阻碍道路运输管理机构依法进行监督检查。

（3）明确货物运输车辆通行要求。

针对危险物品运输，《公路安全保护条例》第四十二条规定，载运易燃、易爆、剧毒、放射性等危险物品的车辆，应当符合国家有关安全管理规定，并避免通过特大型公路桥梁或者特长公路隧道；确需通过特大型公路桥梁或者特长公路隧道的，负责审批易燃、易爆、剧毒、放射性等危险物品运输许可的机关应当提前将行驶时间、路线通知特大型公路桥梁或者特长公路隧道的管理单位，并对在特大型公路桥梁或者特长公路隧道行驶的车辆进行现场监管。

针对飞扬撒漏，第四十三条规定，车辆应当规范装载，装载物不得触地拖行。车辆装载物易掉落、遗洒或者飘散的，应当采取厢式密闭等有效防护措施方可在公路上行驶。

（4）明确对超限运输行为惩治要求。

《公路安全保护条例》第六十六条规定，对 1 年内违法超限运输超过 3 次的货运车辆，由道路运输管理机构吊销其车辆营运证；对 1 年内违法超限运输超过 3 次的货运车辆驾驶人，由道路运输管理机构责令其停止从事营业性运输；道路运输企业 1 年内违法超限运输的货运车辆超过本单位货运车辆总数 10% 的，由道路运输管理机构责令道路运输企业停业整顿；情节严重的，吊销其道路运输经营许可证，并向社会公告。

3. 其他省（市）道路运输行业管理地方性法规

为规范我国道路运输市场发展，促进行业稳定和安全，各省也都开展道路运输行业立法，这里我们介绍部分省出台地方性法规，供大家借鉴。

1）《山东省道路运输条例》

新修订的《山东省道路运输条例》（以下简称《条例》）已于 2011 年 3 月 1 日起正式实施。《条例》涵盖了道路班车客运、包车客运、旅游客运、城市公共交通客运、出租车客运等客运经营和道路货运经营、道路运输站（场）经营、机动车维修经营、机动车驾驶员培训以及机动车综合性能检测和汽车租赁等道路运输相关业务。《条例》共七章七十七条，从职责划分、道路运输经营、道路运输相关业务、道路运输安全、监督管理等方面设定了权利义务规范，明确了相应的法律责任。特别是在城乡客运一体化、现代物流业发展、道路运输安全稳定、节能减排和服务民生等方面，创新了管理制度，是该《条例》规范的重点内容。

这里重点介绍《条例》对安全管理的要求。《条例》单设专章对道路客运安全、旅客安全、货运安全和站（场）安全等做了全面规范，明确了有关部门、经营者和从业人员在道路运输安全生产方面的职责和义务，对道路运输安全生产责任制、经营者的安全责任和安全措施以及应急保障制度提出了具体要求。

（1）确立政府统一领导，部门分工负责的道路运输安全生产监督管理体制。

《条例》规定，县级以上人民政府应当依法对道路运输安全生产进行监督管理，建立道路应急运力储备和道路运输应急保障制度。交通运输行政主管部门应当加强对道路运输市场准入条件的审查，依法对道路运输站（场）安全生产、道路运输车辆技术状况、道路运输从业人员资格进行监督管理，提高道路运输安全生产水平。公安、旅游、安全生产监督管理等部门应当按照各自职责做好道路运输安全生产监督管理工作。

（2）明确道路运输经营者安全生产主体责任地位。

《条例》要求道路运输和道路运输相关业务经营者应当对本单位的安全生产负责，遵守安全生产法律法规，建立健全安全生产责任制，制定并落实安全生产管理制度和突发事件应急预案，定期对道路运输从业人员进行安全教育，提高交通安全意识。

（3）要求规范从业人员的作业管理。

①要求道路运输和道路运输相关业务经营者及其从业人员应当遵守道路运输安全生产制度和操作规程，不得违章作业和超限超载运输，不得违章指挥作业。

②要求包车客运经营者应当在每次发车前进行车辆安全检查。未经安全检查或者检查不合格的，不得载客运营。

③要求高速公路单程六百千米以上、其他公路单程四百千米以上的客运车辆，应当随车配备两名以上驾驶员。每名驾驶员连续驾驶时间不得超过四个小时，停车休息时间不得少于二十分钟。

（4）明确车辆安全装备及标志要求。

①客运班车、包车、旅游客车、出租汽车、危险货物运输车辆应当安装和使用符合相关标准的卫星定位车载终端等行车安全和信息化设施，并保证其正常运行。

②货物运输车辆应当按规定粘贴反光防撞标志，危险货物运输车辆还应当按规定粘贴警示标志。

③道路运输站（场）经营者应当按规定配备安全设施设备，设置安全标志，执行车辆进出站（场）安全检查和登记查验制度。一、二级道路客运站应当实行封闭发车，配备并使用行包安全检查设备和视频监控设备。鼓励三级以下道路客运站配备行包安全检查设备。

（5）明确道路运输安全生产关联方安全责任。

①要求危险货物托运人应当委托具有道路危险货物运输资质的经营者承运危险货物，并向运输经营者说明危险货物的品名、性质、应急处置方法等情况。

②要求危险货物托运人在交付危险货物前，应当登记查验运输经营者、车辆和人员的资格证件。

③要求道路客运站经营者应当按照确定的线路、班次、车辆、站点和发车时间，组织车辆进站、售票，不得在当日 22 时至次日 5 时安排客运班车始发。

④要求旅客应当接受安全检查。拒不接受安全检查的，客运站有权拒绝其进站、乘车；强行进站、乘车的，由公安机关依法处理。旅客应当遵守有关乘车安全的规定，听从驾乘人员的安全提示，不得携带易燃易爆等违禁物品乘车。

2)《湖北省道路运输条例》

《湖北省道路运输条例》(以下简称《条例》)于 2006 年 12 月 1 日起施行。《条例》共六章四十八条，对道路运输经营和出租汽车客运经营、道路运输相关业务、监督检查、法律责任等做了较详细的规定。《条例》体现了以保障运输安全为核心，以维护旅客、货主和其他消费者的利益为重点，以建立统一开放、竞争有序的道路运输市场为目标，建立和完善道路运输市场准入、市场监管、市场退出三个机制。

强化对市场准入安全关及日常安全监督(安装车辆运行状态监控设备，对发生的特大责任事故的经营者 6 个月内不予新增经营业务，实行驾驶员培训计时管理，《条例》明确了道路运输管理机构在安全管理中的职责。

(1)规定道路运输经营者安全责任。《条例》要求，道路运输经营者应当具备法律、法规和国家标准、行业标准规定的安全生产条件，落实安全生产管理制度；对车辆、机具及站场的设施设备等进行经常性的维护，并定期检测、检验，保证其正常运转。

(2)强调行政审批安全把关，即对途经三级以下(含三级)山区公路达不到夜间安全通行条件路段的，不予审批夜间客运班线；申请从事乡村客运经营，其途经道路符合安全通行条件，车辆、人员等符合法定条件的，运管机构应当准予许可。

(3)对站场经营者安全人员和设备的配备进行了规范。《条例》要求，站场经营者应当配备相应的安全检查人员和设备，按照省安全生产监督管理部门和交通主管部门确定的项目和具体办法，对进站经营的车辆进行安全检查，并防止乘客携带违禁物品乘车。

(4)明确强制投保承运人责任险制度。《条例》规定，从事客运经营和危险货物运输的，应当依法分别为旅客或者危险货物投保承运人责任险。未按规定投保承运人责任险的，县级以上运管机构可以中止车辆运行，将违章车辆停放到能有效实施中止运行的地点。

(5)明确危险货物运输、装卸安防要求。《条例》要求，运输、装卸危险货物，应当依照有关法律、法规、规章的规定和国家标准的要求并按照危险货物的危险特性，采取必要的安全防护措施。

(6)确立对责任事故单位惩戒制度。《条例》要求，运管机构对发生特大责任事故的经营者应当自事故发生之日起 6 个月内不予许可其相关的新增经营申请，整改不合格的，由县级以上运管机构暂扣其道路运输经营许可证件。

(二)有关道路运输行业安全生产的规章

继《中华人民共和国道路运输条例》实施后，交通运输部相继发布了与其相配套的《道路货物运输及站场管理规定》《道路旅客运输及客运站管理规定》《道路危险货物运输管理规定》《放射性物品道路运输管理规定》《机动车维修管理规定》《机动车驾驶员培训管理规定》《道路运输从业人员管理规定》《出租汽车驾驶员从业资格管理规定》8 个部令，虽然一些规章几经修改，但主要根本法律要求没有变。几个配套规章更进一步明确细化了道路运输安全管理的内容和职责，对企业基础安全生产条件进行了明确界定，对作业行为提出了明确要求。作为道路运输企业安全生产达标的考评人员，必须掌握规章的法律精神。这里，我们对《道路货物运输及站场管理规定》《道路旅客运输及客运站管理规定》《道路危险货物运输管理规定》《道路运输从业人员管理规定》做重点介绍。

1.《道路货物运输及站场管理规定》

1）对道路货运及货运站经营业务进行了界定

道路货物运输经营是指为社会提供公共服务、具有商业性质的道路货物运输活动。道路货物运输包括道路普通货物运输、零担货物运输、大型物件货物运输、集装箱运输、冷藏货物运输、危险货物运输和搬家运输。

道路货物运输站（场）（以下简称"货运站"），是指以场地设施为依托，为社会提供有偿服务的具有仓储、保管、配载、信息服务、装卸、理货等功能的综合货运站（场）、零担货运站、集装箱中转站、物流中心等经营场所。

2）明确从事道路货物运输经营的条件

（1）有与其经营业务相适应并经检测合格的运输车辆。

车辆技术符合要求，车辆技术性能应当符合国家标准《营运车辆综合性能要求和检验方法》（GB 18565—2001）的要求；车辆外廓尺寸、轴荷和载质量应当符合国家标准《道路车辆外廓尺寸、轴荷及质量限值》（GB 1589—2004）的要求。

①从事零担货物运输经营业务的，要求拥有 5 辆车以上，并且应当使用防雨、防尘、防火、防盗的厢式专用车辆，并喷涂明显"零担货运"标志。经营省内零担货运需有 5 辆（25 个吨位）以上零担货运车辆，跨省经营需有 10 辆（50 个吨位）以上零担货运车辆，国际零担货运按照国际双边运输协定办理。车辆技术状况达到二级以上。

②从事大型物件运输经营以及货物运输经营业务的，要求拥有至少 1 辆运载三级以上长大笨重货物运输的专用车和相应的装卸设备。大型物件货物运输企业可以分为四个类别：一类道路大型物件运输企业可以承运一级大型物件，二类道路大型物件运输企业可以承运一级、二级大型物件，三类道路大型物件运输企业可以承运一级、二级、三级大型物件，四类道路大型物件运输企业可以承运一级、二级、三级、四级大型物件。从事大件货物运输经营业务除应当具备《道路货物运输业户开业技术经济条件（试行）》规定的大件运输的基本条件外，对于拟从事一类企业经营业务的，其拥有的车辆应当有 20 ~ 100 吨的超重型车组（包括牵引车、挂车）及配套附件，技术状况良好，在重载条件下能通过 8% 坡度；对于拟从事二类企业经营业务的，其拥有的车辆应当有 100 ~ 200 吨的超重型车组（包括牵引车、挂车）及配套附件，技术状况良好，在重载条件下能通过 8% 坡度；对于拟从事三类企业经营业务的，其拥有的车辆应当有 200 ~ 300 吨的超重型车组（包括牵引车、挂车）及配套附件，技术状况良好，在重载条件下能通过 8% 坡度；对于拟从事四类企业经营业务的，其拥有的车辆应当有 300 吨及以上的超重型车组（包括牵引车、挂车）及配套附件，技术状况良好，在重载条件下能通过 8% 坡度。

③从事冷藏保鲜、罐式容器等专用运输的，应当具有与运输货物相适应的专用容器、设备、设施，并固定在专用车辆上。

④从事集装箱运输经营业务的，还要求拥有承运各种规格集装箱的专用车辆，有相应的

起重装卸设备或与有起重装卸设备的单位签订长期合同。集装箱专用车辆必须符合装载国际标准箱的要求,也要符合铁路、航空、水路装运集装箱的要求,具体要求是:

a. 车辆必须是单车形式,或者是牵引车加半挂车的列车型组合形式。

b. 半挂车可为框架式挂车,或平板式半挂车,或自装自卸式半挂车。半挂车上必须装转锁装置,以锁扣集装箱。

c. 专用车辆的技术状况必须达到二级车况以上。

⑤从事搬家运输经营业务的,要求拥有必要的运输工具。

(2)有符合规定条件的驾驶员。

①取得与驾驶车辆相应的机动车驾驶证。

②年龄不超过 60 周岁。

③经设区的市级道路运输管理机构对有关道路货物运输法规、机动车维修和货物及装载保管基本知识考试合格,并取得从业资格证。

(3)有健全的安全生产管理制度,包括安全生产责任制度、安全生产业务操作规程、安全生产监督检查制度、驾驶员和车辆安全生产管理制度等。道路货物运输安全生产管理制度所包含的主要内容与道路旅客运输安全生产管理制度大致相同,但由于道路货物运输经营业务类型较多,且不同经营业务类型对安全工作的要求和适应性有较大的差异,因此,从业申请人应当根据自己拟从事的道路货物运输经营业务类型,有针对性地制定安全生产管理制度。

3)明确从事道路货运站经营的条件

(1)有与其经营规模相适应的货运站房、生产调度办公室、信息管理中心、仓库、仓储库棚、场地和道路等设施,并经有关部门组织的工程竣工验收合格。

(2)有与其经营规模相适应的安全、消防、装卸、通信、计量等设备。

(3)有与其经营规模、经营类别相适应的管理人员和专业技术人员。

(4)有健全的业务操作规程和安全生产管理制度。

4)明确运输生产作业管理要求

(1)开展安全培训。道路货物运输经营者应当对从业人员进行经常性的安全、职业道德教育和业务知识、操作规程培训。

(2)加强运行动态管理。道路货物运输经营者应当按照国家有关规定在其重型货运车辆、牵引车上安装、使用行驶记录仪,并采取有效措施,防止驾驶员连续驾驶时间超过 4 个小时。

(3)道路货物运输经营者应当要求其聘用的车辆驾驶员随车携带《道路运输证》。

(4)从业人员持证上岗。道路货物运输经营者应当聘用持有从业资格证的驾驶员。营运驾驶员应当驾驶与其从业资格类别相符的车辆。驾驶营运车辆时,应当随身携带从业资格证。

(5)按核定的载质量进行运输。运输的货物应当符合货运车辆核定的载质量,载物的长、宽、高不得违反装载要求。禁止货运车辆违反国家有关规定超限、超载运输。禁止使用货运车辆运输旅客。

道路货物运输经营者运输大型物件,应当制定道路运输组织方案。涉及超限运输的,应当按照交通运输部颁布的《超限运输车辆行驶公路管理规定》办理相应的审批手续。

从事大型物件运输的车辆，应当按照规定装设统一的标志和悬挂标志旗；夜间行驶和停车休息时应当设置标志灯。

(6)依法承运限运、凭证运输物资。道路货物运输经营者不得运输法律、行政法规禁止运输的货物。根据现行法律、行政法规的规定，禁止运输的货物包括毒品、假劣药品以及伪造、变造、非法印刷的人民币等。

道路货物运输经营者在受理法律、行政法规规定限运、凭证运输的货物时，应当查验并确认有关手续齐全有效后方可运输。

根据我国有关法律、行政法规的规定，必须办理有关手续后方可运输的货物包括枪支、烟草、麻醉药品、剧毒化学品、木材、野生动物等。

《中华人民共和国枪支管理法》规定：任何单位或者个人未经许可，不得运输枪支。需要运输枪支的，必须向公安机关如实申报运输枪支的品种、数量和运输的路线、方式，领取枪支运输许可证件。没有枪支运输许可证件的，任何单位和个人都不得承运，并应当立即报告所在地公安机关。运输枪支必须依照规定使用安全可靠的封闭式运输设备，由专人押运；途中停留住宿营的，必须报告当地公安机关。运输枪支、弹药必须依照规定分开运输。

《中华人民共和国烟草专卖法》规定：托运或者自运烟草专卖品必须持有烟草专卖行政主管部门或者烟草专卖行政主管部门授权的机构签发的准运证；无准运证的，承运人不得承运。

《麻醉药品管理办法》规定：运输药用阿片时，必须凭卫生部签发的国内运输凭照办理运输手续，原植物的种植单位调给国家医药管理局仓库的药用阿片由发货单位派人押运，由仓库调往药品生产企业的由收货单位派人押运。运输单位承运麻醉药品和罂粟壳，必须加强管理，及时性运输，缩短在车站、码头、机场存放时间。铁路运输不得使用敞车，水路运输不得配装舱面，公路运输应当苫盖严密，捆扎牢固。运输途中如有丢失，承运单位必须认真查找，并立即报告当地公安机关和卫生行政部门查处。

《危险化学品安全管理条例》规定：通过公路运输剧毒化学品的，托运人应当向目的地县级人民政府公安部门申请办理剧毒化学品公路运输通行证。办理剧毒化学品公路运输通行证，托运人应当向公安部门提交有关危险化学品的品名、数量、运输始发地和目的地、运输路线、运输单位、驾驶人员、押运人员、经营单位和购买单位资质情况的材料。

《中华人民共和国森林法》规定：从林区运出木材，必须持有林业主管部门发给的运输证件，国家统一调度的木材除外。依法取得采伐许可证后，按照许可证的规定采伐的木材，从林区运出时，林业主管部门应当发给运输证件。经省、自治区、直辖市人民政府批准，可以在林区设立木材检查站，负责检查木材运输。对未取得运输证件或者物资主管部门发给的调拨通知书运输木材的，木材检查站有权制止。

《中华人民共和国野生动物保护法》规定：运输、携带国家重点保护野生动物或者其产品出境时，必须经省、自治区、直辖市政府野生动物行政主管部门或者其授权的单位批准。

(7)实行合同运输。道路货物运输经营者和货物托运人应当按照《合同法》的要求，订立道路货物运输合同。

道路货物运输可以采用交通运输部颁布的《汽车货物运输规则》所推荐的道路货物运单

签订运输合同。

(8)运输过程中不脱落、扬撒。国家鼓励实行封闭式运输。道路货物运输经营者应当采取有效的措施,防止货物脱落、扬撒等情况发生。

(9)明确货运经营者应急义务。道路货物运输经营者应当制定有关交通事故、自然灾害、公共卫生以及其他突发公共事件的道路运输应急预案。应急预案应当包括报告程序、应急指挥、应急车辆和设备的储备以及处置措施等内容。

发生交通事故、自然灾害、公共卫生以及其他突发公共事件时,道路货物运输经营者应当服从县级以上人民政府或者有关部门的统一调度、指挥。

5)明确货运站安全生产要求

(1)应当按照经营许可证核定的许可事项经营,不得随意改变用途和服务功能。

(2)应当依法加强安全管理,完善安全生产条件,健全和落实安全生产责任制。

货运站经营者应当对出站车辆进行安全检查,防止超载车辆或者未经安全检查的车辆出站,保证安全生产。

(3)应当按照货物的性质、保管要求进行分类存放,危险货物应当单独存放,保证货物完好无损。

(4)货物运输包装应当按照国家规定的货物运输包装标准作业,包装物和包装技术、质量要符合运输要求。

(5)应当按照规定的业务操作规程进行货物的搬运装卸。搬运装卸作业应当轻装、轻卸,堆放整齐,防止混杂、撒漏、破损,严禁有毒、易污染物品与食品混装。

(6)进入货运站经营的经营业户及车辆,经营手续必须齐全。禁止无证经营的车辆进站从事经营活动,无正当理由不得拒绝道路货物运输经营者进站从事经营活动。

货运站经营者不得超限、超载配货,不得为无道路运输经营许可证或证照不全者提供服务;不得违反国家有关规定,为运输车辆装卸国家禁运、限运的物品。

(7)应当制定有关突发公共事件的应急预案。应急预案应当包括报告程序、应急指挥、应急车辆和设备的储备以及处置措施等内容。

6)对安全资质条件提出管理要求

《道路货物运输及站场管理规定》要求:道路货物运输经营者、货运站经营者已不具备开业要求的有关安全条件、存在重大运输安全隐患的,由县级以上道路运输管理机构限期责令改正;在规定时间内不能按要求改正且情节严重的,由原许可机关吊销《道路运输经营许可证》或者吊销其相应的经营范围。

2.《道路旅客运输及客运站管理规定》

(1)对道路旅客运输及客运站进行了界定。

道路客运经营是指用客车运送旅客、为社会公众提供服务、具有商业性质的道路客运活动,包括班车(加班车)客运、包车客运、旅游客运。

①班车客运是指营运客车在城乡道路上按照固定的线路、时间、站点、班次运行的一种客运方式,包括直达班车客运和普通班车客运。加班车客运是班车客运的一种补充形式,在客运班车不能满足需要或者无法正常运营时,临时增加或者调配客车按客运班车的线路、站点运行的方式。

②包车客运是指以运送团体旅客为目的,将客车包租给用户安排使用,提供驾驶劳务,按照约定的起始地、目的地和路线行驶,按行驶里程或者包用时间计费并统一支付费用的一种客运方式。

③旅游客运是指以运送旅游观光的旅客为目的,在旅游景区内运营或者其线路至少有一端在旅游景区(点)的一种客运方式。

(2)明确从事道路旅客运输经营的条件。

①有与其经营业务相适应并经检测合格的客车。

a. 技术性能符合国家标准《营运车辆综合性能要求和检验方法》(GB 18565—2001)的要求。

b. 外廓尺寸、轴荷及质量符合国家标准《道路车辆外廓尺寸、轴荷及质量限值》(GB 1589—2004)的要求。

c. 从事高速公路客运或者营运线路长度在800千米以上的客运车辆,其技术等级应当达到行业标准《营运车辆技术等级划分和评定要求》(JT/T 198—2004)规定的一级技术等级;营运线路长度在400千米以上的客运车辆,其技术等级应当达到二级以上;其他客运车辆的技术等级应当达到三级以上。

从事高速公路客运、旅游客运和营运线路长度在800千米以上的客运车辆,其车辆类型等级应当达到行业标准《营运客车类型划分及等级评定》(JT/T 325—2010)规定的中级以上。

经营一类客运班线的班车客运经营者应当自有营运客车100辆以上、客位3000个以上,其中高级客车在30辆以上、客位900个以上;或者自有高级营运客车40辆以上、客位1200个以上;经营二类客运班线的班车客运经营者应当自有营运客车50辆以上、客位1500个以上,其中中高级客车在15辆以上、客位450个以上;或者自有高级营运客车20辆以上、客位600个以上;经营三类客运班线的班车客运经营者应当自有营运客车10辆以上、客位200个以上;经营四类客运班线的班车客运经营者应当自有营运客车1辆以上;经营省际包车客运的经营者,应当自有中高级营运客车20辆以上、客位600个以上;经营省内包车客运的经营者,应当自有营运客车5辆以上、客位100个以上。

②从事客运经营的驾驶员,应当取得相应的机动车驾驶证;年龄不超过60周岁;3年内无重大以上交通责任事故记录;经设区的市级道路运输管理机构对有关客运法规、机动车维修和旅客急救基本知识考试合格而取得相应从业资格证。

③有健全的安全生产管理制度,包括安全生产操作规程、安全生产责任制、安全生产监督检查、驾驶员和车辆安全生产管理的制度。

④申请从事道路客运班线经营,还应当有明确的线路和站点方案。

(3)明确从事道路客运站经营的条件。

①客运站经有关部门组织的工程竣工验收合格,并且经道路运输管理机构组织的站级验收合格。

②有与业务量相适应的专业人员和管理人员。

③有相应的设备、设施,具体要求按照行业标准《汽车客运站级别划分和建设要求》(JT/T 200—2004)的规定执行。

④有健全的业务操作规程和安全管理制度，包括服务规范、安全生产操作规程、车辆发车前例检制度、安全生产责任制、危险品查堵、安全生产监督检查的制度。

(4)明确运输生产作业管理要求。

①客运车辆依线路运行。客运班车应当按照许可的线路、班次、站点运行，在规定的途经站点进站上下旅客，无正当理由不得改变行驶线路，不得站外上客或者沿途揽客。

②客运经营者应当为旅客投保承运人责任险。

③严禁客运车辆超载运行，在载客人数已满的情况下，允许再搭乘不超过核定载客人数10%的免票儿童。客运车辆不得违反规定载货。

④主动接受监督。客运经营者应当在客运车辆外部的适当位置喷印企业名称或者标志，在车厢内显著位置公示道路运输管理机构监督电话、票价和里程表。

⑤保证安全防护设施。客运经营者应当为旅客提供良好的乘车环境，确保车辆设备、设施齐全有效，保持车辆清洁、卫生，并采取必要的措施防止在运输过程中发生侵害旅客人身、财产安全的违法行为。“必要的措施”主要是指足以预防和制止在运输过程中发生侵害旅客人身、财产安全等违法行为的措施，如配备广播设备、照明设备、报警通信设备、车内监控设备、乘车保安人员等。

⑥加强从业安全管理。客运经营者应当加强对从业人员的安全、职业道德教育和业务知识、操作规程培训，并采取有效措施，防止驾驶员连续驾驶时间超过4个小时。

客运车辆驾驶人员应当遵守道路运输法规和道路运输驾驶员操作规程，安全驾驶，文明服务。

⑦客运经营者应当制定突发公共事件的道路运输应急预案。应急预案应当包括报告程序、应急指挥、应急车辆和设备的储备以及处置措施等内容。发生突发公共事件时，客运经营者应当服从县级及以上人民政府或者有关部门的统一调度、指挥。

(5)明确客运站安全管理要求。

①客运站经营者应当维护好各种设施、设备，保持其正常使用。

②对进站车辆合同管理。要求客运站经营者和进站发车的客运经营者应当依法自愿签订服务合同，双方按合同的规定履行各自的权利和义务。

③保证安全生产条件。客运站经营者应当依法加强安全管理，完善安全生产条件，健全和落实安全生产责任制。

客运站经营者应当对出站客车进行安全检查，采取措施防止危险品进站上车，按照车辆核定载客限额售票，严禁超载车辆或者未经安全检查的车辆出站，保证安全生产。

④严格进站车辆安全审查措施。客运站经营者应当禁止无证经营的车辆进站从事经营活动，无正当理由不得拒绝合法客运车辆进站经营。

⑤加强行包管理。客运站经营者应当按规定的业务操作规程装卸、储存、保管行包。

⑥加强应急管理。客运站经营者应当制定公共突发事件应急预案。应急预案应当包括报告程序、应急指挥、应急设备的储备以及处置措施等内容。

(6)对安全资质条件提出管理要求。

客运经营者、客运站经营者已不具备开业要求的有关安全条件、存在重大运输安全隐患的，由县级以上道路运输管理机构责令限期改正；在规定时间内不能按要求改正且情节严重的,由原许可机关吊销《道路运输经营许可证》或者吊销相应的经营范围。

3.《道路危险货物运输管理规定》

1)明确从事道路危险货物运输经营的条件

(1)有符合下列要求的专用车辆及设备。

①要求自有专用车辆5辆以上。

②专用车辆技术性能符合国家标准《营运车辆综合性能要求和检验方法》(GB 18565—2001)的要求,车辆外廓尺寸、轴荷和质量符合国家标准《道路车辆外廓尺寸、轴荷和质量限值》(GB 1589—2004)的要求,车辆技术等级达到行业标准《营运车辆技术等级划分和评定要求》(JT/T 198—2004)规定的一级技术等级。

③道路危险货物运输车辆按照国家标准《道路运输危险货物车辆标志》(GB 13392—2005)的要求,悬挂危险品运输标志。

④道路危险货物运输的槽罐车,其罐体必须经质检部门检测,持有质检部门颁发的有效"容器检测证书"和"检验合格证"。

⑤运输爆炸、强腐蚀性危险货物的罐式专用车辆的罐体容积不得超过20立方米,运输剧毒危险货物的罐式专用车辆的罐体容积不得超过10立方米,但罐式集装箱除外。

运输剧毒、爆炸、强腐蚀性危险货物的非罐式专用车辆,核定载质量不得超过10吨。

⑥配备有效的通信工具,这里所说的"通信工具",是指为了在危险货物运输过程中发生意外而配备的,用于向车主、货主或有关部门报告情况(报警),请求援救的通信联络设备,如移动电话、卫星定位系统等。

(2)有符合安全规定并与经营范围、规模相适应的停车场地。

具有运输剧毒、爆炸和Ⅰ类包装危险货物专用车辆的,还应当配备与其他设备、车辆、人员隔离的专用停车区域,并设立明显的警示标志。

(3)配备有与运输的危险货物性质相适应的安全防护、环境保护和消防设施设备。

(4)有符合要求的从业人员。

专用车辆的驾驶员取得相应机动车驾驶证,年龄不超过60周岁;从事道路危险货物运输的驾驶员、装卸管理人员、押运人员经所在地设区的市级人民政府交通主管部门考试合格,取得相应从业资格证。

(5)有健全的安全生产管理制度,包括安全生产操作规程、安全生产责任制、安全生产监督检查制度以及从业人员、车辆、设备安全管理制度。

2)明确对专用车辆、设备管理的要求

(1)道路危险货物运输企业或者单位应当按照《道路货物运输及站场管理规定》中有关车辆管理的规定,维护、检测、使用和管理专用车辆,确保专用车辆技术状况良好。

(2)车辆审验要求。设区的市级道路运输管理机构应当定期对专用车辆进行审验,每年审验一次。审验按照《道路货物运输及站场管理规定》进行,并增加以下审验项目:专用车辆投保危险货物承运人责任险情况;罐式专用车辆罐体质量检验情况;必需的应急处理器材和安全防护设施设备的配备情况。

(3)强化专用车辆专业化维修管理 。专用车辆应当到具备道路危险货物运输车辆维修条件的企业进行维修。

(4)专业器具的管理要求。用于装卸危险货物的机械及工、属具的技术状况应当符合行业标准《汽车运输危险货物规则》(JT 617—2004)规定的技术要求。罐式专用车辆的罐体应符合《钢制压力容器》(GB 150—1998)、《汽车运输液体危险货物常压容器(罐体)通用技术条件》(GB 18564—2001)等国家标准规定的技术条件。罐式专用车辆应当在罐体检验合格的有效期内承运危险货物。

3)明确运输生产作业管理要求

(1)承托运货物技术要求。危险货物托运人应当委托具有道路危险货物运输资质的企业承运,严格按照国家有关规定包装,并向承运人说明危险货物的品名、数量、危害、应急措施等情况。需要添加抑制剂或者稳定剂的,应当按照规定添加。托运危险化学品的还应提交与托运的危险化学品完全一致的安全技术说明书和安全标签。

(2)危险货物运输的专用性。不得使用罐式专用车辆或者运输有毒、腐蚀、放射性危险货物的专用车辆运输普通货物。

其他专用车辆可以从事食品、生活用品、药品、医疗器具以外的普通货物运输活动,但应当对专用车辆进行消除危险处理,确保不对普通货物造成污染、损害。

危险货物不得与普通货物混装。

(3)运行标志。专用车辆应当按照国家标准《道路运输危险货物车辆标志》(GB 13392—2005)的要求悬挂标志。

(4)安全应急器材要求。专用车辆应当根据所运危险货物的性质配备必需的应急处理器材和安全防护设施设备。

(5)依法承运限运、凭证运输物资。道路危险货物运输企业或者单位不得运输法律、行政法规禁止运输的货物。

法律、行政法规规定的限运、凭证运输货物,道路危险货物运输企业或者单位应当按照有关规定办理相关运输手续。

法律、行政法规规定托运人必须办理有关手续后方可运输的危险货物,道路危险货物运输企业应当查验有关手续齐全有效后方可承运。

(6)运输过程中不脱落、扬撒。道路危险货物运输企业或者单位应当采取必要措施,防止危险货物脱落、扬散、丢失以及燃烧、爆炸、辐射、泄漏等。

(7)从业人员持证上岗。道路危险货物运输企业或者单位应当聘用具有相应从业资格证的驾驶员、装卸管理人员和押运人员。驾驶员、装卸管理人员和押运人员上岗时应当随身携带从业资格证。

在道路危险货物运输过程中,除驾驶员外,专用车辆上应当另外配备押运人员。押运人员应当对运输全过程进行监管。

危险货物的装卸作业,应当在装卸管理人员的现场指挥下进行。

(8)严禁专用车辆违反国家有关规定和本规定超载、超限运输。

(9)从业人员严守操作规程。道路危险货物运输从业人员必须熟悉有关安全生产的法规、技术标准和安全生产规章制度、安全操作规程,了解所装运危险货物的性质、危害特性、包装物或者容器的使用要求和发生意外事故时的处置措施。严格按照《汽车运输危险货物规则》(JT 617—2004)、《汽车运输、装卸危险货物作业规程》(JT 618—2004)操作,不得违章作业。

道路危险货物运输企业或者单位在运输危险货物时，应当遵守有关部门关于危险货物运输线路、时间、速度方面的有关规定。

(10)加强从业人员管理。道路危险货物运输企业或者单位应当对从业人员进行经常性的安全、职业道德教育和业务知识、操作规程培训。

(11)加强应急管理。在危险货物运输过程中发生燃烧、爆炸、污染、中毒或者被盗、丢失、流散、泄漏等事故，驾驶员、押运人员应当立即向当地公安部门和本运输企业或者单位报告，说明事故情况、危险货物品名、危害和应急措施，并在现场采取一切可能的警示措施，并积极配合有关部门进行处置。运输企业或者单位应当立即启动应急预案。

(12)明确存放管理。要求在危险货物装卸、保管、储存过程中，应当根据危险货物的性质和保管要求，轻装轻卸，分区存放，堆码整齐，防止混杂、撒漏、破损，不得与普通货物混合存放。

(13)道路危险货物运输企业或者单位应当为危险货物投保承运人责任险。

4)对安全资质条件提出管理要求

道路危险货物运输企业或者单位已不具备开业要求的有关安全条件、存在重大运输安全隐患的，由县级以上道路运输管理机构责令限期改正；在规定时间内不能按要求改正且情节严重的，由原许可机关吊销《道路运输经营许可证》或者《道路危险货物运输许可证》，或者吊销相应的经营范围。

4.《道路运输从业人员管理规定》

《道路运输从业人员管理规定》(以下简称《规定》)在 2006 年 9 月 5 日经第 11 次部务会议通过，自 2007 年 3 月 1 日起施行。

《道路运输从业人员管理规定》是《中华人民共和国道路运输条例》关于道路运输从业人员管理的专项配套规章，是在总结《营业性道路运输驾驶员职业培训管理规定》(交通部 2001 年第 7 号令)实施经验的基础上，综合我国道路运输行业实际和发展需要而制定的。目前，全国道路运输从业人员队伍已经达到 1800 万人，为解决城乡居民就业问题，促进和谐社会建设起到了非常重要的作用。但道路运输从业人员素质参差不齐，整体素质不高。要发展道路运输生产力，保障道路运输安全，提高公共服务水平，转变行业经济增长方式，节约能源，减少环境污染，提高运输效率和效益，规范市场竞争秩序，从根本上讲，要靠从业队伍整体素质的提高。这是制定《规定》的根本出发点。《规定》对道路运输从业人员的管理原则、管理范围、资格考试和认证程序、从业资格证件管理、从业人员经营行为、违章处罚等做了具体规范，是道路运输从业人员管理的一部纲领性、系统性规章。《规定》主要包括以下几方面内容：

1)明确纳入从业资格管理的道路运输从业人员的具体种类

《规定》明确要求对六大类二十五种岗位的道路运输从业人员实施从业资格管理。

(1)经营性道路客货运输驾驶员包括经营性道路旅客运输驾驶员和经营性道路货物运输驾驶员。

(2)道路危险货物运输从业人员包括道路危险货物运输驾驶员、装卸管理人员和押运人员。

(3)机动车维修技术人员包括机动车维修技术负责人员、质量检验人员以及从事机修、电器、钣金、涂漆、车辆技术评估(含检测)作业的技术人员。

(4)机动车驾驶培训教练员包括理论教练员、驾驶操作教练员、道路客货运输驾驶员从业资格培训教练员和危险货物运输驾驶员从业资格培训教练员。

(5)道路运输经理人包括道路客货运输企业、道路客货运输站(场)、机动车驾驶员培训机构、机动车维修企业的管理人员。

(6)其他道路运输从业人员是指除上述人员以外的道路运输从业人员,包括道路客运乘务员、机动车驾驶员培训机构教学负责人及结业考核人员、机动车维修企业价格结算员及业务接待员。

2)确立六大从业人员管理制度

(1)道路运输人员从业资格考试制度。《规定》第六条规定,国家对道路运输从业人员实行从业资格考试制度。从业资格是对道路运输从业人员所从事的特定岗位职业素质的基本评价。经营性道路客货运输驾驶员和道路危险货物运输从业人员必须取得相应从业资格,方可从事相应的道路运输活动。机动车维修技术人员、机动车驾驶培训教练员取得从业资格的比例分别是相关经营者依法获取机动车维修和机动车驾驶员培训经营许可的必要条件之一。

经营性道路客货运输驾驶员从业资格考试由设区的市级道路运输管理机构组织实施,每月组织一次考试。道路危险货物运输从业人员从业资格考试由设区的市级人民政府交通主管部门组织实施,每季度组织一次考试。机动车维修技术人员从业资格考试由设区的市级道路运输管理机构组织实施,每季度组织一次考试。道路运输经理人和机动车驾驶培训教练员从业资格考试由省级道路运输管理机构组织实施,每年组织两次考试。其他道路运输从业人员从业资格考试管理权限由省级道路运输管理机构确定。

(2)道路运输从业人员从业资格管理档案制度。《规定》第二十四条规定,交通主管部门或者道路运输管理机构应当建立道路运输从业人员从业资格管理档案。道路运输从业人员从业资格管理档案包括从业资格考试申请材料,从业资格考试及从业资格证件记录,从业资格证件换发、补发、变更记录,违章、事故及诚信考核、继续教育记录等。

交通主管部门和道路运输管理机构应当向社会提供道路运输从业人员相关从业信息的查询服务。交通主管部门和道路运输管理机构应当结合道路运输从业人员从业资格证件的管理工作,建立道路运输从业人员管理信息系统,并逐步实现异地稽查信息共享和动态资格管理。

(3)道路运输从业人员诚信考核制度。《规定》第三十六条,要求对道路运输从业人员实行诚信考核和计分考核。诚信考核和计分考核周期为12个月,从初次领取从业资格证件之日起计算。诚信考核等级分为优良、合格、基本合格和不合格,分别用AAA级、AA级、A级和B级表示。在考核周期内,累计计分超过规定的,诚信考核等级为B级。道路运输从业人员每年的诚信考核和计分考核结果向社会公布,供公众查阅。

道路运输从业人员的违章行为记录在从业资格证件的违章记录栏内,作为道路运输从业人员诚信考核和计分考核的依据,并存入管理档案。机动车驾驶培训教练员违章记录直接记入教练员档案,并作为诚信考核的重要内容。

(4)建立行车日志制度。《规定》第四十二条规定,经营性道路旅客运输驾驶员和道路危险货物运输驾驶员应当按照规定填写行车日志。行车日志式样由省级道路运输管理机构统一制定。

(5)道路运输从业人员资格有效制度。《规定》第三十一条规定,道路运输从业人员从业资格证件有效期为6年。道路运输从业人员应当在从业资格证件有效期届满30日前到原发证机关办理换证手续。

道路运输从业人员从业资格证件遗失、毁损的,应当到原发证机关办理证件补发手续。

道路运输从业人员服务单位变更的,应当到交通主管部门或者道路运输管理机构办理从业资格证件变更手续。

道路运输从业人员从业资格档案应当由原发证机关在变更手续办结后30日内移交户籍迁入地或者现居住地的交通主管部门或者道路运输管理机构。

(6)道路运输从业人员资格终止制度。道路运输从业人员有下列情形之一的,由发证机关注销其从业资格证件:

①持证人死亡的。

②持证人申请注销的。

③经营性道路客货运输驾驶员、道路危险货物运输从业人员、机动车驾驶培训教练员年龄超过60周岁的。

④经营性道路客货运输驾驶员、道路危险货物运输驾驶员、机动车维修质量检验人员、机动车驾驶培训教练员的机动车驾驶证被注销或者被吊销的。

⑤超过从业资格证件有效期180日未申请换证的。

凡被注销的从业资格证件,应当由发证机关予以收回,公告作废并登记归档;无法收回的,从业资格证件自行作废。

3)明确从业资格取得条件

(1)经营性道路运输驾驶员的条件。

①取得相应的机动车驾驶证1年以上。

②年龄不超过60周岁。

③3年内无重大以上交通责任事故。

④掌握相关道路旅客运输法规、机动车维修和旅客急救基本知识。

⑤经设区的市级交通运输主管部门或道路运输管理机构考试合格,取得相应的从业资格证件。

(2)经营性道路货物运输驾驶员应当符合下列条件。

①取得相应的机动车驾驶证。

②年龄不超过60周岁。

③掌握相关道路货物运输法规、机动车维修和货物装载保管基本知识。

④经考试合格,取得相应的从业资格证件。

(3)道路危险货物运输驾驶员应当符合下列条件。

①取得相应的机动车驾驶证。

②年龄不超过60周岁。

③3 年内无重大以上交通责任事故。

④取得经营性道路旅客运输或者货物运输驾驶员从业资格 2 年以上。

⑤接受相关法规、安全知识、专业技术、职业卫生防护和应急救援知识的培训，了解危险货物性质、危害特征、包装容器的使用特性和发生意外时的应急措施。

⑥经考试合格，取得相应的从业资格证件。

(4)道路危险货物运输装卸管理人员和押运人员应当符合下列条件。

①年龄不超过 60 周岁。

②初中以上学历。

③接受相关法规、安全知识、专业技术、职业卫生防护和应急救援知识的培训，了解危险货物性质、危害特征、包装容器的使用特性和发生意外时的应急措施。

④经考试合格，取得相应的从业资格证件。

(5)机动车维修技术人员应当符合下列条件。

技术负责人员：

①具有机动车维修或者相关专业大专以上学历，或者具有机动车维修或相关专业中级以上专业技术职称。

②熟悉机动车维修业务，掌握机动车维修及相关政策法规和技术规范。

质量检验人员：

①具有高中以上学历。

②熟悉机动车维修检测作业规范，掌握机动车维修故障诊断和质量检验的相关技术，熟悉机动车维修服务收费标准及相关政策法规和技术规范。

从事机修、电器、钣金、涂漆、车辆技术评估（含检测）作业的技术人员。

①具有初中以上学历。

②熟悉所从事工种的维修技术和操作规范，并了解机动车维修及相关政策法规。

(6)机动车驾驶培训教练员应当符合下列条件。

理论教练员：

①取得相应的机动车驾驶证，具有 2 年以上安全驾驶经历。

②年龄不超过 60 周岁。

③具有汽车及相关专业中专以上学历或者汽车及相关专业中级以上技术职称。

④掌握道路交通安全法规、驾驶理论、机动车构造、交通安全心理学、常用伤员急救等安全驾驶知识，了解车辆环保和节约能源的有关知识，了解教育学、教育心理学的基本教学知识，具备编写教案、规范讲解的授课能力。

驾驶操作教练员：

①取得相应的机动车驾驶证，符合安全驾驶经历和相应车型驾驶经历的要求。

②年龄不超过 60 周岁。

③具有汽车及相关专业中专或者高中以上学历。

④掌握道路交通安全法规、驾驶理论、机动车构造、交通安全心理学和应急驾驶的基本知识，熟悉车辆维护和常见故障诊断、车辆环保和节约能源的有关知识，具备驾驶要领讲解、驾驶动作示范、指导驾驶的教学能力。

道路客货运输驾驶员从业资格培训教练员：

①具有汽车及相关专业大专以上学历或者汽车及相关专业高级以上技术职称。

②掌握道路旅客运输法规、货物运输法规以及机动车维修、货物装卸保管和旅客急救等相关知识，具备相应的授课能力。

③具有2年以上从事普通机动车驾驶员培训的教学经历，且近2年无不良的教学记录。

危险货物运输驾驶员从业资格培训教练员：

①具有化工及相关专业大专以上学历或者化工及相关专业高级以上技术职称。

②掌握危险货物运输法规、危险化学品特性、包装容器使用方法、职业安全防护和应急救援等知识，具备相应的授课能力。

③具有2年以上化工及相关专业的教学经历，且近2年无不良的教学记录。

4)明确道路运输从业行为的管理

(1)道路运输从业人员在从事道路运输活动时，应当携带相应的从业资格证件，遵守国家相关法规和道路运输安全操作规程，还应当按照规定参加国家相关法规、职业道德及业务知识培训。

(2)使用行车日志。经营性道路旅客运输驾驶员和道路危险货物运输驾驶员还应当按照规定填写行车日志。

(3)运输作业过程中出现危险积极救助义务。要求经营性道路旅客运输驾驶员采取必要措施保证旅客的人身和财产安全，发生紧急情况时，应当积极进行救护。

(4)严守规程，确保运输安全。要求道路危险货物运输驾驶员应当按照道路交通安全主管部门指定的行车时间和路线运输危险货物；道路危险货物运输装卸管理人员应当按照安全作业规程对道路危险货物装卸作业进行现场监督，确保装卸安全；道路危险货物运输押运人员应当对道路危险货物运输进行全程监管。

(5)及时报告事故。在道路危险货物运输过程中发生燃烧、爆炸、污染、中毒或者被盗、丢失、流散、泄漏等事故，道路危险货物运输驾驶员、押运人员应当立即向当地公安部门和所在运输企业或者单位报告。

5.《道路运输车辆维护管理规定》

《道路运输车辆维护管理规定》(交通部令1998年第2号，以下简称《规定》)，2001年第4号修改，其主要从以下几个方面对道路车辆维护管理提出要求。

1)确立道路运输车辆维护分级原则

《规定》将道路运输车辆的维护分为：日常维护、一级维护、二级维护。

(1)日常维护是由驾驶员每日出车前、行车中和收车后负责执行的车辆维护作业。其作业中心内容是清洁、补给和安全检视。

(2)一级维护是由维修企业负责执行的车辆维护作业。其作业中心内容除日常维护作业外，以清洁、润滑、紧固为主，并检查有关制动、操纵等安全部件。

(3)二级维护是由维修企业负责执行的车辆维护企业。其作业中心内容是除一级维护作业外，以检查、调整转向节、转向摇臂、制动蹄片、悬架等经过一定时间的使用容易磨损或变形的安全部件为主，并拆检轮胎，进行轮胎换位。二级维护必须按期执行。

道路运输经营业户和驾驶员，必须按国家或行业有关标准规定的行驶里程或间隔时间，对车辆进行维护作业。

2）确立道路运输车辆维护三项制度

（1）实行专业化维修制度。《规定》要求，道路运输经营业户，可以自主选择经道路运输管理机构资质认定的二类以上的汽车维修企业进行维护作业。危险品运输车辆必须到具备危险品运输车辆修理条件的维修企业进行维护作业。

经道路运输管理机构资质认定，达到二类以上汽车维修企业开业条件的道路运输经营业户，可以对本单位的车辆进行维护作业。

凡从事道路运输车辆维护作业的维修企业（以下简称维修企业），应遵守国家有关法规、标准，按规定的作业规范或说明书进行作业，不得漏项或减项作业。

（2）实行维修质量保证制度。维修企业实行车辆维修合同制，承修方与托修方应签订维修合同，并实行竣工上线检测制度、出厂合格证制度和质量保证制度。

维修企业应与经道路运输管理机构资质认定的汽车综合性能检测站签订二级维护竣工检测委托合同书。

（3）实行二级维护过程控制制度。《规定》将道路运输车辆二级维护检测分为三类。

①二级维护前的诊断检测，主要是针对驾驶员的反映和车辆的外检情况，应用仪器、设备对车辆进行不解体诊断检测，以确定二级维护的附加作业项目。由维修企业按标准来执行，出具的诊断报告，作为签订维护合同的依据之一。

②二级维护作业过程中的检测，主要是对二级维护生产过程中的车辆维修质量进行跟踪检测，发现问题及时解决，由维修企业按标准进行，并作出检测记录。

③二级维护竣工检测主要是对二级维护及其附加作业项目的作业质量进行检测评定，由汽车综合性能检测站按标准进行，出具的检测报告，作为维修企业的质量检验员签发出厂合格证的依据之一。

三、有关道路运输行业安全生产的规范性文件

随着国家对安全生产，尤其是对道路运输行业安全要求的日益提高，国家有关部门陆续出台多个涉及道路运输安全生产的文件，这些文件有效完善和确立了道路运输企业安全管理要求，这些文件也是道路运输企业安全生产管理的重要的依据之一。这里，我们重点介绍交通运输部及联合公安、安监等部门出台的规范性文件。

1. 综合性道路运输安全文件

1）《关于加强道路运输安全生产监督管理工作的意见》（交公路发〔2002〕356号）

在2002年，《中华人民共和国安全生产法》《危险化学品安全管理条例》和《国务院关于特大安全事故行政责任追究的规定》相继出台，交通部于2002年8月3日发布了《关于加强道路运输安全生产监督管理工作的意见》（以下简称《意见》）。《意见》明确提出（交通部门）在道路运输安全生产监督管理方面的主要任务是严把运输经营者市场准入关，严把营运车辆技术状况关，严把营运驾驶员从业资格关，搞好汽车客运站安全监督，就企业安全管理主要提出三点要求。

（1）全面落实道路运输经营者的安全责任。

①运输经营者是安全生产的主体，必须把加强内部安全生产管理作为企业经营管理的

重点，建立健全安全生产责任制，改变“以包代管”和挂靠经营的粗放型经营模式，健全组织机构，配备安全管理人员，完善安全生产的硬件，保证安全生产的必要投入，提高车辆技术状况，搞好车辆检测和维修，及时发现和消除事故隐患。

②道路运输经营者要加强对广大干部职工的安全生产教育，督促干部职工严格遵守道路运输安全生产的各项规章制度，严格执行安全操作规程。

③严肃事故责任追究和事故报告制度。道路运输经营者无论采取何种经营方式，都必须对其经营的车辆所发生的事故承担责任。发生道路交通事故后，运输经营者必须及时向当地交通部门和公安交警部门报告；对特别重大事故，当地交通部门要按照有关规定及时上报，并对事故发展过程中的重要情况及时续报。要认真查找事故原因，严肃处理事故责任单位及责任人员。要通过典型事故案例，教育广大从业人员从中汲取教训，提高安全生产意识。

(2)严格实行车辆进出站的例检制度。

汽车客运站要采取有效措施，严禁旅客携带易燃、易爆危险化学品进站、上车。一级汽车客运站和部分旅客流量较大的二级汽车客运站要配置危险品检查设备。汽车客运站要加强对营运驾驶员和车辆经营资格的检查，落实客运班车发班工作制度。严格按照客车的载客定额发售车票和检票，禁止超员车辆出站。凡因客运站原因造成超载的，除按规定承担分载费用外，还要追究客运站的责任。

(3)加强对从事危险货物运输经营单位、运输工具及人员的安全管理。

全面贯彻实施道路危险货物运输企业资质认定制度，对达不到资质条件的，坚决取消其道路危险货物运输资格，严禁个体运输户从事道路危险货物运输。加强道路危险货物运输车辆技术管理，确保车辆技术状况符合规定要求。加强对危险货物运输从业人员的培训，未取得从业资格证书的人员，不得从事道路危险货物运输作业。

2)《预防群死群伤特大道路交通事故工作意见》(公通字〔2005〕49 号)

2005 年 8 月 2 日公安部、交通部、安全监管总局联合发布的公通字〔2005〕49 号《预防群死群伤特大道路交通事故工作意见》(以下简称《意见》)，《意见》就加强客运安全管理，落实运输企业安全生产责任提出 9 点要求。

(1)加强对大型客车驾驶员的资格管理。报考大型客车准驾车型的驾驶员，不得有在造成人员死亡的交通事故中承担全部责任或者主要责任的记录，并且具备中型客车或者大型货车以上准驾车型驾龄 5 年以上，且在申请前最近连续 3 个记分周期内没有满分记录；或者具备牵引车准驾车型驾龄 2 年以上，且在申请前最近 1 个记分周期内没有满分记录。

(2)加强对长途客运车辆驾驶员从业资格管理。严格审查申请客运经营驾驶员的安全驾驶经历，对近 3 年有重大以上交通责任事故记录的驾驶员，一律不得准许参加从业资格考试。对已经取得从业资格、在记分周期内交通违法记满 12 分，或发生重大交通事故负有责任的客运驾驶员，所属运输企业应对其调离岗位，不允许其继续从事长途客运。同时，运输企业要加强对从业资格经历不满 1 年客运驾驶员的管理，认真做好对所属从业人员的安全知识教育工作。

(3)要求客运企业对 9 座以上客运车辆的运营安全状况集中进行定期全面检查，重点做好对出站客运车辆载客、车辆制动、轮胎及安全设备，如安全门、灭火器等安全技术状况的安全检查工作,对不合格的客运车辆绝不允许上路行驶。客运场站要做好客运车辆安全例检工作,防止危险品进站上车,杜绝超员客车出站上路。

(4)要求运输企业对营运载客汽车安装使用汽车行驶记录仪或 GPS 等技术装备,加大对客运车辆及驾驶员运行过程的动态监控,及时发现并制止驾驶员疲劳驾驶、超速行驶等交通违法行为和违规经营等行为,及时采取有效的监管措施。

(5)建立健全客运企业安全制度落实情况检查机制。交通部门要会同安全监管、公安部门定期对客运企业安全生产责任制和各项规章制度落实情况、安全投入和教育培训、车辆及设施设备的安全管理情况进行检查,对不具备基本安全生产条件的交通运输单位,要停业整顿,限期达标;逾期不能达标的要予以取缔。督促客运企业加大对包车客运、超长班线客运的安全管理力度。

(6)督促指导道路客运企业,参照航空安全的有关规定,在客运车辆上增加安全乘车、灭火器位置、逃生路线等提示标语,发车前由客运从业人员向乘客讲授安全乘车知识、逃生基本要领。

(7)交通、公安、安全监管部门组织对运输企业管理人员和驾驶员、售票员、安全员等进行经常性的交通安全教育。

(8)大力发展农村客运网络。通过政策优惠、税费减免等方式,鼓励发展农村公共交通,统筹安排好农村客运班线及班次,切实解决好集市日、节假日等客流高峰时期农民、农村学生的出行问题,从源头上杜绝三轮汽车、低速货车、拖拉机违法载人现象。

(9)建立部门联合治理道路客运安全机制。

①建立客运驾驶员交通肇事、交通违法情况定期抄告制度。公安部门定期将客运驾驶员交通违法情况、交通肇事情况通报给所属运输企业和当地交通、安全监管部门。对交通肇事多、驾驶员交通违法行为多的运输企业,交通部门要责令其限期整改,对于整改不到位的,要停业整顿。安全监管部门要定期向社会公告发生交通事故、交通违法行为较多的运输企业名单。

②建立新审批客运线路通报制度。交通部门要将新审批的客运线路特别是跨省长途客运线路及班次、停靠站点等情况,通报给公安部门。

③建立特大事故责任倒查情况通报制度。对在交通管理或运输管理工作中存在不按规定履行职责、不严格执法,以及对特大道路交通事故的发生负有责任的人员,除应按规定严格追究其责任外,还应将对责任人员的处理情况分别在公安、交通系统进行通报,增强公安交警和交通运管人员的自律意识。

3)《关于转发全国道路交通安全工作部际联席会议关于进一步落实“五整顿”、“三加强”工作措施的意见的通知》(国办发〔2007〕35 号)

2007 年,国办发〔2007〕35 号《关于转发全国道路交通安全工作部际联席会议关于进一步落实“五整顿”、“三加强”工作措施的意见的通知》(以下简称《通知》),《通知》就道路运输行业安全强调六个方面。

(1)严格机动车驾驶员培训、考试和管理。

《通知》要求交通、农业部门要以提高驾驶员素质为重点,进一步完善培训教育工作机制;要求交通部门进一步推进《道路运输从业人员管理规定》的贯彻落实,严格执行客运、货运、危险化学品等道路运输从业人员资格考试制度，研究建立道路运输从业人员诚信考核和计分考核制度，健全道路运输从业人员管理信息系统和驾驶员退出机制。要求公安部门认真落实《机动车驾驶证申领和使用规定》，修订完善各地区驾驶员考试题库，严格考试程序，严肃考试纪律，建立健全考试员考核制度，严格落实对大中型客车驾驶资格的逐级申请、审核制度。公安、交通部门要进一步完善和落实培训记录审核制度，建立健全驾驶员考试情况通报制度。

(2)加强交通违法联合治理。

《通知》要求公安部门进一步加强道路交通事故分析和交通安全形势研判，定期对道路交通事故情况开展系统分析，针对事故易发区域、时段和重点违法行为，科学制定防范措施。交通部门要建立完善道路运输企业重特大交通事故快报和分析制度。要求公安部门组织开展"平安畅通高速"创建活动和公路通行秩序整治专项行动，重点查处疲劳驾驶、无证驾驶、酒后驾驶、强行超车、逆向行驶、不遵守交通信号以及在高速公路上违法停车、超车等严重交通违法行为。对超速50%以上、客车超员20%以上的，要通报车辆登记地公安机关交通管理部门；属营运车辆的，安全监管部门要会同公安、交通等部门，依法追究企业和有关人员的责任。

(3)加强对运输企业安全监管。

《通知》要求交通部门强化"三关一监督"(严把运输企业市场准入关、营运车辆技术状态关、营运驾驶人从业资格关，做好汽车客运场站的安全生产监督)，严格审批夜间途经三级以下山区公路的客运班线。

交通、公安、安全监管部门要加强对运输企业的安全监管，定期检查客运企业安全生产责任制和各项规章制度落实以及安全隐患排查整治情况，健全完善道路运输企业质量信誉考核机制，对多次发生超员、超速等严重交通违法行为或者发生重特大道路交通事故的营运车辆，公安部门要将情况通报交通、安全监管部门，并定期向社会公布客运企业交通安全状况。

发展改革、公安、质检、交通、安全监管部门要研究推广使用符合国家标准的汽车行驶记录仪，选择部分车型在部分省(区、市)开展汽车行驶记录仪安装使用的试点工作。鼓励运输企业使用GPS(全球定位系统)等先进技术装备，实现对运输企业驾驶员的动态监督和管理。

(4)强化机动车生产和使用监管。

①要求质检、发展改革部门要制定和完善包括提高客车车身强度在内的车辆整车安全技术标准，进一步完善生产企业及车辆产品准入制度，加强车辆生产企业及产品的公告管理。会同有关部门研究制定、公布电动摩托车技术标准，并将该产品纳入监管范围。

②要求质检、发展改革部门组织专家参与道路交通事故形态分析研究，配合公安、安全监管等部门制定提高机动车安全性能的技术方案和管理措施，制定并实施安全标准。质检部门要认真落实缺陷汽车召回管理制度，扩大缺陷汽车召回范围。

③要求发展改革、质检部门进一步健全汽车生产及改装企业行业管理制度，加大监管力度，加强对新车安装侧后防护装置、喷涂(粘贴)车身反光标志、配备行驶记录仪等重要安全技术标准执行情况的检查。

④要求工商部门会同发展改革、质检部门进一步加大对非法生产和改装企业的查处力

度，建立查办终结案件回查制度，健全车辆非法改装信息通报和案件协查移送机制。严禁非法改装车辆，严格查处非法改装罐车、集装箱车，依法取缔未经登记的车辆非法改装单位。

⑤要求公安部门严格车辆登记和查验，会同有关部门加强对机动车安全技术检测工作的监督，加强机动车日常管理，建立并完善大型客运、货运车辆和危险化学品运输车辆、学校校车等重点车辆动态管理档案。

⑥要求质检部门强化机动车安全技术检验机构资格管理，制定机动车安全技术检验机构的设置规划管理规定和机动车安全技术检验机构监督管理办法，加大对机动车安全技术检验中违法、违规行为的查处力度。

⑦要求农业部门严格拖拉机登记管理，规范登记手续，会同有关部门清理和查处超标准、超范围发放拖拉机牌证的行为，研究制定相关生产安全技术标准。

(5)加强农村道路交通安全工作。

①要求县、乡级人民政府配备专人负责农村交通安全工作，组织农业(农机)等方面人员参与交通安全整治，建立健全道路交通安全防控网络，综合治理农村地区交通安全。

②要求公安部门创新农村交通管理警务机制，加强乡镇交警中队和农村交通安全警务室建设，明确农村公安派出所参与道路交通安全工作的职责和任务。积极排查农村无牌无证机动车和驾驶员，提高办牌办证率，继续组织开展以整治低速载货汽车、三轮汽车和拖拉机违法载人、无证驾驶、无牌无证机动车上路行驶为重点的专项整治。

③要求农业(农机)部门继续组织开展“创建平安农机，促进新农村建设”活动，树立一批“平安农机”示范县、示范乡(镇)、示范村和示范户，进一步严格拖拉机驾驶员考试制度，强化拖拉机安全监管，逐步构建农机安全生产长效机制。会同公安部门积极开展无牌无证拖拉机整治工作。

④要求交通部门要大力发展农村客运交通，研究组建面向广大农村地区的客运公司，努力解决农民出行难问题，并切实加强农村公路建设。

⑤要求各级道路交通联席会议制定“平安畅通县区”创建活动评价标准，组织开展创建评价活动，及时总结、推广先进经验，树立先进典型，带动农村道路交通安全工作全面开展。

(6)严格落实道路交通安全责任。要求建立和实行年度交通安全考核指标体系、评价制度和责任追究制度，从法制、体制、机制、投入等方面全面加强道路交通安全工作。研究建立健全以卫生部门为主导，公安、交通、农机部门及保险、紧急救援机构参与的道路交通事故紧急救援联动机制。研究加强对专业运输驾驶员安全驾驶行为动态监管的措施，组织对道路交通事故多发地区开展联合检查，督促落实整改措施。

交通、公安、安全监管部门要监督道路运输企业切实落实交通安全主体责任，强化运输企业内部管理教育，完善内部安全管理制度。对安全条件达不到要求、存在重大隐患的，要责令限期整改，逾期不改且情节严重的，要依法吊销其《道路运输经营许可证》或取消相应的经营许可。对多次发生超员、超载等严重交通违法行为或发生重特大道路交通事故以及所属车辆存在重大隐患的运输企业及其负责人，交通、安全监管部门要依照有关法律法规，依法严格追究责任，并在新闻媒体予以曝光。

4)《关于贯彻落实国务院通知精神进一步加强企业安全生产工作的意见》(交安监发〔2010〕394 号)

为贯彻落实好国务院《关于进一步加强企业安全生产工作的通知》(国发〔2012〕23号)精神,交通运输部出台了《关于贯彻落实国务院通知精神进一步加强企业安全生产工作的意见》(交安监发〔2010〕394号),就道路运输企业安全管理共有九点要求。

(1)严格交通运输安全生产准入条件。进一步严格规范和执行交通运输企业的安全生产准入标准,重点加强道路长途客运、旅游客运和危险品运输企业的把关,加强对从事出入境道路运输的审核。将道路危险品运输从业人员、经营性道路旅客运输和出租车驾驶员、机动车检测维修技术人员的从业资格和继续教育管理作为建设重点,规范交通运输从业人员的管理。加强对运输车辆特别是从事危险品运输车辆的准入管理,严禁非法改装的车辆进入运输市场;凡不符合安全生产准入条件的企业、从业人员、运输工具和设备,一律不得进入交通运输市场,凡不符合安全生产规定的交通运输工程建设项目,必须立即停止建设,已开工的交通运输工程建设项目,一经发现违规行为,必须立即停止建设。

(2)加强企业主体责任的落实,进一步规范企业安全生产经营行为。要求各级交通运输主管部门督促企业落实安全生产主体责任,进一步健全企业层级责任体系,建立一岗双责制度,强化对一线安全生产的管理和服务,重点推进交通运输企业安全质量体系的建设和评估审核。加大安全生产投入力度,加强安全生产技术的研发,重视推广应用安全生产新产品、新材料、新工艺,加快淘汰安全性能低、高耗能、高污染的车辆,重点推进危险品运输车辆厢(罐)式运输。

(3)加强对非法违法行为的打击力度,保持良好的市场秩序。凡未取得经营许可资质从事交通运输生产的,要予以取缔。继续严厉打击非法从事道路运输、出租车运输的行为,继续强化道路超限、超载、超员整治。加大对交通建设工程的非法分包、转包行为以及违章作业的打击和治理力度。

(4)加强安全隐患排查,加大突出问题治理力度。要求按照"月统计、季通报、年考核"的要求,进一步强化企业自身安全隐患的排查治理。加强营运车辆安全性能检查,重点强化危险品运输车辆、城市公交车辆、城市轨道交通安全隐患排查,确保安全状况良好;进一步强化节假日期间从事长途客运的安全管理,重点研究制定车辆夜间行驶的安全对策措施。严格安全设施与主体工程"三同时"。深入开展"平安工地"建设活动,把防坍塌、防坠落、防触电作为安全工作重点。

(5)加强安全动态监管,提高监管能力和服务水平。加强对企业安全生产的绩效考核,建立交通运输企业和从业人员的诚信体系,将诚信考核作为准入管理、建立淘汰机制的重要组成内容。危险品运输车辆、旅游包车和三类以上的班线客车必须安装符合国家标准的具有行驶记录功能的卫星定位装置。加快推进交通运输安全生产综合信息平台建设,积极推进一类危险化学品全程动态监管,建立营运车辆动态信息公共服务平台。督促企业积极落实高危行业企业安全生产费用,加大安全生产投入,提高现场安全防护条件,落实交通运输建设施工有关规定要求。

(6)加强基层、基础建设,完善安全生产长效机制。要进一步完善安全生产和应急工作法规体系、加强体制机制建设,从根本上改变基层工作不扎实、基础工作不牢固的状况。鼓励和引导交通运输企业向规模化、集约化方向发展,引导企业由承运人向物流经营人转变。加强对基层工作的指导,加大现场检查的力度,进一步规范操作规程,强化岗位责任制的落实。

(7)加强应急救援能力建设,提升突发事件应对水平。要求企业建立健全应急管理机制,制定针对性强、可操作的应急预案,加强突发事件的预测预警和应急演练。

(8)加强队伍建设,提高从业人员的素质和能力。要求企业有计划、有步骤地对各类人员进行轮训,提高专业知识和技能。进一步加强高危行业人员、新录用人员、转岗人员的培训教育;客运驾驶员、危险品运输驾驶员及押运员必须经过交通运输主管部门培训考试合格后持证上岗。加强城市轨道交通工作人员、城市公共客运人员等人员的培养和素质教育,提高安全操作技能和应急处置能力。强化道路运输救助人才队伍建设。优化交通运输建设工程安全管理人员的结构,重点培养企业主要负责人、项目经理、安全管理员、监理工程师等。

(9)加强安全督查和责任追究,全面落实安全生产责任。要求各级交通运输安全监管、人事、监察等部门依法建立安全生产的责任追究制度,明确安全生产的责任和考核目标,严格执行党政领导干部安全生产问责制,并加强督查、考核和责任追究。根据相关法律和行业管理职责分工,建立事故查处的督办制度,加强事故调查和问责力度,按照"四不放过"的原则,严肃查处每一起安全生产事故,严肃追究责任领导和相关责任人。对安全生产责任不落实、整改不到位、造成人员伤亡和财产损失的,要依法对相关单位及其责任人给予处罚并追究责任。对违法违规、失职渎职导致事故发生的,要严肃查处、严格追究责任。

5)《关于贯彻落实国务院坚持科学发展安全发展促进安全生产形势持续稳定好转的意见》(交安监发〔2012〕719 号)

为贯彻《国务院关于坚持科学发展安全发展促进安全生产形势持续稳定好转的意见》(国发〔2011〕40 号)精神,交通运输部专门以《关于贯彻落实国务院坚持科学发展安全发展促进安全生产形势持续稳定好转的意见》(交安监发〔2012〕719 号)对道路运输企业安全管理提出十点要求。

(1)继续深入贯彻落实《国务院关于进一步加强企业安全生产工作的通知》(国发〔2010〕23 号)文件精神,全面建立行政一把手负总责、其他领导分工负责、各部门各司其职的安全生产责任制,认真落实行政首长负责制和全体员工安全生产"一岗双责"制度,进一步健全安全生产责任体系,完善责任链条,切实把安全生产责任落实到基层,落实到每一个岗位。交通运输企业主要负责人、实际控制人要认真履行安全生产第一责任人的责任。健全完善并严格执行各项安全生产规章制度,严禁发生违章指挥、违规作业、违反劳动纪律的"三违"行为。持续加大安全生产投入,提足用好安全生产费用,积极推行安全生产责任保险制度。建立并落实全体员工安全培训教育制度,提高全员安全意识和实操技能。

(2)全面推进交通运输企业安全生产标准化建设。要求所有从事公路水路运输、城市客运和公路水运工程建设等生产经营建设活动的交通运输企业按照交通运输部《交通运输企业安全生产标准化建设实施方案》(交安监发〔2011〕322 号)的要求开展安全生产标准化建设,实现岗位达标、专业达标和企业达标。2013 年底前,所有从事客运、危险化学品和烟花爆竹等重点运输企业必须达标,其他交通运输企业在 2015 年前达标。要将企业安全生产达标工作与日常安全管理工作有机结合起来,并切实与相关行业行政许可挂钩,促进企业安全管理水平的有效提升。

(3)强化客运驾驶员资格准入,落实继续教育制度,全面提升驾驶员队伍的安全意识和应急处置能力。积极配合公安交警部门严厉打击超员、超速、超载和疲劳驾驶"三超一疲劳"等违法行为，严禁高速公路违规停车及上下人。严格落实长途客车驾驶员强制休息制度，400千米以上的长途客运班线，必须在中途设立车辆停靠、驾驶员休息站(点)。实行道路客运安全告知制度，推广使用安全带。严格按照规定安装具有行驶记录功能的卫星定位装置，2012年班线客车、旅游客车、农村客车和危险品运输车辆卫星定位系统安装率达100%，基本实现联网联控，动态监管。加强道路危险化学品运输安全监管，认真贯彻落实好《危险化学品安全管理条例》《烟花爆竹安全管理条例》和《放射性物品运输安全管理条例》的规定，确保车辆、从业人员符合要求。

(4)加强交通运输安全生产风险管理和应急救援保障能力建设。建立交通运输安全生产重大风险源数据库，对重大安全隐患进行挂牌督办，对查处的安全隐患整改情况进行跟踪督办，强化整改效果。重点强化道路客运、危险化学品、烟花爆竹及放射性物品运输、城市客运等方面安全隐患排查治理。要求企业定期进行安全生产风险分析，及时对安全隐患进行排查、评估、治理。充分运用科技和信息手段，建立健全安全生产隐患排查治理体系，提高隐患排查治理的效率。

(5)加大科技兴安力度。要求企业加大新技术、新设备、新产品的推广应用，增强安全保障能力。加快交通运输安全监管、安全生产管理和标准化管理信息化建设，不断提升安全生产信息化水平和管理能力。

(6)加强安全生产教育培训，提高从业人员的素质和安全意识。要求制定培训计划，开展不同层次的专业知识和技能培训，重点强化企业和管理部门负责人、安全管理人员、一线重点岗位人员、劳务工的安全培训。加强从业人员资格管理，企业主要负责人和分管负责人、安全管理人员、特种作业人员等必须按规定严格考核、持证上岗。加大继续教育力度，各级主管安全生产工作的领导以及业务骨干人员每年必须轮训一次，其他从事安全生产工作人员每三年必须进行一次系统培训，每次轮训和系统培训时间原则上不少于36学时。要深化班组长安全培训，实现培训教育制度化、规范化、常态化。

(7)要求企业广泛开展安全知识竞赛、安全调研论文评比、安全演讲比赛、职工安全文艺演出、安全知识咨询、发放宣传资料、网上答题考核等活动，积极开展安全生产和应急知识进企业、进学校、进乡村、进社区、进家庭的"五进"活动，普及安全常识，提升安全文化素质，营造"关爱生命，关注安全"的浓厚氛围，提高事故防范和自救互救的能力。要求大型企业建立健全职业教育和培训机构，积极培育企业安全文化，打造企业安全文化精品，构建自我约束，持续改进的长效机制。

(8)进一步加强对安全生产的考核奖惩工作。按照《关于加强交通运输企业安全生产绩效考核的指导意见》要求，继续完善安全生产考核体系，制定完善安全生产奖惩制度，对成效显著的单位和个人要以适当形式予以表扬和奖励，对违法违规、失职渎职的，依法严格追究责任。按照《交通运输安全生产和应急体系"十二五"发展规划》，持续加大安全生产投入，设立安全生产专项经费。按照相关规定足额提取安全生产费用，加强安全生产设施设备的配备和更新，不断改善企业安全生产条件。

2. 关于道路客运安全规范性文件

1)《交通运输部、公安部、安监总局关于进一步加强和改进道路客运安全工作的通知》

（交运发〔2010〕210 号）

《交通运输部、公安部、安监总局关于进一步加强和改进道路客运安全工作的通知》（交运发〔2010〕210 号），它是交通运输、公安、安全监管部门根据《国务院办公厅转发全国道路交通安全工作部际联席会议关于进一步落实“五整顿、三加强”工作措施意见的通知》（国办发〔2007〕35 号）的深化，与国办发〔2007〕35 号文件相比，交运发〔2010〕210 号文件具有以下六个鲜明特点。

（1）体现安全生产管理基本原则。

文件第一部分即提出要建立“政府统一领导、部门依法监管、企业全面负责、群众监督参与、社会支持”的安全综合监督管理格局，以遏制群死群伤事故为目标，落实客运企业安全主体责任，强化企业对营运客车和驾驶员动态监控，坚持源头管理与路面管控并重，全面提升道路客运安全水平。它传达给我们一个最直接的信息就是道路旅客运输是安全生产，它适用于安全生产管理的基本原则。这在以后的责任追究条款中，我们也可以清楚地看到，道路运输安全与工矿企业安全管理责任要求是一样的。

（2）对道路运输行业安全管理更加具体化。

①实行培训责任倒查，凡客运车辆发生一次死亡 3 人以上交通事故且负有主要责任的，安全监管部门要会同交通运输、公安部门对驾驶员培训、考试和发证过程进行责任倒查，把培训、考试记录作为责任倒查的重点和依据。

②实行驾驶违法行为公安交警、交通运输部门、运输企业三方治理机制，要求公安部门建立驾驶员交通违法、肇事信息记录查询平台，逐步向社会提供客运驾驶员的交通违法行为及交通事故查询服务。对驾驶客运车辆载人超过核定人数 20% 以上、超过规定时速 50% 以上的严重违法行为，在交通违法记分周期内记满 12 分，多次违法记录未及时处理的客运驾驶员，公安部门要抄送运输企业，告知其通知相关客运驾驶员到公安机关接受处理，并通报交通运输部门；交通运输部门要督促客运企业对其进行教育处理，情节严重的应调离驾驶岗位。对机动车驾驶证被公安部门注销或者吊销的，由交通运输部门依法吊销其从业资格。从业资格证被吊销的，三年内不得重新参加从业资格考试。

③严格营运客车市场准入制度。公安部门要严格客车登记制度，对不符合国家标准的车辆，不得办理注册登记。交通运输部门要强化营运客车市场准入管理，严禁没有达到营运客车等级评定标准的车辆或技术性能不合格的车辆参与营运。对发现使用未进行安全技术检验或检验不合格的客车从事营运的，要立即停驶，并责令客运企业限期整改

④要求把安全生产保证能力作为企业资质主要依据。要求把客运企业的安全生产状况，作为完善道路运输市场准入和退出制度的核心内容和主要依据，将企业安全生产动态考核结果与企业的行政许可、线路招投标和质量信誉考核挂钩，把安全生产与企业生存发展结合起来，切实加强监督管理。

⑤加强作业活动中风险控制。一是要求公安部门加强客运车辆道路通行秩序管理，严格查处客运车辆超员、超速行驶、疲劳驾驶等交通违法行为。二是要求交通运输部门要严格客运线路审批，对夜间途经达不到夜间安全通行条件的三级（含）以下山区公路，不得批准客运班线。公安部门在道路执法中发现客运班线夜间途经达不到夜间安全通行条件的三级及以下山区公路的，要禁止通行，并及时通报交通运输部门，由交通运输部门督促客运企业合

理调整客运班线的发车时间。三是采取防止疲劳驾驶措施。客运车辆每日运行里程超过400千米(高速公路直达客运超过600千米)的,客运企业应当配备两名以上驾驶员。驾驶员连续驾驶不得超过4小时,或者24小时内累计驾驶不得超过8小时。客运企业要制定更加严格的防止疲劳驾驶措施,创造条件安排长途驾驶员落地休息。四是强化客车运营管理。要求客运企业要采取有效措施,强化客车运营管理,严格按照许可的线路、班次、站点运行,在规定的途经站点上下旅客,不得站外上客或揽客。客运包车不得搭乘合同外的旅客,严禁客运包车途中上客。

(3)突出强调企业责任。

①明确客运企业安全生产主体责任,要求客运企业建立健全安全生产责任制,健全组织机构,配备专职安全工作人员,保证安全生产的必要投入,加强对安全工作人员和从业人员的教育培训考核,定期召开安全生产委员会会议和安全生产例会,开展安全生产自查自纠工作,及时发现和消除事故隐患。客运企业要按照安全生产法律法规和相关标准规范,制定符合自身特点的岗位操作规程和安全标准,促进安全生产标准化、制度化和长效化。

②强调企业安全风险控制,鼓励各地积极探索采用安全统筹行业互助形式,提高企业安全工作和抗风险的能力。

③要求规范驾驶员的使用。要求客运企业严把驾驶员的聘用关,当面审查驾驶员的驾驶证件、从业资格和驾驶经历,并与符合条件的驾驶员签订聘用合同。要定期严格组织驾驶员参加安全学习和培训,不断提高驾驶员的安全意识和业务素质。要经常通过信息查询平台查询驾驶员的违法和事故信息,对查询到的驾驶员违法和事故信息以及收到的公安部门抄送的驾驶员严重违法信息,要及时对违法驾驶员进行教育和处理。

④要求规范车辆维护档案管理。客运企业要建立和完善车辆日常安全检查、维护制度,落实专人负责车辆安全工作,对车辆定期进行安全检查和二级维护,并记入车辆技术档案。承担客运车辆二级维护作业的机动车维修企业应当建立车辆维修档案,并在核定的经营范围内,按照国家标准和技术规范认真执行客运车辆二级维护作业,不得漏项和减项。

(4) 明确农村客运安全管理要求。

针对农村地区安全监管力量薄弱的实际,各级道路交通安全工作联席会议要主动提请地方政府明确由乡(镇)政府实施农村客运安全监督管理,实行“县管、乡包、村落实”的政策,并指导和督促乡镇政府落实道路运输安全机构、人员和经费,履行安全管理职责。

(5)明确车辆运行动态监管。

①明确规定安装范围,要求旅游包车和三类以上的班线客车必须依法安装、使用符合国家标准的行驶记录仪(具有行驶记录功能的卫星定位装置应视同行驶记录仪)。凡未安装的,交通运输部门不予核发道路运输证,公安部门不予通过定期审验。

②明确规定管理部门的职责,交通运输部门职责是“督促运输企业安装并使用卫星定位装置,利用动态监控手段加强对运输市场秩序管理”。

③强调客运企业监控主体责任。

(6)明确对企业及其负责人的责任追究。《通知》第四部分第六条、第八部分第二条规定:

①业务发展惩罚。“对因负主要责任或者全部责任,发生一次死亡3至9人道路交通事

故的,所属客运企业1年内不得新增客运班线(旅游企业1年内不得新增车辆);1年内发生两次及以上死亡3至9人道路交通事故的,或发生一次死亡10人以上重大道路交通事故的,所属客运企业3年内不得新增客运班线(旅游企业3年内不得新增车辆)。

②经济惩罚。客运企业因未履行安全生产主体责任,发生生产安全事故的,安全监管部门要按照《安全生产法》、《生产安全事故报告和调查处理条例》(国务院令第493号)的规定,对企业及主要负责人予以处罚。发生一次死亡10人以上责任事故的企业主要负责人,依法撤销职务或处二万元以上二十万元以下的罚款;撤销职务的,在5年之内不得担任道路运输企业主要负责人,构成犯罪的,应依法追究刑事责任。对于6个月内发生两次及以上一次死亡3人以上,且负全部或者主要责任事故的企业,公安部门要按照《道路交通安全法》的规定,责令消除安全隐患;安全监管部门要按照《安全生产法》的规定,责令企业停业整顿;经停业整顿仍不具备安全生产条件的,交通运输部门吊销其道路运输经营许可证或者吊销相应的经营范围。

2)《关于积极推行道路客运安全告知制度有关事项的通知》(交运发〔2011〕396号)

为充分发挥社会各界特别是广大乘客监督作用、切实加强道路客运安全生产管理,向公众普及安全应急处置知识,交通运输部决定在道路客运行业推行安全告知制度。《关于积极推行道路客运安全告知制度有关事项的通知》明确了四方面内容。

(1)明确告知内容。

告知内容主要包括:

一是客运公司名称、客车号牌、驾驶员及乘务员姓名和监督举报电话。

二是客运车辆核定载客人数、行驶线路、经批准的停靠站点、中途休息站点。

三是法律法规规定事项,如禁止旅客携带或客运车辆装运的危险品,禁止超载、超速、疲劳驾驶的规定,特别是连续驾驶时间不得超过4小时;禁止在高速公路上和未经批准的站点上下客;禁止携带危险品进站上车;禁止改变线路行驶;禁止关闭GPS;禁止客车22时至凌晨6时途经三级以下山区公路达不到夜间安全通行条件的路段;卧铺客车凌晨2时至5时停车休息以及客运票价的有关规定等。四是车辆安全出口及应急出口逃生、安全带和安全锤使用方法。

(2)规范告知方法。一是由乘务员或驾驶员在发车前向乘客告知;二是在车内明显位置标示客运车辆核定载客人数、经批准的停靠站点和投诉举报电话;三是由省级交通运输主管部门统一制作音像资料,向客运企业免费发放,并要求在客车发车前向乘客播放。

(3)明确推行安全告知制度时间。2011年年底前,先在所有卧铺客车、超过800千米的省际班线客运车辆上推行,2012年上半年推广至所有省际班线客运车辆和省际旅游客车。省内班线客车和省内旅游客车的具体实施时间由省级交通运输主管部门确定。

(4)建立监督举报电话处理机制。一是监督举报电话由市级道路运输管理机构统一管理,并建立每天24小时值班制度,市级以下道路运输管理机构和所有客运企业也要建立相应的值班制度,负责处理投诉举报事项;二是对监督举报信息应认真调查核实,严格按规定处理,并将处理结果向监督人告知;三是对投诉举报的违法违规行为查实处理后,应记入对驾驶员和车辆所属企业的质量信誉考核档案,对旅客反映的好人好事给予表彰。

3)《关于印发"道路客运安全年"活动方案的通知》(交运发(2012)112号)

为提升客运驾驶员安全意识和应急处置能力，增强客车被动安全性，完善并落实道路客运企业安全管理机制和规范，交通运输部、公安部、安全监管总局联合下发此文件，文件明确要求开展七项活动。

（1）全面开展道路客运驾驶人安全素质教育。

认真贯彻落实公安部、交通运输部《关于进一步加强客货运驾驶人安全管理工作的意见》，切实提高驾驶人的安全意识、驾驶技能和应急处置能力。

①严格客运驾驶人培训、考试。交通部门组织推广计算机计时培训系统，进一步加强对驾培机构培训质量的监督，公安部门要提高大中型客车驾驶人安全驾驶意识和行为以及夜间、应急处置和复杂路况安全驾驶考试要求，从严查处违规考试违法行为。

②把好客运驾驶人从业准入关。要求各地交通运输部门加强考点标准化建设，严格落实道路客货运输驾驶人从业资格考试大纲，进一步规范从业资格考试。会同公安部门建立客货车驾驶人信息管理平台，实现驾驶证信息、从业信息、交通违法和事故等信息共享；建立被吊销从业资格证件的营运驾驶人“黑名单”库，并定期向社会公布。

③全面推进道路运输驾驶人继续教育。各地交通运输部门要督促运输企业按照《道路运输驾驶员继续教育办法》要求，组织好本企业运输驾驶人的继续教育，重点加强典型事故案例警示以及恶劣天气和复杂道路驾驶常识、紧急避险、应急救援处置等方面的教育，提升从业驾驶人的职业道德和文明安全素质。

④强化经常性交通安全宣传教育。在全国范围内组织客运驾驶人开展以危险源辨识、应急处置为重点的安全知识竞赛；通过广播电台，开设空中大讲堂节目，定期请专家学者、行业、企业管理人员、优秀驾驶员讲课，向广大驾驶人普及安全知识；充分利用广播电视报刊网络等媒体，开辟专栏，以文字、视频、动漫等多种形式普及安全知识，在全社会营造驾驶人积极学习安全知识的良好氛围。

⑤全面开展“牵手平安行”活动。要求各地公安机关以客货运驾驶人为重点，实行驾驶人属地化服务管理，组织全体交通民警、交通协管员牵手驾驶员，动员运输企业、发动社会组织参与牵手驾驶人。

⑥联合评比表彰。广泛开展安全文明行车驾驶人评比活动，对优秀驾驶员进行表彰奖励，进一步增强驾驶人的职业荣誉感和责任心。

（2）全面落实道路客运企业安全管理规范。

认真贯彻落实《道路旅客运输企业安全管理规范（试行）》（以下简称《规范》），提升客运企业安全管理水平及从业人员的安全意识，促进企业安全主体责任的落实。

①加强客运企业规范化管理。各地交通运输、公安、安全监管部门要依据职责，督促运输企业切实落实《规范》要求，完善安全管理机制，强化运输组织管理，合理安排班次，限定客运驾驶人每日驾驶时间，并积极探索接驳运输的方式，保证长途客运驾驶人停车换人、落地休息，严禁客运车辆夜间在达不到安全通行要求的三级以下山区公路运行。

②联合组织宣贯活动。各地交通运输部门要会同公安、安全监管部门，在全国范围内分片举办培训班，组织管理部门、企业管理人员和相关人员进行培训，加强分类指导，并督促道路旅客运输企业对照《规范》要求，进行企业安全管理情况自查，找出存在的问题和薄弱环节，逐一落实整改，进一步完善安全生产管理体系。

③联合组织专项检查。各地交通运输部门要会同公安、安全监管部门组成联合检查组，采取明察暗访等形式，加强对本辖区内道路旅客运输企业贯彻落实《规范》情况检查，及时总结和推广《规范》实施过程中的成功经验和做法，研究解决实施中存在的问题，切实督促企业落实好、执行好《规范》。

(3)建立健全道路运输车辆动态监管制度。

①交通运输部、公安部、国家安全生产监督管理总局联合制定《道路运输车辆动态监管工作管理办法》，规范具有行驶记录功能的卫星定位装置安装、使用行为，完善相关管理机制和制度，明确运输企业监控主体责任和部门监管责任，切实发挥好动态监管系统的作用。

②各地交通运输部门要督促运输企业按照行业标准及规定时间要求，完成系统平台的改造，尽快通过标准符合性审查。

③完善联合监管机制。交通运输部门要利用动态监控手段加强对运输市场秩序管理，尽快向公安、安全监管等部门开放数据接口，实现车辆动态信息的共享；公安部门要利用动态监控手段，严格查处超速行驶、疲劳驾驶等违法行为；安全监管部门要利用动态监控手段，做好应急指挥及事故处置工作。

(4)加强和改进旅游包车客运安全管理。

各地交通运输、公安、安全监管部门要联合开展旅游包车客运整治，加大综合治理力度，切实加强和改进旅游包车客运安全管理。

①交通运输部门要研究加强旅游包车客运安全管理制度，规范旅游包车运营行为和路线，认真执行相关法律法规，以旅游包车车籍地为核心，严格审批旅游路线，严禁发放加盖公章的空白包车牌证，严查擅自变更旅游行驶路线违法行为。

②联合开展旅游包车专项整治。各地交通运输、公安、安全监管部门要对辖区内所有旅游客运企业、车辆及其驾驶人进行一次全面的清理整顿，重点清理企业、车辆和驾驶人的资质，包车牌证的发放，车载卫星定位装置的安装和使用情况。对不符合法定条件的，要依法撤销相应许可证照；对未按规定安装车载卫星定位装置或未接入全国重点营运车辆联网联控系统的旅游包车，一律停止营运。

(5)在高速公路客运全面推广使用安全带。

①联合开展宣传教育活动。广泛利用电视、广播、报刊等新闻媒体大力宣传使用安全带的重要意义及正确方法，刊播公益广告；在高速公路服务区、客运站场等场所广泛张贴、发放倡导安全带使用的挂图、车贴、折页等宣传品，组织好本辖区内的"安全带—生命带"主题宣传教育活动，营造良好活动氛围。

②各地交通运输部门要督促运输企业对通行高速公路未按规定安装座椅安全带的客运车辆，联系客车生产厂家进行安装改造。对新进入运输市场的客运车辆，必须全部安装座椅安全带。公安部门要在车辆登记、检验等环节严格检查，对不符合要求的，及时督促整改。

③道路客运企业和客运站场要建章立制，并对相关人员进行培训，把握好客运车辆出站前、上高速公路前、服务区休息发车前等环节，提醒、检查旅客佩戴安全带。

④加强执法检查。客运站要将高速公路长途客车旅客佩戴安全带作为出站检查的内容，旅客未佩戴安全带的，禁止出站。公安部门在路面执法过程中要加大对规定客车安装、佩戴安全带情况的检查力度，发现驾驶人和旅客不佩戴安全带的要及时纠正并依法予以

处罚。

(6)严管客运车辆严重交通违法行为。

①启动省际交通安全服务站,会同交通运输部门,对长途客车、卧铺客车、旅游包车等客运车辆进行检查,查看车辆载客情况,了解连续驾驶时间、卫星定位装置使用情况,消除超员载客、疲劳驾驶违法行为。

②依托区域警务合作机制,联合开展客运车辆交通违法区域集中整治,严查超速行驶、疲劳驾驶、超员载客、不按规定车道行驶、违法停车上下客等交通违法行为。

③建立联动执法机制。各地公安部门要每月对客运车辆交通违法进行清理,督促客运企业接受处理,并将查处的客运车辆严重交通违法行为及时抄告机动车登记地交通运输和安全监管部门。

④倒查企业负责人责任。对两年内有两次以上超员违法行为记录的客运企业,公安部门要依法对企业主要负责人、主管安全和经营的企业负责人和部门负责人以及安全管理人员进行处罚。对于所属车辆交通违法行为多发或有严重交通违法行为的客运企业,交通运输和安全监管部门要依法对客运企业及其负责人进行处罚。

(7)进一步完善和细化客运站安全管理制度。各地交通运输部门要研究制定道路客运站相关岗位工作规范,进一步细化和明确客运站进站安全员、出站安检员、安全管理员的岗位职责、工作内容和流程等,积极推行客运站安全监管的标准化作业。

3. 关于道路货物运输安全文件

1)《关于加强物流、寄递渠道安全监管工作的通知》(公治〔2009〕475 号)

为切实加强危险物品安全监管,严防不法分子利用物流、寄递渠道非法运输禁寄物品、违禁物品、危险物品,确保新中国成立 60 周年庆祝活动安全顺利进行,公安部、国家安全部、交通运输部、铁道部、商务部、国家工商行政管理总局、国家邮政局就加强物流、寄递渠道安全监管工作下发此《通知》,就道路货物运输领域安全管理《通知》提出四点要求。

(1)严格执行收货验视制度。《通知》要求物流运输企业、货运站(场)、客运站和国际货代企业,切实加强对各类禁寄物品、违禁物品、危险物品的检查、甄别和控制,坚决堵塞安全管理漏洞。对法律、行政法规规定必须办理有关手续后方可运输的货物,必须查验有关手续;对可疑物品,要开包、开箱检查,严防禁运物品、违禁物品、危险物品藏匿、夹带在普通货物中运输,严禁物流运输企业、货运站(场)和客运站接收、运输法律、行政法规禁止运输的货物。

(2)核查登记相关人员身份和物品信息。《通知》要求物流运输企业、货运站(场)、客运站、国际货代企业和邮政企业、各类快递企业收运、收寄物品时,要认真查验、登记承办人有效身份证件及所交运物品的相关信息,登记信息要留存半年以上,以备有关部门查询。对没有随身携带身份证件的,可正常接收,但应做重点查验。

(3)切实落实企业安全管理责任。《通知》要求物流运输企业、货运站(场)、客运站、国际货代企业和邮政企业、各类快递企业法定的代表人,要切实承担起安全管理第一责任人的责任;要按照“谁经营,谁负责”的原则,建立健全并严格执行收运、收寄物品安全查验、实名登记等制度,将安全管理责任落实到每一个岗位、每一名员工;要教育员工增强安全意识,提高业务技能,并将收运、收寄物品执行查验、登记制度的情况与员工个人利益挂钩,督促落实各项安全管理措施。对发现利用物流、寄递渠道从事违法犯罪活动的,要立即报告当地相关部门,并配合做好有关调查工作。对检查发现的危险物品,要及时请有关专业单位进行妥善处置,防止发生安全事故。

(4)加强对物流、寄递服务企业的安全监管。各级公安、国家安全、交通运输、铁路、商务、工商部门和邮政管理机构要各司其职、各负其责,切实加强对物流运输企业、货运站(场)、客运站、国际货代企业和邮政企业、各类快递企业的监督管理。要切实加强日常安全检查、抽查,督促企业遵守并落实相关安全管理法律和政策。对未严格执行收货检查、验视制度,接收、投递、承运禁寄物品、违禁物品、危险物品的企业,一经发现,要立即责令整改,依法给予行政处罚。发现利用物流、寄递渠道从事危害国家安全、公共安全违法活动的,行业主管部门要依法吊销相应的资质许可证件,工商行政管理机关要根据有关部门认定的违法事实,依法吊销企业营业执照,公安机关、国家安全机关要依法对有关企业负责人和直接责任人予以处罚,构成犯罪的,依法追究刑事责任。

2)《关于加强道路货物运输受理环节安全管理工作的通知》(交运发〔2011〕414 号)

为贯彻落实《道路运输条例》等国家有关法律法规,加强道路货物运输受理环节安全管理工作,增强反恐安全防范措施,遏制重大安全事故发生,交通运输部以交运发〔2011〕414号出台了《关于加强道路货物运输受理环节安全管理工作的通知》(以下简称《通知》),《通知》就道路货物运输受理环节安全管理工作提出四点要求。

(1)加强企业受理环节安全管理能力的审查。

《通知》要求,新申请从事道路货运站(场)、零担运输、客运行包(物品)托运经营的,道路运输管理部门要加强对申请人安全生产制度和安全保障能力的审核。申请人应当制定货物受理环节的验视制度,配备必需的安全检测设备,确保运输安全。各地交通运输管理部门要督促道路货物运输经营者严格执行货物受理环节的验视工作,坚决依法查处不认真履行安检责任、不严格执行验视等安全制度以及无道路运输经营许可证从事道路货物运输经营的道路货物运输经营者。同时,积极配合工商部门,查处无营业执照的道路货物运输经营者。

(2)加强货运源头安全管理制度建设。

①建立健全货物受理环节的验视制度,《通知》要求,道路货物运输经营者要按照国家有关行政法规的要求,建立健全货物受理环节的验视制度,切实加强对各类禁运物品、违禁物品、危险物品的检查、甄别和处置,坚决堵塞安全管理漏洞。货运站(场)要严格执行市场准入制度,严禁无证无照的道路货物运输、货运代理等经营者进入站场内经营。有条件的大型站场要设置大型安检仪,防止危险货物等进站(场)上车。零担运输企业在受理托运的货物时,要对货物进行开箱(包)验视。对整车运输的批量货物根据公安部等7部局《关于加强物流、寄递渠道安全监管工作的通知》(公治〔2009〕475 号)的要求,对可疑货物进行开箱(包)检查,确保托运的货物与运单填写的货物一致,防止托运人将禁运物品、违禁物品、危险物品和限运货物、凭证运输货物谎报或者匿报为普通货物。对不能确定安全性能的物品(如机电装置、粉末、不明金属、装有不明气体或液体的密闭装置等)或寄件人拒绝验视的,不予承运。

道路货物运输经营者不得运输法律、行政法规禁止运输的货物,在受理法律、行政法规规定限运、凭证运输的货物时,应当查验并确认有关手续齐全有效后方可运输。

②建立健全货运托运人、运输合同信息的可追溯机制,为了保证货物按托运人的要求,安全、准确、及时送到收货方,道路货物运输经营者和货物托运人还应当按照《合同法》的要求,签订道路货物运输合同。签订运输合同时,应当核对并登记托运单位的有效证明、个人的有效身份证件,建立健全货运托运人、运输合同信息的可追溯机制,运输合同要留存半年以上,以备查询。

(3)强化责任落实。

《通知》要求,道路货物运输经营者,要切实承担起安全生产管理主体责任,将安全管理责任落实到每一个岗位、每一名员工;要教育员工增强安全意识,提高业务技能,对承运物品实行验视、登记制度要落实到职工的岗位责任制当中,并将落实情况与职工绩效考核挂钩。同时要求各级交通运输管理部门按照"谁许可、谁负责"的原则,加强对道路货物运输经营者经营行为、安全管理责任的监督检查,认真落实道路货物运输安全生产监管责任。

(4)抓好教育培训。

《通知》要求,通过广播、电视、召开座谈会、印发宣传材料等多种形式,使从事道路零担运输、客运行包、小件快运的经营者,特别是货运站(场)经营者明确其安全责任、义务,提高守法经营的自觉性;使托运人、承运人深入了解货物受理环节做好验视工作的重要意义。将货物受理环节安全管理作为道路货物运输从业人员从业资格培训、考试和继续教育重要内容。

3)关于甩挂运输行业管理有关文件

为贯彻落实国务院《关于进一步加强节油节电工作的通知》(国发〔2008〕23 号)和《物流业调整和振兴规划》(国发〔2009〕8 号),中华人民共和国交通运输部、中华人民共和国国家发展改革委、中华人民共和国公安部、中华人民共和国海关总署、中华人民共和国保监会联合下发了《关于促进甩挂运输发展的通知》(交运发〔2009〕808 号文件),文件对发展道路货物甩挂运输提出以下几点意见。

①要求完善政策和管理制度,营造发展甩挂运输良好环境。一是减少挂车检验次数。挂车应按照《道路交通安全法》及其实施条例进行定期安全技术检验,确保符合国家规定的安全运行条件及相关技术标准。道路运输管理部门不再要求对挂车进行二级维护强制保养和综合性能检测;二是调整挂车保险。由于挂车不具备动力,具有"可移动的集装箱"的属性,在车辆保险方面,应研究调整挂车交强险,科学设定征收对象;三是完善甩挂车辆海关监管制度。境内承运海关监管货物的甩挂运输车辆(集装箱拖头车)应当依照相关规定办理注册登记手续,在甩挂车辆办结海关监管手续后,经海关同意,牵引车与挂车可以分离,提高牵引车周转效率。海关依照有关规定实施监管;四是调整通行费征收办法。道路通行费实行"年票制"征收的地区,对道路运输经营者所拥有的汽车列车应按照一车一挂的标准征费,对超出牵引车数量的其余挂车不再征费;五是推进甩挂运输车辆装备标准化。车辆装备技术的标准化是发展甩挂运输的必备条件,要组织制定和推广应用牵引车、挂车连接的相关技术标准,引导制造企业严格执行国家统一标准生产牵引车和挂车,为发展甩挂运输提供技术保障;六是完善挂车证件管理。按照既简便适用又有利于监管的原则,完善挂车证件携带、保管与交接管理。挂车道路运输证和机动车行驶证应随车流转;七是鼓励运输企业拓展运输网络。各地应消除地方保护和制约运输一体化发展的相关制度和政策障碍,鼓励和支持符

合条件的道路运输企业异地设置经营网点（分支机构），逐步形成区域性或全国性的甩挂运输网络；八是鼓励企业加强协作。鼓励运输企业之间、运输企业与大型制造企业、商贸企业、专业商品市场、货运站之间，通过联营、参股、合作等方式加强协作，整合运力和货源资源，提高集约化、规模化、网络化、组织化程度，提高甩挂运输的运行质量和整体效益。

②加大资金投入，完善枢纽站场设施。一是改造传统货运站场，适应甩挂运输需要。站场设施（包括甩挂运输运行中心）是发展甩挂运输的重要基础条件，具有一定的公益性。应通过政策引导，进一步加大对站场建设的投资力度，按照甩挂运输作业和技术特点，借鉴国外经验，对传统货运站场进行升级改造，逐步构建层次清晰、功能完善、衔接顺畅的站场节点体系，支撑甩挂运输的发展；二是加快综合交通枢纽建设，促进公铁、公水等多种运输方式间的有效衔接和一体化运输。鼓励利用公路甩挂运输发展水路滚装运输、铁路驼背运输和集装箱多式联运，实现公铁、公水间的快速中转和无缝衔接，推进综合交通运输体系建设。

③开展试点工程，发挥示范效应。要求各地交通运输部门要联合当地发展改革委等有关部门根据实际情况，选择有条件的地区和企业，组织开展甩挂运输试点，探索和总结经验，发挥示范引导作用。各有关部门要对列入甩挂运输试点的地区和企业，加强组织领导，落实配套政策，协调解决试点过程中存在的实际问题，为甩挂运输发展创造良好的外部环境。在试点的基础上，及时进行总结，制定完善相关技术标准和服务规范，促进甩挂运输的持续健康发展。

4. 关于从业人员管理的规范性文件

1）《关于印发〈道路运输驾驶员诚信考核办法（试行）〉的通知》（交公路发〔2008〕280号）

《道路运输驾驶员诚信考核办法（试行）》主要从五个方面对道路运输驾驶员诚信考核进行了规范。

一是界定进行诚信考核的人员。即持有《中华人民共和国道路运输从业人员从业资格证》的经营性道路客货运输驾驶员和道路危险货物运输驾驶员。

二是明确诚信考核内容。即安全生产情况：安全生产责任事故情况；遵守法规情况：违反道路运输相关法律、行政法规、规章的有关情况；服务质量情况：服务质量事件和有责投诉的有关情况。

三是明确诚信考核办法。即道路运输驾驶员诚信考核实行计分制，考核周期为 12 个月，满分为 20 分，从道路运输驾驶员初次领取从业资格证件之日起计算。一个考核周期届满，经签注诚信考核等级后，该考核周期内的计分予以清除，不转入下一个考核周期。道路运输驾驶员诚信考核等级分为优良、合格、基本合格和不合格，分别用 AAA 级、AA 级、A 级和 B 级表示。

四是明确诚信考核档案建立内容和要求。根据道路运输驾驶员的从业资格类别，道路运输驾驶员诚信档案主要内容包括：

（1）基本情况，包括道路运输驾驶员的姓名、性别、身份证号、住址、联系电话、服务单位、初领驾驶证日期、准驾车型、从业资格证号、从业资格类别、从业资格证件领取时间和变更记录以及继续教育情况等；

(2)安全生产记录,包括有关部门抄告的以及交通运输主管部门和道路运输管理机构掌握的责任事故的时间、地点、事故原因、事故经过、死伤人数、经济损失等事故概况以及责任认定和处理情况;

(3)遵守法规情况,包括本行政区域内查处的和本行政区域外抄告的道路运输驾驶员违反道路运输相关法规的情况;

(4)服务质量记录,包括经交通运输主管部门或者道路运输管理机构通报的服务质量事件的时间、社会影响等情况,以及有责投诉的投诉人、投诉内容、责任人、受理机关及处理情况;

(5)《道路运输驾驶员诚信考核表》。

道路运输驾驶员基本情况信息保存到从业资格证件注销或者吊销后三年。安全生产、遵守法规、服务质量信息和《道路运输驾驶员诚信考核表》保存期不少于三年。

五是明确奖惩要求。要求道路运输经营者应当加强对诚信考核等级为 B 级的道路运输驾驶员的教育和管理。对存在重大安全隐患的,应当及时调离驾驶员工作岗位。

①建立诚信考核"黑名单"制度,对在考核周期内累计计分达到 20 分,且未按照规定参加继续教育培训的;无正当理由超过规定时间,未签注诚信考核等级的;从业资格证件被吊销的列入"黑名单",并向社会公告。

②对道路运输驾驶员连续三个考核周期诚信考核等级均为 B 级的;在一个考核周期内累计计分有三次以上达到 20 分的,按照其不具备安全生产条件,依法撤销其从业资格证件。

③道路运输经营者在一个年度内,所属取得从业资格证件的道路运输驾驶员累计有 20% 以上诚信考核等级为 B 级的,道路运输管理机构应当向其下发整改通知书,责令限期整改,并不得将其作为道路运输行业表彰评优的对象。道路运输经营者连续两个年度,所属取得从业资格证件的道路运输驾驶员均累计有 20% 以上诚信考核等级为 B 级的,道路运输管理机构还应当向社会公告,且一年内不得批准其新增运力。

2)《关于印发〈道路运输驾驶员继续教育办法〉的通知》(交运发〔2011〕106 号)

《道路运输驾驶员继续教育办法》主要从四个方面对道路运输驾驶员继续教育进行了规范。

一是界定进行继续教育的人员。即持有《中华人民共和国道路运输从业人员从业资格证》的经营性道路客货运输驾驶员和道路危险货物运输驾驶员。接受继续教育是道路运输驾驶员的义务。

二是明确继续教育内容,是指为不断提高道路运输驾驶员的职业技能和职业道德水平,使其知识和技能得到更新的多种形式的教育。继续教育大纲内容包括道路运输相关政策法规、职业道德、运输安全和节能减排等。

三是明确继续教育实施的主体,继续教育坚持以具有一定规模的道路运输企业实施为主的原则。不具备条件的运输企业和个体运输驾驶员的继续教育工作,可以参加经许可的道路运输驾驶员从业资格培训机构组织的继续教育、交通运输部或省级交通运输主管部门备案的网络远程继续教育或经省级道路运输管理机构认定的其他继续教育形式。

四是明确继续教育的时间。道路运输驾驶员继续教育周期为 2 年。道路运输驾驶员在每个周期接受继续教育的时间累计应不少于24学时。

3)《关于进一步加强客货运驾驶人安全管理工作的意见》(公通字〔2012〕5号)

2012年1月20日,公安部、交通运输部联合印发《关于进一步加强客货运驾驶人安全管理工作的意见》(以下简称《意见》),进一步提高大中型客货车驾驶人培训考试要求,严格客货运驾驶人准入条件,部署加强客货运驾驶人安全管理。

(1)严格客货运驾驶人管理。《意见》区分管理客货运驾驶人和普通驾驶人,针对客货运驾驶人的职业特点,从驾驶培训考试、准入资格管理、日常教育监管、严格责任追究等四个方面,出台了17项严格管理举措,提出了更高、更严格的要求。同时,《意见》进一步强化了驾驶人培训和考试工作衔接,明确公安、交通运输部门联合监管工作职责,建立了对客货运驾驶人实行全过程监管、终身诚信考核的管理机制。

(2)更具针对性和实用性大中型客车驾驶人培训考试。严格大中型客车驾驶人培训考试,从源头环节强化驾驶人安全驾驶行为养成,是预防重特大道路交通事故的重要措施。

为增强驾驶人培训、考试的实用性和针对性,提高大中型客货车驾驶人安全意识和技能,《意见》要求大中型客车要严格落实夜间驾驶考试,并在场地内培训和考试中增加模拟雨天、冰雪、湿滑路和突发情况处置等项目,实际道路培训和考试增加山区、隧道、陡坡、高速公路等内容。

《意见》同时要求各地严格按照交通运输部、公安部的规定,全面推广应用计算机计时培训管理系统,落实驾驶人培训和考试各项工作要求。2012年4月1日起,大中型客货车驾驶人培训要全部应用计算机计时管理系统,计时管理系统要与道路运输管理机构和公安机关交通管理部门实行联网,实现信息共享。

(3)客货运驾驶人准入门槛提高,严重违规将进入"黑名单"库。《意见》从四个方面严格客货运驾驶人从业资格管理,提高了营运驾驶人的准入门槛,确保将优秀的驾驶人选拔到营运驾驶人队伍,将违法问题突出、安全意识差的淘汰出营运驾驶人队伍。一是提高客货运驾驶人职业准入条件。对申请参加营运驾驶人资格考试的,增加了近3年内无重大以上责任交通事故和交通违法记满12分记录等条件,且要取得公安机关交通管理部门的相关证明。考试合格,才能取得从业资格。二是严格客货运驾驶人聘用条件。企业要严格审查新聘用大中型客货车驾驶人的从业资格和安全驾驶记录,新聘用的驾驶人要参加公安机关交通管理部门组织的道路交通安全法律、法规学习和交通事故案例警示教育后,方可上岗从事运输。三是建立营运驾驶人信息共享管理机制。交通和公安部门要建立营运大中型客货车驾驶人信息管理平台,实现驾驶证、从业情况、交通违法和事故等信息共享,实现驾驶人信息化、动态化管理。2012年6月底前,地市级要完成营运大中型客货车驾驶人信息管理平台建设。四是建立客货运驾驶人退出机制。对营运大中型客货车驾驶人进行诚信考核,对存在重大安全隐患的,及时调离驾驶人工作岗位。营运大中型客货车驾驶人发生重大以上交通事故,且负主要责任的,将被吊销从业资格,列入"黑名单"库,3年内不得重新申请参加从业资格考试。

(4)教育管理与服务保障并重,打造安全诚信的驾驶人队伍。针对部分客货运驾驶人超速、超员、疲劳驾驶等严重违法行为突出等问题,按照严格管理和服务保障并重的原则,《意见》出台六项综合措施,充分发挥诚信考核、内部教育、科技监管和社会监督的作用,严格日常教育管理。一是开展客货运驾驶人继续教育。要求企业组织客货运驾驶人定期开展继续教育,重点加强典型事故案例警示、恶劣天气和复杂道路驾驶常识、紧急避险、应急救援处置等方面的教育,强化从业人员职业道德和安全意识。二是推行客运安全告知制度。客运企业和驾驶人要在发车前向乘客告知安全服务内容,在车内明显位置标示车辆核定载客人数、经批准的停靠站点和投诉举报电话,2012 年 6 月底前,所有省际班线客运车辆和省际旅游客车要全部实行安全告知制度。三是强化卫星定位监控系统应用。自 2012 年 2 月 1 日起,没有按规定安装卫星定位装置或未接入全国联网联控系统的车辆,将暂停其营运车辆资格审验。公安机关交通管理部门可以根据卫星定位装置采集的监控记录资料,依法查处超速、疲劳驾驶等交通违法行为。四是严厉查处客货运驾驶人违法行为。规定客货运驾驶人 24 小时内驾驶时间不得超过 8 个小时,连续驾驶时间不得超过 4 个小时。公安机关交通管理部门将加强对交通事故多发路段和时段的管控,依法从严查处大中型客货车、校车超速、超员、超载、疲劳驾驶等严重交通违法行为。五是加强客货运驾驶人权益保障和服务。鼓励建立客货运驾驶人行业自治组织,畅通客货运驾驶人合理反映诉求渠道,督促提高驾驶人工资待遇,落实医疗、养老等社会保障。通过手机短信服务平台,提供交通违法记分、重特大道路交通事故、恶劣天气预警等信息提示服务。六是加强社会监督。制定严重交通违法行为有奖举报办法,对投诉举报的违法违规行为一经查实,严格依法处罚,计入对驾驶人和车辆所属企业的质量信誉考核档案。在互联网、报纸、电视等媒体曝光事故违法多、群众投诉多的企业及其驾驶人,供社会群众选择服务企业,并进行监督。

(5)《意见》进一步明确了违规问题的责任追究。一方面,要求严格查处违规从事驾驶人培训、考试,对驾校、教练员、道路运输管理人员和交通民警违规行为设定了严厉的处罚措施;另一方面,突出了运输企业安全管理责任追究,对聘用未取得从业资格的驾驶人,强迫驾驶人违法驾驶,多次有超员、超载违法行为,发生重特大道路交通事故的,不仅对驾驶人进行处罚,还要严肃追究企业负责人和安全管理人员的责任。

5. 关于道路运输车辆和技术装备管理的规范性文件

1)《关于加强道路运输车辆动态监管工作的通知》(交运发〔2011〕80 号)

为贯彻落实《国务院关于进一步加强企业安全生产工作的通知》(国发〔2010〕23 号,以下简称国务院《通知》)精神,切实加强道路运输车辆动态监管工作,预防和减少道路交通运输事故,确保 2011 年 12 月 31 日前所有旅游包车、三类以上班线客车和运输危险化学品、烟花爆竹、民用爆炸物品的道路专用车辆(以下简称"两客一危"车辆),安装使用具有行驶记录功能的卫星定位装置(以下简称卫星定位装置)工作全部完成,交通运输部、公安部、安全生产监督总局、工业和信息化部联合下发了《关于加强道路运输车辆动态监管工作的通知》,通知提出四点要求。

(1)所有"两客一危"车辆必须安装卫星定位装置。

运输企业要按照国务院《通知》要求,必须为"两客一危"车辆安装符合《道路运输车辆卫星定位系统车载终端技术要求》(JT/T 794—2011)的卫星定位装置,并接入全国重点营运车辆联网联控系统,保证车辆监控数据准确、实时、完整地传输,确保车载卫星定位装置工作正常、数据准确、监控有效。

自 2011 年 8 月 1 日起,新出厂的"两客一危"车辆,在车辆出厂前应安装符合《道路运输车辆卫星定位系统车载终端技术要求》(JT/T 794—2011)的卫星定位装置。对于不符合规定的车辆,工业和信息化部不予上车辆产品公告;道路运输管理部门在为车辆办理道路运输证时,要检查车辆卫星定位装置的安装和工作情况。凡未按规定安装卫星定位装置的新增车辆,交通运输部门不予核发道路运输证。

对于已经取得道路运输证但尚未安装卫星定位装置的营运车辆,道路运输管理部门要督促运输企业按照规定加装卫星定位装置,并接入全国重点营运车辆联网联控系统。从2012年1月1日起,没有按照规定安装卫星定位装置或未接入全国联网联控系统的运输车辆,道路运输管理部门应暂停营运车辆资格审验。公安部门要逐步将"两客一危"车辆是否安装使用卫星定位装置纳入检验范围。

(2)要求运输企业落实监控主体责任。

①安装规定监控卫星定位系统。企业主要负责人对本单位所属车辆的动态监控工作全面负责。要按规定为其所属车辆安装符合标准的卫星定位装置,接入符合《道路运输车辆卫星定位系统平台技术要求》(JT/T 796—2011)标准的监控平台(或监控端)。

②建立动态监控制度和工作台账。制定和完善卫星定位装置安装使用规定,建立动态监控工作台账,根据车辆行经道路的实际情况,设置相应的车辆行驶速度限速标准。

③实行专职人员管理。配备专职人员负责监控车辆行驶动态,分析处理动态信息。

④加强动态监控违章处理。充分运用卫星定位监控手段加强对所属车辆和驾驶员的日常监督,按照有关规定及时纠正和处理超速、疲劳驾驶等违法驾驶行为,对多次有违法驾驶行为的要按照有关规定加重处理,对违法驾驶信息要留存在案,至少保存1年时间;定期检查车载卫星定位装置使用情况,确保车辆在线时间。对不按规定使用、故意损坏卫星定位装置的单位和个人,以及不严格监控车辆行驶动态的值守人员,要依照相关规定给予处理;造成严重后果的,依法追究企业负责人和相关责任人的法律责任。

(3)部门协同联动,实施联合监管。

要求交通运输、公安、安全监管部门充分利用全国重点营运车辆联网联控系统提供的监管手段,依据法定职责,实施联合监管。交通运输部门负责建立营运车辆动态信息公共服务平台,实现与全国重点营运车辆联网联控系统的联网,利用动态监控手段加强对运输市场秩序管理,并向公安、安全监管等有关部门开放数据传送,为政府有关部门和运输企业加强动态监控提供有效技术手段;公安部门根据符合标准的卫星定位装置采集的监控记录资料,严格依法查处超速行驶、疲劳驾驶等道路交通安全违法行为;安全监管部门利用动态监督手段,做好应急指挥及事故调查处理工作。

(4)定期通报卫星定位装置安装情况。

要落实财政专项经费,保证公共服务平台长期稳定运行,加强对营运车辆动态信息公共服务平台的维护,建立逐级考核和通报制度,定期对下级管理机构和运输企业进行考核,并将考核情况报送上级管理部门。交通运输部、公安部、安全监管总局、工业和信息化部定期通报各地区工作进展情况,并对各地区"两客一危"车辆安装卫星定位装置的情况进行督导。

2)《关于印发关于进一步加强道路运输车辆管理的若干意见的通知》(交公路发〔2002〕57号)

为尽快建立道路运输车辆进退运输市场管理制度,加快道路运输车辆结构调整步伐,提高道路运输车辆使用的安全性,全面推进道路运输车辆技术进步,完善车辆管理基础性工作,原交通运输部制定的《关于进一步加强道路运输车辆管理的若干意见》(交公路发〔2002〕57 号),《意见》就道路运输车辆结构和技术管理提出六条意见。

(1)确立道路运输车辆进退运输市场管理制度。

①完善道路运输车辆市场准入制度。对符合道路运输车辆结构调整和运输市场需要的先进适用车型进入道路运输市场要采取优先和鼓励发展的措施。各级道路运政管理机构要加强对新进入道路运输市场的车辆技术状况的监督把关。拟进入道路运输市场的所有车辆必须依据强制性国家标准《营运车辆综合性能要求和检验方法》的要求进行检测,其检测结果应作为道路运政管理机构判定车辆能否进入道路运输市场的依据。

②建立健全道路运输车辆市场退出制度。完善车辆检测手段,按照国家标准《营运车辆综合性能要求和检验方法》的要求,对道路运输车辆技术状况实施检测,并将检测结果作为判定车辆是否可以继续运营的基本依据。对于能耗高、车型老旧、技术状况差、排放超标,经维修后车辆技术状况仍达不到《营运车辆综合性能要求和检验方法》要求的车辆,要强制其退出道路运输市场。

③强化对营运车辆技术状况的动态监控。道路运政管理机构对道路运输车辆实行年度审验制。车辆年度审验是道路运输企业年审的前置条件,也是道路运输企业经营资质信誉考核和年审的重要内容。所有道路运输车辆必须在规定时间,到具备相应资质条件的汽车综合性能检测站按《营运车辆综合性能要求和检验方法》的要求进行检测,汽车综合性能检测站出具全国统一式样的"汽车综合性能检测报告单",道路运政管理机构依据检测报告单进行车辆技术等级评定和年度审验。车辆技术等级评定和年度审验结果存入车辆技术档案。对年度审验合格的道路运输车辆,道路运政管理机构在道路运输证审验栏内加盖审验专用章。

从事危险品货物运输、高速公路客运、旅游客运、800 千米以上的超长线公路客运车辆,其技术等级必须为一级。

(2)明确道路运输车辆技术结构调整政策导向。

①进一步贯彻落实营运客车类型划分及等级评定制度。道路运政管理机构对新进入道路运输市场的客车应及时进行等级评定,对在用营运客车应进行等级年度复核。对在用客车等级年度复核结合车辆年度审验进行。实行营运客车类型及等级与客运线路审批、客运企业经营资质年审以及核定运价挂钩。

要求从事高速公路客运、旅游客运、800 千米以上的超长线公路客运的客车,类型等级必须在中级(含中级)以上。

②要求加快道路运输车辆车型和技术结构调整。要求车型结构调整充分考虑地方经济发展水平,以提高运输效率、降低运输成本、提高服务质量为目标。客车选型要适应客运需求的个性化、多样化、快速化发展趋势,注重安全、舒适和快捷;货车选型应适应新型运输组织方式,满足各类物资运输效率及安全质量需求。积极引导企业和经营者购置技术先进、性能良好、高效低耗的高中级客车和大吨位柴油厢式货车以及集装箱、危险品运输等专用货车,并重点发展长距离运输用的大吨位货运列车和短途集散用的小型货运车辆。鼓励使用清洁能源车辆和符合环保要求的柴油车辆。

(3)强调道路运输车辆安全装备管理。

①强化危险货物运输车辆管理。危险品运输车辆及装备必须符合《汽车危险货物运输规则》的规定，按时到具备相应危险品运输车辆维修资质的维修企业进行二级维护，二级维护竣工检测时还应查验危险品运输专用装置是否齐全及安全合格凭证是否有效，并由承检单位向道路运政管理机构汇总报备。

②强化道路运输车辆装备及附加装置管理措施。要求道路运输经营者不得对车辆结构、部件进行随意改装改造。新投入道路运输市场的大型中级(含中级)以上客车，车身顶部不得设置顶行李架，应设置符合标准要求的行李舱，在用大型中级(含中级)以上客车顶行李架在 2002 年 7 月 1 日前必须拆除；营运客车通道内不得设置供乘客使用的折叠式座椅；乘客座椅间距不得采用沿滑道纵向调整的结构；卧铺客车卧具设置必须为 1 + 1 或 1 + 1 + 1，且纵向布置；营运载货车辆严禁超标加装利于超载的货厢增容装置和底盘承载部件。

(4)要求建立全国统一的车辆管理信息系统。

要求建立统一车辆技术档案。要求各级道路运政管理机构应按统一的车辆技术档案格式和内容建立车辆技术档案，并逐步实行电子档案；并引导本辖区内道路运输业户在此基础上建立更为详细的车辆技术档案。结合道路运政管理信息系统，建立全国统一的车辆管理信息系统。

(5)加强车辆维护检测管理。

要求严格车辆二级维护企业资质审查，凡不能坚持按有关标准和规范进行二级维护的维修企业，应取消其相应的作业资格。将定期维护制度执行情况作为衡量道路运输经营者的管理水平、安全意识、经营资质的重要内容。要求道路运政管理机构在车辆年度审验时，审核该车辆维护记录，并采取按月统计、年度汇总的方法统计车辆二级维护计划执行率。计划执行率低于 80% 的企业，质量信誉考核为不合格；计划执行率为 80% ~ 90% 的企业，质量信誉考核为基本合格；计划执行率达到 90% 以上的企业，质量信誉考核为合格。

(6)要求加快行业科技进步。

①积极推广汽车维修检测新技术、新工艺、新材料、新装备，积极研究推广汽车安全、节能和环保新产品、新技术。

②推广应用现代化通信技术。鼓励道路运输单位尤其是运输企业、汽车维修企业、汽车检测站等利用计算机等辅助手段实现全过程科学管理和信息传递。积极推动汽车运输企业特别是大型运输企业和物流企业采用全球定位系统(GPS)和车载通信系统；对出租汽车引导使用无线防盗防劫报警装置。

6. 关于农村客运安全管理的文件

尽管涉及农村客运安全管理专门文件不多，但党和政府非常关心农村客运安全管理问题，在这里，我们节选部分国家有关部门农村客运安全管理文件，供在评价农村客运企业安全管理时做参考。

1)《国务院办公厅转发全国道路交通安全工作部际联席会议关于进一步落实“五整顿”“三加强”工作措施意见的通知》(国办发〔2007〕35 号)

(1)要求实行农村交通安全综合治理。要求县、乡级人民政府要配备专人负责农村交通安全工作，组织农业(农机)等方面人员参与交通安全整治，建立健全道路交通安全防控网络，综合治理农村地区交通安全。

(2)要求农村公安派出所参与农村交通安全管理。公安部门要创新农村交通管理警务机制，加强乡镇交警中队和农村交通安全警务室建设，明确农村公安派出所参与道路交通安全工作的职责和任务。积极排查农村无牌无证机动车和驾驶人，提高办牌办证率，继续组织开展以整治低速载货汽车、三轮汽车和拖拉机违法载人、无证驾驶、无牌无证机动车上路行驶为重点的专项整治。

(3)要求推行农村客运公司化。交通部门要大力发展农村客运交通，研究组建面向广大农村地区的客运公司，努力解决农民出行难问题，并切实加强农村公路建设。

2)《交通运输部、公安部、安监总局关于进一步加强和改进道路客运安全工作的通知》(交运发〔2010〕210 号)

(1)完善农村客运安全监管机制。针对农村地区安全监管力量薄弱的实际，各级道路交通安全工作联席会议要主动提请地方政府明确由乡(镇)政府实施农村客运安全监督管理，实行“县管、乡包、村落实”的政策，并指导和督促乡镇政府落实道路运输安全机构、人员和经费，履行安全管理职责。

(2)完善农村公路安保设施。交通运输部门要对通客车的农村公路，在急弯、陡坡、临水、临崖等重点危险路段上，逐步设置必要的警示标志或安保设施。

(3)加强对三轮车、低速货车和拖拉机的安全工作。公安部门要加强对农村道路运行秩序管理，严禁客车超员载客，三轮汽车、低速货车和拖拉机违法载人。

3)《国务院安委会办公室转发交通运输部关于加强农村交通运输安全生产工作意见的通知》(安委办〔2010〕3 号)

该文件重点从农村交通运输安全生产工作就农村交通运输安全监管体制机制法制建设、隐患排查治理等方面就提出意见。

(1)关于农村交通运输安全监管体制机制法制建设。

该文件强调两点，一是督促各级政府理顺农村交通运输安全工作体制、机制，明确各级交通运输部门的安全监管职责，保证交通运输安全监管深入农村基层，消除安全监管盲区，建成村、乡(镇)、县(市)、省(自治区、直辖市)的交通运输安全监管网络；二是加强农村交通运输安全法规建设。深入分析研究当前我国农村交通运输安全相关法规与我国农村交通运输快速发展不相适应的问题，加快推进农村道路运输和水上运输安全法规和制度建设，同时督促指导地方各级交通运输部门结合本地区实际情况，加强地方农村交通运输安全法规建设。

(2)关于农村道路交通运输安全存在的突出问题和薄弱环节治理。

①开展农村道路交通运输安全状况的调研，对农村地区农民群众出行的主要方式、搭乘交通工具的种类和出行需求情况进行调查，掌握当前和今后一个时期农村地区农民群众出行需求的特点和趋势；深入调查研究当前农村道路及客运车辆的现状，分析农村交通运输存在的主要安全隐患和交通运输部门在安全监管方面存在的薄弱环节；根据农村交通运输事故统计数据和典型案例，深入开展农村交通运输事故原因和趋势的分析研究，找出造成农村交通运输安全事故的主要因素；采取有力措施，扶持农村道路客运和渡船渡运发展，妥善解决农村地区农民群众安全出行问题。

②解决农村道路交通运输安全存在的突出问题的要求，一是不断完善农村公路的安全防护设施，加快实施农村公路危桥改造工程。将“安保工程”逐步向农村县、乡公路推进，分阶段重点改造急弯、陡坡、临崖及长下坡路段的安全设施，增加让行、减速标志标线以及三级以下山区公路禁止客车车辆夜间通行的禁行标志等。继续大力开展危桥专项治理行动，加快推进已排查危桥的实施改造；对还没有列入改造计划的，要采取必要的安全防范措施；二是进一步强化驾驶员和渡工的教育培训，提高从业人员安全意识和技能。抓好驾驶员的安全培训工作，不断强化其安全意识和责任意识，提高其安全操作技能，坚持驾驶员持证上岗制度；四是进一步引导和扶持农村道路客运的发展。农村道路客运具有公益性属性，鼓励地方交通运输部门因地制宜研究制定相关扶持政策，保证资金的投入和倾斜，鼓励更多有规模、信誉好、安全水平高的运输企业进入农村客运市场，从根本上夯实农村客运安全工作基础。进一步调整农村客运管理模式，根据农村客流特点，以片区或者线路经营权为标的，通过服务质量招标确定经营主体。按照以路况定车型的原则，对县到乡、乡到村农村道路客运采用不同的车型。允许经营者根据农村客流变化情况，调整或增加班次，发挥市场配置资源的基础性作用，满足农民群众出行需求。督促农村客运经营者按规定落实承运人责任险等各种保险，提高农村客运企业的抗风险能力。

(3)关于农村道路交通运输安全工作责任制建设。

①加大农村交通运输安全隐患排查和治理工作的监管力度。继续开展农村危桥、隧道等重点部位的安全隐患排查工作，跟踪安全隐患治理落实情况，加大安全监管力度。

②加强农村交通运输市场的规范建设。严把企业、运输工具、从业人员准入关口，加强对企业安全评估，强化交通运输工具和设备设施安全性能检验。严查从业人员无证上岗。

③建立完善农村交通运输安全工作责任制。进一步明确县乡政府对农村交通运输安全的监管责任，落实从事农村客运等交通运输企业的安全生产主体责任。

(4)关于农村道路运输安全宣传教育。

①开展交通运输安全知识普及活动，深入农村客运站点和学校开展交通安全宣传教育。向广大农民群众宣传交通运输安全基础知识，特别是广泛宣传车辆超载造成的危害。

②开展警示教育活动，结合典型案例，组织制作贴近农民生活的交通运输安全警示片、警示挂图，并广泛播放、张贴。

③开展群众自我防护和救助宣传活动，宣传道路交通运输事故遇险自救知识，切实增强农民群众的自我保护和防范意识。

7.关于道路旅游客运安全管理的文件

随着我国旅游事业的蓬勃发展，旅游客运安全问题需要得到充分关注和重视，这里我们重点选取交通运输部及2011年以来旅游客运市场整顿力度比较大的湖北出台的文件供大家参考。

1)《关于印发“道路客运安全年”活动方案的通知》(交运发(2012)112号)

(1)交通运输部门要研究加强旅游包车客运安全管理制度，规范旅游包车运营行为和路线，认真执行相关法律法规，以旅游包车车籍地为核心，严格审批旅游路线，严禁发放加盖公章的空白包车牌证，严查擅自变更旅游行驶路线违法行为。

(2)联合开展旅游包车专项整治。各地交通运输、公安、安全监管部门要对辖区内所有旅游客运企业、车辆及其驾驶人进行一次全面的清理整顿，重点清理企业、车辆和驾驶人的资质，包车牌证的发放，车载卫星定位装置的安装和使用情况。对不符合法定条件的，要依法撤销相应许可证照；对未按规定安装车载卫星定位装置或未接入全国重点营运车辆联网联控系统的旅游包车，一律停止营运。

2)《关于集中开展旅游包车客运安全专项整治行动的通知》(交运发〔2012〕304 号)

2012 年 7 月 3 日，针对旅游包车客运车辆事故呈现高发态势，交通运输部、公安部、国家旅游局、安全监管总局联合出台了《关于集中开展旅游包车客运安全专项整治行动的通知》(交运发〔2012〕304 号)，该文件主要从四个方面对旅游包车客运安全专项整治行动提出要求。

(1)进一步落实旅游包车客运企业、旅行社安全生产主体责任。

文件要求，各地交通运输、公安、旅游、安全监管部门要联合对旅游客运企业、旅行社开展一次全面的清理整顿，督促企业落实安全生产主体责任。

①交通运输部门要会同公安、安全监管部门督促企业建立健全安全生产责任制，加强对企业安全管理人员和从业人员的教育培训考核，开展安全生产自查自纠工作，及时发现和消除事故隐患；要求各地要结合目前正在进行的《道路旅客运输企业安全管理规范(试行)》宣贯活动，进一步加强对旅游包车客运企业的督促检查。对在检查发中发现的不符合法定条件的企业，要依法撤销相应许可证照；对不具备安全运营条件、安全管理混乱、存在重大安全隐患的，要依法责令停业整顿，整顿仍不达标的，坚决取消相应经营资质。

②严格审查驾驶人从业资格，对无从业资格的驾驶人一律清退并对责任人进行处理；组织驾驶人参加安全学习和培训，定期对所属车辆进行隐患排查，完善车辆日常安全检查和维护制度，落实专人负责车辆安全工作，对车辆进行安全检查和二级维护，并记入车辆技术档案；对承担单程运行里程超过 400 千米(高速公路直达客运 600 千米)包车任务的旅游、包车客运车辆，要配备两名以上客运驾驶人，并严格依法限定每日驾驶时间，落实落地休息制度，保护驾驶人休息的权利。

③利用卫星定位监控平台，加强动态监管，及时提醒和纠正旅游包车各类违法违规行为，并督促企业对违法驾驶人进行教育、停班或辞退等处理。公安部门要每月清理驾驶人的交通违法记录、记分和道路交通事故信息，清查客运车辆逾期未参加机动车安全技术检验情况，督促企业和违法驾驶人依法接受处罚，依法参加机动车安全技术检验，严厉查处驾驶人超速、超员、疲劳驾驶、驾驶资格与所驾车型不符、驾驶报废车辆或者安全性能不符合国家标准车辆上路行驶等违法问题。

④旅游部门要对旅行社组团包租车辆的情况进行检查，确保依法依规包租车辆并签订正式合同，明确安全保障责任。

(2)切实加强对旅游包车运行全过程的动态监控。

文件要求，旅游包车客运企业要进一步落实监控主体责任，按规定为所属旅游客车安装符合标准(JT/T 794—2011)的卫星定位装置，接入符合标准(JT/T 796—2011)的监控平台；制定和完善卫星定位装置安装使用规定，建立动态监控台账；建立监控制度，配备专职人员监控所属车辆行驶动态，充分利用卫星定位监控平台，及时发现和纠正不按规定路线行驶、超速等各类违法违章行为，对各类违法信息要留存在案，并对违法驾驶人给予相应处罚。对未按规定安装车载卫星定位装置或未接入全国重点营运车辆联网联控系统的旅游包车，一律停止营运。

2012 年 6 月底前，旅游包车客运企业要确保所属从业车辆全部安装卫星定位装置并正常使用，保持车辆运行时在线。各地交通运输、公安、旅游、安全监管部门要加强信息共享，完善联合监管机制。对故意遮挡车载卫星定位装置信号、破坏车载卫星定位装置的旅游包车客运企业及驾驶人员，以及不严格监控车辆行驶动态的企业值守人员，督促企业按照《道路旅游运输安全管理规范(试行)》的规定给予处罚。

(3)进一步加大对旅游包车的监管力度。

文件要求，各地交通运输、公安、旅游、安全监管部门要根据各自的工作职责，精心组织，密切配合，抓好各项工作措施的落实。

①交通运输部门要根据本地区旅游客运市场供求状况，加强旅游客运运力投放调控，严格准入许可。要加强对旅游包车客运企业的运营监管，坚决杜绝车辆长期在外地经营，以及线路两端均不在车籍所在地等经营等行为。规范旅游包车客运标志牌管理，特别是要完善包车客运标志牌的申领、核发流程，建立包车客运标志牌发放规定，严禁发放加盖公章的空白包车客运标志牌。积极推行包车客运标志牌的网上申领与核发。

②公安部门要严格旅游客运车辆安全检查工作，进一步规范交通安全服务站设置及检查程序，加强对旅游包车特别是跨省旅游包车的登记检查，重点检查驾驶人驾驶资格、车辆定期检验情况、车辆核载及实载人数、驾驶人驾驶时间、车辆轮胎磨损状况等情况。要针对旅游客运线路、易发生道路交通事故的路段以及旅游车辆通行密集的路段，加大巡逻管控力度，严查旅游包车超员、超速、疲劳驾驶、违法超车等交通违法行为。

③旅游管理部门要加强对旅行社安全监督管理，督促旅行社按照公安、交通运输和旅游部门有关道路交通、旅游车辆管理的规定，从具备营运资质的旅游汽车公司租用车辆，严格审查旅游包车车辆和驾驶人的资质，选择符合资质条件的车辆和驾驶人；进一步强化旅游行程和线路安排的安全评估；加强对旅行社及其导游的安全教育培训，提高从业人员的道路交通安全意识，明确相应职责，落实监督责任，对违规的旅游汽车公司及驾驶人，旅行社要及时提示、纠正并向相关部门反映情况；经提示、纠正仍未改正的，要暂停其旅游运营活动并重新选取旅游汽车公司，重新租用旅游客运车辆。

④安全监管部门要充分发挥综合监管作用，加强安全生产督促检查。对发生旅游包车客运道路交通事故的，要依法严格事故责任倒查，严肃追究相关企业负责人、安全管理人以及相关部门的责任。

(4)进一步加强旅游客运安全宣传教育。

文件要求各地要对旅游客运企业驾驶人进行一次面对面的交通安全教育，通过剖析典型案例、分析事故原因等形式督促客运驾驶人严格遵守交通法律法规，增强驾驶人交通安全意识和守法意识。交通运输部门要督促旅游客运企业组织开展一次安全生产管理人员和客运驾驶员的教育培训，认真宣传贯彻《道路旅客运输企业安全管理规范(试行)》、《关于进一步加强客货运驾驶人安全管理工作的意见》(公通字〔2012〕5 号)等规定要求，增强贯彻落实的自觉性和主动性。整治期间，各地要充分利用报纸、广播、电视等媒体宣讲旅游出行的安全常识，及时向社会发布主要旅游景区的交通流量、交通状况和气象信息、出行提示，营造良好交通安全宣传氛围。要进一步提高全民道路交通安全意识,多形式,多渠道,多方位的开展交通安全宣传,提高群众的安全意识,坚决不上超员车,对旅游客运车辆交通违法行为进行监督和举报。

(5)集中开展督导检查。

文件要求,各地要对道路旅游客运企业发生道路交通事故的责任倒查、追究情况开展一次清查,对事故暴露问题的整改情况进行一次检查,未整改的或整改不到位的,依法责令停业整顿,整顿合格后,方可继续从事营运。各地交通运输、公安、旅游、安全监管部门要联合组成工作组,深入重点地区、重点企业、重点旅游道路、重点旅游景区,通过明察暗访等方式,加强督导检查和信息沟通,及时发现隐患整治行动中存在的突出问题,现场督办整改解决。

3)湖北省道路旅游客运整治文件

针对湖北省旅游客运市场发生的几起旅游包车重大道路交通事故,暴露出部分旅游包车客运企业安全生产主体责任不落实,旅游包车经营日常管理混乱,车辆技术状况较差,驾驶人疲劳驾驶、证照不符、超范围经营,以及旅行社违法违规包用旅游车辆,管理部门对包车证的审批、发放管理不规范等问题。湖北省自 2011 年 11 月开展道路旅游客运专项整治,这里我们重点介绍三个有关清理治理整顿的文件。

(1)《关于印发〈全省道路旅游客运安全专项整治工作方案〉的通知》(鄂旅运安专字〔2011〕1 号)。

该方案主要内容有四个方面。

①实施三个清理整顿,即清理整顿旅游客运企业、清理整顿挂靠车辆、清理整顿旅行社。

a. 旅游客运企业清理整顿的重点是清理整顿旅游客运企业的道路运输经营许可证,旅游客运车辆的道路运输证,驾驶人员的从业资格证以及驾驶员与企业的关系,车载 GPS 的安装、使用和监控平台以及安全例检,驾驶员管理、业务承揽、车辆调度等行为。

b. 旅行社清理整顿的主要内容是经营资质、旅客保险、租车业务、费用结算等。

c. 清理整顿挂靠车辆的要求是旅游客运车辆必须由旅游客运企业全额出资。省道路旅游客运安全专项整治工作领导小组办公室将按照省整治方案和法律法规细化旅游客运企业检查验收标准、旅行社检查验收标准、清理挂靠车辆认定标准。

②强化"三项制度"

a. 强化道路客运车辆安全告知制度。全省所有旅游客运车辆必须将《道路客运车辆安全监督标识》张贴到位,没有张贴到位的,不得参与营运。有车载视频音频设备的,发车前必须播放"道路旅客运输安全告知"专题片;没有车载视频音频设备的,应当向游客逐人发放道路旅客运输安全告知卡。没有落实上述措施的,企业应当停止为其申请包车客运牌,运管机构应当暂停对其发放包车客运标志牌。

b. 强化导游兼职旅游安全员制度。由各旅行社按照规定对其导游宣传推广导游兼职旅游安全员制度,在运营中协助驾驶人员做好安全管理工作。

c. 强化旅游客运违法行为抄告制度。交通运输、公安交管、旅游等部门要将各自专项清理整顿相关情况相互抄告。在涉及旅游客运的监督检查中发现的,应由其他部门依法查处的相关违法行为,每月底向其他相关部门进行一次抄告,确保旅游客运安全联管联控效果。

③抓好"三项工作"

a. 要做好旅游客运车辆专段号牌实施工作。凡新增、更新旅游客车，应实行专用号段。旅游客车办理机动车登记时，应当提供运管机构对该企业车辆规模进行核定的许可决定书。公安交管部门按照核定的数量办理机动车登记，并发放专段号牌。超出核定数量的客车不得登记使用专段号牌。对于在营的旅游客运车辆，其专段号牌的实施工作，结合清理挂靠工作一并开展。

b. 要做好旅游客运标志喷贴工作。省运管局、省旅游局、省公安交管局等部门将根据整治方案要求研究设计全省统一的旅游包车客运标识。各地要按照规定的时间、规定的式样对辖区内旅游客运车辆进行标志喷贴，逾期未完成的，不予换发专段号牌和营运证件。

c. 要做好安全宣传教育工作。要求各地各成员单位要通过广播、电视、报刊、互联网以及手机短信等多种方式，广泛宣传旅游客运安全知识；要组织企业定期对旅游客运相关从业人员集中进行安全教育培训，要定期在媒体上曝光违法违规情况。

(2)《关于印发〈道路旅游客运挂靠经营清理整顿检查验收标准〉的通知》(鄂运安专办字〔2011〕2 号)。

《道路旅游客运挂靠经营清理整顿检查验收标准》主要包括十项内容。

①企业必须全额出资购买车辆，并提供旅游客运车辆实际产权承诺书及相关证明材料。

②车辆登记证书、机动车行驶证名称必须与企业名称一致。

③道路运输证业户名称必须与企业名称一致。

④旅游客运车辆保险(交强险、承运人责任险及商业险等)的投保人和受益人必须为企业。

⑤企业必须与驾驶员签订劳动(务)合同，并按规定办理和缴纳社会保险、统一核发工资。

⑥统一承揽业务，旅游客运企业应当以公司名义承揽旅游包车业务，不得以收取管理费、服务费、租赁费、承包费等方式变相挂靠经营。

⑦统一签订合同，旅游客运企业应当以公司名义与合法旅行社签订包车合同，不得以签订租赁、联营、承包合同等方式变相挂靠经营。

⑧统一调度车辆，旅游客运企业应当对本企业旅游客运车辆实行统一调度。

⑨统一结算运费，旅游客运企业应当与旅行社统一结算运输费用，并开具有关票据。

⑩统一管理驾驶员，旅游客运企业应当统一对本企业驾驶员进行安全教育、驾驶调度等方面的管理。

(3)《关于印发〈道路旅游客运企业清理整顿检查验收标准〉的通知》(鄂运安专办字〔2011〕3 号)。

《道路旅游客运企业清理整顿检查验收标准》从车辆规模、人员素质、企业内部管理机制、企业经营行为四个方面进行规范。

①车辆规模要求，经营省际旅游包车客运的经营者，应当自有中高级营运客车 20 辆以上、客位 600 个以上；经营省内旅游包车客运(省内旅游包车客运包含市际旅游包车客运、县际旅游包车客运和县内旅游包车客运)的经营者，应当自有营运客车 5 辆以上、客位 100 个以上。

②驾驶员要求，取得相应的机动车驾驶证；年龄不超过 60 周岁；3 年内无重大以上交通

责任事故记录；经设区的市级道路运输管理机构对有关客运法律法规、机动车维修和旅客急救基本知识考试合格且取得相应从业资格证。

③企业内部管理机制。

一是有与道路客运业务、安全生产和企业经营规模适应的企业法人治理结构和企业组织机构。

二是有与道路客运业务、安全生产和企业经营规模相适应的经营管理人员和专业技术人员。

三是有规范的企业章程、健全的企业管理制度，包括安全生产操作规程、安全生产责任制、安全生产监督检查、驾驶人员和车辆安全生产管理的制度、应急预案、安全隐患排查制度等。

四是有符合标准的 GPS 信息系统、车载终端和监控平台。

五是有规范的驾驶员管理档案和规范的车辆技术档案。

④旅游客运企业经营行为。

其一，必须按照《挂靠经营清理整顿检查验收标准》做到五个“必须”和五个“统一”。

其二，必须按规定进行维护、保养和检测旅游客运车辆，并至少每周进行一次安全例检。

其三，必须向旅行社提供具备合法营运资质的车辆及驾驶人，并出具“三证一牌一单”（经营许可证、道路运输证、从业资格证、包车客运标志牌、车辆定期安全检测合格单），根据行程需要配备双班驾驶员的，必须安排双班驾驶员。

其四，必须按照规定对本企业的旅游客运车辆进行实时监控。

其五，必须定期进行安全隐患排查，并及时将发现的安全隐患整改到位。

其六，必须按照企业规章制度和劳动劳务合同约定对违法违规驾驶员进行处理。

其七，不得安排与企业无劳动（务）合同关系的驾驶人驾驶本企业旅游客运车辆。

其八，不得承揽非法旅行社的运输业务。

8. 关于道路应急管理的规范性文件

1)《关于加强基层交通运输应急队伍建设的指导意见》（交应急发〔2010〕165 号）

针对交通运输基层应急队伍建设发展不平衡，组织管理规范化和队伍建设专业化水平不高，应急能力不足的问题，交通运输部出台了此文件，文件主要从四方面对加强道路运输应急提出意见。

(1)切实加强基层应急队伍建设的组织领导。

要求在地方政府的领导下，交通运输主管部门要组织指导道路运输等有关管理部门以及交通运输企业，全面调查当地应急资源的分布以及交通运输突发事件发生、发展的特点，根据当地实际和“十二五”交通运输安全生产与应急发展规划，组织制定基层应急队伍建设规划，提出建设和发展目标，明确具体措施，加强对应急队伍建设的督导检查，加强当地交通运输基层应急队伍建设，不断健全交通运输应急体系。

(2)明确基层应急队伍建设的基本原则和建设目标。

按照“统筹规划、规模适度、平急结合、专兼结合、部门负责、社会参与”的原则，加强专业应急队伍与兼职应急队伍、志愿者队伍相结合的交通基层应急队伍建设。

力争通过三年左右的时间，基本建成适应基层交通运输突发事件应对处置需要的应急队伍，努力提高基层交通运输应急队伍整体素质，力争达到专职人员持证上岗，兼职人员经过业务培训，不断完善专业抢险与公众参与、地方抢险与军队抢险相结合的交通运输应急救援机制，初步形成统一领导、协调有序、专兼并存、优势互补、保障有力的交通运输基层应急队伍体系。

(3)建立健全交通运输基层应急救援队伍体系。

加强客货场站、港口码头应急抢险队伍建设。在充分依靠当地公安消防专业应急力量的基础上，督导客运场站、码头，依托专职安全管理员、保安员，挑选一部分青年骨干人员，组建消防、救援等应急队伍。

加强危险品运输应急队伍建设。发挥专业消防和危险货物应急救援队伍的作用，增加危险货物应急救援和资金的投入，进一步提高专业消防队伍和危险货物应急救援技术装备水平和救援能力。依托大型企业组建联合消防或危险货物应急救援队伍，从企业员工中挑选合适的兼职消防或应急救援人员，加强兼职消防或应急人员业务培训演习、演练。危险货物场站和港区应与专业应急队伍签订救援协议。组织编制危险货物运输应急救援指导读物，制定并完善企业应急救援预案，加强对所有从事危险货物作业人员的技术培训以及消防和应急处置的演练，不断提高企业应对和处置危险货物事故的能力。

加强应急运输保障队伍建设。道路运输管理部门要以当地道路客、货运输骨干企业为依托，研究采取与企业签订应急运输保障协议等形式，完善应急运输补偿机制，明确各自的责任和义务，建立应急运输保障车队、船队，完善指挥调度联络和协调机制，保障应急物资抢运、旅客疏散。

(4)完善基层应急保障机制。

①健全队伍运行机制。要建立健全基层交通运输应急队伍应急值守、接警处置、日常训练与演练、应急处置评估等机制；特别是加强日常训练与综合演练，强化应急处置评估，不断总结经验、吸取教训，提升基层应急队伍处置突发事件的能力。积极协调公安、消防、气象、通信、民政、军队等有关部门，建立联动机制，搜救应急运行机制要充分发挥海上搜救中心的统一组织协调作用，实现应急队伍和力量的统一调度、密切协作。

②落实经费保障机制。要在地方政府的统一领导下，积极协调财政部门，将基层专业应急队伍的工作经费、应急演练经费等纳入同级财政预算。逐步完善应急补偿机制，对承担应急运输任务的单位和个人予以合理经济补偿，造成运输工具、装备损毁的予以合理赔偿，同时要在政策上给予一定支持，保护参与应急运输单位和个人的权益，提高社会力量参与应急工作的积极性。

③完善社会动员机制。要加强社会宣传，普及交通运输应急相关知识，提高社会对交通运输突发事件关注度、参与度和支持度。要在地方政府的领导下，建立健全交通运输应急社会动员机制，鼓励公众积极参与和支持交通运输应急处置和应急保障工作，提高突发事件应急处置效率。

④强化安全保障机制。要加强安全保障方面的投入，配备必要的安全防护器材和设备，最大限度地保护各类应急行动参与人员的安全。要制定相应的政策，为一线专业应急人员购置必要的人身安全保险，解决其后顾之忧。

⑤加强应急制度建设。根据当地突发事件的实际，制定相应的应急预案或应对方案。

建立相应的培训与演练制度，根据应急工作的需要，定期或不定期开展应急培训工作，加强专业应急力量和指定应急力量的演练，不断提高不同种类应急力量之间的协调配合能力；建立对应急人员的奖励激励机制，提高其参与应急工作的积极性。

2)《关于印发交通运输突发事件信息报告和处理办法的通知》(交应急发〔2010〕84 号)

为及时获取并有效处置交通运输突发事件信息，2010 年 2 月 5 日交通运输部以交应急发〔2010〕84 号下发《交通运输突发事件信息报告和处理办法》，该办法从五个方面对交通运输突发事件信息报告和处理进行了规范。

一是界定适用范围，即适用于交通运输行业重大及以上突发事件和险情信息(以下简称信息)的报告及处理工作。

二是界定称重大及以上交通运输突发事件和险情，具体到道路运输领域主要有情形：

(1)造成或可能造成 10 人(含)以上死亡或失踪，或 5000 万元(含)以上直接经济损失事故。

(2)载运危险化学品或油类的车发生事故，造成或可能造成运输物质泄漏、扩散，导致重大生态环境危害、交通阻塞或威胁人民生命安全的险情。

(3)国家干线公路交通毁坏、中断、阻塞或者大量车辆积压、人员滞留，抢修、处置时间预计在 12 小时以上的事件。

(4)交通运输行业从业人员，特别是公共交通、出租客运、线路客运、水路运输等敏感行业集体罢工或罢运，影响社会出行，在 24 小时内不能平息的事件。

(5)30 名(含)以上交通运输行业从业人员集体到省级及以上国家机关上访的事件。

(6)《中华人民共和国传染病法》规定的甲类传染病的事件。

(7)车站、经营性客货运车辆遭受恐怖袭击或极端暴力袭击的事件。

(8)其他任何对省级及以上行政区域造成或可能造成重大社会、经济影响或发生在敏感区域、敏感时段的交通运输突发事件。

三是明确信息的报告和处理原则，即应遵循及时快速、准确高效、分级报告的原则。

交通运输突发事件信息报告和处理由交通运输部应急办公室(以下简称应急办)管理；中国海上搜救中心总值班室承担信息的接收与报告工作。

省级交通运输主管部门、部直属单位、中央管理的交通运输行业企业(以下简称交通运输单位)应指定专门机构，实行 24 小时值班，负责事件信息的核实、报告、跟踪，按职责权限承担或参与相关事件的处理工作。

本行政区域或辖区内以及本单位发生第三条所列突发事件，交通运输单位应立即将信息以书面或电子邮件形式报部和当地政府，最迟不能晚于 2 小时。信息报出后必须进行电话确认。

特殊情况不能在 2 小时内以书面或电子邮件形式报告的，应先以电话等形式报告，并说明理由，待条件许可时再补充。

四是明确信息内容，即信息的内容要简明准确、要素完整、重点突出，应包括以下要素：

(1)事件发生的时间、地点及信息来源。

(2)事件起因、性质、基本过程、已造成的后果以及影响范围和事件发展趋势。

(3)已采取的措施、下一步的工作计划。

(4)信息报送单位、联系人和联系电话等。

对于情况不够清楚、要素不齐全的信息,要及时核实补充内容,并将后续情况及时上报。对突发事件处置的新进展、衍生的新情况要及时续报,特别重大事件的处置情况信息应每日一报。突发事件处置结束后,要进行终报。

五是明确信息上报纪律。部应急办不定期对交通运输单位信息报告情况进行考核,对能够及时准确报告突发事件信息的单位给予通报表扬,对迟报、漏报、谎报或者瞒报的单位予以批评。

第二节 道路运输行业安全生产相关标准规范与要求

《安全生产法》第十六条明确规定,生产经营单位应当具备本法和有关法律、行政法规和国家标准或者行业标准规定的安全生产条件。不具备安全生产要件的,不得从事生产经营活动。因此,有关道路运输行业的安全生产标准是道路运输企业安全生产达标标准制定的重要依据之一,也是从事道路运输企业安全评估人员必须熟悉和掌握的。涉及道路运输运输行业标准有通用安全标准和交通行业标准,尤以交通运输部的部颁标准为多。

一、道路运输行业安全生产的国家标准

涉及道路运输车辆管理的国家标准主要有《机动车运行安全技术条件》(GB 7258—2004)、《道路车辆外廓尺寸、轴荷及质量限值》(GB 1589—2004)、《营运车辆综合性能要求和检验方法》(GB 18565—2001)、《汽车维护、检测、诊断技术规范》(GB/T 18344—2001)、《道路运输危险货物车辆标志》(GB 13392—2005)。这里重点介绍与道路运输安全密切相关的《机动车运行安全技术条件》(GB 7258—2004)、《道路车辆外廓尺寸、轴荷及质量限值》(GB 1589—2004)、《道路运输爆炸品和剧毒化学品车辆安全技术条件》(GB 20300—2006)、《汽车运输液体危险货物常压容器(罐体)》(GB 18564—2001)、《道路运输危险货物车辆标志》(GB 13392—2005)有关内容。

1.《机动车运行安全技术条件》(GB 7258—2004)

该标准于2004年7月12日由国家质检总局、国家标准化管理委员会正式批准发布,标准编号为GB 7258—2004,实施日期为2004年10月1日。该标准是我国机动车安全技术管理最基本的强制性标准,是机动车检验的重要技术依据,也是贯彻落实《中华人民共和国道路交通安全法》的重要措施之一。该标准实施以来,国家标准委先后批准发布了3个修改单。第1号修改单,调整了前照灯远光光束照射位置检验要求,删除了前照灯远光光束和近光光束布置的相关规定;第2号修改单,规定了校车的定义、核载要求及专用校车的部分技术要求;第3号修改单,扩大了要求粘贴车身反光标志的车型范围,规定了在用货车和挂车粘贴车身反光标志及安装侧面和后下部防护装置的时间要求。目前,公安部交通管理局正组织对GB 7258—2004标准进行整体修订。

2.《道路车辆外廓尺寸、轴荷及质量限值》(GB 1589—2004)

为规范汽车和挂车产品市场、有效治理车辆超限超载现象、加强道路交通安全管理,国家标准化管理委员会于2004年4月1日批准发布了强制性国家标准《道路车辆外廓尺寸、

轴荷及质量限值》,该标准规定了汽车、挂车及汽车列车的外廓尺寸、轴荷及质量的限值,适用于在道路上使用的汽车、挂车及汽车列车,是车辆产品最基本的技术标准之一。标准内容包括车辆的外廓尺寸限值、车辆质量参数限值两方面,规范车辆的设计、生产、使用,为政府部门提供管理依据。车辆质量指标主要参照欧盟技术法规的总体结构,增加和调整了技术法规的总体结构,增加和调整了部分项目,主要包括车辆的轴荷、最大允许总质量及部分车辆类型的最大设计总质量指标。针对"大吨小标"等不规范行为,以尺寸和总质量协调考虑的思路对货车及挂车提出了分档指标要求。

3.《道路运输危险货物车辆标志》(GB 13392—2005)

2005 年 4 月,国家质量监督检验检疫总局、国家标准化委员会修订发布了强制性国家标准《道路运输危险货物车辆标志》(GB 13392—2005),并于 2005 年 8 月 1 日起正式实施。为规范和统一道路危险货物运输车辆的标志,保障道路危险货物运输车辆安全运行提供标准依据。标准就标志灯、标志牌的形式、外观、样式以及安装(悬挂)位置进行明确界定。标志灯的光源为荧光物质,荧光黄色在正常使用条件下应至少保持两年不褪色。褪色后应及时更换。标志牌的反光膜、印刷图形能有效地防止酸、碱液或腐蚀性烟雾的侵蚀,使用寿命不少于两年。

涉及道路运输人员的国家标准主要有《机动车驾驶员身体条件及其测评要求》(GB 18463—2001),该标准主要对驾驶适应性、速度估计、复杂反应判断、夜视力、动视力、深视力进行综合考察。这一标准也为道路运输企业选拔聘用职业驾驶员提供技术参考标准。

二、涉及行业安全生产的交通行业标准

1. 涉及道路运输企业规模的交通行业标准

涉及道路运输企业规模的交通行业标准主要有《道路旅客运输企业等级》(JT/T 630—2005)、《道路货物运输企业等级》(JT/T 631—2005)。这两个标准对企业资产规模、车辆条件、站场设施、经营业绩、安全状况和服务质量等方面提出了明确等级条件,通过分级评定,安全生产达标考核人员可以确定该企业安全生产组织机构配备和安全生产投入是否与企业经营规模相适应。

2. 涉及道路运输企业基础设施建设的交通行业标准

涉及道路运输企业基础设施建设的交通行业标准主要有《汽车客运站级别划分和建设要求》(JT/T 200—2004)、《汽车货运站(场)级别划分和建设要求》(JT/T 402—1999)、《汽车客运站建筑设计规范》(JGJ 60—99)、《汽车零担货运站与建设要求 》(JT/T 3134—1988)等。上述标准就站场设施主要功能、站址选择、设施设备、级别划分、建设要求提出明确标准,安全生产达标考核人员通过对上述标准的掌握可以比较准确地把握站场经营者经营站房场地设施是否符合法定安全生产条件,安防设施设备、安全人员的配备是否符合安全要求生产要求,作业现场管理措施是否满足考核要求。

3. 涉及道路运输车辆的交通行业标准

涉及道路运输车辆的交通行业标准主要有《营运车辆技术等级划分和评定要求》(JT/T 198—2004)、《营运客车等级划分及等级评定》(JT/T 325—2002)等。对车辆标准的掌握,考核人员可以清楚地知道道路营运车辆基本技术要求,有利于对道路运输经营企业车辆技术

状况的管理能力进行科学评价。这里特别介绍一下,《乡村公路营运客车结构和性能通用要求》(JT 616—2004),便于安全评价人员对农村客运车辆安全技术要求有一个直观的认识。

乡村公路运营客车基本性能参数、结构及配置,见表4-1。

乡村公路运营客车基本性能参数、结构及配置 表4-1

项目		基本性能参数、结构及配置要求		
车长(L)系列(m)		$4.8 \leqslant L < 6$	$6 \leqslant L < 7$	$7 \leqslant L < 7.5$
车身模式		一厢式车身		
最大允许总质量(kg) ≤		4900	7000	8000
前轴载荷占总质量的最小百分比	空载	25		
	满载			
车顶静承载能力		车顶静承载能力≥客车最大设计总质量		
比功率(kW/t) ≥		11	10.5	10
最高车速(km/h) ≤		80		
最大爬坡度(%) ≥		25		
接近角/离去角(°) ≥		17/12	15/12	13/10
座位数(个) ≥		10	13	15
乘客门	位置	可车后	—	
	数量,个 ≥	1		
	车外开门装置离地高度,mm ≤	1800		
	宽度,mm ≥	700	750	750
	车门开启	在客车静止时,应能从车内外开启乘客门		
	乘客门观察	驾驶员在座位上应直接观察到乘客门内外情况		
安全出口	数量,个 ≥	2	2	2
	面积,mm^2 ≥	按GB 7258确定		
安全顶窗	数量,个 ≥	—	—	—
	面积,mm^2 ≥	—	—	按GB 7258确定
座椅	排列方向	按GB 7258确定		
	地脚固定结构	非滑道式		
行李架	车内行李架	可设置		
	车外顶行李架	可设置		
车内随行物品存放区	车内位置	车内后部		
	随行物品存放区面积(S),m^2	1/3 Ad≥S≥1/4 Ad		
	允许载重,kg/m^2 ≤	100		
车后自行车挂(托)架		可设置		

注:①车后设置自行车挂(拖)架的最高车速应低于70km/h。

②车后设置乘客门时,不得设置车后自行车挂(拖)架。

③按GB 18565。

④A-乘客区面积。A=乘客区长×车内宽(m^2)

《乡村公路营运客车结构和性能通用要求》(JT 616—2004)这一标准规定了乡村公路运营客车技术性能及参数、结构及配置、环保和安全等要求,适用于在乡村公路上使用的营运客车。

4. 涉及道路运输从业人员的交通行业标准

涉及道路运输从业人员的交通行业标准主要为《交通行业工人技术等级标准公路运输与公路养护》(JT/T 27—1993)等。此标准因为建立和实施技能人员职业资格制度已经作废,但其考查、考核道路运输从业人员应知、应会、操作基本要求仍然对企业考察选聘从业人员的有重大参考意义。对此标准的了解有助于更好地评价道路运输企业对从业人员岗前聘用考核和继续教育培训开展情况。

5. 涉及道路运输作业行为管理的交通行业标准

涉及道路运输作业行为管理的交通行业标准主要有《汽车快件货物运输操作规程》(JT/T 620—2005)、《汽车运输、装卸危险货物作业规程》(JT 618—2004)、《汽车运输危险货物规则》(JT 617—2004)等。

《汽车快件货物运输操作规程》(JT/T 620—2005)规定了汽车快件货物运输的基本要求,规定了货物受理、理货、货物配装、货物接收、货物交付等业务流程的操作规则以及业务档案管理基本要求。对这一标准的了解有助于安全生产达标考核人员评价道路货运企业安全生产工作流程设计的科学性、合理性。

《汽车运输危险货物规则》(JT 617—2004)规定了汽车运输危险货物的托运、承运、车辆和设备、从业人员、劳动防护等基本要求。安全生产达标考核人员对此标准的熟悉掌握,将有利于全面理解危险货物运输企业安全达标标准对危险货物运输企业车辆、设施设备、从业人员、职业健康要求,并对企业标准化管理能力作出科学评价。

《汽车运输、装卸危险货物作业规程》(JT 618—2004)规定了汽车运输、装卸危险货物的基本要求和安全作业要求。汽车运输和装卸作业要求覆盖爆炸品、压缩气体和液化气体、易燃液体、易燃固体自燃物品和遇湿易燃物品、氧化剂和有机过氧化物、毒害品和感染性物品、放射性物品、腐蚀品和杂类等危险货物。安全生产达标考核人员对此标准的熟悉掌握,将有利于根据经营类别、项别对危险货物运输企业安全管理标准化作出更有针对性评价。

6. 涉及道路运输科技信息化建设的交通行业标准

涉及道路运输科技信息化建设的交通行业标准主要有《道路运输车辆卫星定位系统车载终端技术要求》(JT/T 794—2011)、《道路运输车辆卫星定位系统平台技术要求》(JT/T 796—2011)。这两项标准是针对当前道路运输车辆动态监管工作的新形势新要求,在总结道路运输行业多年来使用卫星定位装置经验的基础上,突出以应用为目的,对道路运输车辆卫星定位系统平台和车载终端技术性能及功能提出的基本要求,是道路运输车辆卫星定位系统的基础标准,是动态监管工作的重要规范。按规定安装符合标准的车载终端、车载终端接入符合技术要求的系统平台是道路运输企业义务,了解和熟悉此标准,将有利于合理评价企业 GPS 科技信息化建设情况。

另外,安监部门还出台了涉及道路运输行业安全生产专门安全标准,主要有《危险化学品汽车运输安全监控系统通用规范》(AQ 3003—2005)、《危险化学品汽车运输安全监控车载终端》(AQ 3004—2005)。两个标准对危险化学品汽车运输安全监控系统的组成及结构、功能及性能、系统运行环境和系统试验测试方法等内容作出了规定。要求危险化学品汽车运输安全监控系统能实现实时监控危险化学品运输车辆，系统具有车辆定位信息查询、安全状态监测、路线和区域控制、信息指挥调度、告警响应处理、车辆优化管理等功能。

7. 涉及道路运输行业安全管理规范

1)《汽车客运站安全生产规范》

为规范汽车客运站安全生产管理工作，强化汽车客运站安全生产主体责任，根据《中华人民共和国安全生产法》《中华人民共和国道路运输条例》及有关法律、行政法规和规章，在深入调研行业实际、广泛征求社会意见的基础上，交通部制定印发了《汽车客运站安全生产规范》(以下简称《规范》)。《规范》自2008年3月1日起，在全国所有等级汽车客运站推广实施。其主要特点有：

(1)确立"三不进站"、"五不出站"安全生产工作职责。

《规范》明确规定汽车客运站的法定代表人是安全生产第一责任人，全面负责汽车客运站的安全生产工作，客运站领导和工作人员实行"一岗双责"制度，既对分管的业务工作负责，又对分管业务范围的安全生产工作负责。《规范》高度概括了汽车客运站安全生产管理工作的核心，即确保"三不进站"和"五不出站"。"三不进站"是指：危险品不进站、无关人员不进站(发车区)、无关车辆不进站。"五不出站"是指：超载客车不出站、安全例检不合格客车不出站、驾驶员资格不符合要求不出站、客车证件不齐全不出站、"出站登记表"未经审核签字不出站。

(2)建立安全生产管理人员监督机制。

《规范》明确规定汽车客运站应当配备安全生产管理人员，并保持安全生产管理人员的相对稳定。其中，三级以上汽车客运站配备专职安全生产管理人员，四级以下汽车客运站配备专职或者兼职安全生产管理人员。《规范》要求汽车客运站安全生产管理人员应当具备安全生产管理经验，熟悉各岗位的安全生产业务操作规程，并负责监控汽车客运站的安全生产运营，向客运站法定代表人或者分管安全生产的领导负责，报告安全隐患，提出预防措施和整改建议。同时，《规范》明确要求安全生产管理人员每人每年应当接受20小时以上培训，以确保其具备必要的安全生产知识和安全生产管理能力。

(3)设立安全生产保障金。

《规范》要求汽车客运站经营者应当保障安全生产经费投入。安全生产经费投入不低于上年度汽车客运站客运代理费总额的0.5%，专项用于安全生产支出，主要包括：安全生产设施设备购置和维护、安全生产检查和评价、安全教育培训、应急救援演练、事故的抢险救灾和善后处理工作等。安全生产经费年度结余可以转入下年度使用，当年安全生产经费不足的，超出部分按照正常成本费用渠道列支。

(4)细化安全生产三项制度。

为进一步引导汽车客运站经营者落实好安全生产管理制度，《规范》进一步明确了汽车客运站经营者具体实施危险品查堵、车辆安全例行检查、出站检查等三项制度的工作程序以及应当采取的必要措施。

危险品查堵制度：《规范》明确规定汽车客运站经营者应当制定危险品检查工作程序、设立专门的危险品查堵岗位、配备必要的检查设备，实施危险品查堵工作。其中，一级汽车客运站必须配置行包安全检查设备,二级以下汽车客运站应当积极创造条件安装使用行包安全检查设备,提高危险品查堵效率和质量。

车辆安全例行检查制度:《规范》要求汽车客运站经营者应当指定专门的安全例检人员,设置专门的检查场地,配备汽车安全检验台及必要的仪器、设备对营运客车进行安全例行检查。对符合要求的客车,安全例检人员填写车辆安全例行检查表,并经签字后出具24小时内有效的“安全例检合格通知单”。“安全例检合格通知单”完备有效后,汽车客运站调度部门才准予报班。

出站检查制度:《规范》规定汽车客运站经营者应当对出站客车的“安全例检合格通知单”、行驶证、《道路运输证》、客运标志牌和实载旅客人数以及驾驶员的驾驶证、从业资格证件等相关情况进行检查,不符合条件的客车和驾驶员不得出站运营。

(5)明确车辆安全例检的八个项目。

为进一步明确汽车客运站实施车辆安全例行检查制度的工作要求,《规范》从客车的转向、制动、传动、照明、轮胎、悬架、车身、随车安全设备八个方面,明确了汽车客运站营运客车安全例行检查的内容和要求。《规范》要求汽车客运站经营者应当按照这八个方面的检查项目及要求,对营运客车进行安全例行检查,不检或漏检的车辆(因车辆结构原因需拆卸检查的除外)一律不得出站运行。

此外,《规范》还从汽车客运站经营者的安全生产管理总体目标、安全生产方针、安全生产管理机构和岗位设置、安全生产教育培训、安全生产工作会议、安全生产评价考核与奖惩、应急预案、安全生产举报等方面提出了规范性要求。

2)《道路旅客运输企业安全管理规范》

2012年1月29日　交通运输部、公安部、安全监管总局,联合出台了《道路旅客运输企业安全管理规范(试行)》(以下简称《规范》),《规范》强化并量化了企业安全生产主体责任,督促道路客运企业树立“主人翁”意识,把安全生产责任记在心上、落到实处。《规范》贯穿了“人员”、“机制”、“硬件”三条主线,分别从人员选拔与素质提升、安全制度体系建设、硬件设施安全维护三大方面对道路客运企业建设标准化的安全生产体系提出了全面、细致的要求。

(1)明确企业安全管理人员和从业人员安全管理要求。

《规范》从“人”的角度出发,对道路客运企业安全生产主体责任的落实作了明确要求,其中又具体分为安全生产管理者与客运驾驶人两个层面。

①关于企业管理人员。《规范》首次明确了拥有10辆以上(含)营运客车的道路旅客运输企业应当设置专门的安全生产管理机构,配备专职安全管理人员。拥有10辆以下营运客车的道路旅客运输企业应当配备专职安全管理人员。原则上按照每20辆车1人的标准配备专职安全管理人员,最低不少于1人。《规范》要求企业安全管理人员应具有高中以上文化程度,具有在道路客运行业三年以上从业经历,掌握道路旅客运输安全生产相关政策和法规,经相关部门统一培训且考核合格,持证上岗。

此外,安全管理人员的培训不是一次性的,应当定期参加相关管理部门组织的培训,且每年参加脱产培训的时间不少于24学时。

②关于客运驾驶人。《规范》对驾驶人的聘用、培训、考试、档案管理等方面进行了详细

的规定。

《规范》指出，道路旅客运输企业应当依照劳动合同法，严格客运驾驶人录用条件，统一录用程序，对客运驾驶人进行面试，审核客运驾驶人安全行车经历和从业资格条件，积极实施驾驶适宜性检测，明确录用客运驾驶人的试用期。

《规范》要求，对三年内发生道路交通事故致人死亡且负同等以上责任的，交通违法记分有满分记录的，有酒后驾驶、超员 20%、超速 50% 或者 12 个月内有三次以上超速违法记录的客运驾驶人，道路旅客运输企业不得聘用其驾驶客运车辆。

《规范》要求，道路旅客运输企业应建立客运驾驶人岗前培训制度，岗前培训的主要内容包括：国家道路交通安全和安全生产相关法律法规、安全行车知识、典型交通事故案例警示教育、职业道德、安全告知知识、应急处置知识、企业有关安全运营管理的规定等。客运驾驶人岗前理论培训不少于 12 学时，实际驾驶操作不少于 30 学时。值得一提的是，《规范》还要求驾驶人上岗前应提前熟悉客运车辆性能和客运线路情况。

《规范》要求，道路客运企业应定期对客运驾驶人开展法律法规、典型交通事故案例警示、技能训练、应急处置等教育培训。客运驾驶人应当每月接受不少于 2 次，每次不少于 1 小时的教育培训。《规范》还要求道路客运企业建立客运驾驶人从业行为定期考核制度，考核内容包括驾驶人违法驾驶情况、交通事故情况、服务质量、安全运营情况、安全操作规程执行情况、参加教育与培训情况以及心理与卫生健康状况。考核的周期不大于 3 个月，而且考核的结果要与企业安全生产奖惩制度挂钩。

《规范》要求，道路客运企业建立客运驾驶人信息档案管理制度，驾驶人信息档案实行一人一档，包括客运驾驶人基本信息、客运驾驶人体检表、安全驾驶信息、诚信考核信息等情况。

《规范》要求，道路客运企业应当建立客运驾驶人安全告诫制度，安全管理人员对驾驶人出车前进行问询、告知，督促驾驶人做好车辆的日常维护和检查，防止驾驶人酒后、带病或不良情绪上岗。此外，《规范》还要求企业关心驾驶人的身心健康，定期组织驾驶人进行体检，为驾驶人创造良好的工作环境。

(2)要求企业建立完善制度体系。

《规范》从隐患预防、目标设立、责任划分、应急处置、隐患治理、考核评价等方面对道路客运企业安全生产制度的建立进行了详细规定。

①在安全机制建设上。《规范》要求，道路旅客运输企业应定期召开安全生产工作会议和例会，分析安全形势，安排各项安全生产工作，研究解决安全生产中的重大问题。企业每季度至少应召开一次安全生产工作会议，每月至少召开一次安全例会。安全生产工作会议和例会应当有会议记录，并建档保存。

《规范》规定，道路客运企业在安排运输任务时应严格要求客运驾驶人在 24 小时内累计驾驶时间不得超过 8 小时（特殊情况下可延长 2 小时，但每月延长的总时间不超过 36 小时），连续驾驶时间不得超过 4 小时，每次停车休息时间不少于 20 分钟，并明确要求企业要积极探索接驳运输的方式，为超长线路运行的客运车辆创造条件，保证客运驾驶人停车换人、落地休息。对于长途卧铺客车，企业要合理安排班次，尽量减少夜间运行时间。

《规范》还明确规定道路旅客运输企业不得挂靠经营，不得违法转租、转让客运车辆和线路牌。

②在责任机制建设上。《规范》明确了道路客运企业应当依法建立健全安全生产目标管理,与各分支机构层层签订安全生产目标责任书,明确责任人员、责任内容,制定明确的考核指标,定期考核并公布考核结果及奖惩情况。其中,《规范》明确了道路客运企业的主要负责人是安全生产的第一责任人,负有安全生产的全面责任。其主要职责包括建立健全本单位安全生产责任制、按规定足额提取安全生产专项资金、严肃处理事故责任人等。此外,企业分管安全生产的责任人协助主要负责人履行安全生产职责,对安全生产工作负组织实施和综合管理及监督的责任;其他负责人对各自职责范围内的安全生产工作负直接管理责任。企业各职能部门、各岗位人员在职责范围内承担相应的安全生产职责。

③在应急机制建设。《规范》要求,道路旅客运输企业应当建立安全生产事故应急处置制度。发生安全生产事故后,企业应立即采取有效措施,组织抢救,防止事故扩大,减少人员伤亡和财产损失。对于在旅客运输过程中发生的行车安全事故,客运驾驶人应及时向事发地的公安部门以及所属的道路旅客运输企业报告,企业应当按规定时间、程序、内容向事故发生地和企业所属地县级以上的安监、公安、交通运输等相关职能部门报告事故情况,并启动安全生产事故应急处置方案。

《规范》还明确了道路旅客运输企业应当建立应急救援制度,健全应急救援组织体系,建立应急救援队伍,制定完善应急救援预案,开展应急救援演练。

④在治理机制上。《规范》要求道路客运企业建立事故隐患排查治理制度,依据相关法律法规及自身管理规定,对营运车辆、客运驾驶人、运输线路、运营过程等安全生产各要素和环节进行安全隐患排查,及时消除隐患。在排查方式上,企业可根据需要采用综合检查、专业检查、季节性检查、节假日检查、日常检查等多种方式。一旦查出隐患,企业应对隐患进行登记和治理,落实整改措施、责任、资金、时限和预案,及时消除事故隐患。

此外,《规范》还明确要求道路客运企业建立安全隐患排查治理档案,每季、每年对本单位事故隐患排查治理情况进行统计,分析隐患形成的原因、特点及规律,建立事故隐患排查治理长效机制,并鼓励、发动职工发现和排除事故隐患,鼓励社会公众举报。

⑤在考核机制上。《规范》对企业安全生产的目标考核进行了详细的规定。《规范》要求道路客运企业应当依据相关管理部门的要求和自身实际情况,制定年度安全生产目标,并建立安全生产年度考核与奖惩制度,针对年度目标对各部门、各岗位人员进行安全绩效考核。考核结果与企业安全生产相关部门、岗位工作人员所受的奖惩挂钩。

在安全生产目标考核机制方面,《规范》强调企业内部考核与外部考核相结合。首先,企业应当建立安全生产内部评价机制,每年至少进行1次安全生产内部评价。此外,企业应当依据相关规定定期聘请第三方机构对本单位的安全生产管理情况进行评估。

《规范》还特别强调了评估考核结果的落实,指出企业应当根据第三方机构评估结果和安全生产内部评价结果及时改进安全生产管理工作内容和方法,修订和完善各项安全生产制度,持续改进和提高安全管理水平。

(3)明确要求保证安全生产资金需要。

维护道路客运安全需要充足的资金保障、可靠的硬件设施以及先进的科技支撑。《规范》对这个几方面也进行了详细规定,确保道路旅客运输企业安全生产的物质条件。

①明确规定安全资金提取。《规范》明确规定，道路旅客运输企业应当保障安全生产投入，按照《高危行业企业安全生产费用财务管理暂行办法》或地方政府的有关规定，按照不低于营业收入的0.5%的比例提取、设立安全生产专项资金。

安全生产专项资金主要用于完善、改造、维护安全运营设施和设备，配备应急救援器材、设备和人员安全防护用品，开展安全宣传教育、安全培训，进行安全检查与隐患治理，开展应急救援演练等各项工作的费用支出。安全生产专项资金的使用应建立独立的台账。

为减轻道路客运安全的后顾之忧，《规范》还要求，道路旅客运输企业应当按照《机动车交通事故责任强制保险条例》和《中华人民共和国道路运输条例》的规定，为营运车辆投保机动车交通事故责任险，为乘客投保承运人责任险。

②要求加强车辆调度管理中。《规范》指出，道路客运企业应当加强车辆技术管理，确保营运车辆处于良好的技术状况。《规范》明确了道路客运企业应当设立负责车辆技术管理的机构，配备专业车辆技术管理人员。

《规范》要求，道路客运企业应对途经高速公路的营运客车乘客座椅安装符合标准的安全带，驾乘人员在发车前、行驶中要督促乘客系好安全带。并应当定期检查车内安全带、安全锤、故障车警告标志和配备是否齐全有效，确保安全出口通道畅通，应急门、应急顶窗开启装置有效，开启顺畅，并在车内明显位置标示客运车辆行驶区间和线路、经批准的停靠站点。

《规范》要求，道路客运企业应在车厢内前部、中部、后部明显位置标示客运车辆车牌号码、核定载客人数和投诉举报座机、手机电话，方便旅客监督举报。

《规范》还要求道路客运企业对客运车辆牌证统一管理，建立派车单制度。车辆发班前，企业应对车辆的技术状况进行检查，合格后签发派车单，由客运驾驶人领取派车单和车辆运营牌证。在营运中，客运驾驶人应如实填写派车单相关内容。营运客车完成运输任务后，企业及时收回派车单和运营牌证。

③要求完善动态监管系统，及时提醒纠正违章。《规范》首次对客运车辆动态监控系统的安装和使用提出了明确细致的要求，要求道路客运企业应当按相关规定，为其营运客车安装符合标准的卫星定位装置（卧铺客车应安装符合标准且具有视频功能的卫星定位装置），接入符合标准的监控平台或监控端，并有效接入全国重点营运车辆联网联控系统。

道路旅客运输企业应当建立卫星定位装置及监控平台的安装、使用管理制度，建立动态监控工作台账，规范卫星定位装置及监控平台的安装、管理、使用工作。

《规范》还对动态监控的主体责任进行了明确规定，要求企业要配备专人负责实时监控车辆行驶动态，记录分析处理动态信息，及时提醒、提示违规行为。对于故意遮挡车载卫星定位装置信号、破坏车载卫星定位装置的员，以及不严格监控车辆行驶动态的值守人员，道路旅客运输企业应对其给予处罚，严重的应调离相应岗位，直至辞退。

第三节　其他行业安全生产相关标准规范与要求

道路运输行业安全生产涉及部门较多也决定了在道路运输企业安全生产中应当遵守的安全技术标准规范也较多。这里，我们选择与行业关系较为紧密的综合性安全标准、涉及行业安全较多的标准进行介绍。

一、综合性安全生产标准

近年来，国家加大对综合性安全生产标准制定工作，目前主要有《企业安全生产标准化基本规范》(AQ/T 9006—2010)、《安全评价通则》(AQ 8001—2007)、《企业安全文化建设导则》(AQ/T 9004—2008)等。这里重点就本次道路交通运输生产企业安全生产达标标准起草依据性标准——《企业安全生产标准化基本规范》进行介绍。

《企业安全生产标准化基本规范》(以下简称《基本规范》)于2010年4月15日由国家安全生产监督管理总局发布，标准编号为AQ/T 9006—2010，自2010年6月1日起实施。

1. 主要内容

《基本规范》共分为范围、规范性引用文件、术语和定义、一般要求、核心要求五章。在核心要求这一章，《基本规范》对企业安全生产工作的组织机构、安全投入、安全管理制度、人员教育培训、设备设施运行管理、作业安全管理、隐患排查和治理、重大危险源监控、职业健康、应急救援、事故的报告和调查处理、绩效评定和持续改进等方面的内容做了具体规定

2. 安全生产标准化含义

《基本规范》对"安全生产标准化"进行了界定，安全生产标准化是指通过建立安全生产责任制，制定安全管理制度和操作规程，排查治理隐患和监控重大危险源，建立预防机制，规范生产行为，使各生产环节符合有关安全生产法律法规和标准规范的要求，人、机、物、环处于良好的生产状态，并持续改进，不断加强企业安全生产规范化建设。这一定义涵盖了企业安全生产工作的全局，是企业开展安全生产工作的基本要求和衡量尺度，也是企业加强安全管理的重要方法和手段。

3.《基本规范》的特点

《基本规范》的特点主要有以下三个方面：

一是采用了国际通用的策划(Plan)、实施(Do)、检查(Check)、改进(Act)动态循环的PDCA现代安全管理模式。通过企业自我检查、自我纠正、自我完善这一动态循环的管理模式，能够更好地促进企业安全绩效的持续改进和安全生产长效机制的建立。

二是对各行业、各领域具有广泛适用性。《基本规范》总结归纳了煤矿、危险化学品、金属非金属矿山、烟花爆竹、冶金、机械等已经颁布的行业安全生产标准化标准中的共性内容，提出了企业安全生产管理的共性基本要求，既适应各行业安全生产工作的开展，又避免了自成体系的局面。

三是体现了企业主体责任与外部监督相结合的思想。《基本规范》要求企业对安全生产标准化工作进行自主评定，自主评定后申请外部评审定级，并由安全生产监督管理部门对评审定级进行监督。

4.《基本规范》的实施

《基本规范》是贯彻落实《国务院关于进一步加强企业安全生产工作的通知》(国发〔2010〕23号，以下简称《国务院通知》)和《国务院办公厅关于继续深化"安全生产年"活动的通知》(国办发〔2011〕11号，以下简称《国办通知》)精神，全面推进企业安全生产标准化建设，进一步规范企业安全生产行为，改善安全生产条件，强化安全基础管理，有效防范和坚决遏制重特大事故发生的现实需要。为此，国务院安委会出台了《关于深入开展企业安全生

产标准化建设的指导意见》(安委〔2011〕4 号),要求在工矿商贸和交通运输行业(领域)深入开展安全生产标准化建设,重点突出煤矿、非煤矿山、交通运输、建筑施工、危险化学品、烟花爆竹、民用爆炸物品、冶金等行业(领域)。其中,煤矿要在 2011 年底前,危险化学品、烟花爆竹企业要在 2012 年底前,非煤矿山和冶金、机械等工贸行业(领域)规模以上企业要在 2013 年底前,冶金、机械等工贸行业(领域)规模以下企业要在 2015 年前实现达标。要建立健全各行业(领域)企业安全生产标准化评定标准和考评体系;进一步加强企业安全生产规范化管理,推进全员、全方位、全过程安全管理;加强安全生产科技装备,提高安全保障能力;严格把关,分行业(领域)开展达标考评验收;不断完善工作机制,将安全生产标准化建设纳入企业生产经营全过程,促进安全生产标准化建设的动态化、规范化和制度化,有效提高企业本质安全水平。

交通运输部按照国务院安委会《关于深入开展企业安全生产标准化建设的指导意见》以(交安监发〔2011〕322 号)下发了《交通运输企业安全生产标准化建设实施方案》,对交通运输企业安全生产标准化建设工作进行了布置,因此,在道路运输企业安全生产达标评审活动必须深刻领会企业安全标准化内涵及考核要求,只有这样才能有效把握《交通运输企业安全生产达标标准》,有效开展考核活动。

二、涉及其他行业安全生产相关标准规范与要求

鉴于危险货物运输高危险性,国家发布了很多与危险货物运输有关的安全标准,主要有《危险货物品名表》(GB 12268—2005)、《危险货物分类和品名编号》(GB 6944—2005)、《危险货物运输包装通用技术条件》(GB 12463—2009)、《危险货物包装标志》(GB 190—2009)、《危险货物中小型压力容器检验安全规范》(GB 19521.14—2004)、《危险货物便携式罐体检验安全规范》(GB 19454—2009)、《汽车运输液体危险货物常压容器(罐体)通用技术条件》(GB 18564—2001)等。

《危险货物品名表》(GB 12268—2004)、《危险货物分类和品名编号》(GB 6944—2005)通过对危险货物类别、项别的细分、命名、编号,为危险货物运输、储存、生产、经营、使用和处置提供安全技术指导。《危险货物运输包装通用技术条件》(GB 12463—2009)、《危险货物包装标志》(GB 190—2009)对危险货物包装的基本要求、包装分类、包装性能试验、包装标志、包装方法及代号等的进行了规范。对这些标准的了解和认识,有助于运输企业及从事危险货物运输从业人员对所承运危险化学品承运要求有更深刻地理解,对合理安排运输、科学防范事故提供参考。道路运输企业安全生产达标考核人员也可以通过对从业人员危险货物基本常识的考察把握其对危险货物安全运输能力。

《危险货物中小型压力容器检验安全规范》(GB 19521.14—2004)、《危险货物便携式罐体检验安全规范》(GB 19454—2009)、《汽车运输液体危险货物常压容器(罐体)通用技术条件》(GB 18564—2001)主要是针对罐式危险货物运输车辆罐体管理提出的安全技术要求,对这些标准的了解可以帮助安全生产达标考核人员科学评价有罐式危险货物运输车辆的企业在车辆安防设施设备的管理能力。

第五章　道路运输企业安全管理概述

道路运输企业安全管理是企业经营者、生产管理者和全体员工,为实现安全生产目标,按照一定的安全管理原则,科学地组织、指挥和协调全体员工安全生产的活动。道路运输企业在取得经营资质的基础上,应牢固树立“安全责任重于泰山”的思想,认真坚持“安全第一、预防为主、综合治理”的方针,贯彻执行安全生产法律、法规,建立健全安全生产责任制度,完善安全生产条件,确保安全生产。

第一节　企 业 资 质

企业资质是企业在从事某种行业经营中,应具有的资格以及与此资格相适应的质量等级标准。道路运输企业资质是从事道路运输经营及道路运输相关业务的企业应具有的资格以及与资格相适应的经营条件。道路运输企业资质是道路运输企业安全生产的基础。

一、资质类型

道路运输经营包括道路旅客运输经营和道路货物运输经营,道路运输相关业务包括站(场)经营、机动车维修经营、机动车驾驶员培训。本节重点介绍道路旅客运输经营和道路货物运输经营、站(场)经营企业的资质类型。

(1)道路旅客运输分为班车客运、旅游客运、包车客运,对应的企业资质类型按经营区域分为:

①县内班车客运、县际班车客运、市际班车客运、省际班车客运。

②县内包车客运、县际包车客运、市际包车客运、省际包车客运。

③县内旅游客运、县际旅游客运、市际旅游客运、省际旅游客运。

(2)道路货物运输包括道路普通货运、道路货物专用运输、道路大型物件运输和道路危险货物运输,对应的企业资质类型分为:

①普通货运。

②货物专用运输(一类)、货物专用运输(二类)、货物专用运输(三类)、货物专用运输(四类)。

③危险货物运输(类别、项别)、非经营性危险货物运输(类别、项别)。

危险货物运输按《危险货物分类和品名编号》(GB 6944—2005)的规定的类别和项别标注。第1类为爆炸品,分别为:1类1项、1类2项、1类3项、1类4项、1类5项、1类6项;第2类为气体,分别为:2类1项、2类2项、2类3项;第3类为易燃液体;第4类为易燃固体、易于自燃的物质、遇水放出易燃气体的物质,分别为:4类1项、4类2项、4类3项;第5类为氧化性物质和有机过氧化物,分别为:5类1项、5类2项;第6类为毒性物质和感染性物质,分别为:6类1项、6类2项;第7类为放射性物质;第8类为腐蚀性物质;第9类为杂项危险物质和物品。若运输企业被许可运输某一类别的全部项别或者该类别不分项别的，直接填写类别。若只允许运输特定危险货物的，按《危险货物品名表》(GB 12268—2005)直接标注危险货物的品名。

(3)国际运输。国际货物运输、国际危险货物运输。

(4)站场。客运站经营、货运站(场)经营。

二、资质条件

资质条件是从事经营应具备的标准或达到的要求。按照道路运输管理法规、规章的规定，结合安全生产的需要，道路运输企业应具备以下条件：

(1)有与其经营业务相适应的设施、设备。

道路旅客、货物运输企业应有与资质类型相适应的车辆，达到相应的技术、类型等级、数量要求；道路危险货物运输还应有符合安全规定并与经营范围、规模相适应的停车场地，配备有与运输的危险货物性质相适应的安全防护、环境保护和消防设施设备。

客运站设施、设备要求按照行业标准《汽车客运站级别划分和建设要求》(JT/T 200—2004)的规定执行。

货运站应有与其经营规模相适应的货运站房、生产调度办公室、信息管理中心、仓库、仓储库棚、场地和道路等设施，有与其经营规模相适应的安全、消防、装卸、通信、计量等设备。

(2)有满足经营需要和安全管理要求的经营、财务、统计、安全、技术等组织机构、固定的办公场所和国家规定的注册资本。

(3)有符合要求的从业人员，配备与业务相适应的管理人员和专业技术人员。

(4)有健全的安全生产管理制度。包括安全生产责任制、安全生产业务操作规程、安全监督检查制度、设施设备、人员管理制度等。

三、资质证明

资质证明是能够证明、说明单位或个人能力、素质、水平等方面情况的证件、证书、文凭等。道路运输企业资质证明主要包括《道路运输经营许可证》《企业法人营业执照》《道路运输证》等。资质证明依照法定程序取得。

1.《道路运输经营许可证》

《道路运输经营许可证》是交通部统一制定的经营道路运输的合法凭证。凡在我国境内经营道路旅客运输、道路货物运输、道路危险货物运输、国际道路运输、机动车维修、机动车驾驶员培训、客货运站、场的单位和个人，均须持有《道路运输经营许可证》。

(1)《道路运输经营许可证》的内容。

《道路运输经营许可证》分正本、副本，正本悬挂在经营场所，副本用于记录经营者的基本情况、检查(考核)结果、变更结果等情况。

《道路运输经营许可证》正本、副本包含“X 交运管许可 X 字号、业户名称、地址、经济类型、经营范围、证件有效期、核发机关、核发日期”等内容。X 交运政许可 X 字 000000000001 号，其中，第一个“X”为省、自治区、直辖市的简称，第二个“X”为地市的简称，000000000001

前六位为行政区划代码,后六位为自然数编号。

副本除有与正本相同的内容外,还有分支机构及地址、变更记录、检查(考核)记录。“证件有效期”是指《道路运输经营许可证》的有效期限,一般为四年,道路运输企业应当在到期前十日内到原发证的道路运输管理机构换发。分支机构及地址填写分支机构名称、地址。核发机关盖省级或地市级、县级道路运输管理机构许可专用章。变更记录是记载经营者变更的情况。检查(考核)记录是记载经营者违章处理及道路运输管理机构检查、考核的情况。

(2)《道路运输经营许可证》的核发机构。

《道路运输经营许可证》本着一家一证的原则,按照谁许可谁核发道路运输相关许可决定书,集中一起到最高一级的道路运输管理机构换发《道路运输经营许可证》。

2.《企业法人营业执照》

企业法人营业执照是企业完成设立登记、取得企业法人资格的标志,是企业法人从事合法经营活动的依据。

(1)企业法人营业执照的内容。

《企业法人营业执照》登记事项包括:名称、住所、法定代表人、注册资本、企业类型、经营范围、营业期限、有限责任公司股东或者股份有限公司发起人的姓名或者名称。变更登记事项涉及《企业法人营业执照》载明事项的,公司登记机关应当换发营业执照。

《企业法人营业执照》分为正本和副本,正本和副本具有同等法律效力。《企业法人营业执照》正本应当置于公司住所营业场所的醒目位置。公司可以根据业务需要向公司登记机关申请核发营业执照若干副本。

(2)合法有效的《企业法人营业执照》。

道路运输企业合法有效的《企业法人营业执照》应包括以下要求:

①公司登记机关符合《中华人民共和国公司登记管理条例》管辖规定。

②名称与《道路运输经营许可证》一致。

③登记的经营范围中包括《道路运输经营许可证》核定的经营范围。

④营业期限于有效期内。

⑤副本上载有有效的企业年度检验记录。

3.《道路运输证》

《道路运输证》是交通运输部统一制定的经营道路运输的合法凭证。凡在我国境内从事道路运输经营活动和非经营性道路危险货物运输的机动车辆,均须持有《道路运输证》,并随车携带,以备查验。

《道路运输证》由主证和副证两部分组成,主证的内容为业户名称、地址、经营许可证号、车辆号牌、车辆类型、吨(座)位、车辆尺寸、经营范围、核发机关等。副证除了与主证同样内容外,还有经济类型、备注、车辆审验及技术等级记录、违章记录等内容。

四、资质管理

1. 企业资质应用

道路客运企业的全资或者绝对控股(指母公司控制子公司实际资产 51% 以上)的经营

道路客运的子公司，其自有营运客车在 10 辆以上或者自有中高级营运客车 5 辆以上时，可按照其母公司取得的经营资质从事客运经营活动。

客运、货运企业应当按照取得的经营资质从事相应的客运、货运经营活动，不得转让经营资质。

客运站经营者应当按照取得的经营资质从事客运站经营活动，不得转让、出租客运站经营经营资质，不得改变客运站用途和服务功能。

货运站经营者应当按照取得的经营资质经营，不得随意改变货运站用途和服务功能。

2. 质量信誉考核

道路旅客运输企业、道路货物运输企业应按年度参加省级道路运输管理机构组织的质量信誉考核。在每年的 3 月底前，根据本企业的质量信誉考核档案对上年度的质量信誉情况进行总结，向所在地的县级或设区的市级道路运输管理机构申请考核，并如实报送质量信誉情况总结及有关材料。

道路运输管理机构根据本机构的道路运输企业质量信誉档案，对道路运输企业考核年度内的安全生产、经营行为、服务质量、管理水平和履行社会责任等方面进行综合评价。道路运输企业质量信誉等级分为优良、合格、基本合格和不合格，分别用 AAA 级、AA 级、A 级和 B 级表示。质量信誉等级评定结果记录在企业《道路运输经营许可证》副本的“检查(考核)记录”栏内。

五、安全评价

安全评价是以实现安全为目的，应用安全系统工程原理和方法，辨识与分析企业生产管理活动中存在的危险、有害因素，判断发生事故或造成职业危害的可能性及其严重程度，提出科学、合理、可行的安全对策措施建议，作出评估结论的活动，直接影响企业资质的取得或延续。运输企业的安全评价主要包括以下三种形式：

1. 安全生产验收评价

道路运输属于高危行业，是否符合安全生产标准将逐步成为行业准入取得经营资质的前置条件，并实行严格的安全标准核准制度。运输生产前，安全评价机构和评价人员按照国家有关规定进行安全条件论证和安全验收评价，严把安全生产准入关。

2. 安全生产现状评价

道路运输企业运营后，安全评价机构和评价人员按照《交通运输企业安全生产标准化考评管理办法》进行安全现状评价，查找隐患，划分企业的安全等级，实施分类指导，重点监控。对不达标的企业，限期抓整顿。对在规定时间内经整改仍不具备最低安全生产标准化等级的企业，将被依法责令停产整改直至依法关闭、取消企业资质。

道路运输企业安全现状评价包括初次考评、换证考评和附加考评等三种形式。

3. 安全生产内部评价

道路运输企业开展安全生产内部评价可以结合短期目标、中期目标、年度目标考核进行，也可以在重大运输工作之前，或发生较大安全事故之后，或安全生产领导机构认为有必要时进行，评估的内容可以是一次全部项目，也可以是按部门按领域项目多次评估。

第二节　安全制度与责任

道路运输企业为实现安全管理的目的，建立健全各项必要的安全规章制度，为所有的从业人员预先设立一个行动的准则规范，以便从业人员照此行事，各负其责，实现有组织、有秩序的安全生产。

健全的安全生产操作规程和安全管理制度，应符合法律、法规、规章和国家标准、行业标准以及规范规范性文件的要求，能够预防和防止事故发生。

一、安全生产规章制度建设

1.建立安全生产规章制度必要性

（1）建立健全安全生产规章制度是生产经营单位的法定责任。

生产经营单位是安全生产的责任主体，《安全生产法》第四条规定，生产经营单位必须遵守本法和其他有关安全生产的法律、法规，加强安全生产管理，建立、健全安全生产责任制度，完善安全生产条件，确保安全生产；《劳动法》第五十二条规定，用人单位必须建立、健全劳动安全卫生制度，严格执行国家劳动安全卫生规程和标准，对劳动者进行劳动安全卫生教育，防止劳动过程中的事故，减少职业危害；《突发事件应对法》第二十二条规定，所有单位应当建立健全安全管理制度，定期检查本单位各项安全防范措施的落实情况，及时消除事故隐患。

（2）建立健全安全生产规章制度是生产经营单位安全生产的重要保障。

安全风险来自于生产、经营过程之中，只要生产、经营活动在进行，安全风险就客观存在。客观上需要企业对生产过程、机械设备、人员操作进行系统分析、评价，制定出一系列的操作规程和安全控制措施，以保障生产经营单位生产、经营工作合法、有序、安全地运行，将安全风险降到最低。在长期的生产经营活动过程中积累的大量风险辨识、评价、控制技术，以及生产安全事故教训的积累，是探索和驾驭安全生产客观规律的重要基础，只有形成生产经营单位的规章制度才能够得到不断积累，有效继承和发扬。

（3）建立健全安全生产规章制度是生产经营单位保护从业人员安全与健康的重要手段。

国家有关保护从业人员安全与健康的法律法规、国家和行业标准在一个生产经营单位的具体实施情况，只有通过企业的安全生产规章制度体现出来，才能使从业人员明确自己的权利和义务。同时，也为从业人员遵章守纪提供标准和依据。建立健全安全生产规章制度可以防止生产经营单位管理的随意性，有效地保障从业人员的合法权益。

2.安全生产规章制度建设的依据

（1）以安全生产法律法规、国家和行业标准、地方政府的法规和标准为依据。

生产经营单位安全生产规章制度首先必须符合国家法律法规、国家和行业标准的要求，以及生产经营单位所在地地方政府的相关法规、标准的要求。生产经营单位安全生产规章制度是一系列法律法规在生产经营单位生产、经营过程具体贯彻落实的体现。

（2）安全生产规章制度的建设核心是危险有害因素的辨识和控制。

只有通过对危险有害因素的辨识，才能提高规章制度建设的目的性和针对性，保障安全生产。同时,生产经营单位要积极借鉴相关事故教训,及时修订和完善规章制度,防范类似事故的重复发生。

(3)以国际、国内先进的安全管理方法为依据。

随着科学、技术的迅猛发展,安全生产风险防范的方法和手段不断完善。尤其是安全系统工程理论研究的不断深化,安全管理的方法和手段也日益丰富,如职业安全健康管理体系、风险评估和安全评价体系的建立,也为生产经营单位安全生产规章制度的建设提供了重要依据。

3.安全生产规章制度建设的原则

(1)坚持"安全第一,预防为主,综合治理"的原则。

"安全第一,预防为主,综合治理"是我国的安全生产方针,是我国经济社会发展现阶段安全生产客观规律的具体要求。安全第一,就是要求必须把安全生产放在各项工作的首位,正确处理好安全生产与工程进度、经济效益的关系;预防为主,就是要求生产经营单位的安全生产管理工作,要以危险有害因素的辨识、评价和控制为基础,建立安全生产规章制度。通过制度的实施达到规范人员行为,消除物的不安全状态,实现安全生产的目标;综合治理,就是要求在管理上综合采取组织措施、技术措施,落实生产经营单位的各级主要负责人、专业技术人员、管理人员、从业人员等各级人员,以及党政工团有关管理部门的责任,各负其责,齐抓共管。

(2)主要负责人负责的原则。

我国安全生产法律法规对生产经营单位安全生产规章制度建设有明确的规定,如《安全生产法》规定,建立、健全本单位安全生产责任制,组织制定本单位安全生产规章制度和操作规程,是生产经营单位的主要负责人的职责。安全生产规章制度的建设和实施,涉及生产经营单位的各个环节和全体人员,只有主要负责人负责,才能有效调动和使用生产经营单位的所有资源,才能协调好各方面的关系,规章制度的落实才能够得到保证。

(3)系统性原则。

安全风险来自于生产、经营活动过程之中。因此,生产经营单位安全生产规章制度的建设,应按照安全系统工程的原理,涵盖生产经营的全过程、全员、全方位。主要包括规划设计、建设安装、生产调试、生产运行、技术改造的全过程;生产经营活动的每个环节、每个岗位、每个人;事故预防、应急处置、调查处理全过程。

(4)规范化和标准化原则。

生产经营单位安全生产规章制度的建设应实现规范化和标准化管理,以确保安全生产规章制度建设的严密、完整、有序。即按照系统性原则的要求,建立完整的安全生产规章制度体系;建立安全生产规章制度起草、审核、发布、教育培训、执行、反馈、持续改进的组织管理程序;每一个安全生产规章制度的编制,都要做到目的明确,流程清晰,标准准确,具有可操作性。

4.道路运输企业安全制度建设管理

道路运输企业安全制度一般归口道路运输企业安全管理机构管理,负责制度体系建设及管理工作;根据工作需要,提出制度编写要求;负责制度的初审与会审管理工作;负责制度培训情况检查、落实情况检查、执行效果评价。

1)制度编制

(1)制度编制需求的识别与确认。全面分析和识别制度编制的需求,了解企业安全管理部门有关职责、国家相关规定、企业及各子公司目前相关制度建设和执行情况,特别要找准存在的问题,并参考其他企业同类制度,填写制度需求识别与征求意见单。

(2)征求意见。制度在初稿编制完成后,都必须在企业相关部门范围内征求意见,反馈意见必须由各部门负责人签字。

(3)前期研讨。若为了工作方便,提高效率,可以组织与制度相关部门进行研讨,以会议纪要的形式确认研讨结果,而不再另行征求意见("会议纪要"可代替"制度需求识别与征求意见单")。

(4)制度初审。初审的内容包括:采纳反馈意见情况;与其他专业制度的衔接情况;制度重要程度的判定是否正确;制度编写格式是否规范;有无相应的流程与表单;有无检查计划和培训计划;有无制度需求识别与征求意见(或相应会议纪要)等方面。企业安全管理部门要形成书面的审核意见,随同制度文本一起按下列方式提交经理办公会或企业例会审定。

(5)批准下发。企业根据安全生产管理制度的重要性,由主要负责人审核批准后下发或由企业分管领导审核批准后下发。

2)制度修订

编制制度的安全管理部门提出制度修订的书面申请或建议,经企业安全管理部门审核后,提交企业例会审定,执行制度编制流程。

3)制度废止

对原制度进行修订后,原制度废止。

对不能适应现实状况要求的制度进行废止,按如下流程进行:制度编制部门提出制度废止的书面申请,并填写制度需求识别与征求意见单,经企业安全管理部门审核后,提交经理办公会或公司例会审定,决定是否废止。

4)制度贯彻

制度下发前,企业安全管理部门要牵头并会同制度责任部门对相关人员进行培训。公司制度下发一周之内,各相关部门要组织相关人员学习,对需要制定具体的实施细则的,需在15个工作日内完成,下发一周内,各相关单位要组织相关人员进行学习贯彻。

5)制度执行

各级管理制度必须严格执行,各单位检查管理制度在本单位执行情况时,每一个环节都必须有检查执行情况的原始记录,且记录一定要真实、全面,要留下管理的"痕迹",以作为检查、督导和明确责任的依据。

(1)制度执行过程中,如果认为制度脱离实际难以落实时,要及时与制度起草部门或企业管理部书面沟通,如无异议就要对制度在本单位的落实负责。

(2)制度执行过程中,如果发现重大情况确实不能按制度执行的,制度的执行部门或相关部门必须履行请示报批程序,经制度责任人同意后方可灵活处理,并要对此过程存档备查。

6)督导检查

制度下发时,应同时制定一定时期内制度执行情况的检查计划,定期对制度的落实情况进行检查,每次检查都要形成书面报告交给制度管理部门。制度检查主要内容:制度是否得到严格贯彻执行,制度本身存在什么问题。

7)归档管理

安全管理部门要指定专人负责制度的存档管理工作,要求用专门的档案盒(袋)存放各类制度。每项制度应体现管理"痕迹",每项制度的档案应包括以下基本内容,见表5-1。

制度档案基本内容 表5-1

制度编制过程	1	制度需求识别与征求意见(单)
	2	制度初稿
	3	规范审核单
	4	经过会议研究讨论的会议纪要(若进行会签的,复印会签页)
	5	红头文件
宣传贯彻	6	下发1个月内组织培训的记录
检查执行过程	7	制度下发后,前3月每月1份执行检查报告
	8	制度下发3个月后,每3个月1份执行检查报告
修订过程	9	提出制度修改申请(建议)单
	10	重复1~8项内容

二、安全制度内容要点

安全生产管理制度是保证运输企业运输生产安全而制定的一系列管理制度和行为规范的总称,一般包括:规程、标准、规定、措施、办法、制度、指导意见等。其具体内容包括本单位的安全生产责任制,本单位的安全生产操作规程,本单位的安全生产监督检查制度,本单位的安全生产投入有效实施的制度,本单位的设施、设备管理制度,本单位的人员管理制度等。

1.安全生产责任制

安全生产责任制主要指企业主要负责人、分管领导、全体员工对安全生产工作应负责任的一种制度,是企业的一项最基本的管理制度,是一系列配套制度形成的责任体系。建立健全安全生产责任制,是将企业安全纳入企业运输生产活动的各个环节,实现全员参与、全面、全过程的安全管理,保证运输企业实现安全运营。

道路运输企业的主要负责人是安全生产的第一责任人,负有安全生产的全面责任;分管安全生产的负责人协助主要负责人履行安全生产职责,对安全生产工作负组织实施和综合管理及监督的责任;其他负责人对各自职责范围内的安全生产工作负直接管理责任。企业各职能部门、岗位工作人员在职责范围内承担相应的安全生产职责。

在安全生产责任制建立和实施中,要始终贯彻"预防为主"的原则。企业各级领导和生产人员在安全生产方面要"对上级负责,对职工负责,对自人为责任核心的安全生产管理制度,其主要目的是实现对安全生产相关单位和个人的制约功能、监督功能和检查评价功能。

2.安全例会制度

道路旅运输企业应当定期召开安全生产工作会议和例会,分析安全形势,安排各项安全生产工作,研究解决安全生产中的重大问题。安全工作会议至少每季度召开一次,安全例会至少每月召开一次,驾驶员安全会议原则上每周一次,每月不少于两次。遇有特殊情况或发生重特大事故,应随时召开有关会议。

安全工作例会的主要内容是传达、学习有关安全管理工作的文件、指示，总结本单位近期内行车安全工作的经验教训，制定措施，布置开展安全活动。

驾驶员安全会议应每周开展一次，主要内容包括传达、学习有关行车安全的法规、文件；总结、交流安全行车经验，分析安全生产形势，针对行车安全中存在的问题提出防范措施。

为便于运输企业对安全生产工作进行总结、准确把握安全生产管理规范，安全生产工作会议和例会应当有会议记录，会议记录应建档保存，保存期不少于3年。企业根据需要和会议记录，可以印发会议纪要以便贯彻执行。

某运输分公司安全生产例会制度

为加强安全生产管理、确保安全生产管理办法及相关制度的顺利实施、有效预防安全生产事故的发生，提高安全生产管理水平。特订立安全生产例会制度如下：

(1)安全生产例会的时间。

每月上旬由安全生产领导小组主持召开公司安全生产例会。

(2)安全生产例会参加的对象。

为安全生产领导小组成员和特邀代表及安全生产事故当事人。

(3)安全生产例会的内容。

①学习安全生产法律法规和上级有关安全生产的文件及指示。

②上一周期各部门安全生产工作情况、安全事故情况的总结分析和汇报。

③研究安全生产事故处理及事故隐患整改。

④部署下一阶段安全生产工作。

(4)各部门每月组织1~2次(运行部门2次)安全生产例会。由各部门负责人组织，内容是贯彻公司安全生产领导小组关于安全生产的指示要求，回顾和检查本部门安全生产情况，解决安全生产问题，结合本部门的实际提出下一阶段安全生产要求。

(5)安全生产例会必须有时间、地点、内容等的完整纪录和参加人员的签到。

(6)安全生产例会相关人员必须参加，未按规定召开会议，处责任人100元罚款，管理人员无故不参加会议一次罚款100元、两次不参加调整岗位或降工资薪级，其他人员无故不参加会议一次罚款50元、两次不参加下岗培训一周。

(7)本制度自发布之日起施行。

3. 文件和档案管理制度

档案是组织或个人在以往的社会实践中直接形成的、清晰的、确定的、具有完整记录作用的固化信息，是实现历史真实面貌的原始文献。档案来源于文件，文件是一切由文字、图表、声像等形式组成的各种材料，是档案的基础和素材。档案的形式多种多样，从目前的载体来看，有纸质、磁盘、光盘等；从表现方式来看，有文字、图表、声像等。

1)档案主要内容

(1)安全生产领导机构和管理机构基础档案。安全生产领导机构和管理机构成立、相关负责人的任命和职责、安全管理人员的配备等文件；企业安全生产方针、目标和工作计划；安全生产目标责任书；安全管理人员登记表及相关证件复印件等。

(2)安全管理制度、操作规程以及应急预案等档案。发布管理制度、操作规程以及应急预案等的文件;安全管理制度、操作规程以及应急预案等文件;国家法律法规、各级政府管理部门的文件等。

(3)安全检查档案。开展安全检查的文件、检查方案和计划、检查记录和检查报告。

(4)安全隐患排查与治理档案。安全隐患排查方案与计划;安全隐患统计;安全隐患治理方案、效果评估报告等。

(5)安全生产事故档案。事故起因、经过、损失等事故描述材料;事故相关方材料;事故责任认定材料;事故伤亡理赔及处理相关材料等。

(6)安全生产基础投入台账。安全生产专项资金的使用台账;安全生产设施设备等固定资产台账等。

(7)应急救援档案。突发事件的描述;应急救援方案措施;应急救援投入及效果等情况的资料。

(8)其他档案资料。安全文化建设档案、安全生产会议与例会资料等。

2)档案管理要点

运输企业建立的安全生产基础档案,应能清晰、确定、完整地记录企业安全生产及相关活动的信息,能再现企业安全生产的真实面貌。为了保障企业安全生产资料基础档案建档的完整性和及时性,客运企业建立的文件和档案管制度应包括:建档的内容及档案的移交、整理、归档、分类编目、档案室的管理、档案借阅、保存期、销毁处理、保密等活动。各类档案存档时,应办理交接手续,填写归档交接单,交接双方签字等。

4. 安全生产费用提取和使用管理制度

安全生产费用(以下简称安全费用)是指企业按照规定标准提取在成本中列支,专门用于完善和改进企业或者项目安全生产条件的资金。企业应当建立健全内部安全费用管理制度,明确安全费用提取和使用的程序、职责及权限,按规定提取和使用安全费用。

某运输公司安全生产费用投入保障制度

第一条　为认真做好安全生产经费管理工作,确保各项安全生产措施的落实,促进企业安全生产。根据《中华人民共和国安全生产法》《安全生产条例》及《生产经营单位安全生产责任规定》等国家安全生产法律法规,结合企业安全生产实际,制定本制度。

第二条　安全生产费用是指企业按照规定标准提取,在成本中列支,专门用于完善和改进企业安全生产条件的资金。

第三条　根据省交通运输厅相关的规定,我公司安全生产费用投入的项目和标准为:

(一)安全管理经费投入(每年每百辆车投入安全经费5万元);

(二)教育培训经费投入(每年每百辆车投入安全经费1.5万元);

(三)年度安全事故隐患整改专项资金投入(根据隐患整改需要确定具体金额)。

第四条　安全生产费用按照"企业提取、政府监管、确保需要、规范使用"的原则进行财务管理,在以下范围内使用。

(一)安全管理经费投入

1. 完善、改造和维护安全防护设备、设施支出。包括作业场所的监控、监测、通风、防晒、调温、防火、灭火、防爆、泄压、防毒、消毒、中和、防潮、防雷、防静电、防腐、防渗漏、防护围堤或者隔离操作等设施设备;车辆安全状况检测及维护系统、附属安全设备等;

2. 配备必要的应急救援器材、设备和现场作业人员安全防护物品支出;

3. 安全生产检查与评价支出。

(二)教育培训经费投入

1. 配备教育设施设备支出;

2. 安全技能培训资料支出;

3. 应急救援演练支出;

4. 安全宣传支出。

(三)年度安全事故隐患整改专项资金投入

1. 重大危险源、重大事故隐患的检查、评估、监控、整改支出。

2. 其他与安全生产直接相关的支出。

第五条　安全费用优先用于满足安全管理职能部门对企业安全生产提出的整改措施或达到安全生产标准所需支出。

第六条　公司财务处对全公司安全费用实行集中管理,统筹使用。提取的安全费用实行专户核算,在规定范围安排使用。年度结余下年度使用,当年计提安全费用不足的,超出部分按正常成本费用渠道列支。

第七条　安全生产费用管理职责。

(一)总经理对安全生产费用全面领导。审批安全费用提取、安全投入计划、经费使用报告、安全经费提取和使用情况年度报告。

(二)其他负责人按照职责分工,对各自分管工作范围内的安全生产费用计取、支付、使用实施监督管理。

(三)安全部负责编制年度安全经费投入预算,每半年和年度对经费投入情况进行预决算,审核基层单位安全投入报告,监督检查安全投入落实情况,建立安全经费投入台账。

第八条　安全生产费用使用管理

(一)财务部应当按照"确保需要、规范使用"的原则,对安全费用进行财务管理,保证专款专用,并督促其合理使用。

(二)财务部负责对安全生产费用进行统一管理,审核安全费用提取、安全投入计划、安全经费使用等,根据年度安全生产计划,做好资金的投入落实工作,建立安全经费台账,确保安全投入迅速及时。

(三)各单位应建立安全费用台账,记录安全生产费用的数额、支付计划、使用要求、调整方式等条款。安全工作结束,多余的安全生产费用纳入财务,由主办会计管理。

(四)安全费用具体使用审批程序按照公司财务管理制度执行。

(五)擅自挪用安全费用的,公司将按情节严重程度严肃处理,处理办法由董事会讨论决定。

第九条　本制度由公司安全生产委员会办公室负责解释,自2011年4月26日起执行。

5. 设施、设备安全管理制度

设施、设备指成套的建筑或器材。道路运输企业的设施、设备包括运输工具、运输与装卸设备、运输装卸特种与辅助设备、消防、环保与应急设施设备、防护器材与设备、站(场)基础设施。企业应当建立健全设施、设备安全管理制度,明确设施设备的购置(建设)、基础管理、使用与保养、操作人员教育与培训等各项要求。

某公司车辆、设备安全管理制度

1 车辆、设备运行管理

1.1 设备台账

分公司设备保障部负责建立完备的车辆设备台账,运行部门负责车辆设备的运行管理。

1.2 设备检验

投入运行的车辆设备由质量安全部负责组织,必须经国家相应的检验、检查机构检验、检查合格方能投入运行。

1.3 设备运行

车辆设备运行必须由分公司相关部门的安排方可运行。

1.4 设备检查

车辆、设备运行前操作人员必须对车辆、设备进行自检或经门检符合运行标准后方能运行,并填写车辆设备运行记录。

车辆、设备在运行中,操作人员应根据车辆设备运行情况进行相关检查,同时接受安全管理人员的抽查,并做好相应检查记录。车辆设备结束全天运行后,操作人员必须对车辆设备进行检查并做好相应记录。

2 车辆、设备维护

2.1 维护维修部门

分公司设备保障部是分公司车辆设备的维护、维修部门。负责车辆设备的维护、维修工作,并建立相应的车辆设备维护、维修技术档案。

2.2 日常维护

车辆设备的日常维护、一级维护由操作人员负责检查,设备保障部负责维护、保养作业;

2.3 二级维护

车辆设备的二级维护、季节性维护由设备保障部下达维护计划和进行维护作业,其维护内容参照车辆设备维护说明和要求进行。

驾驶员、操作人员必须按照规定时间完成车辆设备二级维护。

2.4 特保

重大接待、长途业务前的检查维护由操作、驾驶员上报计划,设备保障部确定项目并实施作业。

2.5 特检

“十一”黄金周、春运以及针对车辆设备的专项检查维护作业(特检)由设备保障部或质量安全部拟订计划,设备保障部实施作业。

2.6 强制维修

当运行车辆出现机械故障或安全机件、信号装置、监控装置出现故障情况时必须进行强制维修维护。

6. 安全生产培训和教育学习制度

道路运输企业应当建立安全生产培训和教育学习制度。制度应有以下内容:明确负责安全生产培训和教育学习工作的部门;明确安全生产教育培训的对象;明确各类人员接受安全生产培训的内容;明确安全生产教育培训要达到的效果、资格要求、培训时间、培训方式、考核方式。

旅客运输企业应定期对客运驾驶人开展法律法规、典型交通事故案例警示、技能训练、应急处置等教育培训。客运驾驶人每月接受不少于 2 次,每次不少于 1 小时的教育培训。道路旅客运输企业应当组织和督促本企业的客运驾驶人参加继续教育,保证客运驾驶人参加教育和培训的时间,提供必要的学习条件。

其他企业包括普通货运企业也要结合自身特点,借鉴客运企业的教育培训模式积极开展各种形式的教育培训活动。

7. 安全生产监督检查制度

安全生产监督检查是企业安全管理体系有效实施的保证。企业内部监督检查的主要任务是将企业各项安全生产工作纳入日常监督的范畴,通过一整套措施,系统地、有针对性地企业各部门的安全状状况进行定期和不定期的监督,确保道路运输企业各项安全管理工作能持续有效地进行。安全生产监督检查制度应明确安全生产监督的目的、内容、形式、组织领导等。

1)安全生产监督检查的目的

安全监督检查的目的是查隐患、堵漏洞、保安全。为了能及时发现些事故隐患,及时采取相应的措施消除这些事故隐患,从而保障生产安全进行。安全生产监督检查是安全生产管理的重要手段。

2)安全生产监督检查的内容

(1)检查物的状况是否安全。检查生产设备、工具、安全设施、生产行为场所以及生产物料存储是否符合安全要求。

(2)检查人的行为是否安全。检查是否有违章指挥、违章操作,违反安全生产规章制度的行为。

(3)检查安全管理是否完善。检查安全生产规章制度是否建立健全,安全生产责任制是否落实,安全生产管理机构是否健全,安全生产目标和工作计划是否落实到各部门、各岗位,安全教育是否经常开展,职工安全素质是否得到提高。

3)安全生产监督检查的形式

(1)一线岗位的日常检查。一线岗位员工每天操作前,对自己岗位进行自检,确认安全才能操作。此过程以检查物的状况是否安全为主。

(2)安全人员的日常巡查。安全员等专兼职安全管理人员每日、每班对现场巡视,检查安全生产状况。

(3)定期综合性安全监督检查。企业的综合性安全监督检查是以企业和部门、车队负责人为主,安全管理人员、职工代表参加组成检查组,按照事先制定的检查计划进行,以检查各车队、各部门的安全生产工作开展情况,以及管理为主。

(4)专业性安全监督检查。有的检查内容专业技术性很强,需要由懂得这方面知识的专业技术人员进行,如锅炉压力容器、起重机械、电扶梯等特种设备的安全检查,电气设备的安全检查,消防设备的安全检查等。

(5)季节性安全监督检查。不同季节的气候条件会给安全生产带来一定的影响。季节性安全检查是检查防止不利气候因素导致事故的预防措施是否落实。

4)安全生产监督检查的组织领导

安全监督检查要取得成效,不流于形式,不出现纰漏,必须做检查的组织领导工作,使检查工作制度化、规范化、系统化。

(1)要明确检查职责。通过制度明确各项检查的责任人。比如,岗位日常检查工作可纳入岗位操作规程,由操作人员负责;安全人员日常巡查工作在安全人员岗位责任制中明确;专业安全检查的职责可按照“管生产必须管安全,谁主管谁负责”的原则,按设备设施的管辖确定检查职责。

(2)要有可行的检查方案。检查要有方案,具体规定检查的目的、对象、范围、项目、内容、时间和检查人员,这样才能保证检查工作高效有序进行、避免漏检。

(3)要做好跟踪验证。要做好整改和分析总结工作,整改中发现的问题要定出具体的整改意见(包括整改内容、期限和责任人),并对整改结果进行复查和记录。

8. 事故统计报告制度

做好道路运输企业事故统计报告工作,及时、准确、完整地反映道路运输企业的事故状况,为政府安全管理部门、行业管理部门、企业自身分析事故原因,总结经验教训,制定安全对策提供依据,有利于道路运输行业和企业内部的安全生产管理,防止事故的再次发生。道路运输企业事故报告,主要是行车事故统计报告。

1)生产安全事故等级

根据生产安全事故(以下简称事故)造成的人员伤亡或者直接经济损失,事故一般分为以下等级:

(1)特别重大事故是指造成30人以上死亡,或者100人以上重伤(包括急性工业中毒,下同),或者1亿元以上直接经济损失的事故。

(2)重大事故是指造成10人以上30人以下死亡,或者50人以上100人以下重伤,或者5000万元以上1亿元以下直接经济损失的事故。

(3)较大事故是指造成3人以上10人以下死亡,或者10人以上50人以下重伤,或者1000万元以上5000万元以下直接经济损失的事故。

(4)一般事故是指造成3人以下死亡,或者10人以下重伤,或者1000万元以下直接经济损失的事故。

2)事故报告程序

事故发生后,事故现场有关人员应当立即向本单位负责人报告;单位负责人接到报告后,应当于1小时内向事故发生地县级以上人民政府安全生产监督管理部门和负有安全生产监督管理职责的有关部门报告。

情况紧急时,事故现场有关人员可以直接向事故发生地县级以上人民政府安全生产监督管理部门和负有安全生产监督管理职责的有关部门报告。

道路运输行车事故发生后,驾驶员和随车乘务员或押运员必须采取措施抢救伤员,同时应迅速向事故发生地交通运输主管部门、所属单位、安监和消防等相关部门报告事故的车号、班次、时刻、地点、受损情况、救助要求、事故原因等,事故单位在接到报告后,立即向所属地的交通运输主管部门报告。

事故发生地和运输经营者所属地交通运输主管部门接到报告后,向上级交通运输主管部门报告。道路运输行车事故报告程序如图 5-1 所示。

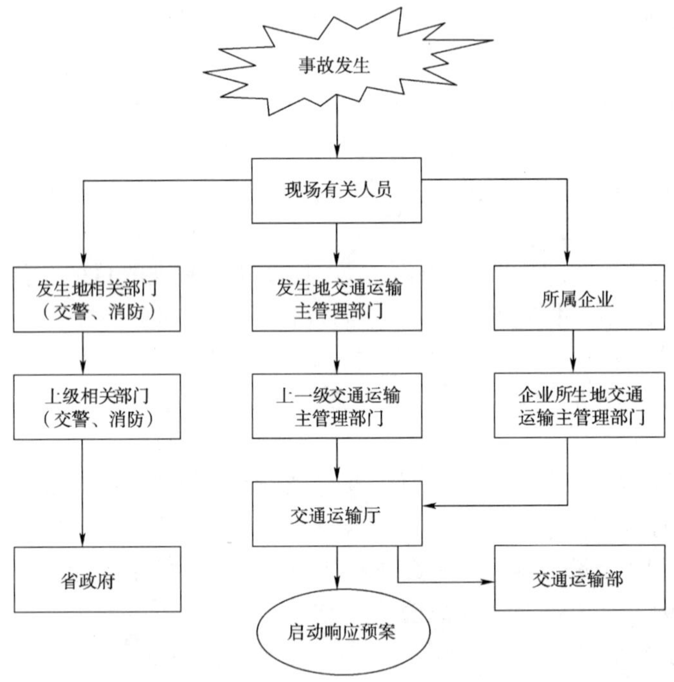

图 5-1　道路运输行车事故报告程序图

3)事故报告的内容

(1)事故发生单位概况。

(2)事故发生的时间、地点以及事故现场情况。

(3)事故的简要经过。

(4)事故已经造成或者可能造成的伤亡人数(包括下落不明的人数)和初步估计的直接经济损失。

(5)已经采取的措施。

(6)其他应当报告的情况。

4)道路运输行车事故快报

交通运输部要求,各省级交通运输主管部门对辖区内所属运输经营者和辖区区域内所发生的一次死亡 3 人以上 30 人以下的行车事故、涉及外籍人员(包括港、澳、台)死亡的行车事故、造成重大污染的危险化学品(包括剧毒、放射、爆炸品等)运输事故,应当在接到报告后 12 小时之内按照《道路运输行业行车事故快报》的表式报交通运输部,并及时续报事故伤亡人数变化、事故调查和处理情况。

5)道路运输行业行车事故统计表

运输企业对所发生的一次死亡1人以上的行车事故,应当按照《道路运输行业行车事故统计表》的表式按月汇总后,于每月5日之前将上月的统计报表当地交通运输主管部门。

6)安全生产事故统计和分析

运输企业在一定时限内进行安全生产事故统计和分析,一方面可以对安全生产工作作出全面、准确的评价,找出事故发生的规律,同时可以发现生产过程中的薄弱环节,便于作出正确决策和采取有效改进措施。

统计分析应遵循以下原则:

(1)建立健全责任明确、运转有序的工作机制。

(2)明确统计工作要求。

(3)做好相关资料的收集。

(4)加强统计资料的整理。

(5)逐步建立健全伤亡事故数据库。

(6)强化分析,切实发挥事故统计工作的导向作用。

9. 安全生产奖惩制度

安全生产奖惩制度是企业进行安全管理有效的必要手段之一,这既关乎从业者个人的利益,又与企业自身利益和发展紧密相连,建立科学完善的安全生产奖惩制度是实现个人利益和企业利益有机结合的有效途径,是为了调动广大员工搞好安全生产工作积极性,加强安全生产管理,落实安全管理责任的必然需求。

运输企业建立的科学的奖惩制度,应确定奖惩原则,明确奖惩范围、类型、标准,做到奖惩分明,保障企业安全管理人员的合理权益,处罚相应的不安全行为。奖励实行精神奖励和物质奖励相结合的原则。物质奖励可发给一次性奖金、奖品或晋级,精神奖励包括记功、授予荣誉称号等。惩罚根据"谁主管,谁负责;谁出问题,谁承担责任"的原则,对相关部门领导和责任者进行处罚。

企业安全奖惩制度的适用范围是企业内部所有部门和人员,企业安全生产领导机构和管理机构是制定、执行安全生产奖惩制度的部门。奖惩的依据是安全生产目标的完成情况,奖惩的标准根据企业自身的经济情况和安全生产目标情况制定。根据违章情节的轻重程度,及时采以批评教育、书面检查、通报、停工学习、经济处罚、行政处罚等办法予以处罚。

安全奖惩应采用一票否决制,企业各单位、个人,未完成给定的安全生产目标的,取消一切评优资格;企业各项决策中,也应实行"安全一票否决",当经济利益与安全问题相冲突时,要把安全放在第一位。

10. 安全生产操作规程

安全操作规程,是指在生产活动中,为消除能导致人身伤亡或造成设备、财产破坏以及危害环境的因素而制定的具体技术要求和实施程序的统一规定,是企业安全制度的重要组成部分。安全操作规程的完善程度,是衡量企业安全管理水平的重要依据。建立健全安全操作规程,有利于控制人为因素造成的各类事故,促进实现安全生产。

1)安全操作规程制定的依据

(1)现行的国家、行为安全技术标准和规范、安全规程等。

(2)设备的使用说明书、工作原理资料,以及设计、制造资料。

(3)曾经出现过的危险、事故案例及与本项操作有关的其他不安全因素。

(4)作业环境条件、工作制度、安全生产责任制等。

2)安全操作规程的内容

(1)操作前的准备,包括操作前做哪些检查,机器设备和环境应该处于什么状态,应做哪些调查,准备哪些工具等。

(2)劳动防护用品的穿戴要求,应该和禁止穿戴的防护用品种类,以及如何穿戴等。

(3)操作的先后顺序、方式。

(4)操作过程中机器设备的状态,如手柄、开关所处的位置等。

(5)操作过程需要进行哪些测试和调整,如何进行。

(6)操作人员所处的位置和操作时的规范姿势。

(7)操作过程中有哪些必须禁止的行为。

(8)一些特殊要求。

(9)异常情况如何处理。

(10)其他要求。

3)安全操作规程的格式

安全操作规程的格式一般可分为“全式”和“简式”。全式一般由总则或适用范围、引用标准、名词说明、操作安全要求构成,通常用于范围较广的规程,如行业性的规程。简式的内容一般由操作安全要求构成,针对性强,企业内部制定的通常采用简式。为了使操作者更好地掌握、记住操作规程,发生事故时的既定程序处理,也可以将安全操作规程图表化、流程化。采用流程图表化的规程,可一目了然,便于应用。

11. 安全生产值班制度

企业主要负责人、领导班子成员和生产经营管理人员要认真执行现场带班的规定,认真制定本企业领导成员带班制度、值班制度。立足现场安全管理,加强对重点部位、关键环节的检查巡视,及时发现和解决问题。

值班人员必须坚守工作岗位,不脱岗,不从事与工作无关的活动;以高度负责的精神,做好安全检查巡视。遇重大、紧急情况,必须立即向有关部门或企业负责人报告。值班班人员要按时交接班,交接班要有详细记录、签名。

12. 事故隐患排查制度

企业作为事故隐患排查治理的主体,应根据国家法律法规的要求并结合企业的实际情况,建立健全事故隐患排查治理制度,逐级建立并落实从企业主要负责人到员工的事故隐患排查与治理机制。

企业在组织安全生产隐患排查前应制定排查方案,明确排查的目的、范围,选择合适的排查方法。排查目的主要是排查企业安全生产经营中的事故隐患和薄弱环节;制定依据应包括:有关安全生产法律、法规要求,设计规范、管理标准、技术标准,企业的安全生产目标等;排查范围应包括:所有与生产经营相关的场所、环境、人员、设备设施和活动;排查方法上,企业应根据安全生产的需要和特点,采用综合检查、专业检查、季节性检查、节假日检查、日常检查等方式进行隐患排查。

对于一般事故隐患，企业负责人或者有关人员应立即组织整改。对于重大事故隐患，由企业主要负责人组织制定并实施事故隐患治理方案。重大事故隐患治理方案应当包括以下内容：

(1)治理的目标和任务。

(2)采取的方法和措施。

(3)经费和物资的落实。

(4)负责治理的机构和人员。

(5)治理的时限和要求。

(6)安全措施和应急预案。

事故隐患整改应做到：

(1)明确隐患的登记、处理、落实整改和复查责任人。

(2)明确整改的具体要求。一般采取要当场整改、限期整改、停业整改等方式。能够当场整改的一定要当场整改；不能当场整改的，要限期整改；存在危险性较大或一时难以整改的安全隐患，要坚决实行停业整改。

(3)整改后要及时进行复查验收，凡复查不合格的，一律停止经营。

13. 其他安全管理制度

1)客、货运(包括危货运输)企业

(1)车辆技术管理制度。

道路运输车辆技术管理应坚持安全第一，预防为主，保护环境，节约能源和技术与经济相结合的原则；对道路运输车辆实行择优选配、权责明确、正确使用、分类管理、综合检测、定期维护、适时更新和强制退市的综合性管理。道路运输企业作为车辆技术管理的责任主体，应履行管好、用好、维护好车辆，提高装备素质，确保车辆在使用全过程中的技术状况良好，实现道路运输的安全、节能、环保和高效的职责，并建立车辆技术管理制度予以保障。

(2)车辆安全检查制度。

企业应制定车辆安全检查制度，明确以驾驶员为责任主体，做好车辆的日常安全检查工作，坚持三检，即出车前、行车中、收车后检视车辆的安全机构及各部机件连接的紧固情况；保持四清，即保持机油、空气、燃油滤清器和蓄电池的清洁；防止四漏，即防止漏水、漏油、漏气、漏电；保持车容整洁。

(3)驾驶员管理制度。

驾驶员管理制度包括驾驶员的聘用、岗前培训、从业行为定期考核、调离辞退等制度内容。

①聘用制度。驾驶员聘用制度是以合同的形式确定用人单位与驾驶员之间基本关系的一种用人制度。制度内容应包括企业相关部门在驾驶员聘用工作中的具体职责，驾驶员聘用(解聘)条件及程序，驾驶员的岗位职责与操作规程，劳动报酬、福利和社会保险、教育培训、奖惩措施等。

道路运输企业要严格对新聘用大中型客货车驾驶员从业资格和安全驾驶记录进行审查，不得聘用未取得从业资格证件的驾驶员。

②岗前培训制度。驾驶员岗前培训制度是确保驾驶员适应岗位安全生产需要的前提条

件,企业应通过理论培训与实际加强操作培训相结合的方式,按照岗位职责和工作特点组织驾驶员岗前培训,并达到一定的学时要求。岗前培训结束后,还应组织考核。

③从业行为定期考核制度。驾驶员从业行为定期考核制度主要包括:考核计划、考核对象、考核内容、考核行式、考核周期、考核结果的使用、经费保障措施等。

④调离辞退制度。驾驶员调离辞退制度是对驾驶员从业行为过程监督进一步强化,制度应明确调离、辞退和条件、程序,相关部门的具体工作职责等。企业应将交通违法记满分的、诚信考核不合格的、从业资格证被吊销的、存在重大安全隐患的驾驶员作为人员管理的重点,及时予以调离或辞退。

(4)GPS 监控值班制度。

运输企业是营运车辆动态监控的责任主体,企业主要负责人对本单位所属车辆的动态监控工作全面负责。企业应建立 GPS 监控值班制度,配备专职人员负责监控车辆行驶动态,分析处理动态信息。

2)货运企业、货运站

(1)货物运输环节验视制度。

货物受理是道路货物运输业务的第一个环节,也是保证道路货物运输安全的第一道关口。货运企业、货运站应制定货物受理环节的验视制度,切实加强对各类禁运物品、违禁物品、危险物品的检查、甄别和处置,坚决堵塞安全管理漏洞。

零担运输企业在受理托运的货物时,要对货物进行开箱(包)验视。对整车运输的批量货物应根据公安部等 7 部局《关于加强物流、寄递渠道安全监管工作的通知》(公治〔2009〕475 号)的要求,对可疑货物进行开箱(包)检查,确保托运的货物与运单填写的货物一致,防止托运人将禁运物品、违禁物品、危险物品和限运货物、凭证货物谎报或者匿报为普通货物。

(2)道路货物运输合同制度。

为了保证货物按托运人的要求,安全、准确、及时送到收货方,道路货物企业和货物托运人还应当按照《合同法》的要求,签订道路货物运输合同。签订运输合同时,应当核对并登记托运单位的有效证明、个人的有效身份证件,建立健全货运托运人、运输合同信息的可追溯机制,运输合同要保存半年以上,以备查询。

3)危货企业

(1)停车场安全管理制度。

停车场是道路危险货物运输企业的基础设施,企业应明确人员加强停车场及其附属设施设备的安全管理。管理的内容包括:危货车辆停放管理,专用停车区域管理,警示标志管理相关设备管理等。

(2)车辆清洗消毒制度。

危货运输企业不得使用罐式专用车辆或者运输有毒、腐蚀性危险货物的专用车辆运输普通货物。其他专用车辆可以从事食品、生活用品、药品、医疗器具以外的普通货物运输活动,但应当对专用车辆进行消除危险处理,确保不对普通货物造成污染、损害。车辆清洗消毒即是消除危险处理的主要方式。

(3)危险货物运输登记制度。

危货运输企业应当严格按照道路运输管理机构决定的许可事项从事道路危险货物运输

活动，不得超越经营范围承接危货运输。

在受理危险货物托运时，应向托运人了解危险货物的品名、数量、危害、应急措施、是否添加抑制剂或者稳定剂等情况，托运危险化学品的，还应要求托运方提交与托运的危险化学品完全一致的安全技术说明书和安全标签。法律、行政法规规定托运人必须办理有关手续后方可运输的危险货物，道路危险货物运输企业应当查验有关手续齐全有效后方可承运。

经确定予以承运的，做好登记工作。登记的主要内容包括托运单位、受理时间、收货单位名称和地点、品名、编号、质量等。

4）客运站

（1）三品查堵制度。

三品指国家规定不能携带上车或托运的易燃、易爆、易腐蚀物品。二级以上客运站必须配备安检仪，有条件的可以另外配备单独的托运行包、物品安检仪，没有安检仪的客运站应当做到每件行包、物品都进行开箱包验视。制定危险品检查工作程序，设立专门的危险品查堵岗位，配备与客流相适应的安检人员，在进站口等关键环节对进站旅客携带的行李物品和托运行包进行安全检查，对查获的危险品要进行登记妥善保管或者按规定处理。

（2）车辆安全例行检查制度。

客运站经营企业应按照《汽车客运站安全生产规范》规定，建立车辆安全例行检查制度，按照《汽车客运站营运客车安全例行检查项目及要求》的要求，对营运客车进行安全例行检查。车辆安全例行检查制度应结合安检机构、人员、流程、内容、安全、奖惩等方面综合制定，以保证车辆安全例行检查落到实处。

（3）车辆出站检查制度。

客运站经营企业必须制定车辆出站检查制度，并按照制度要求做好车辆出站检查工作，确保超载客车不出站、安全例检不合格客车不出站、驾驶员资格不符合要求不出站、客车证件不齐全不出站，按要求填写《汽车客运站车辆出站登记表》，并经受检客车驾驶员签字确认。未经审核签字不出站。

（4）车辆进站管理制度。

客运站经营企业要实现“无关车辆不进站”，就必须制定相应的车辆进站管理制度。此制度重点要加强车辆资质管理及客车进站后的现场管理，做到进站客运车辆按规定线路、时间进入发班区、停车场，按规定区域有序停放，按规定时间发班，严格接纳未经运管机构批准的客车进站经营。

（5）车辆报班制度。

报班管理制度是客运站安全管理一项重要工作，客运站经营企业应按规定加强车辆报班管理，保证进站客运经营者应当在发车 30 分钟前备齐相关证件进站等待发车，不得误班、脱班、停班。

5）货运站

车辆安全检查制度。道路货物运输站（场）作为货运交易集散中心，承担着对进出场站车辆安全监管责任，货运站经营者应当对出站车辆进行安全检查，防止超载车辆或者未经安全检查的车辆出站，保障安全生产。货运站应根据需要配置用于货物配送和装卸搬运工作的运输车辆。其车辆类型应根据运输方式、货物种类合理选择。作为道路货物运输站(场)车辆安全检查应包括两方面内容,一方面对本企业经营服务车辆安全检查制度,另一方面是对进出本站的其他车辆进行安全检查管理。

三、道路运输企业安全责任的内涵

从实质而言,“责任”的含义具有双向性,“安全生产责任”亦是如此:一是积极意义上的职责、义务,分内应做的安全工作,恪尽岗位职守;二是消极意义上的责任,即因没有履行职责(或)义务而承担的不利后果或强制性惩戒。因此,要真正把安全生产责任真正落到实处,必须明确企业的安全生产责任,这是一个关键环节。

1. 企业的安全生产主体责任

企业的安全生产主体责任是指企业遵守有关安全生产的法律、法规、规章的规定,加强安全生产管理,建立安全生产责任制,完善安全生产条件,执行国家、行业标准确保安全生产,以及事故报告、救援和善后赔偿的责任。主要包括以下内容:

(1)具备法律法规和国家标准、行业标准规定的安全生产条件。

(2)依法履行建设项目安全设施同时设计、同时施工、同时投入生产和使用的规定。

(3)依法为从业人员提供劳动防护用品,并指导、监督其正确佩戴和使用。

(4)按规定提取和使用安全生产费用,确保资金投入满足安全生产条件需要;按规定存储安全生产风险抵押金;依法为从业人员缴纳工伤保险费,积极投保安全生产责任险。

(5)依法设置安全生产管理机构,配备安全生产管理人员。

(6)建立健全安全生产责任制和各项规章制度、操作规程。

(7)保证安全生产教育培训的资金,依法组织从业人员参加安全生产教育培训,取得相关上岗资格证书,开展安全生产宣传教育。

(8)依法加强安全生产管理,定期组织开展安全生产检查,及时消除事故隐患,依法对重大危险源实施监控。

(9)依法取得安全生产行政许可。

(10)统一协调管理承包、承租单位的安全生产工作。

(11)依法报告生产安全事故,及时开展事故抢险救援,妥善处理事故善后工作。

(12)负责作业场所职业危害的预防和职业病防治工作。

(13)法律、法规规定的其他安全生产责任。

企业是安全生产责任的主体,对本单位的安全生产承担主体责任,并对未履行安全生产主体责任导致的后果负责。

2. 企业的法律责任与法律制裁

国家实行生产安全事故责任追究制度。生产经营活动中发生安全事故,大多是因为违反安全生产的法律、法规、标准和有关技术规程、规范等人为原因造成的。如生产经营活动的作业场所不符合安全生产的规定;设施、设备、工具、器材不符合安全标准,存在缺陷;未按规定配备安全防护用品;未对职工进行安全教育培训,职工缺乏安全生产知识;劳动组织不合理;管理人员违章指挥;职工违章冒险作业等。为此,《安全生产法》第十三条明确规定,国家实行生产安全事故责任追究制度,依照安全生产法和有关法律、法规的规定,追究生产安全事故责任人员的法律责任。

作为一个具有法人资格的生产企业，应负有行政责任、技术责任、管理责任等安全生产责任，即企业的管理应该落实和遵守安全生产的法规和管理要求。一个企业、企业经营管理者或生产人员，如果其行为违反了安全生产的法规，即应承担相应的法律责任。企业负责的内涵包括如下内容：

1）刑事法律责任

刑事法律责任，简称刑事责任，是最为严厉的法律责任。刑事责任是指具有刑事责任能力的人实施了刑事法律规范所禁止的行为（即犯罪行为）所必须承担的刑事法律后果。通俗地讲，是指有依照刑法规定构成犯罪的严重违法行为所应承担的法律后果。追究刑事责任的方式，是依照刑法的规定给予人身制裁，即限制或者剥夺犯罪者的人身自由甚至生命等刑事制裁。在刑事制裁中，人身制裁是主刑，财产罚、政治权利罚只是附加刑。在《刑法》"危害公共安全罪"一章中，对包括重大责任事故罪、重大劳动安全事故罪、危险物品肇事罪、建设工程重大安全事故罪等在内的9种重大责任事故犯罪的犯罪构成及刑事责任做了规定。在安全生产法"法律责任"一章的有关条款中，以及在《国务院关于特大安全事故行政责任追究的规定》中，对造成严重事故后果的违法行为，也规定了要依法追究刑事责任，也就是指要依照刑法的有关规定追究刑事责任。

2）民事法律责任

民事法律责任，简称民事责任，是指民事主体违反民事义务而依法应承担的民事法律后果。民事法律关系是以民事权利义务为内容的，民事权利受法律保护，民事义务受法律约束。就实质而言，民事责任是民事主体违反民事义务所应承担的法律责任，是民法上规定的保护权利的救济措施。《劳动法》规定，用人单位违反法律、法规规定，对劳动者造成损害的；或用人单位违反《劳动法》对女职工和未成年工的保护规定，对女职工和未成年工造成损害的，均应承担赔偿责任。

3）行政法律责任

行政法律责任，简称行政责任，是指由国家行政机关认定的、行为人因违反行政法律规范所应承担的法律后果。根据行政违法的程度、实施行政制裁的主体和制裁对象的不同，行政责任主要有行政处分和行政处罚两类：行政处分的主要内容是警告、记过、记大过；行政处罚的内容主要是警告、罚款、责令停产停业、没收非法所得、没收违法财物、吊销营业执照、行政拘留等。

违反安全生产法律、法规的单位或个人，根据其所犯错误的性质和情节，给予必要的经济制裁，追究经济责任，由其承担经济责任是行政处罚的重要手段。对违反劳动保护法律、法规的单位和个人可以单纯给予经济制裁，也可以在追究行政责任的同时，追究经济责任。经济制裁的形式有罚款、停发工资和降级降薪等。依照《安全生产法》第七十三条和第七十四条的规定，在对生产安全事故的调查处理中，必须实事求是地查明事故的性质和责任。对确定为责任事故的，要查清事故单位责任者的责任。对尚未构成犯罪的事故责任者，按照安全生产法"法律责任"一章中的有关规定，根据不同情节，分别给予包括降级、撤职、开除等在内的行政处分，或给予罚款等行政处罚。

企业的管理责任、技术责任、行政责任是上述法律责任的具体体现。另外，企业生产活动还关系到社会稳定、家庭幸福、人类情感、社会伦理、个人道德等，肩负着上述社会责任。

四、道路运输企业的安全责任内容

道路运输企业各级领导及员工的安全责任通常通过本单位安全生产责任制的形式予以明确。

1）道路运输企业的主要负责人安全生产工作职责

（1）严格执行安全生产的法律、法规、规章、规范和标准，组织落实相关管理部门的工作部署和要求。

（2）建立健全本单位安全生产责任制，组织制定并落实本单位安全生产规章制度、客运驾驶人和车辆安全生产管理办法，落实安全生产操作规程。

（3）依法建立适应安全生产工作需要的安全生产管理机构，确定符合条件的分管安全生产的负责人、技术负责人，配备专职安全管理人员。

（4）按规定足额提取安全生产专项资金，保证本单位安全生产投入的有效实施。

（5）督促、检查本单位安全生产工作，及时消除生产安全事故隐患。

（6）组织开展本单位的安全生产教育培训工作。

（7）组织开展安全生产标准化建设。

（8）组织制定并实施本单位的生产安全事故应急救援预案，建立应急救援组织，开展应急救援演练。

（9）定期组织分析企业安全生产形势，研究解决重大问题。

（10）按相关规定报告道路运输生产安全事故，严格按照“事故原因不查清不放过、事故责任者得不到处理不放过、整改措施不落实不放过、教训不吸取不放过”原则，严肃处理事故责任人，落实生产安全事故处理的有关工作。

（11）实行安全生产目标管理，定期公布本单位安全生产情况，认真听取和积极采纳工会、职工关于安全生产的合理化建议和要求。

2）道路运输企业的安全生产管理机构负责人及安全管理人员安全生产工作职责

（1）监督执行安全生产法律、法规和标准，参与企业安全生产决策。

（2）制定本单位安全生产规章制度、驾驶人和车辆安全生产管理办法、操作规程和相关技术规范，明确各部门、各岗位的安全生产职责，督促贯彻执行。

（3）制定本单位安全生产年度管理目标和安全生产管理工作计划，组织实施考核工作，参与本单位安全生产事故应急预案的制定和演练，参与企业营运车辆的选型和客运驾驶人的招聘等安全运营工作。

（4）制定本单位安全生产经费投入计划和安全技术措施计划，组织实施或监督相关部门实施。

（5）组织开展本单位的安全生产检查，对检查出的安全隐患及其他安全问题应当督促相关部门立即处理，情况严重的，责令停止生产活动，并立即上报。对相关管理部门抄告、通报的车辆和驾驶人交通违法行为，进行及时处理。

（6）组织实施本单位安全生产宣传、教育和培训，总结和推广安全生产工作的先进经验。

（7）发生生产安全事故时，按照《生产安全事故报告和调查处理条例》等有关规定，及时报告相关部门;组织或者参与本单位生产安全事故的调查处理,承担生产安全事故统计和分析工作。

(8)其他安全生产管理工作。

3)道路运输企业的班组长、队长安全生产工作职责

(1)负责本班组或本队的安全生产工作,是安全生产法律、法规和规章制度的直接执行者。

(2)贯彻执行本单位对安全生产的规定和要求,督促本班组、车队的工作人员遵守有关安全生产规章制度和安全操作规程。

(3)切实做到不违章指挥,不违章作业,遵守劳动纪律。

4)道路运输企业其他人员安全生产工作职责

(1)各级技术人员、职能科室和生产一线人员,在各自的职责范围内对安全工作负相应的责任。

(2)贯彻国家的安全法律法规、执行企业、部门和本室的各项规章制度。

(3)协助上级开展各项安全活动和安全宣传工作,对安全工作提出合理化建议。

(4)正确佩戴、使用劳动防护用品和消防器材。

(5)切实做到不违章作业,遵守劳动纪律。

五、道路运输企业的安全责任管理

1.安全生产目标管理实施

安全生产目标管理是目标管理在安全管理方面的应用,它是指企业内部各部门以至每个职工,从上到下围绕企业安全生产的总目标,层层开展各自的目标,确定行动方针,安排工作进度,制定实施有效组织措施,并对安全成果严格考核的一种管理制度。安全目标管理是参与管理的一种形式,是根据企业安全工作目标来控制企业安全生产的一种民主的科学有效的管理方法,是道路运输企业实施安全管理、落实安全责任的一项重要内容。

安全目标管理的实施过程可分为四个阶段,即安全管理目标的制定、建立安全目标体系、安全目标的实施、目标的评价与考核。

1)安全管理目标的制定

安全管理目标是企业安全化的行动指南。目标管理是以各类事故及其资料为论据的一项长远工作方法,是以现代化管理为基础理论的一门综合管理技术,必须围绕企业安全生产经营目标和上级对安全生产的要求,结合企业生产的经营特点,做科学的分析。

(1)安全目标制定的原则。

①突出重点,分清主次,安全目标不能平均分配、面面俱到。安全目标应突出重大事故、负伤频率,如对惯性事故及频发事故应作为重点管理。同时,注意次要目标的重点目标的有效配合。

②安全目标具有先进性,即目标的适用性挑战性。也就是制定的目标一般略高于实施者的能力和水平,使之经过努力可以完成,应是“跳一跳,够得着”,但不能高不可攀,令人“望目标兴叹”;又不能低而不费力,容易达到。

③安全管理目标的制定使目标的预期结果做到具体化、定量化、数据化,如伤亡率比去

年降低百分之几，以利于进行同期比较，易于检查和评价。

④目标要有综合性，又有实现的可能性。制定的企业安全管理目标，既要能保证上级下达指标的完成，又要考虑企业各部门及每个职工的承担目标能力，目标的高低要有针对性和实现的可能性，以利各部门及每个职工都能接受，努力去完成。

⑤坚持安全目标与保证目标实现措施的统一性。为使目标管理具有科学性、针对性和有效性，在制定目标时必须有保证目标实现的措施，使措施为目标服务，以利目标的实现。

(2)安全目标的内容。

安全管理水平提高目标，安全教育达到程度目标，伤亡事故控制任务，事故隐患整改完成任务，现代科学管理方法应用目标，安全标准化班组达标率指标，企业安全评价目标，经理任职安全目标，各项安全工作目标。

道路运输企业常用的安全目标包括：道路交通责任事故起数(次)、死亡人数(人)、受伤人数、财产损失(元)、万车千米伤亡人数(次/万车千米)、行车责任事故频率(次/车)、行车责任事故死亡率(人/车)、行车责任事故受伤率(人/车)、直接经济损失率(元/车)。

①道路交通责任事故起数(次)。这是指运输企业在目标责任期内，企业营运车辆发生负有过错责任(次要责任、同等责任、主要责任、全部责任)的道路交通事故起数。按照交通事故分级，又可分为轻微、一般、重大、特大道路交通责任事故起数。

②死亡人数(人)。这是指运输企业在目标责任期内，企业营运车辆发生的道路交通事故造成的自发生之日起 7 日内死亡的人数(因医疗事故死亡的除外，但必须得到医疗事故鉴定部门的确认)。

③受伤人数。这是指运输企业在目标责任期内，企业营运车辆发生的道路交通事故造成的受伤人数。又可分轻伤人数和重伤人数。

④财产损失(元)。这是指运输企业在目标责任期内，企业营运车辆发生的道路交通事故造成的财产损失折款。

⑤万车千米伤亡人数(次/万车千米)。这是指运输企业在目标责任期内，企业所有营运车辆合计每行驶 1 万千米发生道路交通责任事故导致的受伤和死亡的人数，可分为万车千米轻伤人数、万车千米重伤人数、万车千米死亡人数。

⑥行车责任事故频率(次/车)。这是指运输企业在目标责任期内，企业所有营运车辆平均每车发生的道路交通责任事故起数。

⑦行车责任事故死亡率(人/车)。这是指运输企业在目标责任期内，企业所有营运车辆平均每车发生道路交通责任事故的死亡人数。

⑧行车责任事故受伤率(人/车)。这是指运输企业在目标责任期内，企业所有营运车辆平均每车发生道路交通责任事故的受伤人数。

⑨直接经济损失率(元/车)。这是指运输企业在目标责任期内，企业所有营运车辆平均每车发生道路交通责任事故的财产损失折款。

(3)安全目标的参照值。

①运输企业在目标责任期内，杜绝发生一次死亡 3 人以上的重特大交通责任事故。

②交通行业标准《道路旅客运输企业等级》(JT/T 630—2005)、《道路货物运输企业等级》(JT/T 631—2005)规定了各级客、货运企业的安全指标(表 5-2)，客、货运企业可以参照

制定相应的安全生产目标。

《道路旅客运输企业等级》(JT/T 630)、《道路货物运输企业等级》(JT/T 631)规定的客、货运企业的安全指标 表5-2

客、货运企业级别	上一年度行车责任安全事故率(次/车)	上一年度行车责任事故死亡率(人/车)	上一年度行车责任事故伤人率(人/车)
一级	不高于0.1	不高于0.02	不高于0.05
二级	不高于0.1	不高于0.02	不高于0.05
三级	不高于0.12	不高于0.03	不高于0.08
四级	不高于0.15	不高于0.1	不高于0.12

2)建立安全目标体系

安全目标管理涉及各个部门及各单位,是关系安全生产全局的大问题,因此应建立目标管理体系。安全目标体系就是安全目标的网络化、细分化,是安全目标管理的核心。它按企业管理层次,由总目标、分目标、子目标构成一个自上而下的目标体系。企业所需要达的安全目标为总目标,各部门为完成企业总目标而导出的分目标,车队为完成分目标而提出子目标,班组或个人为完成子目标而提出孙目标。

为实现企业安全生产总目标,应将目标分解到各职能部门,做到横向到边、纵向到底、纵横交错,形成网络。横向到边,就是把企业安全总目标分解到机关各职能部门;纵向到底,是将企业总目标由上而下按管理层次分解到车队、班组直到每个职工,实现多层次安全目标体系,如图5-2所示。

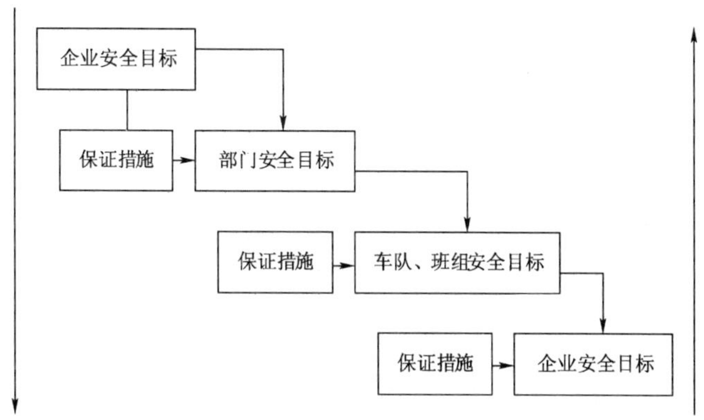

图5-2 企业安全生产目标

3)安全目标管理的实施

企业安全目标管理是一项长期任务,必须始终不渝地进行决策、实施、检查、整改、总结、提高的循环管理,实施目标管理要做到:

①要把企业的安全目标列为领导任期内目标,作为企业稳定生产秩序的规定方案。

②要赋予安全部门一定的职权,能保证对各职能部门实施安全目标监督检查的功能和作用。

③要求各职能部门对自身安全工作发挥主观能动作用,自觉地对安全管理工作进行密切的配合与协调。

④要明确安全责任制，实行安全一票否原则，以保证措施的贯彻落实。

⑤要动员人人参与管理，要有每个人的责任目标，一级抓一级，层层落实，共同保证安全目标的实施。

4)安全目标的评价与考核

安全目标的评价与考核要依据安全生产责任制，对照岗位职责进行目标完成情况考核，根据考核结果予以奖惩。如果目标没有完成，应分析原因，进行责任追究和整改，并总结经验、持续改进和提高安全管理水平。

5)安全目标管理的注意事项

(1)加强各级人员对安全目标管理的认识。

企业领导要对安全目标管理有深刻的认识，要深入调查研究，结合本单位实际情况，制定企业的总目标，并参加全过程的管理，负责对目标的实施进行指挥、协调，加强对中层干部的思想教育，提高他们对目标管理重要性的认识和组织协调能力，这是总目标实现的重要保证；还要加强对员工的宣传教育，普及安全目标管理的基本知识与方法，充分发挥员工在目标管理中的作用。

(2)企业要有完善的、系统的安全基础工作。

企业安全基础工作的水平，直接关系到安全目标制定的科学性、先进性和现实性。如要制定可行的伤亡事故指标和保证措施，需要企业有完善的伤亡事故管理资料和管理制度。

(3)安全目标管理需要全员参与。

安全目标管理是以目标责任者为主的自主管理，是通过目标的层层分解、措施的层层落实来实现的。将目标落实到每个人身上、渗透到每个环节，使每个员工在安全管理上承担起一定的目标责任。因此，必须充分发动群众，将企业的全体员工科学地组织起来，实现全员、全过程参与，才能保证安全目标的有效实施。

(4)安全目标管理需要责、权、利相结合。

实施安全目标管理时，要明确员工在目标管理中的职责，没有职责的责任制只是流于形式。同时，要赋予他们在日常管理上的权力。权限的大小，应根据目标责任大小和完成任务的需要来确定。还要给予他们应得的利益，责、权、利的有机结合才能调动员工工作的积极性和持久性。

(5)安全目标管理要与其他安全管理方法相结合。

安全目标管理是综合性很强的科学管理方法，它是企业安全管理的“纲”，是一定时期内企业安全管理的集中体现。在实现安全目标过程中，要依靠和发挥各种安全管理方法的作用，如建立安全生产责任制、制定安全技术措施计划、开展安全教育和安全检查等。只有多方面有机结合，才能使企业的安全管理工作做得更好。

2. *安全生产目标责任考核*

道路运输企业应当与各分支机构层层签订安全生产目标责任书，定期考核并公布考核结果及奖惩情况。

安全生产目标责任书是将道路运输企业安全生产相关领导、分支机构、有关部门和岗位的安全生产责任、考核指标、奖惩办法等以文字的形式进行明确，并据此对相关责任人进行考核、奖惩和责任追究。道路运输企业层层签订目标责任书，对于建立企业安全生产制和目标体系,强化企业各级领导和职工的安全生产意识,具有重要意义。

安全生产目标责任书一般是集团公司、总公司与分公司、分支机构签订,分公司(车队)与驾驶人等从业人员签订。其主要内容一般包括安全生产目标、安全职责、考核与奖惩、双方签字等内容。

签订安全生产目标责任书是落实企业安全生产责任的一种形式。重点在于落实责任,兑现考核和奖惩,但企业绝不能用签订安全生产目标责任书替代日常的安全生产管理。对完成年度安全生产目标较好的部门和个人,要按照责任书条款进行表彰和奖励;对完不成指标的部门和个人,要对照责任书进行处罚和追究责任。只有认真履行责任书的职责和义务,才能体现安全生产的严肃性,体现职工和企业对安全生产的责任感,有效调动企业职工做好安全生产工作的积极性。

第三节　安全管理机构

安全管理机构是指生产经营单位中专门负责安全生产监督管理的内设机构,是安全生产、企业生产正常顺利进行的组织保障。道路运输企业应按照“全员、全过程、全方位管理”的原则,建立健全与企业安全生产工作相适应的安全管理机构,配备专(兼)职安全管理人员。

安全生产管理人员是指在生产经营单位从事安全生产管理工作的专职或兼职人员。在生产经营单位专门从事安全生产管理工作的人员则是专职安全生产管理人员。在生产经营单位既承担其他工作职责,同时又承担安全生产管理职责的人员则为兼职安全生产管理人员。

一、安全生产管理机构的作用

安全生产管理机构的作用是落实国家有关安全生产的法律法规,组织生产经营单位内部进行各种安全检查活动,负责日常安全检查,及时整改各种事故隐患,监督安全生产责任制的落实等。它是生产经营单位安全生产的重要组织保证。

二、安全生产管理机构与人员的配备原则

安全生产管理的设置和专、兼职安全生产管理人员的配备,是根据生产经营单位的危险性、规模大小等因素来确定的。道路运输行业属于高危行业,道路运输企业必须设置安全生产管理机构或者配备专职安全生产管理人员。具体是否设置安全生产管理机构或者配备多少专职安全生产管理人员,则应根据生产经营单位危险性的大小、从业人员的多少、生产经营规模的大小等因素确定。

三、安全生产管理机构与人员的具体配备

1. 安全生产管理机构的具体设置

道路运输企业应建立完善的从上到下的安全管理机构。一般中小企业设立三级管理机构,大型企业设立四级管理机构,机构设置分别如图 5-3、图 5-4 所示。

安全生产委员会由一把手任主任,党委书记和主管安全生产的副经理任副主任,企业其他领导和各部门责人任委员。

各企业设安全部门,配备专职安全管理人员,具体指导、管理、监督、协调企业安全方面的工作。安全部门同时履行安委会办公室职责,是企业安全生产管理的职能部门。

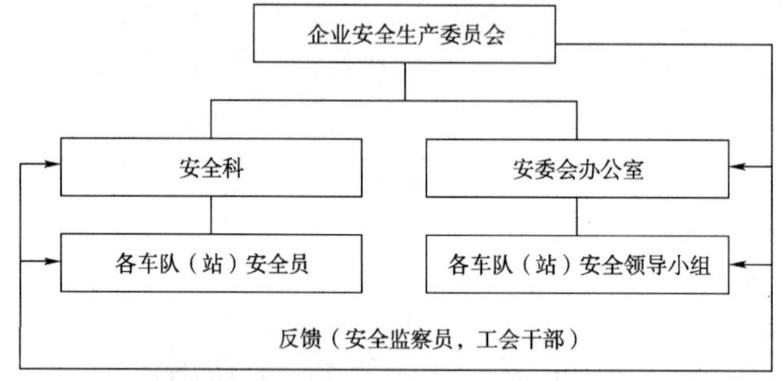

图 5-3　三级安全管理机构结构图

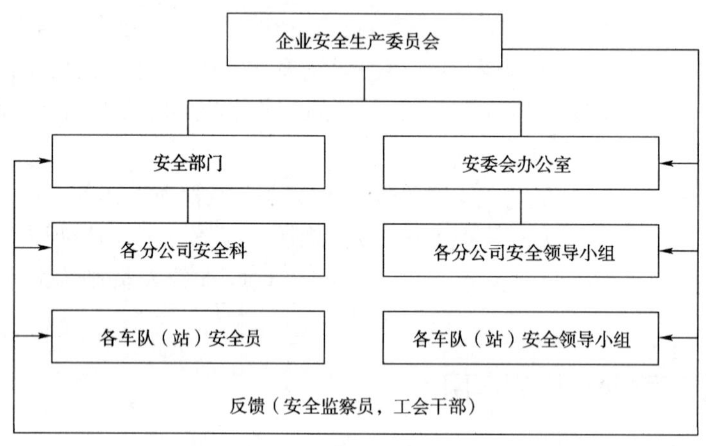

图 5-4　四级安全管理机构结构图

企业下属的各单位,成立安全领导小组并设立安全科,配备专职安全管理人员;各基层单位(如车队),成立安全小组,并配备专职或兼职安全员。

2. 安全生产管理人员的具体配备(表 5-3)

企业规模与安全人员配置表　　表 5-3

车辆数(辆)	安全管理人员(人)	车辆数(辆)	安全管理人员(人)
10～50	1～2	≥100	≥6
50～100	3～5		

安全管理人员要出色地完成自己职责范围内的安全管理工作,就必须具备相应的思想和业务素质。思想素质主要体现在职业道德方面,业务素质主要体现在知识、资历和能力方面。

1)安全管理人员的职业道德要求

(1)应有较高的思想觉悟和政策水平。

(2)遵守党纪国法。

(3)忠于职守、勇于负责、处理果断、办事认真。

(4)坚持原则、廉洁奉公、具有高度的事业心和责任感。

2)安全管理人员应具备的知识

安全管理人员应具备一定的专业知识、相关知识和法律知识。

(1)专业知识包括车辆及性能、道路工程、交通工程、运输工程、车辆技术管理、交通安全管理等方面的基本知识。

(2)相关知识包括人员救护、车辆消防、车辆保险、气象分析以及辩证法、心理学和行为科学方面的基础知识。

(3)法律知识是指党和国家颁布的交通安全管理方面的政策、法规和条例等;此外还有刑法、民法、经济法和涉外法律与纪律方面的相关知识。

3)安全管理人员应具备的资历

安全管理人员应具有在运输企业基层工作三年以上的经历,熟悉车辆检测、维修和驾驶技术。从学历上讲,原则上应有大专及以上学历;不低于或相当于高中学历的,经过培训,考核合格后方可上岗。

4)安全管理人员应具备的能力

安全管理人员应具备运用科学知识和实际经验,因时因地、联系实际、果断有效地解决具体问题和作出相应决策的能力。具体体现在以下几个方面:

(1)正确分析、判断和处理安全管理中多种问题的能力。

(2)对意外和突发事故及时果断采取相应对策的应变协调能力。

(3)较强的口头和文字表达能力。

(4)较强的内外事务沟通和社会公关能力。

(5)较强的组织领导能力。

四、安全生产管理机构的职责

1. 安全生产委员会工作职责

(1)在企业法定代表人领导下,全权负责本企业安全生产管理工作。

(2)贯彻落实党和国家安全生产方针、政策、法规、法令和企业安全生产管理规章制度,并对执行情况进行监督检查。

(3)审定企业重要的安全管理规章制度,必要时提请职工代表大会审议。

(4)组织召开安全生产委员会会议,总结分析企业内部安全生产情况,及时解决倾向性问题,审议安全职能部门提出的安全生产工作计划。

(5)定期审议安全奖惩方案,审查安全经费使用情况;听取事故情况汇报,确定对有关人员处理办法。

(6)定期组织安全生产竞赛和安全联检活动。

2. 安全部门工作职责

(1)认真贯彻执行“安全第一,预防为主”的方针,组织、计划、布置、总结、评比企业安全工作,并对其履行指导、监督和服务职责。

(2)贯彻落实国家和上级管理部门有关安全生产的方针、政策、法规、规章和指示精神。

(3)贯彻落实企业行政、党委及安全生产委员会有关安全生产的决议、决定和指示。

(4)具体制定(修订)企业内部安全管理和安全生产规章制度、安全操作规程,起草企业安全生产计划和总结。

(5)经常深入基层,掌握和了解企业安全生产情况,及时纠正违章,及时发现事故隐患和倾向性问题,并责成有关单位或部限期落实和整改。

(6)定期和不定期组织安全检查,掌握公司安全生产动态,每季度向安委会汇报一次。

(7)负责事故的分析、统计和上报工作,总结推广先进经验,定期组织评优活动。

(8)负责企业运输生产驾驶员招聘、安全管理及再培训工作,配合做好年审工作。

(9)审核事故费用,具体办理旅客意外伤害保险理赔,监督内部车辆赔偿及安全互助基金的使用,督促落实事故的"四不放过",定期通报重大违章及一般以上行车事故。

(10)指导和服务各下属单位安全职能部门的业务工作,督促各下属单位履行安全职责,落实安全管理规章。

(11)筹备安委会会议,定期召开全公司安全行车安全例会,通报分析各下属单位安全生产情况。

(12)在接到事故报告后,立即派人前往事故现场。发生死亡事故时,必须同时报所在地的交通主管部门。

(13)负责重特大事故的调查和处理,对有关人员提出处理意见,并上报交通行业主管部门。

(14)行使安全否决权。

一般中小运输企业的安全科的职责参照以上执行。

第四节　安全资金投入与科技创新

道路运输企业加强安全资金投入,为企业安全生产提供资金保障,加强科技创新,为企业安全生产提供科技保障。资金投入是企业安全生产的基础,科技创新是企业安全生产的潜力。

一、安全资金投入

企业将安全生产费用按照确保满足安全生产需要、规范使用程序、严格使用范围的原则投入到企业安全生产方面,为企业安全生产提供资金保障。

1. 安全资金投入分析

安全是一个系统工程,是由人、技术、环境构成的一个复合系统,企业无法完全或绝对避免事故,并不意味着不能避免。企业要想获得安全效果,就必须进行必要的安全投入。因为安全既是一种"消费"活动,也是一种"投资"活动,同时也是一种"效益"活动。安全资金投入是安全投入的主要组成部分,必须坚持经济消耗最低、安全经济效益最大的原则;坚持安全投入与社会经济状况相统一的原则;发展安全与发展经济比例协调性原则;坚持安全发展超前性原则,即在时间上"优先",在功能标准上"优越"。

安全管理中,预防性投入的效果大于事后整改效果。运输企业在安全生产管理中,要谋事在先、尊重科学、探索规律，采取有效的事前安置措施，防患于未然，将事故消灭在萌芽状态。

安全投入分为主动投入与被动投入两种：主动投入是指安措费、劳保费、保健费、安全奖等；被动投入是指职业病诊治费、赔偿费、事故处理费、维修费等。安全投资是人力、物力、财力的总和，具体包括：安全职能人员配备，安全与卫生技术措施的投入，安全设施的维修、保养及改造的投入，安全教育及培训的花费，个体劳动防护及保健费用，事故救援及预防事故伤亡人员救治花费等。

安全资金投入是安全活动得以进行的必要条件。首先，安全保护了人，人是生产中最重要的生产力因素。其次，安全维护和保障了生产资料和生产环境，使技术的生产功能得以充分发挥，而且安全投资可以带来经济效益。

2. 安全资金投入预算管理

1）安全资金提取标准

道路运输企业以营业收入为计提依据，按照以下标准逐月提取：客运业务按照0.5%提取；普通货运业务按照1%提取；危险品等特殊货运业务按照1.5%提取。

汽车客运站安全生产经费投入应当不低于上年度汽车客运站客运代理费总额的0.5%。

2）安全资金使用范围

（1）完善、改造和维护运输工具安全状况检测及维护系统、运输工具附属安全设备等。

（2）配备必要的应急救援器材、设备和现场作业人员安全防护物品支出。

（3）安全生产检查与评价支出。

（4）重大危险源、重大事故隐患的评估、整改、监控支出。

（5）安全技能培训及进行应急救援演练支出。

（6）其他与安全生产直接相关的支出。

在上述的使用范围内，企业应当将安全费用优先用于满足安全生产监督管理部门对企业安全生产提出的整改措施或达到安全生产标准所需支出。

3. 安全资金投入去向管理

1）安全资金使用原则

（1）企业提取安全费用应当专户核算，年度结余结转下年度使用，当年计提安全费用不足的，超出部分按正常成本费用渠道列支。

集团公司经过履行内部决策程序，可以对所属企业提取的安全费用按照一定比例集中管理，统筹使用。

（2）企业利用安全费用形成的资产，应当纳入相关资产进行管理。

（3）企业应当为从事高压、易燃、易爆、剧毒、放射性、高速运输、野外等高危作业的人员办理团体人身意外伤害保险或个人意外伤害保险。所需保险费用直接列入成本（费用），不在安全费用中列支。

企业为职工提供的职业病防治、工伤保险、医疗保险所需费用，不在安全费用中列支。

（4）企业由于产权转让、公司制改建等变更股权结构或者组织形式的，其结余的安全费用应当继续按照本办法管理使用。

（5）企业调整业务、终止经营或者依法清算的，其结余的安全费用应当结转本期收益或者清算收益。

2)安全资金使用监督

企业应当严格遵守安全费用管理制度,明确安全费用使用、管理的程序、职责及权限;企业安全生产费用的提取使用要接受安全生产监督管理部门和财政、审计部门的监督。年终时,企业要在年度财务会报告中,写明安全生产费用提取和使用的具体情况。

3)安全费用使用保证

运输企业安全费用的投入,由运输企业的决策机构、主要负责人予以保证,并对由于安全生产所需要的资金投入不足导致的后果承担责任。

运输企业的决策机构、主要负责人不依照规定保证安全生产所需的资金投入,致使生产经营单位不具备安全生产条件的,责令限期改正,提供必需的资金;逾期未改正的,责令运输企业停产停业整顿。有以上违法行为,导致发生安全生产事故,构成犯罪的,依法追究刑事责任;尚不够刑事处罚的,对运输企业的主要负责人给予撤职处分。

4. 安全资金投入效益实现

安全效益是安全条件的实现,是对社会(国家)、对集体(企业)、对个人所产生的效果和利益。安全的直接效果是能够减轻生命与财产损失,另一重要效果是维护和保障经济功能得到充分发挥,这是安全的增值能力。

安全经济效益是通过安全资金投入实现安全条件,在生产和生活过程中保障技术、环境及人员的能力和功能,为社会经济发展所带来的利益。安全的非经济效益也是安全的社会效益,是指安全条件的实现,对国家和社会发展、企业或集体生产的稳定、家庭或个人幸福所起的积极作用。

“1 元事前投资等于 5 元后事后投资”,这是安全经济学的基本定理规律,也是指导安全经济活动的重要基础,同时也告诉我们,预防性的投入产出比大大高于事故整改的产出比。

二、科技创新

科技创新是原创性科学研究和技术创新的总称,是指创造和应用新知识和新技术、新工艺,采用新的生产方式和经营管理模式,开发新产品,提高产品质量,提供新服务的过程。

知识社会环境下的科技创新包括知识创新、技术创新和现代科技引领的管理创新。知识创新的核心科学研究,是新的思想观念和公理体系的产生,其直接结果是新的概念范畴和理论学说的产生,为人类认识世界和改造世界提供新的世界观和方法论;技术创新的核心内容是科学技术的发明和创造和价值实现,其直接结果是推动科学技术进步与应用创新的良性互动,提高社会生产力的发展水平,进而促进社会经济的增长;管理创新既包括宏观管理层面上的创新——社会政治、经济和管理等方面的制度创新,也包括微观管理层面上的创新,其核心内容是科技引领的管理变革,其直接结果是激发人们的创造性和积极性,促使所有社会资源的合理配置,最终推动社会的进步。

知识创新、技术创新与管理创新相辅相成。知识创新是技术创新和管理创新的文化基础,没有新的理论学说和公理体系,不可能有技术创新和制度创新,技术创新反过来又为知识创新和管理创新奠定了必要的物质基础;管理创新则为知识创新和技术创新提供必要的微观与宏观环境。技术创新是社会发展的"硬件",而知识创新和管理创新则是社会进步的"软件",它们对国家的发展和社会进步起着关键性的作用,是社会进步的动力源。

1. 交通运输科技术创新

1)需求

交通运输科技发展必须紧紧围绕科学发展这一主题、加快转变发展方式这条主线,着力提高创新能力,持续推进科技进步与创新,支撑和引领交通运输科学发展。交通运输安全应急保障能力方面的科技需求包括基础设施安全监控、旅客运输与危险品运输安全、交通运输防灾减灾与应急保障等技术的系统研究,重点攻克灾害风险预警、安全监管、防灾减灾、应急指挥、应急处置以及救助打捞等方面的关键技术,促进交通运输安全发展。

2)理念

交通运输科技发展在指导方针上要坚持深入贯彻落实科学发展观,深入实施科技强交战略,围绕交通运输建设、管理、服务的共性和核心技术,提升发展理念,攻克技术难题,搭建创新平台,健全创新体系,统筹推进创新能力建设、重大科技研发、成果推广应用和标准化建设,加快创新型行业建设,为转变发展方式、加快发展现代交通运输业,构建安全畅通便捷绿色的交通运输体系提供重要支撑。其核心理念是:在战略取向上,突出体现面向需求,实施"科技强交"战略;在战略目标上,体现服务科学发展、支撑方式转变;在战略重点上,突出体现统筹推进创新能力建设、重大科技研发、成果推广应用和标准化建设四大任务。

2. 道路运输企业科技创新

1)科技创新的意义

在世界经济发展的浪潮中,企业科技创新能力的高低,直接决定着企业的生存和发展,决定着企业的成长路径,决定着企业市场竞争力的强弱,决定着企业对经济社会贡献度的大小。面对知识经济时代,企业应积极抓住发展机遇,迎接挑战,争取实现跳跃式发展,将科技创新最终转化为企业快速发展的动力和竞争力。企业发展只有坚持自身的模仿创新模式和以市场为导向的技术创新模式,坚持"自主研发"和"拿来主义"并行,才能打造拥有自身特色的核心竞争力,这对于道路运输企业在技术创新方面是值得借鉴的。

2)科技创新的应用

企业不仅是经济活动的主体,也是技术创新的主体。技术创新是企业发展的源泉,竞争的根本。就一个企业而言,技术创新不仅指商业性地应用自主创新的技术,还可以是创新地应用合法取得的、他方开发的新技术,或已进入公有领域的技术,从而创造优势。下面分别以营运车辆 GPS 应用、客运站智能报班安全门检系统、G-BOS(智慧客车运营系统)以及安全生产管理信息系统为例介绍道路运输企业科技创新。

(1)营运车辆 GPS 信息系统。

世界上许多国家的实践表明,采用技术手段和措施能有效防范和及时发现交通事故、挽救生命、减少损失。GPS 车辆定位监控管理系统的应用,使道路运输企业对驾驶员在路上行车状况的全过程实施监控成为可能,有效地控制了驾驶员的疲劳驾驶、超速、超载等违法行为,对预防重特大道路交通事故的发生具有重大意义。

营运车辆 GPS 信息系统综合利用 GPS 全球卫星定位技术、GSM/GPRS/公用移动通信网、GIS 电子地图技术和计算机网络技术,由车载终端和企业监控平台(中心)构成,已广泛应用于“三客一危”营运车辆安全管理。可实现以下安全管理功能：

①超/低速报警功能。可在不同的路段，设定不同的报警速度，车辆持续超/低速行驶若干时间（可设定）后终端自动向中心报警，同时可向中心上传报警前一定时间的行车记录备查。

②疲劳驾驶报警功能。当车辆连续驾驶超过和中途休息少于规定的时间时，终端先语音提示后向中心报警。

③在线式行车记录仪功能。中心可随时无线提取车辆行驶记录，包括经度、纬度、方向、速度、时间、日期；传感器状态；车辆状态；报警状态。

④偏离道路报警。车辆不按规定的线路行驶，终端将自动向中心报警。

⑤安全语音提示功能。车辆持续超速和进入事故多发地、弯道、陡坡等危险路段时，可通过蜂鸣器或语音提示驾驶员注意行车安全。

⑥紧急求助功能。车内设有紧急求助按钮，当车辆发生劫、抢和交通事故需紧急求助时，可按下紧急求助按钮向中心报警求助。

⑦图像传输功能。终端可配红外夜视摄像头，无论白天或黑夜，均可自动或由中心控制拍摄、存储、传输车内状态图像，防止超载和逃票。

⑧危险品车辆禁止驶入和停留时间报警功能。在危险品运输车辆的线路管理上，当车辆进入设定的禁止驶入和停留时间区域时（如进入人口密集区或路段），自动向中心报警，并自动提示驾驶员。

⑨危险品运输车辆进入特定区域的断电功能。终端独有的防爆功能，可使得危险品车进入特点区域后，自动断电，待离开该区域后，自动通电，恢复为正常运行状态。

⑩危险品车辆特定报警功能（需加装传感器）。如加装温度传感器、气体传感器等，可对车辆运输过程中的有毒气体泄露等异常情况及时向中心报警；罐（槽）、爆炸品、剧毒品车辆前后双摄像头，行驶中可观察车辆设备情况，其他车单摄像头（需加摄像头）。

此外，还有信息查询功能。查询、显示、打印超速车辆的车号、速度、超速运行时间、里程功能，其超速、违章运行的轨迹用红色或醒目颜色标注。

（2）客运站智能报班安全门检系统。

智能报班安全门检系统是基于公路汽车站站场安全门检管理的软件产品，是有效实现“三不进站、五不出站”制度的计算机管理手段。目的是利用先进的无线射频技术及生物识别技术促进汽车客运站安全门检管理手段，规范站场内车辆、驾驶员、安全管理人员的安全管理流程，对每一道检查环节进行有效控制，减少安全隐患。利用本系统，可以避免因资质不全、车辆检测不规范、驾驶员审核不严谨、临时换岗等引起的出行车辆安全隐患，提高驾驶员的安全行驶意识，控制并检测参运车辆从回场进站到出站行车的整个过程中的安全生产管理状况。系统流程如图5-5所示。

系统特点如表5-4所示。

（3）G-BOS（智慧客车运营系统）

G-BOS主要是通过无线技术（GPRS）、全球定位系统（GPS）、数字地理信息技术（GIS）三项技术的结合，为客户提供客车全生命周期管理服务。G-BOS是客车信息化的里程碑式产品，是特力马（Telematics）领域的最新技术。在东南沿海发达地区，G-BOS系统已经在公交、旅游客运等领域应用。

智能报班安全门检系统特点　表5-4

特　性	说　明
安全门检报班信息化管理	站场安全门检及报班的几个主要业务环节进行有序、科学的组织，自动验证及审核行业安全生产管理项目及企业自身的管理需求。合格班车予以正常放行营运，阻止不合格车辆及驾驶员出行，避免安全隐患
全程IC卡管理、安全指纹验证	一车一卡，车辆IC卡记录了当前的车况信息，可在站场内外通用，大大提升了管理的自动化流程。驾驶员利用指纹报班、迅速可靠
车辆、驾驶员安全检查项目一目了然	可随时查看待出行车辆以及驾驶员的各项安全检查项目，所有项目的检查情况利用红、绿、黄灯等形式直观地反映同一界面上，如果未通过项目，则详细地描述了原因，一目了然
规范的流程管理避免安全漏洞	把原来松散方式的管理模式转变为强制性、合理规范的安全生产流程，极大地避免了管理工作中的安全漏洞
自动化与授权手工管理并存	保证自动化的门检报班流程，对有授权的管理员，可根据实际情况进行手工处理，信息备案
提升站内车辆排班反应能力	调度室可随时了解整个站场内的车辆及安检情况，以便于快速进行排班调配
提升驾驶员安全行车素养	驾驶员在报班的同时可人性化地接受到各种安全行车信息，比如日嘱、当日班线情况及其他有用信息，潜移默化地提高驾驶员的安全行车素养
查询统计分析	为了解车辆及驾驶员的安全门检及报班情况，系统提供多种便捷的查询，对车辆调配、报班，驾驶员报班等情况进行分类统计，为合理安排车辆、编排营运线路提供有力的分析手段

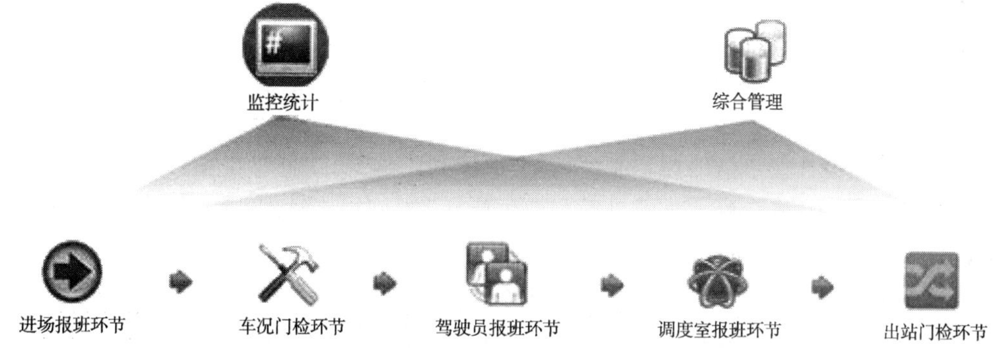

图5-5　智能报班安全门检系统流程图

装载了G-BOS的客车，驾驶员的动作将被量化并建模分析，管理者很容易找到一种最佳驾驶员行为，并作为规范推广。加油数据及发动机实际耗油量将被精准记录，驾驶员偷油行为将得到杜绝，所有重要部件的工作时间和工作状态能得到实时监控和计算，车辆维护可以按部件的实际工作状态进行。车辆出厂后，可以根据实际运行状态对发动机进行数调整，以达到与线路的最佳匹配状态。而一旦出现最紧急的情况，如驾驶员在事故中不能亲自与工作人员通话，信息数据处理就会反馈给呼叫中心的工作人员，而在这个时候，卫星已经将汽车牢牢定位，以便人们更容易找到事故地点。G-BOS主要功能如下：

①车辆身份信息。车载设备内记录了所有该车辆重要部件的型号及生产厂家信息，车

辆发生故障时，除了为维修人员提供准确的配件指导外，还能为远程排除故障提供重要帮助。

②倒车视频监视及行车记录仪。车载设备提供了完整的行车记录仪功能和倒车视频功能，免去了车辆出厂后加装的费用及安全隐患。

③紧急救援协助。在紧急情况下，按下报警按键，客服中心开始监听车辆驾驶室声音，并视情况决定是否联系当地的紧急救援协助机构，如警方、医疗、消防等，以便救援队伍迅速抵达车辆所处的确切位置。

④油量的精准控制。车载设备从 CAN 总线中采集发动机瞬时喷油量，同时从油箱中采集油位数据（需要安装油位传感器），通过两个数据的对比，可以准确掌握是否有盗油情况，并准确定位被盗的时间和地点。

⑤车辆实时跟踪历史轨迹回放等位置监控功能。实时跟踪、历史轨迹回放、电子栅栏、偏线告警、多车同图监示。

⑥被盗车辆定位。G-BOS 还能保护车辆的安全。如果车辆被盗，系统立即向公安部门报告车辆被盗，然后对被盗车辆进行定位。

⑦驾驶员行为分析。G-BOS 系统自动采集驾驶员的一举一动，所有动作量化后导入数据库，通过数学模型分析，给出一个量化的标准，并可以根据不同的管理需要，给不同的参数并赋予不同的权重。大量的使用经验证明，排名靠后的驾驶员，不但其车辆损耗高，同时安全隐患也大，需要及时进行教育。

（4）安全生产管理信息系统。

重庆若谷信息技术有限公司开发的“客运安”道路旅客运输企业安全管理系统，针对道路客运企业安全管理的突出问题和主要矛盾，按照事前、事中和事后的三级安全预防机制要求，同时借助手机、电子邮件、语音播报等通信技术手段，搭建预警预报平台，帮助企业查找安全风险源，避免一般事故发生，遏制重特大事故出现，在道路运输企业安全管理创新上进行了探索和尝试。

①系统总体设计。事前以规章制度、安全保障为基础，辅助企业建立自身的安全保障体系；事中以过程管理、安全处理为脉络对企业生产环节中的人、车、路、环境等进行动态监控，强化安全主体责任，加强过程管控，帮助企业构建智能型安全管理网络；事后对车辆事故提取行驶过程数据，查看轨迹回放，追溯事故诱因，分析总结安全管理的薄弱环节，制定强化措施，完善企业安全运输保障体系。道路客运安全管理系统体系框架如图 5-6 所示。

②系统具体功能。

a. 制度管理。帮助企业完善自身的安全管理制度，建立安全生产管理规范。可动态导入国家、地方的法律、法规和制度文件，可通过模板编制企业自身的管理办法。包含规范文件、规章制度、政策发布、学习和政策展现。

b. 安全保障。初步建立企业的运输保障机制，重在落实安全主体责任，分级设立企业管理机构，明确企业人员职责，加强学习，明确投入，记录隐患的排查和整改。包含安全机构、职员学习、安全投入、安全预案、安全演练、安全会议、企业公告、文件发布、接收及录入、隐患排查、专项活动。

c. 过程管理。按照企业源头安全管理的要求，重点强化对驾驶员、营运车辆、线路和环境等生产经营要素的过程管理。

建立驾驶员安全信息档案和安全考评制度，严格把控驾驶员准入、清退关，强化驾驶员学习、培训等日常动态监管。需要时，在企业内建立黑名单库，对不合格的驾驶员辞退并进库。包含驾驶员管理、运行记录管理、准入、清退审批、安全学习、培训和教育、安全记分、技能考核、证件审验、人员体检、黑名单、奖惩记录、目标责任、人员考评。

图 5-6 道路客运安全管理系统体系框架图

建立营运车辆台账库、技术库和日常运营库，严格按照国家标准、规定执行车辆维护、检测、年审、报废制度，并实现动态日常监管。包含营运车辆管理、营运车辆证件审验、月检、路检、二级维护、临检、检测、保险、报废、年审。

建立营运车辆运行线路管理库，管理并记录运行线路名称、里程、站点、道路状况及危险路段、运行时间、气候特征，本线路的车辆运行操作注意事项。包含线路汇总和查勘。

d. 事故处理。建立违规违法信息库、安全事故数据库。针对重特大事故、车辆运行途中发生的驾驶员伤病、车辆故障、恶劣气象等危及行车安全的因素，完善应急预案，及时处理车辆运行途中的突发事件。包含违规违法、安全事故。

e. 预警管理。建立黄、橙、红三级自动预警、预报机制，按照企业安全管理的要求，面向不同管理层面（业务层、管理层和决策层）、安全预警信息的等级和严重程度分级报送。黄色为一般预警，发送安全告知、从业人员培训和教育、车辆维护等日常警示公告，报送安全管理员或内勤；橙色为管理预警，发送紧急事件、违章违规、安全事故等通知及处理意见，报送安全科长或安全处长；红色预警为重大问题预警，对企业安全生产出现的隐患，需高层直接干预，如驾驶员 12 分已经扣满、一年内 5 次出现违章违规、不参加教育和培训工作等，预警信息直接上报高层领导。

f. 统计分析。建立多维度数据统计与分析模式，利用图表等展现形式，尤其是驾驶员违章、违规等重、特大安全隐患的数据展示，为企业的决策、管理提供有力的数据支撑，帮助企业查找问题根源，不断总结创新管理经验。

第五节　安全教育与文化建设

安全教育是一项系统性、长期性和基础性工作，是为安全生产提供智力和能力支持的重要手段。安全文化作为现代安全管理的延伸和扩展，为企业安全管理发挥着导向、激励、凝聚、规范等重要功能。

一、安全教育

安全教育和培训是确保企业员工的安全意识、安全素质得以提升，营造良好安全文化的基础。企业应严格遵守有关部门关于安全的有关规定，建立自上而下的、系统完整的安全教育和培训系统，同时通过自身的管理得到保障和落实。该系统具体包括安全教育培训的类型、安全教育培训的形式和安全教育与培训效果的监控。企业的安全教育培训流程如图5-7所示。

1. 安全教育培训类型

不同的生产岗位、不同的文化程度、不同的技能类型和不同的工作经历，对安全教育培训的要求是不一样的。要使安全教育培训真正能够达到员工要安全、会安全、能安全的目的，关键在于区别对待，在制定培训方案时，要从培训工作量、培训内容和培训方法上进行分类组合，提高针对性和实效性，以达到事半功倍的效果。企业的安全教育培训类型可以分为5种，分别为企业安全文化、岗前安全常识、专项安全培训、每月安全形势和专业安全知识。

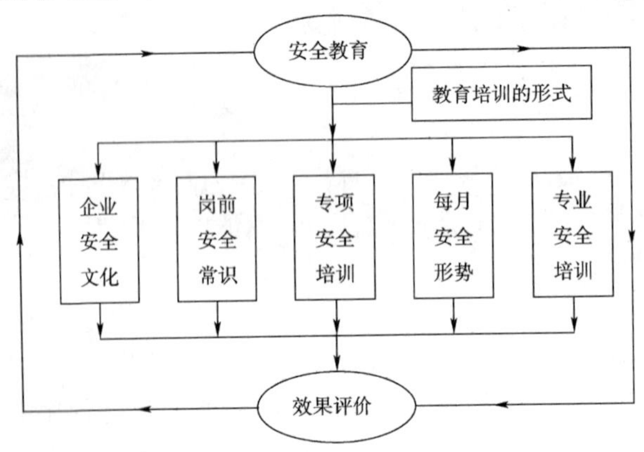

图5-7　企业道路运输安全教育培训流程图

2. 安全教育培训内容

(1)安全思想教育。这是安全教育的重点所在。内容包括安全生产方针、政策、重要意义、劳动纪律、作业纪律、各项规章制度和典型事故案例教育等。通过正反两方面的教育使基层作业人员和各级管理人员牢固树立“安全第一”的思想，强化“预防为主”的意识，正确处理好安全与效率、效益的关系。

(2)安全知识教育。这包括安全生产技术知识和安全管理知识教育，目的是解决应知的问题。前者包括营运生产特点、安全特性、设备性能、各部门作业方法及规范要求、事故成因及预防等，后者主要是针对安全管理人员而进行的安全教育，内容包括安全管理体制和各部门安全管理体系的构成与运作、事故预测与预防、安全系统评价的基本原理和方法。

(3)安全技能教育。这是通过对作业人员进行长期、反复训练及本人实践，把所学到的安全知识转化为动手能力的过程，主要是解决应会的问题。内容包括岗位熟练操作，防止误操作，处理异常情况的技术、知识和能力。

(4)应急处置教育。一般应包括事故应急处理知识教育、自我保护和自救互援教育、事故现场保护方法教育和事故应急处理演习等。通过上述教育能有效防止事故扩大，为清理事故和迅速恢复正常运输秩序创造有利条件。

3. 安全教育培训形式

要想获得好的教育效果，培训形式的选择至关重要。培训的形式很多，在道路运输安全教育中，要支持克服照本宣科、我讲你听、坐而论道的呆板单一形式，力求内容和形式的鲜活性，以丰富多彩的形式激发全体职工主动参与的热情，活跃教育学习的气氛，增强教育学习的客观效果。培训的最终目的是使职工安全意识到提高。随着时代的发展，企业设备不断更新，技术水平不断提高，这就要求安全培训工作不断更新、完善、提高，改变一成不变的局面。企业的安全教育必须是全方位的，要运用各种有效的方法和手段，把一般的安全教育引向多样化，把多样化的安全教育引向纵深化。企业安全教育和培训的可以采取以下九种形式：

(1)讨论式。利用专题案例讨论进行宣传教育。通过驾驶员提供相关的案例背景资料，组织大家进行研讨；或通过案例重演，来查找发生事故的原因，知道如何防范以及发生事故后正确处理方法。通过以重特大事故、违规违章操作造成事故等为题进行事故原因分析、讨论，可以尽快使驾驶员从单纯工作角色进入学习的自觉性。同时可以使广大驾驶员的感性认识上升为理性认识，提高职工安全生产的自觉性；可以使广大驾驶员在相互启发中思想得到统一、缺点得到纠正、安全知识得到充实。让广大驾驶员可以吸取经验教训，有效杜绝同类事故的再次发生，并在行车中养成不违章违规操作的习惯。

(2)答题式。经常以小测验的形式，把《交通安全法》《道路运输条例》等安全法律、法规，与本职工作息息相关的专业理论知识，以填空、选择、简答、判断等题型发给驾驶员，让他们答卷。这样既能提高驾驶员安全理论知识，又能规范驾驶车辆正规操作程序。

(3)竞赛式。通过定期组织安全知识竞赛、演讲赛及主办驾驶员、承包经营者、企业员工结伴竞赛等多种形式，可以增强教育学习的趣味性，调动驾驶员的学习积极性，同时营造“人人为安全、安全为人人”的社会氛围。

(4)互动式。公司可以组织驾驶员自由组合成甲、乙、丙三组，由甲组人员提出问题，乙组人员进行解答，丙组人员进行评判。让每组人员都承担出题、解题、判题的任务，如此循环，使所有驾驶员都参与到安全管理工作中来，亲身体会，增强针对性和实效性。

(5)换位式。采用职工轮流讲课、安全故事会等方式，让职工自己当教员，在备课中学习，在讲课中提高。驾驶员书写讲稿备课的过程，本身就是自我教育与学习的过程。听取同类专业人员的演讲，亲身经历演讲，在倍感亲切的同时，又能产生一种共鸣，更能广泛有效地吸取他人成功经验来弥补自身不足。这样有利于企业安全形式上的稳定和驾驶员水准的提高。

(6)观看式。影像教学直观，视听效果好，驾驶员一般比较乐于接受。要经常组织一些安全教育音像片、图片让大家观看，通过反面典型警醒，通过正面教育，从中吸取营养。通过发放图文并茂的安全知识小手册和播放安全教育多媒体教程的方式增加培训效果，大力宣传安全生产的重要性，并做到辐射到岗、教育到人。可以加大反违章力度，从“严、细、实”着手，提高现场安全教育和管理水平。

(7)见缝插针式。由于驾驶员职业具有流动性较强等工作特点，决定了不可能用大量的整块时间来经常接受安全教育,必须充分利用网络信息平台以及驾驶员出车前、回库后的时间,在车站、修理厂(检验站)见缝插针地进行,做到长流水不断线,保持安全教育的经常化。根据生产实际灵活变换培训方式:在生产任务不重的时间段开展集中学习、现场演练、专题研讨、经验交流等活动进行巩固、提高;在工作现场,则以反违章为主要方式进行作业,确保现场安全生产,从而形成在工作中学习、在学习中工作的安全氛围。

(8)活动式。通过参观先进典型、召开事故现场会等活动,对驾驶员进行直观培训。利用“安全生产月”、创建安全合格班组活动及反事故演习等形式,把职工文化与安全文化有机结合起来,增强员工的安全意识和反事故技能,为生产安全管理营造浓厚的文化氛围。在网页上建立网上多功能安全教育活动室,扩大培训范围,利用一切可利用的资源来丰富和完善现代化的安全教育培训工作。

(9)讲授式。听专业老师讲课,接受系统的安全知识培训。

4. 安全教育培训效果监控

对安全教育和培训的评价是安全教育培训体系的重要组成部分。安全教育和培训是一个持续改进的过程,培训是否已发挥了作用,职工是否掌握了培训的内容,职工是否已经能够判断自己岗位存在的风险,职工是否愿意接受企业安全的方针、接受企业的安全文化,培训内容设计是否合理等问题,必须通过培训效果的评价来控制。

道路运输企业应定期对安全培训的效果进行评价,可以在培训完后,通过问卷、总结、组织交流的方式听取职工对培训内容的反馈,以及对培训内容、技能吸收掌握程度,对培训人员获得安全知识的效果进行检验评价,并存入个人培训档案。也可按不同的考核项目,按年、季、月进行逐项考核及检查来评价安全教育的效果。通过评价,对企业的安全教育计划进行修改和完善,找出不足之处,进行针对性的改进和加强,确定下一阶段主要的培训方向。

二、文化建设

企业安全文化是企业在长期安全生产和经营活动中逐步形成的,或有意识塑造的,作为全体职工接受、遵循的,具有企业特色的安全价值观、安全行为准则、安全知识和技术的综合体现。企业安全文化在企业建设中有着举足轻重的意义。道路运输企业安全文化就是借助企业文化的成果,充分运用文化的导向功能,把长期的生产经营和安全管理过程中形成的具有本行业特点的安全管理经验,提升到物质与精神结合的境界,成为加强和改进企业安全管理的精神动力。安全文化既是一种文化现象,又是企业安全管理的一种理论。

1. 安全文化构成

企业安全文化要素包括安全习惯、安全理念、安全政策、安全目标、安全行为、安全科学6个要素(图5-8)。通过这6个要素间的逐级递变,安全文化实现自身的不断循环、改进和提升。

营造企业自身的安全文化,使企业的每一位员工都能自觉地按照安全的要求来规范自己的行为,自觉地把安全放在第一位,这是全面履行安全责任的内在驱动力,是保证安全目标实现的活的灵魂。通过加强企业安全文化的建设来提升企业的安全管理水平,是对企业传统安全管理工作的一种创新,它超越了传统被动式的安全监督的局限。用安全文化去塑造每一位员工,从更深的文化层面激发员工“关注安全、关爱生命”的本能意识,体现了“预防为主”的安全管理精髓，由此才能确保安全规章的有效实施，提升安全管理的执行力，建立企业安全生产的长效机制。

道路运输企业安全文化包括4个方面，分别是安全精神文化、安全制度文化、安全行为文化、安全物质文化（图5-9）。

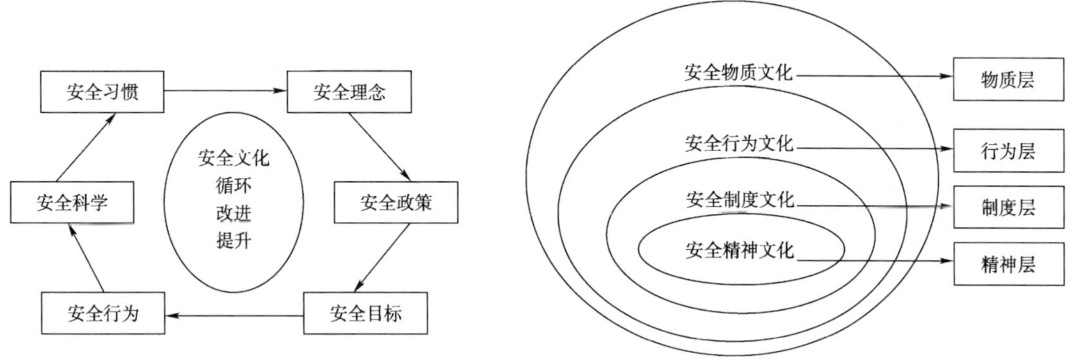

图5-8 安全文化要素图

图5-9 道路运输企业安全文化构成

（1）安全精神文化是企业核心安全理念，包括决策层的安全承诺、领导层的安全价值观、员工履行安全工作的态度等。

（2）安全制度文化是包括安全生产责任制度、驾驶员管理制度、车辆管理制度、安全教育和培训制度、安全监督检查制度、安全生产奖罚制度等制度的制度体系。

（3）安全行为文化是包括安全行为规范、安全行为习惯、安全责任落实等的安全行为体系。

（4）安全物质文化是企业为了保证安全而使用的各种保护员工或设备免受伤害的安全工具、器物和物品，即表层安全文化。

2. 安全文化建设

1）安全文化建设的目标

道路运输企业安全文化建设目标是为道路运输安全营造一个亲和力很强的氛围。道路运输企业安全管理系统中的要素是人、设施（设备、车）和环境，其中最关键的因素是人。人是企业之根本，人是管理工作中最活跃、最能动的因素，能否调动职工的积极性，是企业安全管理成败的标志。

加强道路运输企业安全文化建设，当前要创新人性化的管理。人性化的管理强调人的主观能动性，对事故的发生，采取科学的态度、实事求是的精神。认识是行动的向导，对事故的正确态度应是从血淋淋的事实中，找出管理者和操作者自身存在的问题，掌握防止事故再次发生的本领。同时，将经验教训在企业干部职工的头脑中逐步消化、吸收、积累，成为指导安全实践的意识，达到多数人安全生产的目的。这也就是道路运输企业长期实行“安全第一、预防为主”的理论升华。

在对待制度的认识上，无规矩，不成方圆，要重视规章制度的约束力，但对待制度人性化的管理采取的是与时俱进的态度。多数道路运输企业在安全管理上都有一套规章制度，对这些规章要进行很好的梳理，沿用对安全管理行之有效的，摒弃那些多余无用的，建立适应新营运环境的新规章制度。使制度真正起约束人、管理人，促进安全生产的作用。

在宣传教育的认识上，人性化的管理重视宣传形式，管好用好安全文化宣传阵地，如安全劝导牌、提示牌、标语牌和安全宣传栏，同时把宣传教育的形式向互联网等高科技领域拓展，开展网上教育。教育形式上，一改“我说你听”的传统教育形式，开展电视广播专题、安全文艺演出、安全文艺创作，安全体育比赛、安全理论研讨、事故案例等形式。鼓励行车人员和全体职工参与。宣传内容上，人性化的管理少用“严禁”、“不准”，多用“请你注意”，力求形象生动，平等对话，富有人情味。

2）安全文化建设的途径

安全文化绝不应是一种形式，而应该紧密结合道路运输的安全生产实践活动。企业可以从以下三方面入手，切实加强安全文化建设。

（1）编制企业安全文化手册。按照企业安全文化的构成，手册可以分为安全精神文化篇、安全制度文化篇、安全行为文化篇和安全物质文化篇。大力宣传企业安全文化手册，创造提高安全素养的氛围与环境，提升全员安全意识，使职工将遵守安全行为规范变成自觉自愿的行动。

（2）对企业安全文化进行评估。从文化和管理的角度对企业安全文化的发展状况进行定期评估和动态评估，分析企业安全文化的不足之处，揭示企业安全管理不善的内在原因，进而提出企业在不同阶段安全文化建设的发展方向，加强安全文化建设。

（3）将安全文化建设融合于各项工作之中，在企业中开展安全文化建设，不应该把安全文化看作特别的事务，而要在企业的总体理念、形象识别、工作目标与规划、岗位责任制制定、生产过程控制及监督反馈等各个方面融合进安全文化的内容。在企业中也许看不到、听不到“安全文化的词语”，但在各项工作中，处处事事体现安全文化，这才是安全文化建设的实质。

3）安全文化建设的措施

现代道路运输中，随着科学技术的高速发展，现代运输设备的技术性能日臻完善，高速公路的大量兴建，公路快速运输系统的初步建成，现代通信、各种监控手段日趋先进，这些对搞好行车安全固然十分重要，但对安全生产起决定作用的仍是人。生产技术程度越高，人的管理地位越显重要。这就需要用先进的企业文化引导职工，加强职工的安全文化修养，培育职工安全自律与他律的意识。

（1）要重视企业职工安全素质的养成教育。各道路运输企业要把全员安全培训放在首位。安全培训的目的一是增强职工安全意识，变安全生产“要我干”为“我要干”，变“要我管”为“我要管”，变少数人管理为全员管理。二是提高全员安全素质，使管理者和操作者都能了解事故发生规律，掌握先进的安全管理设备，具备妥善处置突发事故的本领。

（2）要重视凝聚各方面力量。党政工团要齐抓共管，各方面都要根据职工不同工种、不同岗位、不同心理特点，从各自工作角度，设计好活动载体，围绕企业安全生产创一流，开展各具特色、富有成效的活动。比如，各个时期的安全竞赛，安全月、安全周的竞赛，党政领导安全嘱咐，家属安全劝导，共青团安全监督等活动。

（3）要重视安全管理队伍的网络化建设。要建立一个以行政领导为中心，向基层营运片区、营运单车辐射的安全管理网络。每一个层面都要有人负责，每一个层面都要做到人员、制度、措施“四落实”，每一个层面都要重视安全文化建设，每一个层面都能运用系统工程的原理、方法,分析、评价系统中的安全状态,及时发现、通报系统中的危险性,通过采取综合措施,使系统内发生事故的概率减少到最低限度,真正做到安全生产,人人有责,使安全达到最佳状态。

(4)要重视持之以恒,做好安全文化建设。文化的熏陶功能是不能一竿见影的,企业安全文化建设,要做到月有安排,季有打算,年有筹划,每年都有所提高。日积月累,企业安全文化才会显示其独特的功能。

第六章　人　　员

道路运输安全生产活动中最活跃、最关键的是人,道路运输企业安全生产活动的管理人员和从业人员安全从业意识的高低、安全自我防范能力的强弱将直接关系着企业安全管理能力和水平的好坏。因此,在道路运输企业安全达标考核活动中,必须要对企业安全生产活动中的人进行全面系统的考察,这里的人不仅要包括工作在一线的道路运输从业人员,还要包括对企业安全管理一线的现场直接指挥者——班组长(车队长),更要包括诸如公司经理、董事长等安全生产活动的组织者、领导者、决策者们。下面结合道路运输企业安全生产达标中有关职业健康、队伍管理、作业管理中有关要求,重点介绍一下对道路运输经营企业职业健康安全管理和安全管理人员、一线运输生产作业人员、现场管理人员、应急救援人员管理的要求。

第一节　职 业 健 康

道路运输是面向社会,服务群众,肩负人民生命财产安全重大责任的行业。无论是指挥“千军万马”的运输经理人,或是手握转向盘的汽车驾驶员,或是道路运输的管理者,其自身健康状况与行业责任的履行休戚相关。随着我国国家高速公路网的加快建设,快速客货运输正在占领越来越大的市场,成为道路运输的主导力量。随之而来的是运输经理人、汽车驾驶员以及管理者工作与生活节奏的“与时俱进”,疲劳强度的与日俱增,导致一些人“疲于奔病”,猝死的幽灵便开始徘徊在这个行业的人群之中。

一、职业健康的由来

“职业健康”,国外有些国家称之为“工业卫生”,有些国家称之为“劳动卫生”,目前较多国家倾向于使用“职业卫生”这一术语。

自新中国成立以来,我国曾称这门科学为“劳动卫生”、“职业卫生”,国家标准《职业安全卫生术语》(GB/T 15236—1994)中明确指出,劳动卫生与职业卫生是同义词。2001 年 12 月,原国家经贸委、国家安全生产局修订《职业安全卫生管理体系试行标准》时,将“职业卫生”一词修订为“职业健康”,并正式发布了《职业安全健康管理体系指导意见》和《职业安全健康管理体系审核规范》。目前,我国劳动卫生、职业卫生、职业健康三种叫法并存,内涵相同。

国家安监总局统一采用职业安全健康一词,简称职业健康。

二、职业健康的定义

1950 年,由国际劳工组织和世界卫生组织的联合职业委员会给出了职业健康的定义:职业健康应以促进并维持各行业职工的生理、心理及社交处在最好状态为目的;并防止职工的健康受工作环境影响，保护职工不受健康危害因素伤害；并将职工安排在适合他们的生理和心理的工作环境中。

三、道路运输行业为什么要引入职业健康管理

应该说，在道路运输安全生产经营活动中，除从事道路危险货物运输人员外，接触粉尘、放射性物质和其他有毒、有害物质的机会并不是很多，但此次标准将其普遍纳入，并进行考核，其主要原因有三个：

(1)道路运输企业缺乏对从业人员的职业健康管理意识。目前，我国大部分道路运输经营企业为改革开放以后兴起，经营规模不大，管理粗放，安全管理能力普遍较差，对防范职业危害考虑不多，这也是在道路运输行业中存在比较突出"三超一疲劳"的安全问题根本原因所在。

(2)道路运输从业人员流动频繁，缺乏自我职业健康意识。伴随着我国道路运输行业新兴民营经济的发展，大量农村务工人员、下岗人员涌入道路运输行业，在挂靠经营为主的管理模式下，驾驶员稳定在一条线路、一台车上从业一年以上的情况很少，这种高流动频率造成运输企业很难对其实施系统性职业健康安全教育。从业人员素质普遍不高，操作技能差、对职业危害缺乏了解，更谈不上自我职业健康意识。

(3)重视行车安全，忽视职业伤害。多年以来，"行车安全、人身安全"是道路运输安全管理的重中之重，而人身安全仅仅是包括控制死亡事故的发生，并不考虑职业病的防范和控制。故此，在很多企业辨识危险、控制安全时，根本未把职业病作为应辨识的危险或伤害。另外，有些道路运输企业也未建立对有毒、有害作业场所的人员定期体检的制度，定期对有毒、有害作业场所进行安全监测。在体检中，已发现有个别员工受到职业伤害却未做进一步检查，或调整工作，或加强防护措施。这与职业安全健康管理体系(OSHMS)的要求完全相背离。重视人权，关心员工健康，减少职业伤害也是安全管理的内容，这在道路运输行业安全管理中被普遍忽视。

在道路运输行业引入职业健康管理，有助于从制度上确立企业对从业人员职业健康管理责任，促使其主动关注道路运输从业人员，及时改进作业环境，保证合理劳动作业休息，有效根治当前较为严重的"三超一疲劳"等安全问题。

四、目前我国职业健康管理模式

2002 年实施的《职业病防治法》只确定了一家职业健康管理主管部门，即卫生部门。当时的立法思路是从专业的角度出发，由于卫生部门是政府的卫生行政部门，有专业的力量，可以承担职业病防治的职责。但很快就发现，卫生部门难以单独承担职业病防治的职责，一个很重要的原因就是卫生部门管不了工作场所的职业安全，只能从医疗的角度来管。

在 2003 年国务院机构改革的时候，为了加大对企业的监管力度，卫生部和国家安监局协商，将作业场所职业卫生监管、组织查处职业危害事故和违法行为等职责，交给安监部门。当时考虑到，尘肺病病例占了职业病总病例的 80%，而煤炭的采选业是尘肺病的高发区，由安监部门负责现场监管很合适，中央编办发文把这个职责正式交给了安监部门。2005 年，卫生部与国家安监总局联合下发了《关于职业卫生监督管理职责分工意见的通知》(卫监督发

〔2005〕31 号）。

1. 卫生部门职责

（1）拟定职业卫生法律、法规和标准。

（2）负责对用人单位职业健康监护情况进行监督检查，规范职业病的预防、保健，并查处违法行为。

（3）负责职业卫生技术服务机构资质认定和监督管理；审批职业病健康检查、职业病诊断的医疗卫生机构并进行监督管理，规范职业病的检查和救治；负责化学品毒性鉴定管理工作。

（4）负责对建设项目进行职业病危害预评价审核、职业病防护设施设计卫生审查的竣工验收。

2. 安监部门职责

（1）负责制定作业场所职业卫生监督检查、职业危害事故调查和有关违法、违规行为处罚的法规、标准，并监督实施。

（2）负责作业场所职业卫生的监督检查，依照《使用有毒物品作业场所劳动保护条例》发放职业卫生安全许可证；负责职业危害申报，依法监督生产经营单位贯彻执行国家有关职业卫生法律、法规、规定和标准情况。

（3）组织查处职业危害事故和有关违法、违规行为。

（4）组织指导、监督检查生产经营单位职业安全培训工作。

省卫生厅、省安监局确定建立部门之间协调机制，尽快理顺工作关系，切实履行职责。在职责划转期间，要做好协调工作，防止出现工作上缺位和越位，共同做好职业病防治工作。

五、国家关于职业健康管理工作的总体思路

依据《国家职业病防治规划 2009—2015》（国办发〔2009〕43 号）文件精神，确立了职业健康管理工作总思路：坚持以科学发展观为统领，坚持安全发展，坚持以人为本，立足实际，远近结合、突出重点、分类监管，全面加强职业健康监督管理工作，通过打造“两支队伍”，建立“三项制度”，构筑“四大体系”，减少职业危害、改善作业环境、遏制重特大职业危害事故、保障劳动者健康。

1. 两支队伍

国家、省、地市、县职业健康监管队伍；企业职业健康监督员队伍。

2. 三项制度

对应《作业场所职业健康监督管理暂行规定》、《作业场所职业危害申报管理办法》、《使用有毒物品职业卫生安全许可证管理办法》（尚未出台）三个法令，建立监督检查、职业危害申报和行政许可三项制度。

3. 四大体系

职业健康法规标准体系、职业健康技术服务与支撑体系、宣传教育培训体系、信息与装备保障体系。

六、道路运输企业职业健康管理要求

从减少道路运输安全生产活动中职业危害、改善作业环境、遏制重特大职业危害事故、

保障道路运输行业的劳动者健康出发，对道路运输行业职业健康管理考察至少应关注以下七个重点：

1. 开展职业健康宣传

针对从事道路运输经营的范围存在职业危害开展职业卫生防护教育，如从事道路危险货物运输的企业应开展防火、防爆、防中毒知识以及预防危险货物运输事故应急防护处理知识的宣传教育。

2. 建立劳动防护用品制度

根据职业危害程度提供符合防治职业病要求的职业病防护措施和个人使用的职业病防护用品，改善工作条件。如从事道路危险货物运输企业应根据承运类别、项别主动为从业人员配备基本劳动防护用品，见表6-1。

基本劳动防护用品 表6-1

序号	运输危险货物类别	劳动防护用品
1	爆炸品	防静电服、防静电鞋、手套
2	气体	防静电服、防静电鞋、手套
3	易燃液体	防静电服、防静电鞋、手套
4	易燃固体、易于自燃的物质和遇水放出易燃气体的物质	防静电服、防静电鞋、手套
5	氧化性物质和有机过氧化物	防化学液眼镜、耐酸(碱)手套、耐酸(碱)鞋
6	毒性物质和感染性物质	防化学液眼镜、防毒口罩(面具)、防毒物渗透工作服、防毒物渗透手套
7	放射性物品防射线	护目镜、防射线服
8	腐蚀性物质	防酸(碱)工作服、耐酸(碱)手套、耐酸(碱)鞋

3. 规范劳动安全卫生管理

《劳动法》关于用人单位在职业安全卫生方面的权利义务的规定如下：

(1)用人单位必须建立、健全劳动安全卫生制度，严格执行国家劳动安全卫生规程和标准，对劳动者进行劳动安全卫生教育，防止劳动过程中的事故，减少职业危害。

(2)用人单位必须为劳动者提供符合国家规定的劳动安全卫生条件和必要的劳动防护用品，对从事有职业危害作业的劳动者应当定期进行健康检查。作为道路运输企业应当根据关键岗位的特点，分类制定安全生产操作规程，并监督员工严格执行，推行安全生产标准化作业。对危险性大的生产设备设施必须取得国家有关颁发的许可证后，方可投入运行。对从事有毒有害作业人员应定期进行身体健康检查，提供的劳动防护用品经过政府劳动部门安全认证合格的劳动防护用品。

4. 保证员工正常工作时间和休息放假

根据《劳动法》《国务院关于职工工作时间的规定》，国家实行劳动者每日工作时间不超过八小时，平均每周工作时间不超过四十小时的工时制度。用人单位应当保证劳动者每周至少休息一日。

用人单位由于生产经营需要，经与工会和劳动者协商后可以延长工作时间，一般每日不得超过一小时；因特殊原因需要延长工作时间的，在保障劳动者身体健康的条件下延长工作时间每日不得超过三小时,但是每月不得超过三十六小时。

作为道路运输企业,应当根据自己经营需要合理安排驾乘人员休息,同时建立防止疲劳驾驶制度。关心驾乘人员的身心健康,定期组织进行体检,为客运创造良好的工作环境,合理安排运输任务,防止疲劳驾驶。

5. 实行劳动安全卫生设施和“三同时”制度

《劳动法》规定,劳动安全卫生设施必须符合国家规定的标准。新建、改建、扩建工程的劳动安全卫生设施必须与主体工程同时设计、同时施工、同时投入生产和使用。

6. 开展职业危害检测

从事特种作业的劳动者必须经过专门培训并取得特种作业资格,同时,对从事高毒、粉尘等危险作业还应及时开展职业危害检测,防止和减少职业危害出现。

7. 保障劳动者安全卫生权利

劳动者在劳动过程中必须严格遵守安全操作规程。劳动者对用人单位管理人员违章指挥、强令冒险作业,有权拒绝执行;对危害生命安全和身体健康的行为,有权提出批评、检举和控告。

第二节　安全管理人员

安全生产管理人员是指生产经营单位中专门从事安全生产管理工作的人员。道路运输经营企业作为安全生产责任主体,其安全管理机构的设置合理与否和安全管理人员配备是否科学将直接关系到企业安全管理活动正常开展,因此在企业安全生产达标考核中必须加强企业安全管理人员配备及其安全业务素质的考察。

一、专(兼)职安全管理人员配备标准

按照企业安全管理实行行政首长负责下的安全管理部门综合监管,部门分工负责,全员一岗双责管理格局。道路运输企业安全管理人员应由企业主要负责人、分管安全负责人、分管业务其他负责人、管理科室、分公司等部门及其负责人车队和车队队长 、安全员等组成。

通常所说的专(兼)职安全管理人员,主要是指处于安全管理执行层的安全管理机构安全管理人员及其他岗位上(兼任)负责安全管理人员,不具备条件设立安全管理机构特指从事安全管理的专职安全员或由其他岗位人员兼任安全管理工作的人员。目前,从我国安全生产立法,尤其是道路运输领域安全立法来讲,对企业安全管理人员配置要求并未有采取一个绝对量化的标准,而是要求道路运输经营企业应根据管理人员结构状况、企业管理幅度和管理层次、企业经营组织结构、经营活动范围合理配置专职安全管理人员。

《中华人民共和国安全生产法》第十九条第二款规定, 前款规定(矿山、建筑施工单位和危险物品的生产、经营、储存单位)以外的其他生产经营单位,从业人员超过三百人的,应当设置安全生产管理机构或者配备专职安全生产管理人员;从业人员在三百人以下的,应当配备专职或者兼职的安全生产管理人员,或者委托具有国家规定的相关专业技术资格的工程技术人员提供安全生产管理服务。

生产经营单位依照前款规定委托工程技术人员提供安全生产管理服务的,保证安全生

产的责任仍由本单位负责。

结合国家道路运输行业立法和安全管理要求，专(兼)职安全管理人员配备参考标准为：

1. 道路旅客运输企业

拥有10辆以上(含)营运客车的道路旅客运输企业应当设置专门的安全生产管理机构，配备专职安全管理人员。拥有10辆以下营运客车的道路旅客运输企业应当配备专职安全管理人员。原则上按照每20辆车1人的标准配备专职安全管理人员，最低不少于1人。

鉴于道路旅游客运企业在运行线路不固定性、车辆技术管理员的管理都较一般道路旅客运输企业复杂，其安全管理人员配备标准应明显高于道路旅客运输企业。

鉴于农村客运员高流动性、运输车辆的技术条件不高、运行线路多临水、临崖等复杂路段，农村客运企业专(兼)职安全管理人员也应不低于道路旅客运输企业。

2. 道路危险货物运输企业

自有车辆(挂车除外)小于30辆(含)的道路危险运输企业或者单位，应当配备至少1名专职安全管理人员；自有车辆在30辆至60辆(含)的，应当配备至少2名专职安全管理人员；自有车辆大于60辆的，应当配备至少3名专职安全管理人员，且超出部分每增加30辆，应当相应增加1名专职安全管理人员。

3. 道路普通货物运输企业

道路普通货物运输包括道路普通货物运输、零担货物运输、大型物件货物运输、集装箱运输、冷藏货物运输、危险货物运输和搬家运输。因此，道路货物运输实际安全管理工作也十分繁重，而且目前国家对道路货物运输安全和其他道路客运管理要求没有本质上的区别。因此，道路普通货物运输企业安全管理人员的配备参照道路旅客运输企业和道路危险货物运输企业标准进行配备。

4. 汽车客(货)运站

汽车客运站应当配备安全生产管理人员，并保持安全生产管理人员的相对稳定。三级以上汽车客运站应当配备专职安全生产管理人员，四级以下汽车客运站配备专职或者兼职安全生产管理人员。专职和兼职安全生产管理人员数量应当适应工作需要。汽车客运站安全生产管理人员应当具备安全生产管理经验，熟悉各岗位的安全生产业务操作规程。

道路汽车货运站不仅是社会人员密集场所、车辆停放场所，更是货运交易、储存、堆放场所，其安全管理难度不亚于道路客运站。尽管目前国家没有对道路汽车货运站的安全管理人员配备提出明确要求，其安全管理人员配备也不得低于道路汽车客运站的配备标准。

二、安全管理人员基本能力

1. 一般要求

安全管理人员处在道路运输企业安全管理的执行层，是企业直接、最重要的安全管理力量。从某种程度上讲，一支好的企业安全管理人员队伍是搞好安全生产的根本前提和基本保证，对于实现并按照“企业负责、行业管理、国家监察、群众监督”的安全管理模式运转意义重大。企业的安全管理人员必须具备必要的思想政治素质、业务素质、良好的心理素质。

1)思想政治素质

思想政治素质是指企业安全管理人员在思想观点、政治立场、道德品质等方面必须要具备的基本条件。思想政治素质是企业安全管理人员应该具备的基本素质,是从事企业安全管理工作的首要条件。坚持正确政治方向、树立科学的世界观、人生观,具备崇高的思想境界,是企业安全管理人员应该具有的思想素质的基本内容。企业的安全管理工作是为企业广大员工服务的,关乎企业员工的生命和企业财产安全。在安全管理过程中,需要处理好个人和社会、公与私、贡献和索取、幸福和牺牲等方面的关系。作为安全管理人员必须具备高尚的思想品质,谦虚谨慎,戒骄戒躁,善于开展批评与自我批评,对有利于安全生产的事业要坚决去办,对违反安全管理的违章违纪行为要坚决抵制。当前,在"一切向钱看"的错误思潮影响下,不少的企业重生产轻安全,挤占挪用安全专项费用,做表面文章,虚假应付,留下了事故隐患。面对这些棘手问题,安全管理人员就要敢于坚持原则,尽职尽责,无所畏惧地大胆站出来维护人民生命财产的安全。

2)过硬的业务素质

业务素质是安全管理人员的看家本领,是安全管理人员应具备的素质。安全管理不仅涉及安全法规、政策,而且还涉及企业生产中安全生产技术规范,事故处理中涉及职工甚至领导的切身利益和声誉,办起事来遇到的麻烦多、阻力大,要做好上面这些工作,管理人员必须具备过硬的业务素质。

业务素质包括政策理论水平、专业技术水平、管理艺术水平三个方面。

(1)政策理论水平要强。要加强专业政策理论、安全法规、规章制度的学习,掌握处理问题的政策尺度。

(2)专业技术水平要精。在加强专业理论知识学习的同时,必须在实际工作中摸索和增长实践知识,提高实际工作能力。在科学技术快速发展的今天,机电设备、工艺流程、企业产品更新换代快,这一切都在鞭策安全管理人员要学习新知识,不断自我"充电",输入新鲜"血液",以适应新形势下社会发展的需求。

(3)管理艺术水平要高。不仅要学习安全管理知识,而且要具备管理才能。要在工作实践中养成细致严谨的工作作风,在掌握安全管理政策、法规知识和专业技术知识的基础上,开阔视野,不断提高发现问题、解决问题的能。

3)良好的心理素质

安全工作中,既要坚决执行国家安全法规和有关的规章制度,又要严格遵守安全纪律,在安全检查特别是隐患整改、督查督办时,往往因企业效益差,资金紧缺以及安全认识不足而导致诸多矛盾,造成一些职工甚至领导对安全管理人员不理解、不支持,轻则埋怨,重则谩骂,甚至打击报复等。因此,安全管理人员要增强心理承受能力,具有良好的心理素质,这样才能正确处理外界和自身原因造成的心理负担和压力。良好的心理素质主要有事业心、责任感、自信心和自制力。

(1)事业心是指对工作充满热爱的感情,把自己本职工作和单位的利益及人民的生命财产安全紧密联系起来。有了这种品质,才能耐得住清苦的工作环境,才能有勤勤恳恳做好本职工作的决心和信心。

(2)责任感是指对社会和服务对象所负的道德责任的感情。有了这种高尚的情感,才能对自己所从事的安全管理工作产生高度的责任感,才能充分发挥主观能动性和创造性。

(3)自信心就是在工作中具有坚强的意志,有把工作做好的勇气和胆量。拥有必胜的自信心就能坚持原则，毫不动摇地坚持正确观点，理直气壮地检查督办各类安全隐患，按要求进行整改。

(4)自制力就是遇事沉着冷静，善于控制自己的情绪。有了高素质自制力，就能严于律己，宽容大度，坚持平稳而积极向上的心境，精力充沛、头脑清醒、善待他人，在安全管理中把事做好。

总之，安全管理人员要加强自身素质建设，使自己成为熟悉政策、精通业务、思想敏锐、敢抓敢管的高素质安全管理人才，以较高的理论水平，较强的业务技能，高尚的职业道德，对安全工作实施有效监督和管理，赢得社会的认可和尊敬。

2.道路运输企业安全管理人员的能力要求

(1)熟悉道路运输行业安全生产法律、法规，能够科学地把握法规对企业安全生产条件的要求，积极有效开展道路运输安全生产经营活动，制定和实施有效的安全管理措施，确保道路运输从业人员和运输生产车辆、设施处于安全状态。

(2)能够针对道路运输企业自身实际，科学制定企业的安全管理方针、管理体系标准，创建符合企业自身安全管理实际安全管理控制体系、安全文化体系。

(3)熟悉解道路运输行业应急救援管理要求，能够针对性制定企业应急管理预案，并组织开展施救演练活动，事故发生时，能够及时组织处理。

(4)熟悉道路运输行业职业安全卫生知识和技术，针对企业安全生产实际开展危险源及其识别、评价、控制，建立符合企业自身管理需要职业健康安全管理体系。

三、安全管理人员资格要求

道路运输安全管理需要了解和掌握道路运输安全生产法规和运输车辆和其他技术装备相关知识和能力，需要能够开展安全管理制度制定、安全检查评比等各种安全活动，客观上需要道路运输企业安全管理有较高素质和能力，根据目前国家有关法规、政策要求，企业应对安全管理人员实行任职资格管理，其具体要求如下：

(1)应当具有高中以上文化程度，即安全管理人员文化素质应达到指高中(含普通高中、职业高中、中等专业学校、技工学校等)、大专、本科、硕士、博士等学历。客运企业的安全生产管理人员必须具备高中以上文化程度，是由道路运输经营安全管理的特殊性决定的。道路运输安全管理是非常专业的一项工作，不仅需要掌握大量安全管理和旅客运输的专业知识，还需要有一定的文化基础和学习能力，要根据工作的需要和形势的变化，不断学习和更新本领域的新知识、新技术和新方法。

(2)具有在道路客运行业三年以上从业经历，道路运输企业的安全生产管理人员首先要熟悉道路运输行业，掌握道路运输的基本知识和实践经验，准确把握道路旅客运输的各项法律、法规和规章制度，才能做好安全管理工作。其次，道路运输企业的安全生产管理人员还应具备必要的社会责任和安全意识，才能主动、认真、负责地做好各项安全生产监督管理工作。这些基本条件和素质要求，需要一定的从业经历才能够满足。

(3)取得任职资格。道路运输企业在聘用企业安全管理人员时，应对其道路运输安全管理业务知识、管理能力进行考察，符合企业安全管理需要的才能允许上岗。需要取得国家职业资格考试认定的，拟聘用的安全管理人员还需要经相关部门统一培训且考核合格，才能持证上岗。另外,安全管理人员应当定期参加相关管理部门组织的培训,且每年参加脱产培训的时间不少于24学时。未参加相关管理部门组织的继续教育培训的企业不得允许其从事安全管理活动。

四、安全管理人员培训教育内容

作为道路运输企业,应加强对企业安全管理人员的培训,可以送出去参加政府或其他专业安全机构的培训,也可请安全专家授课培训。道路运输经营企业安全管理人员培训教育的内容至少应涵盖以下内容:

(1)安全生产法律规范法、规程、标准及技术规范。

(2)安全生产理论及道路交通安全控制理论。

(3)道路运输安全管理操作实务。

(4)道路运输企业风险控制管理。

(5)道路运输应急管理。

(6)道路交通事故处理。

(7)企业职业健康安全管理体系。

(8)道路运输企业安全生产标准化。

(9)道路运输企业安全文化。

五、安全管理人员能力持续改进要求

道路运输企业应加强企业安全管理人员能力持续改进,定期考查对其从事安全管理活动的业务知识、管理能力和实际管理效果进行综合考核评价。

1. 业务知识

重点考查安全管理及安全技术理论熟悉掌握程度,主要有:

(1)道路运输基础常识。

(2)道路运输安全管理要求。

(3)道路运输事故应急救援和应急处置。

(4)道路运输安全管理的法律责任。

(5)道路运输企业的安全管理要求。

(6)道路运输职业危害及预防。

2. 实际能力考核

(1)能认真贯彻执行国家的安全生产方针、政策和安全生产法规。

(2)有一定的安全生产实际经验和组织管理能力。

(3)能主持制定安全管理规章制度,并切实组织实施。

(4)能有效地组织安全检查和处理事故隐患,正确进行事故处理。

(5)从事危险货物运输管理的应能使用《危险货物品名表》(GB 12268—2004)、《常用危险化学品的分类及标志》(GB 13690—1992),查阅指定品种的归类、归项和危险特性,并能表述出道路运输安全管理要点。

3. 安全管理效果

通过考察安全管理人员所管理的安全事项持续改进情况及所管理的道路运输从业人员

安全管理操作技能、安全操作知识的考察来综合评价企业安全管理人员对改进企业安全管理工作的贡献。

六、企业班组长安全管理

班组是企业的最基层组织，是安全生产的第一道防线。班组长是企业安全生产工作一线的直接指挥者和组织者。加强企业班组长安全培训工作，是全面提高从业人员安全意识和操作技能，规范作业行为，杜绝违章指挥、违章作业、违反劳动纪律的“三违”行为，从根本上防止事故发生的有效途径，也是当前进一步强化企业班组安全生产基础建设，提升现场安全管理水平，促进企业安全生产的一项重要而紧迫的任务。

这里，我们就目前道路运输经营企业班组安全管理比较薄弱的环节——企业班组长安全教育要求进行介绍。

1. 道路运输企业班组长安全教育的主要内容

(1)本企业安全生产状况及安全生产规章制度。

(2)岗位危险有害因素及安全操作规程。

(3)车辆及其他运输生产作业设备安全使用与管理。

(4)运输生产作业条件与环境改善。

(5)(从事具有危害、危险作业的)个人劳动防护用品的使用和维护。

(6)运输生产作业现场安全标准化。

(7)现场安全检查与隐患排查治理。

(8)现场应急处置和自救互救。

(9)本企业、本行业典型事故案例。

(10)道路运输企业班组长的职责和作用。

(11)道路运输从业人员的权利与义务。

(12)与一线作业人员沟通的方式和技巧。

(13)班组安全生产的组织管理。

(14)“白国周班组管理法”等先进的班组安全管理经验。

2. 道路运输企业班组长安全教育时间

按照《国务院安委会办公室关于贯彻落实国务院〈通知〉精神 加强企业班组长安全培训工作的指导意见》(安委办〔2010〕27 号) 要求，道路运输经营企业要把班组长安全培训纳入本企业安全生产发展规划、年度工作计划和目标责任体系，制定班组长安全培训实施方案，已在岗的班组长每年接受安全培训的时间不得少于 24 学时，班组其他员工每年接受安全培训的时间不得少于 16 学时。

3. 道路运输企业班组长安全教育档案

道路运输企业班组长安全培训档案主要应包括培训内容、技能训练科目、培训时间、培训学时及考核情况等，对班组长培训考核情况实行单位与个人签字管理，真实记录。

4. 班组长安全培训组织形式

道路运输企业要结合自身道路运输经营活动实际，可以采取集中培训、半工半培、送教上门等多种形式开展班组长安全培训。针对企业现场安全管理和班组长的特点，通过开设安全宣传栏，利用多媒体、企业内部网站、电视、报刊、板报等平台以及安全讲座、班前班后会、安全知识竞赛和安全日活动等时机，抓好日常安全教育培训；也可以通过岗位描述、技术比武、应急演练、现场事故分析、反事故演习、现场安全自检等方式，大力开展岗位练兵，不断提高班组长和员工自我安全保护意识和能力。

5. 白国周班组管理法

白国周，中平能化集团七星公司（原平煤集团七矿）开拓四队班长。在长期的工作实践中，他不断探索煤矿安全生产的经验和班组管理方法，创造出了可学可用的“白国周班组管理法”，不仅保证了白国周班组22年的生产安全，而且为煤矿班组建设和煤矿安全生产积累了宝贵经验。白国周本人也因此成为煤矿安全的典范和基层班组长学习的楷模。

白国周在日常的生产实践中总结出了一套行之有效的班组管理方法，其主要内容可以概括为“六个三”：即三勤、三细、三到位、三不少、三必谈、三提高，见表6-2。

白国周班组管理法 表6-2

“三勤”	“三细”	“三到位”
勤动脑	心细	布置工作到位
勤汇报	安排工作细	检查工作到位
勤沟通	抓工程质量细	隐患处理到位
“三不少”	“三必谈”	“三提高”
班前检查不能少	发现情绪不正常的人必谈	提高安全意识
班中排查不能少	对受到批评的人必谈	提高岗位技能
班后复查不能少	每月必须召开一次谈心会	提高团队凝聚力和战斗力

“白国周班组管理法”虽然是一种方法，但其内在却潜藏着令人折服的精神光芒，有着鲜明的时代特点和精神追求。概括起来有以下几个方面：

一是秉遵安全第一理念，执守安全管理制度，任何情况下都把安全生产放在第一位，坚决做到不安全绝不生产。二是生产过程中注重质量，盯住细节，勤于检查，抓好落实，时刻注意把隐患消灭在萌芽状态。三是刻苦学习，钻研技术，言传身教，带领工友努力成为开拓掘进的行家里手和技术能手。四是坚持以人为本，亲善求和，以人性化管理和亲情感召凝聚工友思想意志，努力形成安全生产的整体合力。“白国周班组管理法”所体现出本质安全导向值得同样作为高危行业的道路运输行业班组建设学习和推广。

第三节 一线作业人员

道路运输企业一线生产作业众多，他们是道路运输生产管理落实者、执行者，是事故直接的受害者，也是责任追究的第一人。道路运输企业对一线运输生产作业人员管理的好坏直接决定企业安全管理质量和安全管理效果。因此，在开展道路运输经营企业安全生产达标考核活动中，对一线作业人员的安全生产责任意识和安全生产技能的考察至关重要。它是科学地判定一个企业实际安全生产保障能力最基本参数。

一、一线作业人员构成

随着我国职业资格化管理制度的确立，交通运输行业的技术工人作为专业法律名词逐渐消亡。因此，依据交通运输部《道路运输从业人员管理规定》《出租汽车客运从业人员管理规定》，我国道路运输从业人员构成主要有道路客货运输驾驶员、道路危险货物运输从业人员、机动车维修技术人员、机动车驾驶培训教练员、道路运输经理人和其他道路运输从业人员等。其中：

(1)道路旅客运输企业一线运输生产作业人员有道路客运乘务员、道路旅客运输驾驶员等。

(2)道路客运站一线运输生产作业人员有车辆安检人员、"三品"检查人员等。

(3)道路货运站一线运输生产作业人员有装卸工、场内驾驶员等。

(4)道路货物运输企业一线运输生产作业人员有道路货物运输驾驶员。

(5)道路危险货物运输一线运输生产作业人员有道路危险货物运输驾驶员、装卸管理人员和押运人员。

(6)出租汽车客运企业一作业人员主要是出租汽车驾驶员。

(7)机动车维修企业一线运输生产作业人员有从事机修、电器、钣金、涂漆、车辆技术评估(含检测)作业的技术人员、机动车维修企业价格结算员及业务接待员等。

当然，目前道路运输行业还有一些没有纳入职业资格管理的从业人员，如道路客(货)运站车辆安检员、站务员、调度员、危险品检查员等从业人员。

二、一线作业人员管理

道路运输企业对道路运输从业人员的管理主要应侧重岗前管理、行为管理、周期评价、继续教育等方面。通过岗前、岗中及周期评价促使一线运输生产作业人员绷紧安全弦，树立"安全第一、预防为主"和"安全生产，人人有责"的思想。

1. 岗前管理

把好道路运输从业人员的入口关对于保证道路运输安全管理具有十分重要的意义，实施岗前管理是国家法律对道路运输企业履行安全生产主体责任的基本要求。《安全生产法》第二十一条要求，生产经营单位应当对从业人员进行安全生产教育和培训，保证从业人员具备必要的安全生产知识，熟悉有关的安全生产规章制度和安全操作规程，掌握本岗位的安全操作技能。未经安全生产教育和培训合格的从业人员，不得上岗作业。

《国务院关于进一步加强企业安全生产工作的通知》(国发〔2010〕23号)第六条规定，企业职工必须全部经过培训合格后上岗。企业用工要严格依照劳动合同法与职工签订劳动合同。凡存在不经培训上岗、无证上岗的企业，依法停产整顿。没有对井下作业人员进行安全培训教育，或存在特种作业人员无证上岗的企业，情节严重的要依法予以关闭。

道路运输企业所有的一线运输生产作业人员在上岗前都要经过职业资格审查、安全知识技能测试、岗前培训、聘用(试用)才能进入所聘用的工作岗位。这里，我们以生产作业人员为例，对岗前管理进行介绍。道路运输企业对生产作业人员的岗位前期管理主要有六个方面：

(1)职业资格审查。

对应聘者进行从业资格条件审查。

①核实驾驶资格。通过公安交通管理部门查询应聘者是否与具备与所驾驶车型相符的驾驶资格,同时查询其交通违法信息记录情况。

对三年内发生道路交通事故致人死亡且负同等以上责任的、交通违法记分有满分记录的,以及有酒后驾驶、超员 20%、超速 50% 或 12 个月内有三次以上超速违法记录的人员,道路运输企业不得聘用其驾驶营运车辆。

②核实从业资格。按照《道路运输从业人员规定》,向户籍地运管机构查询其是否与具备与所从事道路运输经营类别相适应从业资格,同时查询其诚信考核记录情况。

按照《道路运输驾驶员诚信考核办法(试行)》规定,道路运输驾驶员在考核周期内累计计分达到 20 分的,应当在计满 20 分之日起 15 日内,到档案所在地有培训资格的机构,接受不少于 18 个学时的道路运输法规、职业道德和安全知识的继续教育。对在考核周期内累计计分达到 20 分,且未按照规定参加继续教育培训的;未签注诚信考核等级的;从业资格证件被吊销的以及诚信考核等级为 B 级的道路运输驾驶员的,道路运输企业不得聘用其驾驶营运车辆。

③核查执业经历。对有从业经历的,新聘用道路运输企业还可以向近三年曾服务过的单位对其安全执业情况进行了解。安全执业经历主要是指安全驾驶车辆的累计时间和累计里程。

(2)驾驶技能和综合素质测试。

企业应组织应聘者进行理论知识测试和驾驶技能测试,通过综合考核,择优选取符合条件的人员。在测试过程中,企业不仅要重视安全驾驶技能的考查,也应重视的文化水平、工作经验、性格特征、情绪、分析问题的能力等综合素质考察。企业可通过面试,观察应聘者的面部表情和身体语言,判断其自信心、性格特征、情绪等素质特征。通过分析应聘人回答问题的情况,判断其分析问题、解决问题的能力。通过面试可以有效地排查存在安全隐患的人员,为以后分配合适的工作岗位奠定基础。

(3)驾驶适宜性检测。

驾驶适宜性检测是指运用科学的手段对驾驶员的心理、生理状态进行检测,判断其是否适宜驾驶车辆。通过驾驶适宜性检测,一方面可以避免不具备驾驶适宜性的人群进入队伍,消除安全隐患;另一方面,可以对开展有针对性的再教育和训练,指出他们存在的问题和今后驾驶车辆应注意的事项,降低事故发生率。

根据新修订的《道路运输驾驶员适宜性检测评价方法》标准,驾驶适宜性检测主要包括动体视力、暗适应、夜间视力、深度知觉、速度估计、周边风险感知、选择反应能力、紧急/连续紧急反应能力、处置判断能力 9 个指标。其中,动体视力是驾驶员在一定运动速度下辨别物体的视觉能力(不同的人对于同一速度和物体的辨别能力不一样);暗适应是指人眼在强光照射刺激后突然进入黑暗后视力的适应能力(如突然进入黑暗隧道中的反应能力);夜间视力是指人在低亮度和低照度条件下的视力(农村道路的行驶);深度知觉是指驾驶员在行车过程中对物体空间距离、障碍物的远近是否能正确判断的能力(超车的判断能力);速度估计是一种运动知觉,是人对运动物体速度的感知和判断能力(对时速的估计);周边风险感知是指驾驶员集中注意力的同时,对周边潜在危险感知能力(预估性);选择反应能力是人体对外界刺激在一定时间内作出正确应答的能力,主要包括选择反应的快慢和选择反应的正确性(处事能力);紧急/连续紧急反应能力主要是检测驾驶员对连续出现的紧急情况作出快速判断的能力(连锁反应能力);处置判断能力是指驾驶员在多种信息情况下注意力的分配、转移能力及注意力的持续能力,动作协调性和动作圆滑性(复杂情况下的综合反应能力)。

(4)企业安全生产管理部门审核。

招聘和录用对于保障道路运输安全至关重要,因此,企业安全生产管理部门应参与招聘工作,对从业资格进行核准,对招聘过程进行监督,不符合条件的坚决不能录用。为了便于管理,企业应积极采用信息化管理手段,建立信息库,利用卫星定位监控系统平台,实现对信息、运输调度、交通违法记录等从业行为的管理。

(5)岗前培训。

对驾驶员进行岗前安全教育、培训是道路运输安全管理的一项重要内容和基础工作。通过安全教育和培训,可以使牢固树立安全意识,认识和把握道路运输中事故因素及其发生规律,正确理解和掌握有关安全制度,掌握安全操作规程和事故应急处置知识和方法,严格执行安全操作规程,及时发现事故隐患,保证道路运输安全。

岗前培训的主要内容包括:国家道路交通安全和安全生产相关法律法规、安全行车知识、典型交通事故案例警示教育、职业道德、安全告知知识、应急处置知识、企业有关安全运营管理的规定等。岗前理论培训不少于12学时,实际驾驶操作不少于30学时,并要提前熟悉和了解车辆性能和线路情况。

(6)依法录用。

企业在录用过程中,应当遵守《中华人民共和国劳动合同法》。运输企业应当如实告知劳动者工作内容、工作条件、工作地点、职业危害、安全生产状况、劳动报酬,以及劳动者要求了解的其他情况。企业不得扣押居民身份证和其他证件,不得要求提供担保或者以其他名义向其收取财物。录用后签订聘用合同。对新从业的一线道路运输作业人员要注重发挥老员工"传、帮、带"作用,以师带徒,提高一线运输作业人员的实际操作技能。

2. 岗中行为管理

行为管理是一种通过提高企业中人们工作表现和发展个人与团队能力来为企业带来持续性成功的战略性、整体性的管理程序。对企业来讲,道路运输安全生产管理活动也应是一个持续改进的过程,建立并落实一线运输生产作业人员从业行为定期考核制度有着十分重要意义。

(1)作业前安全管理。重点是要积极落实岗前安全行为规则告知制度。一线运输生产作业人员进入岗位前,道路运输企业安全管理人员要对其岗位操作要求进行测试询问,告知其在作业中的安全注意事项,督促作业人员做好对生产设施设备检查、维护和保养,防止出现机具设备带病作业和作业人员违规操作带来安全事故隐患。

(2)作业过程中安全管理。一是加强职业健康管理。关注一线运输生产作业人员的身心健康,定期组织作业人员进行体检,改善一线运输生产作业人员的工作环境,合理安排生产任务,防止出现"三违"操作。二是加强作业过程中安全巡查提示活动,及时纠正不安全行为。

3. 定期考核评价

道路运输企业应当对一线运输生产作业人员职业行为进行定期跟踪考察。一线运输生产作业人员从业行为定期考核的内容主要包括：作业活动中"三违"情况、安全事故情况、服务质量、安全生产情况、安全操作规程执行情况、参加教育与培训情况以及职业健康状况等。考核的周期不大于3个月。一线运输生产作业人员从业行为定期考核的结果应与企业安全生产奖惩制度挂钩。

2008年，交通运输部发布《关于印发道路运输诚信考核办法（试行）的通知》（交公路发〔2008〕280号），《通知》要求，道路运输管理机构对在道路运输活动中的安全生产、遵守法规和服务质量等情况进行的诚信考核评价等级，应作为培训、辞退道路运输人员，调整道路运输工资和奖励的重要依据，也是道路运输企业参加行业评优的基本条件。因此，道路运输企业在开展客运定期考核时，应当与诚信考核工作有效结合。

附：

道路运输驾驶员诚信考核计分分值标准

一、道路运输驾驶员有下列情形之一的，一次计20分：

(1)从事道路运输经营活动，发生重大以上道路交通事故，且负同等责任的；

(2)转让、出租从业资格证件的；

(3)超越从业资格证件核定范围，从事道路运输活动的；

(4)驾驶未取得《道路运输证》的危险货物运输车辆，从事道路危险货物运输的；

(5)本次诚信考核过程中或者上一次诚信考核等级签注后，发现其有弄虚作假、隐瞒相关诚信考核情况，且情节严重的。

二、道路运输驾驶员有下列情形之一的，一次计10分：

(1)从事道路运输经营活动，发生重大以上道路交通事故，且负次要责任的；

(2)驾驶无《道路运输证》的车辆，从事道路旅客或者货物运输经营活动的；

(3)驾驶无包车客运标志牌、包车票、包车合同的车辆，从事客运包车经营的；

(4)驾驶未取得《超限运输车辆通行证》的车辆，从事超限运输经营活动的；

(5)擅自涂改、伪造、变造从业资格证件上相关记录的；

(6)有受到省级及以上交通运输主管部门或者道路运输管理机构通报批评的服务质量记录的。

三、道路运输驾驶员有下列情形之一的，一次计5分：

(1)驾驶无道路客运班线经营许可的车辆，从事班车客运经营的；

(2)超越《道路运输证》上注明的经营类别或者经营范围，从事道路运输经营活动的；

(3)驾驶擅自改装的车辆，从事道路运输经营活动的；

(4)驾驶客运班车不按批准的客运站点停靠或者不按规定的线路、班次行驶的；

(5)驾驶客运包车未按照约定的时间、起始地、目的地和线路行驶的；

(6)未配合汽车客运站执行车辆安全例行检查以及出站检查制度，擅自驾驶客车出站的；

(7)在旅客运输途中擅自变更运输车辆或者将旅客移交他人运输的；

(8)驾驶的危险货物运输车辆未按照危险化学品的特性采取必要安全防护措施的；

(9)有受到设区的市级交通运输主管部门或者道路运输管理机构通报批评的服务质量记录的。

四、道路运输驾驶员有下列情形之一的，一次计3分：

(1)没有采取必要措施防止货物脱落、扬撒的；

(2)驾驶未按规定维护、检测的车辆，从事道路运输经营活动的；

(3)驾驶未按规定投保承运人责任险的车辆，从事道路旅客或者危险货物运输经营活动的；

(4)无正当理由超过规定时间30日以上未签注诚信考核等级的；

(5)超过规定时间30日以上未参加继续教育培训的；

(6)有受到县级交通运输主管部门或者道路运输管理机构通报批评的服务质量记录的。

五、道路运输驾驶员有下列情形之一的，一次计1分：

(1)未按规定携带《道路运输证》、《道路运输从业人员从业资格证》，从事道路运输经营活动的；

(2)未按规定随车携带《道路客运班线经营许可证明》，从事班线客运经营的；

(3)未在规定位置放置客运标志牌，从事道路旅客运输经营活动的；

(4)服务单位变更，未申请办理从业资格证件变更手续的；

(5)道路危险货物运输和经营性道路旅客运输驾驶员未按规定填写行车日志的；

(6)超过规定时间，未签注诚信考核等级，且未达30日的；

(7)超过规定时间，未参加继续教育培训，且未达30日的。

为了调动安全生产的积极性、主动性，从业行为定期考核的结果应与企业安全生产奖惩制度挂钩。道路运输经营单位对于考核优秀的，给予适当的奖励。对交通违法记满分、诚信考核不合格以及从业资格证被吊销的驾驶员等一线运输生产作业人员要及时调离或辞退。

4. 继续教育

开展一线运输生产作业人员继续教育活动是持续改进安全生产保障能力的需要，是企业追究本质安全的需要，作为道路运输企业，不仅要做好继续教育，而且要对车辆安检员、站务员、调度员、危险品检查员等一线运输从业人员安全生产能力进行考察，及时纠正不安全习惯和不安全的行为。

道路运输企业应当加强岗位中期继续教育，坚持每月查询一次的违法和事故信息，及时进行针对性的教育和处理。定期对开展法律法规、典型交通事故案例警示、技能训练、应急处置等教育培训。应当每月接受不少于1次，每次不少于1小时的教育培训。道路运输企业应对教育与培训的效果进行考核。教育与培训考核的有关资料应纳入教育与培训档案。

自2011年，交通运输部印发了《道路运输驾驶员继续教育办法》，对经营性道路客货运输驾驶员、道路危险货物运输驾驶员等职业驾驶员建立继续教育制度，明确规定道路运输继续教育周期为2年。道路运输在每个周期接受继续教育的时间累计应不少于24学时。道路运输继续教育以接受道路运输企业组织并经县级以上道路运输管理机构备案的培训为主。不具备条件的运输企业和个体运输的继续教育工作，由其他继续教育机构承担。培训机构要对培训内容的实用性和针对性、对培训的接受程度等进行评估，发现培训过程中存在的问题，及时改进培训内容和培训方法。

三、一线重点作业人员的管理

道路运输企业应抓好一线运输生产作业人员的管理,重点是要加强一线人员作业行为的安全管理。下面我们分行业重点,就驾驶员、车辆安检人员、修理工、押运员、装卸员、GPS视频监管人员等管理进行介绍。鉴于前面已经对一线作业人员的岗前管理、行为管理、周期评价、继续教育等方面管理已经作了详尽阐述,下面主要就岗位职责及能力要求进行说明。

(一)道路客运输企业一线重点作业人员

1. 驾驶员的岗位职责及能力要求

1)基本要求

(1)认真学习并自觉遵守国家道路交通安全法律、法规及企业各项安全生产规章制度。

(2)具有较高安全驾驶责任感和良好安全行车习惯。

(3)熟悉和掌握车辆的例行维护和修理技能,能够确保车辆安全技术状况良好和各项设施齐备有效。

(4)郑重作出“安全驾驶承诺”,自觉接受广大旅客监督。

(5)掌握相关道路旅客运输法规、机动车维修和旅客急救基本知识,熟悉客运事故应急处置常识。

2)出车前

(1)有下列情况之一的,驾驶员不得驾驶车辆:饮酒、服用了国家管制的精神药品或者麻醉药品,患有妨碍安全驾驶的疾病、过度疲劳、家庭和社会矛盾影响情绪的。

(2)严守日常维护操作规程,坚持发车前检查车辆燃(润)油、冷却水是否加足,检查安全监控设施设备(GPS和行驶记录仪)、空调、视听等设施是否完好,确保设施完好有效。不驾驶安全设施不全或者安全技术状况不符合安全技术标准要求和有安全隐患的车辆。

(3)严格按照驾驶证、从业资格证规定的准驾车型驾驶车辆,认真执行客运作业计划。

(4)自觉接受安全教育培训和提醒,自觉接受“三不进站、五不出站”安全检查。

3)行驶中

(1)严格按照《车辆运输安全操作规程》驾驶,按照规定的线路、站点、班次、时间运行,不将车辆私自转交他人驾驶。

(2)不开情绪车、不开冒险车、不开急躁车,不超速超载、不疲劳驾驶、不酒后驾驶、不接打手持电话、不抽烟、不吃东西、不与他人闲谈。

(3)连续驾驶车辆4小时必须停车休息,休息时间不得少于20分钟,防止疲劳驾驶。在中途休息时,驾驶员应检查轮胎、轮毂、仪表、灯光等是否正常,确保车辆技术状况完好。

(4)不得在弯道上超车。在高速路上行驶时,要注意保持车距,不得长时间占道行驶;不得倒车、逆行,穿越中央隔离带掉头;车辆需驶出高速公路时应提前减速后变道,不得临近出口时突然减速变道;不得在车道内停车上、下旅客。

(5)车辆通过漫水桥、便桥(道)、浮桥、水毁、塌方等危险路段时,应严格遵守“一慢、二看、三通过”的规定停车观察,确认安全后低速通过,必要时让所有旅客下车步行通过,避免发生意外事故。

(6)在山区、停车视距不良或道路状况不良的路段行驶时,应严格遵守“减速、鸣号、靠右行”、“宁停勿绕”、“宁停三分不抢一秒”安全行车的规定。不得在弯道上、下陡坡时强行超车。

(7)通过施工作业路段时,应注意警示标志,自觉遵守交通法规,服从交通管理人员的指挥,减速行驶,严禁强行闯关、超速、抢(占)道行驶。如遇塌方、水毁、飞石等路段,危及行车安全或道路情况不明时应果断停车,立即向车属单位和有关单位报告,不得擅自绕行;在不能确保安全的情况下,不得冒险行驶。

(8)发生交通事故时,应保护好现场,积极抢救伤员和保护财产。按规定放置安全警告标志,并迅速向当地交警、交通运输部门及车属单位报告,主动配合有关部门做好事故的调查和处理。

4)收车后

(1)认真填写车辆行驶记录,如实反映行车途中的安全问题,必要时报告车属单位和相关部门。

(2)做好车辆例行维护和清洁工作。检查车内的安全设施、设备,及时报修车辆故障。

(3)按时参加安全教育培训和安全生产活动,不断提高安全技能和安全意识。

道路运输客运企业在加强驾驶员岗位职责及能力要求考核的同时,还要加强对驾驶员作业过程监督控制,具体有以下六点:

①要加强职业健康管理。关心驾驶员的身心健康,定期组织进行体检,为其创造良好的工作环境。合理安排运输任务,防止疲劳驾驶。利用 GPS 等管理系统对驾驶员安全行车进行提示,防止出现“三超一疲劳”等不安全行为。

②加强运行线路安全预警。对运行线路进行安全考察,考察内容包括交通状况、限速情况、气候条件、沿线安全隐患路段等情况。督促驾驶员严格遵守《道路运输驾驶员安全操作规范》,及时注意存在危险路段、时段的安全行车。

③坚持岗前安全提示告知。坚持在派出任务前对驾驶员进行安全告诫,安全管理人员对出车前进行问询、告知,督促其做好对车辆的日常维护和检查,防止酒后、带病或者带不良情绪上岗。其目的是为了强化道路运输安全管理,提高驾驶员的安全意识,规范驾驶行为,积极做好事故防范。

④建立客运行车日志,记录日常维护、始发点(站)、中途停靠点(站)、终点(站)、停车时间、天气和道路状况及行车中发生的车辆故障、隐患、事故等信息。

⑤加强经营过程中作业行为控制。班线客车要严格按照许可的线路、班次、站点运行,在规定的停靠站点上下旅客,不得随意站外上客或揽客,不得超员运输。驾乘人员要对途中上车的旅客进行危险品检查,行李堆放区和乘客区要隔离,不得在行李堆放区内载客。

客运包车要凭包车客运标志牌,按照约定的时间、起始地、目的地和线路行进,持包车票或包车合同运行,不得承运包车合同约定之外的旅客。驾乘人员要对旅客携带物品进行安全检查。

⑥加强连续作业时间控制。道路运输企业在安排运输任务时,应当严格要求连续驾驶时间不得超过 4 小时,对运行距离长的要加强途中的安全提示,防止超强度作业。客运在 24 小时内累计驾驶时间不得超过 8 小时,特殊情况下可延长 2 小时,但每月延长的总时间不超过 36 小时,每次停车休息时间不少于 20 分钟。

对于单程运行里程超过400千米(高速公路直达客运600千米)的车辆,企业应当配备两名以上驾驶员。对于超长线路运行的客运车辆,企业要积极探索接驳运输的方式,创造条件,保证客运停车换人、落地休息。对于长途卧铺客车,企业要合理安排班次,尽量减少夜间运行时间。

2. 车辆安检人员的岗位职责及能力要求

(1)严格按照国家有关规定和企业安全管理要求开展车辆安全检查工作,车辆安检人员必须熟悉车辆结构、检验方法和相关技术标准。经企业考核合格上岗。

(2)建立车辆安全检查信息管理系统,档案化管理安检记录。

(3)车辆进站、回程后,认真听取驾驶员对车辆使用和日常维护情况的汇报,及时进行技术检验。

(4)把安防设施配备(车内安全带、安全锤、灭火器、故障车警告标志等)全面纳入车辆安全范围。达到国家规定的报废标准或者检测不符合国家强制性要求的营运车辆,不得继续从事经营。

(5)按有关规定和标准,对车辆的传动、转向、制动、灯光等涉及行车安全的装置进行认真检查,对松动的螺母、螺栓及时紧固,必要时进行简单的换件与修理。

(6)认真检查道路运输证的车辆二级强制维护记录,督促参营车辆的技术维护和日常维修,提高车辆性能和完好率,确保车辆安全运营。

(7)实行安检派车单。道路旅客运输企业应当对客运车辆牌证统一管理,建立派车单制度。车辆发班前,企业应对车辆的技术状况进行检查,合格后,企业签发派车单,由客运领取派车单和车辆运营牌证。

3. 乘务人员岗位职责及能力要求

(1)执行乘务任务前,做好必要的准备工作,如准确掌握客车车型、车座情况,负责车厢内清洁卫生,检查座椅、安全带以及应急安全设施、药品的完好情况,领取班车线路牌和签发的派车单。

(2)组织乘客有序上车,如根据派车单清查乘客人数;检查乘客行李,防止"三品"上车;协助乘客正确摆放行李;开车前做好安全告知,向旅客介绍注意事项及沿途停靠站点;督促乘客正确使用安全带。

(3)途中照料乘客,维护乘车秩序,并协助做好应急安全处置。值乘途中,对中途上车乘客的行李进行检查,禁止"三品"上车。认真清点上车人数,严禁超载。在车辆行驶中报送车辆异常运行的相关信息,如行驶中遇到治安事件、乘客突然生病等。

(4)在汽车客运站组织乘客安全有序上、下车。

4. 机修工的岗位职责及能力要求

(1)按照工单项目及要求,优质高效地完成各项维修、维护工作,在预计时间内完工交付。

(2)严格执行汽车维护工艺规范和修理技术标准进行维修作业。

(3)修理过程中严格执行自检、互检和专职检验为内容的"三检制"进行。

(4)在维修作业时,如发现安全关键部位存在隐患或故障,应及时向客户或上级领导报告,不得擅自处理。

(5)严格按照各工位工序安全操作规程进行作业,杜绝事故发生。

(6)管理好修理现场,做到零部件按规定摆设、整齐有序,现场环境卫生清洁。

(7)文明施工,客户至上,严格执行施工纪律;自觉做好场地收尾工作,保持公共场所的环境。注意"工完场清、物尽其用",节约用料,避免浪费。

(8)努力学习、刻苦钻研,不断总结维修经验,努力提高自身思想素质和业务技术水平。

5. GPS 视频监控人员岗位职责及能力要求

(1)熟悉单位所经营的线路,对安装有 GPS 车载终端的车辆要做到管理到位、监控到位,对 GPS 的日常使用情况做到心中有数。

(2)每天及时对车辆的运行动态进行监控,并做好相关的监控记录,对因故不能监控的车辆要及时与安装公司进行联系,及时进行维修,保证 GPS 车载终端能正常使用。

(3)对在监控中所发现的超速、超时疲劳驾车、人为损坏 GPS 车载终端等违法行为及时向上级领导汇报,并向全体驾乘人员进行通报。

(4)及时、如实地向有关部门和领导汇报工作动态和进度,积极大胆地提出工作改进方法和合理化建议,详细记录工作日志。

(5)对超速、超时疲劳驾车等违法行为每月要进行归纳、分析和统计,并及时向公司报送 GPS 监控情况月报表。

(二)道路普通货运企业一线重点作业人员

1. 货运驾驶员的岗位职责及能力要求

普通货运驾驶员岗位职责及能力基本要求与客运驾驶员基本相似,这里以从事货物运输汽车列车驾驶员岗位职责及能力要求进行说明。

(1)了解所驾牵引车的总体构造和主要技术性能、参数;熟悉安全质量保证的有关规定和规范;掌握驾驶、维护汽车列车的技能,并具备判断和紧急处理意外情况的能力,能在较复杂条件下,与挂车工配合完成超限货物运输作业。

(2)掌握相关道路货物运输法规和货物装载保管基本知识,熟悉货运事故应急处置要求。

(3)装载货物能做到均衡平稳,捆扎牢固,严禁超重、超高、超宽载货。

(4)在用起重设备装卸车时,驾驶员必须离开驾驶室,不准在这时检查、修理车辆。

2. 货运车辆安检人员的岗位职责及能力要求

(1)熟悉货运车辆结构、检验方法和相关技术标准。经企业考核合格上岗。

(2)建立车辆安全检查信息管理系统,档案化管理安检记录。

(3)车辆完成运输作业收车后,认真听取驾驶员对车辆使用和日常维护情况的汇报,及时进行技术检验。

(4)把安防设施配备(车内灭火器、大件货物运输标志旗、故障车警告标志等)全面纳入车辆安全范围。对达到国家规定的报废标准或者检测不符合国家强制性要求的营运车辆,不得继续从事经营。

(5)按有关规定和标准,对车辆的传动、转向、制动、灯光等涉及行车安全的装置进行认真检查,对松动的螺母、螺栓及时紧固,必要时进行简单的换件与修理。

(6)认真检查道路运输证的车辆二级强制维护记录,督促参营车辆的技术维护和日常维修，提高车辆性能和完好率，确保车辆安全运营。

3. 超重型汽车列车挂车工岗位职责及能力要求

（1）具有一定安全汽车列车挂车操作经历。

（2）了解和掌握常用挂车及其变型车的基本构造及与牵引车组合后的汽车列车技术性能，熟知常用挂车及其变型车操作、运用、维护、安全质量保证等的有关规定和规范。

（3）掌握组合拼接、运行操作，以及维护常用挂车及其变形车的技能，能在较复杂条件下，与驾驶员协调配合，正确操纵常用挂车或其变形车完成超限货物运输作业。

（4）熟知承载后挂车各部的允许变形范围（如车架变形、轮胎压花等）及不同车速下轮胎的允许负荷，超限货物在挂车上的支撑方法、支撑部位、支撑距离及液压、气压传动的工作原理及电工学的基本知识、轴荷与桥梁限载的关系等。

（5）能熟练操纵常用挂车或其变形车，与汽车列车驾驶员协调配合完成超限货物运输作业，能及时发现装卸和运行作业中的技术问题，排除油、电、气路故障。

（6）能对超限货物运输过程中出现的意外情况作出判断和应急处理。

（7）具备汽车维修钳工的基本技能，可以实施挂车、动力机组的定期维护作业及一般小修换件作业。

4. 装卸工的岗位职责及能力要求

（1）掌握装卸各种货物的方法及注意事项，并能优质、高效地完成装卸任务和解决运输中出现的疑难问题。

（2）掌握常用运输装卸设备的名称、规格及其作业范围等专业知识，能正确使用和维护装卸汽车的常用工具。

（3）掌握汽车装卸作业程序要求和包装标志，能根据货物的特点，合理地选用设备、工具，不摔、碰、击、翻、滚、倾倒等，保证货物质量要求。

（4）掌握封车物品（棚布、绳索、铁丝、支柱等）与垫物的名称、规格、性能、用途及维护方法，并能按照要求进行封车作业，保证各种车辆安全行驶。

（5）掌握并能根据汽车货物的安全操作规程进行装卸作业，确保人身安全方面的知识。

（三）道路危险货物运输一线重点作业人员

1. 驾驶员的岗位职责及能力要求

（1）取得道路危险货物运输从业资格，证件合法有效。

（2）接受相关法规、安全知识、专业技术、职业卫生防护和应急救援知识的培训，了解危险货物性质、危害特征、包装容器的使用特性和发生意外时的应急措施。

（3）熟悉《汽车运输、装卸危险货物作业规程》（JT 618—2004）、《汽车运输危险货物规则》（JT 617—2004），并能够按规定进行运输、装卸作业。

（4）严格遵循运输作业规程，按有关部门关于危险货物运输线路、时间、速度方面的有关规定作业。运输过程中，应每隔 2 小时检查一次。若发现货损（如丢失、泄漏等），应及时联系当地有关部门予以处理。一次连续驾驶 4 小时应休息 20 分钟以上；24 小时内实际驾驶车辆时间累计不得超过 8 小时。

（5）运输危险货物的车辆发生故障需修理时，应选择在安全地点和具有相关资质的汽车修理企业进行。

(6)熟悉并掌握应急预案、应急措施。能熟练使用车辆配备的消防器材。在途中发现泄漏等情况会及时处理,疏散人员,设立警戒线,并及时向当地的消防部门报警。

(7)要监督、提醒押运人员对货物包装、容器、槽罐等进行安全检查,防止泄漏等危险货物运输事故的发生。

2.车辆安检人员的岗位职责及能力要求

(1)熟悉危险货物运输车辆车及车辆附属安全装置技术要求。

(2)熟悉并掌握危险货物运输车辆车及车辆附属安全装置安全检查要求。

(3)完成运输作业任务的车辆,必须经清洗、消毒后,才能进行安全检查、维护;

(4)确需修理的车辆,应到具备危险品运输车辆修理条件的维修企业进行维修、维护、检查作业。禁止在装卸作业区内维修危险货物运输车辆。

(5)提示驾驶员在出车前、行车中,对车辆和车辆配备的安全设施设备、防护用品进行检查。

3.押运员岗位职责及能力要求

(1)取得道路危险货物运输从业资格,证件合法有效。

(2)接受管理部门和本企业的相关法规、安全知识、专业技术、职业卫生防护和应急救援知识的培训,了解危险货物性质、危害特征、包装容器的使用特性和发生意外时的应急措施。

(3)押运员通过岗前培训及安全学习、培训等企业组织的活动,了解并熟记自己所需押运的危险化学品的危险性,危害性,物理化学特性,事故应急救援措施等专业知识,押运过程必须按操作规程进行作业。

(4)协助驾驶员做好出车前、行车中和收车后的车况检查,确保车辆技术状况良好、证件齐全、安全设施设备齐全有效,证件及押运证,对运输全过程实施监管。

(5)装车时,协同驾驶员及有关工作人员详细核对货物名称、数量是否与托运单相符,认真检查货物包装、标志,不符合安全规定的拒绝装运,携带道路运输危险货物安全卡,并认真熟悉所运输介质的理化特性及应急措施。

(6)行车过程中,押运员必须坐在指定的位置上,严禁搭乘无关人员;严禁烟火,督促驾驶员按规定的行车时间和路线安全行车。

(7)运输途中需停车时,必须远离公共场所、政府部门、重要建筑物,居民聚居区等地,押运员必须在车旁值守;若不得已要在上述场所停车,押运员采取必要的安全措施且需征得当地公安部门同意。

(8)危险货物安全运抵指定位置后,押运员负责按运单记载事项向收货人交付、签收;交接双方点收点交。

(9)运输结束后,危险货物车辆和防护用品应按规定到指定地点洗刷除污,并协助驾驶员做好收车后的检查。

(10)危险货物运输车辆在发生重物大事故时,押运员和驾驶员应做紧急处理;事故信息应由如下顺序传递,汇报企业,企业汇报运管处,报告保险公司,并督促其速到现场。同时,配合公安交通等部门做好事故现场处理工作。

4.装卸管理员的岗位职责及能力要求

(1)取得道路危险货物运输从业资格,证件合法有效。

(2)接受管理部门和本企业的相关法规、安全知识、专业技术、职业卫生防护和应急救援知识的培训,了解危险货物性质、危害特征、包装容器的使用特性和发生意外时的应急措施。

(3)参加安全活动,学习安全技术知识与技能,了解危险货物的物理、化学特性,熟悉汽车运输、装卸危险货物作业规程,具备防火、防爆、防中毒知识以及预防危险货物运输、装卸事故知识,掌握危险货物运输、装卸注意事项和应急处理办法。

(4)对危险货物运输装卸现场作业进行指导。

(5)监督装卸人员对《汽车运输、装卸危险货物作业规程》(JT 618—2004)等技术标准的执行情况,制止装卸人员违反作业规程的行为。

(四)道路汽车客运站一线重点作业人员

1. 车辆安检人员的岗位职责及能力要求

(1)车辆安检人员必须熟悉车辆结构、检验方法和相关技术标准。经企业考核合格上岗。

(2)严格按照《营运客车安全例检项目及技术要求》,对营运客车进行检查。

(3)建立车辆安全检查信息管理系统,档案化管理安检记录。

(4)把安防设施配备(车内安全带、安全锤、灭火器、故障车警告标志等)全面纳入车辆安全范围。达到国家规定的报废标准或者检测不符合国家强制性要求的营运车辆,不得继续从事经营。

(5)对参加营运车辆的驾乘人员进行安全教育,不准带病车辆出车,进出站凭"报班凭证"上班、出站,严禁超员现象的发生,防止车辆行车中发生交通事故。

(6)认真填写车辆检验记录,做到内容准确、字迹清楚,并及时将车辆检验合格证送交车站调度室,作为安排营运班次的依据。

2. 危险品安全检查人员岗位职责及能力要求

(1)熟练掌握安检机的正确使用方法和禁运物品识别能力。

(2)按规定程序开关安检机,行包安检时必须做到规范化、程序化,礼貌导检,杜绝漏查、漏检。

(3)凡检查合格的行包必须粘贴隔日分色标签;爱护机器设备,加强日常维护,如有故障,及时通知有关人员维修。

(4)行包安检时,严禁闲杂人员在机器旁围观。

(5)严格交接班制度,机器运转时不能随意离岗;中途有事离岗,须通知值班科长另行安排人员接替。

(6)下班时,应关闭所有电源及机柜。

(7)行包安检时,要提高警惕,发现可疑物品要及时处理并通知有关部门,严禁"三品"进站上车。

(8)对收缴和暂扣物品进行登记,并做好当班检查记录,交值班领导妥善保管。

3. 报班人员岗位职责及能力要求

(1)掌握了解车辆、客源动态,合理安排班次,检查车辆配载情况,禁止违规运行。

(2)对不符合安全技术的车辆不予派班,杜绝违章指挥,确保安全生产有序进行。

(3)按规定时间放行班车进入发车区,确保车辆规范停靠,保持车道畅通,对在发班区修车的车辆及时制止。

4. 站务人员岗位职责及能力要求

(1)站务人员应具备一定业务知识,熟知安全乘车常识。

(2)发车前,应有序地将乘客引导到车上,向乘客宣传安全行车常识和注意事项。

(3)发车前,协助驾乘人员做好安全检查,并提醒注意行车安全。

5. 出站安检人员全管理要求

(1)对出站车辆的安全资质进行检查。

(2)上车清点人数,严禁超员车辆出站。

(3)做好出站车辆检查记录,发现有冲岗车辆及时记录并向值班站长报告。

(五)道路汽车货运站一线重点作业人员

1. 车辆安检人员的岗位职责及能力要求

(1)认真执行行业规范和车站制定的安全制度、安全操作规程,熟悉突发事件应急处置预案,切实履行岗位职责,严把源头关。自觉遵守劳动纪律,不擅自离岗、不违章指挥、不违章操作,及时发现、制止他人的不安全行为。

(2)熟悉《道路运输车辆维护管理规定》《机动车安全运行条件》《汽车维护、检测、诊断技术规范》《营运车辆技术等级划分和评定要求》等法规、标准。

(3)熟悉各类车辆构造原理和基本性能,掌握各类车辆在本站安全例检的项目内容、要求和检查程序、检查方法,并能按国家要求实施安全检查。

(4)认真做好本车站厂内运输经营服务车辆安全检查,保证经营车辆技术性能完好。

(5)认真填写车辆检验记录,对不合格的车辆做好记录,并限期整改。

2. 装卸搬运工的岗位职责及能力要求

(1)身体健康强壮、有较强的工作责任感,能与同事合作并能服从安排。

(2)熟悉道路货物基本分类及各类货物搬运装卸的基本常识。

(3)服从现场作业指挥人员分配,听从指挥。

(4)严守操作规程,严格按照产品及物料要求进行搬运装卸,防止野蛮作业及搬运装卸过程中的擦伤、碰伤等现象的出现。

(5)进行危险货物的装卸应在装卸管理人员的现场指挥下进行,并在危险货物装卸作业区应设置警告标志。

(6)进入易燃、易爆危险货物装卸作业时,应穿着不产生静电的工作服和不带铁钉的工作鞋。不得随身携带火种和吸烟,关闭随身携带的手机等通信工具和电子设备。

(7)雷雨天气装卸时,应确认避雷电、防湿潮措施有效。

3. 出站安检人员岗位职责及能力要求

制定相应安全操作规程,对出站车辆进行安全检查,不得超限、超载配货,不得为无道路运输经营许可证或证照不全者提供服务;不得违反国家有关规定,为运输车辆装卸国家禁运、限运的物品。没有危险货物经营资质的货运站严禁危险货物运输车辆进站。

第四节　现场管理人员

现场是各种生产要素的集合,是企业各项管理功能的“聚焦点”,现场管理就是对现场各种生产要素的管理和各项管理功能的验证。现场管理最重要的特点就是有序化、即各项管理功能有序化、物流受控有序化和人的行为有序化。有序化的生产经营活动,才能减少管理差错、防止人为失误,才能极大地提高生产和工作效率。道路运输行业现场安全管理人员主要有车间主任、班组长、车队长、安全员等。他们是道路运输企业安全生产达标考核重点对象,现场管理人员对安全管理要求的执行情况直接决定了企业基层安全质量的高低。

一、现场管理人员对于做好道路运输企业安全管理意义

1. 加强现场管理,能够减少事故发生

因为事故发生最重要的间接因素就是管理因素,正是由于管理存在缺陷,才造成人的行为失控和隐患存在,从而导致事故发生。加强现场管理,就会促进各项基础管理工作的提高,避免和减少因管理不当或失误造成的事故,从而在根本上消除事故的致因,达到实现安全生产的目的。

2. 现场管理是一次广泛的安全文化教育

现场管理的许多内容就是安全文明生产的要求。如安全道是否畅通、工件材料是否摆放整齐可靠、设备设施维护是否完好、库房保管是否符合防火要求等,都是安全生产的重要内容。因此,对现场管理的宣传就是对职工安全生产的再教育。

现场管理的开展是一次广泛的群众性活动,要求每一名职工"从我做起"、"从身边做起",通过对生产作业现场"脏、乱、差"的治理,对不安全、不文明生产行为规劝以及对各项基础管理工作的加强,不仅增强了职工的责任心、荣辱感,也必然极大地优化企业安全生产的大环境,营造良好的企业安全文化氛围。

3. 现场管理是促进安全管理工作向前发展的一次机遇

现场管理是当前企业管理中的一个"热点",为企业和企业的领导者所关注。由于现场管理牵涉面很广,几乎包括了企业管理的主要工作,加之"积重难返"难度很大,因此,现场管理又是企业管理中的"难点"。所以,我们认为,抓住现场管理,就抓住了机遇。安全管理工作把现场管理作为现阶段一项重要工作来抓,就适应了企业需要,就寻求到了与企业发展的最佳结合点,就会得到企业和企业领导的重视和支持,为搞好安全生产工作赢得了主动,为开展其他各项工作奠定了基础。

二、主要现场管理人员职责

1. 车队长安全生产职责

按照企业管理职能的分工、谁主管谁负责的原则,车队长的安全职责是:

(1)在经理(或分公司经理)的领导下,全面开展安全运输管理工作,负责对部门人员,特别是驾驶员(乘务员、押运员)进行安全知识、法律法规知识的教育与培训。

(2)按照公司制定的安全生产责任制度、安全管理制度和安全生产方针目标,组织制定好本部门相关的安全管理制度和安全技术操作规程。分解公司安全生产目标,并组织实施。

(3)根据安全生产隐患排查制度,定期检查运输车辆的安全工作、定期检查车队安全员对驾乘人员的安全学习情况、车辆驾驶员记录台账,保险、审验、二级维护、承运人险登记台账、车辆行驶里程记录、主要部件变更记录、车辆技术等级及类型级别记录、交通事故记录

等，发现隐患及时排除，发现不足及时完善。

(4)根据公司统一部署，定期开展安全检查，对部门工作认真自检自查，发现安全隐患，迅速整改到位。

(5)按照上级的通知要求和公司安全活动的规定，主动参加各级安全生产工作会议，定期召开部门安全生产会议及安全例会，不断改进安全管理方法。

(6)对上级主管部门、交警部门、运管部门在安全检查中提出的整改意见，如期回复整改报告，汇报整改结果。

(7)严格审查新增车辆驾驶员和变更驾驶员的从业资格，不符合要求或技术操作达不到规定标准的不予聘用。

(8)加强季节性安全教育，在暑运、冬运、春运期间，对驾驶员开展特别安全教育，时时唤起驾驶员的安全警惕性。

(9)协助安全环保部门、公司专职安全员处理交通运输发生的重大及以上交通事故事宜；积极参与公司组织的事故应急演练；定期组织运输车辆事故应急演练，提高驾驶员(乘务员、押运员)在运输途中发生事故的应急处理能力。

(10)积极主动在本部门开展安全标准化和安全文化的建设活动。负责本部门人员工的安全绩效考核，完善安全管理工作。

2.车间主任(维修企业、客货运车站)安全生产职责

车间主任对本单位安全生产全面负责，副主任对分管业务的安全工作负责，其职责是：

(1)保证国家安全生产法规和企业规章制度在本车间的贯彻执行，把安全生产工作列入车间重要的议事日程，做到“五同时”。根据公司统一规划，在本单位组织开展安全标准化和安全文化建设活动。

(2)组织制定并实施车间安全生产管理制度，安全技术操作规程和技术措施计划。

(3)组织对新工人(包括实习、代培人员)进行车间安全教育和班组安全教育；对职工进行经常性的安全思想、安全知识和安全技术教育；开展岗位技术练兵活动；加强班组建设，及时处理职工安全合理化建议；定期组织安全技术考核。

(4)定期召开车间安全生产工作会议，并做好会议记录。

(5)根据公司统一规定，定期组织车间安全检查，落实隐患整改措施，保证本车间生产设备、安全装置、消防器材、防护设施和急救器具等处于完好状态，并教育职工加强维护，正确使用。

(6)建立车间安全生产管理网络，配备合格的兼职安技人员，充分发挥车间、班组安技人员的作用。

(7)组织开展各项安全生产(包括安全生产月)活动，总结交流安全生产经验，表彰奖励安全生产先进班组和先进个人。

(8)对本车间发生的安全事故，及时报告和处理，负责保护好现场。同时，坚持“四不放过的原则，查明原因，分清责任，落实防范措施，对事故的责任者提出处理意见，报上级批准后执行。

(9)组织职工学习并熟悉掌握事故应急处理方案，积极参加公司组织的应急预案演练，发生重大安全事故要听从指挥，参加事故抢救工作。

(10)抓好车间的现场安全管理。

3. 特种设备管理员安全职责

(1)认真宣传、贯彻国家有关特种设备安全法律、法规和规章,传达上级有关特种设备安全管理的指示、法规和标准,督促所在单位相关人员认真贯彻落实。在法人的领导下,对特种设备安全管理具体负责,并承担相应的管理责任。

(2)掌握相关特种设备安全知识,满足国家有关安全技术规范对其任职资格的要求,并经特种设备安全监察部门考核合格,持证上岗。

(3)具体组织制定、修改落实各项安全管理制度、安全技术操作规程等,并检查执行情况。

(4)认真做好本单位特种设备安全管理工作,按照安全技术规范检验要求,配合检验机构做好特种设备的定期检验以及安全附件、仪器仪表的检测、校验、转让、报废等工作。

(5)明确特种设备的安全管理的各个环节(使用、维护、检验等)及责任人员、操作人员的安全培训、考核及管理,确保持证上岗,安全运转。

(6)定期检查与排查特种设备的事故隐患,发现问题及时制定、落实整改措施、整改责任人,把事故消灭在萌芽状态。

(7)负责特种设备应急预案的制、修订,应急预案的演练等工作;负责突发事故的响应、处理、调查和报告等。

(8)建立健全特种设备管理台账,负责特种设备的年检、统计、上报等。

4. 班组长安全生产职责

(1)在(车队长、车间主任)的领导下,贯彻执行企业对安全生产的规定与要求,全面负责本班组的安全生产。

(2)组织班组职工学习并贯彻执行公司各项安全生产规章制度、安全技术操作规程,教育职工遵纪守法,制止违章行为,做到"三不伤害",即不伤害他人、不伤害自己、不被他人伤害。

(3)组织并参加安全活动,坚持班前讲安全,班中检查安全,班后总结安全。

(4)负责对新工人(包括实习、代培人员)转岗人员进行岗位安全教育。

(5)负责班组安全检查,发现不安全因素及时组织力量消除,并报告上级;发生事故立即报告,并组织抢救,保护好现场,做好详细记录。

(6)搞好生产设备、安全装备、装置、消防设施、防护器材和应急救援器具的检查维护工作,使其经常保持完好和正常运行。督促教育职工正确使用劳动保护用品,确保身体健康。同时会正确使用安全设备、灭火器材。

(7)发生事故要立即向上级报告,并组织及时抢救、保护现场;参加事故调查分析,落实整改与防范措施。

(8)在班组积极开展安全标准化和安全文化建设活动,按照企业部署全面推行安全标准化管理。

5. 车队安全员安全职责

(1)车队安全员要认真贯彻执行国家道路运输安全管理法规和企业安全生产规章制度,对本单位负安全检查、监督和管理责任。

(2)负责或参与制定运输相关安全管理制度和安全操作规程,并监督执行。

(3)定期检查运输车辆的安全防火设施、罐体固定、信息系统等是否完好,如发现问题和事故隐患,应及时组织人员,制定安全整改措施,落实责任人与整改期限,并检查执行与整改结果。

(4)负责运输车辆的安全设备、灭火器材、防护装置和应急救援器具的管理,掌握实情,发现不足应提出改进和治理建议。

(5)检查督促驾驶员(押运员、装卸人员)正确穿戴劳动防护用品、规范使用设备与机具,发现违章现象,及时教育与纠正。

(6)负责维护保管好运输车、车库、仓储消防器材,定时检查车辆随车防火、防爆设备,确保安全、可靠运行。

(7)定期召开驾驶员道路行驶安全会,认真抓好车队新进人员的岗位安全教育。

(8)车队和单车发生安全事故应及时上报,不得隐瞒、迟报,并按照"四不放过"的原则和程序进行调查处理。

(9)积极参与企业安全标准化和安全文化的建设活动,抓好安全生产基础管理工作,认真、及时填写好车辆行驶、道路危险货物运输安全行车日记,记录好安全管理台账。

三、道路运输企业持续改进现场安全管理

企业安全生产管理的落脚点和归宿,既不是企业的决策层,也不是企业的管理层,而是企业的操作层。安全生产管理的最终实践者,是企业生产的操作层——企业基层。企业应持续改进现场安全管理,推进标准化现场安全管理。

(1)按标准建立健全安全管理组织网络,形成安全工作事事有人管、时时有人抓的格局。

(2)建立以安全生产责任制为核心的各项安全生产管理制度,这些制度中最重要的是安全生产责任制和安全生产考核奖罚办法。

(3)建立健全基层 HSE 管理体系(HSE 是健康(Health)、安全(Safety)和环境(Environment)三位一体的管理体系,危害识别和风险控制是 HSE 管理核心所在)。其主要包括《基层安全生产手册》《基层生产作业指导书》《基层特殊作业审批表》《基层应急预案》《基层安全生产记录》等。

(4)建立健全安全生产标准化管理的各种保障体系,主要是按照标准要求对各种风险进行评估,进行保险投入等。

(5)要创建基层安全生产文化。包括安全生产价值观、员工安全生产理念、员工安全生产行为准则等,用安全文化武装员工头脑。通过标准规范基层安全管理,形成全员、全过程、全方位、全天候的安全管理格局,实现"管理无漏洞"。

第五节 应急救援人员

应急工作事关国民经济发展和社会稳定,交通运输基层应急队伍是交通运输应急体系的重要组成部分,是防范和应对突发事件的基础力量,加强交通运输基层应急队伍建设意义重大。为此,国务院办公厅下发了《关于加强基层应急队伍建设的意见》(国办发〔2009〕59

号)、《关于加强基层交通运输应急队伍建设的指导意见》,按照这两个意见,道路运输企业建立健全企业专、兼职应急救援队伍,深化企业应急预案管理、备案、演练工作,加强应急救援物资器材的储备,提升企业救援队伍实战能力。

一、国家对道路运输企业应急救援队伍建设的基本要求

1.道路运输基层应急队伍建设的基本原则和建设目标

(1)基本原则。按照"统筹规划、规模适度、平急结合、专兼结合、部门负责、社会参与"的原则,加强专业应急队伍与兼职应急队伍、志愿者队伍相结合的交通基层应急队伍建设。

(2)建设目标。建成适应基层道路运输突发事件应对处置需要的应急队伍,形成专职人员持证上岗,兼职人员经过业务培训,不断完善专业抢险与公众参与、地方抢险与军队抢险相结合的道路运输应急救援机制;形成统一领导、协调有序、专兼并存、优势互补、保障有力的道路运输基层应急队伍体系。

2.建成道路运输基层应急救援队伍体系

(1)加强客货场站、港口码头应急抢险队伍建设。在充分依靠当地公安消防专业应急力量的基础上,督导客运场站、码头,依托专职安全管理员、保安员,挑选一部分青年骨干人员,组建消防、救援等应急队伍。

(2)加强危险品运输应急队伍建设。发挥专业消防和危险货物应急救援队伍的作用,增加危险货物应急救援和资金的投入,进一步提高专业消防队伍和危险货物应急救援技术装备水平和救援能力。依托大型企业组建联合消防或危险货物应急救援队伍,从企业员工中挑选合适的兼职消防或应急救援人员,加强兼职消防或应急人员业务培训演习、演练。危险货物场站和港区应与专业应急队伍签订救援协议。组织编制危险货物运输应急救援指导读物,制定并完善企业应急救援预案,加强对所有从事危险货物作业人员的技术培训以及消防和应急处置的演练,不断提高企业应对和处置危险货物事故的能力。

(3)加强应急运输保障队伍建设。道路运输管理部门要以当地道路客、货运输骨干企业为依托,研究采取与企业签订应急运输保障协议等形式,完善应急运输补偿机制,明确各自的责任和义务,建立应急运输保障车队、船队,完善指挥调度联络和协调机制,保障应急物资抢运、旅客疏散。

3.完善运输基层应急保障机制

(1)健全队伍运行机制。建立健全基层交通运输应急队伍应急值守、接警处置、日常训练与演练、应急处置评估等机制;特别是加强日常训练与综合演练,强化应急处置评估,不断总结经验、吸取教训,提升基层应急队伍处置突发事件的能力。积极协调公安、消防、气象、通信、民政、军队等有关部门,建立联动机制,实现应急队伍和力量的统一调度、密切协作。

(2)落实经费保障机制。要在地方政府的统一领导下,积极协调财政部门,将基层专业应急队伍的工作经费、应急演练经费等纳入同级财政预算。各级交通主管部门以及搜救中心等相关机构要加强与当地财政部门的沟通,逐步完善应急补偿机制,对承担应急运输任务的单位和个人予以合理经济补偿,造成运输工具、装备损毁的予以合理赔偿,同时要在政策

上给予一定支持，保护参与应急运输单位和个人的权益，提高社会力量参与应急工作的积极性。

(3)完善社会动员机制。要加强社会宣传，普及交通运输应急相关知识，提高社会对交通运输突发事件关注度、参与度和支持度。要在地方政府的领导下，建立健全交通运输应急社会动员机制，鼓励公众积极参与和支持交通运输应急处置和应急保障工作，提高突发事件应急处置效率。

(4)强化安全保障机制。要加强安全保障方面的投入，配备必要的安全防护器材和设备，最大限度地保护各类应急行动参与人员的安全。要制定相应的政策，为一线专业应急人员购置必要的人身安全保险，解决其后顾之忧。

(5)加强应急制度建设。根据当地突发事件的实际，制定相应的应急预案或应对方案。建立相应的培训与演练制度，根据应急工作的需要，定期或不定期地开展应急培训工作，加强专业应急力量和指定应急力量的演练，不断提高不同种类应急力量之间的协调配合能力；建立对应急人员的奖励激励机制，提高其参与应急工作的积极性。

二、企业加强应急救援队伍建设的基本要求

按照“统一指挥，协同作战，分级负责”的原则，纳入行业应急救援体系统一调度、作战和训练，做到“三定一有”：即“定指挥、定人员、定制度，有保障”。

1. 定指挥

道路运输企业选择责任心强、业务精的分管领导担任应急救援指挥，具体负责救援队伍的日常培训、演练等工作。

2. 定人员

选择综合素质高、身体条件好、反应速度快、适应能力强的人员作为企业专业应急救援队伍，做到人员相对固定，并登记在册。

3. 定制度

从应急管理、应急指挥的实际需要出发，就应急救援队伍的“责任主体、组建形式、人员构成、工作程序和综合保障”等作出明确规定，保证应急管理工作步入制度化、规范化轨道。

4. 有保障

要加强安全保障方面的投入，配备必要的安全防护器材和设备，最大限度地保护各类应急行动参与人员的安全。主动为一线专业应急人员购置必要的人身伤害保险，解决其参与应急救援活动后顾之忧。

三、道路运输企业重点应急人员能力建设要求

涉及道路运输企业应急救援人员的管理应当包括应急指挥人员、应急管理人员、应急专业技术人员、应急施救人员等人员。

1. 应急指挥人员

应急指挥人员通常由企业主要负责人担任，制定应急预案、开展应急演练并进行评价修订，是《安全生产法》等有关法律、法规赋予企业主要负责人的基本法律义务。因此，作为应急指挥人员应全面了解和掌握国家道路运输行业业有关应急法律法规和自身道路运输企业

应急管理预案制度体系建设；根据企业自身应急管理需要组织应急知识培训，安排针对性应急演练活动并进行评价、改进。

2. 应急管理人员

应急管理人员包括应急管理的决策者、组织者、指挥者。主要包括企业主要负责人、分管应急管理负责人、应急预案制定机构及应急预案的实施机构的负责人员。道路运输企业应急管理人员对道路运输应急管理重要性的认知、重视程度直接决定企业应急效率和质量。道路运输企业应急管理人员主要应做好四件事。

(1)科学编制与企业安全生产相适应的应急处置预案。

(2)针对企业应急救援人员开展针对性应急管理常识教育培训活动。

(3)针对企业安全管理实际组织开展应急演练活动。

(4)定期对应急预案进行评价修订。

3. 应急专业技术人员

应急专业技术人员，主要是指道路运输企业的应急专家，应急专家储备管理对应急管理成效好坏至关重要。企业应组织开展专家信息收集、分类、建档工作，完善专家参与预警、指挥、救援、救治和恢复重建等应急决策咨询工作的机制，开展专家会商、研判、培训和演练等活动，发挥专家的咨询与辅助决策作用。

4. 应急施救人员建设要求

从道路运输企业员工中挑选合适的兼职消防或应急救援人员，加强兼职消防或应急人员业务培训演习、演练。危险货物场站和港区应与专业应急队伍签订救援协议，组织编制危险货物运输应急救援指导读物，制定并完善企业应急救援预案，加强对所有从事危险货物作业人员的技术培训以及消防和应急处置的演练，不断提高企业应对和处置危险货物事故的能力。

5. 大力发展应急志愿者队伍

依托共青团组织及其他组织，建立形式多样的应急志愿者队伍，重点加强青年志愿者队伍建设。通过构筑社会参与平台和制定相关鼓励政策，逐步建立政府支持、行业引导，项目化管理、社会化运作的应急志愿服务机制，发挥志愿者队伍在科普宣教、应急处置和恢复重建等方面的重要作用。拓宽市场经济条件下的应急路子，充分发动民间力量参与应急事务，将其作为政府应急力量的补充。

四、道路运输企业应急人员培训管理

1. 应急培训的原则和范围

为提高应急救援人员的技术水平与应急救援队伍的整体能力，以便在道路运输事故的应急救援行动中达到快速、有序、有效的效果，经常性地开展应急救援培训训练或演习应成为应急救援队伍的一项重要的日常性工作。应急救援培训与演习的指导思想应以加强基础、突出重点、边练边战、逐步提高为原则。

应急培训与演习的基本任务是锻炼和提高道路运输应急救援队伍在突发事故情况下的快速抢险、及时营救伤员，正确指导和帮助群众防护或撤离，有效消除危害后果、开展现场急救和伤员转送等应急救援技能和应急反应综合素质，有效降低事故危害，减少事故损失。

应急培训的范围应包括企业全员的培训和专业应急救援队伍的培训。

2. 应急培训的基本内容

基本应急培训是指对参与应急行动所有相关人员进行的最低限度的应急培训，要求应急人员了解和掌握如何识别危险、如何采取必要的应急措施、如何启动紧急情况警报系统、如何安全疏散人群等基本操作，尤其要加强火灾应急培训以及危险物质事故应急的培训。因为，旅客滞留、火灾和撞车、翻车事故是常见的事故类型，因此，培训中要加强与灭火操作有关的训练，强调不同情形道路运输安全事故的不同应急水平和注意事项等内容，主要包括以下几方面：

(1)报警。

(2)疏散。

(3)火灾应急培训。

(4)不同水平应急者培训。

在具体培训中，通常将应急者分为5种水平，即初级意识水平应急者；初级操作水平应急者；危险物质专业水平应急者；危险物质专家水平应急者；事故指挥者水平应急者。每一种水平都有相应的培训要求。

3. 训练和演习类型

应急演习可以根据不同的标准分类。根据演习规模可以分为桌面演习、功能演习和全面演习，具体内容可根据企业经营范围进行确定，如客运站重点应放在站场消防、旅客应急安置、疏散等科目的演练，客运企业重点放在机械故障、应急转运和紧急抢修为内容的演练，危险货物运输企业应重点放在火灾扑救、人员疏散、伤员救治、灾害处置等演练内容。根据演习的基本内容不同，可以分为基础训练、专业训练、战术训练和自选科目训练。

(1)基础训练。基础训练是应急队伍的基本训练内容之一，是确保完成各种应急救援任务的基础。基础训练主要包括队列训练、体能训练、防护装备和通信设备的使用训练等内容。训练的目的是使应急人员具备良好的战斗意志和作风，熟练掌握个人防护装备的穿戴，通信设备的使用等。

(2)专业训练。专业技术关系到应急队伍的实战水平，是顺利执行应急救援任务的关键，也是训练的重要内容，主要包括专业常识、疏散、抢运、现场急救等，涉及危险货物还有堵源技术和清消等技术。通过专业训练可使救援队伍具备一定的救援专业技术，有效地发挥救援作用。

(3)战术训练。战术训练是救援队伍综合训练的重要内容和各项专业技术的综合运用，是提高救援队伍实战能力的必要措施。战术训练可分为班(组)战术训练和分队战术训练。通过训练，可使各级指挥员和救援人员具备良好的组织指挥能力和实际应变能力。

(4)自选科目训练。自选科目训练可根据各自的实际情况，选择开展如防化、气象、侦检技术、综合演练等项目的训练，以进一步提高救援队伍的救援水平。在确定训练科目时，专职救援队伍应以社会性救援需要为目标确定训练科目；兼职救援队应以本单位救援需要，兼顾社会救援的需要确定训练科目。救援队伍的训练可采取自训与互训相结合，岗位训练与脱产训练相结合，分散训练与集中训练相结合的方法。在时间安排上，应有明确的要求和规定。为保证训练有素，在训练前应制定训练计划，训练中应组织考核，演习完毕后应总结经验,编写演习评估报告,对发现的问题和不足应予以改进并跟踪。

附:

道路运输企业员工应急技能培训考核参考标准

一、着消防服堵漏(涉及道路罐式运输车辆的企业)

<table>
<tr><td>一
操作要领</td><td colspan="3">1. 场地准备
在平地上标出准备线,距离3m处标出起点线,在起点线前15米处标出器材线,在器材线上放置防护服两套,空气呼吸器两具,堵漏工具一套。在器材线前15米处标出堵漏线,在堵漏线上放堵漏模型
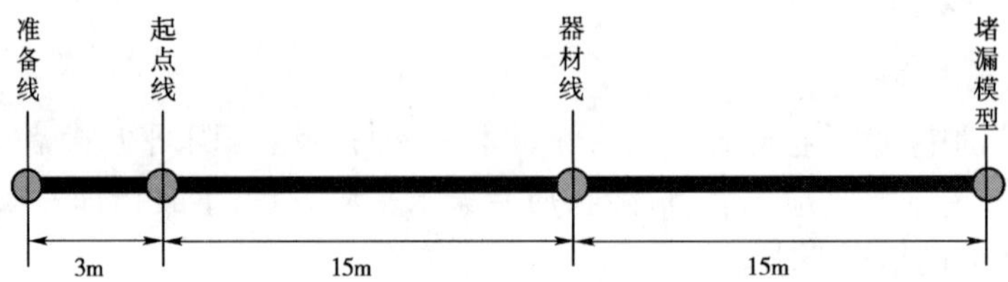

2. 训练
参训人员(由两人组成)在起点线一侧3米处站成一列横队。听到“准备”的口令,参训人员跑至起点线做好准备。指挥员下达“开始”的口令,参训人员跑至器材区,按照穿戴消防服和佩戴空气呼吸器的操作要求,两人互相配合穿戴好防护服空气呼吸器,完毕后携带好堵漏工具至操作区,将泄漏口成功堵住无液体外流时后举手喊“好”。计时结束
3. 成绩评定
(1)计时从发出“开始”的口令至参训人员完成全部动作后举手喊“好”为止;
(2)头盔松脱、战斗服未拉链、空呼未按要求佩戴,加5秒;
(3)泄漏口没有成功堵漏不计成绩</td></tr>
<tr><td rowspan="8">二
器材参考标准</td><td>器材名称</td><td>型号/尺寸</td><td>备注</td></tr>
<tr><td>消防服</td><td>RJX-25.5A</td><td></td></tr>
<tr><td>空气呼吸器</td><td>6.8L自给式空气呼吸器</td><td></td></tr>
<tr><td>卡箍</td><td>200毫米×50毫米;DN80(内)</td><td></td></tr>
<tr><td>扳手</td><td>自选</td><td></td></tr>
<tr><td>泄漏模型</td><td>离地操作面高度800毫米,管径DN80,孔径1~1.5毫米,水压3~4kg/cm²</td><td></td></tr>
<tr><td>软垫</td><td>自选</td><td></td></tr>
<tr><td>防化手套</td><td>丁基橡胶手套</td><td></td></tr>
<tr><td>三
达标参考标准</td><td colspan="3">1. 合格:完成时间2分55秒;
2. 良好:完成时间2分25秒;
3. 优秀:完成时间1分55秒</td></tr>
</table>

二、三人三带接力出水击靶

<table>
<tr><td rowspan="1">一
操作要领</td><td colspan="3">1. 场地准备
在平地上标出准备线，距离3米处标出起点线，在起点线前38米处标出抛带线，58米处标出射水线，距离射水线10米处标出放靶点

2. 训练
参训人员(由三人组成)在起点线一侧3米处站成一列横队。听到“准备器材”的口令后，参训人员检查所用器材，并佩戴安全帽、腰带，其中一号参训人员将水枪插至腰间。检查完毕后返回原位站好。指挥员下达“开始操作”的口令，一号参训人员迅速跑至起点线前面38米处抛发一盘水带并连接水枪跑至58米处，成立式射水姿势。同时，二号参训人员在起点线处抛发另外两盘水带，并连接好第三盘水带，三号参训人员则将消火栓和水带连接好，做好出水的准备，一号参训人员下达“出水”口令，三号参训人员将消火栓打开出水。一号参训人员手持水枪向靶射水，二号参训人员协助一号参训人员出水将靶击倒，举手喊“好”。计时结束
3. 成绩评定
(1)从发出“开始操作”口令至出水将靶击倒喊“好”为止；
(2)训练时可根据实际情况，进行人员的合理分工，力争在最短的时间内将靶击倒；
(3)击靶时应站在规定“射水线”之后打靶，超越“射水线”打靶的，成绩加5秒；
(4)靶未打倒不计成绩</td></tr>
<tr><td rowspan="6">二
器材参考标准</td><td>器材名称</td><td>型号/尺寸</td><td>备　注</td></tr>
<tr><td>消防水带</td><td>口径DN65×长20米</td><td>3卷</td></tr>
<tr><td>安全帽</td><td>自选</td><td></td></tr>
<tr><td>水枪</td><td>开关式DN65直流</td><td></td></tr>
<tr><td>靶子</td><td>高900毫米，直径400毫米</td><td></td></tr>
<tr><td colspan="3">注：水压约5kg/cm²</td></tr>
<tr><td>三
达标参考标准</td><td colspan="3">1. 合格：完成时间28秒；
2. 良好：完成时间23秒；
3. 优秀：完成时间18秒</td></tr>
</table>

三、油桶灭火

<table>
<tr><td>一
操作要领</td><td colspan="3">1. 场地准备
在平地上标出准备线，距离3m处标出起点线，距离起点线30米处标出油桶放置线，距离油桶线3米处标出终点线，起点线上放置灭火器、灭火毯、防护手套、防护面罩，在油桶放置线放置两个油桶
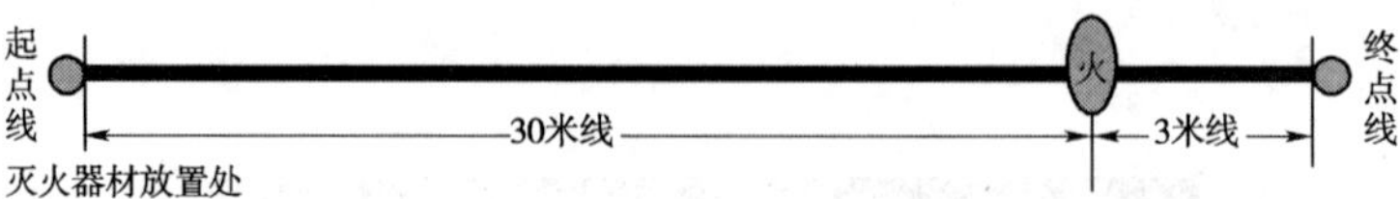

2. 训练
参训人员在起点线一侧3米处站立。听到“准备器材”的口令，参训人员检查灭火器、灭火毯，穿戴防护面具和手套，完毕后返回原位，立正站好。指挥员下达“开始操作”口令，参训人员迅速拿起灭火毯和灭火器(4kg型)跑向着火点，分别用灭火毯和灭火器将两个油桶进行灭火，直至将火全部熄灭，拿上灭火器和灭火毯，冲出终点线，喊“好”为止。计时结束。要求两样器材必须全部用到
3. 成绩评定
(1)计时从发出“开始操作”口令至选手喊“好”为止；
(2)火未完全熄灭不计成绩</td></tr>
<tr><td rowspan="6">二
器材参考标准</td><td>器 材 名 称</td><td>型号/尺寸</td><td>备 注</td></tr>
<tr><td>灭火器</td><td>4kg ABC类干粉</td><td></td></tr>
<tr><td>油桶</td><td>600毫米×800毫米</td><td></td></tr>
<tr><td>灭火毯</td><td>碳纤维1500毫米×1200毫米，厚0.8毫米</td><td></td></tr>
<tr><td>防护手套</td><td>自选</td><td></td></tr>
<tr><td>点火棍</td><td>自选</td><td></td></tr>
<tr><td>三
达标参考标准</td><td colspan="3">1. 合格：完成时间18秒；
2. 良好：完成时间15秒；
3. 优秀：完成时间12秒</td></tr>
</table>

四、紧急关闭阀门(涉及道路罐式运输车辆的企业)

<table>
<tr><td>一
操作要领</td><td>1. 场地准备
在平地上标出准备线，距离3m处标出起点线，距离起点线30米处标出阀门放置点
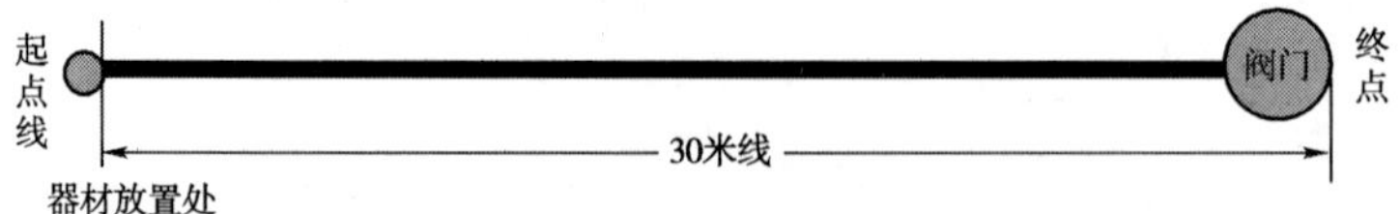

2. 训练
听到“准备器材”的口令，参训人员检查安全帽、简易防毒面具、手套、扳手，完毕后返回原位，立正站好。指挥员下达“开始操作”口令，参训人员迅速佩戴好简易防毒面具、安全帽、手套后，拿起F型阀门扳手冲向阀门放置处，将阀门关闭，确认关闭后，举手喊“好”。计时结束
3. 成绩评定
(1)计时从发出“开始”口令至参训人员完成全部动作举手喊“好”为止；
(2)遗漏穿戴简易防毒面具、安全帽、手套每样加时10秒，简易防毒面具松动加时3秒；
(3)阀门未关闭到位，能再次旋转超过90度的加时3秒，超过360度的，视为无效；
(4)关阀门只能使用F型阀门扳手，如用手操作者，视为无效</td></tr>
</table>

续上表

<table>
<tr><td rowspan="5">二
器材参考标准</td><td>器材名称</td><td>型号/尺寸</td><td>备注</td></tr>
<tr><td>阀门模型</td><td>截止阀 DN80，离地操作面高度 1000 毫米</td><td></td></tr>
<tr><td>防化手套</td><td>丁腈橡胶手套</td><td></td></tr>
<tr><td>防毒面具</td><td>半面罩</td><td></td></tr>
<tr><td>F 型扳手</td><td>自选</td><td></td></tr>
<tr><td>三
达标参考标准</td><td colspan="3">1. 合格：完成时间 28 秒；
2. 良好：完成时间 23 秒；
3. 优秀：完成时间 18 秒</td></tr>
</table>

五、空气呼吸器佩戴（涉及道路危险货物运输车辆的企业）

<table>
<tr><td>一
操作要领</td><td colspan="3">1. 场地准备
软垫一个，上面放空气呼吸器一具，安全帽一个
2. 训练
参训人员在起点线一侧 3 米处站立。听到“准备器材”的口令，参训人员戴好安全帽，完毕后返回原位站好。指挥员下达“开始操作”的口令，参训人员在操作区域内进行空气呼吸器的佩戴，参训人员迅速将气瓶背到身上，脱下安全帽，戴好面罩，迅速戴好安全帽，打开气瓶阀开关，然后将供气阀和面罩连接好。后退一步举手。计时结束
3. 成绩评定
（1）计时从发出“开始”口令至参训人员完成全部动作举手“好”为止；
（2）示意“好”后腰带佩戴不到位的加 3 秒（腰带已不能伸入一拳空隙为标准）；
（3）面罩漏气和气瓶未完全打开的各加 5 秒；
（4）气瓶未打开视为无效</td></tr>
<tr><td rowspan="3">二
器材参考标准</td><td>器材名称</td><td>规　格</td><td>备注</td></tr>
<tr><td>空气呼吸器</td><td>6.8L 自给式空气呼吸器</td><td></td></tr>
<tr><td>软垫</td><td>自选</td><td></td></tr>
<tr><td>三
达标参考标准</td><td colspan="3">1. 合格：完成时间 36 秒；
2. 良好：完成时间 30 秒；
3. 优秀：完成时间 24 秒</td></tr>
</table>

第七章 装备设施

道路运输是人们利用汽车在一定的道路上实现货物或旅客有目的的位移过程，是一种能实现"门到门"的、最快捷的陆上运输方式，也是我国五大运输方式中完成运输量最大的运输方式。在道路运输体系中，汽车及其相关设备是道路运输的主要移动设备。装备及设施是贯穿于道路运输系统全过程，实现道路运输各项作业功能的物质基础和技术装备。道路交通运输的基础设施主要有客货运站（场）等，他们的技术水平和管理水平直接影响整个道路运输系统的运输效率和经济效益，在国家经济建设中具有重要地位。

第一节 道路运输车辆

一、道路运输车辆及其分类

在道路运输体系中，道路运输车辆主要包括客运车辆和货运车辆。轿车、微型客车、轻型客车、中型客车、大型客车以及特大型客车（如铰接客车、双层客车等），都属于客运车辆的范畴。厢式汽车、罐式汽车、仓栅式汽车等专用汽车以及由多节车辆组成的汽车列车都属于货运车辆的范畴。

1. 客运车辆及其分类

客运车辆是专门为运送旅客设计的，是提供旅客座位或铺位的车辆。

1）客运车辆分级

客运车辆按照其大小分为：大型客车、中型客车、小型客车。

（1）大型客车，是指横排（不包括通道）可以装置4个及4个以上座位，且座位总数为31座及以上的客车。

（2）中型客车，是指横排（包括通道的可折式座椅）最多只能装置4个座位，座位总数为16至30座的客车。

（3）小型客车，是指横排最多只能装置3个座位，座位总数为15座及以下的客车（包括轿车）。

2）客运车辆类型划分

根据《营运客车类型划分及等级评定》（JT/T 325—2006），将营运客车分为客车及乘用车两类。客车按车长分为特大型、大型、中型和小型四种。

客车类型划分，见表7-1。

3）营运客车等级划分

客车等级划分的主要依据是：客车结构与底盘配置，安全性，动力性，舒适性（车内噪声、空气调节、乘客座椅（卧铺），以及服务设施等。

客车等级划分，见表7-2。

客车类型划分(单位:米) 表 7-1

类型	特大型[a]	大型	中型	小型
车长(L)	$13.7 \geqslant L > 12$	$12 \geqslant L > 9$	$9 \geqslant L > 6$	$6 \geqslant L > 3.5$

客车等级划分 表 7-2

类型	客车																
	特大型					大型					中型				小型			
等级	高三	高二	高一	中级	普通	高三	高二	高一	中级	普通	高二	高一	中级	普通	高二	高一	中级	普通

2. 货运车辆及其分类

货运车辆是为运送货物设计的,是提供货物堆码空间的车辆。

(1)按载质量的大小可分为:重型货车、中型货车和轻型货车。货车类型划分,见表 7-3。

货车类型划分 表 7-3

货车类型	重型货车	中型货车	轻型货车
核定吨位	8 吨以上	3 ~ 8 吨	3 吨以下

(2)按车身的形状可分为:厢式汽车、罐式汽车、仓栅式汽车。

(3)按驾驶室的外形和结构分为:长头货运车辆、平头货运车辆和短头货运车辆。

二、车辆装备

1. 车辆经常性装备

车辆的经常性装备应符合《机动车运行安全技术条件》(GB 7258—2004)、《汽车及挂车外部照明和信号装置的数量、位置和光色》(GB 4785—1998)和《货运全挂车通用技术条件》(GB/T 17275—1998)、《货运半挂车通用技术条件》(JT/T 328—1997)的有关规定,并保证齐全、完好,不得任意增减。

2. 车辆临时性装备

车辆在特殊运行条件下使用时,应根据需要,配备保温、预热、防滑、牵引等临时性装备。

车辆运输超长、超宽、超高或保鲜等特殊物资时,应根据需要增加临时性装备。

3. 危险货物车辆装备

运输危险货物的车辆装备,应符合《汽车危险货物运输规则》(JT 617—2004)的有关规定。

三、车辆运行安全技术条件要求

为了减少车辆技术性能不良造成的交通事故,国家制定了《机动车运行安全技术条件》(GB 7258—2004),规定了机动车辆(含列车)的整车及其发动机、转向系、制动系、传动系、行驶系、照明和信号装置、安全防护装置等有关运行安全的基本技术要求。

1. 整车

(1)车辆标志。车辆需装置能永久保持的产品标牌(商标或厂标)。

(2)漏水、漏洞检查。发动机运转及停车时,水泵、缸盖、缸体、暖风装置及所有连接部位不得有明显渗漏水现象。

2. 发动机

发动机是汽车的动力装置,要求动力性能良好,运转平衡,无异响,机油压力正常,发动机功率不得低于原标定功率的75%;应有良好的启动性能。

3. 转向系

汽车的转向盘必须设置于左侧,其他机动车的转向盘不允许设置于右侧;专用作业车按需要可设置左右两个转向盘。机动车的转向盘(或方向把)应转动灵活,操纵方便,无阻滞现象。机动车应设置转向限位装置。转向系统在任何操作位置上,不允许与其他部件有干涉现象。

4. 制动系

车辆应设置足以使其减速、停车和驻车的制动系统,即分别设置行车制动、应急制动、驻车制动装置。三者以某种形式相连,并要保证三个系统中,当一个或两个系统的操作机构的任何部件失效时,其他系统仍具有应急制动功能。

5. 照明、信号装置和其他电气设备

机动车的灯具应安装牢靠、完好有效,不允许因机动车振动而松脱、损坏、失去作用或改变光照方向;所有灯光的开关应安装牢固、开关自如,不允许因机动车振动而自行开关。开关的位置应便于驾驶员操纵。除转向信号灯、危险警告信号及消防车、救护车、工程救险车和警车安装使用的标志灯具外,其他外部灯具不允许闪烁。

四、车辆技术管理

车辆技术管理,是指对运输车辆进行择优选配、正确使用、定期检测、强制维护、视情修理、合理改造、适时更新和报废的全过程综合性管理。车辆技术管理的基本要求是:努力为运输生产活动提供性能优越、使用可靠、高效低耗的运输能力,保持与提高运输生产技术装备水平的先进性和适用性。

1. 车辆技术管理组织体系

车辆技术管理的组织体系,应做到上下统一,彼此协调,组织健全,人员精干,技术素质较高。要建立健全车辆技术管理的各级岗位责任制,明确车辆技术管理人员的职责和权限,充分发挥他们的作用,保持队伍的相对稳定。

大、中型运输单位,应建立由总工程师负责的车辆技术管理系统。小型运输单位要有一名副经理(副厂长)负责车辆技术管理工作。所属车间和车队应配备一定数量的专职技术管理人员,分别负责车辆各项技术管理工作。

2. 车辆技术管理原则

(1)安全性原则。加强车辆技术管理,保持车辆技术状况良好,保证运输生产安全,充分发挥车辆的运输效能,降低运行消耗。

(2)先进性原则。车辆技术管理应依靠科技进步,采取现代化管理方法,建立车辆质量监控体系,推广检测诊断和计算机应用等先进技术,开展多种形式的职工教育和专业培训,提高车辆管理水平和技术水平。

(3)经济性原则。在车辆技术管理中,要考虑车辆的购置费用和车辆使用过程中维持运转的费用，以最经济的车辆和最低的运行消耗完成运输生产任务，提高运输生产效益。

(4)适用性原则。车辆技术管理应坚持符合企业运输生产的需要的原则，根据企业营运区域范围内的道路、地理环境、气候等自然、燃料、配件供应等条件，对运输车辆实行择优选配、正确使用，提高车辆使用效率。

3. 车辆技术管理内容

(1)车辆的择优选配。对选购车辆进行全面分析，综合评价，力求选配"技术先进、经济合理、生产适用、维修方便"的营运车辆，使车辆投资发挥最大的效益。

(2)车辆的正确使用。一是充分利用，发挥车辆的最大效能，提高车辆运用效率，减少和避免车辆的无形磨损；二是合理使用，根据车辆的性能和运行条件，遵守操作规程和使用制度，避免车辆的损坏；三是加强车辆维护，延长车辆下达磨损时间和使用寿命，加强技术检测，及时排除故障隐患；四是避免超载，带病运行。

(3)车辆的定期检测。一是定期进行车辆综合性能检测；二是定期正确判断车辆技术状况；三是对车辆的维修工作，可起到定期抽查和监督维修质量的作用；四是结合车辆维护进行定期检测。

(4)车辆的强制维护。营运车辆必须按照维护制度规定的维护周期，定期进行强制性的维护。

(5)车辆的视情修理是车辆维修制度的一种进步，体现了技术与经济相结合的原则。

(6)车辆的合理改造、适时更新和报废是提高运输设备技术素质和经济效益的重要手段，管理的重点是车辆改造的合理性和更新报废的适时性。

4. 车辆技术状况等级划分

(1)一级，完好车。新车行驶到第一次定额大修间隔里程的三分之二和第二次定额大修间隔里程的三分之二以前，汽车各主要总成的基础件和主要零部件坚固可靠，技术性能良好；发动机运转稳定，无异响，动力性能良好，燃料消耗不超过定额指标，废气排放、噪声符合国家标准；各项装备齐全、完好，在运行中无任何保留条件。

(2)二级，基本完好车。车辆主要技术性能和状况或行驶里程低于完好车的要求，但符合《机动车运行安全技术条件》(GB 7258—2004)的规定，能随时参加运输。

(3)三级，需修车。送大修前最后一次二级维护后的车辆和正在大修或待更新尚在行驶的车辆。

(4)四级，停驶车。预计在短期内不能修复或无修复价值的车辆。

5. 车辆技术要求

1)营运客车的技术要求

(1)技术性能符合国家标准《营运车辆综合性能要求和检验方法》(GB 18565—2001)的要求。

(2)外廓尺寸、轴荷和质量符合国家标准《道路车辆外廓尺寸、轴荷和质量限值》(GB 1589—2004)的要求。

(3)从事高速公路客运或者营运线路长度在800千米以上的客运车辆，其技术等级应当达到行业标准《营运车辆技术等级划分和评定要求》(JT/T 198—2004)规定的一级技术等级；营运线路长度在400千米以上的客运车辆，其技术等级应当达到二级以上；其他客运车辆的技术等级应当达到三级以上。

高速公路客运,是指营运线路中高速公路里程在200千米以上或者高速公路里程占总里程70%以上的道路客运。

2)营运货车的技术要求

(1)车辆技术性能应当符合国家标准《营运车辆综合性能要求和检验方法》(GB 18565—2001)的要求。

(2)车辆外廓尺寸、轴荷和载质量应当符合国家标准《道路车辆外廓尺寸、轴荷及质量限值》(GB 1589—2004)的要求。

3)危险货物运输专用车辆的技术要求

(1)专用车辆技术性能符合国家标准《营运车辆综合性能要求和检验方法》(GB 18565—2001)的要求。

(2)车辆外廓尺寸、轴荷和质量符合国家标准《道路车辆外廓尺寸、轴荷和质量限值》(GB 1589—2004)的要求。

(3)车辆技术等级达到行业标准《营运车辆技术等级划分和评定要求》(JT/T 198—2004)规定的一级技术等级。

第二节　汽车客运站

一、客运站及其分类

汽车客运站是公益性交通基础设施,是道路旅客运输网络的节点,是道路运输经营者与旅客进行运输交易活动的场所,是为旅客和运输经营者提供站务服务的场所,是培育和发展道路运输市场的载体。

按不同的分类标准,客运站可分为不同的类型。

1.按车站规模分类

(1)等级站:具有一定规模、可按规定分级的车站。

(2)简易车站:以停车场为依托具有集散旅客、售票和停发客运班车功能的车站。

(3)招呼站:道路沿线(客运班线)设立的旅客上落点。

2.按车站位置和特点分类

(1)枢纽站:可为两种及两种以上交通方式提供旅客运输服务,且旅客在站内能实现自由换乘的车站。

(2)口岸站:位于边境口岸城镇的车站。

(3)停靠站:为方便城市旅客乘车,在市(城)区设立的具有候车设施和停车位,用于长途客运班车停靠、上下旅客的车站。

(4)港湾站:道路旁具有候车标志、辅道和停车位的旅客上落点。

3.按车站服务方式分类

(1)公用型车站:具有独立法人地位,自主经营,独立核算,全方位为客运经营者和旅客提供站务服务的车站。

(2)自用型车站:隶属于运输企业,主要为自有客车和与本企业有运输协议的经营者提供站务服务的车站。

二、客运站级别的划分

根据客运站设施和设备配置情况、地理位置和设计年度平均日旅客发送量等因素。客运站等级划分为五个级别以及简易车站和招呼站。

1. 一级客运站

(1)日发量在10000人次以上的车站。

(2)省、自治区、直辖市及其所辖市、自治州(盟)人民政府和地区行政公署所在地,如无10000人次以上的车站,可选取日发量在5000人次以上具有代表性的一个车站。

(3)位于国家级旅游区或一类边境口岸,日发量在3000人次以上的车站。

2. 二级客运站

(1)日发量在5000人次以上,不足10000人次的车站。

(2)县以上或相当于县人民政府所在地,如无5000人次以上的车站,可选取日发量在3000人次以上具有代表性的一个车站。

(3)位于省级旅游区或二类边境口岸,日发量在2000人次以上的车站。

3. 三级客运站

日发量在2000人次以上,不足5000人次的车站。

4. 四级客运站

设施和设备符合相关要求,日发量在300人次以上,不足2000人次的车站。

5. 五级客运站

设施和设备符合相关要求,日发送量在300人次以下的车站。

6. 简易车站

达不到五级车站要求或以停车场为依托,具有集散旅客、停发客运班车功能的车站。

7. 招呼站

达不到五级车站要求,具有明显的等候标志和候车设施的车站。

三、客运站的主要功能

客运站是公路运输企业生产管理的基层组织,其主要功能:

1. 运输服务功能

客运站是贯彻执行国家及行业主管部门有关法规,进行旅客运输生产、客流和客运车辆的运行组织,实现道路旅客的合理运输。包括运输生产组织、客流组织、运力组织、运行组织等。

2. 运输组织功能

根据旅客流量、流向、类别等,合理安排营运线路,安排运力,使运力和运量始终保持相对平衡。

3. 中转、换乘功能

为旅客的中转换乘提供方便,配备相应的场站服务设施,在时间、要求、物耗等方面为中转旅客提供服务,确保旅客安全、及时送达目的地。

4. 多式联运功能

承担运输代理,为旅客和车主提供双向服务,选择最佳运输线路,合理组织多式联运。

5. 通信、信息功能

通过计算机及通信设备,使全国公路运输枢纽形成网络,相互衔接,使各种营运信息得以迅速、及时、准确地传递和交换。

6. 辅助服务功能

为旅客和驾乘人员提供食、宿、娱乐、购物一条龙服务。为营运车辆提供停放、加油、检测和维修服务。

四、客运站设施

客运站设施主要由场地设施和建筑设施构成。

1. 场地设施

(1)站前广场。

(2)停车场。

(3)发车位。

2. 建筑设施

1)站房

(1)站务用房。

(2)办公用房。包括候车厅(室)、重点旅客候车室(区)、售票厅、行包托运厅(处)、综合服务处、站务员室、驾乘休息室、调度室、治安室、广播室、医疗救护室、无障碍通道、残疾人服务设施、饮水室、盥洗室和旅客厕所、智能化系统用房。

2)辅助用房

(1)生产辅助用房。包括汽车安全检验台、汽车尾气测试室、车辆清洁(清洗)台、汽车维修车间、材料间、配电室、锅炉房、门卫(传达)室。

(2)生活辅助用房。包括驾乘公寓、餐厅、商店。

五、客运站设施配置要求

汽车客运站设施配置,见表7-4。

六、客运站设备

客运站设备包括基本设备和智能化系统设备。

1. 基本设备

(1)旅客购票设备。

(2)候车休息设备。

(3)旅客购票设备。

(4)候车休息设备。

(5)行包安全检查设备。

汽车客运站设施配置表 表7-4

设施名称				一级站	二级站	三级站	四级站	五级站
场地设施			站前广场	●	●	★	★	★
			停车场	●	●	●	●	●
			发车位	●	●	●	●	★
建筑设施	站房	站务用房	候车厅(室)	●	●	●	●	●
			重点旅客候车室(区)	●	●	★	—	—
			售票厅	●	●	★	★	★
			行包托运厅(处)	●	●	★	—	—
			综合服务处	●	●	★	★	—
			站务员室	●	●	●	●	●
			驾乘休息室	●	●	●	●	●
			调度室	●	●	●	★	—
			治安室	●	●	★	—	—
			广播室	●	●	★	—	—
			医疗救护室	★	★	★	★	★
			无障碍通道	●	●	●	●	●
			残疾人服务设施	●	●	●	●	●
			饮水室	●	★	★	★	★
			盥洗室和旅客厕所	●	●	●	●	●
			智能化系统用房	●	★	★	—	—
		办公用房		●	●	●	★	—
	辅助用房	生产辅助用房	汽车安全检验台	●	●	●	●	●
			汽车尾气测试室	★	★	—	—	—
			车辆清洁、清洗台	●	●	★	—	—
			汽车维修车间	★	★	—	—	—
			材料间	★	★	—	—	—
			配电室	●	●	—	—	—
			锅炉房	★	★	—	—	—
			门卫、传达室	★	★	★	★	★
		生活辅助用房	驾乘公寓	★	★	★	★	★
			餐厅	★	★	★	★	★
			商店	★	★	★	★	★

注:"●"——必备;"★"——视情况设置;"—"——不设

(6)汽车尾气排放测试设备。
(7)安全消防设备。
(8)清洁清洗设备。
(9)广播通信设备。
(10)行包搬运与便民设备。
(11)采暖或制冷设备。
(12)宣传告示设备。
2. 智能系统设备
(1)微机售票系统设备。
(2)生产管理系统设备。
(3)监控设备。
(4)电子显示设备。

七、客运站设备配置要求

汽车客运站设备配置,见表7-5。

汽车客运站设备配置表　　表7-5

设备名称		一级站	二级站	三级站	四级站	五级站
基本设备	旅客购票设备	●	●	★	★	★
	候车休息设备	●	●	●	●	●
	行包安全检查设备	●	★	★	—	—
	汽车尾气排放测试设备	★	★	—	—	—
	安全消防设备	●	●	●	●	●
	清洁清洗设备	●	●	★	—	—
	广播通信设备	●	●	★	—	—
	行包搬运与便民设备	●	●	★	—	—
	采暖或制冷设备	●	★	★	★	★
	宣传告示设备	●	●	●	★	★
智能系统设备	微机售票系统设备	●	●	★	★	★
	生产管理系统设备	●	★	★	—	—
	监控设备	●	★	★	—	—
	电子显示设备	●	●	★	—	—
注:"●"——必备;"★"——视情况设置;"—"——不设						

八、客运站基本设备配置要求

客运站设备的数量与类别应根据车站生产能力和作业量的大小确定，主要设备尽可能选用国家定型的标准设备，各智能化系统设备视车站实际情况按需配置。基本设备的配置要求，见表7-6。

客运站基本设备的配置要求　　表7-6

设备名称	基本要求
行包安全检查设备	能在不开包情况下准确查出乘客携带的危险品； 可查行李最大尺寸(宽×高)：900毫米×800毫米
汽车尾气排放测试设备	可快速、准确地测定汽车尾气排放是否超标
微机售票系统设备	能迅速、准确地为旅客提供票务查询，预定、售票服务； 满足远程售票作业及联网对接要求； 方便相关票务信息的传递、交换、存储、处理与统计
安全消防设备	设备配置齐全、有效； 符合国家安全消防的有关规范及规定
宣传告示设备	设备配置齐全、有效、醒目、美观大方； 一、二级车站应以电子显示方式清晰流动显示
行包搬运与便民设备	能实现轻快、便捷、安全的搬运作业； 便民设备要与车站工艺流程相匹配、轻巧、方便旅客使用
生产管理系统设备	能够实现客车到站、报站、发班、销班、停车、检验等一体化管理

第三节　汽车货运站

一、货运站及其分类

汽车货运站是道路交通运输的基础设施之一，在国家经济建设中具有重要地位，是货运经营者(承运人)和货主(托运人)进行货物运输交易的场所，是货物的集散基地，是为货主和经营者提供服务的基础设施，是运输网络上的结点，是组织货物搬运装卸并提供各种服务的经营单位。货物运输的发送作业和到达作业多数在货运站完成。

目前，我国道路运输企业的货运站可分为三类。

(1)整车货运站，是以货运商务作业机构为代表的汽车货运站。

(2)零担货运站，专门经营零担货物运输，进行零担货物作业、中转换装、仓储保管的货运汽车站。

(3)集装箱货运站，主要承担集装箱的中转运输任务为主的货运站，又称集装箱中转站。

二、货运站站级划分

根据《汽车货运站(场)级别划分和建设要求》(JT/T 402—1999)，依据年换算货物吞吐量，将货运站等级划分为四个级别。

(1)一级货运站。年换算货物吞吐量600×103吨及以上。

(2)二级货运站。年换算货物吞吐量300×103吨~600×103吨。

(3)三级货运站。年换算货物吞吐量150×103吨~300×103吨。

(4)四级货运站。年换算货物吞吐量不足150×103吨。

三、货运站主要功能

1. 运输组织功能

货运站是贯彻执行国家及行业主管部门有关法规,进行货物运输生产、货流和货运车辆的运行组织,实现道路货物的合理运输。包括运输生产组织、货源组织、运输能力组织、运行组织、道路货运市场管理等。

2. 中转和装卸储运功能

利用货运站内部的装卸设备、仓库、堆场、货运受理点以及相应的配套设施,为货物中转和因储运需要而进行的换装提供方便,保证中转货物安全、快捷、经济、可靠地完成换装作业,及时运送到目的地。

3. 联运和中介代理功能

通过信息中心和自身的信息系统,与铁路运输、水运、航空等行业及部门建立密切的货物综合运输体系,协调地开展联合运输业务。同时,承担运输代理业务,为旅客、货主和车主提供双向服务,合理组织联运。

4. 综合物流服务功能

货运站除具备储存保管等传统功能外,还具备包括拣选、配货、检验、分类等作业并具有多品种、小批量、多批次等收货配送以及附加标签、重新包装等综合物流服务功能。

5. 通信信息功能

通过信息传递与交换设备,使全国道路货运站场形成网络,信息互通,资源共享,各种营运信息迅速、及时、准确地传递和交换。

6. 辅助服务功能

货运站除开展正常的货运生产外,还提供与运输生产有关的服务。

四、货运站生产设施

货运站生产设施主要包括业务办公设施、库(棚)设施、场地设施、道路设施、危险货物运输设施。

1)业务办公设施

业务办公设施主要包括货运站站房、生产调度办公室和信息管理中心。有国际运输业务的货运站,可设置由海关、检疫、商检、商务等部门的国际联运代理业务办公室。

(1)货运站站房由业务人员工作间和货主办理货物托运或仓储受理手续、提货手续的场所构成。

(2)生产调度办公室及国际联运代理业务联合办公室。

(3)信息管理中心由放置信息管理硬件系统的机房与工作人员的办公场所和供信息发布及用户查询的场所构成。

(4)业务办公设施的设置要方便货主,货物受理处业务人员工作间和联合办公室应按作业流程设置,货物受理处与仓库的距离应短捷。

2)库(棚)设施

库(棚)设施包括中转库、零担库、集装箱拆装箱库、仓储库,分别用作货物的短期存放、集装箱拆装作业和货主待收或待发货物仓储;货棚则用于堆放不便进库但又不宜露天存放的零担或仓储货物。

库(棚)设施有关要求:

(1)中转库。为中转货物集中、分拣、换装、发货的场所。中转、换装作业量大的一、二级货运站,可设置具有监控、传送、分拣设备的中转库。中转作用量小的三级以下货运站,可用相应仓库内的一定区域作为理货场地,不设中转库。

(2)仓储库。按建筑层数,仓储库可分为单层和多层仓储库。存放外形尺寸较小,单件质量较轻货物的仓储库可建成高架库。为适应各种外形尺寸货物的存放,高架库与单层连接成建筑群体。

(3)零担库和集装箱拆装箱库。应建成高站台仓库,站台宽度不少于3米,高度取1.2~1.3米,两端设置斜坡,并装设货物装卸升降台。

各类仓库应分区设置,并以道路衔接,保持良好作业联系。零担货棚和仓储货棚应与相应仓库位于同一区域。

3)场地设施

场地设施主要包括集装箱堆场、装卸场或作业区、货场和停车场。

4)道路设施

道路设施包括铁路专用线和站内道路。

(1)在临近铁路线并有较大公铁联运作业量的一、二级汽车货运站,可引设铁路专用线。三、四级货运站或无条件的货运站可不设置。

(2)站内道路应采用无交叉的环行行驶路线。

5)危险货物运输设施

危险货物运输设施建设,在选址、布局、结构、功能等方面,既要适应危险货物运输的技术条件、生产安全要求,又必须符合环境保护、消防安全、劳动保护、交通管理等方面的规定。

五、货运站生产辅助设施和生产服务设施

用于汽车货运站的生产辅助和生活服务设施应按需设置。

1.生产辅助设施

货运站的生产辅助设施主要包括维修维护设施、动力设施、供水供热设施等。

1)维修维护设施

维修维护设施包括维修维护现场的消防通道、行车通道、围栏、警告标志、夜间警示红灯、消防器材、通信设备、照明设备、脚手架、冲洗用水源等。

2)动力设施

动力设施可分为:

(1)动能发生设备:空气压缩设备、液化气站设备、锅炉房设备。

(2)电器设备:变压器、高低压配电设备、照明和其他电器设备。

(3)其他动力设备:通用采暖设备、管道、除尘设备和其他动力设备。

3)供水供热设施

(1)供水设施。供水设施,就是供水设备,比如:无负压供水设备、变频供水设备、气压供水设备、消防供水设备、落地膨胀水箱等都是供水设施。

(2)供热设施。供热设施,是为使人们生活或进行生产的空间保持在适宜的热状态而设置的供热设施。供热设备按照服务范围分为局部的、集中的和区域的。集中式供热设备有:集中式热风供暖设备、集中式热水供暖设备和集中式蒸汽供暖设备。

2. 生产服务设施

货运站的生产服务设施主要包括:

(1)食宿设施。

(2)其他服务设施。

六、货运站主要设备

货运站主要设备包括运输车辆、装卸机械、计量设备、管理系统、维修设备、安全和消防设备。

1. 运输车辆

货运站应根据需要配置用于货物配送和装卸搬运工作的运输车辆。其车辆类型应根据运输方式、货物种类合理选择。

2. 装卸机械

货运站装卸机械包括货场和仓库装卸机械,集装箱堆场和作业区装卸机械等。

3. 计量设备

货运站应配备检定合格的计量设备或器具。一、二级货运站应设置电子自动计量设备,各种电子自动计量设备均应并入货运站计算机网络或预留接口。

4. 管理系统

一、二级货运站应设置管理和信息系统。包括计算机监控系统、无线、有线通信系统,站内和站间计算机网络系统,信息显示系统等。

5. 维修设备

一、二级货运站应根据车辆、装卸机械和集装箱的维修工作量配备符合其工艺要求的清洁和维修设备。

6. 安全、消防设备

汽车货运站安全、消防设备的配备,应符合国家有关标准、规范的规定。

第四节　运输装卸特种与辅助设备

一、运输装卸特种设备

装卸搬运设备,是指用来搬运、升降、装卸和短距离输送物料或货物的机械设备,装卸搬运机械是实现装卸搬运作业机械化的基础。装卸搬运设备按主要用途和结构特征分为:起重机械、输送机械、装卸搬运车辆、专用装卸搬运机械。其中,专用装卸搬运机械是指专用取物装置的装卸搬运机械,如托盘专用装卸机械、集装箱专用装卸搬运机械、分拣专用机械等。

特种设备,是指涉及生命安全、危险性较大的锅炉、压力容器(含气瓶)、压力管道、电梯、起重机械、客运索道、大型游乐设施和场(厂)内专用机动车辆。用于货运站装卸特种设备起重机械主要有:叉车、巷道堆垛机。

1. 叉车

叉车,又称铲车、万能装卸机,是一种通用的起重、运输、装卸和堆垛车辆。叉车一般由底盘、动力装置和工作装置三大部分组成。底盘由传动系统、转向系统、行驶系统及相应的电气设备等组成。工作装置主要由机械部分与液压系统组成。在运输装卸作业中,叉车担负着堆码垛、装卸载、短途运输及牵引等任务。不但大大降低了人员的劳动强度,也极大地提高了运输装卸作业的效率,并保证了物资收发的高效性和安全性。

1)叉车的工作特点

(1)机械化程度高。

(2)机动灵活性好。

(3)能提高仓库容积的利用率。

(4)有利于开展托盘成组运输和集装箱运输。

(5)成本低、投资少,能获得较好的经济效果。

(6)可以"一机多用",能够减轻装卸工人繁重的体力劳动,提高效率,缩短车辆停留时间,降低装卸成本。

2) 叉车的分类

(1)按燃料的不同分为:柴油式叉车、汽车式叉车、液态石油式等。

(2)按结构形式和用途分为:平衡重式叉车、前移式叉车、插腿式叉车、侧向堆垛式叉车、侧面式叉车等。

(3)按作业区域可分为:普通型叉车和越野型叉车。

2. 巷道堆垛机

巷道堆垛机,是由叉车、桥式堆垛机演变而来的。桥式堆垛机由于桥架笨重,因而运行速度受到很大的限制,它仅适用于出入库频率不高或存放长形原材料和笨重货物的仓库。巷道堆垛机的主要用途是在高层货架的巷道内来回穿梭运行,将位于巷道口的货物存入货格;或者取出货格内的货物运送到巷道口。

1)巷道堆垛机特点

(1)电气控制方式有手动、半自动、单机自动及计算机控制。可任意选择一种电气控制方式。

(2)大多数堆垛机采用变频调速,光电寻址,具有调速性能好,停车准确度高的特点。

(3)采用安全滑触式输电装置,保证供电可靠。

(4)运用过载松绳、断绳保护装置确保工作安全。

(5)配备移动式工作室,室内操作手柄和按钮布置合理,座椅较舒适。

(6)堆垛机机架质量轻。抗弯、抗扭刚度高。起升导轨精度高,耐磨性好,可精确调位。

(7)可伸缩式货叉减小了对巷道的宽度要求,提高了仓库面积的利用率。

2)巷道堆垛机的分类

(1)按结构分类,包括单立柱型巷道式堆垛机、双立柱巷道堆垛机。

(2)按支撑方式分类,包括地面支撑型巷道堆垛机、悬挂型巷道堆垛机、货架支撑型巷道堆垛机。

(3)按用途分类,包括单元型巷道堆垛机、拣选型巷道堆垛机。

二、运输装卸辅助设备

用于货运站装卸机械的辅助设备有:带式输送机和监控、传送、分拣设备。

1. 带式输送机

带式输送机,是以输送带作为牵引和承载构件,通过承载物料的输送带的运动进行物料输送的连续输送设备。输送带绕经传动滚筒和尾部滚筒形成无极环形带,上下输送带由托辊支撑以限制输送带的挠曲垂度,拉紧装置为输送带正常运行提供所需的张力。工作时,驱动装置驱动传动滚筒,通过传动滚筒和输送带之间的摩擦力驱动输送带运行,物料装在输送带上和带子一起运动。带式输送机一般是在端部卸载,当采用专门的卸载装置时,也可在中间卸载。

1)带式输送机的特点

(1)输送物料种类广泛。

(2)输送能力范围宽。

(3)输送线路的适应性强。

(4)灵活的装卸料工艺流程的要求灵活地从一点或多点受料,也可以向多点或几个区段卸料。

(5)可靠性强。

(6)安全性高。

(7)费用低。

2)带式输送机的种类

(1)按承载能力分为:轻型带式输送机、通用带式输送机、钢绳芯带式输送机。

(2)按可否移动分为:固定带式输送机、移动带式输送机、移置带式输送机、可伸缩带式输送机。

(3)按输送带的结构形式分为:普通输送带带式输送机、钢绳牵引带式输送机、压带式输送机、钢带输送机、网带输送机、管状带式输送机、波状挡边带式输送机、花纹带式输送机。

(4)按承载方式分为:托辊式带式输送机、气垫带式输送机、深槽型带式输送机。

(5)按输送机线路布置分为:直线带式输送机、平面弯曲带式输送机、空间弯曲带式输送机。

(6)按驱动方式分为:单滚筒驱动带式输送机、多滚筒驱动带式输送机、线摩擦带式输送机、磁性带式输送机。

2. 分拣设备

分拣,就是将很多的货品按品种、不同的地点和顾客的订货要求,迅速、准确地从储位拣取出来，按一定的方式进行分类、集中并分配到指定位置，等待配装送货。按分拣的手段不同分为：人工分拣、机械分拣、自动分拣。

1）人工分拣

人工分拣基本上是靠人力搬运，或利用最简单的器具和手推车等，把所需要的货物分门别类地运送到指定地点。这种方式劳动强度大，分拣效率最低。

2）机械分拣

机械分拣也叫输送机械分拣，它以机械为主要输送工具，拣选作业还要靠人工。这种方式用得最多的是输送机，有链条输送机、传送输送机、辊道输送机等，也有用箱式托盘分拣。这种分拣方式投资少，可以减轻劳动强度，提高分拣效率。

3）自动分拣

自动分拣系统可将一批相同或不同的货物，按照不同的要求自动识别、自动计数、自动检测、自动计量、自动包装、自动分拣，快速、准确地满足配送或发运要求，提高客户的满意度。自动分拣系统由设定装置、控制装置、分类装置、输送装置及分拣道口组成。

第五节　消防、环保与应急设施设备

一、消防设施设备

根据《中华人民共和国消防法》规定，企业应当履行消防安全职责，按照国家标准、行业标准配置消防设施、器材，设置消防安全标志，要保障疏散通道、安全出口、消防车通道畅通。

1. 消防设施及其分类

消防设施是指火灾自动报警系统、自动灭火系统、消火栓系统、防烟排烟系统以及应急广播和应急照明、安全疏散设施等。

消防设施一共分为13类：

（1）建筑防火及疏散设施。

（2）消防及给水。

（3）防烟及排烟设施。

（4）电器与通信。

（5）自动喷水与灭火系统。

（6）火灾自动报警系统。

（7）气体自动灭火系统。

（8）水喷雾自动灭火系统。

（9）低倍数泡沫灭火系统。

（10）高、中倍数泡沫灭火系统。

（11）蒸汽灭火系统。

（12）移动式灭火器材。

（13）其他灭火系统。

2. 消防器材及其分类

消防器材，是指用于灭火、防火以及火灾事故的器材。

我国通常采用按照充装灭火剂的种类、灭火器质量、加压方式三种分类方法进行分类。

1)按充装灭火剂种类分

(1)清水灭火器。

(2)酸碱灭火器。

(3)化学泡沫灭火器。

(4)轻水泡沫灭火器。

(5)二氧化碳灭火器。

(6)干粉灭火器。

(7)卤代烷灭火器(灭火剂为卤代烷1211)。

2)按灭火器的质量分

(1)手提式灭火器。

(2)背负式灭火器。

(3)推车式灭火器。

3)按加压方式分

(1)化学反应式灭火器。

(2)储气瓶式灭火器。

(3)储压式灭火器。

3.其他消防设施

消防装备除了灭火器外,还有许多必要的灭火设施,如消火栓、水泵结合器、水带、水枪、消防泵及消防车等。

1)消火栓

(1)室外消火栓,是一种城市必备的消防装备,尤其在市区或河道较少的地区,更需要安装置备,确保消防需要,消火栓可直接用于扑救火灾,也可以用于消防车取水。

(2)室内消火栓,是安装在建筑物内的消防供水设备,一般用来扑救室内初起火灾,由报警器、水箱、阀门、水带及水枪组成。

2)消防泵

(1)手抬机动消防泵。

(2)机动体引泵。

3)水龙带、水枪

水龙带、水枪是与消火栓、消防车等配套使用的最基本的消防器材。

二、环保设施设备

根据《中华人民共和国环境保护法》规定,产生环境污染和其他公害的单位,必须采取有效措施,防止在生产建设或者其他活动中产生的废气、废水、废渣、粉尘、恶臭气体、放射性物质以及噪声、振动、电磁波辐射等对环境的污染和危害。

1.道路运输车辆环保要求

汽车污染已成为世界的一大公害,由于汽车排放、噪声污染,已经给环境带来了较大的危害,严重危及人类健康。因此,提高道路运输从业人员的环保意识,正确的维护和驾驶车辆有利于降低汽车排放和减少空气污染，对行业可持续发展有着重要意义。

1）汽车维护方面

(1)检查空气管道。

(2)检查阻风门。

(3)检查排气管。

(4)注意废气净化系统。

(5)检查是否烧机油。

(6)检查泄漏和胎压。

2）驾驶习惯方面

(1)按经济车速行驶。

(2)匀速行驶。

(3)慎踩加速踏板。

(4)减少发动机空转和冷启动。

(5)加油不宜过满，加完后迅速盖好。

2. 道路运输企业环保要求

产生环境污染和其他公害的运输企业应贯彻执行国家环境保护政策、法规的规定，运营期间应制定有关设施、设备维修养护制度，做好固体废弃物和污水、废气收集、处理与排放工作，确保达到排放标准。对经营业务产生的噪声、振动、废气等污染采取相应控制措施，使其达到国家和交通运输行业相关环保要求。

3. 客运站环保要求

(1)污水管理。应按照国家有关规定，对污水严加管理，未经消毒或无害化处理，不准任意排放。

(2)噪声管理。应按照国家有关规定，结合自身的实际情况，对站内噪声的污染源：如装修产生的噪声、中央空调等设备产生的噪声、站内人员或旅客交流产生的噪声采取相应的措施进行控制。

(3)室内空气质量管理。应执行《室内空气质量标准》(GB/T 18883—2002)的相关规定，以保持营业场所内的空气清新。

(4)室内温湿度管理。应按照《室内空气质量标准》(GB/T 18883—2002)的规定执行。对售票厅、候车厅等场所进行温湿度监测，并应根据测量结果采取开启通风设施、调试空调、散热器等措施。

(5)鼓励客运站在营业场所内安装空气质量实时检测系统，监控室内空气质量及温湿度状况，以电子告示牌的方式向旅客公示站内二氧化碳、温度、湿度、风速、天气、噪声、空气质量等信息。

4. 货运站环保要求

(1)货运站应贯彻执行国家环境保护政策、法规的规定，运营期间应制定有关设施、设备维修养护制度，确保达到环保要求。

(2)货运站应对经营业务产生的噪声、振动、废气等污染采取相应控制措施，使其达到国家和交通运输行业相关环保要求。

(3)货运站应做好站内固体废弃物和污水、废气收集、处理与排放工作,确保达到排放标准。

(4)货运站绿化面积应符合国家和行业标准要求。

三、应急设施设备

为有效应对交通运输突发事件,采取应急处置措施,提供应急运输保障,根据《交通运输突发事件应急管理规定》(交通运输部令 2011 年第 9 号)和有关法律、行政法规的规定,道路运输企业应当按照有关规划和应急预案的要求,根据应急工作的实际需要,建立健全应急装备和应急物资储备、维护、管理和调拨制度,储备必需的应急物资和运力,配备必要的专用应急指挥交通工具和应急通信装备,并确保应急物资装备处于正常使用状态。

1. 应急车辆装备

(1)应急指挥车。

(2)加油车。

(3)应急维修车。

(4)后勤保障车。

2. 应急设施设备

(1)应急通信设备。

(2)视频监控平台。

3. 应急保障物资

(1)帐篷。

(2)燃料。

(3)安全标志。

(4)车辆防护器材。

(5)常用维修工具。

(6)消防物资。

(7)照明物资。

4. 应急保障生活用品

(1)防护衣物(防化服、隔热服等)。

(2)医疗急救药品。

第六节　防护器材与设备

一、车辆安全防护装置

1. 汽车安全带

(1)乘用车的所有座椅(第三排及第三排以后的可折叠座椅除外)均应装置汽车安全带,座位数不大于 20(含驾驶员座位,下同)或者车长不大于 6 米 的客车及最高设计车速不小于 100 千米/小时的货车和半挂牵引车的前排座椅应装置汽车安全带。长途客车和旅游客车的驾驶员座椅、该座椅前面没有座椅及前面护栏不能起到必要防护作用的座椅应装置汽车安全带;当(同向)座椅的座间距大于1000毫米且座垫前面沿座椅纵向不大于600毫米的范围内没有能起到防护作用的护栏或其他物体时,也应装置汽车安全带。

(2)卧铺客车的每个铺位均应安装两点式汽车安全带。

(3)汽车安全带应可靠有效,安装位置应合理,固定点应有足够的强度。

2. 车外后视镜和前下视镜

(1)机动车(挂车除外)应在左右至少各设置一面后视镜。

(2)车长大于6米的平头货车和平头客车车前还应至少设置一面前下视镜,前下视镜应保证驾驶员能看清风窗玻璃前下方长1.5米、宽3米范围内的情况。

(3)车外后视镜和前下视镜应易于调节,并能有效保持其位置。

(4)安装在外侧距地面1.8米以下的后视镜,当行人等接触该镜时,应具有能缓和冲击的功能。

3. 前风窗玻璃刮水器

(1)机动车的前风窗玻璃应装备刮水器,其刮刷面积应确保驾驶员具有良好的前方视野。

(2)刮水器应能正常工作。

(3)刮水器关闭时,刮片应能自动返回至初始位置。

(4)汽车驾驶室内应设置防止阳光直射而使驾驶员产生炫目的装置,且该装置在汽车碰撞时,不应对驾驶员造成伤害。

(5)乘用车前风窗玻璃应装有除雾、除霜装置。

4. 安全出口

(1)车长小于6米的客车,在乘坐区的两侧应具有紧急时乘客易于逃生或救援的侧窗。

(2)车长不小于6米的客车,如车身右侧仅有一个供乘客上下的车门时,应设置安全门或安全窗。长途客车和旅游客车应设置车顶安全出口。卧铺客车的卧铺布置为上、下双层时,侧窗布置应为上下双排。使用安全门时,应保证不用其他器具即可将其向外推开。安全出口的数量、位置应符合有关规定。

(3)安全顶窗应易于从车内、外开启或移开。安全顶窗开启后,应保证从车内外进出的畅通。弹射式安全顶窗应能防止误操作。

(4)每个安全出口应在其附近设有"安全出口"字样。

(5)乘客门和安全出口的应急控制器应在其附近标有清晰的符号或字样,并注明其操作方法,字体高度不应小于20毫米。

5. 安全锤

安全窗应采用易于迅速从车内、外开启的装置;或采用安全玻璃,并在车内明显部位装备击碎玻璃的手锤。

6. 车和挂车侧面及后下部防护装置

(1)总质量大于3500千克的货车和挂车应提供防止人员卷入的侧面防护,其技术条件应符合《汽车和挂车侧面防护要求》(GB 11567.1—2001)的规定。

(2)货车列车的货车和挂车之间应提供防止人员卷入的侧面防护。

(3)除半挂牵引车和长货挂车以外的总质量大于3500千克的货车和挂车的后下部必须装备符合《汽车和挂车侧面防护要求》(GB 11567.2—2001)规定的后下部防护装置,该装置对追尾碰撞的机动车必须具有足够的阻挡能力,以防止发生钻入碰撞。

7. 消防器材

客车应装备灭火器,灭火器在车上应安装牢靠并便于取用。

运输危险货物车辆上应备有消防器材并具有相应的安全措施。排气管应装在车身前部,机动车尾部应安装接地装置。

8. 三角警告牌

汽车应装备符合《机动车用三角警告牌》(GB 19151—2003)规定的三角警告牌,三角警告牌在车上应妥善放置。

9. 危险货物运输专用车辆标志灯(牌)

道路运输危险货物车辆标志,是安装在运输危险货物车辆上,为执行道路危险货物运输任务的车辆提供警告、警示的标志。车辆标志是作为运输危险货物车辆的必备标志。

车辆标志在危险货物运输过程中发挥的主要作用:

①在车辆行驶中,警示超、会车辆避让。

②在车辆停驶时,警告周围人群远离。

③在出现险情时,对附近车辆、人群,特别是对抢险救灾部门起到必不可少的特殊作用。施救人员可根据车辆悬挂的标志牌,迅速确定出所运危险货物的类别、项别,及时、正确地制定抢险方案,将事故危害降到最低程度。

道路危险货物运输企业严格按照国家标准的规定,在道路危险货物运输车辆上安装或更换相应的标志灯、标志牌,确保标志正确、规范、醒目。同时,要对现有危险货物运输车辆的标志进行全面检查,不符合国家标准的,立即进行整改。

1)标志灯

标志灯作为危险货物运输车辆上安装的标志灯具,是该车辆区别于普通车辆的最明显标志。

标志灯包括灯体和安装件。标志灯灯体正面为等腰三角形状,由灯罩、安装底板或永磁体(A型标志灯)、橡胶衬垫及紧固件构成。标志灯正、反面中间印有“危险”字样,侧面印有“!”,灯罩正面下沿中间嵌有标志灯编号牌。

不同车型、不同载质量的车辆安装不同的标志灯。标志灯分为A、B、C三种类型。标志灯如图7-1~图7-3所示。

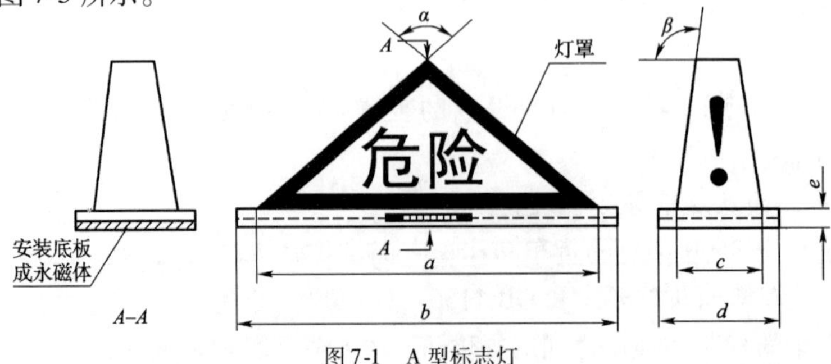

图7-1　A型标志灯

注：尺寸标注见A型标志灯。

图 7-2　B 型标志灯

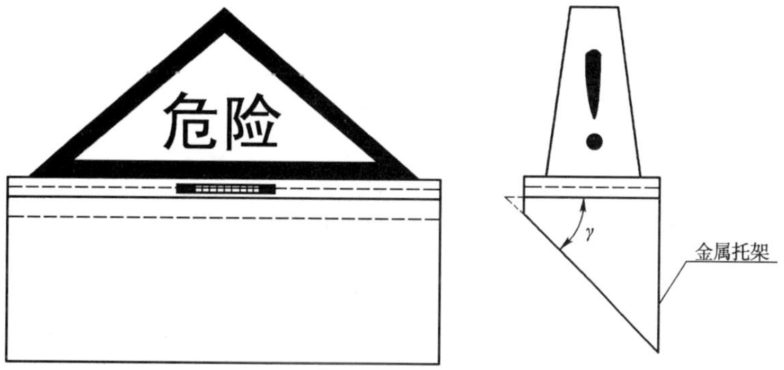

图 7-3　C 型标志灯

2）标志灯编号牌

每个标志灯应有一个确定编号。编号规则，见图 7-4。

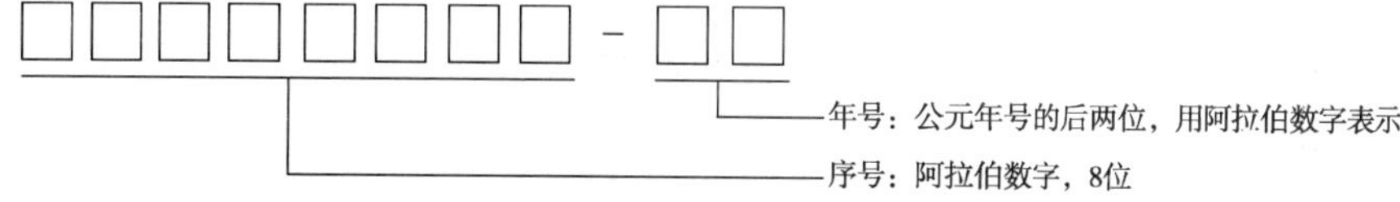

图 7-4　标志灯编号规则

编号牌为长 100 毫米宽 20 毫米铝质金属牌，编号字体为黑体，用腐蚀工艺制作，使边框与编号适量凸出，凹陷部分涂黑色，见图 7-5。

图 7-5　编号牌

3）标志牌

标志牌的主要功用是，在行车时，对后面驶近的超车车辆起警示作用；在驻车和车辆遇险时，对周围人群起警示作用，对专业救援人员起指示作用。

标志牌的材质为金属板材，形状为菱形。

标志牌按照危险货物的类项分为 18 种，每种按照车辆载质量分为三种型号：PI-n、PII-n、PIII-n 型号，分别适用于轻、中、重型载货汽车。其中的字母 n 代表数字 1 ~ 18，分别对应于“标志牌图形”所列的 18 类（项）危险货物。标志牌见图 7-6 ~ 图 7-11。

编　　号	名　　称	标志牌图形	对应的危险货物类项号
1	爆炸品	爆炸品 1 （底色：橙红色，图案：黑色）	1.1 1.2 1.3
2	爆炸品	1.4 爆炸品 1 （底色：橙红色，图案：黑色）	1.4
3	爆炸品	1.5 爆炸品 1 （底色：橙红色，图案：黑色）	1.5

图7-6　标志牌示例1

编　　号	名　　称	标志牌图形	对应的危险货物类项号
4	易燃气体	易燃气体 2 （底色：红色，图案：黑色）	2.1

图　7-7

编　　号	名　　称	标志牌图形	对应的危险货物类项号
5	不燃气体	不燃气体 2 （底色：绿色，图案：黑色）	2.2
6	有毒气体	有毒气体 2 （底色：白色，图案：黑色）	2.3

图 7-7　标志牌示例 2

编　　号	名　　称	标志牌图形	对应的危险货物类项号
7	易燃液体	易燃液体 3 （底色：红色，图案：黑色）	3
8	易燃固体	易燃固体 4 （底色：白色红条，图案：黑色）	4.1

图　7-8

编　　号	名　　称	标志牌图形	对应的危险货物类项号
9	自燃物品	自燃物品 4 （底色：上白下红色，图案：黑色）	4.2

图 7-8　标志牌示例 3

编　　号	名　　称	标志牌图形	对应的危险货物类项号
10	遇湿易燃物品	遇湿易燃物品 4 （底色：蓝色，图案：黑色）	4.3
11	氧化剂	氧化剂 5.1 （底色：柠檬黄色，图案：黑色）	5.1
12	有机过氧化物	有机过氧化物 5.2 （底色：柠檬黄色，图案：黑色）	5.2

图 7-9　标志牌示例 4

编　　号	名　　称	标志牌图形	对应的危险货物类项号
13	剧毒品	剧毒品 6 （底色：白色，图案：黑色）	6.1
14	有毒品	有毒品 6 （底色：白色，图案：黑色）	6.1
15	有害品 （远离食品）	有害品（远离食品）6 （底色：白色，图案：黑色）	6.1

图 7-10　标志牌示例 5

编　　号	名　　称	标志牌图形	对应的危险货物类项号
16	感染性物品	感染性物品 6 （底色：白色，图案：黑色）	6.2

图　7-11

编　号	名　称	标志牌图形	对应的危险货物类项号
17	腐蚀品	腐蚀品 8 （底色：上白下黑色，图案：上黑下白色）	8
18	杂类	杂类 9 （底色：白色，图案：黑色）	9

图7-11　标志牌示例6

4）标志灯和标志牌安装悬挂要求

（1）标志灯安装悬挂要求。标志灯安装于驾驶室顶部外表面中前部（从车辆侧面看）中间（从车辆正面看）位置，以磁吸或顶檐支撑、金属托架方式安装固定。

对于带导流罩车辆，可视导流罩表面流线型和选择的金属托架角度确定安装位置，允许自制金属托架，允许在金属托架与导流罩间加衬垫，应保证标志灯安装正直。

（2）标志牌安装悬挂要求。标志牌一般悬挂于车辆后厢板或罐体后面的几何中心部位附近，避开车辆放大号；对于低栏板车辆可视情选择适当悬挂位置。

运输爆炸、剧毒危险货物的车辆，应在车辆两侧面厢板几何中心部位附近的适当位置各增加一块悬挂标志牌。

运输放射性危险货物的车辆，标志牌的悬挂位置和数量应符合《放射性物质安全运输规程》（GB 11806—2004）的规定。

根据车辆结构或用途，选择螺栓固定、铆钉固定、黏合剂粘贴固定或插槽固定（可按使用需要随时更换）等方式安装固定标志牌。

对于罐式车辆，可选择按规定位置悬挂标志牌或以反光材料按规定在罐体上喷绘标志。

悬挂的标志牌应按《危险货物分类和品名编号》（GB 6944—2005）与所运载危险货物（一种危险货物具有多重危险性时与主要危险性，多种危险货物混装时与主要危险货物的主要危险性）的类、项相对应，与标志灯同时使用。

5）车辆标志的维护

（1）车辆驾驶员应对使用中的车辆标志进行经常性检查和维护，保持车辆标志的清洁和完好。

(2)车辆在装、卸载可能导致车辆标志腐蚀、失效的化学危险品后,应及时对车辆标志进行检查,必要时对车辆标志进行清洗和擦拭。

(3)标志灯正常使用期限为2年,标志牌正常使用期限为4年。在使用期限内,车辆标志发生破损、失效时,应及时更换。

10.危险货物运输专用车辆通信工具

通信工具,是指为了危险货物运输过程中发生意外而配备的报警或向公司、货主、有关部门报告情况,请求救援的通信联络设备。如驾驶员或押运人员随车携带的移动电话(手机)、车载电话等。根据《道路危险货物运输管理规定》要求,道路危险货物运输车辆应配置有效的通信工具。

11.危险货物运输专用车辆其他防护设备

(1)车辆应有切断总电源和隔离电火花装置,切断总电源装置应安装在驾驶室内。

(2)运输易燃易爆危险货物车辆的排气管,应安装隔热和熄灭火星装置,并配装符合规定的导静电橡胶拖地带装置。

(3)车辆车厢底板应平整完好,周围栏板应牢固;在装运易燃易爆危险货物时,应使用木质底板等防护衬垫措施。

(4)各种装卸机械,工、属具,应有可靠的安全系数;装卸易燃易爆危险货物的机械及工、属具,应有消除产生火花的措施。

(5)根据装运危险货物性质和包装形式的需要,应配备相应的捆扎、防水和防散失等用具。

二、车辆卫星定位系统

车辆卫星定位系统主要由三大部分组成:车载GPS监控终端、通信网络及调度监控中心,其中车载GPS监控终端是负责接收、发送GPS定位信息、状态信息及控制信息,通信网络则是实现车辆与调度监控中心信息交换的载体。

1)车辆卫星定位系统车载终端

卫星定位系统车载终端,是依托卫星定位、地理信息及无线通信等技术手段,实时掌握车辆位置和状态,提供调度管理信息的软硬件综合系统。

2)车辆卫星定位系统车载终端的基本功能

(1)自检。

(2)定位。

(3)通信。

(4)信息采集。

(5)行驶记录。

(6)监听。

(7)通话。

(8)休眠。

(9)警示。

(10)终端管理。

(11)人机交互。

(12)信息服务。

(13)电召服务。

(14)多中心接入。

3)车辆卫星定位系统的作用

道路运输车辆动态监控是利用卫星定位、地理信息、无线通信网络、现代通信等先进技术,对运输车辆的地理位置、运行速度、运行轨迹等信息进行实时监控、回放和调取数据分析,并具有超速自动报警等功能。道路运输车辆动态监控可实现对营运车辆的运行过程、突发事件应急处理、运输组织等运营过程的信息化管理,有效提升运输安全保障能力和组织水平。

三、劳动防护设备

劳动防护设备,是以消除或者降低工作场所的危害因素,使其在劳动过程中免遭或者减轻事故伤害及职业危害的个人防护装备。防护设备类型包括防尘、防毒、防噪声、防振动、防非电离辐射、防电离辐射、防生物危害和人机工效学的防护等。

1. 个人劳动防护用品及其分类

个人劳动防护用品,是指为使从业人员在生产过程中,免遭或减轻事故伤害和职业危害而提供的个人随身穿戴的用品。

个人劳动防护用品按照防护部位分为九类:

(1)头部护具类,是用于保护头部,防撞击、挤压伤害,防物料喷溅、防粉尘等的护具。主要有玻璃钢、塑料、橡胶、玻璃、胶纸、防寒和竹藤安全帽以及防尘帽、防冲击面罩等。

(2)呼吸护具类,是预防尘肺和职业病的重要护品。按用途分为防尘、防毒、供氧三类,按作用原理分为过滤式、隔绝式两类。

(3)眼防护具,用以保护作业人员的眼睛、面部,防止外来伤害。分为焊接用眼防护具、炉窑用眼护具、防冲击眼护具、微波防护具、激光防护镜以及防X射线、防化学、防尘等眼护具。

(4)听力护具。长期在90分贝以上或短时在115分贝以上环境中工作时,应使用听力护具。听力护具有耳塞、耳罩和帽盔三类。

(5)防护鞋,用于保护足部免受伤害。目前,主要产品有防砸、绝缘、防静电、耐酸碱、耐油、防滑鞋等。

(6)防护手套,用于手部保护,主要有耐酸碱手套、电工绝缘于套、电焊手套、防X射线手套、石棉手套等。

(7)防护服,用于保护职工免受劳动环境中的物理、化学因素的伤害。防护服分为特殊防护服和一般作业服两类。

(8)防坠落护具,用于防止坠落事故发生。主要有安全带、安全绳和安全网。

(9)护肤用品,用于外露皮肤的保护。分为护肤膏和洗涤剂。

2. 劳动防护用品配备的要求

企业应当按照《个体防护装备选用规范》(GB 11651—2008)和国家颁发的劳动防护用

品配备标准以及有关规定,为从业人员配备劳动防护用品。企业不得以货币或者其他物品替代应当按规定配备的劳动防护用品,为从业人员提供的劳动防护用品,必须符合国家标准或者行业标准,不得超过使用期限。

3. 运输危险货物防护的特殊要求

(1)运输危险货物的企业,应配备必要的劳动防护用品和现场急救用具;特殊的防护用品和急救用具应由托运人提供。

(2)危险货物装卸作业时,应穿戴相应的防护用具,并采取相应的人身肌体保护措施;防护用具使用后,应按照国家环保要求集中清洗、处理;对被剧毒、放射性、恶臭物品污染的防护用具应分别清洗、消毒。

(3)运输危险货物的企业,应负责定期对从业人员进行健康检查和事故预防、急救知识的培训。

(4)危险货物一旦对人体造成灼伤、中毒等危害,应立即进行现场急救,并迅速送医院治疗。

(5)事故应急处理。运输危险货物的企业,应建立事故应急预案和安全防护措施。

4. 劳动防护用品的使用方法

正确选择、使用和维护防护用品是保证从业人员的安全与健康的前提。在生产作业中,应根据工作环境和作业类别选用防护用品,按要求正确维护防护用品,从而确保防护用品的防护效果。

(1)劳动防护用品使用前,应首先做一次外观检查。检查的目的是认定用品对有害因素防护效能的程度,用品外观有无缺陷或损坏,各部件组装是否严密,启动是否灵活等。

(2)劳动防护用品的使用必须在其性能范围内,不得超限使用;不得使用未经国家指定、经监测部门认可(国家标准)和检测还不到标准的产品;不能随便代替,更不能以次充好。

(3)严格按照使用说明书正确使用劳动防护用品。

四、警示标志

警示标志,是指国家规定的或国际通用的标志。工作场所设置警示标志是企业履行职业危害告知义务的形式之一。在容易发生事故、危险性较大的场所、可能产生职业病危害的设备上,或其前方醒目位置、作业岗位设置警示标志和说明,目的是时刻告知和提醒在这些场所的人们注意安全,减少或避免事故的发生。

1. 警示标志的类型

警示标志类型包括图形标志、警示线、警示语句、职业危害告知卡。

1)图形标志

图形标志分为:禁止标志、警告标志、指令标志和提示标志。

(1)禁止标志。禁止不安全行为的图形,如"禁止入内"标志。

(2)警告标志。提醒对周围环境需要注意,以避免可能发生危险的图形,如"当心中毒"标志。

(3)指令标志。强制作出某种动作或采用防范措施的图形,如"戴防毒面具"标志。

(4)提示标志。提供相关安全信息的图形,如"救援电话"标志。

图形标志可与相应的警示语句配合使用。图形、警示语句和文字设置在作业场所入口处或作业场所的显著位置。

警示图形式样、颜色及含义,如图 7-12 所示。

图　形	含义	安全色	背景色	标志图色
圆环加斜线	禁止	红色	白色	黑色
圆	指令	蓝色	白色	白色
等边三角形	警告	黄色	黑色	黑色
正方形和长方形	提示	绿色	白色	白色
正方形和长方形	组合框或 附加提示信息	白色或 标志的颜色	黑色或标志 对应的对比色	标志的颜色

图 7-12　警示图形式样、颜色及含义

警示颜色的含义如下:

红色——表示禁止和阻止的意思。

蓝色——表示指令,要求人们必须遵守的规定。

黄色——表示提醒人们注意。

绿色——表示给人们提供允许、安全的信息。

2)警示线

警示线,是界定和分隔危险区域的标志线。按照需要,警示线可喷涂在地面或制成色带。

警示线分为：黄色警示线、红色警示线和绿色警示线，如图7-13所示。

图7-13　警示线

3）警示语句

警示语句，是一组表示禁止、警告、指令、提示或描述工作场所职业病危害的词语。根据工作场所职业病危险的实际状况进行选用。除基本警示语句外，在特殊情况下，可自行编制适当的警示语句。警示语句既可单独使用，也可与图形标志组合使用，也可构成完整的句子。

基本警示语句，见表7-7。

基本警示语句　　表7-7

编　号	语句内容	编　号	语句内容
1	禁止入内	29	刺激皮肤
2	禁止停留	30	腐蚀性
3	禁止启动	31	遇湿具有腐蚀性
4	当心中毒	32	窒息性
5	当心腐蚀	33	剧毒
6	当心感染	34	高毒
7	当心弧光	35	有毒
8	当心辐射	36	有毒有害
9	注意防尘	37	遇湿分解放出有毒气体
10	注意高温	38	当心有毒气体
11	有毒气体	39	接触可引起伤害
12	噪声有害	40	皮肤接触可对健康产生危害
13	戴防护镜	41	对健康有害
14	戴防毒面具	42	接触可引起伤害和死亡
15	戴防尘口罩	43	麻醉作用
16	戴护耳器	44	当心眼损伤
17	戴防护手套	45	当心灼伤
18	穿防护鞋	46	强氧化性
19	穿防护服	47	当心中暑
20	注意通风	48	佩戴呼吸防护器
21	左行紧急出口	49	戴防护面具
22	右行紧急出口	50	戴防溅面具
23	直行紧急出口	51	佩戴射线防护用品
24	急救站	52	未经许可，不许入内
25	救援电话	53	不得靠近
26	刺激眼睛	54	不得越过此线
27	遇湿具有刺激性	55	泄险区
28	刺激性	56	不得触摸

4）有毒物品作业岗位职业危害告知卡

根据实际需要，由各类图形标志和文字组合成《有毒物品作业岗位职业病危害告知卡》（以下简称《告知卡》）。《告知卡》是设置在使用有毒物品作业岗位的醒目位置上的一种警示，它以简洁的图形和文字，将作业岗位上所接触到的有毒物品的危害性告知劳动者，并提醒劳动者采取相应的预防和处理措施。

《告知卡》包括有毒物品的通用提示栏、有毒物品名称、健康危害、警告标志、指令标志、应急处理和理化特性等内容。

2. 警示标志的设置和使用

警示标志设置应按《工作场所职业病危害警示标识》（GBZ 158—2003）的要求设置。

1）警示标志设置的场所

（1）作业场所。

（2）设备。在可能产生职业病危害的设备上或其前方醒目位置设置相应的警示标志。

（3）产品包装。可能产生职业病危害的化学品、放射性同位素和放射性物质的材料的产品包装要设置醒目的警示标志和简明的中文警示说明。警示说明载明产品的特性、存在的有害因素、可能产生的危害后果、安全使用注意事项以及应急救治措施内容。

（4）储存场所。

（5）发生职业病危害事故现场。

2）警示标志和设置高度

除警示线外，警示标志设置的高度，尽量与人眼的视线高度相一致，悬挂式和柱式的环境信息警示标志的下缘距地面的高度不宜小于 2 米；局部信息警示标志的设置高度以视具体情况确定。

3）警示标志设置的要求

（1）警示标志设在与职业病危险工作场所有关的醒目位置，并有足够的时间来注意它所表示的内容。

（2）警示标志不设在门、窗等可移动的物体上。警示标志前不得放置妨碍认读的障碍物。

（3）警示标志（不包括警示线）的平面与视线夹角应接近 90°，观察者位于最大观察距离时，最小夹角不低于 75°。

（4）警示标志设置的位置应具有良好的照明条件。

（5）警示标志（不包括警示线）的固定方式分附着式、悬挂式和柱式三种。悬挂式和附着式的固定要稳固不倾斜，柱式的警示标志和支架应牢固地连接在一起。

五、客运站标志

（1）客运站内应设置各种功能指示和服务标志。

（2）客运站正门、主要入口处或总服务台应当设有客运站的整体布局图。

（3）客运站应设置导向标志，用于向旅客指引售票室、候车室、寄存处、检票口、值班站长室、安全出口、步行梯、自动扶梯、吸烟室、饮水处、卫生间等位置，起到引导作用，主要通道地面应当标有紧急疏散方向的指示符号。发车区、下客区、进出通道及停车场应设置导向标志、警示标志、地面标线标志,引导旅客、车流安全畅通。

(4)客运站应设置警示标志,用于向旅客提出警示,请旅客注意安全或禁止某项行为等,起到提示旅客注意安全,规范旅客行为的作用,如小心地滑、禁止吸烟、禁止通行等。

(5)客运站导向标志的内容、指示方位应当根据营业布局的调整及时进行补充和更新,以保证导向标志的准确性及有效性。

(6)客运站内标志的内容要求中文文字使用《国家通用语言文字规范手册》中规定的标准用字,一级站和旅游客运站应采用中外文双语标志。

(7)标志的图形符号采用《标志用公共信息图形符号　第1部分:通用符号》(GB/T 10001.1—2006)《交通客运图形符号、标志及技术要求》(JT/T 471—2002)中规定的图形符号。标准中没有的图形符号,可采用通用图形符号。

六、货运站标志

(1)货运站内应设置各种功能指示和服务标志,正门、主要入口处或咨询处应设有货运站整体布局图。

(2)货运站内设置的标志应清晰、完整、工作状态正常。

(3)货运站应设置站房、信息交易中心、仓库、堆场、停车场地、危险场所、厕所和道路等主要设施明显标志,导向标志的视觉效果不得有其他障碍物阻挡。

(4)主要道路地面应当标有紧急疏散方向的指示符号,进出通道及停车场应设置地面标线标志,引导货物、车辆安全通行。

(5)货运站内车辆导向标志内容、指示方位应当根据外部交通管制及站内营业布局的调整及时进行补充和更新,以保证导向标志的准确性及有效性。

(6)货运站内道路和停车场地应按照《道路交通标志和标线》(GB 5768—1999)设置交通标志、划定交通标线和停车泊位,并悬挂明晰的指示牌。

(7)货运站内标志的中文文字应使用《国家通用语言文字规范手册》中规定的标准用字;货运站标志的图形符号采用《标志用公共信息图形符号　第1部分:通用符号》(GB/T 10001.1—2006)中规定的图形符号;标准中没有的图形符号,可采用便于识别的图形符号。

第七节　交通安全基础设施

交通安全设施是指为保障行车和行人的安全,充分发挥道路的作用所设置的安全设施。交通安全设施包括信号灯、交通标志、路面标线、护栏、隔离栅、照明设备、视线诱导标、防炫目设施等。在道路运输行业中,汽车货运站涉及道路设施包括铁路专用线和站内道路,站内道路采用无交叉的环行行驶路线。

1. 交通标志

交通标志有警告标志、禁令标志、指示标志、指路标志、旅游区标志、道路施工安全标志、辅助标志。设置交通标志的目的是给道路通行人员提供确切的信息,保证交通安全畅通。高速公路上车速高,车道数多,标志尺寸比一般道路上大得多。

2. 路面标线

路面标线有禁止标线、指示标线、警告标线,是直接在路面上用漆类喷刷或用混凝土预制块等铺列成线条、符号，与道路标志配合的交通管制设施。路面标线种类较多，有行车道中线、停车线竖面标线、路缘石标线等。标线有连续线、间断线、箭头指示线等，多使用白色或黄色漆。

3. 安全护栏

公路上的安全护栏既要阻止车辆越出路外，防止车辆穿越中央分隔带闯入对向车道，同时还要能诱导驾驶员的视线。

4. 隔离栅

隔离栅是高速公路的基础设施之一，它使高速公路全封闭得以实现，并阻止人畜进入高速公路。它可有效地排除横向干扰，避免由此产生的交通延误或交通事故，保障高速公路效益的发挥。隔离栅按其使用材料的不同，可分为金属网、钢板网、刺铁丝和常青绿篱几大类。

5. 照明设备

照明设备主要是为保证夜间交通的安全与畅通，大致分为连续照明、局部照明及隧道照明。照明条件对道路交通安全有着很大的影响，视线诱导标一般沿车道两侧设置，具有明示道路线形、诱导驾驶员视线等用途。对有必要在夜间进行视线诱导的路段，设置反光式视线诱导标。

6. 防炫设备

防炫设施的用途是遮挡对向车前照灯的炫光，分防炫网和防炫板两种。防炫网通过网股的宽度和厚度阻挡光线穿过，减少光束强度而达到防止对向车前照灯炫目的目的。防炫板是通过其宽度部分阻挡对向车前照灯的光束。

第八章　　作 业 现 场

在道路运输活动中，人的不安全行为和企业管理不善是引起事故与损失的主要致因。人的操作失误、违章作业主要是由现场作业方法和作业习惯两类因素造成。人是首要因素，应用管理的作用，控制运输活动中人的自由度是安全工作的前提、基础和保证。预防人为事故、改善作业过程，对加强安全管理、促进安全生产都具有十分重要的意义。

第一节　道路旅客运输作业与安全管理

一、道路旅客运输及其分类

道路旅客运输是指人们利用客车，通过道路、站场等基础设施实现人的空间位移的活动。

按运营方式不同，道路旅客运输主要划分为：

(1)道路班车客运，是指运输经营者按规定要求办理相关手续并按固定线路、固定地站点、固定班次编号和固定时间开行的道路客运方式。

(2)道路旅游客运，是指营运客车以运送旅游者游览观光为目的的，开往名胜古迹、风景区等旅游景点的道路客运类型。

(3)出租汽车客运，是指营运客车由专职驾驶员根据用户要求的时间、地点、线路行驶以及上、下旅客和等待服务的一种客运方式。

(4)包车客运，是指运输单位在一定时间内根据用户的要求安排使用的客运方式。

(5)城市公交客运，是指在城市范围内，按规定的线路、时间、停靠点运行，采用大型客车、高密度等方式为城市居民提供运送服务的客运方式。

二、道路旅客运输经营方式

道路旅客运输经营，是指用客车运送旅客，为社会公众提供服务、具有商业性质的道路客运活动。

道路旅客运输经营方式主要有：班车(加班车)客运、包车客运、旅游客运。

1. 班车客运及其划分

班车客运，是指营运客车在城乡道路上按照固定的线路、时间、站点、班次运行的一种客运方式。

班车客运包括直达班车客运和普通班车客运。加班车客运是班车客运的一种补充形式，在客运班车不能满足需要或者无法正常运营时，临时增加或者调配客车按客运班车的线路、站点运行的方式。

(1)直达班车客运。直达班车客运是指由始发站直达终点、中途只作必要的停歇，但不上、下旅客的班车客运。

(2)普通班车客运。普通班车客运是指站距较短,在途中的站、点(含招呼站)都要停靠上、下旅客的班车客运。

(3)加班车客运。加班车是指在客流量高峰时期,在正班车不能满足旅客的乘车需要时,道路运输企业增开的班车。加班车不列入公告的班次时刻表。需开行加班车时,在开行前一天公告,或在开行前临时公告,即时售票上车。

2. 包车客运及其划分

包车客运,是指以运送团体旅客为目的,将客车包租给用户安排使用,提供驾驶劳务,按照约定的起始地、目的地和路线行驶,按行驶里程或者包用时间计费并统一支付费用的一种客运方式。

1)按照其经营区域划分

(1)省际包车客运。

(2)省内包车客运。

省内包车客运分为市际包车客运、县际包车客运和县内包车客运。

2)按计费方法不同划分

(1)计程包车。

(2)计时包车。

3. 旅游客运及其划分

旅游客运,是指以运送旅游观光的旅客为目的,在旅游景区内运营或者其线路至少有一端在旅游景区(点)的一种客运方式。

旅游客运从营运组织形式上可分为旅游班车和旅游包车两种形式。

(1)旅游班车。旅游班车是实行定班、定线、定时,在风景游览点和城市及景点与景点之间的线路上运营的班车,服务对象是旅游者。

(2)旅游包车。旅游包车是按照用户要求的线路、景点、时间等,运送团体旅游者的旅游客运。

三、道路旅客运输线路

道路旅客运输线路,是指营业性运输客车的运行路径,它以始发点、经过点、到达点为路径界限。

按经营项目和营运方式,道路旅客运输线路划分为班车线路、旅游班车线路等。包括营运客车运行的路线、班次、发车时间和停靠站点。

1. 班车客运线路

班车客运线路根据经营区域和营运线路长度分为四种类型。

(1)一类客运班线。地区所在地与地区所在地之间的客运班线或者营运线路长度在800千米以上的客运班线。

(2)二类客运班线。地区所在地与县之间的客运班线。

(3)三类客运班线。非毗邻县之间的客运班线。

(4)四类客运班线。毗邻县之间的客运班线或者县境内的客运班线。

2. 旅游客运客运线路

旅游客运线路须有固定的发车点和游览点，旅游班车须按公告的线路行驶、停靠，并应保证乘客有足够的游览时间。

旅游客运按照营运方式分为：

(1)定线旅游客运。定线旅游客运按照班车客运管理。

(2)非定线旅游客运。非定线旅游客运按照包车客运管理。

另外，包车客运在我国还没有专门的运输企业，是一般客运企业的一种附带的运输服务经营方式，其经营方式是用户预约，企业按用户的要求派车，并按用户的要求行驶与停靠，没有固定的线路。

四、道路旅客运输作业基本程序

汽车客运过程的实现，有相当多的作业需要在汽车客运站完成。汽车客运站是旅客集散的地点，又是为旅客提供服务的场所，也是客运现场调度的重点。道路旅客运输作业主要包括发售客票、行包受理、候车服务、客车准备、组织乘车与发车、客车运送、客车到达、交付行包、其他服务作业等内容。

五、道路旅客运输作业安全要求

1. 班线客车作业要求

(1)班车必须按指定车站和时间进入车位装运行包，检票上客，正点发车。严禁提前发车。

(2)班车必须按规定的线路、班点(包括食宿点)和时间运行、停靠。

(3)如途中发生意外情况，无法运行时，应以最快方式通知就近车站派车接运，并及时公告。如需食宿，站方应协助解决，费用自理。

(4)班车到站后，按指定车位停放，及时向车站办理行包和其他事项的交接手续。

(5)班车在始发站停开、晚点或变更车辆类别时须及时公告。

(6)班车中途发生故障，客运经营者应迅速派相同或相近类别车辆接运。

(7)因路线阻滞，班车必须改道行驶时，票价按改道实际里程计收。按改道里程发售客票后，如班车恢复原路线行驶，发车前由始发站将票价差额退还旅客。

2. 旅游客运作业要求

(1)旅游客运是以运送旅游者游览观光为目的，其线路必须有一端位于名胜古迹、风景区等旅游点的一种营运方式。

(2)旅游客运的发车站点除有关规定外，应设置旅游区线路图、旅游名胜简介，公布旅游车型、导游服务项目、食宿地点和食宿标准。

(3)提供旅游综合服务的旅游客车上，应备有饮水、常用药等服务性物品，并根据实际需要，装配御寒或降温设备，随车配有导游人员。

3. 包车客运作业要求

(1)包车客运是将客车包租给用户安排使用，按行驶里程或包用时间计费的一种营运方式。用户包车一般应事先向运输经营者预约，并填写“汽车旅客运输包车预约书”，办理包车手续。

(2)用户要求变更使用包车的时间、地点或取消包车,须在使用前办理变更手续。运输经营者要求变更车辆类型、约定时间或取消包车,亦应事先与用户协商,经同意后,方能变更。运输经营者自行变更车辆类型或未按约定时间供车者,按违约或延误供车处理。

(3)包车在用户包用期间,要服从用户的合理安排,保证车辆正常使用。

六、道路旅客运输作业安全管理

道路旅客运输的基本任务是最大限度地满足人民群众对出行的需要,尽可能地为旅客提供物质和文化方面的良好服务,保证安全、经济、便利地将旅客送往目的地。

旅客从进站购票、候车、乘车至到达目的地后下车离开车站的整个过程是旅客运输的全过程。在运输过程中,运输单位要按照运输工作的基本原则照顾好旅客,为旅客服务并及时处理出现的问题,包括旅客受到意外伤害以及遇到的各种困难,尽最大努力保证旅客生命财产的安全。

(1)客运经营者应当按照道路运输管理机构决定的许可事项从事客运经营活动。

(2)运班车应当按照许可的线路、班次、站点运行,在规定的途经站点进站上下旅客,无正当理由不得改变行驶线路,不得站外上客或者沿途揽客。

(3)禁客运车辆超载运行,在载客人数已满的情况下,允许再搭乘不超过核定载客人数10%的免票儿童。客运车辆不得违反规定载货。

(4)经营者应当在客运车辆外部的适当位置喷印企业名称或者标志,在车厢内显著位置公示道路运输管理机构监督电话、票价和里程表。

(5)运经营者应当为旅客提供良好的乘车环境,确保车辆设备、设施齐全有效,保持车辆清洁、卫生,并采取必要的措施防止在运输过程中发生侵害旅客人身、财产安全的违法行为。

(6)运经营者应当为旅客投保承运人责任险。

(7)运经营者应当加强对从业人员的安全、职业道德教育和业务知识、操作规程培训,并采取有效措施,防止驾驶员连续驾驶时间超过4个小时。

(8)运车辆驾驶员应当遵守道路运输法规和道路运输驾驶员操作规程,安全驾驶,文明服务。

(9)运经营者应当制定突发公共事件的道路运输应急预案。应急预案应当包括报告程序、应急指挥、应急车辆和设备的储备以及处置措施等内容。

发生突发公共事件时,客运经营者应当服从县级及以上人民政府或者有关部门的统一调度、指挥。

(10)临时客运标志牌运营的客车应当按正班车的线路和站点运行。属于加班或者顶班的,还应当持有始发站签章并注明事由的当班行车路单;班车客运标志牌正在制作或者灭失的,还应当持有该条班线的《道路客运班线经营许可证明》或者《道路客运班线经营行政许可决定书》的复印件。

(11)运包车应当凭车籍所在地县级以上道路运输管理机构核发的包车客运标志牌,按照约定的时间、起始地、目的地和线路运行,并持有包车票或者包车合同,不得按班车模式定点定线运营,不得招揽包车合同外的旅客乘车。

(12)包车客运标志牌和加班车、顶班车、接驳车使用的省际临时客运标志牌在一个运次所需的时间内有效,因班车客运标志牌正在制作或者灭失而使用的省际临时客运标志牌有效期不得超过30天。

(13)使用配置下置行李舱的客车从事道路客运。没有下置行李舱或者行李舱容积不能满足需求的客运车辆,可在客车车厢内设立专门的行李堆放区,但行李堆放区和乘客区必须隔离,并采取相应的安全措施。严禁行李堆放区内载客。

第二节　道路货物运输作业与安全管理

一、道路货物运输及其分类

道路货物运输是人们利用汽车以及其他陆路运输工具,通过道路有目的地使货物产生空间位移的活动。

目前,货物运输类别主要有:整车货物运输、零担货物运输、特种货物运输、集装箱运输、包车运输。

1)整车货物运输

整车货物运输,是指托运人一次托运的货物在3吨以上,或虽不足3吨,但其性质、体积、形状需要一辆3吨以上汽车运输的。

2)零担货物运输

(1)零担货物运输,是指托运人一次托运的货物不足3吨的为零担货物。

(2)各类危险货物,易破损、易污染和鲜活货物等,一般不能作为零担货物办理托运,需使用特种车辆承运。

3)特种货物运输

(1)特种货物运输,是指由于货物的性质、体积、质量的要求,需要以大型汽车或挂车(核定吨位为40吨及以上的)以及用罐车、冷藏车、保温车等车辆运输的。

(2)特种货物一般分为四大类,即危险货物、大件(大长笨重)货物、鲜活货物和贵重货物。

(3)特种货物运输主要有:大件(长大笨重)货物运输、危险货物运输、鲜活易腐货物运输。

4)集装箱运输

集装箱运输,是指以集装箱为货物盛装器具,由专用车辆载运的。

5)包车运输

包车运输,是指把车辆给托运人安排使用并按时间或里程计算运费的运输。

二、道路货物运输经营方式

道路货物运输经营,是指为社会提供公共服务、具有商业性质的道路货物运输活动。

道路货物运输经营方式包括:

(1)道路普通货运。

(2)道路货物专用运输,是指使用集装箱、冷藏保鲜设备、罐式容器等专用车辆进行的货物运输。

(3)道路大型物件运输。

(4)道路危险货物运输。

三、道路货物运输组织方式

常用的货运组织方式有:双班运输、拖挂运输、甩挂运输、直达行驶法与分段行驶法、定时运输与定点运输。

1)双班运输

组织双班运输的基本方法是根据双班运输的不同形式,每辆汽车配备两名左右的驾驶员,分日夜两班轮流驾驶。

2)拖挂运输

汽车运输的车辆,通常可分为汽车、牵引车和挂车三大类。由载货汽车和全挂车两部分组成或由牵引车和半挂车组成的汽车列车从事货物运输。

根据汽车列车的运行特点和对装卸组织工作的不同要求,一般可以分为定挂运输和甩挂运输。

定挂运输,是指汽车列车在完成运行和装卸作业时,汽车(或牵引车)与全挂车(或半挂车)一般不分离。

3)甩挂运输

甩挂运输,是指汽车列车按预定的计划,在各类装卸作业点甩下并挂上指定的挂车后,继续运行的一种组织方式。甩挂运输的运行组织方式,可以使载货汽车(或牵引车)的停歇时间缩短到最低限度,从而可以最大限度地利用牵引能力,提高运输效能。在同样的条件下,甩挂运输比定挂运输有较高的运输效率。

甩挂运输形式主要有:

(1)一线两点甩挂运输,是在短途往复式运输线路上通常采用的形式。

(2)循环甩挂运输,是在循环行驶线路上进行甩挂作业的一种形式。

(3)驮背运输(载驳运输),是甩挂运输的基本原理应用于集装箱或挂车的换载作业形式。

4)直达行驶法与分段行驶法

公路长途货运一般采用直达行驶法和分段行驶法的行车组织方式。

5)定时运输与定点运输

(1)定时运输,是指车辆按运行计划中所拟订的行车时刻表来进行工作。采用定时运输组织形式,一般要规定货车运行时刻。

(2)定点运输,是指按发货点固定车队,专门完成固定货运任务的运输组织形式。

四、零担货物运输主要作业流程

零担货物运输主要作业流程,如图 8-1 所示。

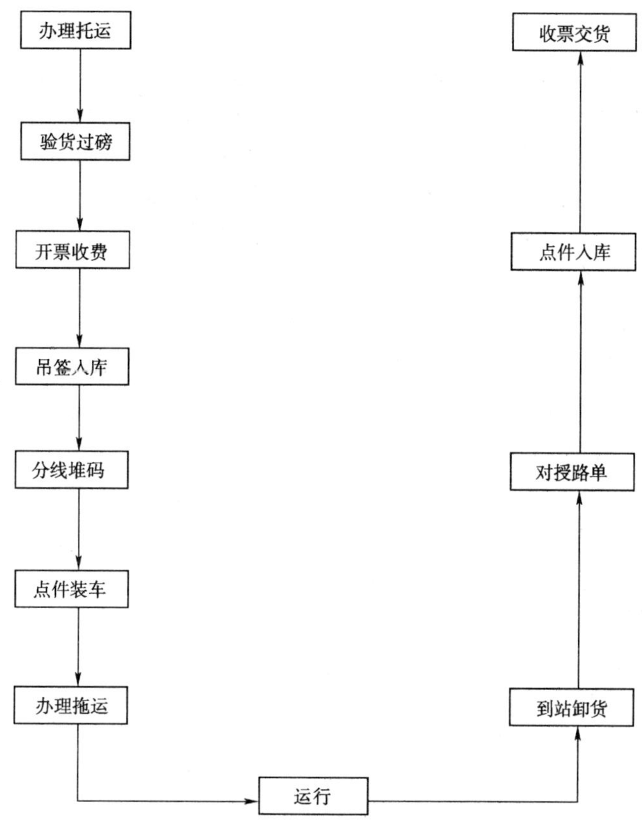

图 8-1 零担货物运输主要作业流程示意图

五、道路货物运输作业安全要求

货物运输过程是指货物从受理托运开始，到交付收货人为止的生产活动。货运作业一般包括：货物装运前的准备工作、装车、运送、卸车、保管和交付等作业环节。

1. 货物受理

(1) 承运人受理凭证运输或需有关审批、检验证明文件的货物后，应当在有关文件上注明已托运货物的数量、运输日期，加盖承运章，并随货同行，以备查验。

(2) 承运人受理整批或零担货物时，应根据运单记载货物名称、数量、包装方式等，核对无误，方可办理交接手续。发现与运单填写不符或可能危及运输安全的，不得办理交接手续。

(3) 承运人应当根据受理货物的情况，合理安排运输车辆，货物装载质量以车辆额定吨位为限，轻泡货物以折算质量装载，不得超过车辆额定吨位和有关长、宽、高的装载规定。

(4) 承运人应与托运人约定运输路线。起运前，运输路线发生变化必须通知托运人，并按最后确定的路线运输。承运人未按约定的路线运输增加的运输费用，托运人或收货人可以拒绝支付增加部分的运输费用。

(5) 货物运输中，在与承运人非隶属关系的货运站场进行货物仓储、装卸作业，承运人应与站场经营人签订作业合同。

(6)运输期限由承托双方共同约定后应在运单上注明。承运人应在约定的时间内将货物运达。零担货物按批准的班期时限运达,快件货物按规定的期限运达。

(7)整批货物运抵前,承运人应当及时通知收货人做好接货准备;零担货物运达目的地后,应在24小时内向收货人发出到货通知或按托运人的指示及时将货物交给收货人。

(8)车辆装载有毒、易污染的货物卸载后,承运人应对车辆进行清洗和消毒。因货物自身的性质,应托运人要求,需对车辆进行特殊清洗和消毒的,由托运人负责。

2. 货物运输合同

为了保证货物按托运人的要求,安全、准确、及时地送到收货方,道路货物运输经营者和货物托运人还应当按照《合同法》的要求,签订道路货物运输合同。签订运输合同时,应当核对并登记托运单位的有效证明、个人的有效身份证件,建立健全货运托运人、运输合同信息的可追溯机制,运输合同要留存半年以上,以备查询。

(1)汽车货物运输合同采用书面形式、口头形式和其他形式。书面形式合同种类分为定期运输合同、一次性运输合同、道路货物运单(以下简称运单)。汽车货物运输合同由承运人或托运人本着平等、自愿、公平、诚实、信用的原则签订。

(2)定期汽车货物运输合同应包含下列基本内容:

①托运人、收货人和承运人的名称(姓名)、地址(住所)、电话、邮政编码。

②货物的种类、名称、性质。

③货物质量、数量,或月、季、年度货物批量。

④起运地、到达地。

⑤运输质量。

⑥合同期限。

⑦装卸责任。

⑧货物价值,是否保价、保险。

⑨运输费用的结算方式。

⑩违约责任。

⑪解决争议的方法。

(3)一次性运输合同、运单应包含以下基本内容:

①托运人;收货人和承运人的名称(姓名)、地址(住所)、电话、邮政编码。

②货物名称、性质、质量、数量、体积。

③装货地点、卸货地点、运距。

④承运日期和运到期限。

⑤运输质量。

⑥装卸责任。

⑦货物价值,是否保价、保险。

⑧运输费用的结算方式。

⑨违约责任。

⑩解决争议的方法。

(4)定期运输合同适用于承运人、托运人、货运代办人之间商定的时期内的批量货物运输。

(5)汽车货物运输合同自双方当事人签字或盖章时成立。当事人采用信件、数据电文等形式订立合同的,可以要求签订确认书,签订确认书时合同成立。

3. 货物发送作业

货物发送作业主要由受理托运、组织装车和核算制票等三部分组成。

(1)受理托运。受理托运必须做好货物包装,确定质量和办理单据等项作业。

(2)组织装车。货物装车前必须对车辆进行技术检查和货运检查,以确保其运输安全和货物完好。

(3)核算制票。发货人办理货物托运时,按规定向车站交纳运杂费,并领取承运凭证。

4. 运输途中作业

货物在运送途中发生的各项作业。途中作业主要包括途中货物交接、货物整理和换装等内容。

5. 货物到达作业

货物在到达站发生的各项作业。到达作业主要包括货运票据的交接、货物卸车、保管和交付等内容。

六、道路货物运输作业安全管理

(1)道路货物运输经营者应当按照《道路运输经营许可证》核定的经营范围从事货物运输经营。

(2)道路货物运输经营者应当对从业人员进行经常性的安全、职业道德教育和业务知识、操作规程培训。

(3)道路货物运输经营者应当按照国家有关规定在其重型货运车辆、牵引车上安装、使用行驶记录仪,并采取有效措施,防止驾驶人员连续驾驶时间超过4个小时。

(4)道路货物运输经营者应当要求其聘用的车辆驾驶员随车携带《道路运输证》。《道路运输证》不得转让、出租、涂改、伪造。

(5)道路货物运输经营者应当聘用持有从业资格证的驾驶人员。

(6)营运驾驶员应当驾驶与其从业资格类别相符的车辆。驾驶营运车辆时,应当随身携带从业资格证。

(7)运输的货物应当符合货运车辆核定的载质量,载物的长、宽、高不得违反装载要求。禁止货运车辆违反国家有关规定超限、超载运输。禁止使用货运车辆运输旅客。

(8)道路货物运输经营者运输大型物件,应当制定道路运输组织方案。涉及超限运输的应当按照交通运输部颁布的《超限运输车辆行驶公路管理规定》办理相应的审批手续。

(9)从事大型物件运输的车辆,应当按照规定装置统一的标志和悬挂标志旗;夜间行驶和停车休息时应当设置标志灯。

(10)道路货物运输经营者不得运输法律、行政法规禁止运输的货物。道路货物运输经营者在受理法律、行政法规规定限运、凭证运输的货物时,应当查验并确认有关手续齐全有效后方可运输。

要按照国家有关行政法规的要求,建立健全货物受理环节的验视制度,切实加强对各类禁运物品、违禁物品、危险物品的检查、甄别和处置，坚决堵塞安全管理漏洞。

(11)道路货物运输经营者应当采取有效措施，防止货物变质、腐烂、短少或者损失。

(12)道路货物运输经营者和货物托运人应当按照《合同法》的要求，订立道路货物运输合同。

(13)国家鼓励实行封闭式运输。道路货物运输经营者应当采取有效的措施，防止货物脱落、扬撒等情况发生。

(14)道路货物运输经营者应当制定有关交通事故、自然灾害、公共卫生以及其他突发公共事件的道路运输应急预案。应急预案应当包括报告程序、应急指挥、应急车辆和设备的储备以及处置措施等内容。

第三节　道路危险货物运输作业与安全管理

一、危险货物运输

危险货物，是具有爆炸、易燃、毒害、感染、腐蚀、放射性等危险特性，在运输、储存、生产、经营、使用和处置中，容易造成人身伤亡、财产损毁或环境污染而需要特别防护的物质和物品。

危险货物运输，是指使用道路运输车辆运输国家规定的易燃、易爆、放射、有毒、腐蚀等危险货物的货运。

二、危险货物的分类

道路危险货物根据《危险货物分类和品名编号》(GB 6944—2005)、《危险货物品名表》(GB 12268—2005)的规定，按危险货物具有的危险性或最主要的危险性分为9类，有些类别再分成项别，这些类别和项别分列如下：

第一类：爆炸品。

第1.1项：有整体爆炸危险的物质和物品；

第1.2项：有迸射危险，但无整体爆炸危险的物质和物品；

第1.3项：有燃烧危险并有局部爆炸危险或局部迸射危险或这两种危险都有，但无整体爆炸危险的物质和物品；

第1.4项：不呈现重大危险的物质和物品；

第1.5项：有整体爆炸危险的非常不敏感物质；

第1.6项：无整体爆炸危险的极端不敏感物品。

第二类：气体。

第2.1项：易燃气体；

第2.2项：非易燃无毒气体；

第2.3项：毒性气体。

第三类：易燃液体。

第四类：易燃固体。

第4.1项:易燃固体;

第4.2项:易于自燃的物质;

第4.3项:遇水放出易燃气体的物质。

第五类:氧化性物质和有机过氧化物。

第5.1项:氧化性物质;

第5.2项:有机过氧化物。

第六类:毒性物质和感染性物质。

第6.1项:毒性物质;

第6.2项:感染性物质。

第七类:放射性物质。

第八类:腐蚀性物质。

第九类:杂项危险物质和物品。

三、危险货物的危险程度

在《危险货物品名表》(GB 12268—2005)中采用了Ⅰ、Ⅱ、Ⅲ等级的表述。其4.2条规定:除第1类、第2类、第7类、5.2项和6.2项物质以及4.1项自反应物质以外,需要包装的危险货物按其具有的危险程度划分为三个包装类别:

(1)Ⅰ类包装:具有高度危险性的物质。

(2)Ⅱ类包装:具有中等危险性的物质。

(3)Ⅲ类包装:具有轻度危险性的物质。

四、危险货物运输作业安全要求

1.危险货物的承运要求

(1)承运人应按照道路运输管理机构核准的经营范围受理危险货物的托运。

(2)承运人应核实所装运危险货物的收发货地点、时间以及托运人提供的相关单证是否符合规定,并核实货物的品名、编号、规格、数量、件重、包装、标志、安全技术说明书、安全标签和应急措施以及运输要求。

(3)危险货物装运前应认真检查包装的完好情况,当发现破损、撒漏,托运人应重新包装或修理加固,否则承运人应拒绝运输。

(4)承运人自接货起至送达交付前,应负保管责任。货物交接时,双方应做到点收、点交,由收货人在运单上签收。发生剧毒、爆炸、放射性物品货损、货差的,应及时向公安部门报告。

(5)危险货物运达卸货地点后,因故不能及时卸货的,应及时与托运人联系妥善处理;不能及时处理的,承运人应立即报告当地公安部门。

(6)承运人应拒绝运输托运人应派押运人员而未派的危险货物。

(7)承运人应拒绝运输已有水渍、雨淋痕迹的遇湿易燃物品。

(8)承运人有权拒绝运输不符合国家有关规定的危险货物。

2.危险货物运输及装卸作业要求

1)作业要求

(1)汽车运输危险货物应符合《汽车运输危险货物规则》(JT 617—2004)的规定。

(2)危险货物的装卸应在装卸管理人员的现场指挥下进行。

(3)在危险货物装卸作业区应设置警告标志。无关人员不得进入装卸作业区。

(4)进入易燃、易爆危险货物装卸作业区应做好防护。

(5)雷雨天气装卸时,应确认避雷电、防湿潮措施有效。

(6)运输危险货物的车辆在一般道路上最高车速为60千米/小时,在高速公路上最高车速为80千米/小时,并应确认有足够的安全车间距离。如遇雨天、雪天、雾天等恶劣天气,最高车速为20千米/小时,并打开示警灯,警示后车,防止追尾。

(7)运输过程中,应每隔2小时检查一次。若发现货损(如丢失、泄漏等),应及时联系当地有关部门予以处理。

(8)驾驶员一次连续驾驶4小时应休息20分钟以上;24小时内实际驾驶车辆时间累计不得超过8小时。

(9)运输危险货物的车辆发生故障需修理时,应选择在安全地点和具有相关资质的汽车修理企业进行。

(10)禁止在装卸作业区内维修运输危险货物的车辆。

(11)对装有易燃易爆的和有易燃易爆残留物的运输车辆,不得动火修理。确需修理的车辆,应向当地公安部门报告,根据所装载的危险货物特性,采取可靠的安全防护措施,并在消防员监控下作业。

2)出车前

(1)运输危险货物车辆的有关证件、标志应齐全有效,技术状况应为良好,并按照有关规定对车辆安全技术状况进行严格检查,发现故障应立即排除。

(2)运输危险货物车辆的车厢底板应平坦完好、栏板牢固,对于不同的危险货物,应采取相应的衬垫防护措施(如铺垫木板、胶合板、橡胶板等),车厢或罐体内不得有与所装危险货物性质相抵触的残留物。

(3)检查运输危险货物的车辆配备的消防器材,发现问题应立即更换或修理。

(4)驾驶员、押运人员应检查随车携带的"道路运输危险货物安全卡"是否与所运危险货物一致。

(5)根据所运危险货物特性,应随车携带遮盖、捆扎、防潮、防火、防毒等工、属具和应急处理设备、劳动防护用品。

(6)装车完毕后,驾驶员应对货物的堆码、遮盖、捆扎等安全措施及对影响车辆启动的不安全因素进行检查,确认无不安全因素后方可起步。

3)运输中

(1)驾驶员应根据道路交通状况控制车速,禁止超速和强行超车、会车。

(2)运输途中应尽量避免紧急制动,转弯时车辆应减速。

(3)通过隧道、涵洞、立交桥时,要注意标高、限速。

(4)运输危险货物过程中,押运人员应密切注意车辆所装载的危险货物,根据危险货物性质定时停车检查,发现问题及时会同驾驶员采取措施妥善处理。驾驶员、押运人员不得擅自离岗、脱岗。

(5)运输过程中如发生事故时,驾驶员和押运人员应立即向当地公安部门及安全生产管理部门、环境保护部门、质检部门报告,并应看护好车辆、货物,共同配合采取一切可能的警示、救援措施。

(6)运输过程中,需要停车住宿或遇有无法正常运输的情况时,应向当地公安部门报告。

(7)运输过程中遇有天气、道路路面状况发生变化,应根据所载危险货物特性,及时采取安全防护措施。遇有雷雨时,不得在树下、电线杆、高压线、铁塔、高层建筑及容易遭到雷击和产生火花的地点停车。若要避雨时,应选择安全地点停放车辆。遇有泥泞、冰冻、颠簸、狭窄及山崖等路段时,应低速缓慢行驶,防止车辆侧滑、打滑及危险货物剧烈振荡等,确保运输安全。

4)装卸作业

(1)装卸作业现场要远离热源,通风良好;电气设备应符合国家有关规定要求,严禁使用明火灯具照明,照明灯应具有防爆性能;易燃易爆货物的装卸场所要有防静电和避雷装置。

(2)运输危险货物的车辆应按装卸作业的有关安全规定驶入装卸作业区,应停放在容易驶离作业现场的方位上,不准堵塞安全通道。停靠货垛时,应听从作业区业务管理人员的指挥,车辆与货垛之间要留有安全距离。待装卸的车辆与装卸中的车辆应保持足够的安全距离。

(3)装卸作业前,车辆发动机应熄火,并切断总电源(需从车辆上取得动力的除外)。在有坡度的场地装卸货物时,应采取防止车辆溜坡的有效措施。

(4)装卸作业前应对照运单,核对危险货物名称、规格、数量,并认真检查货物包装。货物的安全技术说明书、安全标志、标志等与运单不符或包装破损、包装不符合有关规定的货物应拒绝装车。

(5)装卸作业时,应根据危险货物包装的类型、体积、质量、件数等情况和包装储运图示标志的要求,采取相应的措施,轻装轻卸,谨慎操作。

(6)装卸过程中,需要移动车辆时,应先关上车厢门或栏板。若车厢门或栏板在原地关不上时,应有人监护,在保证安全的前提下才能移动车辆。起步要慢,停车要稳。

(7)装卸危险货物的托盘、手推车应尽量专用。装卸前,要对装卸机具进行检查。装卸爆炸品、有机过氧化物、剧毒品时,装卸机具的最大装载量应小于其额定负荷的75%。

(8)危险货物装卸完毕,作业现场应清扫干净。装运过剧毒品和受到危险货物污染的车辆、工具应按《汽车运输危险货物规则》(JT 617—2004)中附录E车辆清洗消毒方法洗刷和除污。危险货物的撒漏物和污染物应送到当地环保部门指定地点集中处理。

3.危险货物的包装要求

危险货物的包装对安全运输有直接影响,如果包装不良或包装方法不当是很容易发生事故的。危险货物的包装应当与货物的性质、汽车运输特点等相适应。具体要求如下:

(1)危险货物一般应单独包装。

(2)包装的种类、材质、封口等应适应所装货物的性质。

(3)包装规格、形式及单位包装质量应便于装卸、搬运和保证运输过程中的安全。

(4)包装必须有规定的标志。

五、危险货物运输作业安全管理

由于危险货物滋生的稳定性是处在一定的临界点,具有其特殊的性质,在运输、装卸、存储过程中,必须严格按照操作规程进行,否则易产生事故。为了保证危险货物运输安全,必须采取和普通货物运输不一样的,特别是防护措施。

(1)道路危险货物运输企业或者单位应当严格按照道路运输管理机构决定的许可事项从事道路危险货物运输活动。

(2)道路危险货物运输企业或者单位不得运输法律、行政法规禁止运输的货物。

①法律、行政法规规定的限运、凭证运输货物,道路危险货物运输企业或者单位应当按照有关规定办理相关运输手续。

②法律、行政法规规定托运人必须办理有关手续后方可运输的危险货物,道路危险货物运输企业应当查验有关手续齐全有效后方可承运。

(3)危险货物托运人应当严格按照国家有关规定包装,并向承运人说明危险货物的品名、数量、危害、应急措施等情况。需要添加抑制剂或者稳定剂的,应当按照规定添加。托运危险化学品的,还应提交与托运的危险化学品完全一致的安全技术说明书和安全标签。

(4)道路危险货物运输企业或者单位应当加强安全生产管理,配备专职安全管理人员,制定突发事件应急预案,严格落实各项安全制度。

(5)道路危险货物运输从业人员必须熟悉有关安全生产的法规、技术标准和安全生产规章制度、安全操作规程,了解所装运危险货物的性质、危害特性、包装物或者容器的使用要求和发生意外事故时的处置措施。严格按照《汽车运输危险货物规则》(JT 617—2004)、《汽车运输、装卸危险货物作业规程》(JT 618—2004)操作,不得违章作业。

(6)道路危险货物运输企业或者单位应当对从业人员进行经常性的安全、职业道德教育和业务知识、操作规程培训。

(7)道路危险货物运输企业或者单位应当聘用具有相应从业资格证的驾驶员、装卸管理人员和押运人员。

驾驶员、装卸管理人员和押运人员上岗时应当随身携带从业资格证。

(8)在道路危险货物运输过程中,除驾驶员外,专用车辆上应当另外配备押运人员。押运人员应当对运输全过程进行监管。

(9)危险货物的装卸作业,应当在装卸管理人员的现场指挥下进行。

(10)道路危险货物运输企业或者单位在运输危险货物时,应当遵守有关部门关于危险货物运输线路、时间、速度方面的有关规定。

(11)专用车辆驾驶人员应当随车携带《道路运输证》。

(12)专用车辆应当按照国家标准《道路运输危险货物车辆标志》(GB 13392—2005)的要求悬挂标志。

(13)运输危险货物的车辆不得在居民聚居点、行人稠密地段、政府机关、名胜古迹、风景游览区停车。如需在上述地区进行装卸作业或临时停车,应采取安全措施。

运输爆炸物品、易燃易爆化学物品以及剧毒、放射性等危险物品,应事先报经当地公安部门批准,按指定路线、时间、速度行驶。

(14)不得使用罐式专用车辆或者运输有毒、腐蚀、放射性危险货物的专用车辆运输普通货物。

(15)专用车辆应当根据所运危险货物的性质配备必需的应急处理器材和安全防护设施

设备。

(16)运输危险货物应根据货物性质，采取相应的遮阳、控温、防爆、防静电、防火、防震、防水、防冻、防粉尘飞扬、防撒漏等措施，防止危险货物脱落、扬散、丢失以及燃烧、爆炸、辐射、泄漏等。

(17)在危险货物运输过程中发生燃烧、爆炸、污染、中毒或者被盗、丢失、流散、泄漏等事故，驾驶员、押运人员应当立即向当地公安部门和本运输企业或者单位报告，说明事故情况、危险货物品名、危害和应急措施，并在现场采取一切可能的警示措施，并积极配合有关部门进行处置。运输企业或者单位应当立即启动应急预案。

(18)在危险货物装卸、保管、储存过程中，应当根据危险货物的性质和保管要求，轻装轻卸，分区存放，堆码整齐，防止混杂、撒漏、破损，不得与普通货物混合存放。

(19)运输危险货物的车厢应保持清洁干燥，不得任意排弃车上残留物；运输结束后，被危险货物污染过的车辆及工、属具，应到具备条件的地点进行车辆清洗消毒处理。

(20)运输不同性质危险货物，其配装应按“危险货物配装表”规定的要求执行，严禁危险货物与普通货物混装。

(21)严禁专用车辆违反国家有关规定超载、超限运输。

(22)道路危险货物运输企业或者单位应当为危险货物投保承运人责任险。

(23)运输危险货物时应随车携带“道路运输危险货物安全卡”，见图8-2、图8-3。

<table>
<tr><td>表示危险性的图形符号</td><td>化学品中文名称
化学品英文名称
（或危险组分名称、含量）
分子式</td><td>UN NO.
CN NO.</td></tr>
<tr><td rowspan="2">危险性
（主要危险性）</td><td colspan="2">泄漏处理</td></tr>
<tr><td colspan="2" rowspan="2">急　救</td></tr>
<tr><td rowspan="2">储运要求</td></tr>
<tr><td colspan="2">灭火方法</td></tr>
<tr><td colspan="3">防护措施：</td></tr>
</table>

图8-2　道路运输危险货物安全卡正面样式

(根据不同情况来联系政府部门或其他相关部门的电话号码)
安全监督部门电话号码:
消防部门电话号码:
化学急救电话号码:
医疗急救电话号码:
环保部门电话号码:
公安交警电话号码:
运输单位电话号码:
×××电话号码:

国家化学事故应急咨询电话:0532-3889090

图8-3 道路运输危险货物安全卡背面样式

第四节 汽车客运站作业与安全管理

一、客运站的主要任务

客运站的主要任务是为旅客提供良好的旅行环境和舒适的候车条件,方便旅客办理一切旅行手续,安全、及时、有序地组织旅客上下车,在整个道路旅客运输过程中发挥着枢纽作用。

二、客运站主要作业流程

客运站是按照便于旅客集散和换乘、车辆流向合理、出入方便、具有足够的场地等原则设置。客运站主要作业流程,如图8-4所示。

三、客运站作业安全要求

客运站服务工作是一个动态的、相互联系而又相互影响的整体,是实现旅客、运输车辆、行李包裹、站务信息按照合理的顺序流动,要求做到准确高效、通畅合理、井然有序,避免客流、车流、行包流间的交叉,保证旅客旅行的畅通、快速、准时、方便。

1. 售票

售票时,应遵守操作规程,按照车辆核定载客限额售票,严禁出售超员票。

2. 行包托运

(1)严格执行《汽车旅客运输规则》对行包运输的规定,严禁超载,严禁携带"三品",保证旅客及财产安全。

(2)托运行包必须包装完整、捆扎牢固、便于装卸和运输。

(3)客运站应了解当日车站班次变更及售票情况,合理调配托运行包,保证班车不超载。

3. 行包寄存

(1)客运站应为旅客提供行包物品寄存服务,寄存处应具备储物架等设施,妥善保管旅客寄存的物品。

(2)客运站应做好安全检查,严禁寄存物品中夹带“三品”。

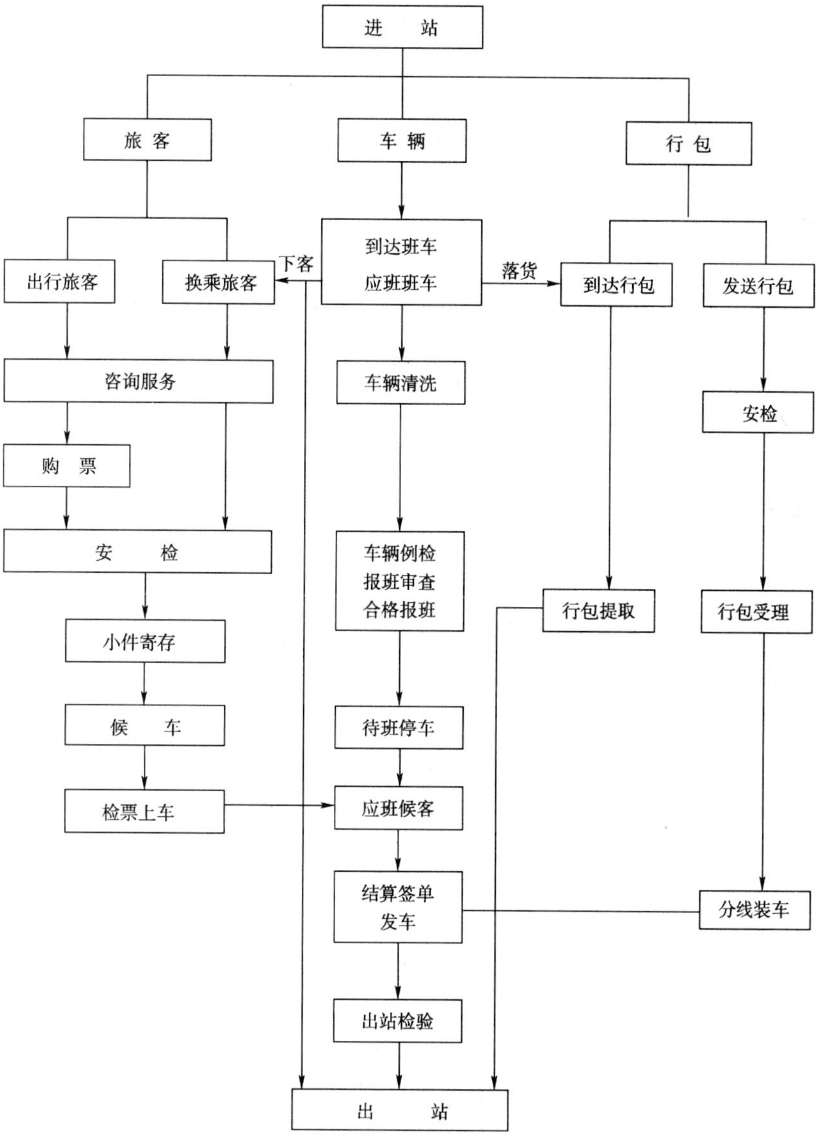

进站
旅客
车辆
行包
出行旅客
换乘旅客
下客
到达班车
应班班车
落货
到达行包
发送行包
咨询服务
车辆清洗
安检
购票
安检
车辆例检
报班审查
合格报班
行包提取
行包受理
小件寄存
候车
待班停车
检票上车
应班候客
结算签单
发车
分线装车
出站检验
出站

图8-4　客运站主要作业流程示意图

4. 候车

客运站应对进入候车区的旅客进行行包安全检查,防止携带“三品”。

5. 危险品检查

汽车客运站经营者应当建立危险品查堵制度,采取措施防止易燃、易爆和易腐蚀等危险品进站上车。

(1)制定危险品检查工作程序,规范危险品查堵工作。

(2)设立专门的危险品查堵岗位。在进站口等关键环节对进站旅客携带的行李物品和托运行包进行安全检查,对查获的危险品要进行登记并妥善保管或者按规定处理。

(3)配备必要的检查设备。二级以上的客运站必须配备安检仪,有条件的可以配备单独的托运行包、物品安检仪,没有安检仪的客运站应当做到每件行包、物品都进行开箱(包)验视。

客运站应当配备与旅客流量相适应的安检人员。开展行包、物品托运的客运站要核对托运人的有效身份证件。对不能确定安全性能的物品(如机电装置、粉末、不明金属、装有不明气体或液体的密闭装置等)或寄件人拒绝验视的,不予承运。

6. 车辆安全例行检查

汽车客运站经营者应当建立车辆安全例行检查制度,按照《汽车客运站营运客车安全例行检查项目及要求》的要求,对营运客车进行安全例行检查,并采取措施防止不检或漏检的车辆(因车辆结构原因需拆卸检查的除外)出站运行。

(1)指定专门的安全例检人员。安全例检人员应当熟悉客车结构、检验方法和相关技术标准,并经汽车客运站考核合格。

(2)设置专门的检查场地,配备汽车安全检验台及必要的仪器、设备。

(3)严格填写车辆安全例行检查表。对符合要求的客车,安全例检人员应当填写车辆安全例行检查表,加盖汽车客运站安全例行检查印章,并经签字后出具“安全例检合格通知单”。

“安全例检合格通知单”24 小时内有效。汽车客运站调度部门在调度客车发班时,应当对其“安全例检合格通知单”进行检查,确认完备有效后才准予报班。

7. 报班管理

客运站应按照交通运输部要求,结合实际情况,配备汽车安全检查台,对报班的运营车辆进行安全检查。

客运站在客运经营者对运营车辆自检基础上,应严格执行车辆进出站安全检查制度,检查车辆设施设备的配备及完好情况,合格后准予报班、发班。

8. 应班管理

客运站对运营车辆应进行应班管理,保证运营车辆手续齐备,车况良好,并保证客运站发车正班率、正点率符合标准。

9. 检票

客运站应严格按有关规定检票,做到问候、检票、指引乘车位。对规定应持有证件乘车的旅客,应认真核对客票和证件是否相符,禁止无票人员进入发车场。

10. 客车出站检查

(1)汽车客运站经营者应当建立出站检查制度,对出站客车和驾驶员的相关情况进行检查,严禁不符合条件的客车和驾驶员出站运营。

(2)对出站客车主要检查“安全例检合格通知单”、行驶证、《道路运输证》、客运标志牌和实载旅客人数等;对驾驶员主要检查驾驶证、从业资格证件等。

(3)经出站检查符合要求的客车和驾驶员,汽车客运站出站检查人员应当在“出站登记表”上进行记录,并经受检客车驾驶员签字确认。

四、客运站作业安全管理

汽车客运站经营者应当对进出汽车客运站的人员、车辆进行严格检查,确保“三不进站”

和“五不出站”。

“三不进站”是指：危险品不进站、无关人员不进站（发车区）、无关车辆不进站。

“五不出站”是指：超载客车不出站、安全例检不合格客车不出站、驾驶员资格不符合要求不出站、客车证件不齐全不出站、“出站登记表”未经审核签字不出站。

(1)客运站经营者应当按照道路运输管理机构决定的许可事项从事客运站经营活动，不得改变客运站用途和服务功能。

(2)客运站经营者应当维护好各种设施、设备，保持其正常使用。

(3)客运站经营者和进站发车的客运经营者应当依法自愿签订服务合同，双方按合同的规定履行各自的权利和义务。

(4)客运站经营者应当依法加强安全管理，完善安全生产条件，健全和落实安全生产责任制。

(5)客运站经营者应当对出站客车进行安全检查，采取措施防止危险品进站上车，按照车辆核定载客限额售票，严禁超载车辆或者未经安全检查的车辆出站，保证安全生产。

(6)客运站经营者应当禁止无证经营的车辆进站从事经营活动，无正当理由不得拒绝合法客运车辆进站经营。客运站经营者应当坚持公平、公正原则，合理安排发车时间，公平售票。

(7)客运站经营者应当公布进站客车的班车类别、客车类型等级、运输线路、起讫停靠站点、班次、发车时间、票价等信息，调度车辆进站发车，疏导旅客，维持秩序。

(8)客运站经营者应当设置旅客购票、候车、乘车指示、行李寄存和托运、公共卫生等服务设施，向旅客提供安全、便捷、优质的服务，加强宣传，保持站场卫生、清洁。

(9)客运站经营者应当按规定的业务操作规程装卸、储存、保管行包。

(10)客运站经营者应当制定有关自然灾害、客运量突增、公共卫生以及其他突发事件的应急预案。应急预案应当包括报告程序、应急指挥、通信联络、应急设备的储备以及处置措施等内容。

第五节　汽车货运站作业与安全管理

一、货运站的主要任务

货运站的基本任务是：满足营运区域内社会需求者对汽车货运的要求，为货物的合理运输创造良好条件，组织好城市间、城乡间的汽车货运工作；组织好汽车与铁路、水运的联运；完成运输经办业务和仓库作业；安全、及时、方便、经济地完成货运任务，提高车辆的实载率和运输生产效率。

货运站的具体任务和职能包括：

(1)调查并组织货源，签订有关运输合同和运输协议。

(2)组织日常的货运业务工作。

(3)做好运行管理工作。

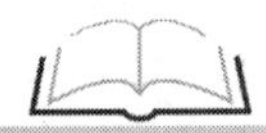

二、零担货运站主要作业流程

零担货运站主要作业流程,如图 8-5 所示。

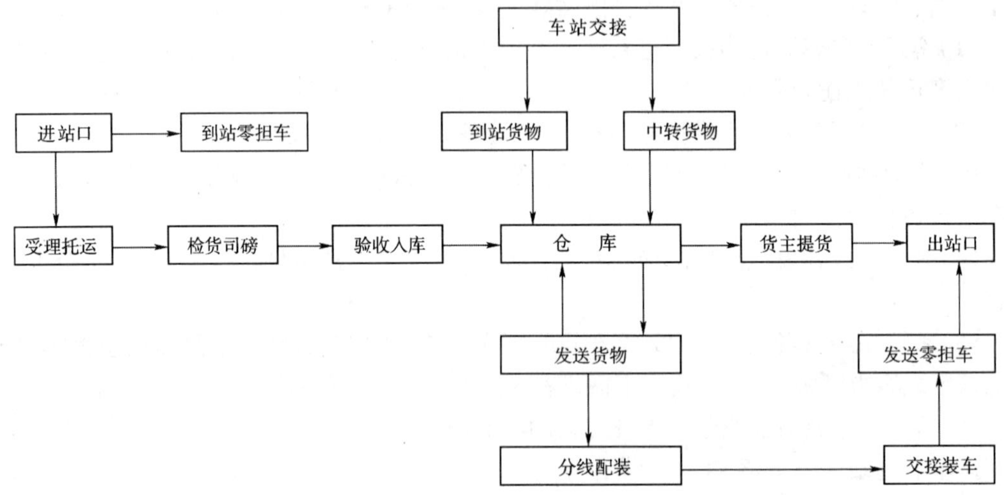

图 8-5　零担货运站主要作业流程示意图

三、零担货运站工艺流线的要求

零担货运站的工艺流线,是指货物、车辆和货主在场内的集散、流动过程所产生的流动线路。它包括货物流线(简称货流)、车辆流线(含装卸机械流线,简称车流)、货主流线(含站内工作人员流线,简称人流)。

(1)正确处理货流、车流和人流三者之间的关系,避免相互交叉和相互干扰,确保分区明确,运行流畅。

(2)各流线的组织力求简捷、通畅,尽量缩短有相互联系的生产环节作业线路间的距离,并使各流线自成体系又有机地联系在一起。

(3)组织货流时,按站务作业和生产流程的特点,满足货运站的功能要求。

(4)组织车流时,在营运货车流线短捷、明确、通畅的基础上,尽可能使装卸机械流线短捷、通畅,减少与营运货车流线交叉干扰。

四、搬运装卸作业安全要求

(1)承运人或托运人承担货物搬运装卸后,委托站场经营人、搬运装卸经营者进行货物搬运装卸作业的,应签订货物搬运装卸合同。

(2)搬运装卸人员应对车厢进行清扫,发现车辆、容器、设备不适合装货要求,应立即通知承运人或托运人。

(3)搬运装卸作业应当轻装轻卸,堆码整齐;清点数量;防止混杂、撒漏、破损;严禁有毒、易污染物品与食品混装,危险货物与普通货物混装。

(4)对性质不相抵触的货物,可以拼装、分卸。

(5)搬运装卸过程中,发现货物包装破损,搬运装卸人员应及时通知托运人或承运人,并做好记录。

(6)搬运装卸危险货物,按《汽车危险货物运输、装卸作业规程》进行作业。

(7)搬运装卸作业完成后,货物需绑扎苫盖篷布的,搬运装卸人员必须将篷布苫盖严密并绑扎牢固;由承、托运人或委托站场经营人、搬运装卸人员编制有关清单,做好交接记录;并按有关规定施加封志和外贴有关标志。

(8)承、托双方应履行交接手续,包装货物采取件交件收;集装箱重箱及其他施封的货物凭封志交接;散装货物原则上要磅交磅收或采用承托双方协商的交接方式交接。交接后双方应在有关单证上签字。

(9)货物在搬运装卸中,承运人应当认真核对装车的货物名称、质量、件数是否与运单上记载相符,包装是否完好。包装轻度破损,托运人坚持要装车起运的,应征得承运人的同意,承托双方需做好记录并签章后,方可运输,由此而产生的损失由托运人负责。

五、货运站作业安全要求

1.货物受理

(1)货运站应按照货运站许可的经营范围,并结合货运站的相关条件,在能够确保安全完好的前提下受理货物,填写货物受理相关单证,不得拒绝货主或其代理人一般、合理的要求。

(2)货物受理时,应明确货物运输、保管、搬运装卸等条件,货运站签认后视同对托运人的承诺,应严格按照承诺执行。

(3)货运站对所有受理货物进行核验,确保其真实性,不得受理或组织运输法律、行政法规禁运的货物。如发现托运违禁货物或进站车辆已装运违禁货物,货运站应及时向有关机关举报。

有条件的大型站场要设置大型安检仪,防止危险货物等进站(场)上车。零担运输企业在受理托运的货物时,要对货物进行开箱(包)验视。对整车运输的批量货物应根据公安部等7部局《关于加强物流、寄递渠道安全监管工作的通知》(公治〔2009〕475号)的要求,对可疑货物进行开箱(包)检查,确保托运的货物与运单填写的货物一致,防止托运人将禁运物品、违禁物品、危险物品和限运货物、凭证运输货物谎报或者匿报为普通货物。

(4)货运站应参照《汽车运输、装卸危险货物作业规程》(JT/T 618—2004)、《汽车快件货物运输操作规程》(JT/T 620—2005)等有关规定和技术标准规范其站内的运输及搬运装卸行为。

(5)货运站有权拒绝受理包装不符合要求的货物。

(6)除依法设立的危险货物存储场地外,货运站不得存放、包装、搬运、装卸危险货物;取得危险货物储运许可依法受理危险货物的货运站,应当独立设置危险货物受理、储存及作业区域,不得将危险货物与普通货物混放。

2.车辆管理

(1)货运站应分别在货运站的进出口设置检查点并配置必要的设施设备,审核进出车辆的行驶证、营运证以及驾驶员的驾驶证、从业资格证的真实性,禁止资质不合格的车辆及驾驶员进出站。没有危险货物经营资质的货运站严禁危险货物运输车辆进站。

(2)货运站应进行科学的站内交通组织,维护站内交通秩序,确保站内车辆行驶和停放的安全,严禁占用消防通道及紧急疏散通道停放车辆。

(3)依法经营危险货物的货运站,应单独设置危险货物专用车辆停车场,并应配备专人负责管理。

(4)货运站应按相关国家及行业标准配置车辆安全检测设施设备,对出站车辆进行安全检查并予以登记,防止未经安全检查的车辆出站,保证运输安全。

(5)货运站应设立超限源头治理工作岗位并配备必要的计量设施设备,明确工作职责,不得允许超限车辆出站。为此应建立相关责任追究制度。

(6)货运站应对超限进站车辆进行登记,并向道路运输管理机构通报相关信息,未经卸载禁止出站。

(7)货运站应建立健全车辆进出、装载、配载登记、统计制度和档案,并按规定向道路运输管理机构报送相关信息。

六、货运站作业安全管理

(1)货运站经营者应当按照经营许可证核定的许可事项经营,不得随意改变货运站用途和服务功能。

(2)货运站经营者应当依法加强安全管理,完善安全生产条件,健全和落实安全生产责任制。

(3)货运站经营者应当对出站车辆进行安全检查,防止超载车辆或者未经安全检查的车辆出站,保障安全生产。

(4)货运站经营者应当按照货物的性质、保管要求进行分类存放,危险货物应当单独存放,保证货物完好无损。

(5)货物运输包装应当按照国家规定的货物运输包装标准作业,包装物和包装技术、质量要符合运输要求。

(6)货运站经营者应当按照规定的业务操作规程进行货物的搬运装卸。搬运装卸作业应当轻装、轻卸,堆放整齐,防止混杂、撒漏、破损,严禁有毒、易污染物品与食品混装。

(7)进入货运站经营的经营业户及车辆,经营手续必须齐全。严禁无证无照的道路货物运输、货运代理等经营者进入站场内经营。

(8)货运站经营者应当公平对待使用货运站的道路货物运输经营者,禁止无证经营的车辆进站从事经营活动,无正当理由不得拒绝道路货物运输经营者进站从事经营活动。

(9)货运站应在运营场所的醒目位置设置导向、疏散、提示、警告、限制、禁止等安全标志,并定期对各类安全标志进行检查和维修,保证完好。货运站要保持清洁卫生,各项服务标志醒目。

(10)货运站经营者不得超限、超载配货,不得为无道路运输经营许可证或证照不全者提供服务;不得违反国家有关规定,为运输车辆装卸国家禁运、限运的物品。

(11)货运站应按照统一规划、统一技术规范建设责任范围内的公共安全视频系统,不得擅自改变视频系统的设备、设施的位置和用途。货运站场经营者应每月定期检查视频系统的前端设备、信号传输和网络传输线路和存储设备等运行情况,确保有效运行。

(12)货运站经营者应当制定有关突发公共事件的应急预案。应急预案应当包括报告程序、应急指挥、应急车辆和设备的储备以及处置措施等内容。

第六节　道路运输车辆安全管理

一、汽车的主要性能

汽车是由自带动力装置驱动,无架线的运载工具。动力装置是汽车行驶的动力源,包括发动机及其燃料供给系统和冷却系统。全挂车和半挂车并无自带的动力装置,它们与牵引汽车组成的汽车列车属于汽车范畴。

汽车的主要性能,是指汽车能够适应使用条件而表现出最大工作效能的能力。

评价汽车使用性能的指标有:动力性、燃油经济性、行驶安全性、使用方便性、操纵稳定性、舒适性、可靠性、维修适应性、通过性、环保性等。

二、汽车对运输安全的影响

汽车作为道路运输系统的重要因素之一,对道路运输安全起着重要作用。汽车对道路运输安全的影响主要为四个方面:

(1)与行车安全密切相关的车辆特性,包括行驶安全性能,如制动安全性、操作稳定性等。

(2)与行车安全相关的重要装置,包括制动系统、转向系统、行驶系统、车身。

(3)与行车安全相关的车辆驾驶环境,包括驾驶视野、车辆灯光、运行信息显示系统、驾驶员工作环境等。

(4)汽车安全技术,包括主动安全与被动安全技术。

三、车辆的选配

企业在选购车辆时,应根据当地运输市场状况和运行条件,对车辆的适应性、可靠性、经济性、维修和配件供应的方便性、产品质量的优劣和价格等因素进行选型论证,避免盲目购置。

四、车辆维护

车辆维护,是指道路运输车辆运行到国家有关标准规定的行驶里程或间隔时间,必须按期执行的维护作业。车辆维护作业,包括清洁、检查、补给、润滑、紧固、调整等,除主要总成发生故障必须解体时,不得对其进行解体。

1. 车辆维护的分级

道路运输车辆的维护分为:日常维护、一级维护、二级维护。

(1)日常维护。以清洁、补给和安全检视为作业中心内容,由驾驶员负责执行的车辆维护作业。

(2)一级维护。除日常维护作业外,以清洁、润滑、紧固为作业中心内容。并检查有关制度、操纵等安全部件，由维修企业负责执行的车辆维护作业。

(3)二级维护。除一级维护作业外。以检查、调整转向节、转向摇臂、制动蹄片、悬架等经过一定时间的使用容易磨损或变形的安全部件为主，并拆检轮胎，进行轮胎换位，检查调整发动机工作状况和排气污染控制装置等，由维修企业负责执行的车辆维护作业。

2. 车辆维护的周期

1)日常维护的周期

出车前，行车中，收车后。

2)一、二级维护的周期

(1)一、二级维护周期的确定，应以汽车行驶里程为基本依据。

(2)一、二级维护行驶里程依据车辆使用说明书的有关规定，同时依据汽车使用条件的不同而不同。

(3)一、二级维护时间间隔。对于不使用行使里程统计、考核的汽车，可用行驶时间间隔确定一、二级维护周期。其时间(天)间隔可依据汽车使用强度和条件的不同而不同。参照汽车一、二级维护里程周期确定。

3. 车辆维护的要求

(1)车辆维护应贯彻预防为主，强制维护的原则。保持车容整洁，及时发现和消除故障、隐患，防止车辆早期损坏。

(2)车辆二级维护前，应进行检测诊断和技术评定，根据结果，确定附加作业或小修项目，结合二级维护一并进行。

(3)道路运输经营业户和驾驶员，必须按国家或行业有关标准规定的行驶里程或间隔时间，对车辆进行维护作业，进口车辆及特种车辆按出厂说明书的规定执行。

(4)道路运输经营业户，可以自主选择经道路运输管理机构资质认定的二类以上的汽车维修企业进行维护作业。危险品运输车辆必须到具备危险品运输车辆修理条件的维修企业进行维护作业。

4. 车辆维护作业内容

1)日常维护作业内容

(1)对汽车外观、发动机外表进行清洁，保持车容整洁。

(2)对汽车各部润滑油(脂)、燃油、冷却液、制动液、各种工作介质、轮胎气压进行检视补给。

(3)对汽车制动、转向、传动、悬架、灯光、信号等安全部位和位置以及发动机运转状态进行检视、校紧，确保行使安全。

2)一级维护作业内容

一级维护作业内容，见表8-1。

一级维护作业内容 表8-1

序号	项　目	作业内容	技术要求
1	点火系	检查、调整	工作正常
2	发动机空气滤清器、空压机空气滤清器、曲轴箱通风系空气滤清器、机油滤清器和燃油滤清器	清洁或更换	各滤芯应清洁无破损，上下衬垫无残缺，密封良好；滤清器应清洁，安装牢固

续上表

序号	项　目	作业内容	技术要求
3	曲轴箱油面、化油器油面、冷却液液面、制度液液面高度	检查	符合规定
4	曲轴箱通风装置、三效催化转化装置	外观检查	齐全、无损坏
5	散热器、油底壳、发动机前后支垫、水泵、空压机、进排气歧管、化油器、输油泵、喷油泵连接螺栓	检查校紧	各连接部位螺栓、螺母应紧固，锁销、垫圈及胶垫应完好有效
6	空压机、发电机、空调机皮带	检查皮带磨损、老化程度，调整皮带松紧度	符合规定
7	转向器	检查转向器液面及密封状况，润滑万向节十字轴、横直拉杆、球头销、转向节等部位	符合规定
8	离合器	检查调整离合器	操纵机构应灵敏可靠；踏板自由行程应符合规定
9	变速器、差速器	检查变速器、差速器液面及密封状况，润滑传动轴万向节十字轴、中间承，校紧各部连接螺栓，清洁各通气塞	符合规定
10	制动系	检查紧固各制动管路、检查调整制动踏板自由行程	制动管路接头应不漏气，支架螺栓紧固可靠。制动联动机构应灵敏可靠，储气筒无积水、制动踏板自由行程符合规定
11	车架、车身及各附件	检查、紧固	各部螺栓及拖钩、挂钩应紧固可靠，无裂损，无窜动，齐全有效
12	轮胎	检查轮辋及压条挡圈；检查轮胎气压（包括备胎），并检情况补气；检查轮毂轴承间隙	轮辋及压条挡圈应无裂损、变形；轮胎气压应符合规定，气门嘴帽齐全；轮轴承间隙无明显松旷
13	悬架机构	检查	无损坏、连接可靠
14	蓄电池	检查	电解液液面高度应符合规定，通气孔畅通，电桩夹头清洁、牢固
15	灯光、仪表、信号装置	检查	齐全有效，安装牢固
16	全车润滑点	润滑	各润滑安装正确，齐全有效
17	全车	检查	全车不漏油、不漏水、不漏气、不漏电、不漏尘，各种防尘罩齐全有效
注：技术要求栏中的“符合规定”指符合实际使用中的有关规定			

3）二级维护作业过程

汽车二级维护首先要进行检测，汽车进厂后，根据汽车技术档案的记录资料（包括车辆运行记录，维修记录，检测记录，总成修理记录等）和驾驶员反映的车辆使用技术状况（包括汽车动力性,异响,转向,制动及燃、润料消耗等)确定所需检测项目,依据检测结果及车辆实际技术状况进行故障诊断,从而确定附加作业。附加作业项目确定后与基本作业项目一并进行二级维护作业。二级维护过程中要进行过程检验,过程检验项目的技术要求应满足有关的技术标准或规范;二级维护作业完成后,应经维护企业进行竣工检验,竣工检验合格的车辆,由维护企业填写《汽车维护竣工出厂合格证》后方可出厂。

五、车辆修理

车辆修理应贯彻视情修理的原则,即根据车辆检测诊断和技术鉴定的结果,视情按不同作业范围和深度进行,既要防止拖延修理造成车况恶化,又要防止提前修理造成浪费。

1. 车辆修理分类

车辆修理按作业范围可分车辆大修、总成大修、车辆小修和零件修理。

(1)车辆大修,是新车或经过大修后的车辆,在行驶一定里程(或时间)后,经过检测诊断和技术鉴定,用修理或更换车辆任何零部件的方法,恢复车辆的完好技术状况,完全或接近完全恢复车辆寿命的恢复性修理。

(2)总成大修,是车辆的总成经过一定使用里程(或时间)后,用修理或更换总成任何零部件(包括基础件)的方法,恢复其完好技术状况和寿命的恢复性修理。

(3)车辆小修,是用修理或更换个别零件的方法,保证或恢复车辆工作能力的运行性修理,主要是消除车辆在运行过程或维护作业过程中发生或发现的故障或隐患。

(4)零件修理,是对因磨损、变形、损伤等而不能继续使用的零件进行修理。

2. 车辆修理要求

(1)运输单位和个人的运输车辆,应根据其修理作业范围,送交通运输管理部门认定的修理厂进行修理。

(2)送修车辆和总成修竣检验合格后,承修单位应签发出厂合格证,并将技术档案、修理技术资料和合格证移交送修单位。

(3)运输单位应按规定,提取车辆大修理基金,用于保证车辆正常大修。

六、车辆更新

车辆更新,是指以新车辆或高效率、低消耗、性能先进的车辆更换在用车辆。车辆更新应以提高运输经济效益和社会效益为原则。

运输单位应编制车辆更新计划,积极组织落实。个体运输户也应根据车辆使用情况及时更新。更新下来的运输车辆,运输单位可根据国家有关规定进行处理。处理后的变价收入应用于车辆更新改造,不得挪作他用。

七、车辆报废

国家实行机动车强制报废制度,根据机动车的安全技术状况和不同用途,规定不同的报废标准。应当报废的机动车必须及时办理注销登记。达到报废标准的机动车不得上道路行驶。

1. 汽车报废标准

根据《关于发布〈汽车报废标准〉的通知》(国经贸〔1997〕456 号)、《关于调整汽车报

废标准若干规定的意见》(国经贸资源〔2000〕1202 号)规定,营运车辆属下列情况之一的应当报废:

(1)轻、微型载货汽车累计行驶 30 万公里,重、中型载货汽车累计行驶 40 万公里,特大、大、中、轻、微型客车累计行驶 50 万公里,其他车辆累计行驶 45 万公里。

(2)轻、微型载货汽车、带拖挂的载货汽车使用 8 年,其他车辆使用 10 年。

(3)因各种原因造成车辆严重损坏或技术状况低劣,无法修复的。

(4)车型淘汰,已无配件来源的。

(5)汽车经长期使用,耗油量超过国家定型车出厂标准规定值百分之十五的。

(6)经修理和调整仍达不到国家对机动车运行安全技术条件要求的。

(7)经修理和调整或采用排气污染控制技术后,排放污染物仍超过国家规定的汽车排放标准的。

2. 报废车辆管理要求

(1)车辆经长期使用,车型老旧,性能低劣,物料超耗严重,维修费用过高,继续使用不经济、不安全的应予报废。

(2)运输单位和个人运输车辆需要报废时,由其主管部门鉴定、审批,并报交通运输管理部门备案。

(3)运输单位和个人对需要报废而尚未批准的车辆应妥善保管,禁止拆卸或挪用其任何零件和总成。严禁用报废车的总成和零部件拼装车辆。

八、道路运输车辆安全管理

1. 客运车辆安全管理

(1)客运经营者依据国家有关技术规范对客运车辆进行定期维护,确保客运车辆技术状况良好。客运车辆的维护作业项目和程序应当按照国家标准《汽车维护、检测、诊断技术规范》(GB 18344—2001)等有关技术标准的规定执行。

(2)客运经营者应定期进行客运车辆检测,车辆检测结合车辆定期审验的频率一并进行。

客运经营者在规定时间内,到符合国家相关标准的机动车综合性能检测机构进行检测。客运车辆技术等级分为一级、二级和三级。

(3)客运车辆定期进行审验,每年审验一次。审验内容包括:

①车辆违章记录。

②车辆技术档案。

③车辆结构、尺寸变动情况。

④按规定安装、使用符合国家标准的行车记录仪情况。

⑤客运经营者为客运车辆投保承运人责任险情况。

(4)禁止使用报废的、擅自改装的、拼装的、检测不合格的客车以及其他不符合国家规定的车辆从事道路客运经营。

(5)客运经营者应建立客运车辆技术档案,并妥善保管。对相关内容的记载应当及时、完整和准确,不得随意更改。

客运经营者车辆技术档案主要内容应当包括车辆基本情况、主要部件更换情况、修理和二级维护记录(含出厂合格证)、技术等级评定记录、类型及等级评定记录、车辆变更记录、行驶里程记录、交通事故记录等。

(6)客运经营者对达到国家规定的报废标准或者经检测不符合国家强制性标准要求的客运车辆,应当及时交回《道路运输证》,不得继续从事客运经营。

2. 货运车辆安全管理

(1)道路货物运输经营者应建立车辆技术管理制度,按照国家规定的技术规范对货运车辆进行定期维护,确保货运车辆技术状况良好。

(2)道路货物运输经营者应定期进行货运车辆检测,车辆检测结合车辆定期审验的频率一并进行。

道路货物运输经营者在规定时间内,到符合国家相关标准的机动车综合性能检测机构进行检测。货运车辆技术等级分为一级、二级和三级。

(3)货运车辆定期进行审验,每年审验一次。审验内容包括车辆技术档案、车辆结构及尺寸变动情况和违章记录等。

(4)禁止使用报废的、擅自改装的、拼装的、检测不合格的和其他不符合国家规定的车辆从事道路货物运输经营。

(5)道路货物运输经营者应建立货运车辆技术档案,并妥善保管。对相关内容的记载应当及时、完整和准确,不得随意更改。

道路货物运输经营者车辆技术档案主要内容为:车辆基本情况、主要部件更换情况、修理和二级维护记录(含出厂合格证)、技术等级评定记录、车辆变更记录、行驶里程记录、交通事故记录等。

(6)道路货物运输经营者对达到国家规定的报废标准或者经检测不符合国家强制性标准要求的货运车辆,应及时交回《道路运输证》,不得继续从事道路货物运输经营。

3. 危险货物运输车辆安全管理

(1)道路危险货物运输企业或者单位应按照《道路货物运输及站场管理规定》中有关车辆管理的规定,维护、检测、使用和管理专用车辆,确保专用车辆技术状况良好。

(2)专用车辆定期进行审验,每年审验一次。审验按照《道路货物运输及站场管理规定》进行,并增加以下审验项目:

①专用车辆投保危险货物承运人责任险情况。

②罐式专用车辆罐体质量检验情况。

③必需的应急处理器材和安全防护设施设备的配备情况。

(3)禁止使用报废的、擅自改装的、检测不合格的、车辆技术等级达不到一级的和其他不符合国家规定的车辆从事道路危险货物运输。

除铰接列车、具有特殊装置的大型物件运输专用车辆外,严禁使用货物列车从事危险货物运输;倾卸式车辆只能运输散装硫黄、萘饼、粗蒽、煤焦沥青等危险货物。

禁止使用移动罐体(罐式集装箱除外)从事危险货物运输。

(4)专用车辆应到具备道路危险货物运输车辆维修条件的企业进行维修。

(5)用于装卸危险货物的机械及工、属具的技术状况应符合行业标准《汽车运输危险货物规则》(JT 617—2004)规定的技术要求。

(6)罐式专用车辆的罐体应符合《钢制压力容器》(GB 150—1998)、《汽车运输液体危险货物常压容器(罐体)通用技术条件》(GB 18564—2001)等国家标准规定的技术条件。罐式专用车辆应在罐体检验合格的有效期内承运危险货物。

第七节 道路运输安全作业环境创建

一、作业环境

作业环境,指劳动者从事生产劳动的场所安全卫生状况,包括生产工艺、设备、材料、工位器具,操作空间、操作体位、操作程序、劳动组织、气象条件等,也是人机系统中对操作人员的安全、健康和工作能力,以及对机器、设备(或某些部件、装置等)的正常运行产生重要影响的所有天然的和人为的因素的组合。

1. 对作业环境影响的因素

在生产中,对人机系统有影响的因素主要有:

(1)作业环境的微气候。

(2)作业环境的照明。

(3)作业环境的色彩

(4)高原作业环境。

(5)环境噪声和振动等。

随着生产领域的扩大和发展,影响因素也增加了失重、超重、异常气压、加速度、电离辐射和非电离辐射等特殊环境因素。

2. 作业环境对人体适应程度

根据作业环境对人体的影响和人体对环境的适应程度,作业环境可分为四种。

(1)最舒适区。能使操作者在劳动中达到安全、高效、卫生、舒适的各项最佳指标的作业环境。

(2)舒适区。使人能够接受,不致感到不适和疲劳的作业环境。

(3)不舒适区。偏离舒适度正常值的作业环境。较长时间处于这种环境下,会使人疲劳并影响工作效率,需采取措施保证正常工作。

(4)不能忍受区。不能保证基本的安全和健康的作业环境。若不采取措施操作者将无法适应,甚至危及安全和健康。

二、作业环境与事故

1. 作业环境与事故的关系

在作业现场,即操作人员进行生产活动的周围环境与一般的自然环境有显著的区别。在作业现场安装着生产所需要的各种机械、装置,同时还要供给生产所需的大量能量,它是一种人工环境。在这种人工环境里,由于安装着不同机械和装置,存在着生产设备产生的噪声、泄漏出的有害气体、蒸气、粉尘或局部发热,以及各种能量转换等原因而存在危险性,所以人们所进行活动的周围环境就存在着危险性，往往会产生与自然环境完全不同的事故后果。

当人们没有处理好人与环境的关系，就可能导致环境中上述因素异常，如生产布局不合理、不利于生产流程的畅通，交通线路配置不安全、作业现场与周边的安全间距不合格会对周边安全埋下事故隐患，如不利于车辆行驶安全；操作工序设计和配置不合理；生产场地照明光线不良，照度不足、作业场地烟雾弥漫视不清、光线过强；通风不良、无通风、通风效率低；地面滑、地面有油或其他液体、冰雪覆盖、地面有其他易滑物；储存方法不安全、环境温度、湿度不当等，加上人员违章作业或因环境因素促使人员误操作，都有可能引发生产事故。

大量的事故表明：环境的异常状态与生产相结合易导致事故发生，一个良好的作业环境是保证生产安全的重要物质因素。

2. 作业环境导致事故的危害方式

环境是生产实践活动必备的条件，任何生产活动无一不置于一定的环境之中，依据环境导致事故的危害方式可分为以下四方面：

(1)生产布局、地形、地貌、地质条件等。

(2)温度、湿度、光线、噪声等。

(3)粉尘、毒物等。

(4)恶劣的气候，如雨水、冰雹、大风、甚至是台风等。

三、安全作业环境管理体系的创建

为了确保道路运输安全，防止运输安全生产事故的发生，保证企业的安全环境管理，企业应当加强作业场所的职业危害防治工作，为从业人员提供符合法律、法规、规章和国家标准、行业标准的工作环境和条件，采取有效措施，保障从业人员的职业健康。

(1)企业是职业危害防治的责任主体。企业的主要负责人对本单位作业场所的职业危害防治工作全面负责。

(2)存在职业危害的企业设置或者指定职业健康管理机构，配备专职或者兼职的职业健康管理人员，负责本单位的职业危害防治工作。

(3)企业对从业人员进行上岗前的职业健康培训和在岗期间的定期职业健康培训，普及职业健康知识，督促从业人员遵守职业危害防治的法律、法规、规章、国家标准、行业标准和操作规程。

(4)存在职业危害的企业，在醒目位置设置公告栏，公布有关职业危害防治的规章制度、操作规程和作业场所职业危害因素监测结果。

对产生严重职业危害的作业岗位，在醒目位置设置警示标志和中文警示说明。警示说明应当载明产生职业危害的种类、后果、预防和应急处置措施等内容。

(5)企业必须为从业人员提供符合国家标准、行业标准的职业危害防护用品，并督促、教育、指导从业人员按照使用规则正确佩戴、使用，对职业危害防护用品进行经常性的维护，确保防护用品有效。

(6)企业与从业人员订立劳动合同时，将工作过程中可能产生的职业危害及其后果、职业危害防护措施和待遇等如实告知从业人员，并在劳动合同中写明，依法为从业人员办理工伤保险,缴纳保险费。

(7)对接触职业危害的从业人员,企业按照国家有关规定组织上岗前、在岗期间和离岗时的职业健康检查,并将检查结果如实告知从业人员。

(8)企业为从业人员建立职业健康监护档案,并按照规定的期限妥善保存。

四、创造良好的车辆驾驶环境

车辆驾驶环境由汽车驾驶视野、驾驶灯光、驾驶信息显示、驾驶工作环境等构成。车辆驾驶环境的优劣对汽车的安全行驶具有重要影响。努力在布置上适应驾驶员能力的要求和心理、生理特点,方便驾驶员操作,使驾驶员在驾驶过程中的工作效率、安全性、舒适性等方面达到最佳状态,以减少交通事故的发生。

(1)保证驾驶员驾车过程中良好的驾驶视野,特别是保持前方视野开阔。

(2)具有良好灯光效果,驾驶员在驾车过程中正确使用灯光。

(3)车辆仪表和信息显示系统运行状态正常,仪表板必须能够吸收冲击能量,具有较高的安全性与坚固性。

(4)创造良好的驾驶员工作环境。驾驶室活动空间设置合理,驾驶室内空气调节保持在人体感觉比较舒适的范围内,驾驶员在行驶过程中从车速、路况、交通量等选择方面对噪声进行一定限度上的控制。

五、针对天气气候采取应对措施

天气与气候对道路运输安全的影响是明显的。不良天气与气候,特别是恶劣天气和气候对行车安全的影响更为明显与突出,如阴雨天气(含大雨和暴雨天气)、降雪天气、冰冻天气、大风天气、沙尘暴天气、大雾及雾霾天气、低温天气、高温天气等。

在恶劣气候条件下,驾驶员必须格外小心,并采取相应的保护与预防措施,提高安全意识和自我防范技能。

在行车途中遇天气突变时,可导致驾驶员的情绪、心理状态变坏,驾驶员应注意在驾车过程中保持良好的心态,以将天气的变化对自己情绪、心理状态变化的影响降到最低,保证在行车辆的行车安全。

第九章　预防预控方法与应对措施

安全生产是道路运输企业各项工作中的重中之重，“安全第一，预防为主”是安全管理工作一贯坚持的主针，做好安全生产预防预控就是做好企业安全管理工作的主要途径。预防预控工作的好坏，直接关系到安全管理的质量，它是安全生产的保障，只有做好此项工作，防患于未然，道路运输企业才能避免事故发生，或减少事故损失，实现安全生产。

第一节　安全生产预防预控要点与方法

事故的发生可能导致人员及财产损失，并危及环境。安全第一，保护企业员工的生命财产安全与健康，是道路运输企业的责任和任务，也是实现企业可持续发展和经济效益的基本条件，是企业各项工作根基所在。只有实现安全生产，才能减少发生事故带来的经济损失、信誉损失和由此产生的负面效应；只有实现安全生产，广大员工才有安全感，才能增强企业凝聚力，提高企业的信誉，也才可以最终获取经济效益和社会效益。

减少事故、消除事故就是安全生产的直接目的，既是安全生产标准化的主要目标。而避免事故发生的根本途径在于消除风险，降低危险程度，而降低危险程度的有效手段在于事故的预防和预控，即采取技术和管理手段，通过预防预控措施，在既有的技术水平、人力资源基础上，以合理的成本实现最佳的安全水平。

事故预防预控包括两部分内容，即事故“防”和“控”，前者是指通过采用技术和管理的手段使事故不发生，而后者则是通过采用技术和管理的手段，使事故发生后不造成严重后果或使损失尽可能地减小。如火灾的预防和控制，通过规章制度和采用不可燃或不易燃材料可以避免火灾的发生，而火灾报警、喷淋装置，应急疏散计划和措施则是在火灾发生后控制火灾损失的手段。

危险是绝对的，安全是相对的。在道路运输生产经营上客观存在各种不安全因素，既有人的不安全行为，也有物的不安全状态，还有管理上的缺陷，只有设法防止事故发生，控制事故发展，才能最大限度地实现安全生产。

一、安全生产预防预控要点

1. 安全生产责任制

安全生产责任制就是对道路运输企业的各级领导、各个部门、各类员工所规定的，在他们各自职责范围内对安全生产应负责任的制度。认真落实企业安全生产责任，健全完善并严格执行企业安全生产规章制度和技术标准，严禁发生违章指挥、违规作业、违反劳动纪律的“三违”行为。安全生产责任制是明确企业各级负责人、各职能部门管理人员、各岗位从业人员在道路运输行业中应负的安全职责的制度。安全生产渗透到企业各个部门和各层次的工作。只有明确分工，各司其职、各负其责，协调一致，才可能实现。因此，安全生产责任制是企业中最基本的一项企业制度，是所有劳动保护、安全生产规章制度的核心。通过这一制度，使安全生产工作从组织领导上统一起来，把“管生产必须管安全”的原则从制度上固定下来。这样，才能做到事事有人管，层层有专责，才能使各级领导和广大员工分工协作、共同努力，认真负责地把工作做好。

2. 企业管理制度

企业的管理制度就是企业法，通过建立健全安全管理制度，以制度管安全，规范员工的行为，才能使安全管理达到制度化、规范化、标准化。只有采用科学管理，依靠技术进步，才能保证员工在劳动过程中的安全和健康。企业安全生产规章制度是企业规章制度的重要组成部分，是企业的安全生产法规，是统一全体职工从事安全生产的行动准则。它限制和约束职工在生产环境中的“越轨”行为。

企业安全管理制度是国家交通安全生产法律、法规、规范、标准在道路运输企业的延伸和细化，是对道路运输的客观规律的反复认识，是用生命和鲜血为代价换来的经验总结，它是依据国家法规、标准制定的，也是根据企业实现稳定、均衡生产的需要，考虑生产技术、生产过程、环境条件等因素而形成的企业员工的安全行动规范。

3. 安全意识

员工安全意识淡薄和安全素质不高是实现安全生产最大的隐患。培育安全意识，提高员工素质，在安全文化建设中尤为重要。在道路运输企业中，要把道路运输企业安全精神文化，包括安全价值观、安全理念、安全规章制度转化为员工的自觉行为，从思想上从意识上防患于未然。从理论上讲，任何事故都是可以预防的，掌握安全生产的主动权，最高境界就是预防，而提高员工安全意识，增强员工安全素质，就是最有效的预防。

员工具备较强的安全意识，是有效预防事故发生的基础。只有全体员工自觉地参与安全管理、自觉遵守安全操作规程、自觉维护自身的生命安全，才能实现安全生产。企业员工只有真正了解了所在工作环境的危险因素，才可能在日常工作中有意识地做到“三不伤害”。

4. 安全技能

安全技能既是保障企业安全的需要，也是保障自身安全的需要。安全技能可以避免事故发生，挽回将要发生的事故，而部分事故的原因正是因为安全技能不过关而造成的。

5. 设施设备

设施设备是企业生产的重要工具。企业生产离不开设施设备。

6. 安全隐患

安全隐患指生产经营单位违反安全生产法律、法规、规章、标准、规程、安全生产管理制度的规定，或者其他因素在生产经营活动中存在的可能导致不安全事件或事故发生的物不安全状态、人的不安全行为、生产环境的不良和生产工艺、管理上的缺陷。它也是导致道路运输企业事故重要原因。

隐患不除，灾祸难免。隐患排查是一项长期的常规性安全措施，只有平时注重防范，才能够杜绝重大事故发生。

7. 危险源

危险源是可能导致死亡、伤害、职业病、财产损失、工作环境破坏或这些情况组合发生的根源或状态。危险源的存在是可能导致伤害或疾病等的主体对象，或者是诱发主体对象导致伤害或疾病。虽然危险源是酿成事故的潜在因素，但不一定会构成事故或事故隐患，但事故却一定是对危险因素控制失效造成的。当危险源的所有有害因素得到有效控制时，保证构成危险源的危险物质和能量不会意外释放，或者即便发生了意外事故，也可通过迅速、有效的应急控制措施，避免减少事故损失。做好对危险源的安全监控，能非常有效的遏止道路运输生产经营中的恶性事故发生。

8. 突发事件

突发事件就是“天灾人祸”，指突然发生，造成或者可能造成严重社会危害，需要采取应急处置措施予以应对的自然灾害、事故灾难、公共卫生事件和社会安全事件。在道路运输企业中，做好突发事件的预防工作，对危机采取果断措施，为危机处理赢得主动，预防和减少自然灾害、事故灾难、公共卫生和社会安全事件及其造成的损失，人民群众生命财产安全，维护社会稳定发展。

二、安全生产预防预控方法

1. 完善行业安全管理体系

道路运输企业要认真落实企业安全主体责任，认真履行安全生产物质保障、资金投入、机构设置和人员配备、教育培训、事故报告和应急救援等责任，明确对未履行安全生产主体责任导致的后果负责。建立健全企业安全管理机构，建立与道路运输生产经营密切相关的安全管理组织，明确各级安全管理人员及其职责，确保安全管理人员胜任安全工作。

各部门、各人员严格实行安全生产“一岗双责”、“一责双管”和“一把手负责制”，落实所属安全管理责任，推行双目标责任考核，跟踪督促落实年初签订的安全生产目标责任书和安全任务指标，切实将安全责任落到实处，不断完善安全管理责任体系，使得人人都懂得自己的安全责任，形成安全工作有人做，安全工作有人管，对安全生产实行全员、全方位、全过程的管理，真正做到各司其职，各负其责，彻底消除安全死角，清理安全隐患。

特别是要加强从业人员——驾驶员的安全责任落实，确保营运车辆技术状况良好，依法经营，自觉遵守交通规则，服从指挥，做到文明行车、安全礼让、无违章、无事故。

2. 建立各项安全规程、制度，确保落实

为了在道路运输企业中贯彻落实国家的安全生产方针、政策、法律、法规和技术标准，企业必须结合本单位的道路运输的特点和实际，建立健全安全生产规章制度，如《驾驶员上岗培训制度》《驾驶员安全管理制度》《车辆安全管理规定》《车辆安全操作制度》《车辆强制维护管理制度》《事故处罚规定》《安全隐患整改制度》《安全例会制度》等，从而统一规范全体职工的思想和行为，保护职工合法权益，保障国家和集体财产的安全，促进企业生产的发展。

但是企业制定的各项安全管理制度再全再细，如果贯彻落实不好也是一句空话，因此，要保证制度的贯彻和执行还必须有贯彻落实制度的措施。

(1)企业第一责任人要以身作则。《中华人民共和国安全生产法》规定，生产经营单位的负责人是安全生产的第一责任人，只有第一责任人以身作则带头执行安全生产管理制度，才能落实安全生产责任制。这对提高其他管理人员的安全意识，执行安全生产管理制度是至关重要的。

(2)成立安全组织。企业要成立安全管理组织和部门，及时修订、补充、完善安全管理制度，保证安全管理制度有针对性、可操作性和完整有效。同时，要加强安全管理制度的宣传和学习，使劳动者掌握安全管理制度的内容，提高劳动者对安全管理制度的认知程度，懂得安全管理制度是保证劳动者的安全和健康，从而变被动的执行安全管理制度为自觉遵守安全管理制度。

(3)加强监督、检查。企业要保证安全管理制度的贯彻落实，企业领导要定期的组织检查安全管理制度的落实情况，对各项安全管理制度执行得好的单位要及时地给予表扬、奖励，对安全管理制度落实不到位的单位要及时地提出批评，对多次指出不改的单位要给予处罚，并及时追踪制度的执行效果，适时地加以修改、补充。

(4)发挥全体劳动者的作用。要充分发挥劳动者的积极性，调动劳动者在工作中相互监督、严格遵守各项安全管理制度，才能保证安全管理制度的落实。

(5)赏罚分明。道路运输企业对安全生产奖罚并行，从而不断提高劳动者进行安全生产的自觉性，调动劳动者的积极性和创造性，防止和纠正违反法律、法规和劳动纪律的行为。

安全生产奖罚办法的内容规定了奖罚的目的、条件、种类、数额、实施程序等。企业只有建立安全生产奖罚办法，做到有奖有罚，奖罚分明，才能鼓励先进，督促落后。

3. 开展安全教育培训，全面提高安全意识、安全技能

安全教育是事故预防与控制的重要手段之一，道路运输企业从企业法人及决策层，再至管理人员，以及一线生产岗位员工和从业人员都要树立“安全第一，预防为主”的观念，通过安全教育全面提升道路运输企业的全体员工的安全意识和安全技能，时刻在思想上经常提醒自己“不怕一万，就怕万一”。

安全教育包括安全教育和安全培训两大部分。道路运输企业可以对企业各级员工开展安全思想教育、安全技术知识工作、安全技能教育。培训形式可以不拘一格，如安全月活动、班前班后会、安全例会、安全墙报、聊天、正规教学等都是传播安全知识良好的途径。

(1)安全思想教育是安全教育的基础。目的是提高员工搞好安全生产的自觉性、责任心、积极性，意在培养员工的安全素质和安全意识，包括安全意识教育、安全生产方针政策教育和法纪教育。针对道路运输经营生产活动中反映出来的不利于生产的各种思想、观点、想法等所进行的经常性的说服和疏导工作也是安全思想教育。比如，安全管理人员对驾驶员的不良驾驶行为，对油库管理人员的不良工作习惯(接听手机)进行劝导等。

(2)安全技术知识教育。安全技术寓于生产技术之中，是人们在日常工作中总结积累起来的知识的一部分。安全技术知识教育使员工重点掌握自己和与己相关的岗位必须具备的安全知识，提高员工安全素质，增强岗位作业的安全可靠性。专业安全技术知识比较专门和深入，其中包括安全技术知识，工业卫生技术知识，以及根据这些技术知识和经验制定的各种安全操作技术规程等。在道路运输企业中，其内容涉及货运站中的锅炉、起重机械的控制，危险品运输中危险品的装卸等。

(3)安全技能教育。安全技术教育的重点是安全技能教育。安全技能包括岗位操作的重点、难点、注意事项，危急情况应变措施，安全技能教育不仅要靠书本的讲授，更主要靠演示和练习才能掌握。道路运输企业应针对道路运输中的实际情况，就生产、安全应知应会的通用知识编成教材，组织学习、考评，务必使人人过关。对不同岗位所涉及的专业安全知识培训，应以实践操作培训为主。对重大危险源，还应组织开展事故预防及应急演练，并将以

往或类似岗位发生的具体案例作为关键内容进行经常性培训。企业还必须建立完善的培训机制，岗前、岗中及年度安全培训必须纳入工作计划，配套建立与安全生产技术相关的激励机制，鼓励员工不断提高安全技能水平。

4. 治理不安全因素

(1)安全检查是道路运输企业发现隐患、消除隐患、防止事故、改善劳动条件和环境的重要措施，是企业预防安全生产事故的一项重要手段。道路运输企业应对企业危险源等重点单位通过经常性的检查、专业性的检查、季节性的检查和专项性的检查，以及群众性的检查等的方式，对于检查出的隐患，应及时处理消除。

(2)道路运输企业要依法经营，确保道路运输车辆技术状况良好，配备有效安全设施设备；要抓好夜班车、长途卧铺车、危货运输车辆安全监管，将个体运营户逐步纳入公司化管理，予以规范；针对公共交通工具上发生的暴力事件，配合公安部门进一步强化道路运输的安全防范措施；加大营运车辆GPS和行车记录仪的安装力度，加强车辆动态安全监控，从源头上防止和杜绝群死群伤重特大事故的发生。抓好以“两客一危”车辆重点和客运站、货运站的安全隐患排查治理，确保营运车辆技术状况良好，客运站“三不进站，五不出站”制度的落实。

(3)依法经营。杜绝无证无照进行运输经营、超载超限超员运输、非法夹带危险化学品运输等非法违法行为，严肃查处各类违规违章现象。

(4)认真做好事故预想，制定好反事故措施计划与安全技术劳动保护措施计划。做好重要节假日和重大活动期间以及寒潮大风、冰雪凝冻、台风、洪涝等极端天气下的交通运输安全保障。

5. 发动全员广泛参与

安全工作只有发动全员参与“安全第一、预防为主”的方针才能真正行到落实。

保障全员参与，企业管理者应真正参与进来，由他们自上而下推动，安全工作才能彻底深入。企业内部自上而下重视安全生产，是预防事故发生的一个必要条件。企业应成立由主管领导挂帅的安全生产委员会，下属各层级的安全工作应统一纳入监管，形成全员参与，使安全工作应始终处于受控状态，做到政令畅通。

管理者在执行强制性的安全措施的同进，应把员工的自主管理引入到安全工作中来。具体方式可以结合生产实际状况定期举行改善议案活动，由员工们把存在的安全问题写成提案(安全建议书)，提交给安全管理职能部门汇总、分析、解决。

管理者以消灭现场中存在的危险点和问题点为安全工作主要着眼点，对现存和潜在安全问题进行整改，最终达到消除事故隐患的目的。管理者要以身作则，自觉贯彻“安全第一、预防为主”的方针。

6. 积极开展安全活动

安全部门应当成为安全生产活动的积极组织者，用精神和物质相结合的办法鼓励员工上进心，开展经常性的、内容丰富的、形式多样的安全活动。如安全宣传月、安全竞赛活动、安全技术革新活动、安全大检查、事故隐患清查整改活动、应急演练、文明生产活动等。

7. 建立事故档案和事故报告制度

此项工作是制定事故防范措施的重要依据。建立事故档案和事故报告制度，就是寻找事故发生规律，防止事故发生，检验事故防范措施的重要方法。应该实事求是、坚持不懈地遵守和执行。

总而言之，安全管理、安全教育与培训、安全生产技术这三个方面，在实际应用时应互相配合、取长补短，只有这样，预防、预控事故的发生。

第二节 危险源与安全隐患治理

一、危险源

1. 危险源定义

危险源是指可能导致死亡、伤害、职业病、财产损失、工作环境破坏或这些情况组合的根源或状态。

危险源是指一个系统中具有潜在能量和物质释放危险的、可造成人员伤害、在一定的触发因素作用下可转化为事故的部位、区域、场所、空间、岗位、设备及其他位置。它的实质是具有潜在危险的源点或部位，是爆发事故的源头，是能量、危险物质集中的核心，是能量从那里传出来或爆发的地方。危险源存在于确定的系统中，不同的系统范围，危险源的区域也不同。例如，道路运输企业中加油站就是一个危险源，而在一个企业系统中，货运站存储危险货物的仓库是危险源，一个车队系统中，高速行驶的汽车是危险源；因此，分析危险源应按系统的不同层次来进行。

危险源这一概念来源于系统安全理论。系统安全理论始于美国，是目前安全生产领域应用最为广泛、最为重要的现代事故预防理论和方法体系。该理论认为，系统（行业）中存在的危险源是事故发生的原因。其中，可能意外释放的能量是事故发生的根本原因，而对能量控制的失效是事故发生的直接原因。

道路运输行业中，道路运输安全是安全生产领域的重要分支，生产安全问题不容忽视。引入危险源概念，就是帮助企业和从业人员更好地辨识行业中的风险，并做到有效预防，从而遏制重特大事故的发生。

2. 危险源分类

根据危险源在事故发生中所起的作用不同，可将危险源划分为根源危险源（又称第一危险源）和状态危险源（又称第二危险源）。

（1）根源危险源。根据能量意外释放论，事故是能量或危险物质的意外释放，作用于人体的过量的能量或干扰人体与外界能量交换的危险物质是造成人员伤害的直接原因。于是，把系统中存在的、可能发生意外释放的能量或危险物质称作根源危险源。实际工作中，往往把产生能量的能量源或拥有能量的能量载体看作根源危险源来处理。

高速行驶的汽车，发生道路交通事故，会造成人员伤害、财产损失或者环境破坏，造成这些不良后果的根本原因，主要是高速行驶的汽车具有较大的功能，遇到阻隔能量意外释放，具有较大的破坏力，是导致伤害的根本，是根源危险源。

（2）状态危险源。在生产、生活中，为了利用能量，让能量按照人们的意图在生产过程中流动、转换和作功，就必须采取屏蔽措施约束、限制能量，即必须控制危险源。约束、限制能

量的屏蔽应该能够可靠地控制能量,防止能量意外地释放。然而,实际生产过程中绝对可靠的屏蔽措施并不存在。在许多因素的复杂作用下,约束、限制能量的屏蔽措施可能失效,甚至可能被破坏而发生事故。导致约束、限制能量屏蔽措施失效或破坏的各种不安全因素称作状态危险源,它包括人、物、环境三个方面的问题。

道路运输企业系统中,除了行驶的汽车,企业中的加油站,货运站场中存放危险货物的仓库、锅炉,极端自然灾害如泥石流、地震等根源危险源外,一个汽车机械、电路故障,如轮胎爆胎,或是加油站中吸烟的顾客,或是锅炉操作员工的一次误操作,或是驾驶员的疲劳驾驶导致短时间瞌睡,或是冰雪路面,或是一次交通事故的占道车辆,或是不遵守交通规则闯红灯的电动自行车,或是过马路猛跑的行人,都会导致根源危险源对他人和自身造成伤害。以上这些人、物、环境的不安全因素就是状态危险源。

根源危险源是客观存在的,防范事故的重点是控制状态危险源。两类危险源的关系如图9-1所示。

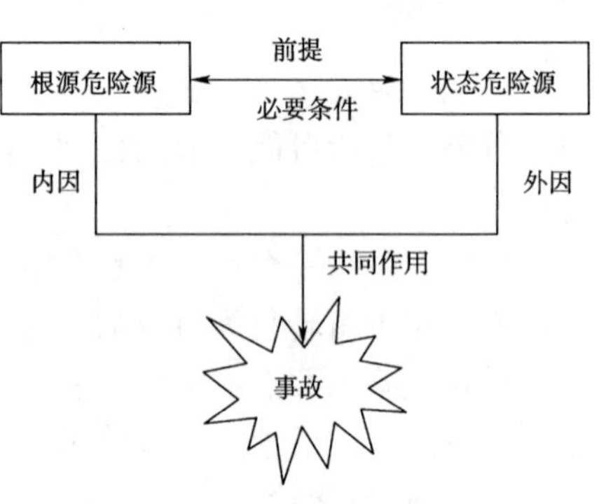

图9-1　两类危险源关系

3. 危险源与事故发生的关联性

事故的发生是两类危险源共同作用的结果。根源危险源的存在是事故发生的前提,没有根源危险源就谈不上能量或危险物质的意外释放,也就无所谓事故;另一方面,如果没有状态危险源破坏对根源危险源的控制,也不会发生能量或危险物质的意外释放。状态危险源的出现是根源危险源导致事故的必要条件。

在事故的发生、发展过程中,两类危险源相互依存、相辅相成。根源危险源在发生事故时释放出的能量是导致人员伤害或财物损坏的能量主体,决定事故后果的严重程度,比如高速行驶的汽车,状态危险源出现的难易决定事故发生的可能性的大小,比如驾驶员疲劳驾驶,出现瞌睡,而导致无意识操作和误操作,甚至昏睡。两类危险源共同决定危险源的危险性。

状态危险源的控制应该在根源危险源控制的基础上进行,与根源危险源的控制相比,状态危险源是一些围绕根源危险源随机发生的现象,对它们的控制更困难。状态危险源出现得越频繁,发生事故的可能性越大。因为驾驶员的无意识操作、误操作、昏睡导致了行驶的汽车发生交通事故,若驾驶员未疲劳驾驶,事故则可以避免。

4. 危险源辨识

危险源辨识的目的就是通过对系统的分析,界定出系统中的哪些部分、区域是危险源,其危险的性质、危害程度、存在状况、危险源能量与物质转化为事故的转化过程规律、转化的条件、触发因素等,以便有效地控制能量和物质的转化,使危险源不至于转化为事故。它是利用科学方法对生产过程中那些具有能量、物质的性质、类型、构成要素、触发因素或条件,以及后果进行分析与研究,作出科学判断,为控制事故发生提供必要的、可靠的依据。

道路运输企业中辨识危险源,就是找出生产经营活动中存在哪些根源危险源和状态危险源。包含两个过程:识别、确定特性。识别危险源是为了确定系统中存在哪些危险因素;

确定危险源特性是为了根据其性质采取相对应的控制措施，使根源危险源得到有效控制，处于相对安全的状态，同时消除状态危险源。

5. 道路运输企业危险源

这里的危险源是指在道路运输企业中存在的根源危险源。

道路运输企业危险源，见表 9-1。

道路运输企业危险源 表 9-1

<table>
<tr><th>道路运输企业</th><th>危 险 源</th><th>具体表现</th></tr>
<tr><td>—</td><td>加油站</td><td>存储燃料易燃易爆</td></tr>
<tr><td>危货运输</td><td>危险货物运输专用车辆</td><td>危险货物具有自燃、易燃、爆炸、腐蚀、毒害、放射性等性质</td></tr>
<tr><td>货运站</td><td>存储危险货物的专用仓库</td><td>危险货物具有自燃、易燃、爆炸、腐蚀、毒害、放射性等性质</td></tr>
<tr><td rowspan="3">货运站
客运站</td><td>动能发生设备；
空气压缩设备；
液化气站设备；
锅炉房设备等</td><td rowspan="3">危险因素大，安全要求高，动力设备所生产或传导的物质或介质一般具有高温、高压、易燃、易触电等；
污染环境，动力设备在生产运行中会产生污染环境，损害职工健康的废气、废水、废渣和噪声</td></tr>
<tr><td>电器设备；
变压器；
高低压配电设备；
照明和其他电器设备</td></tr>
<tr><td>其他动力设备；
通用采暖设备；
管道；
除尘设备；
其他动力设备</td></tr>
</table>

二、安全隐患

1. 安全隐患定义

安全隐患是指生产经营单位违反安全生产法律、法规、规章、标准、规程、安全生产管理制度的规定，或者其他因素在生产经营活动中存在的可能导致不安全事件或事故发生物的不安全状态、人的不安全行为和管理上的缺陷。

安全隐患来自于管理不当的危险源。在道路运输企业中，加油站这个危险源是比较常见的，众所周知，加油站是不能抽烟、接打电话的，因为汽油、柴油是挥发物质，挥发出来的油气达到爆炸浓度后，遇火即会爆炸。在此例中，由于汽油、柴油本身的特性，使加油站成为一个危险源，在危险源范围内发生行为违章，于是安全隐患便产生了。所以安全隐患一般来说都是源于危险源的管理不当，如果没有了危险源，安全隐患也就不复存在了。安全隐患则是人的不当行为造成的，经过治理是可以完全消除的。

2. 安全隐患与危险源的关系

一般来说，危险源可能存在安全隐患，也可能不存在安全隐患，对于存在安全隐患的危险源一定要及时加以整改，否则随时都可能导致事故。

实际中，对安全隐患的控制管理总是与一定的危险源联系在一起，因为没有危险的隐患也就谈不上要去控制它；而对危险源的控制，实际就是消除其存在的安全隐患或防止其出现安全隐患。

在安全工作中涉及人的因素问题时，采用的术语有“不安全行为”和“人失误”。不安全行为一般指明显违反安全操作规程的行为，既安全隐患，这种行为往往直接导致事故发生。例如，不断开电源就带电修理电气线路而发生触电等。人失误是指人的行为的结果偏离了预定的标准。例如，合错了开关使检修中的线路带电，危险货物误开阀门使有害气体泄放等。人的不安全行为、人失误可能直接破坏对根源危险源的控制，造成能量或危险物质的意外释放；也可能造成物的不安全因素问题，物的不安全因素问题进而导致事故。例如，超载起吊重物造成钢丝绳断裂，发生重物坠落事故。

物的不安全因素问题可以概括为物的不安全状态和物的故障(或失效)。物的不安全状态是指机械设备、物质等明显的不符合安全要求的状态。例如，车辆的制动系统老化。在我国的安全管理实践中，往往把物的不安全状态称作“隐患”。物的故障(或失效)是指机械设备、零部件等由于性能低下而不能实现预定功能的现象。物的不安全状态和物的故障(或失效)可能直接使约束、限制能量或危险物质的措施失效而发生事故。例如，电线绝缘损坏发生漏电；管路破裂使其中的有毒有害介质泄漏等。有时一种物的故障可能导致另一种物的故障，最终造成能量或危险物质的意外释放。例如，锅炉的泄压装置故障，使容器内部介质压力上升，最终导致容器破裂。物的不安全因素问题有时会诱发人的因素问题；人的因素问题有时会造成物的因素问题，实际情况比较复杂。

环境因素主要指系统运行的环境，包括温度、湿度、照明、粉尘、通风换气、噪声和振动等物理环境，以及企业和社会的软环境。不良的物理环境会引起物的不安全因素问题或人的因素问题。例如，潮湿的环境会加速金属腐蚀而降低结构或容器的强度；工作场所强烈的噪声影响人的情绪，分散人的注意力而发生人失误。企业的管理制度、人际关系或社会环境影响人的心理，可能造成人的不安全行为或人失误。

安全隐患与状态危险源都是由人、物、环境所造成的不安全因素，他们都能导致事故发生。所以，在实际中有时不加区别这两个概念。

三、道路运输企业不安全因素

道路运输行业中存在多种多样的危险源，有根源危险源，有状态危险源，还存在多种多样的安全隐患。为了便于分析理解，这里把状态危险源和安全隐患称为不安全因素，主要包括五大类，见表9-2。这些不安全因素中，有的可能直接导致事故发生，如车辆故障等；有的可能是事故发生的深层次原因或根本原因，如企业管理不完善等。无论哪种不安全因素，只要其存在，就会为导致事故发生。

不安全因素 表9-2

不安全因素	主要内容		
人的不安全行为	驾驶员	其他交通参与者	其他岗位人员
物的不安全因素	装备设施本身(车辆、锅炉等的技术状况)		
道路的不安全因素	典型道路	特殊路段	路面通行条件
环境的不安全因素	夜间	特殊天气	自然灾害
道路运输企业安全管理不完善	安全管理(制度不完善)		

1.客运企业、货运企业

在客运企业和货运企业中,由于生产经营性质的原因,不安全因素大部分存在于道路运输过程中。

1)驾驶员、其他交通参与者的不安全行为

道路运输过程中,人员方面的不安全因素一般包括驾驶员性格和心理缺陷、生理异常,驾驶过程中违规驾驶、错误操作、注意力分散及其他交通参与者的不安全行为等。

(1)驾驶员性格、心理缺陷。驾驶员的性格、心理缺陷主要表现为驾驶员个性存在缺点,如易激动、急躁、懒惰、侥幸心理、自负、自卑、马虎大意等,这些因素容易使驾驶员出现危险的驾驶行为,酿成事故。驾驶员许多违规驾驶、操作错误、注意力分散等不安全行为都与其本身的个性缺陷有着或多或少的联系。因此,驾驶员弥补缺陷、克服缺点,对于安全行车至关重要。

(2)驾驶员生理异常。驾驶员生理异常主要表现为疾病、药物不良反应、疲劳、饮酒后不适等,每年因驾驶员生理异常引发的交通事故时有发生。驾驶员生理异常危险源辨识,见表9-3。

驾驶员生理异常危险源辨识 表9-3

危险源分类	危险源	具体表现
驾驶员生理异常	疲劳	长时间行驶,使驾驶员出现瞌睡、注意力不集中、反应变慢等疲劳状态,容易使驾驶员无意识操作和错误操作,甚至昏睡
	药物不良反应	驾驶员服用某些药物后出现反应迟钝、嗜睡、兴奋等不良反应,不利于安全行车,易引发事故
	疾病	驾驶员在行车过程中出现心脏病、脑淤血、耳病、头痛头晕、急性肠胃炎等疾病,失去对车辆的操控能力,易引发事故
	饮酒后行动、思想迟缓	驾驶员饮酒后上路驾驶、因眩晕、恶心、反应迟钝等原因对路况的观察和判断能力减弱而导致事故

(3)驾驶员违规驾驶。驾驶员违规驾驶是指驾驶员违反《道路交通安全法》及相关法律法规规定,选择有潜在风险的驾驶行为,主要特征为一般性违规和攻击性、报复性违规。具体见表9-4。

驾驶员违规驾驶危险源辨识　　表 9-4

危险源分类	危险源	具体表现
驾驶员违规驾驶	一般性违规，不指向他人	为了赶时间，驾驶员抢黄灯通过路口；驾驶员逆行、违法停车、超速行驶、酒后驾驶、违法倒车、违法掉头、违法会车、违法牵引、违法装载、货车超载、客车超员等
	违规行为指向他人，具有攻击性、报复性	故意和前面车辆靠得很近，以示意前面的驾驶员提高车速或赶紧让路
		对妨碍自己行驶的车辆，如行驶缓慢或"加塞车辆"感到非常气愤，使劲按喇叭、爆粗口表示不满，甚至故意超车后紧急制动
		强行超车
		强行变更车道

(4)驾驶员操作错误。驾驶员操作错误主要包括危险性错误和无危害性错误。危险性错误是指容易直接造成交通事故的行为，无危害性错误是指错误行为在当前一般不会直接导致交通事故的行为。无危害性错误对安全行车也有很大影响。例如，一位驾驶员想去 A 地，却在 A 地与 B 地的交叉口错误地驶向了 B 地，驾驶员发现这一情况后，为了尽快赶到 A 地常常选择超速驾驶，给安全行车埋下了隐患。驾驶员操作错误危险源辨识，见表 9-5。

驾驶员操作错误危险源辨识　　表 9-5

危险源分类	危险源	具体表现
驾驶员操作错误	危险性错误，如操作不当、操作失误	在湿滑的路面上紧急制动，或车辆侧滑时紧急制动，急打转向盘
		有紧急情况时，错把加速踏板当制动踏板
		变更车道，没有观察后视镜
		由主路驶入辅路时，没有注意视觉盲区内的行人、非机动车
		转弯时，未注意车辆内外轮差，车轮落入边沟等
	（短期）无危害性错误	分道口行驶路线选择错误等

(5)驾驶员注意力分散。在行车过程中，驾驶员要不断地观察和除了外界信息，集中注意力非常重要。行驶速度为 90 千米/小时的车辆 1 秒可以驶出 25 米。所以，即使几秒的注意力分散也非常容易引发交通事故。

驾驶员注意力分散诱发原因分为主观原因和客观原因。主观原因注意力分散是由驾驶员自身不安全驾驶行为引起的，受外界事物和环境影响引起的注意力分散称为客观原因注意力分散。驾驶员注意力分散危险源辨识见表 9-6。

驾驶员注意力分散危险源辨识　　表 9-6

危险源分类	危险源	具体表现
驾驶员注意力分散	主观原因	驾驶员在驾驶过程中接打电话、走神、与人热烈交谈、观察其他交通事故或者过度关注新奇事物等
	客观原因	高速公路环境单一，驾驶员注意力无法持续集中等

(6)其他交通参与者的不安全行为。在道路运输过程中，其他交通参与者的不安全行为同样是引发事故的重要因素。驾驶员稍有疏忽便有可能导致严重的交通事故。具体见表 9-7。

其他交通参与者的不安全行为危险源辨识 表 9-7

危险源分类	危 险 源	具 体 表 现
其他交通参与者的不安全行为	违反通行规则	其他机动车驾驶员逆向行驶、违规占道行驶、违法超车、超速行驶、酒后驾驶等
		行人、骑自行车人、骑电动车人不按交通信号灯通行、逆向行驶、违规占用机动车道行驶等
		竞技驾驶等
	行为不自知、不自觉	老年人行动迟缓,行走时不注意观察路况,遇到危险情况来不及躲避
		儿童行为不自知,不具备道路安全意识,嬉戏打闹、闯入道路
		其他交通参与者在经过路口时,忽视危险,突然出现
		行人打伞,遮挡住视线,不顾及周围车辆等
	专注于其他事物	行人边走边交谈、接打电话或听音乐,忽视车辆靠近
		路面施工工人专注于施工工作
		道路维护人员专注于清理道路工作等

2)车辆、行李物品及货物的不安全因素

道路运输过程中,车辆、行李及货物也是不安全因素,主要表现在车辆本身特点引发的行车不安全因素,车辆结构、技术状况的不安全状态及车内物品、车载货物存在的危险三个方面的内容。

(1)车辆本身特点的不安全因素。道路运输车辆本身结构、行驶特点等与其他机动车存在很大差异,如果驾驶员不了解这些差异,不注意这些差异性和特殊性给运输安全带来的风险,交通事故便有可能发生。具体见表 9-8。

车辆本身特点的不安全因素辨识 表 9-8

危险源分类	危 险 源	具 体 表 现
结构存在风险	车体庞大(车身较长、较宽、较高),满载总质量较大	转弯、倒车、停车、超车等占用多车道
		重心高、容易侧翻
		遇软路肩、危桥、易压垮道路设施
	车身存在视觉盲区	驾驶员看不到盲区内行人、其他机动车等
行驶特点存在风险	与其他车辆之间存在速度差	高速公路小客车与大货车、大客车的设计车速及限制行驶车速不同,存在绝对速度差,迫使其他车辆频繁变更车道、超车,风险亦加大
	内外轮差大	转弯时碰撞、刮擦内侧行人、其他车辆等
	加速性能差	加速慢,被后车追尾
	惯性大、制动距离长	前方有紧急情况,不能及时减速停车

(2)车辆技术状况的不安全状态。车辆技术状况的不安全状态注意包括车辆技术状况不良和安全装置失效。具体见表9-9、表9-10。

技术状况不良因素辨识 表9-9

危险源分类	危险源	具体表现
技术状况不良	制动劣化或失效	不能及时制动
	转向不良或失效	不能按意图转向
	照明、信号装置故障	前照灯损坏,照明受到影响,夜间时驾驶员无法观察路况
		转向灯不亮,转向意图不能传递等
	侧向稳定性差	车辆在横向坡道行驶,或进行超车、转弯灯操作时,易发生侧滑或侧翻
	车辆悬架、减振系统缺陷	车辆经过坑洼路面时,颠簸严重,使驾驶员或乘客感觉不适,还可能使装载的货物掉落
	车速表故障	驾驶员不能准确掌握行驶速度
	轮胎磨损严重、有裂纹或扎入杂物	车辆在行驶过程中行驶附着力不够,制动距离延长
		易发生爆胎等
	发动机故障	车辆无法启动
		车辆抛锚、应急停车,影响其他车辆通行
		车辆中途熄火,无法正常操控

安全装置失效因素辨识 表9-10

危险源分类	危险源	具体表现
主动安全装置失效	后视镜损坏	后视镜损坏,驾驶员观察道路交通情况受到影响
	刮水器失效	雨雪天刮水器无法使用,视线受影响
	喇叭失效	喇叭不响,其他驾驶员或交通参与者听不到车辆靠近的信号
	遮阳板掉落	驾驶员眼睛被太阳光直射,影响观察
	制动防抱死系统等安全装置失效	车轮抱死、车辆侧滑
被动安全装置失效	安全气囊损坏	车辆发生碰撞等事故时,安全气囊不能弹出,驾驶员头部直接撞到转向盘或前风窗玻璃上
	安全带损坏	车辆发生碰撞等事故时,无法束缚驾驶员或乘客,致使他们受伤
	保险杠损坏	发生碰撞事故,无法吸收、缓和外界冲击力、防护车体
	座椅安全头枕损坏或掉落	紧急制动或车辆发生事故时,驾驶员头部得不到保护,颈椎易受伤害
	风窗玻璃损坏	影响驾驶员视野,易使驾驶员受伤
	灭火器、警告标志、安全锤、应急门开关等损坏或缺失	出现紧急情况,无法及时有效处理

(3)行李物品、车载货物的不安全因素。行车过程中,乘客所携带的行李物品、货车装载的货物等,如果摆放和装载的位置、方法不合适,会对车内人员人身安全及行车安全带来一

定风险。除此之外,车中湿滑的地板、破损的座椅等也可能对人的安全构成威胁,见表9-11。

行李物品、车载货物的不安全因素辨识　　表9-11

危险源分类	危　险　源	具体表现
(客车)行李物品存在危险	乘客行李、随身物品存在危险或摆放方式和位置不合适	乘客携带危险品上车,未被发现,易产生危险后果
		放在行李架上的物品掉落,砸伤乘客
		放置在椅子下的行李部分露出,绊倒乘客等
(货车)货物装载存在危险	装载的货物重心过高	使车辆的稳定性降低,转弯时车辆易侧翻
	货物偏载(过于靠前、靠后,过于偏离中心线等)	
	超载	车辆负荷过大,转弯、下长坡时使车辆制动失效
		车辆负荷过大,易引发爆胎、传动轴断裂、钢板弹簧断裂等车辆结构损坏,引发事故
		车辆负荷过重,导致路面损毁、桥梁垮塌等
其他	客车地板、台阶湿滑	客车刚刚经过清洁或雨雪天,致使车内地板、上下车台阶湿滑,使乘客摔倒
	座椅损坏	座椅损坏后露出尖锐金属架,碰伤驾驶员或乘客
		座椅扶手损坏或缺失,不能保护乘客

3)道路的不安全因素

道路的不安全因素主要包括典型道路的不安全因素、特殊路段的不安全因素及路面通行条件不良。

(1)典型道路的不安全因素。从事长途运输或在山区运输的驾驶员经常在高速公路、山区道路等典型道路上行车。高速公路行车速度高,山区道路弯多、坡长等特点,会影响行车安全。因此,驾驶员应了解其中的危险因素。具体见表9-12。

典型道路的不安全因素辨识　　表9-12

危险源分类	危　险　源	具体表现
山区道路	连续上下坡	车辆连续上下坡转弯,频繁制动,易导致制动失效
		车辆上下坡,使发动机温度过高,或换挡不当,引起发动机熄火或溜车
	路窄弯急	山体遮挡,无法全面观察来车情况
		控制不合适,车辆驶出路外
		超车、会车危险性大等
	安全防护设施不完善	道路安全防护设施不完善,车辆易冲出道路
	山体滑坡	阻挡道路或直接造成事故
	云雾缭绕	秋冬季节或高海拔山路常有云雾,视线受影响,无法观察路况
高速公路	相对封闭、控制出入、单向行驶、无平面交叉、路况好、车速高、车流量大	速度高,制动停车距离长,易发生连环撞车事故
		车辆在高速公路上长时间高速行驶,驾驶员极易疲劳,车辆性能也易发生变化
		长时间在高速公路上驾驶,驾驶员对速度的感知能力下降,易超速行驶
		客货车辆重心较高,速度快,遇突发情况极易侧滑、侧翻
		平直路面在阳光照射下易产生“水面”效应,对安全行车产生干扰

(2)特殊路段的不安全因素。交叉路口、隧道、桥梁、城乡结合部及临时修建道路等特殊路段的外观,构建及特征与一般路段有很大差异,车辆经过时容易出现事故,驾驶员必须提高警惕。特殊路段的危险识辨识,见表9-13。

特殊路段的不安全因素辨识 表9-13

危险源分类	危险源	具体表现
临时修建道路	建设等级较低、压实度低、沉降不足、平整度差	车辆易倾翻、沉陷
	周边地形复杂及交通情况混乱	畜力车、人力车、低速汽车、摩托车等频繁出现,带来风险;无道路交通标志标线,车辆、行人随意行走,带来风险
交叉路口	车辆、行人汇集,交通流量大,行驶轨迹交叉	驾驶员忽视盲区,易碰撞、剐擦交叉路口其他车辆、行人等
隧道	长隧道内照明差,可见度低	驾驶员未开启前照灯、车辆抛锚易引发碰撞事故
	隧道较窄、限制高度	驾驶员强行超车,易引发撞车事故
		超高货车易碰撞出入口
	隧道口结冰	车辆容易失控,发生侧滑
	隧道出入口明暗变化	驾驶员出现短暂"失明",无法观察道路信息
	出口横风	影响驾驶员对车辆的操控
立交桥、环岛	方向多、出口多、车流量大	易迷失方向、选择错误道路
		错过出入口
桥涵	路宽限制	车流量大或路面情况不良(如湿滑、结冰等),车辆易驶出桥面,坠落桥下等
	限制轴重	重载大型车辆载重超过限制,使桥梁垮塌
	横风影响	较大横风影响车辆的正常行驶轨迹
路旁有高大的建筑、树木的道路	驾驶员视线被遮挡	驾驶员容易忽略路口拐入的车辆、闯入的行人或骑车人,易发生碰撞事故
	交通信号灯、标志灯被遮挡	驾驶员未注意到被遮挡的信号灯,误闯红灯;驾驶员未注意到被遮挡的标志,发生危险
城乡结合部路段	各种交通工具汇聚,人车混杂	三轮车、畜力车、骑车人、行人多,驾驶员无力全面观察,易发生碰撞、剐擦事故
	交通安全实施不完善	交通信号、标志标线缺乏或毁损,通行无指示,易发生碰撞等事故
	临时市场占道经营	买卖双方不注意来往车辆
	交通参与者安全意识差	交通参与者不懂交通规则,或没有遵守交通规则的习惯,给安全行车带来威胁

(3)路面通行条件不良。在施工路面、障碍路面、涉水路面及冰雪路面等道路上行驶,危险性较高,驾驶员要格外注意安全。具体见表9-14。

道路通行条件不良因素辨识　　表9-14

危险源分类	危　险　源	具体表现
施工道路	道路中断或变窄	行车道减少，车辆急减速
		通行车辆多，通行速度突然变慢，车辆不及时减速易发生追尾等事故
	路面有沙石	车辆制动距离延长或弯道易侧滑
	施工标志不明显或未设置	距离施工地点很近时才发现道路有施工，应急处置不当易引发事故
路障	道路上有掉落或卸载的货物	未发现路障，躲避不及，易发生事故； 躲避路障时，与其他车辆发生轨迹交叉等
	故障车未及时移开或交通事故车辆停在路中	
	农作物占道晾晒	
冰雪路面	路面摩擦系数低、平整度差	车辆易发生侧滑
	对阳光的反射率极高	大雪后，雪地反射日光，刺激眼睛，导致雪盲症，影响正常观察
涉水路面、如漫水桥、过河路、积水道路等	水过深	未查清水情即涉水行驶，易使车辆熄火、电气设备受潮
	水下有泥沙	车辆打滑或陷于水中
	水中有尖锐物	车胎被尖锐物扎破
	水流速度快	车辆行驶轨迹发生偏移或被冲走
凹凸路面	路面凹凸不平	车辆颠簸，使驾驶员或乘客不适，或使货物掉落； 车辆长时间在凹凸不平路面行驶，性能易下降等
	路面有较大凸起、深坑等	由于道路失修或局部地壳活动使路面出现凸起和深坑，躲避不及易引发事故

4）夜间、特殊天气及自然灾害的不安全因素

夜间、特殊天气及自然灾害等特殊环境改变了车辆的正常行车环境，危险性较高，易引发事故。驾驶员要充分了解这些危险源的特点及风险。

（1）夜间的不安全因素。道路运输行业每年的重特大道路交通事故中，有30%～50%都发生在夜间。驾驶员必须认识到夜间驾驶环境的特殊性，提高警惕，防止危险发生。具体见表9-15。

夜间驾驶环境不安全因素辨识　　表9-15

危险源分类	危　险　源	具体表现
夜间	行驶环境黑暗	路灯损坏，视线受影响
		视野范围变小、视距变短
		会车时，其他车辆开远光灯，产生炫目
		夜间行驶易疲劳等

（2）特殊天气的不安全因素。特殊天气主要包括雨雪天气、大雾天气和高温天气等，特殊天气常常给安全行车带来很大威胁。据统计，2010年道路运输行业在与雨、雪雾等恶劣天

气条件下发生的交通事故占总数的10%左右。在特殊天气行车,驾驶员应充分了解特殊天气的特点及其存在的风险。特殊天气的危险源辨识见表9-16。

特殊天气的危险源辨识 表9-16

危险源分类	危险源	具体表现
雨天	光线昏暗,能见度低	视线受影响,无法清晰观察路况
	常伴有雷电、大风	雷电劈倒或大风刮倒路边树木,形成路障或砸中过往车辆
	路面湿滑、泥泞	降雨使得道路塌陷或变得松软,车辆容易陷入; 车辆发生侧滑; 使车辆制动距离延长
	气温低于0℃时,形成冻雨	车辆制动距离延长; 车辆侧滑
	水网地区路面积水反光	远处驶来的车辆误以为是正常道路,容易高速驶入,易发生侧滑
雪天	视线不良	驾驶员视线被影响,无法清晰观察路况
	路面被积雪覆盖或有融雪	车辆启动时,车轮打滑,启动困难; 车辆行驶过程中易发生侧滑; 车辆在平坦、两侧无建筑和树木、积雪覆盖的道路行驶,辨识不出分道线、路测边缘等
大雾天气	能见度低	看不清路况,追尾事故频发,易连环追尾; 驾驶员长时间雾中驾驶,注意力持续集中,易疲劳等
高温天气	温度过高	驾驶员易疲惫、困倦、脾气暴躁; 轮胎压力高,易发生爆胎; 车辆电气元件、(货车)货物易自燃; 水温过高,损坏发动机; 制动易失效等

(3)自然灾害的不安全因素。我国幅员辽阔,自然灾害频发。驾驶员需要了解自然灾害的特点及可能对道路交通造成的影响,正确应对自然灾害。自然灾害的危险源辨识见表9-17。

自然灾害的危险源辨识 表9-17

危险源分类	危险源	具体表现
沙尘暴	风力大	被大风吹起的物体易击中车辆; 使车辆偏离行驶轨迹
	能见度低	飞扬的沙尘阻挡驾驶员视线
	路面有沙土	路面不满沙土,使车辆发生侧滑
台风	风力能量巨大,常伴有暴雨	路边树木、广告牌等被刮倒,易砸中汽车或阻碍交通; 使车辆偏离行驶轨迹或倾翻
地震	能量大,破坏性大	车辆在行驶过程中突发地震,路面出现裂缝,车辆易掉入裂缝; 被倒塌的建筑物等砸中,发生撞车等事故
泥石流山体滑坡	爆发突然,来势凶猛,破坏力大	车辆躲避不及易被泥石掩埋; 泥石流、山体滑坡使交通瘫痪
雹灾	来势凶猛,时间短,强度大,常伴有狂风骤雨	冰雹、降雨、大风影响视线,地面湿滑,车辆易发生撞车等事故

2. 危险货物运输

危险货物运输企业除了具有与客运企业、货运企业相同的驾驶员不安全因素、车辆行李物品及货物的不安全因素、道路不安全因素、夜间特殊天气及自然灾害的不安全因素外，由于运输的货物具有爆炸、易燃、毒害、腐蚀等特性，在运输、装卸和储存过程中，容易产生其他的不安全因素，见表9-18。

危险货物运输危险源辨识　　表9-18

危险源分类	危险源	具体表现
设施设备	未配备专用停车场地	提醒谨慎作业，远离危险源，避免发生重大事故
	未设立警示标志	
从业人员	随车未配备押运员，定时停车检查	不能及时有效地对行车过程中出现的安全隐患纠正解决
设施设备	未配备与危险货物的性质相适应的应急处理器材和安全防护设施设备	

3. 客运站、货运站

客运站与货运站都属于站场管理，具有部分相同点，见表9-19。

客运站、货运站危险源辨识　　表9-19

危险源分类	危险源	具体表现
消防设备	消防设备失效	不能及时有效将火灾事故消灭在初始阶段
安检仪	设备故障； 安检人员随意离岗	“三品”蒙混进站上车，极易引发严重事故
场地	人、车众多拥挤	易发生安全事故

四、危险源和不安全因素的管理

这里的危险源指第一节中提到的道路运输企业中的根源危险源。

1. 危险源管理

1）危险源一般可从三方面进行控制，即技术控制、人行为控制和管理控制。

（1）技术控制，即采用技术措施对固有危险源进行控制，主要技术有消除、控制、防护、隔离、监控、保留和转移等。比如对加油站安装摄像头，24小时监控是否发生异常情况。

（2）人行为控制，即控制人为失误，减少人不正确行为对危险源的触发作用。人为失误的主要表现形式有操作失误，指挥错误，不正确的判断或缺乏判断，粗心大意，厌烦，懒散，疲劳，紧张，疾病或生理缺陷，错误使用防护用品和防护装置等。人行为的控制首先是加强教育培训，做到人的安全化，其次应做到操作安全化。

（3）管理控制可采取以下管理措施，对危险源实行控制。

①建立健全危险源管理的规章制度。危险源确定后，在对危险源进行系统危险性分析

的基础上建立健全各项规章制度，包括岗位安全生产责任制、危险源重点控制实施细则、安全操作规程、操作人员培训考核制度、日常管理制度、交接班制度、检查制度、信息反馈制度，危险作业审批制度、异常情况应急措施、考核奖惩制度等。

②明确责任、定期检查。应根据各危险源的等级，分别确定各级的负责人，并明确他们应负的具体责任。特别是要明确各级危险源的定期检查责任。除了作业人员必须每天自查外，还要规定各级领导定期参加检查。对于低级别的危险源也应制定出详细的检查安排计划。

对危险源的检查要对照检查表逐条逐项，按规定的方法和标准进行检查，并做记录。如发现隐患则应按信息反馈制度及时反馈，使其及时得到消除。凡未按要求履行检查职责而导致事故发生者，要依法追究其责任。规定各级领导人参加定期检查，有助于增强他们的安全责任感，体现管生产必须管安全的原则，也有助于重大事故隐患的及时发现和得到解决。

专职安全技术人员要对各级人员实行检查的情况定期检查、监督并严格进行考评，以实现管理的封闭。

③加强危险源的日常管理。要严格要求作业人员贯彻执行有关危险源日常管理的规章制度。搞好安全值班、交接班，按安全操作规程进行操作；按安全检查表进行日常安全检查；危险作业经过审批等。所有活动均应按要求认真做好记录。领导和安全技术部门定期进行严格检查考核，发现问题，及时给以指导教育，根据检查考核情况进行奖惩。

④抓好信息反馈、及时整改隐患。要建立健全危险源信息反馈系统，制定信息反馈制度并严格贯彻实施。对检查发现的事故隐患，应根据其性质和严重程度，按照规定分级实行信息反馈和整改，做好记录，发现重大隐患应立即向安全技术部门和行政第一领导报告。信息反馈和整改的责任应落实到人。对信息反馈和隐患整改的情况，各级领导和安全技术部门要进行定期考核和奖惩。安全技术部门要定期收集、处理信息，及时提供给各级领导研究决策，不断改进危险源的控制管理工作。

⑤搞好危险源控制管理的基础建设工作。危险源控制管理的基础工作除建立健全各项规章制度外，还应建立健全危险源的安全档案和设置安全标志牌。应按安全档案管理的有关内容要求建立危险源的档案，并指定由专人保管，定期整理。应在危险源的显著位置悬挂安全标志牌，标明危险等级，注明负责人员，按照国家标准的安全标志表明主要危险，并扼要注明防范措施。

⑥搞好危险源控制管理的考核评价和奖惩。应对危险源控制管理的各方面工作制定考核标准，并力求量化，划分等级。定期严格考核评价，给予奖惩，并与班组升级和评先进结合起来。逐年提高要求，促使危险源控制管理的水平不断提高。

2）加油站、动力设备、危货仓储的管理

（1）加油站。对于道路运输企业来说，必须严格遵守加油站用户进站加油注意事项——严禁烟火。严禁在加油站内从事可能产生火花性质的作业，如不准在站内检修车辆，不准敲击铁器等。严禁向汽车的汽化器及塑料桶内加注汽油。所有机动车辆均须熄火加油。小型拖拉机、摩托车等进站前要熄火，并不得在站内发动。严禁携带一切危险品入站。

（2）动力设备。客运站、货运站内的动力设备危险因素大，安全要求高，动力设备所生产或传导的物质或介质一般具有高温、高压、易燃、易触电等特性。动力设备在生产运行中会产生污染环境，损害职工健康的废气、废水、废渣和噪声。道路运输企业应指派专人对动力设备进行操作、维修，定期检测维护，及时消除不安全的因素，保证设备运行状态良好。

（3）危货仓储。企业应根据危险物品的性能、特点、分类、分层，对性能互相有抵触的物品要分开储藏，并有明显标志。危险品仓库一切电气设施（如开关、闸刀、照明灯、电动机等）均应为防爆型，并应定期检查电器设备及照明开关线路防爆性能良好与否，发现损坏应及时修理，防止破裂闪烙而引起火情，仓库内不准乱拉乱接临时线路和灯头，房屋不能漏雨，通风良好，装有通风设备，做好防雷防静电措施。在装卸物品时，应轻装、轻放。作业人员必须佩戴可靠的个人安全防护用品。保管人员必须提高警惕，下班时应仔细检查，关好门窗，切断电源，节日休假要有专人值班巡逻。生产所需设备、转运容器、仓储设施必须符合安全要求，硫酸灌区要密闭，严禁跑、冒、滴、漏。在生产、转运、储存过程中发现被盗、流散等情况，应及时汇报主管安全副总，并由副总向上级主管部门及公安机关备案。

2. 不安全因素治理

在道路运输企业中，由于行业特点的原因，有一少部分的危险因素来自于根源危险源，绝大部分来自于状态危险源，也可以说是安全隐患，这里我们称为不安全因素。

根据道路运输企业的生产经营的实际情况，提高全体人员，特别是从业人员的安全素质、安全意识，经常性的开展自查自纠工作是道路运输企业安全治理不安全因素的主要方式。

企业应制定排查方案，明确排查目的、范围，选择合适的排查方法。排查方案制定的依据应包括有关安全生产法律、法规要求；设计规范、管理标准、技术标准、企业的安全生产目标等。排查的范围应包括所有与生产经营相关的场所、环境、人员、设备设施和活动，比如危货车辆的专用停车区域。排查方法上，企业应根据安全生产的需要和特点，采用综合检查、专业检查、季节性检查、节假日检查、日常检查等方式。在道路运输企业中，特别是春节、“五一”、“十一”等重要节假日；冬季和夏季到来前，发生重大交通事故后，针对不安全因素进行排查治理。

1）治理要求

（1）道路运输企业应重视运输经营活动的现场排查，在运输经营现场更能贴近生产经营实际，有利于在运输经营过程中发现事故隐患，并及时进行纠正和修订完善相关管理制度，实现安全管理与运输经营的紧密结合。道路运输经营现场事故隐患排查应遵守三项基本原则：一是重大事故隐患未彻底整改，不应该重新从事运输经营活动；二是运输经营过程中出现事故隐患，必须立即暂停运输经营，进行事故隐患整改；三是交班时，必须将事故隐患向下班交代清楚。

（2）道路运输事故不安全因素的治理按照“及时消除”的原则，对于能够立即整改的一般安全隐患，由企业立即组织整改，及时纠正，如通过 GPS 系统提醒和警告驾驶员控制好车速，采用视频监控设备防止客车超员和驾驶员疲劳驾驶，用安检仪对旅客行李进行安检，防止违禁物品上车。对于不能立即整改的，组织制定安全治理方案，依据方案及时进行整改。对于自身不能解决的重大安全隐患，道路运输企业应立即作出停产停业，上报上级政府主管部门，及时进行人员疏散、加强安全警戒等相应措施，并制定整改预案，依据有关规定进行整改。切实做到整改措施、责任、资金、时限和预案“五到位”。

道路运输企业在事故隐患治理过程中，应当采取相应的安全防范措施，防止事故发生。同时进行分析评估，确定隐患等级，按照事故隐患的等级进行登记，建立事故隐患信息档案。

(3)企业应当每季、每年对本单位不安全因素排查治理情况进行统计分析，并向安全监管监察部门和有关部门报送书面统计分析表。统计分析表应当由生产经营单位主要负责人签字。

2)治理方法

道路运输企业应当组织安全生产管理人员和其他相关人员，根据本单位的生产经营特点，紧密结合道路运输企业的特点和事故规律，明确排查内容，定期排查。重点针对驾驶员、营运车辆、通行条件、设施设备、环境因素、企业内部安全管理等方面进行。

(1)客运企业、货运企业不安全因素的治理。

①驾驶员的不安全行为。对驾驶员进行不安全因素排查的重点内容包括驾驶资格、从业资格、参加安全学习和培训情况、驾驶操作规范性、安全意识和身体心理条件、违法和事故信息以及交通违法行为的处理。

道路运输企业应确保驾驶员的身体、精神状况和情绪适宜驾驶车辆，通过询问驾驶员休息与睡眠、近期工作与生活、是否饮酒和服用药物等情况，确定驾驶员是否符合安全行车的基本要求。叮嘱驾驶员安全第一，谨慎驾驶，不超载、不超速，安全行车、文明行车，按规定途中休息，确保行车安全。针对在安全告诫过程中发现的驾驶员存在的问题，安全管理人员应及时上报，采取相应的措施。特殊情况下，不能现场对驾驶员安全告诫的，应通过电话、手机短信、GPS 信息及其他有效途径进行安全告诫。

②车辆本身、道路、夜间和自然灾害等不安全因素。对营运车辆本身不安全因素排查的重点内容包括车辆技术档案、车辆安全技术检验和维护、维修记录，车辆实际安全技术状况、车载安全装置和应急设备是否齐全有效。

对通行条件不安全因素排查的重点内容包括道路通行条件和事故多发点，车辆与道路条件的适应性，道路交通状况及规律，乘客的不安全因素，货物的不安全因素等。

对环境因素不安全因素的排查的重点内容包括营运车辆运行地区的气候、气象规律以及特殊天气下的应急设备设施的配备等。

对于以上客观存在不可改变的不安全因素，道路运输企业要定期对驾驶员开展法律法规、典型交通事故案例警示、技能训练、应急处置等安全教育培训。通过安全安全教育和培训，使驾驶员树立牢固安全意识，认识和把握道路运输中事故因素及其发生规律，正确理解和掌握有关安全制度，掌握安全操作规程和事故应急处置知识和方法。驾驶员在行车过程中，严格执行安全操作规程，保证道路运输安全。同时，企业可以调整运行线路，运行时间，防止行车事故的发生。

对于车辆技术状况达不到安全行车要求等类似的不安全因素，道路运输企业应该严格管理，严禁达不到安全行车要求的车辆参加生产经营。车辆定期进行维护和审验，驾驶员做好日常“三勤三检”工作，确保营运车辆技术状态良好。

(2)对危货运输企业不安全因素的治理。

在道路危险货物运输中，必须使用专用车辆运输危险货物，除驾驶员外，专用车辆上应当另外配备押运人员。押运人员应当对运输全过程进行监管，定时停车检查，确保危险货物无泄漏。企业应确保车辆技术状况良好，并配备有效的、与运输的危险货物相适应的安全装备设施。

（3）对客运站、货运站不安全因素的治理。

站场内的设备设施定期检修，保证不影响正常安全生产。确保消防器材完好有效。

加强站场员工安全意识，坚守自身岗位，对客运站场的"三不进站，五不出站"要坚决落实，严禁乘客携带违禁物品上车。

站场内配备专职安保人员，维持站内秩序，保证站场通行状态良好。

无论是以上的根源危险源，还是不安全因素，道路运输企业都要根据其特性，根据事故预想制定相应的应急预案，并告知从业人员和相关人员在紧急情况下应当采取的应急措施，以在事故发生时能及时进行救援，减少人员伤亡和财产损失。应急预案是危险源控制中的重要组成部分，道路运输企业必须制定，并定期检验和评估其有效程度，以便必要时进行修改。同时，要把有关应急救援知识通过安全教育和培训，及时告知从业人员和相关人员，以便在紧急情况下采取应急措施。

道路运输企业必须将本单位重大危险源及有关安全措施、应急措施报告有关地方人民政府的安全生产监督管理部门和有关部门，以便政府及其有关部门能够及时掌握有关情况。一旦发生事故，政府及其有关部门可以调动有关方面的力量进行救援，以减少事故损失。

第三节　突发事件应对要求与措施

一、突发事件的定义

突发事件是指突然发生，造成或者可能造成严重社会危害，需要采取应急处置措施予以应对的自然灾害、事故灾难、公共卫生事件和社会安全事件。

突发事件一般依据突发事件可能造成的危害程度、波及范围、影响力大小、人员及财产损失等情况，由高到低划分为特别重大（Ⅰ级）、重大（Ⅱ级）、较大（Ⅲ级）、一般（Ⅳ级）四个级别，并依次采用红色、橙色、黄色、蓝色来加以表示。

突发事件具有如下共同特征：

①突发性。突发性是突发事件的主要特征，突发事件能否发生，于何时、何地、以何种方式爆发以及爆发的程度等情况，人们都始料未及，难以准确把握。突发事件从始至终都处于不断变化过程当中，往往毫无规则，不能事先准确预测和确定，使突发事件预防机制的建立困难重重。

②紧迫性。突发事件的发生突如其来或者只有短时预兆，事态发展迅速，必须立即采取非常态的紧急措施加以处置和控制，否则将会造成更大的危害和损失。

③严重性。突发事件的发生往往会导致人员伤亡、财产损失和环境破坏，具有较大危害，而且这种危害还体现在社会公众领域，事件本身会迅速引起公众关注，进而渗透到社会的各个层面，造成公众心理恐慌和社会秩序混乱。突发事件的危害范围和破坏力越大，造成的影响和后果就越严重。

④社会性。突发事件起因千差万别，如地震、火灾、瘟疫、暴乱等，但其作用对象不是个

人,而是社会公众,至少是一个特定单位或区域内的一群人。因此,防范突发事件需要公众支持和参与。

在道路运输企业中,突发事件一般有道路运输事故、自然灾害事件、危险化学品道路运输事故、客运站旅客滞留、火灾等。

二、突发事件应对要求

突发事件的应对应遵从以下原则:

(1)以人为本,减轻危害。

(2)统一领导,分级负责。

(3)社会动员,协调联动。

(4)属地先期处置。

(5)依靠科学,专业处置。

(6)鼓励创新,迅速高效。

1.健全落实应急制度

道路运输企业要加快应急管理的制度的制定。由于突发事件的不确定性,要把应急管理纳入规范化、制度化、法制化轨道,跟上突发事件的发展要求。确保突发事件应急人员、装备、资源、通信、应急预案的落实。

2.提高员工危机意识和应急能力

加强员工应急知识和相关法律法规的培训学习,提高安全意识和自救、互救能力。

3.应急队伍

建立专业的或兼职的应急救援队伍,联合培训、联合演练,提高协同应急能力。

4.应急装备

应急装备是用于应急管理与应急救援的工具、器材、服装、技术力量等。如消防车、监测仪、防化服、隔热服等。他们是应急救援的有力武器与重要保障,通过应急装备可以高效处置事故、保障相关人员生命安全、减少财产损失、维护社会稳定。

5.应对保障

应对保障主要包括物资储备保障、经费保障、通信保障。

6.隐患、危险源调查和监控

突发事件发生前的预防是突发事件管理的重点,预防是突发事件管理中最简便、成本最低的方法。做好监测、预测工作,及时收集各种信息,并对这些信息进行分析、辨别,有效觉察潜伏的危机,对危机的后果事先加以估计和准备,预先制定科学而周密的危机应变计划,对危机采取果断措施,为危机处理赢得主动,从而预防和减少自然灾害、事故灾难、公共卫生和社会安全事件及其造成的损失,人民群众生命财产安全,维护社会稳定发展。

7.应急预案

应急预案应针对各级各类可能发生的事故和所有危险源制定专项应急预案和现场应急处置方案,并明确事前、事发、事中、事后的各个过程中相关部门和有关人员的职责。主要包括综合应急预案、专项应急预案、现场处置方案。制定完善的应急预案对应急管理工作有着重要指导作用,能以最快的速度发挥最大的效能,有序实施救援,尽快控制事态发展,降低紧急事件造成的危害，减少事故损失和人员伤亡。

8. 应急演练

应急演练是指针对情景事件，按照应急预案而组织实施的预警、应急响应、指挥与协调、现场处置与救援、评估总结等活动。通过应急演练，检验预案的实用性、可用性、可靠性；取得实战经验以修改应急预案的缺陷与不足，提高预案可操作性；检验员工是否明确自己的职责和应急行动程序，以及反应应急队伍的协同反应水平和实战能力；提高人们避免事故、防止事故、抵抗事故的能力，提高对事故的警惕性。

9. 加强协调

加强协调，积极配合，对突发事件迅速作出反应。道路运输企业应该建立突发事件应急反应机制，明确各部门的职责，将部门协调行动制度化，以保障各部门和领导在第一时间对危机作出判断，迅速反应，政令畅通，各部门协调配合，临事不乱。各部门要树立大局意识和责任意识，不仅要加强本部门的应急管理，落实好自己责任范围内的专项预案，还要按照总体应急预案的要求，做好纵向和横向的协同配合工作。

三、突发事件的应对措施

道路运输企业的突发事件发生后，总的来说，应对措施可归纳为以下几点：

1. 现场控制

在突发事件的应对措施，对现场的控制是必不可少的，其目的是防止进一步蔓延扩大，使人员伤亡与财产损失降低到最低程度。由于事故发生的时间、环境和地点不同，因而其现场有不同的环境与特点，所需控制的手段及应急资源也不相同，这些差别决定了在不同的事故现场应采取不同的控制方法。

(1)警戒线控制法。

(2)区域控制法。

(3)遮盖控制法。

(4)以物围圈控制法。

(5)定位控制法。

2. 现场状态与情境评估

任何处置工作的开展都必须以对现场形势的准确评估为前提，快速反应的原则不是单纯强调速度快，而是要保证处置工作的高效率。应急处置人员到达现场后，为了有效地进行现场控制，应首先获取现场的准确信息，对所发生的事故进行及时准确的认识与把握，避免盲目处置而造成事态蔓延和更大的损失。应急处置人员应对以下状态和情境进行评估。

(1)评估事故的性质。

(2)现场潜在危害监测。

(3)现场情景与所需的应急资源。

(4)人员伤亡情况。

(5)经济损失与可能造成的社会影响。

(6)周围环境与条件的评估。

3. 现场应急处置与安排

突发事件的现场处置需要根据类型、特点和规模作出紧急安排。大多数事故的现场处置包括设置警戒线、应急反应人力资源组织与协调、应急物资设备的调集、人员安全疏散、现场交通管制、现场以及相关场所的治安秩序维护、对信息和新闻媒介的现场管理、对现场受害人作出分类处理等。

4. 突发事件的事后恢复与重建

突发事件的威胁和危害基本得到控制和消除后，应及时停止应急措施，组织开展事后恢复和重建工作，以减轻突发事件造成的损失和影响，尽快恢复生产、生活、工作和社会秩序，妥善解决处置突发事件过程中引发的矛盾和纠纷。

四、道路运输企业突发事件应急处置

在道路运输企业中，对于突发事件一般遵从以下处理流程：

(1)道路运输企业的首要任务就是控制和遏制事故，防止事故扩大到附近的其他设施或地方，减少人员伤害或财产损失。

(2)将突发的事件或紧急状态迅速通知企业相关安全人员。

(3)对于特大、重大、较大的突发事件，及时向上级部门和当地人民政府报告，取得政府主管部门和专业救援机构的指导和支持，积极配合专业的应急救援机构的工作，尽量减少人员伤亡和财产损失。

(4)关闭、转移、隔离相关的危险设施设备或系统。

(5)紧急状态关键时期，授权披露有关信息，指定一名高级管理人员作为该信息的唯一出处，防止发生信息误导。

道路运输企业突发事件一般有道路运输事故、自然灾害事件、危险物品泄漏事故、客运站旅客滞留、火灾等，

1. 交通事故

(1)事故发生后，事故现场有关人员应当立即向本单位负责人报案；单位负责人接到报案后，应当立即向安全管理部门负责人报告，安全管理负责人在接到报案后，立即向公司主管经理汇报。

(2)同时配合救援机构，开展救援工作，尽量减少人员伤亡和财产损失。

(3)企业指派相关负责人处理事故。

(4)在交管部门的指导下，同受害人沟通，依照国家相关规定进行赔偿。

(5)保险公司索赔。

2. 危险物品泄漏事故

(1)疏散与隔离。在危险货物储运过程中，一旦发生泄漏，首先要疏散无关人员，隔离泄漏污染区。如果是易燃易爆危险品的大量泄漏，这时一定要打“119”报警，请求消防专业人员救援，同时要保护、控制好现场。

(2)切断火源。切断火源对危险品泄漏处理特别重要，如果泄漏物是易燃物，则必须立即消除泄漏污染区域内的各种火源。

(3)个人防护。参加泄漏处理人员应对泄漏品的化学性质和反应特性有充分的了解，要于高处和上风处进行处理，并严禁单独行动，要有保护人员。必要时，应用水枪、水炮掩护。要根据泄漏品的性质和毒物接触形式，选择适当的防护用品，加强应急处理个人安全防护，

防止处理过程中发生伤亡、中毒事故。

(4)泄漏控制。在统一指挥下,关闭阀门,应根据实际情况,采取措施堵塞和修补裂口,防止进一步泄漏。另外,要防止泄漏物扩散,殃及周围的建筑物、车辆及人群;万一控制不住泄漏口时,要及时处置泄漏物,严密监视,以防火灾爆炸。

(5)泄漏物的处置。要及时将现场的泄漏物进行安全可靠处置。

3. 火灾

(1)及时通知企业领导,拨打“119”火警。

(2)及时接通火灾报警装置或火灾事故广播,组织疏散人员、车辆等,在安全条件下转移、隔离重大危险源。

(3)停止运行相关装置(风机、防火阀等),防止火灾扩大。

(4)选择正确有效的方法灭火或配合专业消防人员灭火。

(5)火扑灭后,将消防装置恢复到正常运行状态。

4. 客运站旅客滞留

(1)组织相关人员对滞留旅客进行安抚解释工作,安排滞留旅客有序候车。

(2)及时调度备用车辆,尽快运输旅客。

在事故灾难(交通事故、火灾、危货运输中危化品泄漏等)、自然灾害或者公共卫生事件发生后,道路运输企业应采取措施:报告上级有关部门,配合组织营救和救治受害人员,疏散、撤离,并妥善安置受到威胁的人员以及采取其他救助性措施;迅速控制危险源,标明危险区域,封锁危险场所,划定警戒区,以及其他控制措施;禁止或者限制使用有关设备、设施,关闭或者限制使用有关场所,中止人员密集的活动或者可能导致危害扩大的生产经营活动以及采取其他保护措施等。

在社会安全事件发生后,道路运输企业应采取措施:报告上级有关部门,强制隔离使用器械相互对抗或者以暴力行为参与冲突的当事人,妥善解决现场纠纷和争端,控制事态发展;对特定区域内的建筑物、交通工具、设备、设施以及燃料、燃气、电力、水的供应进行控制;封锁有关场所、道路、查验现场人员的身份证件,限制有关公共场所内的活动等。

五、应急演练

1. 应急演练的定义

应急演练指针对情景事件,按照应急预案而组织实施的预警、应急响应、指挥与协调、现场处置与救援、评估总结等活动。情景事件指针对生产经营过程中存在的危险源或危险、有害因素而设定的突发事件。

应急演练是对实际突发事件应急救援过程的模拟,包括常规的应急处置流程和设定的关键事件等,其目的是为了检验应急预案、应急装备、应急基础设施、后勤保障等。通过演练,一是检验预案的实用性、可用性、可靠性;二是取得实战经验以修改应急预案的缺陷与不足,提高预案可操作性;三是检验员工是否明确自己的职责和应急行动程序,以及反映应急队伍的协同反应水平和实战能力;四是提高人们避免事故、防止事故、抵抗事故的能力,提高对事故的警惕性。

2. 应急演练分类

按照应急演练的内容,可分为综合演练和专项演练;按照演练的形式,可分为现场演练和桌面演练;按照演练的目的,可分为检验性演练、研究性演练。

(1)综合演练。根据情景事件要素,按照应急预案检验包括预警、应急响应、指挥与协调、现场处置与救援、保障与恢复等应急行动和应对措施的全部应急功能的演练活动。

(2)专项演练。根据情景事件要素,按照应急预案检验某项或数项应对措施或应急行动的部分应急功能的演练活动。

(3)现场演练。选择(或模拟)生产建设某个工艺流程或场所,现场设置情景事件要素,并按照应急预案组织实施预警、应急响应、指挥与协调、现场处置与救援等应急行动和应对措施的演练活动。

(4)桌面演练。设置情景事件要素,在室内会议桌面(图纸、沙盘、计算机系统)上,按照应急预案模拟实施预警、应急响应、指挥与协调、现场处置与救援等应急行动和应对措施的演练活动。

(5)检验性演练。不预先告知情景事件,由应急演练的组织者随机控制,参演人员根据演练设置的突发事件信息,按照应急预案组织实施预警、应急响应、指挥与协调、现场处置与救援等应急行动和应对措施的演练活动。

(6)研究性演练。为验证突发事件发生的可能性、波及范围、风险水平以及检验应急预案的可操作性、实用性等,而进行的预警、应急响应、指挥与协调、现场处置与救援等应急行动和应对措施的演练活动。

3. 应急演练的基本内容

(1)预警与通知。接警人员接到报警后,按照应急预案规定的时间、方式、方法和途径,迅速向可能受到突发事件波及区域的相关部门和人员发出预警通知,同时报告上级主管部门或当地政府有关部门、应急机构,以便采取相应的应急行动。

(2)决策与指挥。根据应急预案规定的响应级别,建立统一的应急指挥、协调和决策机构,迅速有效地实施应急指挥,合理高效地调配和使用应急资源,控制事态发展。

(3)应急通信。保证参与预警、应急处置与救援的各方,特别是上级与下级、内部与外部相关人员通信联络的畅通。

(4)应急监测。对突发事件现场及可能波及区域的气象、有毒有害物质等进行有效监控并进行科学分析和评估,合理预测突发事件的发展态势及影响范围,避免发生次生或衍生事故。

(5)警戒与管制。建立合理警戒区域,维护现场秩序,防止无关人员进入应急处置与救援现场,保障应急救援队伍、应急物资运输和人群疏散等的交通畅通。

(6)疏散与安置。合理确定突发事件可能波及区域,及时、安全、有效地撤离、疏散、转移、妥善安置相关人员。

(7)医疗与卫生保障。调集医疗救护资源,对受伤人员合理验伤并分级,及时采取有效的现场急救及医疗救护措施,做好卫生监测和防疫工作。

(8)现场处置。应急处置与救援过程中,按照应急预案规定及相关行业技术标准采取的有效技术与安全保障措施。

(9)公众引导。及时召开新闻发布会,客观、准确地公布有关信息,通过新闻媒体与社会公众建立良好的沟通。

(10)现场恢复。应急处置与救援结束后,在确保安全的前提下,实施有效洗消、现场清理和基本设施恢复等工作。

(11)总结与评估。对应急演练组织实施中发现的问题和应急演练效果进行评估总结,以便不断改进和完善应急预案,提高应急响应能力和应急装备水平。

(12)其他。根据相关行业(领域)安全生产特点所包含的其他应急功能进行演练。

4. 应急演练计划

(1)应急演练计划的内容。针对道路运输企业安全生产特点,对应急演练活动进行整体规划,编写应急演练年度计划,内容通常包括演练的目的、类型、形式、时间、地点、内容、参与演练的部门、人员、演练经费预算等。

(2)应急演练计划的要求。应急演练计划应以道路运输企业安全生产应急预案为基本依据,针对可能发生的突发事件,着重提高初期应急处置和协同救援的能力。演练频次应满足应急预案的规定,演练范围应有一定的覆盖面。

5. 应急演练的实施

(1)熟悉演练方案。应急演练领导小组正、副组长或成员召开会议,重点介绍有关应急演练的计划安排,了解应急预案和演练方案,做好各项准备工作。

(2)安全措施检查。确认演练所需的工具、设备、设施以及参演人员到位。对应急演练安全保障方案以及设备、设施进行检查确认,确保安全保障方案的可行性,安全设备、设施的完好性。

(3)组织协调。应在控制人员中指派必要数量的组织协调员,对应急演练过程进行必要的引导,以防出现发生意外事故。组织协调员的工作位置和任务应在应急演练方案中作出明确的规定。

(4)紧张有序地开展应急演练。应急演练总指挥下达演练开始指令后,参演人员针对情景事件,根据应急预案的规定,紧张有序地实施必要的应急行动和应急措施,直至完成全部演练工作。

6. 道路运输企业应急演练

道路运输企业应急演练情景对象一般有交通事故、危险货物(易燃易爆有毒液体气体)泄漏、火灾、客运站旅客滞留等。根据生产经营的实际特点,演练主要体现在现场人员的救他与自救和货物的转移与隔离,有毒气体液体泄漏后的堵漏等。如客运站旅客的转移;停车站场车辆、货运站内货物的疏散、转移、隔离等。

以下是某道路运输企业应急演练案例:

危运车辆泄漏应急演练实操过程

1. 事故模拟

车辆满载危险品,在行驶途中突然碰撞导致阀门轻微断裂,危险品外泄着火,应急抢险人员按应急方案迅速到达现场救助,消除事故。

2. 演练过程

程序1:组织集合。由主持人召集列队,组织参加应急演习人员集合、准备。

程序2:演练报告。演练必需的道具准备完毕后,由主持人向总指挥报告应急演练准备完毕(主持人:报告总指挥!某某运输公司危险品运输应急演练工作准备完毕,请指示)。

程序3:总指挥宣布应急演练开始。总指挥宣布:演练开始!主持人立即宣布:某某运输有限公司危险品运输应急演练开始。

程序4:危运车进场。宣布演练开始后,由驾驶员驾驶一辆装有清水的罐车从停车场向大门驶去,到预定位置停下。

程序5:危险品泄漏过程。道具摆放人员曹强即时上前将罐车尾部阀门打开少许(以水向外喷射距30~40厘米为宜),模拟危险品“汽油”泄漏(此动作10秒内完成)。由于车辆阀门损坏,液态危险品开始泄漏(解说词①)。解说词说完后,高喊:“驾驶员,你的车漏油啦!”

程序6:驾驶员及押运人员发现泄漏。驾驶员及押运员下车观看(时间不多于5秒),发现油罐车尾部阀门油品泄漏后,立即回到驾驶室按顺序拿出应急用具:警示标志、胶桶、肥皂、灭火器等。驾驶员先用胶桶接泄漏的油品,另一人到车辆后摆放安全警示标志(三脚架)(解说词②)。

程序7:驾驶员及押运人员临时应急处理。

第一、驾驶员关电闸切断电源。

第二、驾驶员及押运人员穿戴防护用具。

第三、驾驶员及押运人员临时应急处理,驾驶员开始用肥皂、木塞、棉纱等堵漏(时间约1分钟)。

程序8:模拟着火,道具人员抬油桶摆在车尾的位置,并点着火后(模拟“危险品”泄漏一段时间后遇到火花最终着火,此动作10秒完成)。此时,驾驶员模拟被烧,并在地上翻滚,副驾驶员即时一边用毛毯盖住受伤驾驶员,一边高喊:“油车着火了”。副驾驶员立即用电话报警。

程序9:临时救护。听到副驾驶员的喊声后,应急领导小组成员立即跑到现场察看“灾情”,讨论对策(时间约20秒左右),同时,救护组即时用担架将受伤者抬出来。

程序10:启动应急预案。应急小组察看现场、讨论后,即时决定启动应急救援预案:驾驶员跑步去敲消防钟(急而猛),听到钟声后,全体应急人员即到指定的地点集合。

程序11:部署救援任务。执行指挥在应急队员集合后,立即宣布:“现在危化品运输车辆里的危化品泄漏并着火燃烧。立即按应急救援预案2号开始应急救援。”并问应急队员:“明白没有?”,应急队员齐声回答:“明白”。执行指挥宣布:“开始!”。

程序12:执行应急救援任务。应急队员立即按如下顺序行动:

(1)现场保卫组保安员迅速布置警戒:保安员迅速跑到桥底执勤。其他三人现场拉起警戒线并疏散人群。道具组送上消防泵电源。

(2)灭火组迅速从作业场地跑向现场:消防水枪手接好水带及枪头,并向车身喷射泡沫(水)(此动作要求30秒内完成)。

(3)干粉灭火组队员从周边拿起干粉灭火器,在消防水开始射水后救火。火熄后,消防队员继续射水1分钟。

(4)与此同时,拉沙组迅速将在地势低的一边筑起一条小堤坝,推泵组和推方槽组将泵及方槽推到火场附近待命，接管组事先驳接胶管。待火救灭后，即时将方槽推到泄漏处，接泄漏的“危化品”，推泵组及接管组即时接通管线（将胶管接入1号泵），并接通电流及开通阀门，转移“危化品”（不要启动）。

（5）火被“扑灭”后，执行指挥向总指挥报告：“报告总指挥！火已被扑灭，危化品已被转移，现场已清理完毕，请指示。”总指挥指示：“演练结束”。

7. 应急演练的评估和总结

（1）应急演练讲评。应急演练的讲评必须在应急演练结束后立即进行。应急演练组织者、控制人员和评估人员以及主要演练人员应参加讲评会。

评估人员对应急演练目标的实现情况、参演队伍及人员的表现、应急演练中暴露的主要问题等进行讲评，并出具评估报告。对于规模较小的应急演练，评估也可以采用口头点评的方式。

（2）应急演练总结。应急演练结束后，评估组汇总评估人员的评估总结，撰写评估总结报告，重点对应急演练组织实施中发现的问题和应急演练效果进行评估总结，也可对应急演练准备、策划等工作进行简要总结分析。

应急演练评估总结报告通常包括以下内容：

①本次应急演练的背景信息。

②对应急演练准备的评估。

③对应急演练策划与应急演练方案的评估。

④对应急演练组织、预警、应急响应、决策与指挥、处置与救援、应急演练效果的评估。

⑤对应急预案的改进建议。

⑥对应急救援技术、装备方面的改进建议。

⑦对应急管理人员、应急救援人员培训方面的建议。

第十章　事故调查与处理

第一节　事故信息报告

道路运输经营企业在道路运输经营活动中一旦发生安全生产事故，要依照国家有关道路交通事故上报要求进行报告，以便及时进行救援和事故责任调查。

一、事故信息报告要求

1）时间和程序要求

按照《生产安全事故报告和调查处理条例》规定，事故发生信息上报分为事故单位和政府有关部门两方面进行。

（1）企业安全生产事故信息报告时间和程序要求。

事故发生后，事故现场有关人员应当立即向本单位负责人报告；单位负责人接到报告后，应当于 1 小时内向事故发生地县级以上人民政府安全生产监督管理部门和负有安全生产监督管理职责的有关部门报告。

情况紧急时，事故现场有关人员可以直接向事故发生地县级以上人民政府安全生产监督管理部门和负有安全生产监督管理职责的有关部门报告。

（2）政府有关部门对企业安全生产事故信息报告时间和程序要求。

安全生产监督管理部门和负有安全生产监督管理职责的有关部门接到事故报告后，应当依照下列规定上报事故情况，并通知公安机关、劳动保障行政部门、工会和人民检察院。安全生产监督管理部门和负有安全生产监督管理职责的有关部门逐级上报事故情况，每级上报的时间不得超过 2 小时。

①特别重大事故、重大事故逐级上报至国务院安全生产监督管理部门和负有安全生产监督管理职责的有关部门。

②较大事故逐级上报至省、自治区、直辖市人民政府安全生产监督管理部门和负有安全生产监督管理职责的有关部门。

③一般事故上报至设区的市级人民政府安全生产监督管理部门和负有安全生产监督管理职责的有关部门。

④安全生产监督管理部门和负有安全生产监督管理职责的有关部门依照前款规定上报事故情况，应当同时报告本级人民政府。国务院安全生产监督管理部门和负有安全生产监督管理职责的有关部门以及省级人民政府接到发生特别重大事故、重大事故的报告后，应当立即报告国务院。

⑤必要时，安全生产监督管理部门和负有安全生产监督管理职责的有关部门可以越级上报事故情况。

2)报告事故信息内容要求

报告事故应当包括下列内容:

(1)事故发生单位概况。

(2)事故发生的时间、地点以及事故现场情况。

(3)事故的简要经过。

(4)事故已经造成或者可能造成的伤亡人数(包括下落不明的人数)和初步估计的直接经济损失。

(5)已经采取的措施。

(6)其他应当报告的情况。

事故报告后出现新情况的,应当及时补报。自事故发生之日起30日内,事故造成的伤亡人数发生变化的,应当及时补报。道路交通事故、火灾事故自发生之日起7日内,事故造成的伤亡人数发生变化的,应当及时补报。

3)道路运输安全生产事故信息报告法规要求

为加强交通运输行业安全生产监督管理,及时、准确、完整地反映交通运输行业安全生产事故情况,交通运输部颁发了《关于发布道路运输行业行车事故统计报表制度的通知》(交运发〔2010〕720号)、《关于印发交通运输安全生产事故统计管理规定的通知》(交安监发〔2011〕681号)、《交通运输安全生产事故统计报表制度(试行)》(交安委〔2011〕3号),该制度对道路运输安全生产事故信息报告提出以下几方面要求:

(1)统计范围为道路客货运输企业、道路运输站场运营企业生产经营过程中所发生的安全生产事故,主要包括营运车辆道路交通事故、道路运输站场安全生产事故。

(2)实施机关,由各级交通运输主管部门及道路运输管理机构组织实施,各地发生运输安全生产事故后,应按照本制度的要求及时上报。运输经营者发生运输安全生产事故后,应当迅速报告事故发生地交通运输主管部门和运输经营者所属地的交通运输主管部门。

事故发生地和运输经营者所属地交通运输主管部门接到报告后应当及时报告省级交通运输主管部门。

(3)报告时间。各省级交通运输主管部门对辖区内所属运输经营者和辖区区域内所发生的一次死亡3人以上30人以下的行车事故,包括客运班线车辆、旅游及客运包车、货运车辆(含危险化学品运输车)、涉及外籍人员死亡的行车事故、造成重大污染的危险化学品(包括剧毒、放射、爆炸品等)运输事故,应当在接到报告后12小时之内按照《道路运输行业行车事故快报》的表式报交通运输部,并及时续报事故伤亡人数变化、事故调查和处理情况。

(4)各省级交通运输主管部门对辖区内所属运输经营者和辖区区域内所发生的一次死亡30人以上的行车事故,应当在接到报告后2小时之内按照《道路运输行业行车事故快报》的表式报交通运输部,并及时续报事故伤亡人数变化、事故调查和处理情况。

(5)各省级交通运输主管部门对辖区内所属运输经营者所发生的一次死亡1人以上的行车事故,应当按月统计上报,月报统计期为上月26日至当月25日,报送截止时间为次月5日,报送时间遇国家法定节假日可顺延;年报统计期为年初至年末,报送截止时间为次年1月20日。

附：

道路运输行业相关事故报表

一、道路运输行业行车事故快报（交运15表）

道路运输行业行车事故快报

表　　号：交运15表
制表机关：交通运输部
批准机关：国家统计局
批准文号：国统制〔2010〕146号
有效期至：2012年11月30日

填报单位：

事故发生时间	年　月　日　时			天气情况	
事故地点				路　况	
运行线路				线路类别	
发生事故单位				资质等级	
始发站(地)				车站等级	
车牌号		车　型		营运证号	
核定人(吨)数		实载人(吨)数		危险化学品品名	
驾驶员姓名		从业资格类别及证号			
人员伤亡情况					
死亡(人)		失踪(人)		受伤(人)	
事故概况					
事故初步原因及责任分析：					

单位负责人：　统计负责人：　填表人：　联系电话：　报出时间：201　年　月　日　时

交运15表指标解释及填报说明

（1）路况：指事故发生地点道路状况，如事故发生地点是否在普通城市道路、公交专用道，是否在高架桥、高速路、低等级公路、长下坡、急弯、险路等路段，是否有道路施工或雨雪冰冻等。

（2）运行线路、线路类别、车站等级针对客运班线车辆，其他车辆可不填写上述内容。其中线路类别填报内容为省际、市际、县际、县内、旅游、包车。

(3)对于轨道交通车辆事故,路况、资质等级、车站等级、车牌号、车辆型号、营运证号、从业资格类别及证号栏目可不填。

(4)表中车型填报内容为大型客车、中型客车、小型客车、公共汽电车、货车、危险品运输车、出租车等。

(5)涉及外籍人员死亡的行车事故,死亡人数中应注明外籍人员的死亡人数,并在"事故概况"栏中注明各死亡外籍人员的国籍。

(6)如发生危险化学品运输事故,并初步判断会对环境造成重大污染的,应在事故概况中予以说明。

(7)事故初步原因可根据情况填报超载、超速、驾驶员操作不当、疲劳驾驶、机械故障、爆胎、天气原因等事故直接原因。

二、道路运输行业行车事故统计表(交运16表)

道路运输行业行车事故统计表

表　　号:交运16表
制表机关:交通运输部
批准机关:国家统计局
批准文号:国统制〔2010〕146号

填报单位:　　　　201　年　月　　　　有效期至:2012年11月30日

指标	序号	事故次数(次)				死伤人数(人)	
		合计	一次造成死亡10人以上	一次造成死亡3至9人	一次造成死亡1至2人	死亡	烫伤
甲	乙	1	2	3	4	5	6
本月合计	1						
班线客车	2						
旅游及客运包车	3						
货车	4						
其中:危险化学品运输车	5						
城市公共汽电车	6						
出租汽车	7						
城市轨道交通车辆	8						

单位负责人:　　统计负责人:　　填表人:　　联系电话:　　　　报出日期:201　年　月　日

交运16表指标解释及填报说明

(1)按照发生事故的车辆类型,将事故起数、死伤人数分别填写在班线客车、旅游及客运包车、货车、危险化学品运输车、城市公共汽电车、出租汽车、城市轨道交通车辆的对应表格中。班线客车与其他类型车辆发生碰撞事故的,当其他类型车辆负主要责任或全责时,计入其他类型车辆事故;在班线客车负同等及以上责任或不能确定责认时,计入班线客车事故。

(2)表内逻辑关系:

①1行(本月合计)=2行+3行+4行+6行+7行+8行。

②4行≥5行。

③1 列(合计)=2 列+3 列+4 列。

三、营运车辆道路交通事故基本统计表(交统安1表)

营运车辆道路交通事故基本统计表

填报单位:　　　　　　　　　　　　　　　　　　　　　　　　　　表　　号:交统安1表

填报单位所在地行政区划代码:□□□□□□　　201　年　月　　　　制表机关:交通运输部

指　标	计算单位	序号	事件1	事件2	事件3	…
甲	乙	丙	1	2	3	…
事故发生时间		1				
事故发生地点		2				
事故车辆基本信息		3				
事件级别		4				
是否是危险化学品事故		5				
事故类别		6				
事故原因		7				
事故责任分类		8				
死亡人数	人	9				
其中:现场死亡	人	10				
失踪人数	人	11				
受伤人数	人	12				
其中:重伤	人	13				
直接经济损失	万元	14				
客车损毁	辆	15				
	客位	16				
其中:严重损毁	辆	17				
	客位	18				
货车损毁	辆	19				
	吨位	20				
其中:严重损毁	辆	21				
	吨位	22				
桥涵损毁类别		23				
桥涵是否严重损毁		24				
隧道损毁类别		25				
隧道是否严重损毁		26				
投入设备及装备数量	台/套	27				
抢救人员	人	28				
转移安置人员	人	29				
备注						

单位负责人:　　统计负责人:　　填表人:　　联系电话:　　　报出日期:201　年　月　日

交统安1表指标解释及填报说明

1. 填报说明

本表仅适用于营运车辆道路交通事故统计。

2. 指标解释

(1)填报单位:按单位公章的详细名称填写,不要填写简称。若单位有多个公章,请填写对外公章上详细名称,不得填写代号和内部名称。若单位名称变更,按变更后的单位名称填写,若公章未换,以旧章代用。

(2)填报单位所在地行政区划代码:按国家标准《中华人民共和国行政区划代码》(GB/T 2260—2007)填写(请使用国家统计局公布的最新版本)。

(3)事故发生时间:具体填写到*年*月*日*时*分(采用24小时格式),如"2010年9月3日13时15分"。

(4)事故发生地点:采用**省(市、自治区)**公路**km+**m的格式,如"河北省G110国道200km+300m"。

(5)事故车辆基本信息:包括车辆类别、车牌号,采用车辆类别/车牌号的格式,如"出租车/京A1234"。

(6)事件级别:安全生产事故按照其性质、严重程度、可控性和影响范围等因素,一般分为四级:Ⅰ级(特别重大)、Ⅱ级(重大)、Ⅲ级(较大)和Ⅳ级(一般)。

①特别重大事故,是指造成30人以上死亡,或者100人以上重伤(包括急性工业中毒,下同),或者1亿元以上直接经济损失的事故。

②重大事故,是指造成10人以上30人以下死亡,或者50人以上100人以下重伤,或者5000万元以上1亿元以下直接经济损失的事故。

③较大事故,是指造成3人以上10人以下死亡,或者10人以上50人以下重伤,或者1000万元以上5000万元以下直接经济损失的事故。

④一般事故,是指造成3人以下死亡,或者10人以下重伤,或者1000万元以下直接经济损失的事故。

请填写相应的代码:1——一般事故;2——较大事故;3——重大事故;4——特别重大事故。

(7)是否危险品事故:

请填写相应的代码:1——是;2——否。

(8)事故类别:请填写相应的代码:1——相撞;2——刮蹭;3——碾压;4——翻车;5——坠车;6——失火;7——撞固定物;8——撞静止车辆;9——其他。

(9)事故原因:请根据导致事故的直接原因,填写相应的代码:1——超载;2——超速;3——驾驶员操作不当;4——疲劳驾驶;5——机械故障;6——爆胎;9——其他。

(10)事故责任分类:按照引发事件的原因是否有人为因素分为责任事故和非责任事故。

请填写相应的代码:1——责任事故;2——非责任事故。

(11)死亡人数:包括现场死亡及因抢救无效死亡人数。

(12)失踪人数:因安全生产事故导致下落不明,暂时无法确认死亡的人口数量。

(13)受伤人数:不包括因抢救无效死亡的人数。

(14)重伤:凡具下列情况之一的,均为重伤。

①经医生诊断为残废或可能成为残废的。

②伤势严重,需要进行较大的手术才能挽救的。

③人体要害部位严重的灼伤、烫伤或非要害部位的灼伤、烫伤占全身面积1/3 以上的。

④严重骨折(胸骨、肋骨、脊椎骨、锁骨、肩胛骨、腕骨和脚骨等因受伤引起骨折)、严重脑震荡等。

⑤眼部受伤较重,有失明可能的。

⑥手部伤害:大拇指轧断一节,食指、中指、无名指、小拇指任何一只轧断两节或任何两指各断一节的,局部肌腱受伤甚剧,引起机能障碍,不能自由伸屈、残废的。

⑦脚部伤害:脚趾断两只以上的,局部肌腱受伤甚剧,引起机能障碍,不能行走自如,可能残废的。

⑧内部伤害:内脏损伤,内出血或伤及腹膜等。

⑨凡不在上述范围内的伤害,经医生诊断后,认为受伤较重,可根据实际情况参考上述各点,由企业行政部门会同工会提出初步意见,报当地劳动部门审查确定。

(15)直接经济损失:因事故造成人身伤亡及善后处理支出的费用和毁坏财产的价值。其统计范围如下。

①人身伤亡所支出的费用,包括医疗费用(含护理费)、丧葬及抚恤费用、补助及救济费用和停工工资等。

②善后处理费用,包括处理事故的事务性费用、现场抢救费用、清理现场费用、事故罚款和赔偿费用。

③财产损失费用,包括固定资产损失和流动资产损失。当事件直接经济损失尚未确定时,请填写预估数据,如无法统计或预估,可不填写。

(16)严重损毁:是指运输装备或设施受到损害,主体功能丧失。

(17)桥涵类别:如事件造成桥涵受损则填写该项,如未造成桥梁受损无需填写。请填写相应的代码:1——特大桥;2——大桥;3——中桥;4——小桥;5——涵洞。

①特大桥,是指多孔跨径总长大于1000 米,或者单孔跨径大于150 米的桥梁。

②大桥,是指多孔跨径总长大于等于100 米且小于等于1000 米,或者单孔跨径大于等于40 米且小于等于150 米的桥梁。

③中桥,是指多孔跨径总长大于30 米且小于100 米,或者单孔跨径大于等于20 米且小于40 米的桥梁。

④小桥,是指多孔跨径总长大于等于8 米且小于等于30 米,或者单孔跨径大于等于5 米且小于20 米的桥梁。

⑤涵洞,单孔跨径小于5 米的为涵洞,管涵及箱涵不论管径或跨径大小,孔数多少,均为涵洞。

(18)隧道类别:如事件造成隧道受损则填写该项,如未造成隧道受损无需填写。

请填写相应的代码:1——特长隧道;2——长隧道;3——中隧道;4——短隧道。

①特长隧道,是指长度大于3000 米的隧道。

②长隧道,是指长度大于1000米,小于等于3000米的隧道。

③中隧道,是指长度大于500米,小于等于1000米的隧道。

④短隧道,是指长度小于等于500米的隧道。

(19)是否严重损毁:请填写相应的代码:1——是;2——否。

3. 本表逻辑关系

(1)9行≥10行。

(2)12行≥13行。

(3)15行≥17行。

(4)16行≥18行。

(5)19行≥21行。

(6)20行≥22行。

四、道路运输站场安全生产事故基本统计表(交统安2表)

道路运输站场安全生产事故基本统计表

填报单位: 表 号:交统安2表

填报单位所在地行政区划代码:□□□□□□ 201 年 月 制表机关:交通运输部

指 标	计算单位	序 号	事件1	事件2	事件3	…
甲	乙	丙	1	2	3	…
事故发生时间		1				
事故发生地点		2				
事故战场名称		3				
站场类别		4				
事件级别		5				
事故类别		6				
事故责任分类		7				
死亡人数	人	8				
其中:现场死亡	人	9				
失踪人数	人	10				
受伤人数	人	11				
其中:重伤	人	12				
直接经济损失	万元	13				
客运站房及服务设施损毁面积	平方米	14				
货运站房及服务设施损毁面积	平方米	15				
投入设备及装备数量	台/套	16				
抢救人员	人	17				
转移安置人员	人	18				
备注						

单位负责人: 统计负责人: 填表人: 联系电话: 报出日期:201 年 月 日

交统安2表指标解释及填报说明

1. 填报说明

本表仅适用于道路运输站场安全生产事故统计。

2. 指标解释

(1)填报单位:按单位公章的详细名称填写,不要填写简称。若单位有多个公章,请填写对外公章上详细名称,不得填写代号和内部名称。若单位名称变更,按变更后的单位名称填写,若公章未换,以旧章代用。

(2)填报单位所在地行政区划代码:按国家标准《中华人民共和国行政区划代码》(GB/T 2260—2007)填写(请使用国家统计局公布的最新版本)。

(3)事故发生时间:具体填写到＊年＊月＊日＊时＊分(采用24小时格式),如“2010年9月3日13时15分”。

(4)事故发生地点:指发生安全生产事故的客货运站所在地,请填写详细地址。

(5)事故站场名称:指发生安全生产事故的客货运站场,请填写详细名称。

(6)站场类别:请填写相应的代码:11——一级客运站;12——二级客运站;13——三级客运站;14——四级客运站;15——五级客运站;16——简易客运站;21——一级货运站;22——二级货运站;23——三级货运站;24——四级货运站。

(7)事件级别:请填写相应的代码:1——一般事故;2——较大事故;3——重大事故;4——特别重大事故(判断标准参考交统安1表指标解释及填报说明)。

(8)事故类别:请填写相应的代码:1——物体打击;2——车辆伤害;3——机械伤害;4——起重伤害;5——触电;6——火灾;7——高处坠落;8——坍塌;9——爆炸;10——中毒和窒息;11——非传统安全事故;(111——恐怖袭击;112——自然灾害;113——人为破坏;119——其他非传统安全事故);99——其他伤害。

(9)事故责任分类:请填写相应的代码:1——责任事故;2——非责任事故。

(10)死亡人数:包括现场死亡及因抢救无效死亡人数。

(11)失踪人数:因安全生产事故导致下落不明,暂时无法确认死亡的人口数量。

(12)受伤人数:不包括因抢救无效死亡的人数。

(13)重伤:判断标准参考交统安1表指标解释及填报说明。

(14)直接经济损失:因事故造成人身伤亡及善后处理支出的费用和毁坏财产的价值(统计范围参考交统安1表指标解释及填报说明)。

3. 本表逻辑关系

(1)8行≥9行。

(2)11行≥12行。

五、营运车辆道路交通事故汇总表(交统安7表)

六、道路运输站场安全生产事故汇总表(交统安8表)

营运车辆道路交通事故汇总表

表　　号：交统安7表
制表机关：交通运输部

报表种类：□月报　　　　□年报
统 计 期：□201　年　月　　□201　年年报
填报单位：
填报单位所在地行政区划代码：□□□□□□

指标		序号	事故数量（件）	死亡人数（人）		失踪人数（人）	受伤人数（人）		直接经济损失（万元）	客车损毁				货车损毁				桥梁损毁（座）		隧道损毁（座）		投入设备及装备（台/套）	抢救人员（人）	转移安置人员（人）
					其中：现场死亡			其中：重伤		总计		其中：严重损毁		总量		其中：严重损毁			严重损毁		严重损毁			
										数量（辆）	客位（客位）	数量（辆）	客位（客位）	数量（辆）	吨位（吨位）	数量（辆）	吨位（吨位）							
甲		乙	1	2	3	4	5	6	7	8	9	10	11	12	13	14	15	16	17	18	19	20	21	22
合计		1																						
按事件级别分类	一般事故	2																						
	较大事故	3																						
	重大事故	4																						
	特别重大事故	5																						
按事件属性分类	非危险品事故	6																						
	危险品事故	7																						
按事故责任分类	责任事故	8																						
	非责任事故	9																						

单位负责人：　　统计负责人：　　填表人：　　联系电话：　　报出日期：201　年　月　日

道路运输站场安全生产事故汇总表

表　　号：交统安8表
制表机关：交通运输部

报表种类：□月报　　□年报
统 计 期：□201　年　月　　□201　年年报
填报单位：
填报单位所在地行政区划代码：□□□□□□

指标		序号	事故数量（件）	死亡人数（人）		失踪人数（人）	受伤人数（人）		直接经济损失（万元）	客运站房及服务设施损毁面积（平方米）	货运站房及服务设施损毁面积（平方米）	投入设备及装备（台/套）	抢救人员（人）	转移安置人员（人）
				总数	其中：现场死亡		总数	其中：重伤						
甲		乙	1	2	3	4	5	6	7	8	9	10	11	12
合计		1												
按事件级别分类	一般事故	2												
	较大事故	3												
	重大事故	4												
	特别重大事故	5												
按站场类别	客运站	6												
	其中：一级站	7												
	二级站	8												
	货运站	9												
	其中：一级站	10												
	二级站	11												
按事故责任分类	责任事故	12												
	非责任事故	13												

单位负责人：　　统计负责人：　　填表人：　　联系电话：　　报出日期：201　年　月　日

二、事故信息报告

(一)事故信息报告程序

1. 属于超过一般事故等级需向政府上报事故报告程序

当道路运输生产经营企业发生涉及达到法定上报等级的人身事故、机械设备事故、火灾事故、交通事故、环境污染等事故时,按照《生产安全事故报告和调查处理条例》和交通运输部有关交通运输安全生产事故的信息报告的有关规定,其事故报告程序如下:

①道路运输生产经营企业班组(车间)发生上述事故,现场指挥人员或作业人员应立即采取适当方式内通知班组(车间)负责人或企业安全部门。

②企业安全部门在接到报告后,应立即向公司负责人报告。

③企业接到报告后,应当于1小时内向辖区县级以上人民政府安全生产监督管理部门和道路运输管理部门、公安交警等负有安全生产监督管理职责的有关部门报告。

④道路交通事故、火灾事故自发生之日起7日内,事故造成的伤亡人数发生变化的,应于当日续报。

发生道路交通生产安全事故的,事故现场有关人员首先要向公安交通管理部门报案,还应当立即向本单位负责人报告。单位负责人接到报告后,应当(1小时内)迅速向事故发生地交通运输主管部门、运输经营者所属地的交通运输主管部门、事故发生地县级以上人民政府安全生产监督管理部门以及负有安全生产监督管理职责的有关部门报告。

道路交通生产安全事故报告的具体程序如下:

①事故现场人员报告,报告的内容包括事故发生的时间、地点、企业名称、运行线路、事故车辆型号、车牌号、姓名、乘客人数、伤亡情况,事故大概经过、已经采取的措施等内容。

危险货物运输过程中发生燃烧、爆炸、污染、中毒或者被盗、丢失、流散、泄漏等事故,驾驶员、押运人员应当立即向当地公安部门和本运输企业或者单位报告,说明事故情况、危险货物品名、危害和应急措施,并在现场采取一切可能的警示措施,并积极配合有关部门进行处置。

②单位负责人接到报告后,应当于1小时内向事故发生地县级以上人民政府安全生产监督管理部门和道路运输管理部门、公安交警等负有安全生产监督管理职责的有关部门报告。

③事故具体情况暂时不清楚的,负责事故报告的单位可以先报事故概况,随后补报事故全面情况。

2. 属于不需向政府上报事故报告程序

当道路运输生产经营企业发生不涉及达到法定上报等级的轻伤事故、一般机械设备事故、一般火灾事故、一般交通事故、一般环境污染事故报告程序:

(1)道路运输生产经营企业班组(车间)发生上述事故,现场指挥人员或作业人员应立即采取适当方式内通知班组(车间)负责人或企业安全部门。

(2)企业安全部门在接到报告后,应立即向公司报告。

(3)企业在接到通知后,应立即组织相关人员组成事故调查组,对事故进行调查、分析与处理。每月底将本月所发生的事故和处理情况(如已处理完毕)以书面报告的形式上报公司安全部门备案。

3. 关于事故迟报、漏报、谎报与瞒报

生产安全事故发生后，依照下列情形认定迟报、漏报、谎报和瞒报：

（1）报告事故的时间超过规定时限的，属于迟报。

（2）因过失对应当上报的事故或者事故发生的时间、地点、类别、伤亡人数、直接经济损失等内容遗漏未报的，属于漏报。

（3）故意不如实报告事故发生的时间、地点、初步原因、性质、伤亡人数和涉险人数、直接经济损失等有关内容的，属于谎报。

（4）隐瞒已经发生的事故，超过规定时限未向安全监管监察部门和有关部门报告，经查证属实的，属于瞒报。

《生产安全事故报告和调查处理条例》规定，对于迟报或者漏报事故的，事故发生单位主要负责人处上一年年收入40%至80%的罚款；属于国家工作人员的，并依法给予处分；构成犯罪的，依法追究刑事责任。对于谎报或者瞒报事故的，对事故发生单位处100万元以上500万元以下的罚款；对主要负责人、直接负责的主管人员和其他直接责任人员处上一年年收入60%至100%的罚款；属于国家工作人员的，并依法给予处分；构成违反治安管理行为的，由公安机关依法给予治安管理处罚；构成犯罪的，依法追究刑事责任。

（二）道路运输生产经营企业事故信息发布

道路运输生产安全事故的信息和新闻发布，由地方人民政府实行集中、统一管理，确保信息正确、及时传递，并根据国家有关法律法规、规定向社会公布。

第二节　事故处理

建立一个高效的事故处理机制，及时准确地处理各类事故，做到事故报告、调查与处理工作的规范化，通过规范化的事故调查、分析与处理工作尽快找出事故原因，制定相应的对策，进而预防事故的发生，是道路运输经营企业安全管理一项重要基础工作。

一、现场处置

道路运输经营单位发生生产安全事故后，单位负责人接到事故报告后，应当立即启动事故相应应急预案，或者采取有效措施，组织抢救，防止事故扩大，减少人员伤亡和财产损失。现场人员应当妥善保护事故现场以及相关证据。因抢救人员、防止事故扩大以及疏通交通等原因，需要移动事故现场物件的，应当作出标志，绘制现场简图并作出书面记录，妥善保存现场重要痕迹、物证。现场处置的基本要求如下：

道路运输经营单位发生生产安全事故后，单位负责人应及时组织人员严格根据《中华人民共和国安全生产法》《中华人民共和国道路交通安全法》《中华人民共和国突发事件应对法》及道路应急运输有关规定进行处置。

1）现场人员的现场

（1）停止生产经营活动，采取措施防止事故扩大。如在道路上发生交通事故后，车辆必须首先采取制动措施停车，避免交通事故损害的进一步扩大，也有利于交通事故的处理和现场证据的固定。

(2)保护事故现场。如在发生道路交通事故时,要注意保护现场,有利于查清事故原因和认定相关方的责任。事故现场的范围通常是指机动车采取制动措施时的地域至停车的地域,以及受害人行进、终止的位置。对于未造成人员伤亡的交通事故,当事人对事实及成因无争议的,可立即撤离现场或者报告公安交通管理部门。

(3)立即抢救伤员。如在发生道路交通事故时,机动车发现受害人受伤,应立即抢救伤员。紧急情况下,可拦截过往车辆或事故车辆直接将伤员送往医院,但注意保护好现场和有关证据。

(4)及时报案。事故发生后,属于超过一般事故等级需向政府上报的事故,应即通知公安110和112,如有人员伤亡还应通知急救中心120出动,同时报告所属单位及相关管理部门,并及时组织抢救伤员。

2)事故单位的现场处置

(1)事故单位在公安、消防、卫生等专业抢险力量到达现场前,应启动本单位应急预案,立即组织有关应急救援队伍和工作人员营救遇险人员,疏散、撤离、安置受到威胁的人员,控制危险源,标明危险区域,封锁危险场所,并采取其他防止危害扩大的必要措施,妥善保管有关物证,并按照规定及时报告。

当上级政府、部门负责现场指挥救援工作时,事故单位应积极听从指挥,做好抢险救援、现场取证、道路引领、后勤保障、秩序维护等协助处置工作。

(2)事故发生地有关地方人民政府、安全生产监督管理部门和负有安全生产监督管理职责的有关部门接到事故报告后,其负责人应当立即赶赴事故现场,组织事故救援。

(3)事故发生后,有关单位和人员应当妥善保护事故现场以及相关证据,任何单位和个人不得破坏事故现场、毁灭相关证据。

因抢救人员、防止事故扩大以及疏通交通等原因,需要移动事故现场物件的,应当作出标志,绘制现场简图并作出书面记录,妥善保存现场重要痕迹、物证。

二、事故善后处置

1. 社会救助

(1)事发地各级交通运输主管部门配合当地人民政府,对因参加事故应急处理而致病、致残、死亡的人员,及时进行医疗救助。

(2)依据相关规定,对因事故造成生活困难、需要社会救助的人员,配合当地人民政府做好相关救助工作。

2. 安抚家属

对在事故中伤亡的人员及家属,由当地人民政府按照国家有关规定进行安抚、抚恤及善后处理,各级交通运输主管部门以配合为主,做好相关人员的思想稳定工作,消除各种不利因素,确保社会稳定。

3. 物资征用补偿

(1)道路运输生产安全事故物资征用由事发地人民政府负责,并按照国家有关规定进行补偿;

(2)对紧急调集、征用的有关单位及个人的物资在使用完毕或者应急工作结束后,应当及时返还。在调集、征用后被毁损、灭失的,应当按照规定给予补偿或补助。

三、事故现场处置方案的制定

为迅速、高效、有序地控制灾情、抢救被困人员、救治伤员,减少道路运输生产安全事故造成的损失,所有道路运输生产经营单位必须制定本单位事故现场处置方案,对可能发生的事故处置进行尽可能地规划。现场处置方案制定要求如下:

现场处置方案是针对具体的装置、场所或设施、岗位所制定的应急处置措施。现场处置方案应具体、简单、针对性强。现场处置方案应根据风险评估及危险性控制措施逐一编制,做到事故相关人员应知应会,熟练掌握,并通过应急演练,做到迅速反应、正确处置。

现场处置方案的主要内容有以下4个方面:

1. 事故特征的描述要领

事故特征的描述主要包括:

(1)危险性分析,可能发生的事故类型。

(2)事故发生的区域、地点或装置的名称。

(3)事故可能发生的季节和造成的危害程度。

(4)事故前可能出现的征兆。

2. 应急组织与职责

应急组织与职责主要包括:

(1)基层单位应急自救组织形式及人员构成情况。

(2)应急自救组织机构、人员的具体职责,应同单位或车间、班组人员工作职责紧密结合,明确相关岗位和人员的应急工作职责。

3. 应急处置的描述要领

应急处置的描述要领主要包括:

(1)事故应急处置程序。根据可能发生的事故类别及现场情况,明确事故报警、各项应急措施启动、应急救护人员的引导、事故扩大及同企业应急预案的衔接的程序。

(2)现场应急处置措施。针对可能发生的火灾、爆炸、危险化学品泄漏、坍塌、水患、机动车辆伤害等,从操作措施、工艺流程、现场处置、事故控制、人员救护、消防、现场恢复等方面制定明确的应急处置措施。

(3)报警电话及上级管理部门、相关应急救援单位联络方式和联系人员,事故报告基本要求和内容。

4. 注意事项的描述要领

注意事项的描述主要包括:

(1)佩戴个人防护器具方面的注意事项。

(2)使用抢险救援器材方面的注意事项。

(3)采取救援对策或措施方面的注意事项。

(4)现场自救和互救注意事项。

(5)现场应急处置能力确认和人员安全防护等事项。

(6)应急救援结束后的注意事项。

(7)其他需要特别警示的事项。

5. 现场处置方案范例

×××企业交通安全事故现场处置方案

一、总则

1. 编制目的

为了提高××公司(简称公司)应对和处理各类交通事故的能力,建立快速、有效的抢险、救援机制,最大限度地降低人员伤亡和财产损失,保障员工人身安全和企业财产安全,特制定本预案。

2. 编制依据

依据《中华人民共和国安全生产法》《中华人民共和国道路交通安全法》《中华人民共和国道路交通安全实施条例》、公安部《交通事故处理程序规定》和《全国公路交通突发公共事件总体应急预案》,结合公司实际进行编制。

3. 适用范围

本预案适用于公司发生的交通事故的应急处理工作。

4. 与其他预案的关系

本预案是在《××公司交通安全事故专项应急预案》(以下简称《专项预案》)的基础上制定的。

5. 工作原则

坚持"统一指挥、分级管理,条块结合、协调联动、快速有序、科学处置"的原则。救人高于一切,施救与报告同时进行,逐级报告,就近施救;局部服从全局,下级服从上级,将事故对人、财产和环境的损失减小到最低程度。

二、应急组织与职责

1. 公司交通事故应急组织体系

由安全事故综合应急救援领导小组、交通安全事故专项应急救援指挥中心、交通事故现场应急救援指挥部组成,履行相应的应急救援职责。并根据事故的大小,设立五个专业组,即现场抢救组、医疗救护组、疏散警戒组、后勤保障组和事故调查组。专业组在现场指挥部指挥下,按照职责要求,有效地开展现场处置工作。交通事故应急组织体系,如图10-1所示。

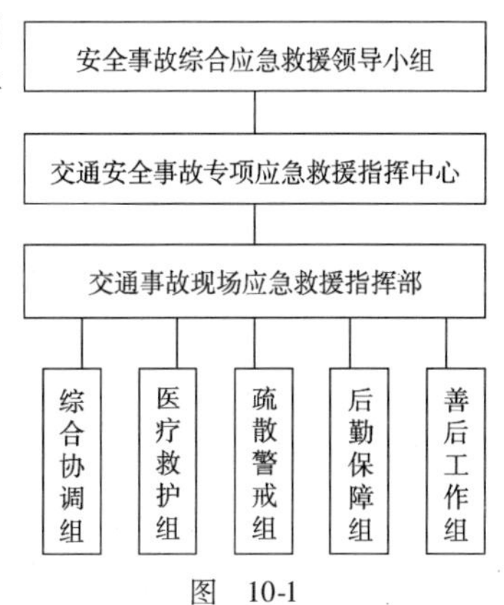

图　10-1

2. 现场指挥机构及职责

1)交通事故现场应急救援指挥部(简称现场指挥部)

(1)现场指挥部人员组成。

①总指挥:安全保卫部经理。

②副总指挥:安全主管。

③成员:相关部门安全员。

(2)现场指挥部的职责。

在专项应急救援指挥中心的领导下,负责现场决策和指挥工作。组织、指挥、调度各专业组参加应急救援行动;发布启动或解除应急救援行动的信息;批准现场抢救方案或现场预案;报告上级机关,与地方政府应急组织或机构进行联系;保护现场,参与事故调查处理和抢险工作的总结。

若总指挥因特殊情况不能及时到位时,由副总指挥代总指挥行使一切现场指挥职责,若总指挥和副总指挥都不在,则由现场指挥部在场最高领导担负该责任。

2)现场应急专业小组

①综合协调组:主要负责组织、调配现场应急救援人员和救援物资,统筹协调其他小组的应急救援工作。根据指挥中心新闻发言人的要求提供拟向公众发布的事故有关的信息。

②医疗救护组:主要负责配合当地政府的应急抢险队伍做好疏散引导、医疗救护工作;配合进行抢救被困人员,实施受伤人员的医疗救护。

③疏散警戒组:疏散警戒组应及时划出警戒区,控制旁观人员进入事故现场。配合做好现场警戒保卫,维护治安和交通秩序。

④后勤保障组:主要负责提供救援人员的保护装备和其他所需物资,组织事故现场人员撤离和受灾人员的安置,并联系提供生活必需品。紧急购置救援工作所需物资,为医疗救护组或其他应急处理工作提供财物、车辆保障。

⑤善后工作组:主要负责事故和受伤人员的抚恤、理赔等善后处理。

三、应急处置

1.事故应急处置程序

1)事发现场人员报告

①向公司安全部门、车管部门报告,提供以下信息:

交通事故发生的时间、地点;人员伤亡及车辆受损情况;已采取的控制措施及其他应对措施。

②打120请求抢救,提供以下信息:

简要说明伤员的大致伤情及伤员的年龄、性别等情况;详细说明伤员所在的位置;提供联系方式;说明伤害的性质及需要救助的人数情况等。

2)现场指挥部的响应

①问清报告人姓名、单位部门和联系电话。

②问明事故发生的时间、地点、事故单位、事故原因、人员伤亡情况及车辆受损情况,以及对救援的要求,同时做好记录。

③按应急救援程序派出救援队伍。

④向指挥中心报告。内容包括发生事故的时间和地点;发生事故的可能原因;人员伤亡情况及严重程度;已经采取的措施和将要采取的措施;请示下一步要采取的行动。

⑤保持与救援队伍的联系,并视事故发展状况,必要时派出后继梯队予以增援。

2.现场应急处置措施

1)事发现场当事人采取的应急处置措施

①车辆意外失火:当行车途中车辆突然起火,驾驶员应立即熄火,切断油路和电源,关闭

点火开关后,立即设法组织车内人员离开车体,若因车辆碰撞变形,车门无法打开时,可从前后风窗玻璃或车窗处脱身。

②车辆翻车:当车辆要倾翻时,应紧紧抓住转向盘,想办法固定身体,随车体旋转,车内人员应迅速趴到座椅上,抓住车内的固定物,使身体夹住座椅中稳住身体,避免身体在车内滚动而受伤。

③车辆落水:当车辆翻进河里时,若水较深时,先不要急于打开车门和车窗玻璃,应首先使头部保持在水面上,迅速用力推开车门或玻璃,同时深吸一口气,及时浮出水面。

④迎面碰撞:一旦遇到事故发生,当迎面碰撞的主要方位不在驾驶员一侧时,驾驶员应紧握转向盘,身体后倾,保持身体平衡,如果迎面碰撞的主要方位在临近驾驶员座位或者撞击力度大时,驾驶员应迅速躲离转向盘,以免受到挤压而受伤。

2)现场指挥部采取的应急处置措施

①当发生人员受伤时,要尽可能将伤者移至安全地带,以免再次受伤,暴露的伤口要尽可能先用干净布覆盖,再进行包扎,以保护好伤口。

②协助划定警戒区,设置警戒线,现场警戒、疏导交通。

③确定道路交通事故当事人,控制肇事人,查找证人。

四、注意事项

(1)参与救援行动的人员和机械设备应严格执行安全操作规程,服从交警、交管部门指挥,配齐安全设施和防护工具,加强自我保护,确保救援过程中的人身安全。

(2)参与救援行动的人员要在交通事故指挥应急指挥部的统一指挥下,分工合作,密切配合,安全、高效、有序完成救援任务。

五、附件

综合附件1,公司事故应急响应程序。

综合附件2,应急救援组织各级人员及机构联系电话。

综合附件3,上级主管部门应急电话及相关社会组织联系电话。

6.特殊施救程序范例

对于一些从事道路危险货物仓储、包装、运输危险化学品的单位还应特别明确细化现场处置程序,以便科学施救。

危险化学品事故现场处置基本程序

大多数化学品具有有毒、有害、易燃、易爆等特点,在生产、储存、运输和使用过程中因意外或人为破坏等原因发生泄漏、火灾爆炸,极易造成人员伤害和环境污染的事故。制定完备的应急预案,了解化学品基本知识,掌握化学品事故现场应急处置程序,可有效降低事故造成的损失和影响。这里重点讲述危险化学品发生泄漏、火灾爆炸、中毒等事故时现场应急抢险和救援。

一、隔离、疏散

1.建立警戒区域

事故发生后,应根据化学品泄漏扩散的情况或火焰热辐射所涉及的范围建立警戒区,并在通往事故现场的主要干道上实行交通管制。建立警戒区域时应注意以下几项：

(1)警戒区域的边界应设警示标志，并有专人警戒。

(2)除消防、应急处理人员以及必须坚守岗位的人员外，其他人员禁止进入警戒区。

(3)泄漏溢出的化学品为易燃品时，区域内应严禁火种。

2.紧急疏散

迅速将警戒区及污染区内与事故应急处理无关的人员撤离，以减少人员伤亡。

紧急疏散时应注意：

(1)如事故物质有毒时，需要佩戴个体防护用品或采用简易有效的防护措施，并有相应的监护措施。

(2)应向侧上风方向转移，明确专人引导和护送疏散人员到安全区，并在疏散或撤离的路线上设立哨位，指明方向。

(3)不要在低洼处滞留。

(4)要查清是否有人留在污染区与着火区。

注意：为使疏散工作顺利进行，每个车间应至少有两个畅通无阻的紧急出口，并有明显标志。

二、防护

根据事故物质的毒性及划定的危险区域，确定相应的防护等级，并根据防护等级按标准配备相应的防护器具。

三、询情和侦检

(1)询问遇险人员情况，容器储量、泄漏量、泄漏时间、部位、形式、扩散范围，周边单位、居民、地形、电源、火源等情况，消防设施、工艺措施、到场人员处置意见。

(2)使用检测仪器测定泄漏物质、浓度、扩散范围。

(3)确认设施、建(构)筑物险情及可能引发爆炸燃烧的各种危险源，确认消防设施运行情况。

四、现场急救

在事故现场，化学品对人体可能造成的伤害为中毒、窒息、冻伤、化学灼伤、烧伤等。进行急救时，无论患者还是救援人员都需要进行适当的防护。

1.现场急救注意事项

(1)选择有利地形设置急救点。

(2)做好自身及伤病员的个体防护。

(3)防止发生继发性损害。

(4)应至少2~3人为一组集体行动，以便相互照应。

(5)所用的救援器材需具备防爆功能。

2.现场处理

(1)迅速将患者脱离现场至空气新鲜处。

(2)呼吸困难时给氧，呼吸停止时立即进行人工呼吸，心脏骤停时立即进行心脏按摩。

(3)皮肤污染时，脱去污染的衣服，用流动清水冲洗，冲洗要及时、彻底、反复多次；头面部灼伤时，要注意眼、耳、鼻、口腔的清洗。

(4)当人员发生冻伤时,应迅速复温,复温的方法是采用40~42℃恒温热水浸泡,使其温度提高至接近正常,在对冻伤的部位进行轻柔按摩时,应注意不要将伤处的皮肤擦破,以防感染。

(5)当人员发生烧伤时,应迅速将患者衣服脱去,用流动清水冲洗降温,用清洁布覆盖创伤面,避免创面污染,不要随意把水疱弄破,患者口渴时,可适量饮水或含盐饮料。

3.使用特效药物治疗,对症治疗,严重者送医院观察治疗

注意:急救之前,救援人员应确信受伤者所在环境是安全的。另外,进行口对口的人工呼吸及冲洗污染的皮肤或眼睛时,要避免进一步受伤。

五、泄漏处理

危险化学品泄漏后,不仅污染环境,对人体造成伤害,如遇可燃物质,还有引发火灾爆炸的可能。因此,对泄漏事故应及时、正确处理,防止事故扩大。泄漏处理一般包括泄漏源控制及泄漏物处理两大部分。

1.泄漏源控制

可能时,通过控制泄漏源来消除化学品的溢出或泄漏。

在现场指挥人员的指令下,通过关闭有关阀门、停止作业或通过采取改变工艺流程、物料走副线、局部停车、减负荷运行等方法进行泄漏源控制。

容器发生泄漏后,采取措施修补和堵塞裂口,防止化学品的进一步泄漏,对整个应急处理是非常关键的。能否成功地进行堵漏取决于几个因素:接近泄漏点的危险程度、泄漏孔的尺寸、泄漏点处实际的或潜在的压力、泄漏物质的特性、堵漏方法。

2.泄漏物处理

现场泄漏物要及时进行覆盖、收容、稀释、处理,使泄漏物得到安全可靠的处置,防止二次事故的发生。泄漏物处置主要有4种方法:

(1)围堤堵截。如果化学品为液体,泄漏到地面上时会四处蔓延扩散,难以收集处理。为此,需要筑堤堵截或者引流到安全地点。储罐区发生液体泄漏时,要及时关闭雨水阀,防止物料沿明沟外流。

(2)稀释与覆盖。为减少大气污染,通常是采用水枪或消防水带向有害物蒸气云喷射雾状水,加速气体向高空扩散,使其在安全地带扩散。在使用这一技术时,将产生大量的被污染水,因此应疏通污水排放系统。对于可燃物,也可以在现场施放大量水蒸气或氮气,破坏燃烧条件。对于液体泄漏,为降低物料向大气中的蒸发速度,可用泡沫或其他覆盖物品覆盖外泄的物料,在其表面形成覆盖层,抑制其蒸发。

(3)收容(集)。对于大型泄漏,可选择用隔膜泵将泄漏出的物料抽入容器内或槽车内;当泄漏量小时,可用沙子、吸附材料、中和材料等吸收中和。

(4)废弃。将收集的泄漏物运至废物处理场所处置,用消防水冲洗剩下的少量物料,冲洗水排入含油污水系统处理。

3.泄漏处理注意事项

(1)进入现场人员必须配备必要的个人防护器具。

(2)如果泄漏物是易燃易爆的,应严禁火种。

(3)应急处理时严禁单独行动,要有监护人,必要时用水枪、水炮掩护。

注意:化学品泄漏时,除受过特别训练的人员外,其他任何人不得试图清除泄漏物。

六、火灾控制

危险化学品容易发生火灾、爆炸事故,但不同的化学品以及在不同情况下发生火灾时,其扑救方法差异很大,若处置不当,不仅不能有效扑灭火灾,反而会使灾情进一步扩大。此外,由于化学品本身及其燃烧产物大多具有较强的毒害性和腐蚀性,极易造成人员中毒、灼伤。因此,扑救化学危险品火灾是一项极其重要而又非常危险的工作。从事化学品生产、使用、储存、运输的人员和消防救护人员平时应熟悉和掌握化学品的主要危险特性及其相应的灭火措施,并定期进行防火演习,加强紧急事态时的应变能力。

一旦发生火灾,每个职工都应清楚地知道他们自己的作用和职责,掌握有关消防设施、人员的疏散程序和危险化学品灭火的特殊要求等内容。

1. 灭火对策

(1)扑救初期火灾。在火灾尚未扩大到不可控制之前,应使用适当移动式灭火器来控制火灾。迅速关闭火灾部位的上下游阀门,切断进入火灾事故地点的一切物料,然后立即启用现有各种消防设备、器材扑灭初期火灾和控制火源。

(2)对周围设施采取保护措施。为防止火灾危及相邻设施,必须及时采取冷却保护措施,并迅速疏散受火势威胁的物资。有的火灾可能造成易燃液体外流,这时可用沙袋或其他材料筑堤拦截流淌的液体或挖沟导流,将物料导向安全地点。必要时用毛毡、海草帘堵住下水井、阴井口等处,防止火焰蔓延。

(3)火灾扑救。扑救危险化学品火灾不可盲目行动,应针对每一类化学品,选择正确的灭火剂和灭火方法。必要时采取堵漏或隔离措施,预防次生灾害扩大。当火势被控制以后,仍然要派人监护,清理现场,消灭余火。

2. 几种特殊化学品的火灾扑救注意事项

(1)扑救液化气体类火灾,切忌盲目扑灭火势,在没有采取堵漏措施的情况下,必须保持稳定燃烧。否则,大量可燃气体泄漏出来与空气混合,遇火源就会发生爆炸,后果将不堪设想。

(2)对于爆炸物品火灾,切忌用沙土盖压,以免增强爆炸物品爆炸时的威力;扑救爆炸物品堆垛火灾时,水流应采用吊射,避免强力水流直接冲击堆垛,以免堆垛倒塌引起再次爆炸。

(3)对于遇湿易燃物品火灾,绝对禁止用水、泡沫、酸碱等湿性灭火剂扑救。

(4)氧化剂和有机过氧化物的灭火比较复杂,应针对具体物质具体分析。

(5)扑救毒害品和腐蚀品的火灾时,应尽量使用低压水流或雾状水,避免腐蚀品、毒害品溅出;遇酸类或碱类腐蚀品,最好调制相应的中和剂稀释中和。

(6)易燃固体、自燃物品一般都可用水和泡沫扑救,只要控制住燃烧范围,逐步扑灭即可。但有少数易燃固体、自燃物品的扑救方法比较特殊。如2,4-二硝基苯甲醚、二硝基萘、萘等是易升华的易燃固体,受热放出易燃蒸气,能与空气形成爆炸性混合物,尤其在室内,易发生爆燃,在扑救过程中应不时向燃烧区域上空及周围喷射雾状水,并消除周围一切火源。

注意:发生化学品火灾时,灭火人员不应单独灭火,出口应始终保持清洁和畅通,要选择正确的灭火剂,灭火时还应考虑人员的安全。

化学品火灾的扑救应由专业消防队来进行,其他人员不可盲目行动,待消防队到达后,介绍物料介质,配合扑救。

应急处理过程并非是按部就班地按以上顺序进行,而是根据实际情况尽可能同时进行,如危险化学品泄漏,应在报警的同时尽可能切断泄漏源等。

化学品事故的特点是发生突然,扩散迅速,持续时间长,涉及面广。一旦发生化学品事故,往往会引起人们的慌乱,若处理不当,会引起二次灾害。因此,从事道路危险货物仓储、包装、运输危险化学品的单位应制定和完善化学品事故应急救援处置方案,让每一个员工都知道应急救援方案,并定期进行培训,提高广大员工对付突发性灾害的应变能力,做到遇灾不慌,临阵不乱,正确判断、正确处理,增强人员自我保护意识,减少伤亡。

四、事故分析和教训吸取

安全事故发生后,分析事故、查找原因、吸取教训、杜绝今后再次发生,成为处理事故的"四步曲",而分析事故则是唱好"四步曲"的关键。可以这样说,事故分析得透不透、深不深是问题找得准不准、原因查得明不明的前提条件,更是能否真正吸取事故教训并制定有针对性预防措施的"必由之路",因此,道路运输经营企业必须要切实把好"事故分析"这一关,确保事故分析客观、公正、具体、深刻,并以此抓住问题的核心下大力气予以解决,从而达到事半功倍的目的。道路运输经营企业必须定期开展安全事故分析通报会,重大事故必须立即召开事故分析会议。

1. 事故原因的分析

事故原因通常分为直接原因和间接原因。构成事故的要素:伤害;事故;"加害"物体;直接原因;间接原因。实际上事故的发生过程先以间接原因为导火线,并由直接原因引发,然后通过"加害"物体作为媒介,进而发生事故,最终导致人员的伤害。

生产事故常呈上述的连锁关系而发生,想要预防事故,必须在中途切断其连锁。为此,最好的办法是排除间接原因。如只限于分析直接原因并据此采取预防对策,但间接原因仍然存在,这就有再出现直接原因造成事故的可能。为了预防事故的发生,不能只分析直接原因,还要追溯分析间接原因,必须尽可能地排除根本性的、深远的原因。

1)事故原因分析的基本步骤

(1)整理和阅读调查材料。

(2)分析伤害方式。按以下几方面进行分析:受伤部位,受伤性质,起因物,致害物,伤害方式,不安全状态,不安全行为。

(3)确定事故的直接原因。

(4)确定事故的间接原因。

事故原因通常分为直接原因和间接原因,两者的分析如下:

2)事故直接原因的分析

事故直接原因主要有两类,即机械、物质或环境的不安全状态和人的不安全行为。

机械、物质或环境的不安全状态主要有三种情形:

(1)机械、物质或环境的不安全状态(设备、防护、用具有缺陷,环境不良),如:

①防护、保险、信号等装置缺乏或有缺陷,如安全生产设备没有防护罩、安全保险报警装置、安全标志等防护部件,或者是存在防护罩未在适当位置、防护装置调整不当、作业安全距

离不够等防护不当情况。

②设备、设施、工具、附件有缺陷，如运输作业工具存在设计不当，结构不合安全要求、绝缘强度不够；起吊重物的绳索不合安全要求等。

③运输作业设备在非正常状态下运行。包括设备带“病”运转；超负荷运转等。

④运输作业工具维修、维护不当、设备失灵等。

(2)个人防护用品用具有缺陷。如在运输作业过程中无个人防护用品、用具或所用的防护用品、用具不符合安全要求。

(3)生产(施工)场地环境不良，如在运输作业过程中存在作业场所交通线路的配置不安全、照明光线不良、作业场所狭窄、作业场地杂乱等。

人的不安全行为主要有八种情形：

①操作错误，忽视安全，忽视警告，如未经许可开动、关停、移动装卸机器、车辆等，或开动、关停机器、车辆时未给信号，忽视警告标志、警告信号，存在操作错误、车辆超速、超载运行，酒后或疲劳作业，客货混载等。

②造成安全装置失效，如拆除了危险化学品车辆上的专用安全装置、调整的错误，造成安全装置失效、安全装置堵塞，失去作用。

③使用不安全设备。

④冒险进入危险场所。

⑤攀、坐不安全位置(如平台护栏、汽车挡板、吊车吊钩)。

⑥在起吊物下作业、停留。

⑦机器运转时加油、修理、检查、调整、焊接、清扫等工作。

⑧在必须使用个人防护用品用具的作业或场合中，忽视其使用，如在运输装卸危险货物时，未按要求戴护目镜或面罩、防护手套、呼吸护具，未穿安全鞋等。

3)事故间接原因的分析

间接原因可分为技术、教育、身体、精神及管理等五类。

①技术原因指工厂的建筑、机械装置设计不良；材料选择不合适；制造有误差；检修、保养不好；作业标准不合理等。

②教育原因指因从事作业的人缺乏安全知识或者工作经验不足而造成的事故。如无知、不理解、不熟悉、无经验等。

③身体原因指身体有病，如耳聋、近视、疲劳、醉酒、眩晕症、癫痫症、恐高症、身高、性别不合适等造成的事故。

④精神原因指人们的错觉、冲动、怠慢、不满，精神不安、恐怖、紧张，感觉缺陷、反应迟钝、固执、心胸狭窄等性格缺陷及其他精神范畴的缺陷。

⑤管理原因指组织、管理上的缺陷。如管理人员的责任心不强，安全管理机构不健全，安全教育制度不完善，安全目标不明确，安全标准、检查、保养制度不健全，对策实施迟缓、拖延，劳动纪律松弛，隐患整改的投资少等方面存在的缺陷。

实际上，最常见的间接原因有技术原因、教育原因及管理原因等三种，管理原因是间接原因中的基础原因。技术和设计上有缺陷。

2. 教训吸取

通过对事故原因果分析，主要目的就是选定预防对策，通常防止事故的对策有技术对策、教育对策、医学对策、精神对策和管理对策等五种。

(1)技术对策。在进行运输生产作业流程设计、装卸等机械装置或车辆检查设备的安装时,应事先认真考虑潜在的危险地点或危险源,预测可能发生的危险及危害程度,并从设计开始就对这些危险因素采取预防对策,在技术上予以解决。从事客货运输经营的,要将安全保障能力的审查作为企业购置车辆装备一个重要参数设计的机械装置或设备,同时通过检修以及保养,使之保持良好状态,也是很重要的。

(2)教育对策。安全教育应该尽可能从岗前教育着手,从开始职业活动开始建立对安全工作的良好认识和习惯,并通过持续的教育提高人的安全意识和救护能力。

(3)医学对策。由身体原因引起的事故,用医学对策来解决。要加强企业职业健康管理,根据事故中从业人员的不良症状,采取休养、治疗、脱离工作岗位或者调换工种等方法处理。

(4)精神对策。在针对当事人的心理状态进行心理治疗的同时,在严格纪律的前提下,根据具体情况给予批评教育与惩罚,并在必要时调换工作岗位。

(5)管理对策。首先要强化企业领导对安全工作的责任感,并健全安全管理体制。然后,在企业内部自觉地实施安全标准。

3. 事故原因与预防对策的关系

技术、人以及管理的三种预防对策,分别与直接以及间接原因相关。例如,人的缺陷不一定非采取对人的对策才能解决,在很多情况下是采取对技术的对策而得以解决的。因此,必须再一次强调技术对策的重要性。应当看到,作为直接原因的人的不安全行为,不一定由于作为间接原因的人的缺陷而产生。例如,由于设计不妥之类的技术缺陷而产生不得已的人的不安全行为的现象是很普遍的,此时施以技术对策也可以达到预防不安全行为的目的。

人的对策最重要的是教育对策。技术对策、教育对策以及管理对策是防止事故的三根支柱。事故原因,无论是物还是人,在采取防止对策方面,经常是同时采取技术、教育和管理三方面对策,并全面加以实施。如果只强调其中的一种对策,实际上是得不到防止事故的效果的。

附:

运输经营单位事故分析会范例

×××集团公司事故分析反思会会议纪要

2012年4月7日上午,集团安监部会同股份公司资产装备部组织××公司、××公司、××公司、××公司、×××公司、××公司、××公司、装卸劳务公司等单位分管领导和安全科长在集团3406会议室召开了事故分析反思会,会议由集团安监部副部长主持,副总裁出席了会议并作重要讲话。

会上通报了今年以来发生的三起亡人事故。

2012年1月8日22时15分,××公司34泊位"××"轮×舱吊装载机下舱,装卸劳务公司装卸二队东2班工人××(男,29岁)下舱摘钩,当时,××站在舱内货物坡面上,身后矿砂坍塌将其掩埋，当班其他工人发现后立即施救，约20分钟后将××扒出，经医院抢救无效死亡。

2012年3月28日17时，××（男，××年出生，××车队雇佣驾驶员）驾驶××号重型自卸货车沿港口××泊位南北通道由南向北行驶至两航货场路口处向右转弯时，该车右前侧与由南向北行驶的苏××087两轮摩托车车头相撞，致摩托车与驾驶员××摔倒，重型自卸车的右后轮碾压摩托车及××身体致其当场死亡。

2012年04月01日，××公司××轮卸煤炭船，21时20分左右安排机械下舱，××公司2名工人与装载机司机××（男，21岁，××公司派遣司机）从××舱西侧直梯下舱，摘钩后劳务工从原路返回，司机××开始作业。23时20分左右，作业人员发现××迟迟未出舱，遂电话通知指导员安排人员寻找，发现××倒在该舱暗梯（螺旋梯）内，经医院抢救无效死亡。

会上与会单位分别进行了事故原因分析和反思讨论：

存在的主要问题：防范措施落实不到位；"一岗双责"制度执行不到位；以人为本的安全理念贯彻落实不到位；隐患排查，尤其是管理上的问题排查不彻底，整改不到位；安全投入不到位；安全确认不到位；对安全工作研究不透，敏感性不强，对新的风险和问题深入程度不够。

会上安监部××部长对具体工作进行了强调和布置：

一是要深入进行事故反思，认真吸取事故教训，举一反三查找深层次的原因，进行全方位的检查和落实，加大隐患排查和危险源点的监控力度。各单位要对近两年发生的几起亡人事故联系起来进行分析，才能真正从中找准原因。××公司发生了两起有害气体中毒死亡事故，还有两起事故都是发生在皮带机清扫作业环节，都属于重复性的事故，这说明对事故的认识和反思根本没到位。几起事故多数发生在夜间、交接班、班中餐和节假日等时段和时间；受伤害的主要是劳务人员和一线工人，都存在缺少监护、单独作业的情况；受伤害者都存在年纪轻和文化程度偏低的情况，自我保护意识薄弱，对危险源点的认识不到位；隐患排查和危险源点的控制和硬件防护措施不到位；生产工艺流程不够优化；存在习惯性违章现象，存在管理盲区和死角；现场管理人员巡查力度不够，现场作业环境控制不到位等。要求各单位进行系统、细致地分析，真正找准事故的原因，制定切实有效的防范措施，作为四月份的重点工作抓好贯彻落实。

二是要进一步完善规章制度，加强现场安全管理，加大处罚整治力度，做到生产指挥一个头、安全管理一起上，齐抓共管，纠正违章行为，消除事故隐患。

三是要加强全员的安全教育培训，针对不同的群体和人员采取针对性强的培训教材和培训形式。要明确不同岗位安全知识的掌握程度，岗位安全操作的应知应会必须人人过关；要结合事故案例和作业流程，以浅显易懂为准则制作系统的、可操作性强的教材，并开展多种形式的教育培训活动。

四是要强化"双管"原则的落实，在公司、科队、班组各个层面都要做到"双管"，形成管理上的合力。

五是要进一步落实"1335"工作法，真正落实到每个班组、每个工班，要通过交接班日志体现出来，各单位要进行督促和检查。

六是要加大硬件投入，保证问题整治的及时性和有效性。

七是要进一步加强外工队伍的管理，依法规范用工，规避用工形式上的风险。

八是要继续加大隐患排查整治力度,强化责任落实,要一级对一级负责,把工作抓实、抓到位,形成闭环管理。

最后××副总裁结合当前安全生产形势对一步加强安全管理工作提出具体要求:

今天召开的会议很重要,也很必要。

一是对今年连续发生的三起亡人事故的通报会。

二是事故的讨论和反思会,要通过分析认真吸取事故教训,防止事故的再次发生。

三是管理的总结会和措施的布置会。

会上各单位都进行了分析和讨论,有可取的方面,也有不足的地方,综合概括起来就到位了。各单位要通过这次会议进一步强化责任意识,形成自己的有针对性的管理措施,在各自单位进行贯彻落实。要强化会议的执行力,不能打丝毫折扣,否则防范措施很难落实到现场。

事故已经发生了,比事故更加可怕的是对事故的麻木和认识的不到位。今天会议的目的是反思事故,反思为什么会发生事故,不能简单的就事论事谈问题,要更多地从管理上查找深层次的原因,这样才能制定出防范事故的有效措施,然后抓好贯彻和现场落实,这才是事故反思应有的思路和方向。当前港口生产存在多种用工形式,但是无论怎样的用工,现场人机配合的作业方式没有变,作为管理者如何才能管好设备和人员的安全,至少要解决是否一家人的问题,不能一种作业方式两种管理态度、两种措施,否则仍然会出现问题。我们还要反思安全生产的一岗双责制是否落实到位,是否真正落实。

针对当前的安全生产形势,要求各单位重点加强以下几方面工作:

一是安全生产要坚持以人为本、严字当头的原则。严是爱、松是害,不严格管理就容易出问题。要以人为本,做好劳保防护,改善作业环境,完善规章制度,科学的简化程序,方便现场操作。要有计划系统性的研究安全工作,明确每项作业谁在现场实施最终的管理和确认,同时要加大硬件投入和技术保障措施。

二是要加强对安全生产新问题、新情况的研究。要针对货种结构变化,船舶大型化和作业群体变化等进行认真的分析研究,找出规律,进行科学决策和管理,改变传统粗放型管理方式,追求本质安全的目标。

三是要进一步强化安全管理,树立安全工作的权威性和严肃性,严厉责任追究、严格制度落实、严肃考核处理,强化全员的安全意识、责任意识,提高防范事故的能力,切实抓好安全生产工作。

会议要求各单位要坚持以人为本,突出人文关怀,组织全员进行大讨论、大反思活动,提高全员的安全意识和安全技能,积极营造安全和谐稳定的生产环境。

参加会议人员有:××　　××　　×××

二〇一二年×月×日

五、整改措施和责任追究

前事不忘,后事之师的道理,说明了总结事故教训的科学性。通过对事故、事件原因的分析,找出引以为戒的教训,再制定有针对性的整改措施,达到防止事故发生的目的。尤其是对防止同类事故发生的作用更有效,比一般性的预防措施更有实用价值。人们制定的很多规章制度、行为规范和技术标准都吸收了很多事故教训。实践证明,这是杜绝事故最直接的做法。因为事故的发生与其原因有着必然的因果关系,通过总结事故教训,消除发生事故的原因,即可防止事故发生,具体的做法是针对事故的每个原因,吸取相应的事故教训,制定有效的整改措施。

按照国家有关事故调查处理的有关规定,重大事故、较大事故、一般事故,负责事故调查的人民政府应当自收到事故调查报告之日起 15 日内作出批复;特别重大事故,30 日内作出批复。作为发生道路运输生产安全责任事故的企业应按企业对事故原因的内部分析和政府部门所认定责任原因按“四不放过”原则(即事故原因没有查清楚不放过、整改和防范措施未落实不放过、职工没有受到教育不放过、没有追究事故责任者的责任不放过)进行整改和责任追究。

1. 整改措施的制定

总结事故教训的原则、方法和分析事故原因基本一致,可参考事故分析与性质的确定。下面我们通过几个典型事故案例,来看如何分析事故教训。

(1)2009 年 7 月 26 日, × ×县长运公司客一公司 CD × × ×5 号三湘牌大型卧铺客车在× ×省× ×市福安(市)沈海高速(闽)G15 高速公路 B 道 1949km +200m 发生翻车事故,造成 5 人死亡,25 人受伤,直接经济损失 300 多万元。

本次事故的教训如下:

①企业安全隐患排查不落实。× × ×司法鉴定中心鉴定:CD × × ×5 大型客车发生事故后,该车后轮左右主帮轮胎表面凹凸不平,局部无胎冠花纹(光滑),后轮轮胎冠花纹深度不符合《机动车运行安全技术条件》。但根据调查组调查情况标明, × ×长运公司及无法提供浙 CD × × ×5 大型客车该部位隐患的排查记录。

②客运车辆 GPS 使用管理不到位。× ×长运公司对客运车辆实行 GPS 两级监控管理过程中没对 GPS 系统及时更新升级。虽然该肇事车辆的原 2003 年安装的车载 GPS 终端因故障损坏。于 2008 年 3 月 18 日更换为 GPRS 终端,实行 2 分钟回放一次,但与路况限速设定不匹配。根据浙 CD × ×5 号大客车行车记录仪内提供的数据表明,该车事故发生前车速为 80 千米/小时左右,而在公司 GPRS 监控资料为:该车事故发生前最临近的监控点(2009 年7 月 26 日 16:29:02)时速为 98 千米/小时。

③有关单位对车辆安全门检(日趟检)制度执行不力。根据× × ×司法鉴定中心鉴定:CD × × ×5 大型客车发生事故时,后轮左右主帮轮胎表面凹凸不平,局部无胎冠花纹(光滑),后轮轮胎冠花纹深度不符合《机动车运行安全技术条件》,7 月 25 日该车在发往厦门前,× × ×长运总公司× ×客运站以及 7 月 26 日该车在发往× ×前,× ×特运汽车修理厂在安全门检(日趟检)工作中没仔细检查,严格把关,分别给予出示安全门检(日趟检)合格证明,致使具有安全隐患的 CD × ×5 大型客车上路营运使用。

(2)2011 年 7 月 22 日 3 时 43 分,京珠高速公路河南省× ×市境内发生一起特别重大卧铺客车燃烧事故,造成 41 人死亡、6 人受伤,直接经济损失 2342.06 万元。

本次事故的教训如下:

①××公司默许事故车辆长期违规站外经营；未研究解决公司行车路单发放制度和车辆请假管理制度不健全等问题；未排查治理事故车辆长期不进站报班发车、不按规定班次线路行驶以及违规站外上客、人员超载、违规载货等安全隐患。

②××汽车站安全管理责任不落实，未认真核实事故车辆长期请假脱班的情况；发现事故车辆报班手续不全时，未按规定扣留该车进站证；发现事故车辆未按时到达发车位时，未按规定核实原因。

③××交运集团未认真开展客运管理和安全隐患排查治理纠正工作；未纠正《营运客车承包经营合同》中的违规条款；未发现和治理解决事故车辆长期不进站报班发车、不按规定班次线路行驶、违规站外上客、人员超载、违规载货等安全隐患和问题。

④××公司未认真执行危险化学品安全生产管理制度，多次违规运输危险化学品。

⑤相关行业管理部门指导和监督行业管理工作不到位。

(3)整改措施考虑的因素。通过以上几起事故案例的事故教训的分析，可以看到，事故教训和整改措施应当从以下几个方面来考虑：

①是否贯彻落实了有关的安全生产的法律、法规和技术标准。

②是否制定了比较完善的安全管理制度。

③是否制定了合理的安全技术防范措施。

④安全管理制度和技术防范措施执行是否到位。

⑤安全培训教育和宣传及贯彻是否到位，职工的安全意识是否到位。

⑥有关部门的执法力度是否到位。

⑦企业负责人是否重视安全生产工作。

⑧是否存在官僚和腐败现象，因而造成了事故的发生。

⑨是否落实了有关“三同时”的要求。

⑩是否有合理有效的事故应急救援预案。

2. 责任追究

依照“四不放过”原则，追究事故责任人的责任，是落实安全生产责任制的重要手段，是解决“严不起来、落实不下去”不正常的安全执行问题，保证政令畅通、令行禁止，防止事故发生的重要举措。

1)方法要求

(1)事故原因没有查清不放过。企业在分析解剖事故时，要深刻反思有没有针对相关人员的行为及设备、环境的安全状况进行分析，对照本单位安全管理、技术管理、制度落实方面是否存在问题，做到分析不清不放过。

(2)事故责任者没有严肃处理不放过。对照事故调查处理的法律法规和公司安全生产奖惩制度，深入开展大讨论，哪些岗位、哪些人员应该受到什么样的处理的，做到讨论不深入不放过。

(3)职工没有受到教育不放过。对照分析总结的事故教训，没有本着举一反三的原则，该吸取教训受到教育的人没有吸取教训、受到教育不放过。

(4)防范措施没有落实不放过。针对本单位实际情况，结合事故单位的防范措施，没有制定本单位的防范措施，并将措施责任到人，落实到位不放过。

2)具体做法

(1)学习设备、工艺技术、环境等事故通报的重点是事故发生的对口专业人员,该专业所有人员学习后要按照“四不放过”的要求写出专题报告。

(2)学习人身事故通报,企业各生产单位、班组都要按照“四不放过”的要求写出专题报告。

(3)通过学习通报,对本单位相关对应人员行为、设备、环境、工艺的安全状况进行分析,对照本企业安全管理、设备管理、技术管理、制度落实等方面进行自查,能解决的自行整改,需要公司协调解决的报到公司安全管理部门备案,由公司安全管理部门协调责任部门整改。

(4)企业各职能部门按照“谁检查、谁签字、谁负责”的原则,对整改或防范措施落实情况进行抽查,发现落实不力者,按照企业安全管理制度追究单位安全第一责任人的责任。

(5)企业安全生产管理部门及时总结各单位好的经验、做法及存在的问题,组织所有单位进行交流,整治安全管理中的薄弱环节和突出问题,不断提高安全管理水平。

责任追究是手段而不是目的。责任追究是为了通过追究,起到警示教育作用,进一步完善措施、排除隐患,超前预防事故的发生,促进安全生产。通过“四不放过”事故整改,让道路运输企业广大干部职工一定牢记责任,积极主动地履行责任,层层落实责任,通过方方面面的努力,实现道路运输企业的安全发展、科学发展。

下篇　考评知识

第十一章 考评执业规范

第一节 概 述

一、企业安全生产标准化考评工作的背景

企业安全生产标准化是安全生产工作的重要手段和抓手,目的是通过建立安全生产责任制,制定安全管理制度和操作规程,排查治理隐患和监控重大危险源,建立预防机制,规范生产行为,使各生产环节符合有关安全生产法律法规和标准规范的要求,并持续改进、完善和提高,使企业的人、机、物始终处于良好的安全状态下运行,从而提升企业安全管理水平,促进企业在安全的前提下健康快速发展。

企业安全生产标准化建设工作的提出最早可追溯到2004年国务院文件《关于进一步加强安全生产工作的决定》(国发〔2004〕2号)。国发2号文件明确提出了在全国所有的工矿、商贸、交通、建筑施工等企业普遍开展安全质量标准化活动的要求。但当时标准化工作还处于探索阶段,重点是安全质量环节,没有形成通过规范安全生产各个环节,使人、机、物、环处于良好的生产状态,并持续改进,不断提升企业安全生产综合管理水平全面、系统的要求。

国务院关于企业安全生产标准化工作是以国发〔2010〕23号和国发〔2011〕40号文件在全国范围内进行部署的。23号和40号文件明确要求要深入开展以岗位达标、专业达标和企业达标为内容的安全生产标准化建设,对在规定期限内未实现达标的企业,要依据有关规定责令停产整顿;对整改逾期仍未达标的,要依法予以关闭。国务院《关于深入开展企业安全生产标准化建设的指导意见》(国安委发〔2011〕4号)则对全国企业安全生产标准化工作作了进一步细化和部署,要求以工矿商贸、交通运输等行业(领域)为重点深入开展安全生产标准化建设。

为贯彻落实国务院关于开展企业安全生产标准化建设工作部署,交通运输部在国务院安委〔2011〕4号文件下发后,迅速制定了《关于印发交通运输企业安全生产标准化建设实施方案的通知》(交安监发〔2011〕322号),对交通运输企业安全生产标准化建设工作进行了全面部署,要求从事客运、危险化学品和烟花爆竹等重点运输企业在2013年底前实现达标,其他交通运输企业在2015年前实现达标。交通运输企业安全生产标准化建设工作正式启动。

二、企业安全生产标准化考评工作的管理

根据《国务院关于进一步加强企业安全生产工作的通知》(国发〔2010〕23号)、《国务院关于坚持科学发展安全发展促进安全生产形势持续稳定好转的意见》(国发〔2011〕40号)精神和《关于深入开展企业安全生产标准化建设的指导意见》(安委〔2011〕4号)的部署,交通运输部起草了《交通运输企业安全生产标准化考评管理办法》和《交通运输企业安全生产标

准化达标考评指标》。

2012年4月20日,《交通运输企业安全生产标准化考评管理办法和达标考评指标》(交安监发〔2012〕175号)颁发,标志着旨在通过规范企业安全生产管理及行为,提升企业安全生产能力和水平的交通运输企业安全生产标准化建设工作进入了全面实施阶段。

为规范交通运输企业安全生产标准化考评发证、考评机构和考评员的管理,根据《交通运输企业安全生产标准化考评管理办法》(交安监发〔2012〕175号),交通运输部制定了《交通运输企业安全生产标准化考评发证实施办法》《交通运输企业安全生产标准化考评机构管理实施办法》《交通运输企业安全生产标准化考评员管理实施办法》(见交通运输部办公厅文件(厅安监字〔2012〕134号)《关于印发交通运输企业安全生产标准化相关实施办法的通知》)。这些办法对交通运输企业安全生产标准化和考评员的管理进行了规范与安排。

本章主要针对交通运输企业安全生产标准化考评员管理和执业规范进行论述,有关考评发证和考评机构的管理放入第十三~十五章来说明。

考评员是指在规定职业工种、等级和类别范围内,按照统一考核方法、职业标准及考核要求,对鉴定对象进行考核、评审的人员。安全生产考评员则是在规定的安全生产培训类别范围内,按照国家有关部门考核大纲要求,对安全生产培训对象进行考核后的人员。

为保证交通行业安全生产标准化考核工作的科学性、公正性、客观性,建设一支政策水平高、业务能力强的职业安全生产考评员(以下简称考评员)队伍,以规范交通行业安全生产考核工作,根据《中华人民共和国安全生产法》《关于坚持科学发展安全发展促进安全生产形势持续稳定好转的意见》(国发〔2011〕40号)及其他有关规定和要求,明确考评员的职业道德、作用和地位、具备条件、完善考评员注册制度等,以加强对考评员的管理及考评执业规范。

第二节 考评员的职业道德

一、职业道德概述

职业道德是随着社会分工的深化而逐渐形成和发展起来的特殊的道德规范体系,它的社会功能在于改善企业员工的工作态度,调节员工之间及其与社会各方面的人际关系,使企业运营能够朝着有利于改善个人福利、推动企业发展、促进社会进步的目标努力。

现代职业道德,则以有效协调群体活动中个人与组织的关系为基本前提。对于企业内部一个岗位上的员工来说,基本的作业技能是他必备的能力。此时,能否正确地做事就看他的态度了,这个态度也就是我们这里所强调的"职业道德"。职业道德的好与坏,直接决定了工作绩效的优与劣,决定了企业的成败。我们常说,"干得怎么样是能力问题,干不干是态度问题",说到底,还是在强调职业道德的重要性。

作为安全生产标准化考评员,无论身在何处,行在何时,其言行举止都应该符合现代社会、现代企业和现代员工的行为操守。现代职业道德集中体现为员工的责任观念,应尽到下面三种职责:

(1)对自己的职责:要尽其所能履行分内工作的任务和责任,你的一生都成就于你工作中的每一时刻。

(2)对企业的职责:在完成既定目标过程中,你要时刻牢记尽力增强企业实力,以保持企业持续发展。

(3)对社会的职责:时刻不要忘记你的工作正关系着他人的生命健康和人生幸福,关系着人类繁荣和社会进步。

二、现代职业道德建设的基础

由于文化传统、社会制度和发展程度的差异,决定我国的现代职业道德建设,不能完全照搬西方的观念和规范,而应立足于本国文化传统,结合企业实际情况、符合社会经济发展规律、借鉴别人成熟的先进经验,逐步形成和完善具有中国本土特色、符合现代经营理念和企业自身特点的独特的职业道德体系。

1. 忠于职守、合作敬业

敬业乐业是任何历史时期的任何一个在岗从业人员都必须秉持的职业道德精神,它是所有在岗人员做好本职工作的基本前提。对此,我国传统道德观念早就给出了一系列相应的道德规范,大力提倡敬业、乐业、勤业、精业意识。在传统儒家思想中,孔子很早就提出了"敬业乐群"的主张。所谓"敬业"指的是聚精会神、全心全意地做好自己的本职工作。这正是从业人员搞好本职工作所应具备的基本的思想品格。

2. 遵纪守法、诚实守信

"诚实守信"是任何社会成员安身立命的道德准绳,是一切从业人员做好本职工作的道德前提,更是我们中华民族代代相传的美德。诚实是指对人对事要真实无欺;守信是指不食言、不违约,坚守诺言,说到做到。"诚信"二字合起来,就是要求人们在相互交往中,做到真诚实在,不失信誉。这是我们从事任何职业都应有的道德意识。

3. 坚持原则、顾全大局

"办事公道,顾全大局"是从事任何职业,既要对社会尽义务,享有社会赋予的权力,又要遵纪守法。例如,法官有审判案件的权力,医生有开处方、拿手术刀的权力等。但从职业道德规范来说,从业人员要办事公道、顾全大局、遵纪守法。我们古代思想家们对此有许多精辟的论述,提倡正直无私的道德规范。"正直",就是办事持平,不偏不倚;"无私",就是要出以公心。为此,我们在行使职业权力时,一定不能以权谋私、假公济私、枉法徇私,要顾全大局、办事公道、遵纪守法。

4. 以义取利、开拓创新

职业作为一种谋生的手段,不能不讲利益。但是,从业人员要取利,又必须受道德制约,这就是要遵循"以义制利"或"见利思义"的原则。孔子说过,"富裕和尊贵,是每个人都渴望得到的,但如果是靠不择手段得来的,宁愿不要。贫穷与低贱,是所有人都厌恶的,但如果不是靠正当手段去改变它,还不如安于贫贱好。"所以,以义取利早已成为我们民族的道德价值取向。这种道德价值取向告诉我们,对于"利"要有一种理性的制约,不苟取,不妄得,拒受不义之财。这对于目前社会转型期出现的许多贪赃枉法、巧取豪夺的不正当风气更是一种警醒和匡正。但是,单单讲以义取利是不够的,会导致顾小利而失大义。在守法经营的同时,更要具备开拓创新,着眼长远的职业精神,否则只能是个人修养,称不上职业道德。

综上所述,我们可以看到,现代职业道德的内涵,不是传统伦理道德观念所能完全涵盖的,还蕴含着与现代市场经济运营密切相关的全新内容,不仅要从民族传统的道德土壤中汲取养分,还要努力吸收全人类的优秀品质。现代职业道德的建设,是造就具有现代市场视野、法律意识、伦理情操和时代精神的一代代新人的伟大事业。

三、行业职业道德的表现形态

职业道德是一种针对职业行为的社会化角色道德,它与行业有非常密切的关系,它的深刻基础在于从业人员与其职业利益的关系。同时,职业道德的基本精神作为时代精神的一个组成部分,必然反映时代的内容。在改革开放和市场经济条件下,职业结构的调整和职业内容的变化也会提出与其相适应的职业道德精神。最后,在市场经济条件下,职业道德精神的培养还必须注意层次性。基于上述考虑,针对现代交通运输业,职业道德的基本精神都应该包括责业守则精神、精业求实精神、创业拼搏精神、敬业爱岗精神。

1. 责业守则精神

所谓的责业守则精神,就是从业人员对于其所从事的职业要有一定的责任心,要有对本职工作认真负责的态度和精神,要能够充分理解、正确执行职业规则,包括经济的、行政管理的和业务技术方面的规则,这些规则通常表现为必要的规章制度和程序等。责业守则是维系职业和岗位正常实现其功能的基本条件,也是职业道德对从业人员的最起码的要求。责业守则精神是每个职业组织、每一个从业人员所应有的最起码的职业道德精神。在高度规范的市场经济中,如果从业人员和职业组织连这点最起码的职业道德精神都没有的话,那么就根本谈不上什么发展社会主义市场经济了。

2. 精业求实精神

精业求实精神,就是从业人员在责业守则精神的基础上,对本职工作精益求精,不断开拓创新,讲究效率,达到业务纯熟,以至于把它当作一门学问,力求精通,遵循工作对象本身的客观规律,求真务实,努力钻研科学知识,依靠科技进步来提高工作效率,也就是"钻研业务,讲究效率"。精业求实精神是实现职业的社会职能和效益的保证。

3. 创业拼搏精神

所谓创业拼搏精神,是指面对职业上的困难和挑战时,不被困难和挑战所吓倒,而是敢于面对它。通过艰苦奋斗,顽强拼搏去克服它、战胜它,在不断开创新事业、创造崭新价值的过程中去实现职业价值,实现从业人员的个人利益。

4. 敬业爱岗精神

敬业爱岗精神,就是从业人员在责业、精业、创业的基础上,在职业生活中逐渐形成的一种对自身职业崇敬、热爱的心理。它表现为职业的尊严感和荣誉感,表现为从业人员将自身的价值和名誉与自身职业的价值和名誉结合在一起,在职业活动中,不仅不允许自己有有损于本职业的行为,也不能容忍他人做有损于自身职业的事情。

敬业爱岗精神的形成,首先是责业守则精神、精业求实精神、创业拼搏精神长期实践并逐渐同化的结果。从业人员最初在职业活动中,其责业守则、精业求实、创业拼搏,主要是由于职业规范的约束、市场竞争的压力、职业所面对的困难和挑战而自然生发的反应,这种思想行为在这个阶段上本质上不是自己真心愿意的行为,而是只有在外在的压力和奖惩制度的保障下才表现出来和继续下去。随着外在压力和奖惩制度的继续,从业人员渐渐在职业活动中被责业守则、精业求实、创业拼搏精神所同化。进入这个阶段后,从业人员对责业守则、精业求实、创业拼搏精神能够自愿地接受和履行,已经感受到这些职业道德精神是作为一个从业人员本应具备的基本精神,使外部要求与自己的要求趋于一致。

四、企业安全生产考评员职业道德守则

考评员职业道德的学习有利于考评员人生价值的实现,有利于促进安全生产标准化考核工作的发展,有利于改善社会道德风尚,有利于高技能人才队伍建设。

1. 爱岗敬业

考评人员应热爱自己的工作岗位,敬重自己所从事的职业,尽职尽责对待考评工作,要树立职业荣誉感和强烈的职业责任感。要有奉献精神,奉献是考评员职业道德的内在精神体现;在社会主义职业道德中,奉献社会是其中的重要内容,也是职业道德的最高境界。

2. 诚实守信

考评人员应诚实守信,通过获取客观证据,给出公正客观的考评分值和评价,信守承诺,讲求信誉,技术要精湛。考评员的知识(技能)结构是考评员自身的知识结构,也是考评员的考核鉴定技术和能力。

3. 办事公道

考评人员在考评过程中应做到公平、公正,不谋私利,不徇私情,不以权谋私,不以私害民,不假公济私。其核心就是公正,公正是考评员最基本的行为特征。考评员公正与否取决于四个方面的素质:一是法制观念;二是道德素质;三是专业素质,即技术水平;四是考评员的心理素质,即考评员心态对鉴定误差的控制能力。

4. 优质服务

考评人员在考评过程中应尽量减少企业负担,对企业提出的合理请求应酌情予以考虑,考评过程应尽量做到务实、有序、高效,为企业安全标准化建设提供良好服务。要强化服务意识,由被动式服务变为主动式服务。同时要做到文明礼貌,仪表端庄,语言规范,举止得体。

五、企业安全生产考评员廉政准则

考评员廉政准则就是要求其在考评过程中做到"廉洁公正"。所谓廉洁,就是清白不贪;所谓公正,就是公道正直,不徇私情。要做到廉洁公正,考评员必须做到如下几点:

(1)素质过硬,要经得起考验。

(2)实事求是,坚持原则。

(3)公平公正,公私分明。

(4)按程序办事,刚直不阿。

禁止考评人员利用考评权利和影响谋取不正当利益。不准有下列行为:

(1)索取、接受或者以借为名占用管理和服务对象以及其他与行使职权有关系的单位或者个人的财物。

(2)接受可能影响公正考评的礼品、宴请以及旅游、健身、娱乐等活动安排。

(3)在考评活动中接受礼金和各种有价证券、支付凭证。

(4)以交易、委托理财等形式谋取不正当利益。

(5)利用知悉或者掌握的内幕信息谋取利益。

第三节　考评员的权利与义务

一、考评员的作用与地位

(1)考评员在经主管部门批准成立的考评机构或咨询机构中,依据《中华人民共和国安全生产法》及其他有关规范和要求,对交通运输企业安全生产情况进行评价与鉴定。

(2)考评员是安全生产标准化活动的主导因素,其考核行为直接影响考核质量,考评员素质的高低是安全生产标准化考核工作成败的关键。

(3)考评员是实施安全生产标准化考核的技术力量,由交通运输部统一进行资格管理和实施业务指导。

二、考评员的权利与义务

1. 权利

(1)独立实施考评权。考评员应在考评规定的范围内独立实施考评活动,有权拒绝任何单位和个人更改考核结果的非正当要求。

(2)独立处置权。考评员对考评现场发生的违纪行为,应视情节轻重给予警告或终止考核,考评员对可能发生人员伤害和设备毁损的行为有采取紧急处置的权力。

(3)保护自身合法权益。各级主管机关应维护考评员的合法权益;考评员自身权益受到侵害时,可以向上级行政主管部门进行申诉。

2. 义务

(1)核查场地义务。考评员应严格执行考评员工作守则和考核规则。按照安全生产标准化指标和相关规定的要求,对考核场地、设备、材料、工具和检测仪器等进行核查和检验。对不符合安全生产标准化指标或不能满足考核要求的,应通知考评机构予以调整或更换场地。考评机构不予采纳的,考评人员有权拒绝执行考评任务,并在考评报告中予以记录。

(2)评分义务。考评员应严格按照规定的考核方式、方法和评分标准,完成评分任务,填写考评记录。考评组长负责考评工作的组织、协调和最终裁决。每次考评工作完成后,在规定的时间内向考评机构提交考评报告。

(3)回避义务。考评员在执行考评任务时,实行回避制度。考评员与考核对象存在近亲属关系或其他利害工作关系的,考评员应主动向考评机构申请回避或由考核对象及其他人员提出回避申请。

(4)接受监督义务。考评员执行考评任务,必须佩戴考评员资格证卡,并接受考核对象、考评机构督导人员、考评机构和主管机关的监督。

(5)业务提升义务。考评员应加强业务知识和考评技术与方法的学习及研究,提高自身的安全生产理论知识、法律法规知识和实际业务操作技能的水平。

(6)自律义务。考评员应加强职业道德修养,廉洁自律、公平公正,自觉维护考评的公正性、严肃性和权威性。

(7)接受培训考核义务。考评员应参加主管机关组织的培训和考核活动,接受考评机构的派遣,执行考评任务,不得无故缺席。

三、考评员的职责

考评员的主要职责如下:

(1)熟悉许可考评范围内的考核内容、考核要求及评分标准。

(2)负责对申请考核企业提交的材料进行审查,并进行现场考评或咨询服务。

(3)对考评结果或咨询服务质量负责,并对聘用单位负责。严格遵守聘用单位制定的考评员工作守则,执行考核纪律,工作认真负责,坚持公平、公正、公开的原则,不弄虚作假,不滥用职权,不徇私舞弊。考核结束后,要如实填写考核记录。

(4)不接受企业或任何相关方的回扣、佣金、礼品或其他任何形式的好处,也不应在知情时允许同事接受。

(5)遵守法律法规及相关规章制度,忠于职守,客观公正。除非有法律要求或经企业和考评机构书面授权,不透露任何有关考评或咨询服务的信息。

(6)每年至少参加 2 次以上的考评服务项目。

(7)考评员在注册有效期内,每年应接受至少 8 学时的再教育培训。

(8)考评员被考评机构聘用后尚无特殊情况不得变更考评机构。

(9)考评员有权对考核工作中存在的问题向考评机构提出改进的意见或合理化建议。

第四节　考评员的培训、考核与办证

一、考评员培训

1.参加考评员培训的人员应具备的条件

(1)热爱安全生产工作,具有良好的职业道德和工作责任心,廉洁奉公、办事公道、作风正派。

(2)熟悉交通运输企业安全生产标准化有关政策和规章,掌握安全生产标准化考核标准和安全生产相关技术。

(3)具有交通运输相关专业大专以上学历或中高级职称,至少有 5 年以上从事与安全相关的技术或管理等工作经历。

(4)身体健康,能够胜任安全生产标准化考评工作。

(5)由本人提出申请,经所在单位推荐,地市级交通运输主管部门审核同意,省交通运输主管部门批准。

2.培训目的

通过培训使学员熟悉《交通运输企业安全生产标准化考评管理办法》《交通运输企业安全生产标准化达标考评指标》等的具体要求,掌握安全生产标准化考评的依据、原则和方法;

选聘安全生产标准化考评员。

3. 培训对象

各省市交通运输主管部门负责交通运输安全监管的人员，拟从事安全标准化达标考评人员；交通运输企业安全生产主管及拟从事安全标准化自评的安全管理人员；有关中介机构相关业务人员。

4. 培训形式与内容

(1)培训形式：专家讲授，集中培训和考试，通过考试选拔交通运输企业安全生产标准化考评员。

(2)培训内容：考评人员培训内容包括公共知识要求和专业技能两部分。公共知识要求以国家法律法规、政策、考评人员道德规范、工作守则等为主要内容。专业技能培训以相关的行业标准、新工艺、新技术、新的考试方法为主要内容。具体如下：

①交通行业安全生产标准化评审办法、考评员职业道德、考评员的权利与义务等基本要求和考评员管理等通用要求。

②基础管理规范要求及考评方法。

③通用安全技术和现场规范考评方法。

④交通运输企业安全生产标准化考评管理办法。

⑤交通运输企业安全生产标准化达标考评指标。

⑥交通运输企业安全生产标准化考评员统一考试。

二、考评员的资格考核与办证

考评员的考核应按照国家有关法律、法规和培训考核的要求，由省交通运输主管部门组织。根据需要，也可委托专业考评机构进行培训，省交通运输主管部门组织考核。

考评人员的考核分为公共理论知识和专业技能两个部分进行。公共理论知识的考核，由交通运输部统一命题，采取笔试方式进行。专业技能的考核由省交通运输主管部门或其委托机构组织命题，结合行业和个人实际进行。两项考试均合格的，报经省交通运输主管部门核准，由省交通运输主管部门在网上予以公布，并颁发交通运输从业单位安全生产标准化考评员培训合格证，取得考评员任职资格。

第五节　考评员的注册制度

一、初始注册

(1)申请人应在取得考评员培训证书3个月内向所在地受聘的安全标准化考评机构提出申请，经考评机构同意并签署意见后，向省交通运输主管部门申报考评员初始注册申请。

(2)省交通运输主管部门自收到提交的申请材料之日起15个工作日完成审查工作。经审查合格，颁发考评员资格证，予以公告；不合格的，不予颁发考评员资格证，并书面说明理由。

(3)考评员初始注册申请应提供下列材料：

①考评员注册申请表。
②学历证书复印件。
③考评员培训证书复印件。
④工作简历的书面证明。
⑤近期一寸彩色免冠照片4张。
⑥与考评机构签订的聘用协议复印件。

二、续期注册

(1)考评员资格证卡有效期为5年。有效期届满时,考评员应在有效期满前3个月向考评机构提出续期注册换证申请,经考评机构同意并签署意见后,向省交通运输主管部门或其委托机构办理续期注册申请。对符合换证条件的换发新证卡,对不符合换证条件的收回原有考评员证卡。

(2)续期注册须提交以下申请材料:
①考评员续期注册申请表。
②考评员证书复印件。
③5年内的再教育培训证明、考评经历记录。
④近期一寸免冠彩色照片4张。
⑤与考评机构签订的聘用协议复印件。

三、注销注册

考评员有下列行为之一的,省交通运输主管部门予以注销注册,并公告。
(1)以不正当手段取得考评员证卡。
(2)在申请注册过程中,隐瞒真实情况,弄虚作假。
(3)未按规定办理续期注册或变更聘用单位。
(4)允许他人以本人名义执业。
(5)因工作失误,造成重、特大事故或重大经济损失。
(6)利用工作之便,贪污、索贿、受贿或牟取不正当利益。
(7)与委托人串通或故意出具虚假证明、报告。
(8)法律、法规规定应当给予处罚的其他行为。

第六节 考评员的执业规范

考评员应当遵守下列规定:
(1)严格执行国家有关法律法规,客观公正,实事求是,保证考评工作质量和真实性。
(2)遵守考评纪律,恪守职业道德,保守考评企业技术和商业秘密。
(3)对考评工作负责。
(4)对考评结论持有异议的,可向考评机构报告,如对考评机构的认定仍有异议的,可向相应的主管机关报告。

(5)与申请考评的企业存在利害关系的,应当主动回避。

(6)自觉接受主管机关、考评机构的监督管理。

(7)年度继续教育时间不少于8学时。

考评员职业资格管理:

(1)未取得考评员资格证书的人员不得独立承担考评任务或咨询工作。

(2)各省交通运输主管部门或其委托机构负责全省考评员的资格申报受理与材料审核、培训、考核和日常管理工作。

(3)考评机构要与考评员签订劳动合同,明确双方的职责和权利。考评机构应依法维护考评员的合法权益。

(4)考评员只能在一家安全生产考评机构任职。

(5)考评员资格证卡不得转借给其他机构或者个人。

(6)各考评机构应对聘用(任)的考评员进行上岗前培训和定期业务培训,使考评员熟练掌握考核方法、评分标准以及考场组织管理等规定。

(7)考评员应服从考评工作安排,因故不能参加考评工作的,应提前告知并说明原因。

(8)考评员在执行考评任务时,应佩戴考评员资格证卡,主动执行亲属、师生、师徒回避制度。

(9)考评员应接受交通运输主管部门和考评机构委派的督考员(或巡考员)监督检查。

(10)各考评机构要建立考评员档案管理制度,并按年度向交通运输主管部门备案。其内容包括考评员资格申报相关材料、考评员资格证卡复印件、考评员劳动合同或聘任协议、考评员工作记录等。

(11)考评员有下列行为之一者,各考评机构可予以解除劳动合同或聘任协议,并上报省、市交通运输主管部门。

①有违法违纪行为,玩忽职守,不能履行职责者。

②业务水平低,能力不胜任者。

③经常无故不参加考评或长期未参加考评的。

④不服从主管部门和聘用单位监督管理的。

(12)考评员出现严重违法违纪行为构成犯罪的,由司法机关依法追究其法律责任。

(13)对在考评工作中作出突出贡献的考评员,交通运输主管部门将予以表彰奖励。

第十二章 道路运输企业安全生产标准化达标考评指标

第一节 概 述

本章重点从16项一级考评指标、56项二级考评指标介绍道路运输企业安全生产标准化考评系列指标的构成与主要特点，着重分析道路运输企业安全生产标准化考评评分的基本原则及其要点，便于考评人员以国家有关安全生产的方针、政策和法律、法规、标准为依据，运用定量和定性的方法对道路运输企业存在的危险、有害因素进行识别、分析和评价，从而有针对性地选用考评方法，从实际的经济和技术条件出发，提出有针对性的、操作性强的对策措施，对被考评企业给出客观、公正的考评结论。下面，我们先谈谈建立道路运输企业安全生产标准化考评系列指标的目的及其主要作用。

一、建立道路运输企业安全生产标准化考评系列指标的目的

建立道路运输企业安全生产标准化考评系列指标的目的是查找、分析和预测道路运输企业安全生产中存在的危险和风险因素，并从中剖析可能导致的危险、危害的后果和程度，提出合理可行的安全对策和措施，指导危险源的监控和事故的预防，以达到最低事故率、最少损失和最优的安全投资效益。

1. 实现道路运输企业安全技术、安全管理的标准化和科学化

安全考评是安全生产管理的一个必要组成部分，是预测和预防事故的重要手段，通过安全考评可确认生产经营单位是否具备安全生产条件，明确道路运输企业安全生产过程中的安全性是否符合有关技术标准、规范、法规及相关规定进行系列指标的考评，找出其中存在的问题和不足，为实现安全管理工作技术化、科学化、统一化和标准化创造条件。

2. 实现道路运输企业安全生产全过程的安全系统管理与控制

安全考评可以使道路运输企业的安全管理变纵向单一管理为全面系统管理，将安全管理范围扩大到道路运输企业各个部门、各个环节，并明确其各自的指标要求，使道路运输企业安全生产管理实现全员、全面、全过程、全时空的系统化管理与控制，进而达到了解运行系统的现实危险性，为进一步采取降低危险性的措施提供依据。安全考评不仅能确认道路运输企业运行系统的危险性，还能进一步分析危险性发展为事故的可能性及事故造成损失的严重程度，进而计算事故造成的危害，并以此说明系统危险可能造成的负效益的大小，以便合理地选择控制、消除事故发生的措施，确定措施投资的多少，从而使安全投入和可能减少的负效益达到平衡，有助于安全投资的合理选择，进而实现道路运输企业安全系统地控制与管理。

3. 建立道路运输企业安全生产最优方案，提供安全决策依据

通过系列指标的安全考评，分析道路运输企业安全生产过程中存在的危险源及其分布

部位、数目,有效预测事故发生的概率和严重度,提出应采取的安全对策与措施,以便决策者根据考评结果选择安全最优方案和管理决策。安全考评能有效地提高道路运输安全可靠程度,并根据国家有关技术标准、规范对道路运输企业运行系统进行综合性考评,提高安全达标水平,并可客观地对道路运输企业安全水平作出评价,使道路运输企业不仅可以了解可能存在的危险性,而且可以明确如何改善安全状况,也为安全监督管理部门了解道路运输企业安全生产现状,实现宏观控制提供基础资料。

4.提高道路运输企业安全管理水平,实现本质安全化生产

通过系列指标的安全考评,可预先识别道路运输企业安全生产状况,分析道路运输企业安全状况,全面系统地评价各部分危险程度和安全管理状况,促使道路运输企业达到规定的安全要求,使安全管理变事后处理为事先预测和预防,还可使道路运输企业安全管理变经验管理为目标管理,使各个部门、全体职工明确各自指标要求。在明确目标下,统一步调,分头实施,全面提升道路运输企业安全管理水平。同时,针对事故和事故隐患发生的各种可能原因事件和条件,提出消除危险的最佳技术措施方案,采取相应措施,实现道路运输生产过程本质安全化,有效避免或减少重特大事故发生。

二、道路运输企业安全生产标准化考评系列指标的主要作用

1.道路运输企业安全生产标准化考评系列指标是落实企业主体责任、规范安全生产工作的基本手段

道路运输企业是安全生产的责任主体,企业主要负责人是安全生产第一责任人。作为一项全面规范道路运输企业安全生产工作的行业标准,其宗旨就是要充分调动道路运输企业及其主要负责人和安全管理人员的积极性和主动性,使其自觉承担安全生产管理的各项工作和相应的责任。道路运输企业安全生产标准化考评对组织机构、安全投入、安全管理制度、隐患排查和治理、重大危险源监控、绩效评定和持续改进等方面的内容做了具体规定和要求,进一步明确了企业安全生产工作干什么和怎么干的问题,能够更好地引导道路运输企业落实安全生产主体责任,建立安全生产长效机制。

2.道路运输企业安全生产标准化考评系列指标是体现安全管理先进思想、提升道路运输企业安全管理水平的重要方法

道路运输企业安全生产标准化考评系列指标是在传统的质量标准化基础上,借鉴国外现代先进安全管理思想,根据我国道路运输有关法律法规的要求、道路运输企业特点和我国人文社会特性,强化风险管理,注重过程控制,做到持续改进,比传统的质量标准化具有更先进的理念和方法,比引进的职业安全健康管理体系有更具体的实际内容,形成了一套系统的、规范的、科学的安全管理体系,是现代安全管理思想和科学方法的中国化,有利于形成和促进道路运输企业安全文化建设,促进道路运输安全管理水平的不断提升。

3.道路运输企业安全生产标准化考评系列指标是搞好安全生产的基础保障、是提高道路运输企业本质安全水平的有效途径

开展道路运输安全生产标准化考评重在基层、重在落实、重在治本。各道路运输企业安全生产标准化考评系列指标在危害分析、风险评估的基础上,对加大道路运输企业安全生产投入、加强对道路运输从业人员的教育培训、保障现场设备设施状况提出了具体的要求,从

根本上解决了道路运输企业安全生产的根本素质问题，提高道路运输企业的安全技术水平和生产力的整体发展水平，提高道路运输安全保障能力。

4. 道路运输企业安全生产标准化考评系列指标是预防和控制风险、有效降低事故发生、提高安全管理水平的有效办法

通过创建道路运输企业安全生产标准化工作，对危险有害因素进行系统识别、评估，制定相应的防范措施，加强现场检查，及时发现和纠正违章指挥、违章作业和违反操作规程的行为，使隐患排查工作制度化、规范化和常态化，切实改变运动式的工作方法，对危险源做到可防可控，提高企业的安全管理水平，控制事故多发的关键因素，全面降低事故风险，将事故消灭在萌芽状态，减少一般事故，进而扭转道路运输重特大事故频繁发生的被动局面。

5. 道路运输企业安全生产标准化考评系列指标是政府部门实施分类监管和指导，并制定相关法律法规的重要依据

道路运输企业安全生产标准化考评要求道路运输企业进行道路运输企业对安全生产标准化工作自主评定和申请外部评审定级，有利于政府各部门对道路运输企业实行分类监管和指导，也能增强道路运输企业贯彻落实道路运输安全生产法律法规的积极性和主动性。

第二节　考评系列指标构成与主要特点

一、考评系列指标构成

道路运输企业安全生产标准化考评系列指标共有16项一级考评指标。一、二级考评系列指标分配，见表12-1。

一、二级考评指标分配　　表12-1

一级考评指标	二级考评指标
1. 安全目标	安全工作方针与目标、中长期规划、年度计划、目标考核
2. 管理机构和人员	安全管理机构、管理人员配备
3. 安全责任体系	健全责任制、责任制考核
4. 法规和安全管理制度	资质、法规、安全管理制度、岗位安全生产操作规程、制度执行及档案管理
5. 安全投入	资金投入、费用管理
6. 装备设施	车辆管理、停车场管理、设施设备管理
7. 科技创新与信息化	科技创新、科技信息化
8. 队伍建设	安全培训、宣传教育、管理人员、从业人员培训、规范档案
9. 作业管理	现场作业管理、安全值班、相关方管理、三品查堵、驾驶员管理、营运车辆管理、车辆例检、车辆出站前检查、停车场管理、站务管理、运输管理、警示标志
10. 危险源辨识与风险控制	危险源辨识、风险控制
11. 隐患排查与治理	隐患排查、隐患治理
12. 职业健康	健康管理、危害告知、环境与条件
13. 安全文化	安全环境、安全行为
14. 应急救援	预案制定、预案实施、应急队伍、应急装备、应急演练
15. 事故报告调查处理	事故报告、事故调查和处理
16. 绩效考核与持续改进	绩效评定、持续改进、安全管理体系建设

二、考评系列指标的主要特点

1. 道路运输企业安全生产标准化考评系列指标的构建先进性

运用国际通用的 PDCA 动态循环的现代安全管理模式，根据对道路运输企业的管理制度和操作规程的评估情况、各种形式的安全检查反馈的问题、本企业和其他单位生产安全事故案例、安全绩效的评定结果、安全生产预测预警分析的趋势等，通过道路运输企业自我检查、自我纠正、自我完善这一动态循环的管理模式，能够更好地促进道路运输企业安全绩效的持续改进和安全生产长效机制的建立。

道路运输企业安全生产标准化考评系列指标强调预测预警，要求道路运输企业应根据生产经营状况及隐患排查治理情况，运用定量的安全生产预测隐患排查治理情况，运用定量的安全生产预测预警技术，定期分析安全生产情况，分类研究产生的原因及可能引发的后果，建立体现道路运输企业安全生产状况及发展趋势的预警指数系统，以促进道路运输企业安全绩效的持续改进和安全生产长效机制的建立。

2. 道路运输企业安全生产标准化考评系列指标的内容系统性

道路运输企业安全生产标准化考评的系列指标内容涉及了道路运输安全生产的各个方面，从安全目标、管理机构和人员、安全责任体系、法规和安全管理制度、安全投入、装备设施、科技创新与信息化、队伍建设、作业管理、危险源辨识与风险控制、隐患排查与治理、职业健康、安全文化、应急救援、事故报告调查处理、绩效考核与持续改进 16 个方面提出了比较全面的要求和规定，并将这 16 个方面有机而系统地结合起来，使道路运输企业安全生产标准化考评系列指标具备较为全面的系统性。

在道路运输企业安全生产标准化考评系列指标的内容分类层次方面，将通常的一级指标细化拓展至二级指标，使考评结果全面、细致而又不至于烦琐复杂；同时统一过程考评与目标考评，在考评内容上应采取定量考评和定性考评既相互结合，又相对独立的考评办法，准确把握“一票否决”的临界点，明示安全管理不可逾越的界线，具有较高的系统性。

3. 道路运输企业安全生产标准化考评系列指标的较强操作性

道路运输企业安全生产标准化考评系列指标的制定结合我国已经制定的标准化考评工作的做法和经验，对道路运输行业安全生产标准化核心要素都提出了具体、细化的内容要求。道路运输企业在贯彻时，全员参与规章制度和操作规程的制定，并进行定期评估检查。这样使得规章制度、操作规程与企业的实际情况紧密结合，避免“两张皮”发生，有较强的可操作性，便于道路运输企业组织实施。

针对道路运输企业安全生产标准化中，《道路旅客运输企业安全生产达标考评指标》《道路普通货物运输企业安全生产达标考评指标》《道路危险货物运输企业安全生产达标考评指标》《汽车客运站安全生产达标考评指标》《道路货物运输站场安全生产达标考评指标》各有部分较强特殊性，在实际考评工作过程中，采用具有行业特点的个性指标的增设加强了考评指标的针对性，使得考评评分更加客观、更加科学，具有更强的实际操作性。

4. 道路运输企业安全生产标准化考评系列指标的管理适用性

在总结以往安全生产标准化考评的基础上，对道路运输企业安全生产工作的共性特点进行了总结概括，对道路运输行业安全生产标准化考评系列指标进行了规范化定义，同时也是道路运输行业安全生产标准化考评的“基本”考评标准，保证了道路运输行业安全生产管理工作的同步和一致。

道路运输企业安全生产标准化考评吸收了传统标准化考评量化分级管理的优势，把安全从抽象的概念转化为数量指标，有配套的评分要点和评分细则，在道路运输企业自主建立和外部评审定级中，根据对比衡量，得到量化的考评结果，能够比较真实地反映道路运输企业安全管理水平和改进方向，便于道路运输企业进行有针对性地改进、完善，从而为安全管理、事故预测和选择最优化方案提供了较为准确的依据，也为道路运输监管部门分类监管提供了科学的依据，具有广泛的管理适用性。

5. 道路运输企业安全生产标准化考评系列指标的法规贯彻性

道路运输安全生产法律法规对道路运输企业安全生产标准化考评系列指标提出了原则要求，设定了各项基本的法律制度。道路运输企业安全生产标准化考评系列指标是对这些法律原则和法律制度内容的具体化和系统化，并通过运行使之成为道路运输企业的生产行为规范，从而更好地促进道路运输企业安全生产法律法规的贯彻落实。

道路运输企业安全生产标准化考评系列指标涵盖了《中华人民共和国道路运输条例》及与之相配套《道路货物运输及站场管理规定》《道路旅客运输及客运站管理规定》《道路危险货物运输管理规定》《放射性物品道路运输管理规定》《机动车维修管埋规定》《机动车驾驶员培训管理规定》《道路运输从业人员管理规定》《出租汽车驾驶员从业资格管理规定》8 个部令，以及《安全生产事故隐患排查治理暂行规定》《关于进一步加强企业安全工作的通知》和《关于加强道路运输车辆动态监管工作的通知》等法律法规对中道路运输企业安全管理要求与规定，作为道路运输企业安全生产达标的考评人员，必须掌握规章的法律精神。

6. 道路运输企业安全生产标准化考评系列指标的结论效果性

道路运输企业生产标准化考核系列指标从某种意义上说是一种创新，它的产生、发展与建立是对传统安全体制的冲击，促进了道路运输企业现代安全管理体制的建立，对道路运输企业现有安全技术的成效作出评判并提出新的安全对策，促进了道路运输行业安全技术的发展，它以道路运输企业整个安全运行系统为目标，从全局观点出发，寻求到最佳的、有效的防灾途径，通过考评查找道路运输企业存在的危险、有害因素，确定其危害程度，提出技术上可行、经济上合理的安全对策和建议，使道路运输企业生产标准化考评结果集中反映在其考评的效果上。

第三节 考评评分的基本原则和要点

道路运输企业安全生产标准化考评是落实“安全第一、预防为主、综合治理”安全生产方针的重要技术保障，是安全生产监督管理的重要手段。道路运输企业安全生产标准化考评以国家有关安全生产的方针、政策和法律、法规、标准为依据，运用定量和定性的方法对道路运输企业存在的危险、有害因素进行识别、分析和评价，以隐患排查治理为基础，提高安全生产水平，提出预防、控制、治理对策措施，为政府主管部门进行安全生产监督管理提供科学依据。

一、道路运输企业安全生产标准化考评的基本原则

道路运输企业安全生产标准化考评关系到被评价项目能否符合国家规定的安全标准，能否保障劳动者安全与健康的关键性工作，具有很强的技术性和政策性。因此，要做好这项工作必须以被评价项目的具体情况为基础，以国家安全法规和有关技术标准为依据，用严谨的科学态度、认真负责的精神，全面、仔细、深入地开展和完成考评任务。在道路运输企业安全生产标准化考评工作中，必须自始至终遵循科学性、公正性、合法性和针对性的基本原则。

1. 科学性原则

道路运输企业安全生产标准化考评涉及范围广、影响因素复杂多变。为保证考评能准确地反映被考评企业的客观实际，确保考评结论的正确性。在开展考评工作的全过程中，必须依据科学的方法、程序，以严谨的科学态度全面、准确、客观地进行工作，提出科学的对策措施，作出科学的结论。

从收集资料、调查分析、筛选考评取样等，直至提出对策措施，作出考评结论与建议，每个环节都必须用科学的方法和可靠的数据，按科学的工作程序一丝不苟地完成各项考评工作，最大限度上保证考评结论的正确性和对策措施的合理性、可行性和可靠性。由于考评工作受一系列不确定因素的影响，不可避免地会存在一定程度的误差，因此对考评结果进行验证十分重要，运用统计方法对误差进行统计和分析，以便改进原有的考评方法和修正考评参数，不断提高考评的准确性和科学性。现有的考评方法均有其局限性。考评人员应全面、仔细、科学地分析各种考评方法的原理、特点、适用范围和使用条件，必要时还应采用不同的考评方法进行考评，乃至综合分析、互为补充、互相验证，提高考评的准确性，切忌生搬硬套、主观臆断、以偏概全。

2. 公正性原则

道路运输企业安全生产标准化考评的结论是考评对象的决策和安全运行的依据，也是国家安全生产监督管理部门进行安全监督管理的执法依据。因此，对于安全考评的每项工作都要做到客观和公正，既要防止受考评人员主观因素的影响，又要排除外界因素的干扰，避免出现不合理、不公正的考评结论。

考评有时会涉及一些部门、集团和个人的某些利益，因此在考评时必须以国家和劳动者总体利益为重，充分考虑道路运输企业劳动者在劳动过程中的安全和健康，依据有关法规、标准和规范，提出明确要求和建议。考评结论和建议不能模棱两可、含糊其辞。

3. 合法性原则

安全考评机构和考评人员必须由国家安全生产监督管理部门予以资质核准和资格注册，只有取得资质的机构才能依法进行安全考评工作。政策、法规、标准是安全考评的依据，政策性是安全考评工作的灵魂。所以，承担安全考评工作的机构必须在国家安全生产监督管理部门的指导、监督下，严格执行国家及地方颁布的有关道路运输企业安全生产的方针、政策、法规和标准等。

在具体考评过程中，应全面、仔细、深入地剖析被考评的道路运输企业在执行产业政策、安全生产和劳动保护政策等方面存在的问题，并主动接受国家安全生产监督管理部门的指导、监督和检查。

4. 针对性原则

进行道路运输企业安全生产标准化考评时,首先应针对被考评企业的实际情况和特征,收集有关资料,对系统进行全面分析;其次要对众多危险、有害因素及单元进行筛选,针对主要的危险、有害因素及重要单元进行有针对性的重点考评,并辅以重大事故后果和典型案例分析、评价。

由于各类考评方法都有特定的范围和使用条件,要有针对性地选用考评方法。从实际的经济和技术条件出发,提出有针对性的、操作性强的对策措施,对被考评企业给出客观、公正的考评结论。

二、道路运输企业安全生产标准化考评系列指标评分要点

道路运输企业安全生产标准化考评达标等级分为一级、二级、三级。一级企业考评分数不低于900分(满分1000分)且完全满足所有达标企业必备条件,评为二级达标企业的考评分数不低于700分且完全满足二、三级达标企业必备条件,评为三级达标企业的考评分数不低于600分且完全满足三级达标企业必备条件。若未达到相应分值,则本次考评评判为不达标。

道路运输企业安全生产标准化考评指标有三类:带★且赋分值、带★但未赋分值、不带★且赋分值。《道路旅客运输企业安全生产达标考评指标》《道路普通货物运输企业安全生产达标考评指标》《道路危险货物运输企业安全生产达标考评指标》《汽车客运站安全生产达标考评指标》《道路货物运输场站安全生产达标考评指标》五类安全生产达标考评指标中,标有"★"的项为必备项,"★★★"为一、二、三级企业必备项,"★★"为一、二级企业必备项,"★"为一级企业必备项。标有"星号"的必备项若不达标,即使达到一定等级分值,本次考评相应安全生产等级评仍判为不达标。对于关键性指标,不符合要求的,赋有分值的不得分,并追加扣除一定分数;未赋分值的,追加扣除一定分数;非关键性指标按照一定规则设置合理的扣分标准。

下面就《道路旅客运输企业安全生产达标考评指标》《道路普通货物运输企业安全生产达标考评指标》《道路危险货物运输企业安全生产达标考评指标》《汽车客运站安全生产达标考评指标》《道路货物运输场站安全生产达标考评指标》,从共性考评指标与个性考评指标两个方面,对道路运输企业安全生产标准化考评的16项一级指标和56项二级指标进行考评评分要点分析:

1. 共性考评指标

1)安全目标

(1)安全工作方针与目标。

①制定企业安全生产方针、目标和不低于上级下达的安全控制指标★★★。

②制定实现安全工作方针与目标的措施。

评分要点:①为必备项,不达标不得分并追加扣分;②按项目扣分。

(2)中长期规划。

制定和实施企业安全生产中长期规划和跨年度专项工作方案★★。

评分要点:视考评等级予以按项扣分或不得分并追加扣分。

(3)年度计划。

根据中长期规划,制定年度计划和年度专项活动方案,并严格执行。

评分要点:按类别、按项目扣分。

(4)目标考核。

①将安全生产管理指标进行细化和分解,制定阶段性的安全生产控制指标。

②制定安全生产目标考核与奖惩办法。

③定期考核年度安全生产目标完成情况,并奖惩兑现。

评分要点:按类别、按项目扣分。

2)管理机构和人员

(1)安全管理机构。

①成立安全生产委员会(或领导小组),下属各分支机构分别成立相应的领导机构。安委会职责明确,实行主要领导负责制★★。

②按规定设置与安全生产相适应且独立的安全生产管理机构★★★。

③定期召开安全生产委员会会议,安全生产管理机构和下属各分支机构每月至少召开一次安全工作例会。

评分要点:①②为必备项,视考评等级予以扣分或不得分并追加扣分;③按类别、按次扣分。

(2)管理人员配备。按规定足额配备专职安全生产和应急管理人员★★★。

评分要点:未设置或未足额配备的,不得分并追加扣分。

3)安全责任体系

(1)健全责任制。

①企业主要负责人、分管领导、全体员工安全职责明确,制定并落实安全生产责任制,层层签订安全生产责任书,并落实到位★★★。

②主要负责人或实际控制人是安全生产第一责任人,按照安全生产法律法规赋予的职责,对安全生产负全面组织领导、管理责任和法律责任,并履行安全生产的责任和义务★★。

③分管安全生产的负责人是安全生产的重要负责人,统筹协调和综合管理企业的安全生产工作,对安全生产负重要管理责任。

④其他负责人和全体员工实行"一岗双责",对业务范围内的安全生产工作负责。

⑤安全生产管理机构、各职能部门、生产基层单位的安全职责明确并落实到位。

评分要点:①为必备项,不达标不得分并追加扣分;②视考评等级予以扣分或不得分并追加扣分;③④⑤按项或类别扣分。

(2)责任制考核。

根据安全生产责任进行定期考核和奖惩,公告考核和奖惩情况★★。

评分要点:未对安全生产责任制落实进行考核、奖惩和公告的,视考评等级予以扣分或不得分并追加扣分。

4)法规和安全管理制度

(1)资质。

《道路运输经营许可证》《企业法人营业执照》合法有效,经营范围符合要求★★★。

评分要点:无合法资质的或超范围经营的不得分,并追加扣分。

(2)法规。

①及时识别、获取适用的安全生产法律法规、标准规范。

②将法规标准和相关要求及时转化为本单位的规章制度，贯彻到各项工作中。

③执行并落实安全生产法律、法规、标准规范。

④将适用的安全生产法律、法规、标准及其他要求及时对从业人员进行宣传和培训。

评分要点：按项、按类别扣分。

(3)安全管理制度。

①制定并及时修订安全生产管理制度，发放到岗位(职工)，包括安全生产责任制，安全例会制度，文件和档案管理制度，安全生产费用提取和使用管理制度，设施、设备安全管理制度，安全培训和教育学习制度，安全生产监督检查制度，事故统计报告制度，安全奖惩制度。

②对从业人员进行安全管理制度的学习和培训。

评分要点：未指定制度或未下发的，不得分；有未组织或参加学习的，按员工数扣分；其他按类别扣分。

(4)岗位安全生产操作规程。

①制定并及时修订各岗位的安全生产操作规程，并发放到岗位(职工)★★★。

②对从业人员进行安全操作规程的学习和培训，从业人员严格执行本单位的安全操作规程。

评分要点：未制定或及时修订操作规程、未发至岗位的，不得分并追加扣分；其他按项、按次扣分。

(5)制度执行及档案管理。

①执行国家有关安全生产方针、政策、法规及本单位的安全管理制度和操作规程，依据行业特点，制定企业安全生产管理措施。

②每年至少一次对安全生产法律法规、标准规范、规章制度、操作规程的执行情况进行检查。

③建立和完善各类台账和档案，并按要求及时报送有关资料和信息★★★。

评分要点：未建立台账的或未及时报送信息的，不得分并追加扣分；无制度和规程、未制定措施或措施模糊、未下发的，不得分；其他按项、按次扣分。

5)安全投入

(1)资金投入。

①按规定提取足额安全生产费用★★★。

②安全生产经费专款专用，保证安全生产投入的有效实施★★。

③及时投入满足安全生产条件的所需资金。

④为旅客投保承运人责任险★★。

⑤为危险货物投保承运人责任险，并在有效期内★★★。

评分要点：①⑤为必备项不得分并追加扣分；②④视考评等级予以扣分或不得分并追加扣分；③按及时性酌情扣分。

(2)费用管理。

①跟踪、监督安全生产专项经费使用情况。

②建立安全费用使用台账。

评分要点：未能跟踪监督专项经费使用的，酌情扣分，无台账的不得分，台账不完整、不齐全的酌情扣分。

6）装备设施（车辆管理）

①车辆技术等级符合行业标准规定要求★★★。

②车辆持有效的《道路运输证》《机动车行驶证》《道路客运班线经营许可证明》，在规定位置放置客运标志牌★★★。

③车辆按规定配备安全锤、三脚架、警示牌、防滑链等安全设备，配足有效的灭火器★★★。

④制定并落实车辆技术管理制度，按国家规定的技术规范对车辆进行定期维护与检测，保持运输车辆技术状况良好★★★。

⑤运营车辆符合国家标准规定的使用年限或运营里程数★★★。

⑥严格执行车辆的强制报废制度，加强临近报废车辆的技术监管，及时处理临近报废车的安全隐患。

⑦安全生产设施设备符合有关规定，并保证齐全、完好，没有随意改动。

评分要点：①②③④⑤为必备项，未达标不得分，并追加扣分；⑥⑦按类别和项目扣分。

7）科技创新与信息化

（1）科技应用。

①制定并落实卫星定位装置安装使用规定★★。

②车辆卫星定位系统车载终端接入符合行业标准的监控平台和全国重点营运车辆联网联控系统★★。

③定期检查车载终端使用情况，确保车辆在线时间；车载终端工作正常、监控数据准确、实时、完整传输。

④建立符合行业标准的道路运输车辆卫星定位企业监控平台，及时向上级监管平台传输定位数据，并保证数据真实、准确★。

⑤企业平台所录入的车辆和驾驶员的基础资料、车辆技术档案信息，记录车辆行驶情况等信息准确、完整。

⑥配备专职人员负责监控车辆行驶和驾驶员的动态情况，分析处理动态信息。

⑦建立监控值班制度，对营运车辆24小时实时动态监控；对上级监管平台发出的指令进行应答，并执行有关要求。

⑧按照有关规定及时纠正和处理超速、疲劳驾驶、故意破坏卫星定位装置等违法违规行为，记录违法违规驾驶员信息，至少保存3年时间。

⑨建立动态监控工作台账。

评分要点：①②④为必备项，视考评等级予以扣分或不得分并追加扣分；其他按类别、项目和次数扣分。

（2）科技创新。

①组织开展安全生产科技攻关或课题研究。

②设有其他安全监管信息系统。

评分要点:按项目扣分。

8)队伍建设

(1)培训计划。

制定并实施年度及长期的继续教育培训计划,明确培训内容和年度培训时间。

评分要点:无培训计划不得分,未明确培训内容和时间,按项目扣分。

(2)宣传教育。

组织开展安全生产的法律、法规和安全生产知识的宣传、教育。

评分要点:按项目扣分。

(3)管理人员。

①主要负责人和管理人员具备相应安全知识和管理能力,并经行业主管部门培训合格★★★。

②专(兼)职安全管理人员具备专业安全生产管理知识和经验,熟悉各岗位的安全生产业务操作规程,运用专业知识和规章制度开展安全生产管理工作,并保持安全生产管理人员的相对稳定。

评分要点:未培训合格的不得分,并追加扣分,未保持人员相对稳定的不得分。

(4)从业人员培训。

①从业人员每年接受继续教育,提高从业人员的素质和能力,年度继续教育时间不得少于有关规定学时,未经安全生产培训合格的从业人员,不得上岗作业★★。

②转岗人员及时进行岗前培训。

③新技术、新设备投入使用前,对管理和操作人员进行专项培训。

评分要点:出现未持证上岗的或未培训的视考评等级予以扣分、不得分或追加扣分;培训时间不足,按人员数扣分。

(5)规范档案。

①建立健全安全宣传教育培训考核档案,详细、准确记录培训考核情况。

②对培训效果进行评审,改进提高培训质量。

评分要点:视企业情况,按项目扣分。

9)作业管理

(1)现场作业管理。

严格执行操作规程和安全生产作业规定的,严禁违章指挥、违章操作、违反劳动纪律。

评分要点:无规程、规定,不得分;其他按项目和类别扣分。

(2)安全值班。

制定并落实安全生产值班计划和值班制度,重要时期实行领导到岗带班,有值班记录。

评分要点:无制度的,不得分;经检查确认未落实的,按次扣分;领导未到岗的,不得分,未记录的按次扣分。

(3)相关方管理。

明确两个或两个以上单位共用同一设施进行生产经营的安全生产管理职责。

评分要点:未明确职责按项目扣分。

(4)警示标志。

①在存在危险因素的作业场所和设备设施,设置明显的安全警示标志,警示、告知危险种类、后果及应急措施。

②设备设施检修、施工等作业现场设置警戒区域和警示标志。

评分要点:设置不全的,按项目扣分。

(5)驾驶员管理。

①制定并落实驾驶员行车安全档案管理制度,实行一人一档。

②严格审查驾驶员的驾驶证件、从业资格和驾驶经历,符合条件的签订聘用合同★★★。

③车辆每日运行里程超过400千米(高速公路直达超过800千米)的,按规定配备两名以上驾驶员;驾驶员连续驾驶时间不超过4个小时,或者24小时内累计驾驶不超过8小时★★★。

④及时掌握极端天气及路况信息,提示作业中的驾驶员谨慎驾驶。

⑤驾驶员按照规定填写《行车日志》★★★。

评分要点:②③⑤为必备项,未达标不得分并追加扣分;其他按项目和人数扣分。

(6)营运车辆管理。

①有车辆技术档案,实行一车一档,内容记载及时、完整和准确,不得随意更改★★★。

②落实专人负责车辆技术管理工作,车辆安全技术状况符合有关规定。

③建立并落实车辆安全检查制度,做好出车前、行车中及收车后的车辆检查工作★★。

④维护、维修作业须在交通运输管理部门认定的汽车维修企业进行。

评分要点:未实行一车一档、内容不完整和准确,不得分并追加扣分;未落实车辆安全检查制度视考评等级予以扣分或不得分并追加扣分;其他按项目扣分。

(7)运输管理。

车辆严格按核定人数范围内载客运行,无违反规定超速、超员超载运输★★★。

评分要点:有超速、超员、超载、不得分并追加扣分。

10)危险源辨识与风险控制

(1)危险源辨识。

①开展本单位危险设施或场所危险源的辨识和确定工作。

②存在重大危险源及时采取措施并按规定报有关部门备案★★。

评分要点:未开展危险源的辨识和确定的不得分,缺项按项扣分;未采取措施、未备案视考评等级予以扣分或不得分并追加扣分。

(2)风险控制。

①及时对作业活动和设备设施进行危险、有害因素识别。

②向从业人员如实告知作业场所和工作岗位存在的危险因素、防范措施以及事故应急措施。

评分要点:未进行识别不得分;无应急措施不得分,措施不全按项目扣分。

11)隐患排查与治理

(1)隐患排查。

①制定隐患排查工作方案,明确排查的目的、范围,选择合适的排查方法。

②每月至少开展一次安全自查自纠工作,及时发现安全管理缺陷和漏洞,消除安全隐患,检查及处理情况应当记录在案★★★。

③对各种安全检查所查出的隐患进行原因分析,制定针对性控制对策。

评分要点:未制定方案的不得分,并追加扣分,方案不全的,按项扣分;无记录或记录不全,按缺项扣分;未检查或未消除隐患不得分,并追加扣分;未制定隐患控制对策不得分。

(2)隐患治理。

①制定隐患治理方案,隐患治理方案包括目标和任务、方法和措施、经费和物资、机构和人员、时限和要求。

②对上级检查指出或自我检查发现的一般安全隐患,严格落实防范和整改措施,并组织整改到位。

③重大安全隐患报相关部门备案,做到整改措施、责任、资金、时限和预案"五到位"★★。

④建立隐患治理台账和档案,有相关的记录。

⑤按规定对隐患排查和治理情况进行统计分析,并向有关部门报送。

评分要点:未制定方案的,不得分,并追加扣分,内容不全的,按项扣分;无措施、未整改到位不得分;重大隐患未备案不得分,"五到位"视考评等级予以按项扣分或不得分并追加扣分;未建立隐患台账和档案不得分,记录不全,按次按项扣分;未报送分析表,视情扣分。

12)职业健康

(1)健康管理。

设置或指定职业健康管理机构,配备专(兼)职管理人员,按规定对员工进行职业健康检查。

评分要点:未设置或指定机构和未配备管理人员不得分,未进行健康检查按员工数扣分。

(2)危害告知。

对从业人员进行职业健康宣传培训,使其了解其作业场所和工作岗位存在的危险因素和职业危害、防范措施和应急处理措施,降低或消除危害后果的事项。

评分要点:酌情按项目扣分。

(3)环境与条件。

为从业人员提供符合职业健康要求的工作环境和条件,配备与职业健康保护相适应的设施、工具。

评分要点:根据具体情况按项目扣分。

13)安全文化

(1)安全环境。

①设立安全文化廊、安全角、黑板报、宣传栏等员工安全文化阵地,每月至少更换两次内容。

②公开安全生产举报电话号码、通信地址或者电子邮件信箱,对接到的安全生产举报和投诉及时予以调查和处理。

评分要点:按次、按项扣分。

(2)安全行为。

①开展安全承诺活动★。

②编制客运站安全知识手册,发放到职工。

③组织开展安全生产月活动、安全生产竞赛活动,有方案、有总结。

④对在安全工作中作出显著成绩的集体、个人给予表彰、奖励,并与其经济利益挂钩。

⑤对安全生产进行检查、评比、考核,总结和交流经验,推广安全生产先进管理方法。

评分要点:未开展安全承诺活动视考评等级予以扣分或不得分;无方案、无总结,不得分;未检查、评比、考核、表彰和总结,按项扣分。

14)应急救援

(1)预案制定。

①制定相应的突发事件应急预案,有相应的应急保障措施★★★。

②结合实际将应急预案分为综合应急预案、专项应急预案和现场处置方案★★。

③应急预案与当地政府预案保持衔接,报当地有关部门备案,通报有关协作单位。

④定期评审应急预案,并根据评审结果或实际情况的变化进行修订和完善。

评分要点:未制定预案的、无保障措施的,不得分并追加扣分;预案未作分类管理的,视考评等级予以扣分或不得分并追加扣分;未备案和通报的,按件扣分;未定期评审或未修订的,按件扣分。

(2)预案实施。

①开展应急预案的宣传教育,普及生产安全事故预防、避险、自救和互救知识。

②开展应急预案培训活动,使有关人员了解应急预案内容,熟悉应急职责、应急程序和应急处置方案★★★。

③发生事故后,及时启动应急预案,组织有关力量进行救援,并按照规定将事故信息及应急预案启动情况报告有关部门。

评分要点:未开展应急预案培训和预案执行混乱无序的,不得分并追加扣分;未开展宣传教育的、未及时报告的,按项扣分。

(3)应急队伍。

①建立与本单位安全生产特点相适应的专兼职应急救援队伍,或指定专兼职应急救援人员。

②组织应急救援人员日常训练和演练。

评分要点:未建立队伍或指定人员的、未进行训练和演练的,不得分。

(4)应急装备。

①按照应急预案的要求配备相应的应急物资及装备。

②建立应急装备使用状况档案,定期进行检测和维护,使其处于良好状态。

评分要点:应急物资配备不齐的,按类扣分;未建立档案不得分。

(5)应急演练。

①制定相应的突发事件应急预案,有相应的应急保障措施★★★。

②应急预案演练结束后,对应急预案演练效果进行评审,撰写应急预案演练评审报告,分析存在的问题,并对应急预案提出修订意见。

评分要点:①为必备项,不得分并追加扣分;②对于一级道路货物运输企业为必备项,不达标不得分并追加扣分,其他类别企业按项扣分。

15)事故报告调查处理

(1)事故报告。

①制定事故报告制度和程序,发生事故按规定及时、如实向有关部门报告,准确、及时地填报安全生产责任事故统计表、报,不得隐瞒不报、谎报、拖延不报★★★。

②跟踪事故发展情况,及时续报事故信息,建立事故档案和事故管理台账。

评分要点:未及时报告的或有效保护现场及有关证据的,不得分,有瞒报、谎报、破坏现场的任何行为的,不得分并追加扣分无档案或台账的,不得分,并追加扣分;未建立事故档案和台账的,按项目扣分。

(2)事故处理。

①接到事故报告后,迅速采取有效措施,组织抢救,防止事故扩大,减少人员伤亡和财产损失。

②发生事故后,按规定成立事故调查组,积极配合各级人民政府组织的事故调查,随时接受事故调查组的询问,如实提供有关情况。

③按时提交事故调查报告,及时召开安全生产分析通报会,剖析事故原因,落实整改措施。

④发生事故后,及时召开安全生产分析通报会,对事故当事人的聘用、培训、考评、上岗以及安全管理等情况进行责任倒查。

⑤按"四不放过"原则严肃查处事故,严格追究责任领导和相关责任人,处理结果报有关部门备案★。

评分要点:未能适当处置事故抢救的、未配合调查的或未如实提供有关情况的、未及时提交事故调报告的、未进行责任倒查的,均按项目扣分;未追究责任的或处理结果未报有关部门备案的,视考评等级予以扣分或不得分并追加扣分。

16)绩效考核与持续改进

(1)绩效评定。

每年至少一次对本单位安全生产标准化的实施情况进行评定,对安全生产工作目标、指标的完成情况进行综合考核。

评分要点:未进行评定的,不得分;评定中缺少类目、项目和内容或其支撑性材料不全的,按类目、项目扣分,未对前次评定中提出的纠正措施的落实效果进行评价的,按项目扣分。

(2)持续改进。

提出进一步完善安全标准化的计划和措施,对安全生产目标、指标、管理制度、操作规程等进行修改完善。

评分要点:未进行安全标准化系统持续改进的,不得分,未制定完善安全标准化工作计划和措施的扣分,修订完善的记录与安全生产标准化系统评定结果不一致的,按项目扣分;一级道路货物运输企业此项为必备项,未制定完善的,不得分。

(3)安全管理体系建设。

根据企业生产经营实际,建立相应的安全管理体系,规范安全生产管理,形成长效机制。

评分要点:未形成体系的,不得分,体系不规范的,视情扣分;一级道路货物运输企业此项为必备项,未形成体系或不规范,不得分。

2. 个性考评指标

个性考评指标重点解释带★必备指标评分要点，非★指标参照规定的分值按项、按类别扣分。

1）危险品货物运输企业

（1）停车场。

①有符合安全规定并与经营范围、规模相适应的停车场地★★★。

②具有运输剧毒、爆炸和Ⅰ类包装危险货物专用车辆的，配备与其他设备、车辆、人员隔离的专用停车区域，并设立明显的警示标志★★★。

评分要点：①②均属必备项，未达标不得分并追加扣分。

（2）设施设备。

①车辆技术等级达到行业标准规定的一级技术等级★★★。

②专用车辆符合国家有关规定，配备安全、有效的通信工具，并按照国家标准的要求悬挂标志，标志灯（牌）、标志齐全有效★★★。

③配备有与运输的危险货物性质相适应的安全防护、环境保护和消防设施设备，随车携带遮盖、捆扎、防潮、防火、防毒等工属具和应急处理设备、劳动防护用品★★★。

评分要点：①②③均为必备项，未达上述标准不得分并追加扣分。

2）道路旅客运输企业

科技应用：旅游包车、三类以上班线客车按规定安装使用具有行驶记录功能的卫星定位系统车载终端，并正常使用★★★。

评分要点：该项为道路旅客运输企业旅游包车、三类以上班线客车必备项，未安装或未正常使用不得分并追加扣分。

3）道路运输货运站

（1）安全设施及管理。

①按国家有关规定配足有效的安全和消防设施、设备及器材，并确保齐全有效★★★。

②设有覆盖安全重点部位视频监控设备，并保持实时监控★★。

评分要点：①为货运站考评必备项，未达标准不得分并追加扣分；②为一、二级货运站必备项，视考评等级予以扣分或不得分并追加扣分。

（2）现场作业管理。

①从业人员具有相关资质条件★★★。

②指定专人对危险作业进行现场管理★★。

评分要点：从业人员未具有相关资质条件不得分并追加扣分；未指定专人现场管理，视考评等级予以扣分或不得分并追加扣分。

4）道路运输客运站

（1）设施。

①具备《汽车客运站级别划分和建设要求》相适应的场地和设施设备★★★。

②按国家规定配备安全消防设施设备消防器材，并确保齐全有效★★★。

③一级标准客运站配置行包安全检查设备两套，二级标准客运站配置行包安全检查设备两套，并保持设备运行正常★★。

评分要点:①②为必备项,未达标不得分并追加扣分;③为一、二级客运考评必备项,视考评等级予以扣分或不得分并追加扣分。

(2)三品查堵。

①制定三品(易燃、易爆、易腐蚀的物品)查堵制度、防止三品进出站上车的有效措施★★★。

②对进站旅客携带的行李物品和托运行包进行安全检查,对查获的三品要进行登记并按有关规定妥善处理,确保三品不进站★★。

评分要点:未制定三品查堵制度和措施不得分并追加扣分;未对行李、行包进行安检的、未对查获三品登记并妥善处理的,视考评等级予以扣分或不得分并追加扣分。

(3)车辆出站前检查。

制定并落实车辆出站检查制度。确保超载客车不出站、安全例检不合格客车不出站、驾驶员资格不符合要求不出站、客车证件不齐全不出站,按要求填写《汽车客运站车辆出站登记表》,并经受检客车驾驶员签字确认,未经审核签字不出站★★★。

评分要点:此项为必备项,未达标准要求不得分并追加扣分。

(4)科技应用。

①设有安全电子门检查系统★★。

②使用先进的、安全性能可靠的新技术、新工艺、新设备和新材料,优先选购安全、高效、节能的先进设备。

③设有电子显示设备。

④设有安全生产管理信息系统★。

评分要点:无安全电子门检查系统、无安全生产管理信息系统视考评等级按项目予以扣分或不得分;其他按项目扣分。

第十三章　考评流程与监督管理

第一节　考 评 管 理

根据交通运输部《交通运输企业安全生产标准化考评管理办法》和《交通运输企业安全生产标准化达标考评指标》要求。从事道路水路运输(含客货运输企业、客货运站场、港口经营企业)、城市客运(含公交、轨道交通、出租汽车企业)、交通运输建设施工、机动车维修等企业必须进行交通运输企业安全生产标准化考评。

交通运输企业安全生产标准化达标等级分为一级、二级、三级,其中城市轨道交通企业安全生产达标标准等级分为一级、二级。

评为一级达标企业的考评分数不低于900分(满分1000分,下同)且完全满足所有达标企业必备条件,评为二级达标企业的考评分数不低于700分且完全满足二、三级达标企业必备条件,评为三级达标企业的考评分数不低于600分且完全满足三级达标企业必备条件。

交通运输部主管全国交通运输企业安全生产标准化工作并负责一级达标企业的考评工作。省级交通运输主管部门负责本管辖范围内交通运输企业安全生产标准化工作和二、三级达标企业的考评工作。长江航务管理局、珠江航务管理局分别负责长江干线、西江干线跨省航运企业安全生产标准化工作和二、三级达标企业的考评工作。以上部门和单位统称为主管机关。

交通运输企业安全生产标准化考评包括初次考评、换证考评和附加考评等三种形式。

交通运输企业安全生产标准化考评工作应坚持客观、公正、公开、透明的原则,由主管机关按照《交通运输企业安全生产标准化考评管理办法》组织实施。主管机关应向社会公告交通运输企业安全生产标准化考评结果。

第二节　考 评 流 程

交通运输企业安全生产标准化建设流程包括策划准备及制定目标、教育培训、现状梳理、管理体系文件制修订、实施运行及整改、企业自评、考评申请、考评实施与管理八个阶段。

1.策划准备及制定目标

策划准备阶段首先要成立领导小组,由企业主要负责人担任领导小组组长,所有相关的职能部门的主要负责人作为成员,确保安全生产标准化建设组织保障;成立执行小组,由各部门负责人、工作人员共同组成,负责安全生产标准化建设过程中的具体问题。

制定安全生产标准化建设目标,并根据目标来制定推进方案,分解落实达标建设责任,明确在安全生产标准化建设过程中确保各部门按照任务分工,顺利完成各阶段工作目标。

2.教育培训

安全生产标准化建设需要全员参与。教育培训首先要解决企业领导层对安全生产标准化建设工作重要性的认识，加强其对安全生产标准化工作的理解，从而使企业领导层重视该项工作，加大推动力度，监督检查执行进度；其次要解决执行部门、人员操作的问题，培训评定标准的具体条款要求是什么，本部门、本岗位、相关人员应该做哪些工作，如何将安全生产标准化建设和企业日常安全管理工作相结合。

同时，要加大安全生产标准化工作的宣传力度，充分利用企业内部资源广泛宣传安全生产标准化的相关文件和知识，加强全员参与度，解决安全生产标准化建设的思想认识和关键问题。

3. 现状梳理

对照相应专业评定标准（或评分细则），对企业各职能部门及下属各单位安全管理情况、现场设备设施状况进行现状摸底，摸清各单位存在的问题和缺陷；对于发现的问题，定责任部门、定措施、定时间、定资金，及时进行整改并验证整改效果。现状摸底的结果作为企业安全生产标准化建设各阶段进度任务的针对性依据。

企业要根据自身经营规模、行业地位、工艺特点及现状摸底结果等因素及时调整达标目标，注重建设过程，真实有效可靠，不可盲目一味追求达标等级。

4. 管理体系制修订

安全生产标准化对安全管理制度、操作规程等要求，核心在其内容的符合性和有效性，而不是对其名称和格式的要求。企业要对照评定标准，对主要安全管理文件进行梳理，结合现状摸底所发现的问题，准确判断管理文件亟待加强和改进的薄弱环节，提出有关文件的制修订计划；以各部门为主，自行对相关文件进行修订，由标准化执行小组对管理文件进行把关。

5. 实施运行及整改

根据制修订后的安全管理文件，企业要在日常工作中进行实际运行。根据运行情况，对照评定标准的条款，按照有关程序，将发现的问题及时进行整改及完善。

6. 企业自评

企业在安全生产标准化系统下运行一段时间后，依据评定标准，由标准化执行小组组织相关人员，开展自主评定工作。申请达标等级的交通运输企业应对照《交通运输企业安全生产标准化达标考评指标》进行自评，逐项给出自评分值，形成自评报告。企业对自主评定中发现的问题进行整改，整改完毕后，着手准备安全生产标准化评审申请材料。

7. 考评申请

企业完成自评后，通过“交通运输企业安全生产标准化管理信息系统”向相应的主管机关提出考评申请，并根据经营类别分别申请达标等级；主管机关收到企业申请后确定考评机构，受理考评。

8. 考评实施与管理

考评机构应在5个工作日内完成对企业申请材料的真实性和符合性的核查，对核查通过的企业启动考评；核查不通过的，应及时告知主管机关和企业，并说明原因。

考评机构应组织3名以上（含3名）具有相应资质的考评人员成立考评组，制定具体考评计划，告知企业后实施。考评机构应在接到申请后25个工作日内完成对企业的考评。

企业在考评过程中，应积极主动配合，由参与安全生产标准化建设执行部门的有关人员参加考评工作。企业应对考评报告中列举的全部问题，形成整改计划，及时进行整改，并配合考评机构上报有关考评材料。考评机构考评时,可邀请属地安全监管部门派员参加,便于安全监管部门监督考评工作,掌握考评情况,督促企业整改考评过程中发现的问题和隐患。

考评工作流程如图13-1所示。

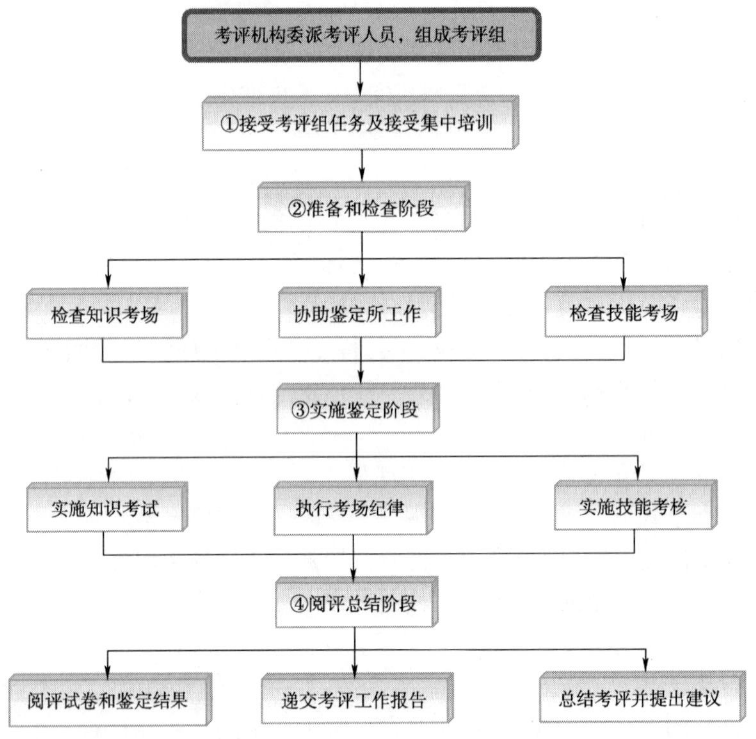

图13-1 考评工作流程

第三节 考评申请与发证

一、考评申请

申请考评的企业应向主管机关提交申请。

交通运输部主管全国交通运输企业安全生产标准化工作并负责一级达标企业的考评工作;省级交通运输主管部门负责本管辖范围内交通运输企业安全生产标准化工作和二、三级达标企业的考评工作;长江航务管理局、珠江航务管理局分别负责长江干线、西江干线跨省航运企业安全生产标准化工作和二、三级达标企业的考评工作。

不同级别的达标考评企业分别向相应的主管机关提出申请;主管机关审核合格后由考评机构组织考评。

企业安全生产标准化考评包括初次考评、换证考评和附加考评等三种形式。

企业安全生产标准化考评工作应坚持客观、公正、公开、透明的原则,由主管机关按照本办法组织实施。主管机关应向社会公告交通运输企业安全生产标准化考评结果。

在接受考评过程中，企业应提供所需的工作便利，以确保考评员充分有效地实施考评，如实提供相关资料和证据；与考评员合作，以保证考评工作顺利完成。

二、初次考评和发证

申请初次考评的企业应具备以下条件：

(1)具有企业法人资格(含分公司)，并直接从事交通运输生产经营建设行为的实体。

(2)具有与其经营管理相适应的安全生产管理机构和人员，并建有相应的安全生产管理制度。

(3)已进行安全生产标准化建设自评。

初次考评应提交申请报告，并附以下材料：

(1)企业法人营业执照、经营许可证等。

(2)企业基本情况和安全生产组织架构。

(3)企业安全生产基本情况。

(4)企业安全生产标准化建设自评报告。

主管机关收到初次考评申请及所附材料后，应审查以下内容：

(1)是否属于本管辖范围。

(2)是否满足申请条件。

(3)申请材料是否齐全。

申请材料不符合要求的，应告知企业补充、修改或重新提交申请。

对满足申请要求的企业，主管机关应结合企业的申请确定考评机构。考评机构应按照主管机关的要求和本办法的规定对企业安全生产情况进行考评。

企业通过考评的，由考评机构报主管机关审核同意后，向该企业签发安全生产标准化达标证书。未通过考评的或经主管机关审核不合格的，企业应采取纠正措施并可在3个月后重新申请考评。

企业安全生产标准化达标证书有效期为3年。

已取得相关机构颁发的安全生产管理体系证书(证明)的企业，连续3年未发生重特大事故的，经主管机关对必备条件审核后，可颁发二级或三级安全生产达标证书。

企业申请高一级别安全生产标准化达标考评，考评及发证的内容、范围和方法按照初次考评的有关规定执行。

新组建企业应于正式运营6个月后提出初次考评申请。

三、换证考评与发证

换证考评申请应在企业安全生产标准化达标证书有效期届满之日前3个月内提出。

换证考评申请应附送以下材料：

(1)企业法人营业执照、经营许可证等。

(2)安全生产标准化达标证书。

(3)企业基本情况和安全生产组织架构。

(4)企业安全生产管理情况。

换证考评及发证的内容、范围和方法参照初次考评的有关规定执行。

换证考评和发证应在现有企业安全生产标准化达标证书有效期届满前完成。

换证考评未通过的,企业应在原证书期满后3个月内提出重新考评申请。

企业安全生产标准化达标证书遗失的,可以向原考评发证机构申请补发。

企业法人代表、名称、地址等变更的,应在变更后1个月内,向相应的主管机关提供有关材料,申请对企业安全生产标准化达标证书的变更。

主管机关向企业、考评机构、考评人员发放证书不得收取任何费用。

四、附加考评

有下列情况之一的,主管机关或其指定的考评机构应对持有企业安全生产标准化达标证书的企业实施附加考评:

(1)企业发生重大及以上安全责任事故。

(2)企业一年内连续发生两次及以上较大安全责任事故。

(3)企业被举报并经核实其安全生产管理存在重大安全问题。

(4)企业发生其他可能影响其安全生产管理的重大事件或主管机关认为确实必要的。

上述事故等级按照《生产安全事故报告和调查处理条例》(国务院第493号令)确定。

附加考评应针对引发附加考评的原因进行。在考评中发现有严重问题的,可扩大考评范围,直至实施全面考评。

通过附加考评并经主管机关审核合格的,维持企业安全生产标准化达标证书的有效性。

未通过附加考评或经主管机关审定认为其安全生产管理存在重大问题的,主管机关应责令其整改,整改合格的,企业应在3个月内再次申请初次考评。

第十四章 现 场 考 评

现场考评是指考评机构按照主管机关的要求,根据《交通运输企业安全生产标准化考评管理办法》和《交通运输企业安全生产标准化考评程序》的规定,进入企业生产经营现场,采用资料核对、人员询问、现场考评等方法,对企业的安全生产情况进行考核评价的过程。主要任务是在企业自评报告核实的基础上,对现场提交的资料进行认真查阅、核实;对设备设施和作业场所等进行现场检查;对重点岗位和人员执行责任制和制度情况、安全知识、操作技能和应急知识等进行现场对照检查核实。

第一节 考 评 启 动

主管机关收到企业申请后指定考评机构受理,考评机构依照企业申请,做好考评的准备工作。主要包括组织考评小组、核查资料、考评衔接三个环节。

一、考评组

考评机构受理了企业考评任务后,在 5 个工作日完成对企业申请材料的真实性和符合性的核查。

1. 对核查不通过的,应及时告知考评机关和申请企业,并说明不通过的原因

(1)非主管机关管辖范围的企业。

(2)申请相应达标级别的企业须完全满足必须达标指标项的要求。

(3)申请材料不全。

(4)其他原因。

2. 对核查通过的企业可按启动考评的程序要求做好准备

组织考评组。根据企业的申请达标级别和企业经营的规模,考评机构组织 3 名以上(含 3 名)具有相应资质的考评人员成立考评组。考评人员的具体要求如下:

(1)取得经培训考试合格、省级交通运输主管部门核发的《交通运输企业安全生产标准化考评员资格证》。

(2)熟悉了解申请企业的生产经营管理情况。

(3)有较强的组织协调指导能力和文字语言表达能力。

(4)身体健康、时间满足考评工作需要。

二、资料核查

核查考评企业的申报资料,应遵循以下原则:首先应保证资料和数据全面、客观、具体、准确;其次应尽量避免不必要的资料索取,以免给企业带来不必要的负担。重点要求运输企业提供反映现实运行状况的各种资料与数据。

考评启动之前应获取的资料如下：

1. 企业概况

(1)企业工商营业执照、经营许可证等相关证照。

(2)企业章程、法人治理结构、企业组织机构等相关资料。

2. 企业基本情况

(1)企业自评报告。

(2)从业人员资料。

①企业从业人员台账。

②各类管理人员证书及培训记录或证明。

③特种从业人员培训考核情况表及证书。

④其他从业人员培训。

3. 企业安全生产组织架构

(1)岗位设置及责任制文件。

(2)企业管理机构设置及职责文件。

(3)安全生产管理机构和专兼职安全生产管理人员的设置和配备文件。

4. 企业安全生产基本情况

安全生产管理制度文件。

(1)企业操作规程文件。

(2)安全生产管理档案、记录，包括安全会议记录。

(3)事故应急救援工作情况。应急救援组织或应急救援人员的设置或配备的文件；应急救援预案；重大危险源应急预案；应急预案演练记录。

(4)事故管理情况。事故档案；年内发生的事故调查处理情况；对发生事故接受教训情况。

5. 设备设施资料

(1)道路运输企业车辆台账。

(2)进行消防设计的建筑工程公安消防机构消防验收文件。

(3)重大危险源清单及监控措施。

6. 考评需要的其他证明材料

三、考评衔接

考评组进入考评现场后，召开由主管部门代表、考评组全体成员、申请企业的主要负责人、安全管理部门负责人参加的首次会议。会议由考评组长主持，宣布考评工作启动。

现场考评首次会议的内容为：考评组长说明考评的目的、范围和依据和考评组工作纪律；简要介绍考评的程序和方法，确认考评计划；介绍考评组成员分工；确定企业需回避的事项。

首次考评会议必须公开说明企业、考评员、主管部门代表三方的责任和义务。

(1)企业在接受考评过程中应做到：

①提供所需的工作便利，以确保考评员充分有效地进行考评。

②如实提供相关资料和证据。

③与考评员合作，以保证考评工作顺利完成。

(2)考评员应保守秘密并谨慎处理所接触的有关文件、特许的信息资料等。

(3)企业可以向主管机关或考评机构举报、投诉考评员的不正当行为。

(4)主管机关应对考评机构和考评员进行监督管理。考评机构或考评员如有违法违纪行为的，主管机关应作出处理直至取消其考评资格。

(5)主管机关相关管理人员和考评员应严格遵守本办法和有关廉政规定，不得借考评工作谋取任何私利。

首次会议应形成首次会议记录，相关人员在记录上签字。

第二节　考评内容与方法

道路运输企业安全生产达标考评内容由交通运输部《交通运输企业安全生产标准化考评管理办法》(交安监〔2012〕175号)文件规定的交通运输企业安全生产标准化达标考评指标确定。

一、考评内容

道路运输企业安全生产达标考评内容主要由道路旅客运输、道路危险货物运输、道路交通普通货物运输、道路货物运输场站、机动车维修、汽车客运站6个方面的考评内容组成。

二、考评方法

道路运输企业安全生产达标考评根据《交通运输企业安全生产标准考评程序》，采取以下方法：

(1)查阅文件和记录。按照考评组和申请企业共同议定的考评计划书准备的相关文件、资料、记录、档案，对照考评指标逐一查阅填写考评记录。

(2)召开座谈会和现场与相关人员提问、交谈，对照考评要求填写会谈或现场提问交谈记录，并经相关人员现场签字。

(3)现场抽查、检查。考评组采取约定和随访的方式，对照考评要点到申请企业的现场进行抽查或检查。填写现场抽、检查记录表，由申请企业的随检人员和相关人员签字。

第三节　考评现场问题与修正

现场考评结果直接影响评价结果，考评组对现场考评中出现的问题需要认真加以修正，确保考评结果客观、公正。

1. 考评现场问题的原因

安全评价的结果与考评人员对被考评企业的了解程度、对可能导致事故的认知程度、采取的考评方法，以及被考评人员的能力有着密切的关系。因此，考评现场问题出现的主要原因有以下几个方面：

(1)法律意识淡薄。被考评企业对安全评价的必要性与法律责任认识不足;实施考评工作的机构,出于经济利益考虑,对评价过程采取简单化处理,有的甚至严重失实。

(2)评价方法滥用。如抽查方法的应用,如果选取的基准数不准、抽查数不足,得出的结果可能有高达数倍的不准确性。另外,评价方法误用也会导致错误的评价结果。

(3)考评时间不足。安全考评是一种在较短时间内对企业安全生产情况作出考评的过程,这一客观因素对安全考评的结果有一定影响。

(4)考评人员的素质和经验。安全评价具有一定的主观的性质,评价结果与假设条件密切相关。不同的评价人员使用相同的资料来评价同一个对象,可能会由于评价人员的业务素质不同,而得出不同的结果。

2. 考评现场的常见问题

(1)考评资料不全。企业对部分考评内容无法提供相关的资料,导致部分考评指标无依据考评。

(2)考评资料失实。企业提供的资料与实际经营状况不相吻合,甚至存在弄虚作假的现象,影响考评结果的客观公正。

(3)现场抽查不能到位。因企业的特殊性原因,对设施、设备、岗位、人员的抽查达不到一定的数量要求,影响考评结果。

(4)非量化指标难以定性。在考评过程中,对此类指标的把握存在一定困难和交易差异。

(5)考评打分争议。企业对考评员的评分出现明显争议,持反对意见。

(6)考评结果与企业现状不一致。考评组按照有关标准对企业进行评价,评价结果与企业的外在反映存在较大差异。

(7)较大原则性问题。考评中出现较大原则性问题,可能导致无法通过现场考评。

3. 考评现场问题修正

对考评现场中出现的问题,考评组应坚持安全评价科学性、合法性、公正性等原则,运用印证法、合议法多种方法,实事求是、及时地予以修正。

(1)比较印证法。将若干证据所反映的事实联系起来进行考察,确定它们之间是否相互呼应,协调一致。

(2)合议法。对定性的指标考评,经由考评员主观评价的部分,可采取多名考评员考评,将多个考评结果予以合议,确定最为合理公正的评价。

(3)扩大抽查数量。对需要调查询问多个对象或存在较大争议的指标考评,适当扩大抽查数量,以客观反映考评结果。

(4)加强沟通协调。考评组在现场考评工作中,应注意控制考评气氛,营造和谐、合作的工作氛围,避免与被考评方发生冲突。现场考评多注意提问的技巧、聆听的技巧、面谈的技巧、验证的技巧、不符合项判定的技巧。

(5)其他方法。考评组可根据实际情况终止考评、分期考评或提出限期整改的意见。

第四节　交换考评结果和达标等级推荐意见

考评组针对安全评价现场检查、材料核实中发现的问题,提出对主要危险因素、重大危险因素的安全防护措施及建议，告知企业考评初步结果及达标等级推荐意见，与被评价企业沟通，进一步交换意见。

1. 提出安全对策措施

安全对策措施是考评组针对企业安全生产现场评价中发现的危险、有害因素，要求企业采取的消除或减弱危险、有害因素的技术措施和管理措施。

安全技术措施优先采用的原则依次是消除、预防、减弱、隔离、连锁和警告。安全管理措施主要包括建立健全各项安全管理制度、机构和人员，加强安全培训、教育和考核，加强安全生产的过程控制和管理，加强安全生产监督与检查，加大安全生产投入，加强设施设备安全管理等。

2. 考评组内部会议沟通

考评人员考评结束后，考评组独立召开内部会议，对照适用的评定标准及有关规定，对得分点、扣分点、存在问题以《道路运输企业安全生产标准化考核汇总表》(表 14-1)的形式进行汇总，形成一致的、公正客观的考评组意见，形成现场考评结论，给出等级推荐意见。

道路运输企业安全生产标准化考评结果汇总表　　表 14-1

考评机构：

考评时间：从　　　年　　月　　日到　　　年　　月　　日

考评组组长：　　　　　　考评组成员：

考评内容	考评要点		标准分值	实际得分	考评评价
小计：					
合计：					
考评组意见：					
组长： 成员： 年　月　日					

3. 交换考评结果

在考评组内部会议形成了现场考评结论后，根据需要，考评组将现场考评结论与企业主要负责人进行沟通。

当考评组收集的证据显示有即将发生的重大风险时，应当立即通报给受考评方，适当时间向主管机关报告。

第五节　考评总结

现场考评末次会议为考评总结会议。会议由考评组长主持，考评组成员及企业有关人员参加。

现场考评末次会议的内容为：由考评组组长宣布考评等级推荐意见；对本次考评工作进行总结。考评机构以《道路运输企业安全标准化现场考评未达标指标汇总表》(见表 14-2)

的形式向企业书面提出未达标指标的明细及整改建议，并送经申请企业法人代表签字、盖章确认。该表一式三份，考评机构、被考评企业各一份，向当主管机关报备一份。

末次会议应形成《末次会议记录》，相关人员在记录上签字。

道路运输企业安全标准化现场考评未达标指标汇总表 表 14-2

考评内容	未达标考评要点	整改措施建议	整改时限

注：整顿完成，申请企业向考评组递交整顿报告，由考评组根据需要组织针对性现场考评。确认整顿结果。

企业负责人（签名）： 年 月 日

考评组长：

考评组成员：

第十五章 后期监督与管理

第一节 达标后企业的监督与管理

考评机构应严格按照相关安全生产标准化评定标准的要求开展考评的相关工作，确保安全生产标准化考评工作的质量，并对考评结果负责。

取得安全生产标准化证书后，企业应每年对本单位安全生产标准化的实施情况至少进行一次自我评定，并形成自评报告，以及时发现和解决生产中的安全问题，持续改进，不断提高安全生产水平。

安全生产标准化企业证书和牌匾有效期3年，有效期满后应按交通运输部《交通运输企业安全生产标准化考评管理办法》的规定重新申请。

第二节 证书撤销条件

对获得安全生产标准化称号的企业，各级安全生产监督管理部门视情况组织日常检查、抽查，并对检查、抽查情况进行通报。企业在考评过程中弄虚作假、申请材料不真实的，不接受检查或抽查的，撤销其安全生产标准化企业称号。

取得安全生产标准化证书的企业，在证书有效期内发生生产安全事故累计造成的人员伤亡或经济损失符合下列规定的，或发生其他造成较大社会影响的生产安全事故、存在隐瞒事故行为的，由原考评机构撤销其安全生产标准化企业称号。

（1）一级达标企业，大型企业集团发生较大以上生产安全事故，或集团所属成员企业20%以上发生死亡生产安全事故；上市公司或行业领先企业发生人员死亡生产安全事故。

（2）二级达标企业，生产安全事故死亡超过2人。

（3）三级达标企业，生产安全事故死亡超过3人。

被撤销安全生产标准化称号的企业，应向原发证机构交回证书和牌匾。

附件

交通运输企业安全生产标准化达标考评

申

请

表

申请日期：　　年　月　日

中华人民共和国交通运输部制

交通运输企业安全生产标准化达标考评申请表

<table>
<tr><td>企业名称</td><td colspan="3"></td></tr>
<tr><td>经营范围</td><td colspan="3"></td></tr>
<tr><td>法人代表</td><td></td><td>注册地</td><td></td></tr>
<tr><td>注册时间</td><td></td><td>申请记录</td><td>有□　　年　月　　无□</td></tr>
<tr><td>申请类别</td><td></td><td>申请等级</td><td></td></tr>
<tr><td>主管机关</td><td colspan="3"></td></tr>
<tr><td rowspan="7">相关附件</td><td colspan="3">1. 企业法人营业执照、经营许可证等　□</td></tr>
<tr><td colspan="3">2. 企业基本情况和安全生产组织架构　□</td></tr>
<tr><td colspan="3">3. 企业安全生产基本情况　□</td></tr>
<tr><td colspan="3">4. 相关安全生产管理体系证书(证明)及近3年安全事故情况　□</td></tr>
<tr><td colspan="3">5. 企业自评报告　□</td></tr>
<tr><td colspan="3"></td></tr>
<tr><td colspan="3"></td></tr>
<tr><td>主管机关
意　　见</td><td colspan="3">(电子签名)　　年　月　日</td></tr>
<tr><td>备　　注</td><td colspan="3"></td></tr>
</table>

说明:如有申请记录请在该栏填写最近一次申请时间。

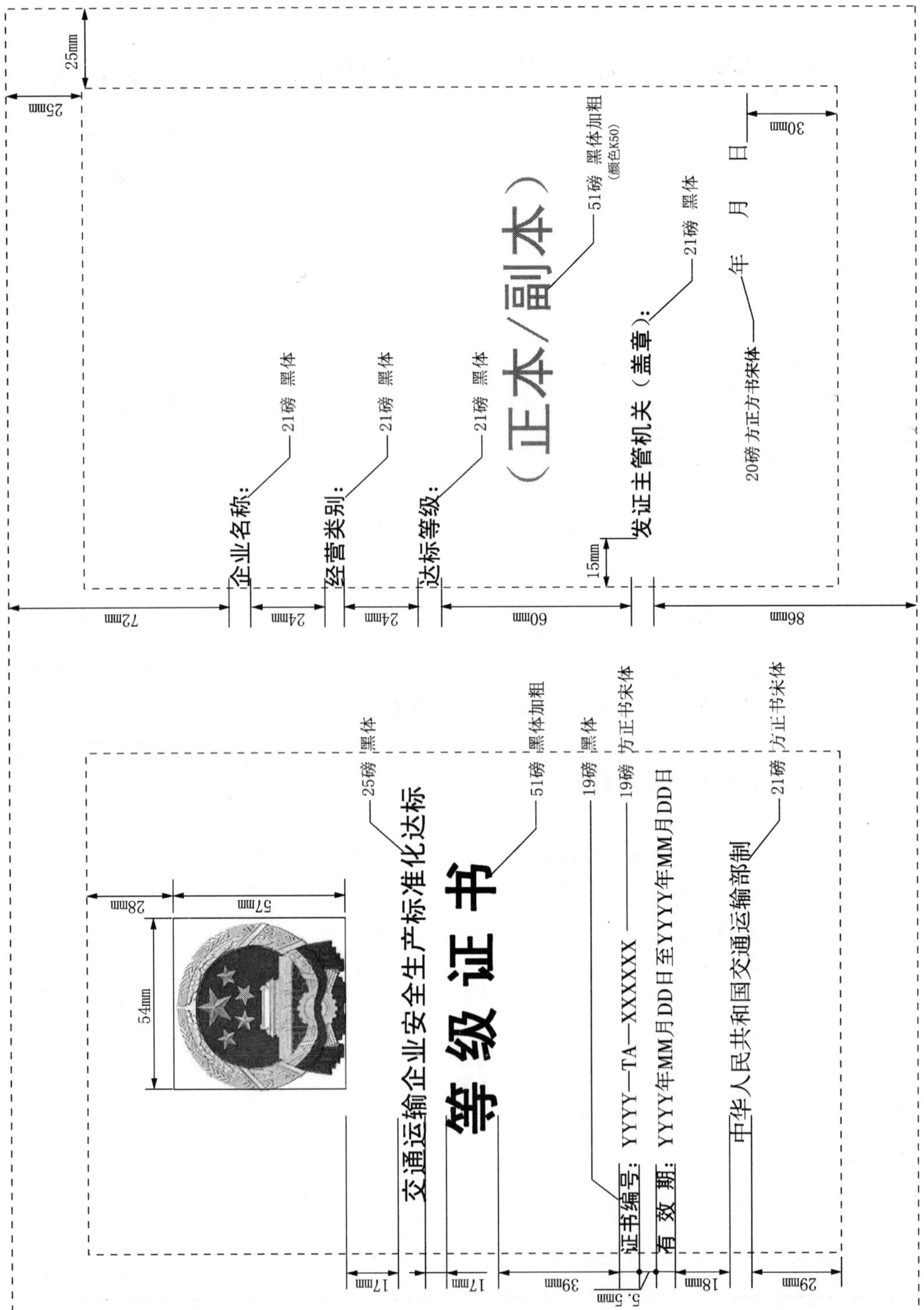

25mm
25mm
72mm
28mm
54mm
57mm

17mm
交通运输企业安全生产标准化达标 —— 25磅 黑体
17mm
等级证书 —— 51磅 黑体加粗
39mm
5.5mm
证书编号：YYYY—TA—XXXXXX —— 19磅 黑体；19磅 方正书宋体
有 效 期：YYYY年MM月DD日至YYYY年MM月DD日
18mm
中华人民共和国交通运输部制 —— 21磅 方正书宋体
29mm

企业名称： —— 21磅 黑体
24mm
经营类别： —— 21磅 黑体
24mm
达标等级： —— 21磅 黑体
60mm
（正本/副本） —— 51磅 黑体加粗（颜色K50）
15mm
发证主管机关（盖章）： —— 21磅 黑体
20磅 方正方书宋体 —— 年 月 日
30mm
86mm

证书说明

1. 等级证书纸张大小为420mm×297mm(A3),带底纹。

2. 证书编号格式为YYYY—TA—XXXXXX。YYYY表示年份;TA表示发证主管机关(0 1表示交通运输部,0 2表示北京市,0 3表示天津市,0 4表示河北省,0 5表示山西省,0 6表示内蒙古自治区,0 7表示辽宁省,0 8表示吉林省,0 9表示黑龙江省,1 0表示上海市,1 1表示江苏省,1 2表示浙江省,1 3表示安徽省,1 4表示福建省,1 5表示江西省,1 6表示山东省,1 7表示河南省,1 8表示湖北省,1 9表示湖南省,2 0表示广东省,2 1表示海南省,2 2表示广西自治区,2 3表示重庆市,2 4表示四川省,2 5表示贵州省,2 6表示云南省,2 7表示西藏自治区,2 8表示陕西省,2 9表示甘肃省,3 0表示青海省,3 1表示宁夏自治区,3 2表示新疆自治区,3 3表示新疆生产建设兵团,3 4表示长江航务管理局,3 5表示珠江航务管理局);XXXXXX表示序列号。

3. 经营类别分为城市公共汽车客运、城市轨道交通运输、出租汽车营运、道路旅客运输、道路危险货物运输、道路普通货运、道路货物运输场站、机动车维修、汽车客运站、港口客运(滚装码头、渡船渡口)、港口普通货运、港口危险货物营运、水路旅客运输、水路普通货物运输、水路危险货物运输、交通运输建筑施工16个类别。

4. 达标等级分一级、二级、三级3个级别。

5. 国徽图案的制作及使用应遵守国家相关法律和规范。

6. 发证主管机关印章使用圆形封口章,名称统一为"＊＊＊企业安全生产标准化达标专用章","＊＊＊"为发证主管机关名称,"达标专用章"封口。例:"＊＊省交通运输厅企业安全生产标准化达标专用章"、"＊＊省＊＊市交通运输局企业安全生产标准化达标专用章"。

7. 证书电子模板可在交通运输企业安全生产标准化管理信息系统下载。

8. 证书正本1份,副本3份。

参考文献

[1] 李百川. 道路运输企业安全管理[M]. 北京:人民交通出版社,2006.
[2] 李慧玲,刘冰. 城市轨道交通安全管理[M]. 北京:人民交通出版社,2011.
[3] 济南市公共交通总公司. 城市公共交通企业安全管理[M]. 北京: 人民交通出版社,2008.
[4] 沈斐敏. 物流安全[M]. 北京: 机械工业出版社,2011.
[5] 刘双跃. 安全评价[M]. 北京: 冶金工业出版社,2010.
[6] 交通运输部道路运输司. 道路旅客运输企业安全管理规范(试行)释义[M]. 北京:人民交通出版社,2012.
[7] 北京中德安驾科技发展有限公司. 道路危险货物运输人员进阶教程[M]. 北京: 机械工业出版社,2011.
[8] 陶新良,毛建云. 物流设施及设备[M]. 北京: 机械工业出版社,2012.
[9]《营运汽车驾驶员职业培训教材》编写组. 营运汽车驾驶员职业培训教材[M]. 北京:人民交通出版社,2002.
[10] 人力资源社会保障部人事考试中心. 运输经济(公路)专业知识与实务[M]. 北京: 中国人事出版社,中国劳动社会保障出版社,2012.
[11] 郑安文,苑红伟. 道路交通安全概论[M]. 北京: 机械工业出版社,2010.
[12] 黄先青. 企业职业健康管理[M]. 北京: 中国环境科学出版社,2010.
[13] 交通运输部职业资格中心. 道路客货运输驾驶员继续教育教材[M]. 北京:人民交通出版社,2012.
[14] 国家安全生产监督管理总局宣传教育中心. 生产经营单位主要负责人和安全管理人员安全培训通用教材[M]. 徐州: 中国矿业大学出版社,2011.
[15] 孟燕华,许素睿. 安全管理人员安全健康培训教程[M]. 北京: 化学工业出版社,2010.
[16] 于殿宝. 事故管理与应急处置[M]. 北京: 化学工业出版社,2008.
[17] 广东省安全生产应急救援指挥中心,华南理工大学安全科学与工程研究所. 安全生产应急演练实务[M]. 北京: 科学出版社,2011.